国家卫生健康委员会
"十四五"规划新形态教材

全国高等学校教材

供护理学类专业高等学历继续教育等使用

外科护理学

U0658810

第 4 版

主　　编	丁亚萍	尹崇高
副 主 编	崔丽君　王俊杰　沈　娟　刘　敦	
数字负责人	尹崇高　丁亚萍	

编　　者
（以姓氏笔画为序）

丁亚萍	南京医科大学
王　娇	重庆医科大学附属第二医院
王俊杰	浙江中医药大学
尹心红	南华大学
尹崇高	山东第二医科大学
刘　萍	天津医学高等专科学校
刘　敦	福建医科大学
刘媛航	广西医科大学
李　领	海南医科大学
来卫东	山东医学高等专科学校
肖　萍	中山大学附属第一医院
沈　娟	苏州卫生职业技术学院
张　俊	南京医科大学
张丽莎	哈尔滨医科大学附属第二医院
张莉萍	南京医科大学第一附属医院
武江华	山东第一医科大学
贾琳琳	济宁医学院
崔丽君	川北医学院附属医院
韩　媛	广州医科大学
薛晓燕	山西医科大学汾阳学院

编写及数字秘书	张　俊	南京医科大学

人民卫生出版社
·北 京·

图书在版编目（CIP）数据

外科护理学 / 丁亚萍，尹崇高主编. -- 4 版.
北京 ：人民卫生出版社，2025. 6. --（全国高等学历
继续教育"十四五"规划教材）. -- ISBN 978-7-117-
38093-5

Ⅰ. R473. 6

中国国家版本馆 CIP 数据核字第 2025Z35B14 号

外科护理学
Waike Hulixue
第 4 版

主　　编	丁亚萍　尹崇高
出版发行	人民卫生出版社（中继线 010-59780011）
地　　址	北京市朝阳区潘家园南里 19 号
邮　　编	100021
E - mail	pmph @ pmph.com
购书热线	010-59787592　010-59787584　010-65264830
印　　刷	人卫印务（北京）有限公司
经　　销	新华书店
开　　本	787×1092　1/16　　印张：36
字　　数	847 千字
版　　次	2003 年 8 月第 1 版　　2025 年 6 月第 4 版
印　　次	2025 年 8 月第 1 次印刷
标准书号	ISBN 978-7-117-38093-5
定　　价	89.00 元

打击盗版举报电话　010-59787491　　E- mail　WQ @ pmph.com
质量问题联系电话　010-59787234　　E- mail　zhiliang @ pmph.com
数字融合服务电话　4001118166　　　　E- mail　zengzhi @ pmph.com

出版说明

为了深入贯彻党的二十大和二十届三中全会精神，实施科教兴国战略、人才强国战略、创新驱动发展战略，落实《教育部办公厅关于加强高等学历继续教育教材建设与管理的通知》《教育部关于推进新时代普通高等学校学历继续教育改革的实施意见》等相关文件精神，充分发挥教育、科技、人才在推进中国式现代化中的基础性、战略性支撑作用，加强系列化、多样化和立体化教材建设，在对上版教材深入调研和充分论证的基础上，人民卫生出版社组织全国相关领域专家对"全国高等学历继续教育规划教材"进行第五轮修订，包含临床医学专业和护理学专业（专科起点升本科）。

本套教材自1999年出版以来，为促进高等教育大众化、普及化和教育公平，推动经济社会发展和学习型社会建设作出了重要贡献。根据国家教材委员会发布的《关于首届全国教材建设奖奖励的决定》，教材在第四轮修订中有12种获得"职业教育与继续教育类"教材建设奖（1种荣获"全国优秀教材特等奖"，3种荣获"全国优秀教材一等奖"，8种荣获"全国优秀教材二等奖"），从众多参评教材中脱颖而出，得到了专家的广泛认可。

本轮修订和编写的特点如下：

1. 坚持国家级规划教材顶层设计、全程规划、全程质控和"三基、五性、三特定"的编写原则。

2. 教材体现了高等学历继续教育的专业培养目标和专业特点。坚持了高等学历继续教育的非零起点性、学历需求性、职业需求性、模式多样性的特点，贴近了高等学历继续教育的教学实际，适应了高等学历继续教育的社会需要，满足了高等学历继续教育的岗位胜任力需求，达到了教师好教、学生好学、实践好用的"三好"教材目标。

3. 贯彻落实教育部提出的以"课程思政"为目标的课堂教学改革号召，结合各学科专业的特色和优势，生动有效地融入相应思政元素，把思想政治教育贯穿人才培养体系。

4. 将"学习目标"分类细化，学习重点更加明确；章末新增"选择题"，与本章重点难点高度契合，引导读者与时俱进，不断提升个人技能，助力通过结业考试。

5. 服务教育强国建设，贯彻教育数字化的精神，落实教育部新形态教材建设的要求，配备在线课程等数字内容。以实用性、应用型课程为主，支持自学自测、随学随练，满足交互式学习需求，服务多种教学模式。同时，为提高移动阅读体验，特赠阅电子教材。

本轮修订是在构建服务全民终身学习教育体系、培养和建设一支满足人民群众健康需求和适应新时代医疗要求的医护队伍的背景下组织编写的，力求把握新发展阶段，贯彻新发展理念，服务构建新发展格局，为党育人，为国育才，落实立德树人根本任务，遵循医学继续教育规律，适应在职学习特点，推动高等学历医学继续教育规范、有序、健康发展，为促进经济社会发展和人的全面发展提供有力支撑。

新形态教材简介

本套教材是利用现代信息技术及二维码，将纸书内容与数字资源进行深度融合的新形态教材，每本教材均配有数字资源和电子教材，读者可以扫描书中二维码获取。

1. 数字资源包含但不限于PPT课件、在线课程、自测题等。

2. 电子教材是纸质教材的电子阅读版本，其内容及排版与纸质教材保持一致，支持多终端浏览，具有目录导航、全文检索功能，方便与纸质教材配合使用，可实现随时随地阅读。

获取数字资源与电子教材的步骤

❶ 扫描封底**红标**二维码，获取图书"使用说明"。

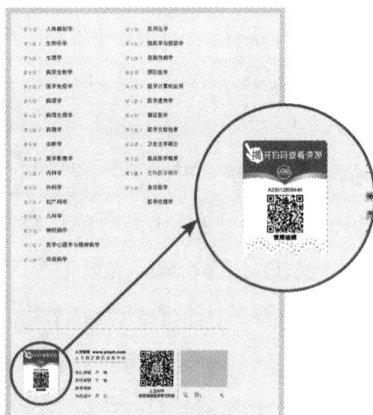

❷ 揭开红标，扫描**绿标**激活码，注册/登录人卫账号获取数字资源与电子教材。

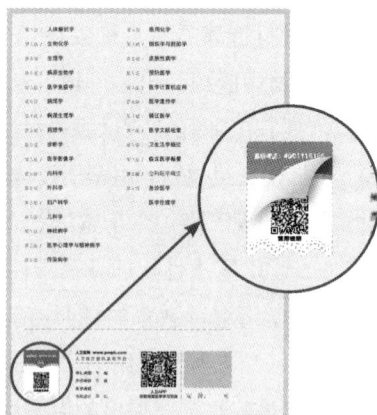

❸ 扫描书内二维码或封底绿标激活码随时查看数字资源和电子教材。

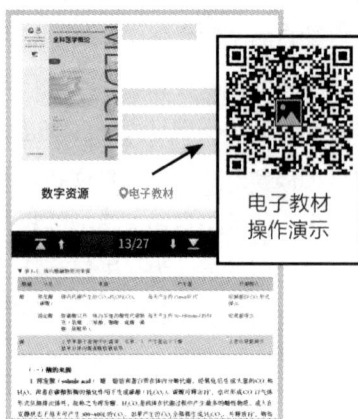

电子教材操作演示

❹ 登录 zengzhi.ipmph.com 或下载应用体验更多功能和服务。

扫描下载应用

客户服务热线 400-111-8166

前　言

高等学历继续教育护理学专业教材《外科护理学》更新为第4版。编写团队坚持以习近平新时代中国特色社会主义思想为指导，全面贯彻党的教育方针，落实《"健康中国2030"规划纲要》《教育部办公厅关于加强高等学历继续教育教材建设与管理的通知》等相关文件精神，紧扣高等学历继续教育的培养目标，体现护理学专业继续教育特点，力争使教材达到教学、创新、适用和实用的要求。

本教材编写遵循"三基"（基本理论、基本知识、基本技能）、"五性"（思想性、科学性、先进性、启发性、适用性）、"三特定"（特定目标、特定对象、特定限制）的原则，坚持"传承和创新相结合"的理念，在传承前3版教材编写思想、经验和模式的基础上，紧密结合临床护理现状和实践需求，贴近外科护理学新知识、新技术的进展。围绕立德树人的根本任务，以人的健康为中心，以整体护理观为指导，以护理程序为编写框架，融入课程思政和人文关怀的内容，突出护理学专业特色，以满足继续教育学生对外科护理学的学习需求。

教材在体例结构和内容上做了相应的修订和调整。章首设定了学习目标，帮助学生从知识、能力和素质三方面把握整章的重点内容；由导入情景引出思考题；章内插入"知识拓展"模块，以拓宽学生的知识面，帮助学生了解本学科理论和发展前沿；针对常见疾病提出护理诊断和护理措施，以培养学生的临床护理思维能力；章末设置了学习小结及复习参考题，以启发学生，将所学知识融会贯通，提高其应用知识、分析和解决问题的能力。在编写内容上，力求做到重点突出，避免不必要的重复；各系统疾病护理以常见病和多发病为主，每章仅选取代表性疾病，按照护理程序框架进行编写，其他疾病则只论述常见护理问题、护理措施。

本教材配套了数字资源，扫描二维码即可查看。数字资源内容丰富，形式多样，除每章的课件外，还有习题、导入情景与思考等，打造生动的纸数融合教材，营造交互、开放的教学环境，也可为广大护理人员参加卫生专业技术资格考试提供复习资料。

本教材的编者来自全国多所大学及附属医院，既有护理教育专家，也有临床护理专家。为保证教材内容的"新、精、准"，所有编者本着严谨、客观、审慎的态度，对每一章节反复斟酌和修改。但由于时间和水平有限，难免有疏漏和不足之处，殷请广大师生和读者不吝赐教，惠予指正。

教材编写过程中，得到了编者及其所在单位的大力支持，谨在此一并表示诚挚的谢意。

丁亚萍　尹崇高

2025年5月

目　录

第一章　　　　　　第一节　外科护理学发展简史 001
绪论　　　　　　　第二节　外科护理学的工作范畴 002
001　　　　　　　第三节　外科护士应具备的素质 003
　　　　　　　　　第四节　外科护理学的学习方法及要求 ... 004

第二章　　　　　　第一节　水和钠代谢紊乱 006
水、电解质代谢　　　一、等渗性脱水 007
紊乱和酸碱平衡　　　二、低渗性脱水 009
失调患者的护理　　　三、高渗性脱水 010
006　　　　　　　第二节　钾、钙代谢紊乱 012
　　　　　　　　　　一、钾代谢异常 012
　　　　　　　　　　二、钙代谢异常 014
　　　　　　　　　第三节　酸碱平衡失调 016
　　　　　　　　　　一、代谢性酸中毒 016
　　　　　　　　　　二、代谢性碱中毒 017
　　　　　　　　　　三、呼吸性酸中毒 018
　　　　　　　　　　四、呼吸性碱中毒 019

第三章　　　　　　第一节　概述 022
外科休克患者的　　第二节　低血容量性休克 029
护理　　　　　　　　一、失血性休克 029
022　　　　　　　　二、创伤性休克 030
　　　　　　　　　第三节　感染性休克 031

第四章　　　　　　第一节　麻醉前准备 034
麻醉患者的护理　　　一、麻醉前评估 034
034　　　　　　　　二、麻醉前患者及物品准备 035
　　　　　　　　　　三、麻醉前用药 036
　　　　　　　　　第二节　局部麻醉 036

第三节　椎管内麻醉⋯⋯⋯⋯⋯⋯⋯⋯⋯038

一、蛛网膜下隙阻滞⋯⋯⋯⋯⋯⋯038

二、硬膜外阻滞⋯⋯⋯⋯⋯⋯⋯⋯039

第四节　全身麻醉⋯⋯⋯⋯⋯⋯⋯⋯⋯041

第五章
围手术期患者的
护理
047

第一节　手术前患者的护理⋯⋯⋯⋯⋯047

第二节　手术中患者的护理⋯⋯⋯⋯⋯055

一、手术室布局和人员职责⋯⋯⋯055

二、患者及手术人员的准备⋯⋯⋯056

三、手术中的无菌操作原则⋯⋯⋯058

四、手术中的患者安全⋯⋯⋯⋯⋯058

第三节　手术后患者的护理⋯⋯⋯⋯⋯059

第六章
外科营养支持患
者的护理
067

第一节　概述⋯⋯⋯⋯⋯⋯⋯⋯⋯⋯⋯067

第二节　肠内营养⋯⋯⋯⋯⋯⋯⋯⋯⋯071

第三节　肠外营养⋯⋯⋯⋯⋯⋯⋯⋯⋯075

第七章
外科感染患者的
护理
080

第一节　概述⋯⋯⋯⋯⋯⋯⋯⋯⋯⋯⋯080

第二节　浅部软组织化脓性感染⋯⋯⋯083

一、疖⋯⋯⋯⋯⋯⋯⋯⋯⋯⋯⋯⋯083

二、痈⋯⋯⋯⋯⋯⋯⋯⋯⋯⋯⋯⋯084

三、急性蜂窝织炎⋯⋯⋯⋯⋯⋯⋯085

四、急性淋巴管炎及淋巴结炎⋯⋯086

第三节　手部急性化脓性感染⋯⋯⋯⋯087

第四节　全身性外科感染⋯⋯⋯⋯⋯⋯089

第五节　破伤风⋯⋯⋯⋯⋯⋯⋯⋯⋯⋯091

第八章
损伤患者的护理
096

第一节　创伤⋯⋯⋯⋯⋯⋯⋯⋯⋯⋯⋯096

第二节　烧伤⋯⋯⋯⋯⋯⋯⋯⋯⋯⋯⋯102

第九章 肿瘤患者的护理 112	第一节 恶性肿瘤	112
	第二节 良性肿瘤	121

第十章 器官移植患者的 护理 125	第一节 概述	125
	第二节 肾移植患者的护理	129
	第三节 肝移植患者的护理	134

第十一章 颅内压增高和脑 疝患者的护理 138	第一节 颅内压增高	138
	第二节 脑疝	148

第十二章 颅脑损伤患者的 护理 151	第一节 头皮损伤	151
	一、头皮血肿	152
	二、头皮裂伤	152
	三、头皮撕脱伤	153
	第二节 颅骨骨折	153
	第三节 脑损伤	156
	一、脑震荡	156
	二、脑挫裂伤	157
	三、颅内血肿	160

第十三章 常见颅脑疾病患 者的护理 164	第一节 颅内肿瘤	164
	第二节 脑血管疾病	171
	一、脑卒中	172
	二、颅内动脉瘤	175
	三、自发性蛛网膜下隙出血	178
	四、颅内动静脉畸形	180

第十四章 甲状腺疾病患者 的护理 183	第一节 甲状腺癌	183
	第二节 甲状腺腺瘤	188
	第三节 甲状腺功能亢进	189

第十五章
乳房疾病患者的护理
193

第一节 急性乳腺炎 193
第二节 乳腺囊性增生病 195
第三节 乳房良性肿瘤 196
一、乳腺纤维腺瘤 196
二、导管内乳头状瘤 197
第四节 乳腺癌 197

第十六章
胸部损伤患者的护理
207

第一节 肋骨骨折 207
第二节 气胸 210
第三节 血胸 217
第四节 心脏损伤 218
一、钝性心脏损伤 218
二、穿透性心脏损伤 219

第十七章
肺部疾病患者的护理
222

第一节 肺癌 222
第二节 支气管扩张 231

第十八章
食管癌患者的护理
234

第十九章
心脏疾病患者的护理
242

第一节 体外循环 242
第二节 先天性心脏病 246
一、动脉导管未闭 246
二、房间隔缺损 249
三、室间隔缺损 250
四、法洛四联症 251
第三节 后天性心脏病 253
一、二尖瓣狭窄 253
二、二尖瓣关闭不全 257
三、主动脉瓣关闭不全 258

　　　　　　　　四、主动脉瓣狭窄 259

　　　　　　　　五、冠状动脉粥样硬化性心脏病 ... 259

　　　　　　第四节　主动脉夹层 262

第二十章
腹部损伤患者的
护理
267

第一节　概述 267

第二节　常见实质性脏器损伤 272

　　一、脾损伤 272

　　二、肝损伤 272

第三节　常见空腔脏器损伤 273

　　一、胃、十二指肠和小肠损伤 273

　　二、结肠、直肠损伤 274

第二十一章
急性腹膜炎患者
的护理
276

第一节　急性化脓性腹膜炎 276

第二节　腹腔脓肿 283

　　一、膈下脓肿 283

　　二、盆腔脓肿 284

第二十二章
腹外疝患者的
护理
287

第一节　概述 287

第二节　腹股沟疝 289

第三节　其他腹外疝 294

　　一、股疝 294

　　二、切口疝 295

　　三、脐疝 296

第二十三章
胃十二指肠疾病
患者的护理
298

第一节　胃十二指肠溃疡 298

第二节　胃癌 304

第二十四章
小肠疾病患者的
护理
309

第一节　肠梗阻 309

第二节　肠瘘 313

第二十五章
阑尾炎患者的
护理
318

第一节　急性阑尾炎 318
第二节　慢性阑尾炎 322

第二十六章
大肠和肛管疾病
患者的护理
325

第一节　大肠癌 325
第二节　直肠肛管良性疾病 332
　　一、痔 332
　　二、肛周脓肿 334
　　三、肛瘘 335
　　四、肛裂 336

第二十七章
肝脏疾病患者的
护理
338

第一节　肝癌 338
　　一、原发性肝癌 338
　　二、继发性肝癌 344
第二节　肝脓肿 344
　　一、细菌性肝脓肿 344
　　二、阿米巴性肝脓肿 346

第二十八章
门静脉高压症患
者的护理
350

第二十九章
胆道疾病患者的
护理
359

第一节　胆道疾病的特殊检查及护理 359
第二节　胆石症 361
　　一、胆囊结石 363
　　二、胆管结石 364
第三节　胆道感染 368
　　一、急性胆囊炎 368
　　二、慢性胆囊炎 370
　　三、急性梗阻性化脓性胆管炎 370
第四节　胆道蛔虫病 372
第五节　胆道肿瘤 373

一、胆囊息肉 ……………………… 373

二、胆囊癌 …………………………… 374

三、胆管癌 …………………………… 375

第三十章
胰腺疾病患者的
护理
379

第一节　胰腺炎 …………………… 379

一、急性胰腺炎 …………………… 379

二、慢性胰腺炎 …………………… 383

第二节　胰腺肿瘤和壶腹周围癌 …… 384

一、胰腺癌 …………………………… 384

二、壶腹周围癌 …………………… 387

第三十一章
周围血管疾病患
者的护理
390

第一节　动脉硬化性闭塞症 ……… 390

第二节　血栓闭塞性脉管炎 ……… 393

第三节　原发性下肢静脉曲张 …… 394

第四节　深静脉血栓 ……………… 397

第三十二章
泌尿系统损伤患
者的护理
402

第一节　肾损伤 …………………… 402

第二节　膀胱损伤 ………………… 406

第三节　尿道损伤 ………………… 409

一、前尿道损伤 …………………… 409

二、后尿道损伤 …………………… 410

第三十三章
泌尿、男性生殖
系统结核患者的
护理
414

第一节　肾结核 …………………… 414

第二节　男性生殖系统结核 ……… 418

第三十四章
泌尿系统梗阻患
者的护理
421

第一节　肾积水 …………………… 421

第二节　良性前列腺增生 ………… 423

第三十五章	第一节 概述	430
泌尿系统结石患者的护理	第二节 上尿路结石	431
430	第三节 下尿路结石	436
	一、膀胱结石	436
	二、尿道结石	437

第三十六章	第一节 膀胱癌	440
泌尿、男性生殖系统肿瘤患者的护理	第二节 肾癌	446
440	第三节 前列腺癌	448

第三十七章	第一节 皮质醇增多症	451
肾上腺疾病患者的护理	第二节 原发性醛固酮增多症	454
451	第三节 儿茶酚胺增多症	456

第三十八章	第一节 概述	459
骨折患者的护理	第二节 常见四肢骨折	473
459	一、肱骨干骨折	473
	二、肱骨髁上骨折	474
	三、前臂双骨折	475
	四、桡骨远端骨折	476
	五、股骨颈骨折	478
	六、股骨干骨折	481
	七、胫腓骨干骨折	482
	第三节 脊柱骨折与脊髓损伤	484
	一、脊柱骨折	484
	二、脊髓损伤	487
	第四节 骨盆骨折	492

第三十九章	第一节 关节脱位	497
关节损伤患者的护理	第二节 膝关节半月板损伤	501
497	第三节 膝关节韧带损伤	503

第四十章
椎间盘突出症患
者的护理
506

第一节　颈椎间盘突出症 ⋯⋯⋯⋯⋯ 506
第二节　腰椎间盘突出症 ⋯⋯⋯⋯⋯ 510

第四十一章
骨与关节感染患
者的护理
519

第一节　化脓性骨髓炎 ⋯⋯⋯⋯⋯⋯ 519
　一、急性血源性骨髓炎 ⋯⋯⋯⋯⋯ 520
　二、慢性血源性骨髓炎 ⋯⋯⋯⋯⋯ 523
第二节　化脓性关节炎 ⋯⋯⋯⋯⋯⋯ 525
第三节　骨与关节结核 ⋯⋯⋯⋯⋯⋯ 526

第四十二章
骨肿瘤患者的
护理
533

第一节　骨恶性肿瘤 ⋯⋯⋯⋯⋯⋯⋯ 533
第二节　骨巨细胞瘤 ⋯⋯⋯⋯⋯⋯⋯ 538
第三节　骨良性肿瘤 ⋯⋯⋯⋯⋯⋯⋯ 539

中英文名词对照
索引
542

推荐阅读
555

第一章　绪论

	学习目标
知识目标	1. 掌握外科护理学的学习方法和要求。
	2. 熟悉外科护理学的工作范畴。
	3. 了解外科护理学发展历程及趋势。
能力目标	能运用恰当的方法学习外科护理学。
素质目标	具备作为外科护士的综合素质。

第一节　外科护理学发展简史

外科学（surgery）是研究外科疾病发生、发展、诊断、治疗和预防的一门科学。外科护理学（surgical nursing）作为护理学的重要组成部分，是阐述和研究如何对外科患者应用护理程序进行整体护理的一门临床护理学科。外科护理学基于外科学的发展而形成，是护理学专业学历教育的主干课程。

外科学有悠久的发展历史，早期的外科医生未受过正规医学教育，通过学徒方式学得手艺，主要依靠简单的手工操作诊治体表的疾病和外伤，其间未出现"护理"。欧洲文艺复兴时期，人体解剖学不断发展，此后病理解剖学和实验外科学等学科的建立为外科学奠定了基础。19世纪中叶，随着无菌技术、止血输血、麻醉止痛等技术的相继出现，外科学进入新的发展阶段。与此同时，现代护理学创始人弗洛伦斯·南丁格尔通过在克里米亚战争中的护理实践验证了护理工作在外科疾病治疗中的独立地位和特殊意义，延伸发展了外科护理学。

我国外科护理学的发展是伴随着外科学的发展而逐步发展的，尤其是1958年首例成功抢救大面积烧伤患者（烧伤总面积>80%总体表面积），以及1963年世界首例断肢再植术在我国获得成功，这些外科学发展的成就极大地推动了外科护理学的发展。

随着科学技术的日新月异，生命科学研究不断深入，大数据、互联网与人工智能等技术逐渐应用于医学诊疗和护理工作，如人工材料和人工器官的应用救治了许多以前无法治疗或治愈的患者；腔镜技术等微创外科的发展极大地减少了手术患者的创伤和疼痛，缩短了住院时间；手术机器人和计算机辅助手术导航系统等提高了手术的可操控性、精确性和稳定性，节省了人力资源。

这些变革均为外科学和外科护理学的发展提供了新的机遇与挑战。

未来，外科护理学将继续以现代护理观为指导，以护理程序为工作方法，以人的健康为中心，突出"以人为本"的服务理念，以促进围手术期外科患者的快速康复为重点，融合多学科知识与技能，实施精准护理，拓展外科护理学的工作范围和方式，开展延续性护理，不断丰富外科护理的学科内涵与外延。

知识拓展 | **智能可穿戴设备在加速康复外科中的应用**

智能可穿戴设备是随多学科交叉应运而生的监护手段，具有无线、便携、实时、多参数等特点，患者的接受度和舒适度很高。目前，国内智能可穿戴设备正逐步成为加速康复外科（enhanced recovery after surgery，ERAS）领域的有效辅助工具。其应用主要包括：术前对患者的心肺功能进行风险评估，有助于准确进行术前活动指导，评估最佳手术时机；实现患者在无线连续监测下的安全早期动员，医护人员可在护士站、医生办公室等非患者的活动区域远程实时掌握患者的生命体征变化，有利于第一时间作出临床决策；术后可以客观地跟踪患者的活动水平，协助医护人员制订活动目标，并及时反馈完成情况，以激励患者的活动自主性，促进患者术后更优更早康复。

第二节　外科护理学的工作范畴

外科护理学涉及内容广泛，包括外科护理学的共性知识和一般规律，以及各亚专科的知识和技术。《"健康中国2030"规划纲要》强调要全方位、全周期维护和保障人民健康，拓宽了外科护理学的工作范畴。

1. 按外科疾病患者类型分类

（1）损伤患者：因外力或各种致伤因子而引起的人体组织损伤和破坏，如骨折、烧伤、咬伤及内脏器官破裂等，多数患者需要手术治疗。

（2）感染患者：致病菌侵入人体导致局部组织和器官的损伤、破坏，形成脓肿，多数局限性感染的患者宜手术治疗。

（3）肿瘤患者：需要手术治疗的良性和恶性肿瘤患者。恶性肿瘤患者除手术治疗外，多数还需要综合治疗，如化学治疗（简称化疗）、免疫治疗、靶向药物治疗、放射治疗（简称放疗）、中药辅助治疗等。

（4）内分泌疾病患者：需要手术治疗的内分泌疾病患者，如垂体瘤、胰岛细胞瘤。

（5）畸形患者：需要手术治疗以恢复功能和改善外观的畸形患者，包括先天性畸形和后天性畸形。

（6）器官移植患者：各类因终末性疾病而丧失器官功能需要进行器官移植的患者。

（7）寄生虫病患者：由寄生虫病引起且需要外科治疗的疾病，如胆道蛔虫病、肝包虫病。

（8）其他患者：其他需要外科治疗的疾病，如空腔脏器的梗阻性疾病、部分血管疾病及门静脉高压症等。

2. 按照人体组成系统、疾病部位或性质等进行分类

（1）按器官系统：分为神经外科、泌尿外科、血管外科、乳腺外科等。

（2）按部位：分为头颈外科、胸心外科及腹部外科等。

（3）按疾病性质：分为急诊外科、肿瘤外科、烧伤外科等。

（4）按手术方式：分为移植外科、显微外科及整形外科等。

（5）按年龄特点：分为成人外科、小儿外科。

3. 按照患者是否住院进行分类

（1）医院护理：根据临床所设病区收治、护理外科患者。

（2）延续性护理：外科患者出院后进行社区和家庭的康复护理。

（3）预防保健和指导：用大健康观和中医护理理念指导外科疾病的三级预防，实现"未病先防、已病防变、病后防复"。

第三节　外科护士应具备的素质

随着医学的发展和科技的进步，现代护理理念的更新及各学科间相互交叉和渗透，外科护理学的内涵得到了不断延伸和发展。由于外科急诊、危重患者多，病情复杂多变，演变迅速，麻醉与手术又存在潜在风险，常需要外科护士予以紧急或尽快处理，对外科护士的综合素养提出了更高的要求。

1. 道德与法律素质　护理学的任务是保护生命、促进健康、恢复健康、减轻痛苦。外科护士必须充分认识到护理工作的重要性，树立爱岗敬业精神和全心全意为患者服务的思想；还应具有高度的责任心和法律意识，准确了解护士的执业范围和法律要求，认真负责、兢兢业业地守护患者的生命和健康。

2. 扎实的业务素质　外科护士必须掌握扎实的医学基础知识、护理学基础知识与技能、外科护理的专科知识与技能，同时善于学习新知识，掌握新技能，遵守外科护理操作规范，培养细致的观察能力和敏锐的判断能力，提升临床决策能力，达到外科护士的岗位胜任力。

3. 良好的身心素质　外科护理工作节奏快、工作量大、突发事件多，所以外科护士应该具备健全的体魄、健康的心态、开朗的性格和饱满的精神状态，善于自我调节，保证有效、及时地参与各项护理工作，满足外科患者的身心护理需求。

4. 深厚的人文素质　外科护士要坚持"以人为本"，尊重、关心和理解患者，用爱心、耐心、细心、责任心和同理心，让患者舒心、放心和安心，使其感受到护理的温度和人文关怀，推动外科护理的高质量发展。

第四节　外科护理学的学习方法及要求

外科护理学是一门实践性很强的课程，学习时既要注重知识的积累、技能的培养，也要不断联系实践，提升临床思维，提高解决临床问题的能力。

1. 树立为人类健康服务的理念　学习外科护理学的根本目的是为人类健康服务。大健康背景下特别关注生命全周期、健康全过程的护理，对外科护理的发展和学习提出新要求。明确学习目的，才能激发学习外科护理学的内驱动力，才能树立为人类健康服务的思想，具备为人类健康服务的护理能力。

2. 以现代护理观指导学习　学习外科护理学要遵循现代护理观，采用护理程序的工作方法，评估外科患者现存的或潜在的健康问题，结合循证、最佳证据等开展整体护理和健康教育，满足外科患者身心需要和社会适应需求。

3. 坚持理论联系实践　遵循理论联系实践的原则，既要学习好书本上的知识和技能，也要加强临床实践，在临床中结合患者的特点有针对性地实施护理。只有这样，才能不断拓展知识，提高业务水平，将自己塑造成一位合格的外科护士。

4. 养成自主学习习惯　外科护理学的教材内容丰富，但是很多学校因为继续教育的学时限制，部分内容有赖于同学自主学习。外科护理学的学习主体均是成年人，要在外科护理学教学（或学习）大纲的指导下，建立学习目标，制订学习计划，学会主动学习和自主学习，学会自我反思和不断总结，提高学习能力。

（丁亚萍）

学习小结

1. 外科护理学是护理学专业学历教育的主干课程。学习外科护理学要以现代护理观为指导，树立为人类健康服务的理念，坚持理论联系实践，养成自主学习习惯。

2. 外科护理学工作范畴广泛，主要应用护理程序的工作方法开展整体护理。

3. 合格的外科护士需要具备较高的综合素养，包括道德与法律素质，扎实的业务素质，良好的身心素质，深厚的人文素质等。

复习参考题

一、单项选择题

1. 属于按照疾病性质划分的外科护理学范围是
   A. 肿瘤外科
   B. 头颈部外科
   C. 神经外科
   D. 乳腺外科
   E. 显微外科

2. 属于按照手术方式划分的外科护理学范围是
   A. 成人外科
   B. 小儿外科
   C. 血管外科
   D. 移植外科
   E. 烧伤外科

3. 学习外科护理学的根本目的是
   A. 掌握外科护理学知识
   B. 获取外科护理学技能
   C. 为外科患者提供健康服务
   D. 提高护士的人文素养
   E. 促进外科患者身心健康

4. 学习外科护理学时应坚持的主要原则是
   A. 应用护理程序
   B. 理论联系实践
   C. 提升外科患者自护能力
   D. 贯穿围手术期健康教育
   E. 开展外科患者整体护理

5. 最能体现外科护士人文素质的是
   A. 爱岗敬业的精神
   B. 高度的责任心
   C. 善于学习新知识
   D. 善于自我调节情绪
   E. 坚持"以人为本"

参考答案:

1. A 2. D 3. C 4. B 5. E

二、简答题

1. 简述外科护士应具备的素质。

2. 简述外科护理学的学习方法及要求。

第二章

水、电解质代谢紊乱和酸碱平衡失调患者的护理

学习目标

知识目标	1. 掌握常见水、电解质代谢紊乱和酸碱平衡失调的临床表现、护理措施。 2. 熟悉常见水、电解质代谢紊乱和酸碱平衡失调的处理原则。 3. 了解常见水、电解质代谢紊乱和酸碱平衡失调的病因和病理生理。
能力目标	1. 能运用护理程序对水、电解质代谢紊乱和酸碱平衡失调患者实施整体护理。 2. 能对水、电解质代谢紊乱和酸碱平衡失调患者进行健康指导。
素质目标	具有关心和爱护水、电解质代谢紊乱和酸碱平衡失调患者的态度和行为；具备团队合作精神。

第一节 水和钠代谢紊乱

导入情景与思考

患者，女，40岁，因"呕吐、不能进食进水3日"诊断为"肠梗阻"收住院。患者既往体健，曾于4年前行阑尾切除术。体格检查：体温36℃，脉搏110次/min，呼吸22次/min，血压80/50mmHg，口唇黏膜干燥、眼窝凹陷。辅助检查：血Na^+ 135mmol/L，红细胞计数$5.5×10^{12}$/L，血红蛋白170g/L，尿比重1.035。

请思考：

1. 该患者出现了哪种类型的体液失衡？依据是什么？
2. 为该患者进行液体疗法，首选的溶液是什么？

在细胞外液中，水、钠关系十分密切，失水与失钠常同时存在。由于原发病不同，失水和失钠的程度不同，水、钠代谢紊乱的类型、临床表现、处理原则和护理措施亦不同。

一、等渗性脱水

等渗性脱水（isotonic dehydration）指水和钠成比例丧失，血清钠浓度和细胞外液渗透压维持在正常范围。因可造成细胞外液（包括循环血量）迅速减少，又称急性脱水或混合性脱水，是外科患者最常见的缺水类型。

【病因】

1. 消化液急性丧失　如大量呕吐、腹泻和肠瘘等。

2. 体液丧失于第三间隙　如急性肠梗阻、急性腹膜炎。

3. 大面积烧伤早期　丧失的体液成分与细胞外液基本相同。

【病理生理】

细胞外液的减少可刺激肾入球小动脉壁的压力感受器及远曲小管致密斑的钠感受器，引起肾素－血管紧张素－醛固酮系统兴奋，醛固酮分泌增加，促进远曲小管对 Na^+ 和水的重吸收，使细胞外液量得以恢复。

细胞外液渗透压维持不变，细胞内液不会向细胞外转移。但如果持续时间较久，细胞内液也将逐渐外溢，导致细胞内缺水。

【临床表现】

患者可出现恶心、呕吐、厌食、口唇干燥、眼窝凹陷、皮肤弹性降低、乏力及少尿等症状和体征，但不口渴。当短时间内体液丧失量达体重的5%时，可出现心率加快、脉搏细速、血压不稳或降低、肢端湿冷等血容量不足的表现；当体液继续丧失达体重的6%~7%时，休克表现明显。

【辅助检查】

1. 血清电解质测定　血清 Na^+、Cl^- 等含量一般维持在正常范围。

2. 血常规　红细胞计数、血红蛋白和血细胞比容均明显增高。

3. 尿液检查　尿比重增高。

【处理原则】

1. 治疗原发病　防止或减少水、钠的继续丧失。

2. 补充水、钠　可用等渗盐水或平衡盐溶液补充血容量。等渗盐水中的 Cl^- 含量（154mmol/L）高于血浆 Cl^-（99~110mmol/L），如大量使用，可引起高氯性酸中毒。常用的平衡盐溶液有乳酸钠林格注射液和复方电解质葡萄糖MG3注射液，其电解质含量更接近血浆。

【护理评估】

1. 健康史

（1）年龄：老年人及婴幼儿对内环境失衡的代偿能力较弱，易诱发体液失衡。

（2）体重：若短期内迅速减轻，往往提示有水钠缺失。

（3）生活状况：如评估近期饮食、液体摄入及运动情况等，可有助于判断水钠缺失的原因。

（4）既往史：有无呕吐、消化道梗阻、消化道瘘或大面积烧伤等。

2. 身体状况

（1）局部：① 皮肤弹性，轻捏手背或前臂皮肤，松开后不能立即恢复原状，表示皮肤弹性下降；

若松开后持续20~30秒才恢复原状，提示严重体液不足。② 口腔黏膜或舌面干燥，常提示体液不足。

（2）全身：① 生命体征，评估有无心率加快、脉搏细速、血压不稳或降低等血容量不足的表现。② 神经系统症状，若患者神志淡漠，常提示严重体液不足。

3. 辅助检查

（1）实验室检查：了解红细胞计数、血红蛋白、血细胞比容、血清电解质（血清Na^+、Cl^-等）及渗透压、尿比重等。

（2）中心静脉压（central venous pressure，CVP）：正常值为5~12cmH$_2$O（1cmH$_2$O = 0.098kPa），低于正常值则提示可能存在血容量不足。

4. 心理-社会状况　患者和家属对疾病及其伴随症状的认识程度、心理反应和承受能力。

【常见护理诊断/问题】

1. 体液不足　与体液急性丧失有关。

2. 有受伤的危险　与意识障碍、低血压有关。

【护理目标】

1. 患者体液容量恢复，无等渗性脱水的症状和体征。

2. 患者未受伤。

【护理措施】

（一）维持充足的体液量

1. 去除病因　采取有效预防措施或遵医嘱积极处理原发病。

2. 实施液体疗法　对已发生缺水的患者，依其生理状况和各项实验室检查结果，遵医嘱及时补充液体。补液时严格遵循定量、定性和定时的原则。

（1）定量：补液总量包括生理需要量、已经丧失量和继续丧失量。

1）生理需要量：成人为2 000~2 500ml/d。

每日生理需要量的简易计算方法：体重的第1个10kg×100ml/（kg·d）+体重的第2个10kg×50ml/（kg·d）+其余体重×20ml/（kg·d）。

对于65岁以上或心肺疾病患者，实际补液量应少于计算所得量；小儿生理需要量为100ml/（kg·d），可根据年龄、体重适当调整。

2）已经丧失量：或称累积损失量，指在制订补液计划前已经丢失的体液量，通常分2日补足。

3）继续丧失量：又称额外损失量，包括外在性和内在性失液。外在性失液可直接进行观察，按丢失体液中所含电解质的情况，尽可能等量、等质地补充。内在性失液，如胸腔积液、胃肠道积液等，根据病情变化估计。此外，体温每升高1℃，丢失3~5ml/kg体液；出汗湿透一套衣裤约丧失体液1 000ml；气管切开时，呼吸道蒸发的水分是正常的2~3倍，每日可达800~1 200ml。

（2）定性：生理需要量、已经丧失量和继续丧失量3个方面要分别考虑。

1）生理需要量：补氯化钠4~6g，相当于0.9%氯化钠溶液445~667ml；氯化钾3~4g，相当于10%氯化钾30~40ml；5%~10%葡萄糖溶液1 500~2 000ml。

2）已经丧失量：等渗性脱水补充平衡盐溶液或生理盐水。

3）继续丧失量：原则上丧失什么补充什么。

（3）定时：对各器官功能良好者，按"先快后慢"原则，可在第1个8小时补充总量的1/2，剩余的1/2在后16小时内均匀输入。

（4）准确记录液体出入量：包括饮食、饮水量和静脉补液量、大小便、呕吐和引流液量等。

（5）疗效观察：补液过程中，严密观察治疗效果、不良反应。包括精神状态改善情况；缺水征象恢复程度；生命体征改善情况；尿量和尿比重、血常规、血清电解质、中心静脉压等指标的变化趋势。

（二）减少受伤的危险

1. 监测血压 定时监测血压，嘱血压偏低或不稳定者在改变体位时动作宜慢，以免因直立性低血压（又称体位性低血压）或眩晕而跌倒受伤。

2. 建立安全的活动模式 与患者及家属共同制订活动的时间、量及形式。根据患者肌张力的改善程度，调整活动内容、时间、形式和幅度。

3. 加强安全防护措施 移除环境中的危险物品，减少意外受伤；对定向力差及意识障碍者，加床栏保护、适当约束及加强监护等。

【护理评价】

1. 患者体液容量是否恢复平衡，缺水症状和体征是否得到改善。

2. 患者有无受伤。

二、低渗性脱水

低渗性脱水（hypotonic dehydration）又称慢性缺水或继发性缺水，指水和钠同时丧失，但失钠多于失水，血清钠浓度<135mmol/L，细胞外液渗透压降低。

【病因】

1. 消化液持续丧失 如长期胃肠减压、反复呕吐或慢性肠瘘。

2. 大面积创面的慢性渗液。

3. 钠丧失过多 如长期使用排钠利尿剂等。

4. 钠补充不足 如治疗等渗性脱水时只补水未补钠。

【病理生理】

细胞外液呈低渗状态，机体出现如下代偿。抗利尿激素（antidiuretic hormone，ADH）分泌减少，使肾小管重吸收水分减少、尿量增加，细胞外液进一步减少，组织间液进入血液循环，以补偿血容量。为避免循环血量的再减少，肾素–血管紧张素–醛固酮系统兴奋，使钠和水的重吸收增加；ADH分泌由减少转为增加，使水的重吸收增加。但若循环血量继续减少，将出现休克。严重缺钠时，细胞外液可向细胞内转移，造成细胞肿胀和细胞内低渗状态。

【临床表现】

主要特点是血容量下降，患者一般无口渴感。根据缺钠程度，可将低渗性脱水分为3度（表2-1-1）。

分度	血清Na⁺含量/（mmol·L⁻¹）	临床表现	实验室检查
轻度	<135	疲乏、头晕、手足麻木、软弱无力	尿量增多，尿中钠减少
中度	<130	除轻度症状外，还有恶心、呕吐、脉搏细速、视物模糊、血压不稳或下降、脉压缩小、浅静脉瘪陷、站立性晕倒、尿量减少等	尿量减少，尿中几乎不含钠和氯
重度	<120	神志不清，可伴肌肉痉挛性抽搐、腱反射减弱或消失、木僵、惊厥或昏迷等，常发生休克	尿量减少，尿中几乎不含钠和氯

【辅助检查】

1. 血清钠测定　血清Na⁺<135mmol/L。

2. 尿液检查　尿比重<1.010，尿Na⁺、Cl⁻明显减少。

3. 血液检查　红细胞计数、血红蛋白、血细胞比容及血尿素氮均增高。

【处理原则】

1. 积极治疗原发病。

2. 静脉补液　补充等渗或高渗盐水，以纠正细胞外液的低渗状态及血容量不足。

【护理措施】

1. 补液护理　输液速度先快后慢，每8~12小时根据临床表现及实验室检查结果调整输液计划。

（1）低渗性脱水的补钠量可按以下公式计算：需补钠量（mmol）=［正常血钠值（mmol/L）-测得血钠值（mmol/L）］×体重（kg）×0.6（女性为0.5）。

此公式作为补钠安全剂量的估计，17mmol Na⁺相当于1g钠盐。一般当日先补充1/2量，剩余1/2量在第2日补给。此外，注意补给每日氯化钠正常需要量4~6g。

（2）轻、中度缺钠时，静脉滴注5%葡萄糖氯化钠溶液；重度缺钠时，先静脉滴注3%~5%氯化钠溶液，尽快纠正血钠过低，恢复细胞外液量和渗透压；重度缺钠并出现休克者，先补足血容量，以改善微循环和组织器官灌注，一般先输晶体液（5%葡萄糖氯化钠溶液、等渗盐水），再输胶体液（羟乙基淀粉、右旋糖酐和血浆），然后输5%氯化钠溶液，进一步恢复细胞外液量和渗透压。

2. 其他护理措施　参见本节等渗性脱水的护理。

三、高渗性脱水

高渗性脱水（hypertonic dehydration）又称原发性缺水，是指水和钠同时丢失，但失水多于失钠，血清钠浓度>150mmol/L，细胞外液渗透压增高。

【病因】

1. 水分摄入不足　如长期禁食、限水、吞咽困难等。

2. 水分丧失过多　如高热、大量出汗、大面积烧伤暴露疗法、糖尿病患者的渗透性利尿或大量使用脱水药等。

3. 鼻饲高浓度肠内营养液或静脉输入高渗液体，而未补充足够水分。

【病理生理】

细胞外液渗透压高于细胞内液，水分由细胞内向细胞外转移，导致细胞内液减少。细胞外液高渗透压时，机体出现如下代偿：① 刺激下丘脑的口渴中枢，患者感到口渴而饮水，使体内水分增加，以降低细胞外液渗透压；② 引起ADH分泌增加，使肾小管对水的重吸收增加，尿量减少，细胞外液量和渗透压得以恢复；③ 若缺水加重致循环血量明显减少又会引起醛固酮分泌增加，加强对钠和水的重吸收，以维持血容量。

【临床表现】

临床表现随缺水程度而异，高渗性脱水一般分为3度（表2-1-2）。

▼ 表2-1-2　高渗性脱水分度

分度	失水量占体重的百分比/%	临床表现
轻度	2~4	口渴
中度	4~6	极度口渴，并伴有烦躁、乏力、皮肤弹性差、眼窝凹陷、尿少等
重度	>6	除上述症状外，还可出现休克及躁狂、幻觉、谵妄、昏迷等脑功能障碍表现

【辅助检查】

1. **血清钠测定**　血清 $Na^+ > 150mmol/L$。

2. **尿液检查**　尿比重增高。

3. **血常规检查**　红细胞计数、血红蛋白、血细胞比容均轻度增高。

【处理原则】

1. 尽早去除病因，防止体液继续丢失。

2. 鼓励患者饮水，无法口服者经静脉滴注5%葡萄糖溶液或0.45%氯化钠溶液。

【护理措施】

1. **补液护理**　遵医嘱补液，先适当给予葡萄糖溶液，再给予晶体溶液。估计补液量的方法：① 根据临床表现估计失水量占体重的百分比，每丧失体重的1%，需补液400~500ml。② 根据血清钠浓度计算，补水量＝［测得血钠值（mmol/L）－正常血钠值（mmol/L）］×体重（kg）×4。为避免水中毒，计算得出的液体量一般分2日补给。此外，还需补给每日正常的水需要量2 000ml。因为高渗性脱水者同时也有缺钠，所以输液过程中应观察血清钠含量的动态变化，必要时适当补钠。

2. **一般护理**　鼓励患者多饮水。不能饮水的患者，鼓励漱口，做好口腔护理。

3. **其他护理措施**　参见本节等渗性脱水的护理。

第二节　钾、钙代谢紊乱

导入情景与思考

患者，女，30岁，因"心慌、气短1年，咳嗽、咯血、腹胀和尿少2周"入院，既往有风湿性心脏瓣膜病史。体格检查：体温36℃，脉搏110次/min，呼吸22次/min，血压80/50mmHg。实验室检查：血K^+ 4.6mmol/L，Na^+ 144mmol/L。入院诊断：风湿性心脏瓣膜病，心功能Ⅳ级，肺感染。给予强心、利尿（氢氯噻嗪25mg，每日3次）、抗感染治疗，低盐饮食。18日后，心力衰竭基本控制，但出现精神萎靡、嗜睡、乏力、腹胀、恶心、食欲缺乏、尿少等；血K^+ 2.9mmol/L，Na^+ 112mmol/L。立即静脉补钾。5日后症状改善，血K^+ 4.4mmol/L，Na^+ 135mmol/L。

请思考：
1. 该患者出现低血钾、低血钠的原因有哪些？
2. 该患者哪些症状与低血钾有关？

一、钾代谢异常

钾大部分来自饮食摄入，经消化道吸收，正常成人对钾的日需要量为3~4g，多余的钾主要通过肾脏代谢，经尿液排出体外。钾是细胞内的主要阳离子，细胞内钾含量占体内钾总量的约98%；细胞外液中钾含量仅占约2%。血清钾浓度正常为3.5~5.5mmol/L。钾参与细胞代谢，并对调节细胞内外渗透压和酸碱平衡、维持神经肌肉兴奋性及心肌的生理功能有重要意义。钾代谢异常有低钾血症（hypokalemia）和高钾血症（hyperkalemia），以前者多见。

（一）低钾血症

指血清钾浓度<3.5mmol/L。

【病因与发病机制】

1. **钾摄入不足**　多见于长期不能进食或进食不足。

2. **钾丢失过多**　如严重呕吐或腹泻、持续胃肠减压、肠瘘等，K^+从胃肠道丧失过多；长期使用利尿剂或急性肾衰竭多尿期。

3. **钾分布异常**　如碱中毒时或输入大量葡萄糖溶液加胰岛素，大量K^+从细胞外转入细胞内。

【临床表现】

1. **肌无力**　为最早的临床表现。一般先出现四肢软弱无力，后累及躯干和呼吸肌，致呼吸困难或窒息；严重者出现弛缓性瘫痪、腱反射减弱或消失。

2. **消化道功能障碍**　表现为恶心、呕吐、腹胀、便秘、肠鸣音减弱或消失等，严重者出现麻痹性肠梗阻。

3. **心脏功能障碍**　主要为传导功能和节律异常，严重者可导致心脏收缩期停搏。

4. **代谢性碱中毒**　血清钾过低时，细胞内K^+向细胞外转移，每移出3个K^+，即有2个Na^+和1个H^+移入细胞，使细胞外液H^+减少，发生低钾性碱中毒；同时，肾远曲小管Na^+-K^+交换减少而Na^+-H^+交换增加，排H^+增多，出现反常性酸性尿。患者可出现头晕、躁动、口周及手足麻木、手足抽搐等。

【辅助检查】

血清钾浓度<3.5mmol/L，可有代谢性碱中毒和反常性酸性尿。典型心电图改变为早期T波降低、变平或倒置，随后出现ST段降低、Q-T间期延长和U波。

【处理原则】

寻找和去除引起低钾血症的原因，合理补钾。

【护理措施】

1. 恢复血清钾水平

（1）病情观察：监测患者心率、心律、心电图及意识状况。

（2）减少钾丢失：遵医嘱予以止吐、止泻等治疗，以减少钾继续丢失。

（3）遵医嘱补钾

1）口服补钾：10%氯化钾或枸橼酸钾溶液口服；指导患者摄取含钾丰富的食品，如肉类、牛奶、绿豆、菠菜、黑木耳、香蕉、橘子、鲜果汁等。

2）静脉补钾：① 控制浓度，浓度不超过0.3%，禁止静脉直接推注10%氯化钾，以免血钾突然升高致心搏骤停；② 控制速度，缓慢滴注，不宜超过20mmol/h；③ 见尿补钾，成人每小时尿量大于40ml/h或24小时尿量超过500ml，方可补钾；④ 控制总量，一般每日补氯化钾3~6g（相当于补钾40~80mmol），定时测定血清钾浓度，及时调整每日补钾总量。

2. 减少受伤的危险　参见本章第一节等渗性脱水的护理。

3. 健康指导　长时间禁食者或近期有呕吐、腹泻、胃肠道引流者，应及时补钾，以防发生低钾血症。

（二）高钾血症

指血清钾浓度>5.5mmol/L。

【病因与发病机制】

1. 钾排出障碍　如急性肾衰竭的少尿期（钾排出障碍的最主要原因），长期使用保钾利尿剂（如螺内酯）等。

2. 外源性钾增加　如静脉滴注钾盐过多或浓度过高、输入大量库存血等。

3. 钾分布异常　如严重挤压伤、大面积烧伤、严重感染、溶血及代谢性酸中毒等，可使细胞内的钾转移到细胞外。

【临床表现】

患者可因神经-肌肉应激性改变，很快由兴奋转入抑制状态，表现为神志淡漠、感觉异常、乏力、四肢弛缓性瘫痪、腹胀和腹泻等。严重者有微循环障碍表现，如皮肤苍白、湿冷、发绀，可引起低血压、心动过缓、心律失常等，甚至出现心搏骤停，多发生于舒张期。

【辅助检查】

血清钾浓度>5.5mmol/L，可有代谢性酸中毒和反常性碱性尿。血清钾浓度>7mmol/L者，几乎都有异常心电图表现。典型心电图改变为早期T波高尖和Q-T间期缩短，随后出现QRS波增宽和P-R间期延长。

【处理原则】

1. 病因治疗 寻找和去除引起高钾血症的原因，积极治疗原发病。

2. 禁钾 立即停用一切含钾药物；避免进食含钾高的食物。

3. 降低血清钾浓度

（1）促进K^+转入细胞内：① 碱化细胞外液，静脉滴注碱性液如5%碳酸氢钠溶液；② 促进糖原合成，如静脉滴注葡萄糖溶液及胰岛素。

（2）促进K^+排泄：① 静脉注射呋塞米；② 口服阳离子交换树脂或保留灌肠；③ 血液透析或腹膜透析。

4. 对抗心律失常 给予10%葡萄糖酸钙20ml稀释后缓慢静脉注射，能缓解K^+对心肌的毒性作用，必要时可重复用药。

知识拓展 | **环硅酸锆钠（sodium zirconium cyclosilicate，SZC）**

SZC是一种无机、非聚合、不溶性的硅酸锆化合物，以微孔立方晶格形式存在。当SZC中的Na^+或H^+从结构中分离后，内部会形成具负电荷且孔径为3Å（$1Å = 0.1nm$）的离子阱，K^+成为捕获的理想阳离子，且具有较高选择性。SZC于2018年5月18日经美国食品药品监督管理局（FDA）批准用于治疗高钾血症，于2020年4月10日在我国获批上市。

多项在伴有慢性肾病和终末期肾病的高钾血症患者中开展的SZC有效性的临床研究结果表明，SZC可有效降低慢性肾病或终末期肾病高钾血症患者的血钾水平，并提示其作用不受慢性肾病分期影响。相较于其他降低血钾的药物，SZC选择性高且降钾作用较快，对于需紧急治疗的高钾血症患者可提供获益，此外，SZC还可增加血清碳酸氢盐水平，提示其对肾脏的保护作用具有潜在临床意义。

【护理措施】

1. 恢复血清钾水平 包括：① 指导患者停用含钾药物，避免进食含钾高的食物；② 遵医嘱用药以对抗心律失常、降低血钾水平；③ 做好透析患者护理。

2. 并发症的预防和急救 包括：① 严密监测血钾、心率、心律、心电图，一旦发生心律失常立即告知医生，积极协助治疗；② 若出现心搏骤停，立即行心肺脑复苏。

3. 健康教育 告知肾功能减退及长期使用保钾利尿剂的患者，应限制含钾食物和药物的摄入，并定期复诊，监测血钾浓度。

二、钙代谢异常

人体内的钙均由食物供给，成年人体内钙总量约为700~1 400g，约99%的钙以骨盐的形式存在于骨骼和牙齿中。血浆中的钙很少，其中游离钙（Ca^{2+}）约占50%，具有维持神经、肌肉稳定性的作用；与血浆蛋白结合的约占40%；与其他离子结合的约占10%。血钙浓度正常值为2.25~2.75mmol/L。

钙代谢紊乱主要为低钙血症（hypocalcemia）和高钙血症（hypercalcemia），以前者多见。

（一）低钙血症

指血清钙浓度<2.25mmol/L。

【病因】

重症急性胰腺炎、坏死性筋膜炎、胰瘘及小肠瘘、慢性肾衰竭、甲状旁腺功能减退症、降钙素分泌亢进、血清白蛋白减少、高磷血症及维生素D缺乏等。

【临床表现】

情绪易激动、口周和指/趾尖麻木及针刺感、手足抽搐、肌肉疼痛、腱反射亢进、房室传导阻滞、心力衰竭等。

【辅助检查】

血清钙测定显示浓度<2.25mmol/L。

【处理原则】

处理原发病和补钙。

【护理措施】

1. 监测血清钙　了解血清钙的动态变化，一旦发现异常，及时告知医生。

2. 防止窒息　严重的低钙血症会累及呼吸肌，应加强呼吸频率和节律的观察，做好气管切开的准备。

3. 遵医嘱补钙　症状发作时，可用10%葡萄糖酸钙或5%氯化钙10ml静脉注射。静脉滴注钙剂速度宜慢，以免引起血压过低或心律失常；指导患者正确口服钙剂和维生素D制剂；鼓励患者进食含钙丰富的食物。

（二）高钙血症

指血清钙浓度>2.75mmol/L。

【病因】

甲状旁腺功能亢进、恶性肿瘤骨转移、肾上腺皮质功能不全、多发性骨髓瘤等。

【临床表现】

便秘和多尿，初期可出现疲倦、乏力、食欲减退、恶心、呕吐、体重下降等；随血钙浓度升高，可出现头痛、背部和四肢疼痛、口渴、多尿等，甚至出现室性期前收缩和自发性室性节律。

【辅助检查】

1. 血清钙测定　浓度>2.75mmol/L。

2. 血清甲状旁腺激素测定　明显升高。

3. 心电图检查　Q-T间期缩短及房室传导阻滞。

【处理原则】

以处理原发病和促进钙排泄为原则。可通过低钙饮食、补液，应用乙二胺四乙酸（EDTA）、肾上腺糖皮质激素和硫酸钠等措施降低血清钙浓度。对于甲状旁腺功能亢进者，手术切除腺瘤或增生组织。

【护理措施】

动态监测血清钙的变化；采取措施降低血清钙水平，如遵医嘱补液、用药，指导患者低钙饮食、多饮水，导泻或灌肠等。

第三节　酸碱平衡失调

导入情景与思考

患者，男，26岁。因"大腿挤压伤3小时合并急性肾衰竭"入院，主诉心悸、头痛、头晕。体格检查：体温36.1℃，脉搏106次/min，呼吸24次/min，血压96/65mmHg。颜面潮红，口唇樱红。辅助检查：血液酸碱度（pH）7.30，血K^+ 6.0mmol/L，血HCO_3^- 17mmol/L。

请思考：

1. 该患者出现了哪种类型的体液失衡？依据是什么？
2. 为该患者补液纠正体液失衡的过程中，应注意观察哪种离子的变化？

正常情况下体液的酸碱平衡有赖于体内的缓冲系统、肺和肾的调节，pH在7.35~7.45。若体内酸性或碱性物质过多或过少，超出了机体的代偿和调节能力，即可出现酸碱平衡失调，包括代谢性酸中毒、代谢性碱中毒、呼吸性酸中毒、呼吸性碱中毒。HCO_3^-原发性减少或增加，可引起代谢性酸中毒或代谢性碱中毒。动脉血二氧化碳分压（$PaCO_2$）原发性增高或降低，可引起呼吸性酸中毒或呼吸性碱中毒。若2种或以上的酸、碱中毒并存，则称为混合型酸碱紊乱。

一、代谢性酸中毒

代谢性酸中毒（metabolic acidosis）是指细胞外液H^+增加和/或HCO_3^-丢失引起的pH降低，以血浆HCO_3^-原发性减少为特征，是临床上最常见的酸碱平衡失调。

【病因】

1. 摄入酸过多　如过多进食酸性食物或输入酸性药物。

2. 代谢产酸过多　缺氧或组织低灌注使细胞内无氧糖酵解增强，引起乳酸增加，如严重的损伤、高热或休克等；也见于糖尿病或长期禁食者，体内脂肪分解过多引起酮症酸中毒。

3. 肾排酸减少　如肾功能不全或醛固酮缺乏，H^+排出和HCO_3^-重吸收减少。

4. 碱丢失过多　如腹泻、胆瘘、肠瘘或胰瘘等致大量碱性消化液丧失或肾小管上皮不能重吸收HCO_3^-等。

【病理生理】

代谢性碱中毒时体内HCO_3^-减少，机体通过肺和肾进行代偿性调节。呼吸中枢代偿反应表现为呼吸加深加快，加速CO_2排出，使$PaCO_2$减低，使HCO_3^-/H_2CO_3的比值接近正常，从而维持血浆pH在正常范围。肾小管上皮细胞排出H^+增多，$NaHCO_3$重吸收也增加。同时，细胞外过多的

H^+进入细胞内，K^+作为交换移出细胞，导致高钾血症。

【临床表现】

轻度代谢性酸中毒可无症状。重症患者可出现疲乏、眩晕、嗜睡或烦躁不安，甚至神志不清或昏迷。最突出的表现是呼吸深而快，酮症酸中毒时呼出气有烂苹果味。患者面色潮红、心率加快、血压降低；可出现对称性肌张力减弱、腱反射减弱或消失。因代谢性酸中毒可降低心肌收缩力和周围血管对儿茶酚胺的敏感性，患者易发生心律失常、急性肾功能不全和休克。

【辅助检查】

1. 动脉血气分析 代偿期血液pH正常，HCO_3^-、剩余碱（base excess，BE）和$PaCO_2$有一定程度的降低；失代偿期血液pH和HCO_3^-明显下降，$PaCO_2$正常或代偿性降低，BE值减低。

2. 血清电解质测定 血清钾浓度升高。

【处理原则】

积极处理原发病、消除诱因。轻症者经消除病因和补液后，可自行纠正。血浆HCO_3^-低于15mmol/L的重症患者需补碱治疗，同时应注意适当补充钙、钾。

【护理措施】

1. 遵医嘱静脉补碱 常用5%碳酸氢钠溶液；也可应用乳酸钠，但肝功能不良或乳酸中毒者不宜使用。5%碳酸氢钠溶液为高渗溶液，一般选择中心静脉滴注，滴注速度不宜过快。用药后2~4小时复查动脉血气分析及血清电解质，根据测定结果及时调整治疗方案。

2. 病情观察 监测生命体征、动脉血气分析和血清电解质的变化。滴注碱性液过程中注意观察有无低钾血症、低钙血症症状，及时发现并遵医嘱补充钙、钾。

3. 做好口腔护理 指导患者养成良好的卫生习惯，用漱口液清洁口腔。

二、代谢性碱中毒

代谢性碱中毒（metabolic alkalosis）是指细胞外液HCO_3^-增多和/或H^+丢失引起的pH升高，以血浆HCO_3^-原发性增多为特征。

【病因】

1. 胃液丢失过多 如幽门梗阻、长期胃肠减压，使大量H^+、Cl^-丢失。

2. 碱性物质摄入过多 如长期服用碱性药物或大量输注库存血，后者所含抗凝剂入血后可转化为HCO_3^-。

3. 低钾血症 血清钾降低时，细胞内K^+向细胞外转移，H^+作为交换转移至细胞内，使细胞外H^+减少。

4. 使用利尿剂 如呋塞米、依他尼酸等可抑制肾近曲小管对Na^+和Cl^-的重吸收，导致低氯性碱中毒。

【病理生理】

代谢性碱中毒时机体通过肺、肾进行代偿性调节。呼吸变浅变慢，CO_2排出减少，$PaCO_2$升高，使HCO_3^-/H_2CO_3的比值接近正常。肾小管上皮细胞排H^+减少，HCO_3^-重吸收减少。代谢性碱中

毒时细胞外 H^+ 减少，细胞内 H^+ 溢出，细胞外的 K^+ 作为交换移入细胞内，导致低钾血症。代谢性碱中毒时氧合血红蛋白解离曲线左移，使氧不易从氧合血红蛋白中释放，组织缺氧严重。

【临床表现】

轻者无明显表现，有时可有呼吸变浅、变慢，谵妄，精神错乱或嗜睡等，严重者可发生昏迷。

【辅助检查】

1. 动脉血气分析　代偿期血液 pH 正常，HCO_3^-、BE 和 $PaCO_2$ 有一定程度的增高；失代偿期血液 pH 和 HCO_3^- 明显增高，$PaCO_2$ 正常或代偿性增高，BE 值增高。

2. 血清电解质测定　可伴血清钾、氯降低。

【处理原则】

治疗关键在于积极治疗原发病。低氯性碱中毒可输入等渗盐水或葡萄糖盐水，尿量超过 40ml/h 后开始补钾。严重代谢性碱中毒者（pH>7.65，血浆 HCO_3^- 为 45~50mmol/L），可输注盐酸精氨酸溶液。

【护理措施】

1. 病情观察　监测患者的生命体征、意识状况、动脉血气分析和血清电解质等。

2. 用药护理　盐酸精氨酸溶液需经中心静脉滴注，加强监测和病情观察，及时调整治疗方案。遵医嘱正确应用含钙、钾药物。

三、呼吸性酸中毒

呼吸性酸中毒（respiratory acidosis）指肺泡通气及换气功能减弱，导致 CO_2 潴留，使 $PaCO_2$ 增高。

【病因】

1. 急性肺通气障碍　如全身麻醉过深、镇静药过量、呼吸机管理不当、喉或支气管痉挛、急性肺气肿、严重气胸、胸腔积液、心搏骤停等可引起急性或暂时性呼吸性酸中毒。

2. 慢性阻塞性肺疾病　如肺组织广泛纤维化、重度肺气肿等可引起持续性呼吸性酸中毒。

【病理生理】

血液中的 H_2CO_3 与 Na_2HPO_4 结合，形成 $NaHCO_3$ 和 NaH_2PO_4，后者从尿中排出，使血液中的 H_2CO_3 减少、HCO_3^- 增多，但此代偿作用较弱。肾小管 H^+ 和 NH_3 生成增加，Na^+-H^+ 交换增加，使 H^+ 排出增多和 $NaHCO_3$ 重吸收增加。细胞的代偿调节是急性呼吸性酸中毒的主要代偿方式，因此呼吸性酸中毒常伴有高钾血症。

【临床表现】

患者出现胸闷、气促、呼吸困难、发绀、头痛、躁动不安等。重者可伴血压下降、谵妄、昏迷。严重脑缺氧者可致脑水肿、脑疝，甚至呼吸骤停。患者因严重酸中毒所致的高钾血症，可引起突发性心室颤动。

【辅助检查】

动脉血气分析显示血液 pH 降低、$PaCO_2$ 增高、HCO_3^- 正常。

【处理原则】

积极治疗原发病，改善通气。如解除呼吸道梗阻，使用呼吸兴奋剂等，必要时行气管插管或气管切开辅助呼吸。酸中毒较重者，适当使用氨丁三醇，既可增加HCO_3^-浓度，也可降低$PaCO_2$。

【护理措施】

1. 改善患者通气状况 ① 解除呼吸道梗阻，促进排痰，协助医生行气管插管或气管切开；呼吸机辅助通气者，注意调节呼吸机的各项参数，严格执行呼吸机使用的护理常规。② 低流量持续吸氧，应注意吸入氧气浓度不宜过高，高浓度吸氧可减弱呼吸中枢对缺氧的敏感性，从而抑制呼吸。

2. 加强观察 ① 持续监测呼吸频率、深度、呼吸肌运动情况及呼吸困难程度；② 监测生命体征、动脉血气分析及血清电解质；③ 使用氨丁三醇时，若剂量过大、注射过快可抑制呼吸，同时因生成碳酸氢盐，经肾排出可加重肾脏负担，应加强观察。

四、呼吸性碱中毒

呼吸性碱中毒（respiratory alkalosis）指由于肺泡通气过度，体内CO_2排出过多，$PaCO_2$降低而引起的低碳酸血症。

【病因】

中枢神经系统疾病、高热、疼痛、创伤、感染、呼吸机辅助通气过度等。

【病理生理】

呼吸性碱中毒时，$PaCO_2$降低可抑制呼吸中枢，使呼吸变浅、变慢，CO_2排出减少，血中H_2CO_3代偿性增高；但这种代偿很难维持，因其可致机体缺氧。肾脏的代偿作用表现为肾小管上皮细胞排H^+减少及HCO_3^-的重吸收减少，从而使血浆中HCO_3^-降低。细胞的代偿调节可引起低钾血症。

【临床表现】

多数患者有呼吸急促的表现，可有眩晕、手足和口周麻木及针刺感、肌震颤、手足抽搐，常伴心率加快。

【辅助检查】

动脉血气分析显示血液pH增高、$PaCO_2$和HCO_3^-降低。

【处理原则】

积极治疗原发病，加强对症治疗。可用纸袋罩住口鼻呼吸，增加呼吸道无效腔，减少CO_2的呼出；严重者可吸入含5% CO_2的氧气，从而增加血液$PaCO_2$。呼吸机管理不当致过度通气者，应调整呼吸机参数；精神性通气过度者，可用镇静药。

【护理措施】

1. 维持正常的气体交换型态 指导患者深呼吸、放慢呼吸频率，教会患者使用纸袋呼吸的方法。

2. 病情观察 定时监测并记录患者的生命体征、出入量、意识状态、动脉血气分析结果等。

（刘萍）

学习小结

1. 水、电解质代谢紊乱和酸碱平衡失调并非独立的疾病，在各类外科疾病、大手术时均可发生，以等渗性脱水、低钾血症和代谢性酸中毒最多见。

2. 水和钠代谢紊乱　根据水和钠丢失的比例分为等渗性脱水、低渗性脱水和高渗性脱水三类，虽然病因不同，但共同表现为体液容量不足、血液浓缩、可发生低血容量性休克。护理重点是遵循"定量、定性、定时、先快后慢"的静脉补液原则；密切观察精神状态、缺水征、生命体征及辅助检查等。

3. 钾、钙代谢紊乱　通过血清学检测结合临床表现可明确诊断。① 低钾血症最先出现肌无力、麻痹性肠梗阻等，静脉补钾时遵循见尿补钾的原则，同时控制静脉补钾的浓度、速度、总量。② 高钾血症常表现为神志淡漠、乏力、四肢弛缓性瘫痪、腹胀、心律失常，甚至出现心搏骤停，遵医嘱采用促钾排出或转入细胞内的措施、应用钙剂对抗心律失常，密切监测血钾、心律、心电图。③ 低钙血症表现为口周和指/趾尖麻木及针刺感、手足抽搐、肌肉疼痛、腱反射亢进，可补钙剂和维生素D制剂，发作时静脉注射10%葡萄糖酸钙或5%氯化钙10ml。④ 高钙血症主要表现为便秘、多尿、乏力、食欲减退、疼痛、室性期前收缩，采用低钙饮食、药物治疗，如有甲状旁腺功能亢进，手术切除腺瘤或增生组织。

4. 酸碱平衡失调　体液的酸碱平衡有赖于体内的缓冲系统、肺和肾的调节。酸碱平衡失调包括：① 代谢性酸中毒，失代偿期血液 pH、HCO_3^-、BE 降低、$PaCO_2$ 正常或代偿性降低，应根据病因实施补液、补碱、补钙、补钾等；② 代谢性碱中毒，失代偿期血液 pH、HCO_3^-、BE 增高、$PaCO_2$ 正常或代偿性增高，可静脉滴注等渗盐水或葡萄糖盐水，尿量超过 40ml/h 后开始补钾，严重者可滴注盐酸精氨酸溶液等；③ 呼吸性酸中毒，血液 pH 降低、$PaCO_2$ 增高、HCO_3^- 正常，需要积极改善通气；④ 呼吸性碱中毒，血液 pH 增高、$PaCO_2$ 和 HCO_3^- 降低，需要减少 CO_2 呼出。

复习参考题

一、单项选择题

1. 细胞外液中的主要阳离子为
   A. K^+
   B. Na^+
   C. Mg^{2+}
   D. Ca^{2+}
   E. Fe^{2+}

2. 高渗性脱水时，血清钠应高于
   A. 135mmol/L

B. 140mmol/L

C. 145mmol/L

D. 150mmol/L

E. 155mmol/L

3. 低钾血症最早出现的临床症状为

    A. 血压下降

    B. 神志淡漠

    C. 恶心、呕吐

    D. 麻痹性肠梗阻

    E. 肌肉软弱无力

4. 在正常情况下，体液的 pH 维持在

    A. 7.05~7.15

B. 7.15~7.25

C. 7.25~7.35

D. 7.35~7.45

E. 7.45~7.55

5. 代谢性酸中毒典型的呼吸表现为

    A. 呼吸浅而慢

    B. 呼吸深而慢

    C. 呼吸深而快，呼出气体有酮味

    D. 呼吸浅而快，频率可达 50 次/min

    E. 胸闷、呼吸困难伴神经系统症状

参考答案：

1. B 2. D 3. E 4. D 5. C

二、简答题

1. 简述等渗性脱水患者补液时的观察要点。

2. 简述静脉补钾的注意事项。

第三章　　外科休克患者的护理

学习目标

知识目标	1. 掌握休克的临床表现、护理措施。 2. 熟悉休克的处理原则。 3. 了解休克的病因和病理生理。
能力目标	1. 能运用护理程序对低血容量性休克、感染性休克患者进行护理。 2. 具有良好的沟通能力、初步的急救能力和临床决策能力。
素质目标	具有关心和爱护休克患者的态度和行为；具备团队合作精神。

第一节　概述

导入情景与思考

患者，男，40岁，因"车祸伤2小时"急诊入院。患者极度烦躁、面色苍白、皮肤湿冷。体格检查：体温38.4℃，脉搏132次/min，呼吸30次/min，血压76/54mmHg；全腹肌紧张，明显压痛、反跳痛，以左上腹为甚；尿量8ml/h。辅助检查：白细胞计数25×10⁹/L。腹腔穿刺抽出食物残渣，腹部X线检查显示膈下游离气体。

请思考：

1. 该患者的主要护理诊断/问题有哪些？
2. 应采取哪些护理措施？

　　休克（shock）是机体受强烈的致病因素侵袭后，导致有效循环血量锐减，组织血液灌流不足而引起的以微循环障碍、代谢障碍和细胞受损为特征的病理性综合征，是严重的全身性应激反应。

【分类】

　　按病因可分为低血容量性休克、感染性休克、心源性休克、神经源性休克和过敏性休克五类，其中低血容量性休克和感染性休克在外科最常见。

【病理生理】

　　有效循环血量锐减及组织灌注不足是各类休克共同的病理生理基础。

1. 微循环变化

（1）微循环缺血期：休克早期，由于有效循环血量显著减少，引起循环容量降低、动脉血压下降，大量儿茶酚胺释放使心跳加快、心排血量增加；外周（皮肤、骨骼肌）和内脏（如肝、脾、胃肠）的小血管选择性收缩使血液重新分布，增加静脉回心血量，以保证心、脑等重要器官的有效灌注。此期微循环呈"少灌少流，灌少于流"的特点。若能在此期去除病因积极复苏，休克较容易纠正。

（2）微循环淤血期：若休克继续进展，细胞无氧代谢，出现酸中毒、舒张血管的介质如组胺、缓激肽等释放，毛细血管的后阻力大于前阻力，血液大量进入真毛细血管，血液淤滞，组织处于"灌而少流，灌大于流"状态，静脉回心血量进一步减少，心排血量继续下降，心、脑器官灌注不足，休克加重进入微循环淤血期。

（3）微循环衰竭期：若病情继续发展，淤滞在微循环内的黏稠血液在酸性环境中处于高凝状态，红细胞和血小板容易发生聚集并在血管内形成微血栓，甚至引起弥散性血管内凝血（disseminated intravascular coagulation，DIC）。组织缺血、细胞缺氧严重，加之酸性代谢产物和内毒素的作用，细胞内溶酶体膜破裂，释放多种水解酶，引起细胞自溶、死亡，最终导致组织、器官功能受损。此期又称为DIC期。

2. 代谢改变

（1）代谢性酸中毒：组织细胞缺氧，无氧糖酵解增加，乳酸增多，导致代谢性酸中毒。

（2）能量代谢障碍：休克时机体处于应激状态，交感–肾上腺髓质系统和下丘脑–垂体–肾上腺皮质轴兴奋，使儿茶酚胺和肾上腺皮质激素水平明显升高，从而促进糖异生、抑制糖降解，导致血糖水平升高；抑制蛋白合成、促进蛋白分解，为机体提供能量和合成急性期蛋白的原料。当有特殊功能的酶类蛋白质被消耗后，则不能完成复杂的生理过程，导致多器官功能障碍综合征（multiple organ dysfunction syndrome，MODS）。应激时脂肪分解代谢明显增强，成为机体供能的主要来源。

3. 炎症介质释放和细胞损伤 严重创伤、感染、休克可刺激机体释放过量炎症介质，形成"瀑布样"连锁放大反应。炎症介质包括白细胞介素、肿瘤坏死因子、集落刺激因子、干扰素和一氧化氮等。

代谢性酸中毒和能量不足可影响细胞膜功能：如细胞膜上的Na^+-K^+泵功能失常，细胞肿胀、变性、死亡；钙泵功能失常，大量钙离子进入细胞内，导致溶酶体膜、线粒体膜破裂，释放出许多引起细胞自溶和组织损伤的水解酶和毒性物质，进一步加重休克。

4. 内脏器官的继发性损害

（1）肺：休克时缺氧可使肺毛细血管内皮细胞和肺泡上皮受损，表面活性物质减少，使部分肺泡萎陷、水肿，部分肺血管嵌闭或灌注不足，引起肺分流和无效腔通气增加，严重时导致急性呼吸窘迫综合征（acute respiratory distress syndrome，ARDS）。

（2）肾：因血压下降、儿茶酚胺分泌增加使肾的入球血管痉挛和有效循环容量减少，肾小球滤过率明显下降，肾皮质血流量明显减少，肾小管缺血坏死，发生急性肾衰竭。

（3）脑：脑灌注压和血流量下降导致脑缺氧。缺氧和酸中毒引起毛细血管通透性升高，继发脑水肿。

（4）心：冠状动脉血流减少，导致心肌缺血缺氧；心肌微循环内血栓形成，引起心肌局灶性坏死和心力衰竭；酸中毒及高钾血症等可加重心肌损害。

（5）胃肠道：缺血、缺氧可使胃肠道黏膜上皮细胞屏障功能受损，并发急性胃黏膜糜烂、出血或应激性溃疡。肠黏膜的屏障结构和功能受损，导致肠道内的细菌和内毒素移位，引起肠源性感染。

（6）肝：肝细胞缺血、缺氧，破坏肝的合成与代谢，引起内毒素血症，甚至导致肝性脑病和肝衰竭。

【临床表现】

按照休克的发病过程可分为休克代偿期和失代偿期，或称休克早期和休克期（表3-1-1）。

1. 休克代偿期　表现为精神紧张、兴奋或烦躁不安、皮肤苍白、四肢湿冷、心率加快、脉压小、呼吸急促、尿量减少等。如处理及时、得当，休克可较快得到纠正。否则病情继续发展，进入休克失代偿期。

2. 休克失代偿期　表现为神情淡漠、反应迟钝，甚至意识模糊或昏迷；出冷汗、口唇肢端发绀；脉搏细速，血压进行性下降。严重时，全身皮肤、黏膜明显发绀，四肢厥冷，脉搏摸不清、血压无法测出，尿少甚至无尿。若皮肤、黏膜出现瘀斑或消化道出血，提示病情已发展至DIC阶段。若出现进行性呼吸困难、脉速、烦躁、发绀，一般吸氧不能改善呼吸状态，应考虑并发ARDS。

▼ 表3-1-1　休克不同时期的临床表现

| 分期 | 程度 | 神志 | 口渴 | 皮肤黏膜 | | 体表血管 | 脉搏 | 血压 | 尿量 | 估计失血量* |
				色泽	温度					
休克代偿期	轻度	神志清楚，表情痛苦，精神紧张	口渴	开始苍白	正常或发凉	正常	100次/min以下，尚有力	收缩压正常或稍高，舒张压高，脉压小	正常	20%以下（800ml以下）
休克失代偿期	中度	神志尚清楚，表情淡漠	很口渴	苍白	发冷	表浅静脉塌陷，毛细血管充盈迟缓	100~120次/min	收缩压70~90mmHg，脉压小	尿少	20%~40%（800~1 600ml）
	重度	意识模糊，昏迷	非常口渴	显著苍白，肢端发绀	厥冷（肢端更明显）	表浅静脉塌陷，毛细血管充盈非常迟缓	速而细弱或摸不清	收缩压在70mmHg以下或测不到	尿少或无尿	40%以上（1 600ml以上）

注：*成人低血容量性休克。

【辅助检查】

1. 实验室检查

（1）三大常规：红细胞计数、血红蛋白值持续降低提示失血；血细胞比容增高提示血浆丢失；白细胞计数和中性粒细胞百分比升高提示感染；尿比重增高提示血液浓缩或血容量不足；粪便隐血试验阳性或黑便提示消化系统出血。

（2）血生化：包括肝肾功能检查，检测动脉血乳酸盐、血糖、血清电解质等，了解患者是否并发MODS、酸碱平衡失调及细胞缺氧的程度等。

（3）凝血功能：当下列5项中出现3项及以上异常，可诊断为DIC。① 血小板计数低于80×10^9/L；② 凝血酶原时间较正常延长3秒以上；③ 血浆纤维蛋白原低于1.5g/L或呈进行性降低；④ 血浆鱼精蛋白副凝试验（又称3P试验）阳性；⑤ 血涂片中破碎红细胞超过2%。

（4）动脉血气分析：动脉血氧分压（PaO_2）反映血液携氧状态，若PaO_2低于60mmHg（1mmHg=0.133kPa），吸入纯氧后仍无改善，提示ARDS。动脉血二氧化碳分压（$PaCO_2$）是通气和换气功能的指标，可作为呼吸性酸碱中毒的判断依据。

2. 血流动力学监测

（1）中心静脉压（CVP）：CVP代表右心房或者胸腔段腔静脉内的压力，可反映全身血容量与右心功能之间的关系，正常值为5~12cmH$_2$O。若CVP<5cmH$_2$O，表示血容量不足；>15cmH$_2$O，提示心功能不全、静脉血管床过度收缩或肺循环阻力增高；>20cmH$_2$O，表示存在充血性心力衰竭。

（2）肺毛细血管楔压（pulmonary capillary wedge pressure，PCWP）：应用血流导向气囊导管（又称Swan-Ganz导管）测量，可反映肺静脉、左心房和左心室压力，正常值为6~15mmHg。<6mmHg，表示血容量不足；>15mmHg，提示肺循环阻力增加，应限制输液量。

（3）心排血量（cardiac output，CO）和心脏指数（cardiac index，CI）：心排血量是心率和每搏输出量的乘积，成人心排血量的正常值为4~6L/min。空腹和静息状态下单位体表面积的心排血量为心脏指数，正常值为3.0~3.5L/（min·m^2）。休克时心排血量和心脏指数多降低，但某些感染性休克可增高。

3. 影像学检查　超声、X线、计算机体层成像（CT）、磁共振成像（MRI）等可了解脏器损伤、感染情况。

4. 诊断性穿刺　怀疑有胸、腹腔内脏器损伤或异位妊娠（又称宫外孕）破裂出血者，可进行诊断性穿刺。

【处理原则】

治疗休克的重点是尽早去除病因，迅速恢复有效循环血量，纠正微循环障碍，恢复正常代谢，防止MODS发生。

1. 急救措施　① 制动创伤部位，控制大出血，必要时使用抗休克裤；② 保证呼吸道通畅，予以鼻导管或面罩吸氧。

2. 补充血容量　是治疗休克最基本和首要的措施，原则是及时、快速、足量，先晶后胶。先输入迅速扩充血容量的晶体溶液（如平衡盐溶液），再输入扩充血容量持久的胶体溶液（如羟乙基淀粉），必要时进行成分输血。近年来也可将3%~7.5%高渗盐溶液用于休克复苏治疗，以减轻组织细胞肿胀并扩容。

3. 积极处理原发病　应先尽快恢复有效循环血量后，及时实施手术处理原发病，才能有效治疗休克。

4. 纠正酸碱平衡失调　酸性环境能增加氧与血红蛋白的解离，从而增加组织氧供，对复苏有利。而碱性环境使氧不易从血红蛋白释放，加重组织缺氧。因此，目前对酸碱平衡的处理多主张宁酸勿碱。轻度酸中毒在循环改善后即可缓解，但重度休克经扩容治疗后仍有严重的代谢性酸中毒者，需用碱性药物，常用5%碳酸氢钠。

5. 应用血管活性药

（1）血管收缩药：主要有多巴胺、去甲肾上腺素、间羟胺等，最常用多巴胺。多巴胺小剂量时可增强心肌收缩力和增加心排血量，并扩张肾和胃肠道等内脏器官血管；大剂量时则增加外周血管阻力。去甲肾上腺素有兴奋心肌、收缩血管、升高血压、增加冠状动脉血流量的作用。

（2）血管扩张药：主要有酚妥拉明、酚苄明、阿托品、山莨菪碱等。血管扩张药可解除血管痉挛，改善微循环，但可使血管容量增大，故应在补足血容量的前提下使用。

（3）强心药：常用毛花苷C（西地兰），可增强心肌收缩力，减慢心率。

6. 治疗DIC　对诊断明确的DIC，可用肝素抗凝，一般1.0mg/kg，6小时1次。DIC晚期，出现纤维蛋白溶解系统功能亢进时，应使用抗纤溶药如氨甲苯酸、氨基己酸，以及抗血小板黏附和聚集的阿司匹林、双嘧达莫和低分子右旋糖酐等。

7. 皮质类固醇　可用于感染性休克和其他较严重的休克。其作用有扩张血管，改善微循环；保护细胞内溶酶体，防止溶酶体破裂；增强心肌收缩力，增加心排血量；增强线粒体功能和防止白细胞凝集；促进糖异生，减轻酸中毒。一般主张短期内大剂量使用；严重休克者，可延长使用时间。

【护理评估】

1. 健康史

（1）个人情况：患者的年龄、性别、职业等。

（2）既往史：患者有无外伤、烧伤、脏器损伤等引起的失血或失液；有无手术史、感染史、过敏史。

2. 身体状况

（1）主要症状与体征

1）意识：反映休克的敏感指标。若患者呈兴奋、烦躁不安，或表情淡漠、意识模糊、反应迟钝，甚至昏迷，提示存在不同程度的休克。

2）生命体征：① 血压，虽不是反映休克程度最敏感的指标，但为最常用的监测指标；② 脉搏，休克代偿期脉率增快，且出现在血压下降之前，是休克的早期诊断指标；③ 呼吸，呼吸急促、变浅、不规则，提示病情恶化；④ 体温，多数休克患者体温偏低，但感染性休克患者可有高热。

3）外周循环状况：皮肤和口唇黏膜苍白、发绀、呈花斑状，四肢湿冷，提示休克。部分感染性休克患者可表现为皮肤干燥潮红、手足温暖。

4）尿量：可反映肾灌流情况，也是反映组织灌流情况最佳的定量指标。尿少通常是早期休克和休克复苏不完全的表现。

5）局部状况：有无软组织、骨骼或内脏损伤的体征；有无局部出血及出血量。

（2）辅助检查　实验室检查和血流动力学监测结果。

3. 心理-社会状况 患者及家属有无紧张、焦虑或恐惧；患者及家属的心理承受能力及对治疗和预后的认识。

【常见护理诊断/问题】

1. 体液不足 与大量失血、失液有关。

2. 气体交换受损 与微循环障碍、缺氧和呼吸型态改变有关。

3. 体温过高或过低 与感染、组织灌注不良有关。

4. 有感染的危险 与免疫力降低、侵入性治疗有关。

5. 有受伤的危险 与烦躁不安、意识不清等有关。

【护理目标】

1. 患者能维持体液平衡，生命体征平稳、肢体温暖、尿量正常。

2. 患者呼吸道通畅，呼吸平稳，血气分析结果维持在正常范围。

3. 患者体温能维持正常。

4. 患者未发生感染或感染发生后被及时发现并处理。

5. 患者未发生意外损伤。

【护理措施】

1. 补充血容量

（1）建立静脉通路：迅速建立2条及以上静脉输液通道。如果周围血管萎陷或穿刺困难，应立即行中心静脉置管，并同时监测CVP。

（2）合理补液：一般先快速输入晶体溶液，首选平衡盐溶液。输入胶体溶液更容易恢复血管内容量和维持血流动力学稳定，同时能维持胶体渗透压，持续时间也较长。输入液体的量应根据病因、尿量和血流动力学进行评估，临床上常以血压结合中心静脉压的测定指导补液（表3-1-2）。

（3）记录出入量：准确记录输入液体的种类、数量、时间、速度等，并详细记录24小时出入量作为后续治疗的依据。

▼ 表3-1-2 中心静脉压、血压与补液的关系

中心静脉压	血压	原因	处理原则
低	低	血容量严重不足	充分补液
低	正常	血容量不足	适当补液
高	低	心功能不全或血容量相对过多	给强心药，纠正酸中毒，舒张血管
高	正常	容量血管过度收缩	舒张血管
正常	低	心功能不全或血容量不足	补液试验*

注：*补液试验，取等渗盐水250ml，于5~10分钟内经静脉输入，如血压升高而CVP不变，提示血容量不足；如血压不变而CVP升高3~5cmH_2O，则提示心功能不全。

（4）观察病情变化：监测生命体征、意识、口唇色泽、皮肤和肢端温度、尿量和尿比重等。临床常用休克指数，即脉率（次/min）/收缩压（mmHg）来判断休克的有无及程度，指数为0.5多提示无休克，≥1.0提示有休克，>2.0提示严重休克。若患者从烦躁转为平静，淡漠迟钝转为对

答自如，口唇红润，肢体转暖，尿量＞30ml/h，提示休克好转。

2. 改善组织灌注，促进气体正常交换

（1）取休克体位：头和躯干抬高20°~30°、下肢抬高15°~20°的中凹卧位，有利于膈肌下移，促进肺扩张；增加肢体回心血量，改善重要器官供血。

（2）用药护理：应用血管活性药时应从低浓度、慢速度开始，每5~10分钟测1次血压，血压平稳后每15~30分钟测1次，并根据血压调整药物浓度和泵入速度，防止血压出现过大波动。使用血管收缩药时，应严防药物外渗，若注射部位出现红肿、疼痛，应立即更换滴药部位，患处用0.25%普鲁卡因封闭，以免组织坏死。患者血压平稳后，可逐渐减慢滴速直至停药，应避免突然停药引起血压波动。使用毛花苷C等强心药时，应注意观察心率、心律变化，注意有无其他不良反应。

（3）维持有效的气体交换：① 保持呼吸道通畅，鼓励患者深呼吸、有效咳嗽，协助叩背排痰。昏迷患者，应将头偏向一侧，或置入通气管，以免舌后坠或呕吐物、气道分泌物等引起误吸。气管插管或气管切开者应及时吸痰。② 改善缺氧，经鼻导管给氧，氧浓度为40%~50%，氧流量为6~8L/min，以提高肺静脉血氧浓度。严重呼吸困难者，可行气管插管或气管切开，尽早使用呼吸机辅助呼吸。

3. 维持正常体温

（1）监测体温：每4小时1次，密切观察体温变化。

（2）保暖：体温过低时应注意保暖，可采取调节室温，盖棉被、毛毯等方法；切忌使用热水袋、电热毯等进行体表加温，以免造成烫伤，并且因其会导致皮肤血管扩张，进一步减少重要脏器的血液灌注，不利于纠正休克。

（3）降温：高热患者给予物理降温，并及时更换被汗液浸湿的衣裤。

（4）库存血复温：输血前将库存血置于常温下复温后再输入，以免使患者体温降低。

4. 预防感染　① 严格执行无菌技术操作；② 遵医嘱合理应用抗菌药物；③ 协助患者咳嗽、咳痰，必要时遵医嘱雾化吸入，有利于痰液稀释和排出；④ 加强留置导尿管的护理，预防泌尿系统感染；⑤ 有创面或伤口者，及时更换敷料，保持创面清洁干燥。

5. 预防意外伤害和皮肤受损

（1）适当约束：对于烦躁或神志不清的患者，应加床旁护栏以防坠床；必要时使用约束带妥善固定四肢，以免患者将输液管道或引流管等拔出。

（2）预防压力性损伤：病情允许时，协助患者每2小时翻身、叩背1次，按摩受压部位皮肤。

【护理评价】

1. 患者体液是否维持平衡，生命体征是否平稳，尿量是否正常。

2. 患者微循环是否改善，呼吸、血气分析结果是否维持在正常范围。

3. 患者体温是否维持正常。

4. 患者是否发生感染，或发生感染后是否被及时发现和控制。

5. 患者是否发生意外伤害。

第二节 低血容量性休克

导入情景与思考

患者，女，26岁，因"车祸撞伤后腹部剧痛，伴有腹胀，半小时后出现痛苦面容、面色苍白、表情淡漠、四肢湿冷"入院。体格检查：体温35℃、脉搏120次/min、呼吸24次/min、血压70/50mmHg、CVP 1cmH$_2$O。腹胀，全腹轻度压痛、反跳痛和肌紧张，以左上腹明显，移动性浊音阳性，肠鸣音减弱。辅助检查：腹腔穿刺抽出不凝固的血液。

请思考：

1. 该患者的休克为何种类型？

2. 如何护理该患者？

低血容量性休克常由短时间内大量出血、体液丢失或体液积聚于第三间隙引起。包括失血性休克和创伤性休克。

一、失血性休克

失血性休克（hemorrhagic shock）多见于大血管破裂，腹部损伤引起的实质性内脏器官（肝、脾）破裂，胃、十二指肠出血，门静脉高压所致的食管、胃底曲张静脉破裂出血等。通常在迅速失血超过总血量的20%时，即发生休克。

【处理原则】

1. **补充血容量** 根据血压和脉率变化估计失血量。一般先快速输入平衡盐溶液和胶体溶液。若血红蛋白浓度大于100g/L可不必输血；低于70g/L可输浓缩红细胞；急性失血超过总血量的30%时可输全血。

2. **止血** 对有活动性出血的患者，应迅速控制出血。可先采用非手术方法，如止血带止血、纤维内镜止血等。若为大血管破裂或实质性内脏器官（脾、肝等）破裂时，应在积极抗休克的同时进行手术止血。

知识拓展 | **主动脉球囊阻断在休克复苏中的应用**

主动脉球囊阻断是通过腔内途径，使用相应尺寸的顺应性球囊，阻断损伤部位近端主动脉相应节段，增加阻断近端血压，实现早期有效止血，维持患者基础生命血压，保证心、脑供血，为严重的创伤性休克患者提供临时、复苏性有效止血的抗休克救治方法，为患者的转运和手术争取时间。

该技术使一部分危重患者有机会实现彻底手术止血，而且在后期彻底手术止血过程中，其应用还可以帮助术者发现具体出血部位，增加手术成功率。

【护理措施】

1. 补液护理。

2. 其他护理措施　参见本章第一节概述。

二、创伤性休克

创伤性休克（traumatic shock）多见于严重外伤，如大面积撕脱伤、烧伤、挤压伤、全身多发性骨折或大手术等。

【病理生理】

严重外伤引起血液或血浆丧失，损伤处炎性肿胀和体液渗出，导致低血容量。受损组织产生的血管活性物质可致微血管扩张和通透性增高，进一步降低有效循环血量。另外，创伤刺激引起剧痛和神经-内分泌反应，影响心血管功能。

【处理原则】

1. 补充血容量　补液量及种类根据患者的症状、体征、血流动力学指标、创伤情况等综合考虑。

2. 止痛　剧烈疼痛者适当应用镇痛药。

3. 急救处理　骨折患者应妥善固定，避免血管、神经的进一步损伤；对危及生命的损伤，如张力性气胸、连枷胸等，应首先紧急处理。

4. 手术　一般在血压回升或稳定后进行。

5. 预防感染　应早期使用抗生素。

【护理措施】

1. 急救护理　优先处理危及生命的问题，注意保持呼吸道通畅，迅速控制明显的外出血，妥善固定骨折部位。

2. 心理护理　由于创伤性休克发病突然，患者大多处于极度不安、恐慌的状态，甚至可能出现情绪休克。应理解并鼓励患者表达情绪，并保持沉着冷静，稳定患者及家属情绪，帮助其树立治疗信心。

3. 镇痛护理　创伤后剧烈疼痛是患者的主要症状之一，可加重休克，应及时予以止痛。若患者有呼吸障碍，则禁用吗啡。

4. 监测血糖　创伤性休克后部分患者因胰岛素抵抗而出现高血糖症，增加了感染、多发性神经损伤、MODS的风险，甚至导致患者死亡。因此，应严密监测患者血糖，遵医嘱及时给予胰岛素治疗。

5. 其他护理措施　参见本章第一节概述。

第三节　感染性休克

导入情景与思考

患者，男，42岁。因"反复右上腹疼痛10余年，症状加重伴皮肤巩膜黄染、畏寒、发热2日"入院。体格检查：体温39.2℃，脉搏116次/min，血压80/60mmHg，表情淡漠，意识恍惚，全身皮肤轻度黄染，右上腹部肌紧张、深压痛。实验室检查：白细胞计数25×10^9/L，中性粒细胞百分比95%，血清总胆红素209μmol/L，谷丙转氨酶310U/L；超声显示肝外胆管扩张，内有强光团伴声影。

请思考：

1. 该患者的休克为何种类型？

2. 如何护理该患者？

感染性休克（septic shock）指由病原体侵入人体，向血液内释放内毒素，导致循环障碍、组织灌注不良而引起的休克，是外科多见和治疗较困难的一类休克。多继发于以释放内毒素的革兰氏阴性杆菌为主的感染，如急性腹膜炎、胆道感染、绞窄性肠梗阻及泌尿系统感染等。

【病理生理与分类】

1. 病理生理　内毒素与体内的补体、抗体或其他成分结合后，可刺激交感神经引起血管痉挛并损伤血管内皮细胞。同时，内毒素可促使组胺、激肽、前列腺素及溶酶体酶等炎症介质释放，引起全身炎症反应综合征（systemic inflammatory response syndrome，SIRS）：① 体温>38℃或<36℃；② 心率>90次/min；③ 呼吸急促>20次/min或过度通气，PaCO$_2$<4.3kPa；④ 白细胞计数>12×10^9/L或<4×10^9/L，或未成熟白细胞>10%。SIRS进一步发展，可导致微循环障碍、代谢紊乱及MODS。

2. 分类　按血流动力学改变分为低动力型和高动力型两种。

（1）低动力型休克：又称低排高阻型休克、冷休克，是最常见的类型。其特点为外周血管收缩，阻力增高，微循环淤滞，大量毛细血管渗出致血容量和心排血量减少。

（2）高动力型休克：又称高排低阻型休克、暖休克，临床较少见。其特点为外周血管扩张，阻力降低，心排血量正常或增高，血流分布异常，动静脉短路开放增多。

【临床表现】

低动力型休克患者表现为烦躁不安、神志淡漠，甚至嗜睡、昏迷；面色苍白、发绀或呈花斑样；皮肤湿冷，体温降低；毛细血管充盈时间延长；脉搏细速，血压下降，脉压减小（<30mmHg）；尿量<25ml/h。高动力型休克患者表现为意识清醒；面色潮红；皮肤温暖干燥；毛细血管充盈时间为1~2秒；脉搏慢而有力，血压下降，但脉压较大（>30mmHg）；尿量>30ml/h。病情加重时高动力型休克可转为低动力型休克。

【处理原则】

首先是病因治疗，原则是在休克纠正前，着重治疗休克，同时治疗感染；在休克纠正后，着重治疗感染。

1. **补充血容量**　快速输入平衡盐溶液，再补充适量的胶体溶液，根据CVP调节输液量和输液速度。

2. **控制感染**　应用抗菌药物，处理原发感染灶。对病原菌尚未确定的患者，可根据临床表现判断最可能的致病菌种类来选择抗菌药，或选用广谱抗菌药。

3. **纠正酸碱平衡**　感染性休克常伴有严重的酸中毒，需及时纠正，并监测动脉血气分析结果。

4. **应用心血管药物**　经补充血容量、纠正酸中毒而休克未见好转时，应考虑应用血管扩张药。心功能受损者，可给予强心苷（毛花苷C）、多巴酚丁胺等。

5. **皮质激素治疗**　主张早期应用，用量宜大，可达正常用量的10~20倍，维持不宜超过48小时。

6. **其他**　包括营养支持，对DIC、重要器官功能障碍的处理等。

【护理措施】

1. **标本采集**　已知局部感染灶者，采集局部分泌物或采用穿刺抽脓等方法进行细菌培养；全身脓毒血症者，在患者寒战、高热发作时采集血培养标本，以提高检出率。

2. **给氧**　可减轻酸中毒，改善组织缺氧。应注意监测患者的血氧饱和度、末梢血液循环状况等，感染性休克患者维持血氧饱和度≥95%。

3. **其他措施**　参见本章第一节概述。

（刘萍）

学习小结

1. 休克按病因分为低血容量性休克、感染性休克、心源性休克、神经源性休克和过敏性休克五类，其中低血容量性休克和感染性休克在外科最常见。

2. 休克的病理生理变化包括微循环缺血期、微循环淤血期和微循环衰竭期。根据临床表现，休克可分为休克代偿期和休克失代偿期。休克代偿期患者表现为精神紧张、皮肤苍白、四肢湿冷、心率快、脉压小、呼吸快、尿少；休克失代偿期患者出现神情淡漠、昏迷、出冷汗、发绀、脉搏细速、血压下降、尿少、DIC、MODS。

3. 护理休克患者时，首先要补充血容量，建立2条以上静脉输液通道；监测生命体征、意识、口唇色泽、皮肤和肢端温度、尿量和尿比重；取休克体位，应用血管活性药；保持呼吸道通畅，吸氧，必要时使用呼吸机；注意保暖、预防感染、意外伤害和压力性损伤；感染性休克患者应在寒战、高热时采集血培养标本。

4. 低血容量性休克包括失血性休克和创伤性休克。感染性休克主要由革兰氏阴性杆菌感染引起，主要病理生理变化是全身炎症反应综合征（SIRS）。

复习参考题

一、单项选择题

1. 休克患者的体位应为
   A. 半卧位
   B. 侧卧位
   C. 中凹卧位
   D. 头低足高位
   E. 头高足低位

2. 休克扩容治疗时，反映组织灌流情况最简单、有效的指标是
   A. 血压
   B. 尿量
   C. 脉搏
   D. 中心静脉压
   E. 肺动脉楔压

3. 治疗休克最基本和首要的措施是
   A. 迅速补充血容量
   B. 积极处理原发病

   C. 应用血管活性药
   D. 改善微循环灌注
   E. 维持呼吸道通畅

4. 休克患者微循环衰竭期的典型表现是
   A. 表情淡漠
   B. 皮肤苍白
   C. 尿量减少
   D. 血压下降
   E. 皮肤黏膜出现瘀斑

5. 感染性休克的最佳处理措施是
   A. 治疗休克的同时抗感染
   B. 纠正酸碱平衡失调
   C. 应用血管扩张药物
   D. 静脉滴注碳酸氢钠
   E. 静脉补充血容量

参考答案：
1. C 2. B 3. A 4. E 5. A

二、简答题

1. 简述休克的临床表现。

2. 简述感染性休克的处理原则。

第四章　麻醉患者的护理

04章

学习目标

知识目标	1. 掌握全身麻醉、椎管内麻醉、局部麻醉患者的护理和常见并发症的防治。 2. 熟悉麻醉前准备事项，术前用药的目的和种类。 3. 了解常用的麻醉药和麻醉方法。
能力目标	能运用护理程序为麻醉患者实施整体护理。
素质目标	具有关心和爱护麻醉患者的态度和行为；具备团队合作精神。

麻醉（anesthesia）是通过麻醉药或其他方法，抑制中枢或周围神经系统的某些功能，使全部或部分机体暂时失去感觉，或伴肌肉松弛、反射活动减弱或消失的一种技术。1846 年 Morton 在美国麻省总医院公开演示乙醚麻醉获得成功，揭开了现代麻醉学的序幕。此后，随着乙醚、氧化亚氮等吸入麻醉药在世界各国迅速普及，局部麻醉药及相关技术的发明，静脉麻醉药和气管内插管的推广，肌肉松弛药的临床应用等，使麻醉学发展成为技术全面、方法多样、理论完整的一门学科。目前，麻醉的意义已远远超出单纯解决手术止痛的目的，工作范围扩展到麻醉前后整个围手术期的准备和治疗，以维护患者的生理功能，为手术提供良好的条件，为患者安全度过围手术期提供保障。

临床麻醉通常分为以下几类：① 局部麻醉，包括表面麻醉、局部浸润麻醉、区域阻滞和神经阻滞。② 椎管内麻醉，包括蛛网膜下隙阻滞、硬膜外阻滞、腰–硬联合阻滞。③ 全身麻醉，包括吸入麻醉、静脉麻醉。

第一节　麻醉前准备

为了保障手术患者在麻醉期间的安全，增强患者对手术和麻醉的耐受能力，避免或减少围手术期的并发症，应认真做好麻醉前病情评估和准备工作。

一、麻醉前评估

麻醉医师通常在术前了解患者的手术麻醉史、吸烟史、药物过敏史、药物治疗情况、患者日常体力活动能力及近期变化，根据患者的诊断、病史及麻醉相关检查结果，初步判断患者对麻醉的耐受能力，并与医生沟通，了解患者手术范围、风险程度及是否需要特殊的麻醉处理等，以确保麻醉和手术安全。器械护士术前1日访视患者，评估患者整体状况，并做好术前宣教。

临床常采用美国麻醉医师协会（American Society of Anesthesiologists，ASA）分级方法来判断患者对手术和麻醉的耐受力（表4-1-1）。一般认为，Ⅰ~Ⅱ级患者对麻醉和手术的耐受力良好，风险性较小。Ⅲ级患者对麻醉和手术的耐受力减弱，风险性较大，需要术前做好充分准备，方可耐受麻醉。Ⅳ级患者因器官功能代偿不全，麻醉和手术的风险性很大，即使术前准备充分，围手术期死亡率仍很高。Ⅴ级患者为濒死患者，麻醉和手术都异常危险，不宜进行择期手术。

▼ 表4-1-1　ASA分级和围手术期死亡率

分级*	标准	围手术期死亡率/%
Ⅰ级	体格健康，发育营养良好，各器官功能正常	0.06~0.08
Ⅱ级	除外科疾病外，有轻度并存疾病，功能代偿健全	0.27~0.40
Ⅲ级	并存疾病较严重，体力活动受限，但尚能应付日常工作	1.82~4.30
Ⅳ级	并存疾病严重，丧失日常活动能力，经常面临生命威胁	7.80~23.00
Ⅴ级	不论手术与否，生命难以维持24小时的濒死患者	9.40~50.70
Ⅵ级	确诊为脑死亡，其器官拟用于器官移植手术	—

注：*急症病例在相应ASA分级后加注"急"或"E"，表示风险较择期手术增加。

二、麻醉前患者及物品准备

（一）患者准备

1. 心理准备　麻醉前访视患者，耐心听取和解答患者提出的问题，以取得患者的理解、信任和合作。对过度紧张者，遵医嘱给予镇静催眠药；有心理障碍者，请心理医生协助处理。

2. 身体准备　麻醉前纠正生理功能紊乱和治疗并存疾病，使患者各脏器功能处于良好状态。特别注意做好胃肠道准备，以避免围手术期发生胃内容物反流、呕吐或误吸，以及由此而导致的窒息和吸入性肺炎。择期手术患者，无论选择何种麻醉方法，术前都应禁食易消化固体食物或非母乳至少6小时；禁食油炸食物、富含脂肪或肉类食物至少8小时；如果以上食物摄入过多，胃排空时间可延长，应适当延长禁食时间。婴幼儿禁食（奶）至少4小时，易消化固体食物、非母乳或婴儿配方奶至少6小时。所有年龄患者术前2小时可饮少量清水，包括饮用水、果汁（无果肉）、清茶等，但不包括酒精饮料。

（二）麻醉物品准备

为确保麻醉和手术安全，防止意外事件的发生，麻醉前必须认真检查麻醉设备、监测设备、麻醉用品等，确保性能完好，并根据麻醉方法准备麻醉药。无论实施何种麻醉，都必须准备麻醉机、急救设备和急救药品。

三、麻醉前用药

（一）用药目的

1. 镇静 消除患者紧张、焦虑及恐惧的心理，使患者在麻醉前能够情绪稳定、充分合作，同时也可增强全身麻醉的效果，减少全身麻醉药（简称全麻药）用量及其不良反应。

2. 镇痛 提高患者的痛阈，缓和或解除原发病、麻醉前有创操作引起的疼痛。

3. 抑制腺体分泌 减少呼吸道腺体分泌，维持呼吸道通畅。

4. 抑制不良反应 消除由手术或麻醉引起的不良反射，特别是迷走神经反射，抑制由激动或疼痛引起的交感神经兴奋，以维持血流动力学稳定。

（二）常用药物

1. 镇静催眠药 有镇静、催眠、抗焦虑和抗惊厥作用，对局部麻醉药的毒性反应也有一定预防效果。常用药物包括地西泮、苯巴比妥、司可巴比妥。

2. 镇痛药 与全麻药起协同作用，增强麻醉效果，减少麻醉药用量，椎管内麻醉时作为辅助用药，能减轻内脏牵拉反射。常用药物包括哌替啶、吗啡。

3. 抗胆碱药 具有抑制腺体分泌，减少呼吸道黏液和口腔唾液分泌，松弛平滑肌，解除迷走神经兴奋对心脏的抑制等作用。常用药物包括阿托品、东莨菪碱。

4. 抗组胺药 主要作用是拮抗或阻滞组胺释放。组胺 H_1 受体拮抗剂作用于平滑肌和血管，解除其痉挛。常用药物包括异丙嗪。

第二节　局部麻醉

用局部麻醉药（简称局麻药）暂时阻断某些周围神经的冲动传导，使其支配区域的感觉暂时丧失，称为局部麻醉（简称局麻）。局麻是一种简便易行、安全有效、并发症较少的麻醉方法，适用于较表浅、局限的手术。

【常用局麻药】

1. 酯类局麻药 如普鲁卡因、丁卡因等。此类药物在血浆内被胆碱酯酶分解，其代谢产物可成为半抗原，能引起变态反应，使用前一般应做药物过敏试验。

2. 酰胺类局麻药 如利多卡因、布比卡因和罗哌卡因等。此类药物在肝内被肝微粒体混合功能氧化酶和酰胺酶分解，不形成半抗原，故极少引起变态反应，使用前一般不做药物过敏试验，但临床上有过敏反应的报道。

【常用局麻方法】

1. 表面麻醉 将穿透力强的局麻药用于黏膜表面，药物透过黏膜而阻滞位于黏膜下的神经末梢，从而产生局部麻醉作用的方法称表面麻醉。如眼科手术用滴入法；鼻腔、口腔手术用棉片敷贴法或喷雾法；咽喉、气道手术用喷雾法或滴入法；尿道和膀胱手术用灌注法等。

2. 局部浸润麻醉 将局麻药注射于手术区的组织内，通过阻滞神经末梢而达到麻醉作用，称局部浸润麻醉。局部浸润麻醉可用于皮肤切开前，先在手术切口线一端进针，针的斜面向下刺入皮内，注药后形成皮丘，将针拔出在皮丘边缘再进针，如法操作在切口线上形成皮丘带。再经皮丘向皮下组织注射局麻药，即可切开皮肤和皮下组织。如手术需达深层组织，可在肌膜下和肌膜内注药。分开肌层后如为腹膜，应行腹膜浸润。

3. 区域阻滞　将局麻药注射于病变区的四周和底部包围手术区，阻滞通入手术区的神经纤维称区域阻滞。适用于体表肿块切除，如乳房纤维腺瘤、脂肪瘤的切除等。

4. 神经阻滞　在神经干、丛、节的周围注射局麻药，阻滞其冲动传导，使所支配的区域产生麻醉作用，称神经阻滞。常用的有肋间神经阻滞、眶下神经阻滞、坐骨神经阻滞、指/趾神经阻滞、颈丛神经阻滞、臂丛神经阻滞（图4-2-1），以及用于诊疗的星状神经节阻滞和腰交感神经节阻滞等。

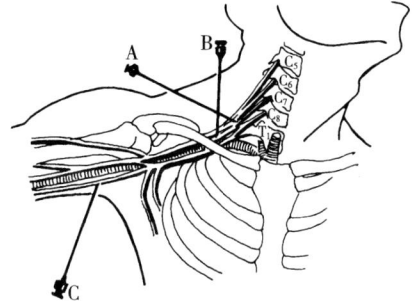

▲ 图4-2-1　臂丛神经阻滞
A. 肌间沟径路；B. 锁骨上径路；C. 腋径路。

【护理措施】

1. 做好麻醉前准备　① 协助患者摆放体位，注意保暖，保护患者隐私；② 遵医嘱准备麻醉药及盐酸肾上腺素等；③ 协助麻醉医师或外科医生为患者实施局麻并观察患者反应。

2. 毒性反应的观察与护理　单位时间内进入血液循环的局麻药剂量超过机体的耐受剂量即可发生毒性反应。

（1）常见原因：① 药物浓度过高；② 一次用量超过限量；③ 患者对局麻药的耐受性差；④ 局麻药误注入血管内；⑤ 注药部位血供丰富或局麻药液中未加肾上腺素，药物吸收过快。

（2）观察：局麻药的毒性反应以中枢神经系统和心血管系统毒性表现最为显著。中枢神经系统毒性表现按程度依次为舌或口唇麻木、头痛头晕、耳鸣、视力模糊、言语不清、肌肉颤动抽搐、语无伦次、意识模糊、惊厥、昏迷、呼吸停止。心血管系统毒性表现包括心肌收缩力降低、传导速度减慢、外周血管扩张、血压下降，甚至心脏停搏。

（3）护理：一旦发生毒性反应，立即停止用药，吸氧，开放静脉通路、输液。遵医嘱给予轻度毒性反应者地西泮；发生惊厥、抽搐者可静脉注射硫喷妥钠；心跳、呼吸停止者应立即行心肺复苏。

（4）预防：① 一次用量不超过最大限量；② 注药前回抽无回血方可注药；③ 根据患者具体情况及用药部位酌减剂量；④ 如无禁忌，适量加入肾上腺素，减缓药物吸收；⑤ 麻醉前给予镇静催眠药，以提高毒性阈值。

3. 过敏反应的观察与护理

（1）观察：酯类局麻药引起的过敏反应远比酰胺类局麻药多见。表现为注射少量局麻药后，出现咽喉水肿、支气管痉挛、低血压及全身荨麻疹等，严重者危及生命。

（2）护理：一旦发生，立即停止注射，保持呼吸道通畅，给氧，辅助呼吸；遵医嘱使用肾上腺素、糖皮质激素和抗组胺药。

第三节　椎管内麻醉

椎管内有两个可用于麻醉的腔隙，即蛛网膜下隙和硬膜外隙。根据局麻药注入的腔隙不同，分为蛛网膜下隙阻滞（简称腰麻）、硬膜外阻滞、腰-硬联合阻滞，统称椎管内麻醉。

脊髓的被膜自内至外为软膜、蛛网膜和硬脊膜。硬脊膜由坚韧的结缔组织形成，血供较少，刺破后不易愈合。蛛网膜和软膜之间的腔隙称蛛网膜下隙，内有脑脊液。硬脊膜与椎管内壁（即黄韧带和骨膜）之间的腔隙为硬膜外隙，内有脂肪、疏松结缔组织、血管和淋巴管等（图4-3-1）。

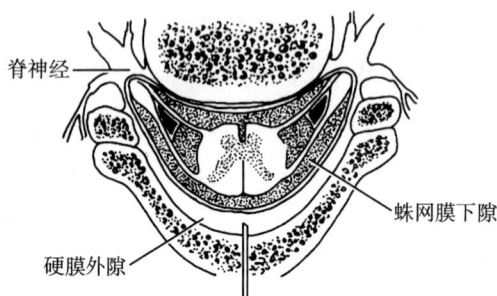

▲ 图4-3-1　椎管横断面图

一、蛛网膜下隙阻滞

将局麻药注入蛛网膜下隙，阻断部分脊神经的传导功能而引起相应支配区域的麻醉作用称为蛛网膜下隙阻滞。

【适应证】

适用于2~3小时以内的下腹部、盆腔、下肢和肛门会阴部手术，如阑尾切除术、疝修补术、半月板切除术、痔切除术、肛瘘切除术等。

【禁忌证】

① 中枢神经系统疾病，如脑脊膜炎、脊髓灰质炎、颅内压增高等；② 休克；③ 穿刺部位皮肤感染或脓毒症；④ 脊柱外伤或结核；⑤ 急性心力衰竭或冠心病发作；⑥ 不合作的患者，如小儿或精神病患者。此外，对老年、心脏病、高血压等患者，应严格控制用药量和阻滞平面。

【麻醉方法】

1. 常用药物　普鲁卡因、丁卡因、利多卡因和布比卡因等。

2. 腰椎穿刺　患者侧卧于手术台上，取低头、弓腰、抱膝姿势，充分伸展脊椎棘突间隙，背部与手术台面垂直。成人穿刺点一般选L_3~L_4棘突间隙，也可酌情上移或下移一个间隙。在两侧髂嵴最高点作连线，此线与脊柱相交处即为L_4棘突或L_3~L_4棘突间隙。确定穿刺点后，先消毒，再用1%普鲁卡因作一皮丘，然后将腰椎穿刺针垂直刺入皮肤，并依次穿过皮下组织、棘上韧带、棘间韧带、黄韧带、硬脊膜和蛛网膜。当刺破黄韧带和硬脊膜时有落空感，阻力顿时减少，拔出针芯后可见脑脊液流出，说明穿刺成功，即可注入事先配好的药液2~3ml。

注药后将患者改为仰卧位，并可用针刺皮肤或用冰棉棒来测定阻滞平面。倘若阻滞平面过低或过高，可用变动患者体位的方法进行调整，直到手术所需平面为止。

【护理措施】

1. 配合麻醉　向患者说明配合要点，协助摆放麻醉需要的体位，如侧卧位穿刺，应保持后背与手术台边缘靠齐、低头弓背、双手抱膝。蛛网膜下隙阻滞穿刺时，应扶持患者，尽量增大棘突间隙，便于穿刺。穿刺成功后，再根据手术要求安置手术体位。

2. 常见并发症的观察与护理

（1）血压下降、心率减慢：血压下降的发生和严重程度与阻滞平面有密切关系。阻滞平面愈高，阻滞范围愈广，发生血管舒张的范围增加而进行代偿性血管收缩的范围减小，故血压下降愈明显。麻醉期间收缩压下降超过基础值的30%或绝对值低于80mmHg者应及时处理。血压明显下降者可先快速静脉输液200~300ml，以扩充血容量，必要时可静脉注射麻黄碱。心率过缓者可静脉注射阿托品。

（2）恶心、呕吐：常见原因有以下几点。① 阻滞平面过高引起低血压和呼吸抑制，造成脑缺血缺氧，导致呕吐中枢兴奋；② 迷走神经亢进，胃肠蠕动增强；③ 牵拉腹腔内脏等。应针对原因处理，包括提升血压、吸氧、麻醉前用阿托品、暂停手术牵拉等，必要时用氟哌利多、昂丹司琼等药物治疗。

（3）呼吸抑制：常见于高平面蛛网膜下隙阻滞的患者，因胸段脊神经阻滞，肋间肌麻痹，患者会感到胸闷气促、吸气无力、说话费力、胸式呼吸减弱和发绀。平面过高可引起呼吸中枢的缺血缺氧，这也是呼吸抑制的原因。呼吸功能不全时应给予吸氧，并同时借助面罩辅助呼吸。一旦呼吸停止，应立即气管内插管和人工呼吸。

（4）头痛：发生率为4%~37%，主要由腰椎穿刺时刺破硬脊膜和蛛网膜，致使脑脊液流失，颅内压下降，颅内血管扩张刺激所致。头痛多发生于麻醉后2~7日，常在患者抬头或起床活动时出现，位于枕部、顶部或颞部，呈搏动性，常伴耳鸣、畏光，偶伴听力或视觉障碍。约75%患者的症状在4日内消失，多数不超过1周，但个别患者的病程可长达半年以上。一旦出现头痛，应嘱患者平卧休息，每日补液或饮水2 500~4 000ml；遵医嘱给予镇痛或地西泮类药物等。

预防：麻醉前访视患者时，切忌暗示蛛网膜下隙阻滞后有头痛的可能；麻醉时采用细穿刺针，提高穿刺技术，缩小针刺裂孔；保证术中、术后输入足量液体；术后去枕平卧6~8小时。

（5）尿潴留：主要由支配膀胱的第2、3、4骶神经被阻滞后恢复较迟，下腹部、肛门或会阴部手术后切口疼痛，下腹部手术时膀胱的直接刺激，以及患者不习惯床上排尿体位等所致。一般针刺足三里、三阴交、阴陵泉、关元和中极等穴位，或热敷、按摩下腹部及膀胱区，有助于解除尿潴留。

二、硬膜外阻滞

将局麻药注射到硬脊膜外隙，阻滞部分脊神经的传导功能，使其所支配区域的感觉和/或运动功能消失的麻醉方法称为硬膜外阻滞，又称硬脊膜外间隙阻滞、硬膜外麻醉。有单次法和连续法两种，临床常用连续法。

【适应证】

最常用于横膈以下的各种腹部、腰部和下肢手术，且不受手术时间的限制。还用于颈部、上肢和胸壁手术。

【禁忌证】

与蛛网膜下隙阻滞相似，凡患者有穿刺点皮肤感染、凝血功能障碍、休克、脊柱结核或严重畸形、中枢神经系统疾患等均为禁忌。对老年、妊娠、贫血、高血压、心脏病、低血容量等患者应慎用。

【麻醉方法】

1. 常用药物　利多卡因、丁卡因、布比卡因等。

2. 硬膜外隙穿刺置管　患者的准备和体位与蛛网膜下隙阻滞相同。局麻后，将穿刺针依次穿过皮肤、皮下组织、棘上韧带、棘间韧带和黄韧带。当针头刺破黄韧带时有一种落空感，阻力顿时消失，回抽无脑脊液流出，证实确在硬膜外隙后，即可注药或置入硬膜外导管行连续硬膜外阻滞。导管一般置入3~5cm，退出穿刺针，用胶布将导管妥善固定于皮肤。一般给药时先注入试验剂量3~5ml，观察5~10分钟，并测试有无阻滞平面，然后再注入全量局麻药。

【护理措施】

1. 配合麻醉　参见本节蛛网膜下隙阻滞的护理措施。

2. 常见并发症的观察与护理

（1）全脊髓麻醉：是最危险的硬膜外阻滞并发症。系硬膜外阻滞时穿刺针或导管误入蛛网膜下隙，导致超量局麻药注入蛛网膜下隙而产生异常广泛的阻滞。临床表现为注药后迅速出现低血压、意识丧失、全部脊神经支配区域无痛觉，甚至呼吸、心跳停止。一旦疑有全脊髓麻醉，应立即行面罩正压通气，必要时行气管插管维持呼吸；加快输液速度，给予升压药，维持循环功能。

预防：麻醉前常规准备麻醉机与气管插管器械；穿刺操作时细致认真；注药前先回抽，观察有无脑脊液流出；注射时先用试验剂量，确定并未入蛛网膜下隙后方可继续给药。

（2）局麻药毒性反应：多由导管误入血管内、局麻药吸收过快、一次用药剂量超过限量所致。主要表现、处理和预防，参见本章第二节局部麻醉。

（3）硬膜外血肿：若硬膜外穿刺和置管时损伤血管，可引起出血，血肿压迫脊髓可并发截瘫。患者表现为剧烈背痛，进行性脊髓压迫症状，伴肌无力、尿潴留、括约肌功能障碍，直至完全截瘫。应尽早行硬膜外穿刺抽出血液，必要时切开椎板，清除血肿。

预防：对凝血功能障碍或在抗凝治疗期间的患者禁用硬膜外阻滞；置管动作宜细致、轻柔。若患者主诉躯体局部感觉异常或消失、运动障碍，应考虑脊神经根损伤或硬膜外血肿的可能，需及时联系医生，协助处理。

（4）其他并发症：血压下降、呼吸抑制、恶心呕吐等并发症的表现与预防，参见本节蛛网膜下隙阻滞的护理措施。硬膜外阻滞也可出现神经损伤、穿刺部位感染、导管折断等问题，因此，操作时应严格遵守无菌操作规程，动作轻柔细致。

第四节　全身麻醉

导入情景与思考

患者，男，71岁，因腰腿痛10余年，加重4个月，以"腰椎椎管狭窄"收治入院。既往体健。体格检查：体温36.8℃，脉搏86次/min，呼吸19次/min，血压122/70mmHg，疼痛数字评分为3分。患者完善各项检查后，拟在全身麻醉下行"椎间孔椎体间融合＋椎管潜行减压术"，术前护士嘱其做好胃肠道准备，术中发现患者出现呼吸困难、潮气量降低、气道阻力高、发绀、心率增快和血压降低。

请思考：

1. 术前如何为患者进行胃肠道准备？其目的是什么？

2. 该患者术中发生了什么并发症？常见原因是什么？

麻醉药物经呼吸道吸入或经静脉、肌内注射进入机体内，产生中枢神经系统抑制的方法称为全身麻醉（general anesthesia），表现为神志消失、全身痛觉丧失、遗忘、反射抑制和一定程度的肌肉松弛。目前，全身麻醉在临床上应用愈来愈广泛。

【全身麻醉常用药物】

1. 吸入麻醉药　指经呼吸道吸入体内并产生全身麻醉作用的药物。一般用于全身麻醉的维持，有时也用于麻醉诱导。常用吸入麻醉药有氧化亚氮、恩氟烷、异氟烷、七氟烷、地氟烷等。

2. 静脉麻醉药　指经静脉注射进入体内，通过血液循环作用于中枢神经系统而产生全身麻醉作用的药物。优点为诱导快，对呼吸道无刺激。常用静脉麻醉药有硫喷妥钠、氯胺酮、丙泊酚（异丙酚）等。

3. 肌肉松弛药　简称肌松药，能阻断神经-肌肉传导功能而使骨骼肌松弛。主要分为两类：① 去极化类肌松药，以琥珀胆碱为代表；② 非去极化类肌松药，以筒箭毒碱为代表。

4. 麻醉性镇痛药

（1）吗啡：能提高痛阈、解除疼痛，但对呼吸中枢有明显抑制作用。

（2）哌替啶：具有镇痛、催眠、解除平滑肌痉挛的作用。常作为麻醉前用药和术后镇痛，2岁以内小儿不宜使用。

（3）芬太尼：对中枢神经系统的作用与其他阿片类药物相似，镇痛作用为吗啡的75~125倍，持续30分钟，对呼吸有抑制作用。

【全身麻醉的实施】

1. 吸入麻醉

（1）诱导：指在接受吸入麻醉前，先吸入一定量的全麻药，使患者由清醒状态转为意识消失并进入全身麻醉状态，并在此状态下行气管插管的过程。

诱导方法：将麻醉面罩扣于患者口鼻部，开启麻醉药蒸发器并逐渐增加吸入浓度，待患者意识丧失及静脉注射肌松药后，行气管插管。

（2）维持：经呼吸道吸入一定浓度的吸入麻醉药，以维持适当的麻醉深度和保持稳定的麻醉状态。因部分吸入麻醉药麻醉作用弱，肌松作用差，还可引起缺氧危险，故多联合应用气体麻醉药和挥发性麻醉药以维持麻醉。

2. 静脉麻醉

（1）诱导：先以面罩吸入纯氧2~3分钟，再经静脉缓慢地注射适当的静脉麻醉药和辅助药物，待患者意识丧失后给予肌松药；至全身骨骼肌及下颌逐渐松弛，呼吸由浅到完全停止后，采用麻醉面罩进行人工呼吸，然后行气管插管，连接麻醉机并行机械通气。

（2）维持：在完成麻醉诱导后，给予单次、分次或用微量泵连续注射静脉麻醉药，以维持麻醉的深度，并达到稳定的麻醉状态。

【护理评估】

（一）麻醉前评估

1. 健康史

（1）个人情况：年龄、性别、职业、有无烟酒嗜好等。

（2）既往史：有无手术、麻醉史，近期有无发热，有无呼吸道及肺部感染，有无影响气管插管的因素等。

（3）其他：过敏史，用药史包括目前用药情况及反应、有无药物依赖史等。

2. 身体状况

（1）全身情况：包括意识状态、生命体征；有无营养不良、脱水及体重减轻；有无皮肤、黏膜出血等征象。

（2）局部状况：有无牙齿缺少或松动，有无义齿。

（3）辅助检查：了解各项检查结果，以判断有无重要脏器功能不全、凝血功能障碍等情况。

3. 心理-社会状况 患者及家属有无紧张、焦虑或恐惧；患者及家属对麻醉的认知程度，家庭和单位对患者的支持程度等。

（二）麻醉后评估

1. 术中情况 了解麻醉方式及麻醉药使用情况；了解术中失血量、出入量；了解手术及麻醉过程是否平稳，有无中毒反应及其他意外情况发生。

2. 术后情况 监测生命体征，观察患者的神志、感觉恢复情况；术后各项检查结果有无异常；患者有无不适，是否了解各项并发症的预防及处理措施。

【常见护理诊断/问题】

1. 焦虑 与对全身麻醉风险的担忧有关。

2. 有受伤的危险 与麻醉未完全清醒或感觉未完全恢复有关。

3. 潜在并发症： 反流与误吸、呼吸道梗阻、低血压或高血压、心律失常、高热、抽搐和惊厥、苏醒延迟或不醒等。

【护理目标】

1. 患者焦虑减轻，情绪稳定。

2. 患者未发生意外伤害。

3. 患者未发生并发症，或并发症被及时发现和处理。

【护理措施】

（一）全身麻醉前护理

参见本章第一节麻醉前准备。

（二）麻醉期间监护

1. 呼吸功能监护　主要监测指标包括：① 呼吸频率、节律、幅度及呼吸运动的类型等；② 皮肤、口唇、指/趾甲的颜色；③ 经皮动脉血氧饱和度（SpO_2）；④ PaO_2、$PaCO_2$ 和 pH；⑤ 潮气量、每分通气量；⑥ 呼气末二氧化碳分压（$P_{ET}CO_2$）。

2. 循环功能监护　主要监测指标包括：① 脉搏；② 血压；③ 中心静脉压（CVP）；④ 肺毛细血管楔压（PCWP）；⑤ 心电图；⑥ 尿量；⑦ 失血量。

3. 其他　① 注意全身情况如表情、神志的变化等，严重低血压和缺氧可使患者表情淡漠和意识丧失。② 注意体温监测，特别是小儿。体温过高可致代谢性酸中毒和高热惊厥，体温过低则易引起麻醉过深而导致循环抑制，并延长麻醉后苏醒时间。

（三）麻醉恢复期的护理

1. 监测生命体征　麻醉苏醒前有专人护理，监测心电图、呼吸、血压和血氧饱和度，每15~30分钟测量1次，直至患者完全苏醒。观察有无出血征象，做好监测及记录。

2. 维持循环稳定　监测血压，观察有无低血压或高血压，根据血压波动情况给予对症处理。出现低血压的原因有低血容量、血管张力下降、静脉回流障碍等；出现高血压的原因有疼痛、尿潴留、高碳酸血症、低氧血症、高颅压（又称颅内高压）等。

3. 维持正常呼吸功能　给予氧气吸入；术后去枕平卧，头偏向一侧，及时清除口鼻咽部分泌物，保持呼吸道通畅。对于痰多、黏稠不易咳出者，应指导有效排痰，酌情给予雾化吸入，促进痰液排出。一般情况下，手术结束待患者意识恢复拔除气管导管后，再送回病房；对于某些危重患者，则直接送入重症监护病房。

4. 保持输液与管道通畅　保持静脉输液通畅、各引流管妥善固定及通畅；注意保暖。

5. 安全转运　转运前应补足血容量，搬运轻柔，防止摔伤或坠床；整理并固定管路，防止牵拉和滑脱；有呕吐倾向者将其头偏向一侧，防止误吸；全身麻醉未醒者，在人工呼吸状态下转运；心脏手术及其他大手术、危重患者，在吸入纯氧及监测生命体征和呼吸功能状态下转运。

6. 防止意外伤害　患者苏醒过程中常出现躁动不安或幻觉等，容易发生意外伤害，应注意适当防护，必要时加以约束，防止发生坠床、碰撞及不自觉地拔出输液或引流管等情况。

（四）并发症的观察与护理

1. 反流与误吸　全身麻醉时容易发生反流和误吸，尤其以产科和小儿外科患者发生率较高。全身麻醉诱导时因患者的意识消失、咽喉部反射消失，一旦有反流物即可发生误吸。无论误吸物是固体食物还是胃液，都可引起急性呼吸道梗阻。完全性呼吸道梗阻可立即导致窒息、缺氧，如不能及时解除梗阻，可危及患者的生命。误吸胃液可引起肺损伤、支气管痉挛和毛细血管通透性增加，导致肺水肿和肺不张。因此，术前应严格禁食、禁饮，术后患者未清醒时可采取去枕平卧位、头偏向一侧等措施进行预防。

2. 呼吸道梗阻

（1）上呼吸道梗阻：常见原因为机械性梗阻，如舌后坠、口腔内分泌物及异物阻塞、喉头水肿、喉痉挛等。不全梗阻者表现为呼吸困难并伴有鼾声；完全梗阻者有鼻翼扇动和三凹征，虽有强烈的呼吸动作但无气体交换。舌后坠时可将头后仰、托起下颌、置入口咽或鼻咽通气道，同时清除咽喉部的分泌物及异物，即可解除梗阻。喉头水肿多发生于婴幼儿及气管内插管困难者，也可由手术牵拉或刺激喉头引起，轻者可静脉注射皮质激素或雾化吸入肾上腺素；严重者应行紧急气管切开。喉痉挛时，患者表现为呼吸困难，吸气时有喉鸣声，可因缺氧而发绀。轻度喉痉挛者经加压给氧即可解除，严重者可经环甲膜穿刺置管行加压给氧，多数可缓解。

（2）下呼吸道梗阻：常见原因为气管导管扭折，导管斜面过长而紧贴在气管壁上，分泌物或呕吐物误吸后堵塞气管及支气管。梗阻轻者除肺部听到啰音外，可无明显症状；梗阻严重者可出现呼吸困难、潮气量降低、气道阻力高、缺氧发绀、心率增快和血压降低。一旦发现，立即告知医生并协助处理。

3. 低氧血症 患者吸入空气时，$SpO_2 < 90\%$，动脉血氧分压（PaO_2）$< 8kPa$（60mmHg）或吸入纯氧时 $PaO_2 < 12kPa$（90mmHg）即可诊断为低氧血症。临床表现为呼吸急促、发绀、烦躁不安、心动过速、心律失常和血压升高等。常见原因和处理原则如下。

（1）麻醉机故障、氧气供应不足、气管导管插入一侧支气管或脱出气管外及呼吸道梗阻等均可导致低氧血症，应及时查明原因并予以纠正。

（2）弥散性缺氧：可由氧化亚氮（N_2O）吸入麻醉所致，应在停止吸入 N_2O 后吸纯氧5~10分钟。

（3）肺不张：由分泌物过多或通气不足等导致，应在完善镇痛的基础上，进行深呼吸和有效咳嗽，或用纤维支气管镜吸痰，严重者采用呼气末正压通气治疗。

（4）误吸：较轻者氧疗有效，严重者应配合医生行机械通气治疗。

（5）肺水肿：多发生于急性左心衰竭或肺毛细血管通透性增加时，应配合医生给予强心、利尿、扩血管、吸氧及机械通气治疗。

4. 低血压 麻醉过深可导致血压下降、脉压变小，若麻醉前已有血容量不足者，则表现更为明显，应在减浅麻醉的同时补充血容量。术中失血过多可引起低血容量性休克。术中牵拉内脏时常可引起反射性血压下降，同时发生心动过缓，应及时解除刺激，必要时给予阿托品治疗。

5. 高血压 麻醉期间舒张压高于100mmHg或收缩压高于基础值30%，都应根据原因进行适当治疗。常见原因除原发性高血压外，还与手术、麻醉操作有关，如手术探查、气管插管等。有高血压病史者，在全身麻醉诱导前静脉注射芬太尼可减轻气管插管时的心血管反应，术中根据手术刺激的程度调节麻醉深度。

6. 心律失常 窦性心动过速与高血压同时出现时，常为浅麻醉的表现，应适当加深麻醉。低血容量、贫血及缺氧时，心率均可增快，应针对病因治疗。手术牵拉内脏（如胆囊）或发生眼心反射时，可因迷走神经反射出现心动过缓，严重者可致心搏骤停，应立即停止操作，必要时静脉注射阿托品。

7. 高热、抽搐和惊厥 多见于小儿麻醉。由于婴幼儿的体温调节中枢尚未发育完善，体温极易受环境温度的影响。如对高热处理不及时，可引起抽搐甚至惊厥。一旦发现体温升高，应积极进行物理降温，特别是头部降温以防发生脑水肿。

8. 苏醒延迟或不醒 若全身麻醉后超过2小时意识仍未恢复，在排除昏迷后，即可认为是苏醒延迟或不醒。可能与麻醉药过量，循环或呼吸功能恶化，严重水、电解质代谢紊乱或糖代谢异常等有关。护理时应注意维持患者循环稳定、通气功能正常和充分供氧。

【护理评价】

1. 患者焦虑是否减轻。

2. 患者是否发生意外伤害。

3. 患者术后是否发生并发症，或并发症是否及时被发现和处理。

（王俊杰）

学习小结

1. 麻醉的分类主要包括局麻、椎管内麻醉、全身麻醉。

2. 麻醉前护理包括麻醉前病情评估、麻醉前患者和物品准备、麻醉前用药，其中麻醉前患者的心理和身体准备、麻醉前用药是护理重点。

3. 局麻分为表面麻醉、局部浸润麻醉、区域阻滞和神经阻滞，护理中要注意局麻药毒性反应的预防、观察和处理。

4. 椎管内麻醉分为蛛网膜下隙阻滞和硬膜外阻滞。前者要注意头痛、尿潴留等并发症的观察与护理；后者需注意全脊髓麻醉、局麻药毒性反应、硬膜外血肿等并发症的观察与护理。

5. 全身麻醉是目前临床普遍采用的麻醉方法。其并发症主要有反流与误吸，呼吸道梗阻，低氧血症，低血压，高血压，心律失常，高热、抽搐和惊厥，苏醒延迟或不醒等，护理中应注意观察，及时处理。

复习参考题

一、单项选择题

1. 患者并存疾病较严重，体力活动受限，但尚能应付日常工作，属于
   A. ASA I 级
   B. ASA II 级
   C. ASA III 级
   D. ASA IV 级
   E. ASA V 级

2. 发生惊厥、抽搐等局麻药毒性反应时，常用的药物是
   A. 哌替啶
   B. 硫苯妥钠
   C. 阿托品
   D. 异丙嗪
   E. 吗啡

3. 预防蛛网膜下隙阻滞术后头痛的主要措施为
   A. 心理疏导
   B. 头部保暖
   C. 服用镇痛药
   D. 保持环境安静
   E. 去枕平卧6~8小时

4. 硬膜外阻滞最危险的并发症是
   A. 全脊髓麻醉
   B. 硬膜外血肿
   C. 血压下降
   D. 呼吸抑制
   E. 神经损伤

5. 全身麻醉出现上呼吸道梗阻的常见原因**不包括**
   A. 喉痉挛
   B. 舌后坠
   C. 喉头水肿
   D. 分泌物过多
   E. 支气管痉挛

参考答案：

1. C　2. B　3. E　4. A　5. E

二、简答题

1. 简述麻醉前用药的目的和常用药物。

2. 简述全身麻醉的常见护理措施。

第五章　围手术期患者的护理

学习目标

知识目标	1. 掌握围手术期护理的定义、手术前后患者的护理措施。 2. 熟悉手术区皮肤准备的范围及要求、手术中的无菌原则。 3. 了解手术室布局和人员职责，常见手术体位及适用范围。
能力目标	1. 能按护理程序对手术前、手术后的患者进行护理。 2. 能遵守手术中的无菌操作原则，做好患者及手术人员准备。
素质目标	具有关心和爱护围手术期患者的态度和行为；加强安全护理，具备团队合作精神。

　　围手术期（perioperative period）是指从确定手术治疗起，到与本次手术有关的治疗基本结束为止的一段时间，包括手术前、手术中、手术后三个阶段。围手术期护理（perioperative nursing care）是指在围手术期为患者提供的整体护理，旨在通过全面评估，加强术前至术后整个治疗期间患者的身心护理，采取有效措施维护机体功能，减少术后并发症，促进患者康复。加速康复外科（enhanced recovery after surgery，ERAS）是以循证医学证据为基础，通过外科、麻醉、护理、营养等多学科协作，对涉及围手术期处理的临床路径予以优化，通过缓解患者围手术期各种应激反应，达到减少术后并发症、缩短住院时间及促进康复的目的。ERAS相关临床路径贯穿于患者住院前、手术前、手术中、手术后、出院后的完整诊疗过程，其核心是强调以患者为中心的诊疗、护理和康复理念。

第一节　手术前患者的护理

导入情景与思考

　　患者，男，65岁，因"乏力伴上腹不适1个月"，诊断为"胃癌"入院。患者近半年来无明显诱因消瘦，体重下降8kg。体格检查：体温36.2℃，脉搏72次/min，呼吸18次/min，血压170/100mmHg；身高172cm，体重53kg。辅助检查：血糖7.6mmol/L；血红蛋白90g/L；胃镜检查示胃癌。患者有慢性胃炎20年，未予治疗；高血压病10年，遵医嘱每日服用替米沙坦片1片；糖尿病6年，早晚口服二甲双胍2片/次。患者平时未监测血压和血糖，目前情绪低落。

手术前护理(preoperative nursing care)指患者决定接受手术起到将患者送至手术室期间的护理。其重点是在全面评估的基础上,评价患者的手术耐受力,做好必需的术前准备,纠正患者现存的及潜在的危险因素。

【护理评估】

（一）健康史

重点了解与本次疾病有关或可能影响患者手术耐受力及预后的病史。

1. 一般情况 性别、年龄、婚姻状况、职业、文化程度等。

2. 现病史 自患病以来健康问题的发生、发展及应对过程。

3. 既往史 伴随疾病史、创伤手术史等。

4. 用药史 使用抗凝药物、抗高血压药、降血糖药等情况。

5. 家族史 家族成员有无同类疾病、遗传病史等。

6. 过敏史 有无食物、药物、其他物品的过敏。

7. 月经史 育龄期女性评估月经的初潮年龄、月经周期、月经时长、末次月经、每次月经量、有无异常,老年女性还需评估绝经年龄。

8. 婚育史 患者结婚和生育情况。

9. 日常生活习惯 日常的饮食、排泄、休息、睡眠、运动等。

10. 嗜好 吸烟、饮酒情况;有无依赖的药物;偏好的食物、饮料等。

（二）身体状况

1. 主要器官及系统功能状况 通过体格检查、评估量表收集资料。

（1）呼吸系统:① 胸廓形状;② 呼吸频率、深度、节律;③ 呼吸运动是否对称;④ 有无呼吸困难、发绀、咳嗽、咳痰、哮鸣音、胸痛等;⑤ 有无呼吸系统疾病。

（2）循环系统:① 脉搏的速率、节律和强度;② 血压;③ 皮肤色泽、温度及有无水肿;④ 体表血管有无异常,有无颈静脉怒张和四肢浅静脉曲张;⑤ 有无心脏疾病。

（3）泌尿系统:① 尿液的量、颜色、透明度及比重;② 有无异常排尿情况;③ 有无泌尿系统疾病。

（4）神经系统:① 意识、瞳孔;② 有无头晕、头痛、眩晕、耳鸣或步态不稳等;③ 有无感觉、运动障碍;④ 有无神经系统疾病。

（5）血液系统:① 有无牙龈出血、皮下紫癜或外伤后出血不止;② 有无血栓或栓塞;③ 有无血液系统疾病。

（6）消化系统:① 有无黄疸、恶心、呕吐、腹痛、腹泻、肠胀气等;② 有无腹膜刺激征、肠鸣音、移动性浊音;③ 有无消化系统疾病。

（7）内分泌系统：有无垂体瘤、甲状腺疾病、糖尿病及肾上腺疾病等。

2. 辅助检查　实验室检查如血、尿、大便常规，血液生化检查，血液肿瘤指标检查；X线、超声、CT及MRI等影像学检查；心电图、内镜检查和其他特殊检查。

（三）心理–社会状况

手术前患者对疾病和手术的认知水平；患者的心理问题及产生原因；家庭及社会支持系统对患者的关心及支持程度；治疗费用的承受能力等。

（四）手术耐受力

1. 耐受良好　全身情况较好、无重要内脏器官功能损害、疾病对全身影响较小。

2. 耐受不良　全身情况不良、重要内脏器官功能损害较严重、疾病对全身影响明显、手术损害大。

（五）手术类型

1. 按手术目的分类　分为诊断性手术、根治性手术、姑息性手术。

2. 按手术时限分类　分为急症手术、限期手术、择期手术。

【常见护理诊断/问题】

1. 焦虑　与对疾病相关知识的缺乏、担心预后或医院环境陌生等有关。

2. 恐惧　与害怕麻醉、担心手术结果等有关。

3. 睡眠型态紊乱　与疾病导致的不适、环境改变等有关。

4. 体液不足　与疾病所致体液丢失、液体摄入量不足或体液在体内转移分布等有关。

5. 营养失调：低于机体需要量　与疾病消耗、食欲减退等有关。

6. 知识缺乏：缺乏手术、麻醉相关知识及术前准备知识。

【护理目标】

1. 患者焦虑减轻，了解疾病知识，适应医院环境，配合各项治疗。

2. 患者情绪平稳，了解麻醉准备要求，接受麻醉和手术。

3. 患者安静入睡，休息充分。

4. 患者体液得以维持平衡，各主要脏器灌注良好。

5. 患者营养素摄入充分，营养状况改善。

6. 患者对疾病有充分认识，能配合术前准备。

【护理措施】

（一）心理护理

1. 建立良好的护患关系　了解患者病情及需要，通过适当的沟通技巧，取得患者信任，给予解释和安慰。

2. 心理支持与疏导　鼓励患者表达感受，帮助患者正确认识病情、宣泄不良情绪；评估患者心理状态，以恰当的言语告知手术相关知识，进行适当解释与说明；鼓励患者家属和社会支持系统给予患者恰当的关心；教会患者提高认知和应对技巧，增加治疗信心。

3. 术前教育 包括术前准备的重要性及相关准备措施，手术风险及可能出现的并发症，术后配合技巧及康复知识。

（二）一般准备与护理

1. 饮食和休息 指导患者摄入营养丰富、易消化的食物。创造安静舒适的环境，告知放松技巧，促进患者睡眠；病情允许者可适当增加白天运动量，必要时遵医嘱给予镇静催眠药。

2. 适应性训练 指导患者床上使用便盆，以适应术后床上排尿和排便；教会患者调整卧位和床上翻身的方法，以适应术后的体位变化；教会患者正确的深呼吸、咳嗽和咳痰方法；部分患者需指导其进行手术体位训练。

3. 协助术前检查 遵医嘱协助患者完成各项术前检查，包括实验室检查、心电图、影像学检查、内镜检查、肺功能检查等；检查凝血因子，进行血型鉴定、交叉配血试验、术前感染定性筛查等。

4. 预防感染 及时处理已知感染灶。遵医嘱合理应用预防性抗生素。预防性抗生素适用于：① 涉及感染灶或切口接近感染区域的手术；② 开放性创伤、创面已污染或难以彻底清创的手术；③ 时间长、创面大的手术；④ 恶性肿瘤手术；⑤ 涉及大血管的手术；⑥ 胃肠道手术；⑦ 植入人工材料的手术；⑧ 器官移植术。通常术前0.5~2小时内或麻醉开始时首次用药；总预防用药时间一般不超过24小时。

5. 胃肠道准备 ① 一般成人手术前禁食6小时、禁饮2小时，而油炸食物、富含脂肪或肉类食物至少禁食8小时；② 若患者无糖尿病史，推荐术前2小时饮用400ml含12.5%碳水化合物饮料；③ 普通消化道手术者，术前1~2日进食流质饮食；④ 幽门梗阻者术前洗胃；⑤ 结直肠手术者术前2~3日开始进流质饮食，口服肠道抑菌药物，术前给予充分的肠道准备。

6. 呼吸道准备 ① 吸烟者术前2周戒烟；② 遵医嘱给予术前治疗，指导患者深呼吸和有效咳嗽，改善肺功能；③ 经常咳脓痰者，术前3~5日使用抗生素，若病情允许，应指导患者体位引流以促使脓性分泌物排出。

7. 手术区皮肤准备 去除手术区毛发、皮脂和污垢，减少细菌的种类和数目，这是预防手术切口感染的重要措施。择期和限期手术于手术前24小时内备皮。

（1）洗浴：① 术前1日下午或晚间沐浴，可使用皂液等皮肤清洁剂；② 若皮肤上有油脂或胶布粘贴的残迹，可用松节油或75%乙醇擦净；③ 修剪指甲，更换清洁病员服。

（2）备皮：手术区域若毛发细小，可不必剃毛；若毛发影响手术操作，手术前应予剃除。备皮范围通常包括切口周围至少15cm的区域，不同手术部位的皮肤准备范围见表5-1-1、图5-1-1。

8. 术日晨护理 ① 认真检查、核实各项术前准备工作；② 测量生命体征，如有异常，立刻告知医生处理，体温升高或女性患者月经来潮，一般需延迟手术；③ 进入手术室前，指导患者排空膀胱；④ 遵医嘱灌肠、留置胃管及导尿管等；⑤ 遵医嘱给予术前用药；⑥ 拭去指甲油、口红，取下活动性义齿、眼镜、手表、首饰和其他贵重物品；⑦ 备好病历及术中需要的药品、物品等，并随患者带入手术室；⑧ 与手术室接诊人员仔细核对患者、手术标记、手术部位及名称等，确认无误后双方签字；⑨ 根据手术类型及麻醉方式准备麻醉床，备好床旁用物。

手术部位	备皮范围
颅脑手术	剃除全部头发及颈部毛发，保留眉毛
颈部手术	上至下唇下，下至乳头水平线，两侧至斜方肌前缘
胸部手术	上至锁骨上及肩上，下至脐水平，包括患侧上臂和腋下，胸背均超过正中线5cm以上
上腹部手术	上至乳头水平，下至耻骨联合，两侧至腋后线
下腹部手术	上至剑突，下至大腿上1/3前内侧及会阴部，两侧至腋后线，剃除阴毛
腹股沟手术	上至脐水平线，下至大腿上1/3内侧，两侧至腋后线，包括会阴部，剃除阴毛
肾手术	上至乳头水平线，下至耻骨联合，前后均超过正中线
会阴部及肛门手术	上至髂前上棘，下至大腿上1/3，包括会阴及臀部，剃除阴毛
四肢手术	以切口为中心包括上、下方各20cm以上，一般超过远、近端关节或为整个肢体

（三）特殊准备与护理

1. 急症手术　在最短时间内做好急救处理及必要的术前准备，如对水、电解质代谢紊乱和酸碱平衡失调者，遵医嘱立即给予静脉补液；发生休克者，立即建立2条及以上静脉通路，迅速补充血容量；已进食者，实施持续胃肠减压；断肢（指/趾）再植者，要抢救生命、止血、包扎、妥善保存断肢（指/趾）并尽快实施断肢再植术。

2. 微创手术　除常规术前准备外，腹腔镜手术前要注意脐部的清洁；胸腔镜手术前要加强呼吸功能训练。

3. 营养不良　通过实验室检查、营养筛查工具了解患者营养状况。对合并营养风险的患者（NRS 2002评分≥3分）制订营养诊疗计划。当存在下述任一情况时应予术前营养支持：① 6个月内体重下降>10%；② NRS 2002评分≥5分；③ BMI<18.5kg/m² 且一般状态差；④ 血清白蛋白<30g/L。术前应根据病情指导患者进食，原则上给予高蛋白、高热量、高维生素的易消化饮食，必要时遵医嘱行肠内或肠外营养支持。择期手术者最好在术前1周左右，经口或静脉补充热量、蛋白质和维生素，当血清白蛋白>35g/L、血红蛋白>90g/L时，方可进行手术。

4. 心血管疾病

（1）高血压：术前应使血压稳定在一定水平，但不要求降至正常；血压<160/100mmHg者，无须特殊准备；血压>180/100mmHg者，应选用合适的抗高血压药；口服利血平等抗高血压药者，术前2周改用钙通道阻滞剂或β受体阻滞剂等。

（2）心力衰竭：控制3~4周后再实施手术。

（3）急性心肌梗死：发病后6个月内不宜择期手术，6个月以上无心绞痛发作者，可在严密的监护下实施手术。

（4）心律失常：偶发的室性期前收缩一般不需特殊处理；如有心房颤动伴心室率≥100次/min，遵医嘱用药，尽可能地将心率控制在正常范围；老年冠心病患者，若出现心动过缓，心室率≤50次/min，术前遵医嘱应用阿托品0.5~1.0mg，必要时放置临时心脏起搏器。

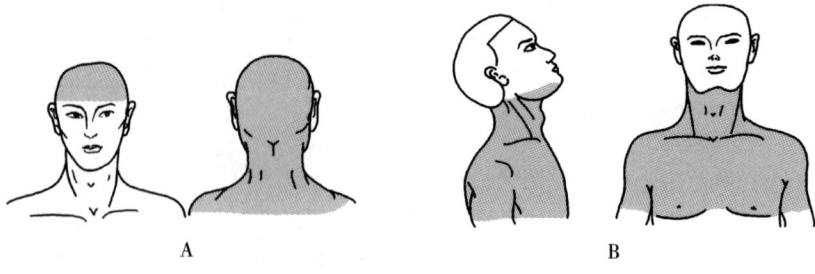

A

B

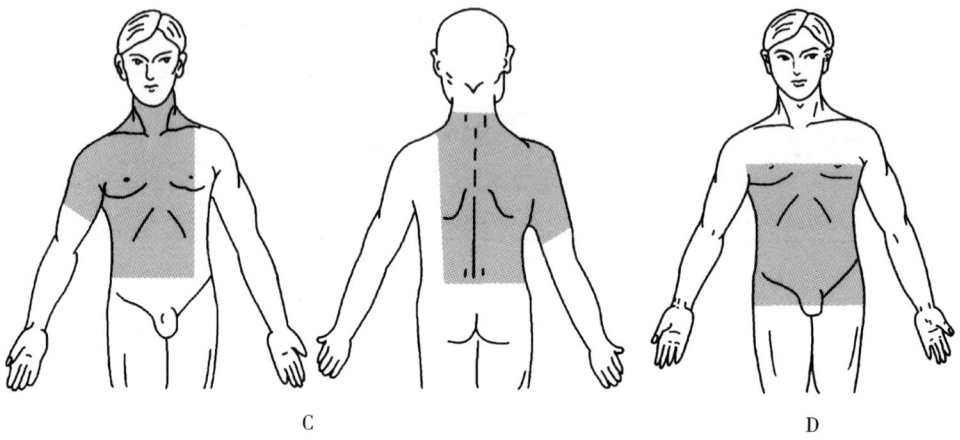

C

D

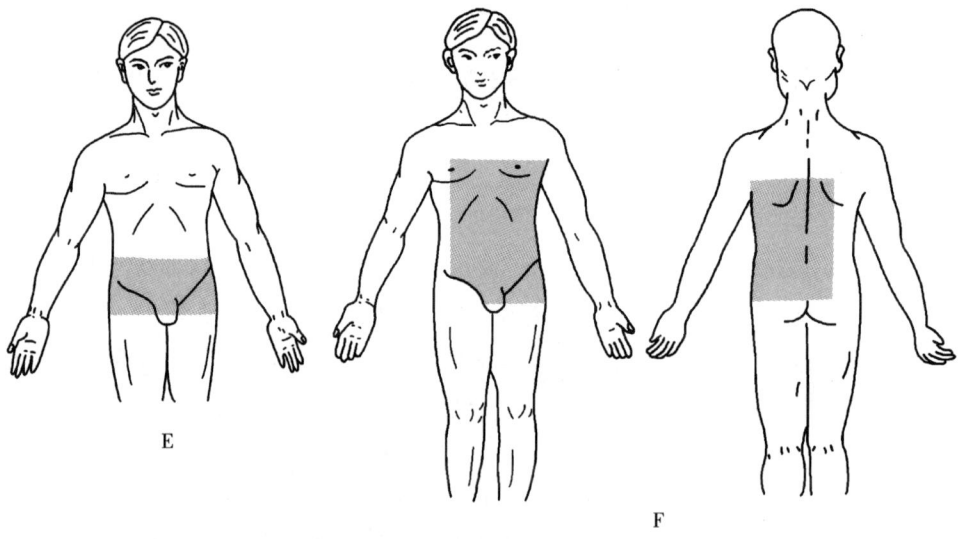

E

F

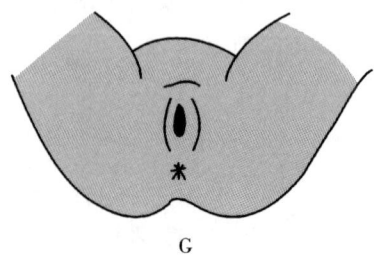

G

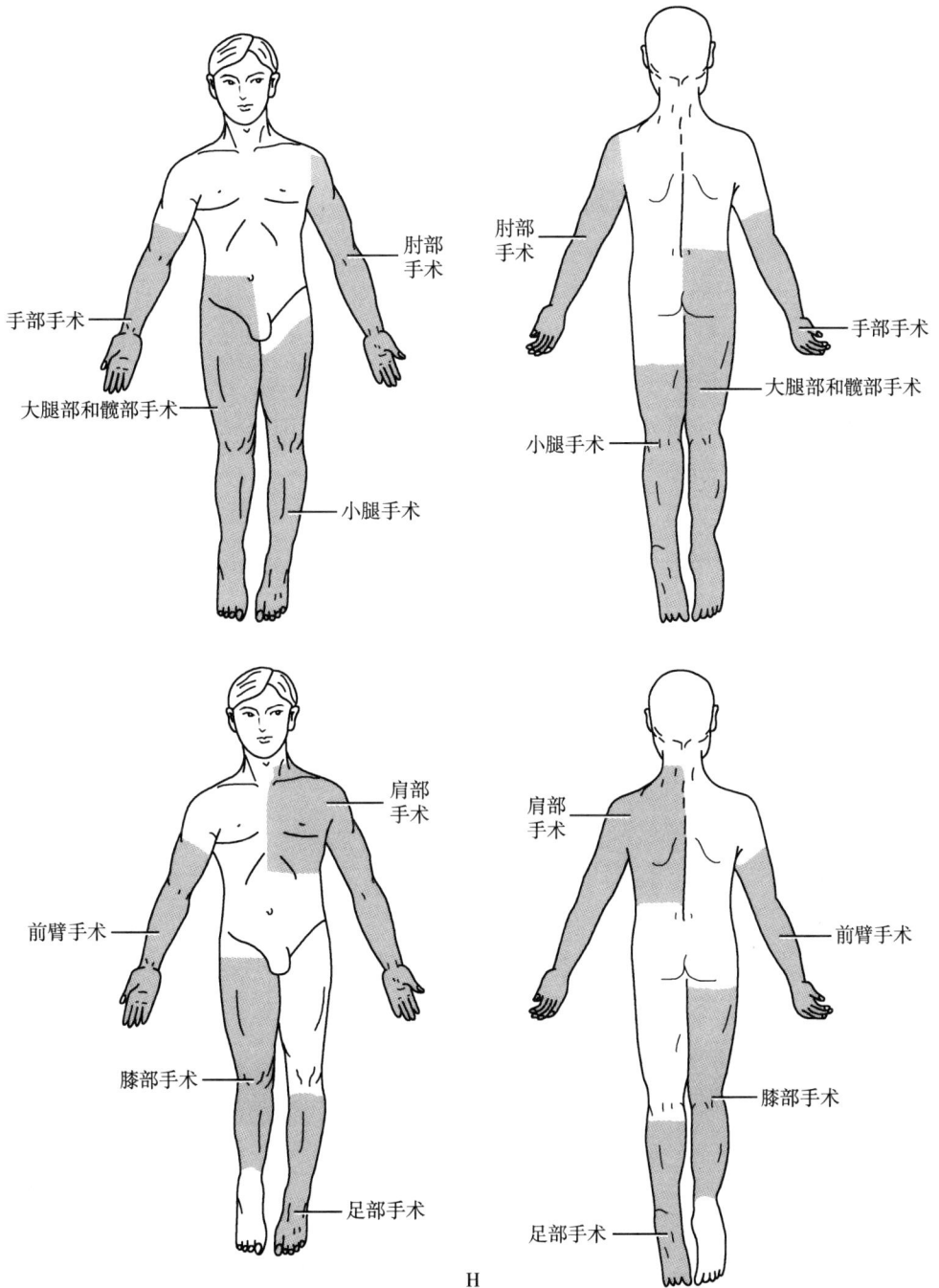

肘部
手术

手部手术

大腿部和髋部手术

小腿手术

肘部
手术

手部手术

大腿部和髋部手术

小腿手术

肩部
手术

肩部
手术

前臂手术

前臂手术

膝部手术

膝部手术

足部手术

足部手术

H

▲ 图5-1-1 常见手术部位皮肤准备范围

A. 颅脑手术；B. 颈部手术；C. 胸部手术（右）；D. 腹部手术；E. 腹股沟手术；F. 肾部手术（左）；
G. 会阴部及肛门手术；H. 四肢手术。

5. 呼吸功能障碍　急性呼吸道感染者，择期手术可推迟至治愈后1~2周，急症手术给予抗生素并避免吸入麻醉；重度肺功能不全及并发感染者，应采取综合措施，待肺功能改善、感染控制后再施行手术。

6. 肝、肾疾病　手术创伤、麻醉及某些药物可加重肝、肾负担，术前应完善各项检查以了解患者的肝、肾功能。① 肝功能轻度损害者，手术耐受力尚好，无须特殊准备；② 肝功能严重损害者，手术耐受力较差，应遵医嘱改善肝功能，纠正低蛋白血症和凝血功能异常；③ 肾功能轻、中度损害者，手术耐受力尚可，应注意维持水、电解质及酸碱平衡，禁用肾毒性药物；④ 肾功能重度损害者，24小时肌酐清除率<20ml/min、尿素氮25.3~35.7mmol/L，手术耐受力差，应在最大限度改善肾功能后才可进行手术。

7. 糖尿病　围手术期患者处于应激状态，血糖易波动，影响糖尿病患者伤口愈合。① 术前尽量缩短糖尿病患者的禁食时间，一般将血糖维持在5.6~11.2mmol/L；② 饮食控制血糖者，无须特殊准备；③ 口服降血糖药者，应继续服用药物至手术前1日晚上，如果口服长效降血糖药，应在术前2~3日停服；④ 应用胰岛素注射者，一般手术日晨停用；⑤ 伴有酮症酸中毒者，应尽可能纠正酸中毒、血容量不足，以及水、电解质代谢紊乱。

8. 妊娠　妊娠患者需行手术治疗时，首先应考虑外科疾病对母体及胎儿的影响。① 术前尽可能全面检查各系统、器官功能；② 选择妊娠中期进行手术相对安全；③ 尽量选择对孕妇和胎儿安全性较高的药物；④ 需禁饮食时，遵医嘱给予静脉营养，以保证胎儿的正常发育；⑤ 进行放射线检查时做好必要的保护性措施。

9. 凝血功能障碍　除常规检查凝血功能外，还需进一步了解有无出血史或血栓栓塞史。使用影响凝血功能的药物者需注意：① 密切监测凝血功能；② 术前10日停用抗血小板药（如氯吡格雷），术前7日停用阿司匹林，术前2~3日停用非甾体抗炎药（如布洛芬）；③ 术前应用华法林者，只要国际标准化比值维持在接近正常的水平，小手术可安全施行，大手术前4~7日停用，但是血栓栓塞的高风险患者在此期间应继续使用肝素；④ 择期大手术患者在术前12小时内不使用大剂量低分子量肝素，4小时内不使用大剂量普通肝素，心脏外科手术患者24小时内不使用低分子量肝素；⑤ 在抗凝治疗期间需要急诊手术者，一般需要停用抗凝药物，可用鱼精蛋白拮抗肝素，用维生素K和/或血浆或凝血因子制剂拮抗华法林。

知识拓展　｜　**择期手术患者的预康复**

预康复指对拟行择期手术的患者，通过术前一系列干预措施改善其生理及心理状态，以提高对手术应激的反应能力。主要包括以下措施。

1. 纠正术前贫血　常规进行贫血相关检查、评估并予以干预。

2. 预防性镇痛　术前根据手术类型使用非甾体抗炎药、选择性环氧合酶-2抑制剂等进行预防性镇痛，可缓解术后疼痛，降低术后谵妄风险，减少术后镇痛药物剂量。

3. 术前衰弱评估　术前进行衰弱评估及有效干预，可降低术后病死率。

4. 术前锻炼　进行术前活动耐量评估，制订锻炼计划，提高功能储备。

5. 术前认知功能评估　对手术前老年患者应用简易智力状态评估量表和蒙特利尔认知评估量表进行认知功能评估，可作为术后评估的基线参考值，必要时请专科医生干预。

6. 术前炎症控制　术前应用类固醇类药物可缓解术后疼痛，减轻炎症反应和早期疲劳。在保障安全的前提下可进行激素预防性抗炎治疗。

7. 术前心理干预　采用医院焦虑抑郁量表评估患者心理状况并进行有效干预。

（四）健康教育

向患者介绍疾病、麻醉、手术、康复等相关知识；术前加强营养，合理休息，适当活动；注意保暖，保持卫生，预防感染；戒烟；术前适应性训练；情绪稳定，心理放松。

【护理评价】

1. 患者焦虑是否减轻，能否适应医院环境。

2. 患者情绪是否稳定，是否了解麻醉、手术相关知识，不再害怕。

3. 患者是否能保证一定的睡眠时长和睡眠质量。

4. 患者的体液是否维持平衡，主要器官功能是否处于良好状态。

5. 患者的营养不良是否得到纠正。

6. 患者是否对疾病有充分认识，能否说出术前配合的要点。

第二节　手术中患者的护理

手术中患者的护理主要包括手术配合、感染管理等，需要严格执行无菌操作、保证患者的安全，从而保证麻醉和手术的顺利完成。

一、手术室布局和人员职责

（一）手术室布局

手术室应选择在大气含尘浓度较低、自然环境较好的地方，并尽可能远离污染源；手术间应有隔音、空气过滤净化装置，保持空气清洁。手术室通常为双走廊设计，按照洁净程度分为3区。

1. 洁净区　设在手术室内侧，洁净要求严格，非手术人员或非在岗人员禁止入内，在此区域的一切人员及活动都必须严格遵守无菌原则，包括洁净走廊、洗手间、手术间、无菌物品间、麻醉准备室等。

2. 准洁净区　是非洁净区进入洁净区的过渡区域，设在中间，凡已行外科手消毒或已穿无菌手术衣者不可进入此区，包括器械室、敷料室、手术间清洁走廊、复苏室等。

3. 非洁净区　设在最外侧，包括办公室、会议室、标本室、值班室、更衣室、患者家属等候室等。

（二）手术人员职责

每台手术的人员配备包括手术医生、麻醉医师、护士及其他工勤人员。手术人员各自有明确的分工，相互协作和配合完成手术。

1. 手术医生　包括手术者和助手。手术者负责并主持手术操作全过程；助手主要是完成手术野皮肤消毒和铺巾，协助手术者进行止血、结扎、拉钩等。

2. 麻醉医师　负责手术患者的麻醉、给药、监测及处理；协助巡回护士输液和输血；严密观察、记录病情变化；出现异常时组织抢救。

3. 护士　包括器械护士和巡回护士。

（1）器械护士：又称洗手护士，工作范围局限于无菌区内；主要职责为传递手术过程中所需的器械、敷料和其他用物，配合医生完成手术；具体的工作内容为术前1日访视患者、术前15~20分钟做好准备、与巡回护士共同清点并核对物品、正确传递用物、保持器械和用物整洁、配合抢救、标本管理、包扎固定、整理用物。

（2）巡回护士：又称辅助护士，工作范围在无菌区之外；主要职责为负责手术过程中器械、物品和敷料的准备和供给，主动配合手术和麻醉，对患者实施整体护理。具体的工作内容为术前物品准备和检查、核对患者、安置体位、清点核对物品、术中配合、术后整理。

二、患者及手术人员的准备

（一）患者的准备

患者的准备包括一般准备、手术体位准备、手术区皮肤消毒。

1. 一般准备　术前器械护士应访视患者；进入手术室后按照手术安排表对患者进行仔细核对，确认手术部位，点收所带药品及物品，严格执行查对制度，做好各项准备工作。同时，加强心理护理，减轻患者恐惧。

2. 手术体位准备　巡回护士安置患者于手术体位，安置遵循的总原则：① 最大限度保证患者的舒适与安全；② 充分暴露手术野；③ 不影响呼吸和循环功能；④ 不影响观察病情；⑤ 妥善固定，注意保暖，预防并发症。常见的手术体位见图5-2-1。

（1）仰卧位：① 水平仰卧位，适用于胸部、腹部、下肢等手术；② 上肢外展仰卧位，适用于上肢及乳房手术；③ 垂头仰卧位，适用于口腔、颈部手术。

（2）侧卧位：① 一般侧卧位，适用于肺、食管、侧胸壁、侧腰部等手术；② 脑科侧卧位，适用于颞部、颅后窝、枕骨大孔区等手术。

（3）俯卧位：适用于头颈部、脊柱后路、背部、四肢背侧等手术。

（4）膀胱截石位：适用于肛肠、会阴部、妇科手术。

3. 手术区皮肤消毒　为患者安置合适的手术体位后，需要对手术区域的皮肤进行消毒。目前常用的消毒液是碘伏或安尔碘；消毒范围为手术切口周围15~20cm的区域，如有延长切口的可能，应扩大消毒范围。消毒的原则：以手术切口为中心向四周涂擦；感染伤口或肛门会阴部皮肤消毒，应从外周向感染伤口或会阴肛门处涂擦；已接触污染部位的消毒液棉球或纱布不能回擦。

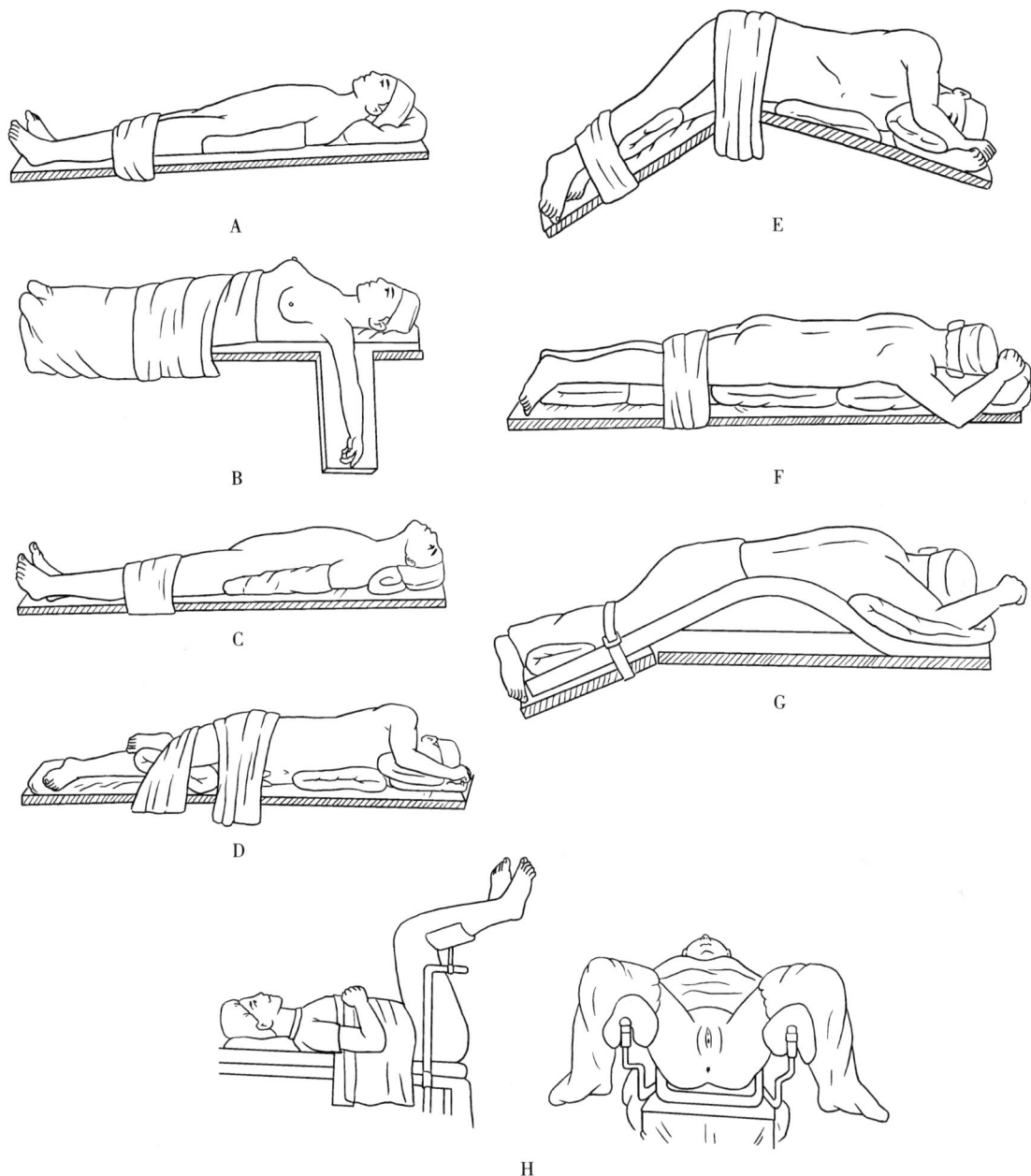

▲ 图5-2-1 常见的手术体位

A. 水平仰卧位；B. 上肢外展仰卧位；C. 垂头仰卧位；D. 胸部手术侧卧位；E. 肾手术侧卧位；F. 俯卧位；G. 腰椎手术俯卧位；H. 膀胱截石位。

（二）手术人员的准备

1. 一般准备 手术人员保持身体清洁；进入手术室换穿手术衣裤和专用鞋，不外露自身衣服；戴好口罩、手术帽；剪短指甲，甲缘下无积垢。

2. 特殊准备 主要指手术医生和器械护士进行的准备。

（1）外科手消毒：外科手消毒（surgical hand antisepsis）是外科手术前医护人员用流动水和洗

手液揉搓冲洗双手、前臂至上臂下1/3，再用手消毒剂清除或者杀灭手部、前臂至上臂下1/3暂居菌和减少常居菌的过程。

遵循原则：① 先洗手，后消毒；② 不同患者手术之间、手套破损或手被污染时，应重新进行外科手消毒。常采用免刷手消毒法。

（2）穿无菌手术衣：包括传统对开式手术衣穿法和遮背式手术衣穿法。

（3）戴无菌手套：穿手术衣后戴手套，包括无接触式和开放式两种方法。

三、手术中的无菌操作原则

所有参与手术的人员在手术过程中都应严格遵循无菌操作原则，并贯穿手术的全过程。

1. 明确无菌范围　无菌桌缘平面以上属无菌范围。手术人员外科手消毒后，手臂不可接触未经消毒的物品；手臂应保持在腰水平以上，肘部内收，靠近身体，既不能高举过肩，也不能下垂过腰或交叉于腋下，保持拱手姿势；不可接触手术床边缘及无菌桌缘以下的布单。

2. 保持物品无菌　无菌区的所有物品均应严格灭菌。疑有污染、破损、潮湿时应立即更换；1份无菌物品只能用于1个患者；打开后即使未用，也需重新包装、灭菌后才可使用。

3. 保护皮肤切口　切开皮肤前，先粘贴无菌塑料薄膜，再经薄膜切开皮肤，以保护切口；切开皮肤及皮下脂肪层后，切口边缘应以无菌大纱布垫或手术巾遮盖，并用缝线及巾钳固定，仅显露手术野。手术因故暂停时应用无菌巾覆盖切口。

4. 正确传递物品和调换位置　手术时不可从手术人员背后或头顶方向传递器械及手术用品，应由器械护士从器械升降台侧正面方向递给；手术人员面向无菌区，在规定范围内活动；同侧手术人员如需交换位置时，一人应先退后一步，背对背转身到达另一位置，以防接触对方背部不洁区。

5. 减少空气污染　手术进行时不应开窗通风或用风扇，室内的空调机风口也不能吹向手术台，尽量减少人员走动；手术过程中保持安静，尽量避免咳嗽、打喷嚏，不得已时将头转离无菌区；请他人擦汗时，头转向一侧。口罩若潮湿，应立即更换。每个手术间参观人数不超过2人。

6. 沾染手术的隔离技术　进行胃肠道、呼吸道或宫颈等沾染手术时，切开空腔脏器之前，先用纱布垫保护周围组织，并随时吸除外流的内容物；被污染的器械和其他物品应避免与其他器械接触；污染的缝针及持针器应在等渗盐水中刷洗。完成全部沾染步骤后，用灭菌用水冲洗或更换无菌手套。

四、手术中的患者安全

1. 安全核查　由手术医生、麻醉医师、手术护士三方在麻醉开始前、手术前、手术后共同核查患者的身份、手术部位、手术方式等。

2. 正确用药　严格执行查对制度。巡回护士在执行口头医嘱时应复述，确认无误后方能执行，术后及时做好医嘱处理记录。

3. 合理体位　摆放体位时，注意患者的安全、舒适，防止压力性损伤。

4. 物品准备与清点　手术开始前、关闭体腔或深部切口前、关闭体腔或深部切口后，器械护士、巡回护士要认真清点术中所用器械、纱布、敷料等数目并记录。

5. 感染控制　所有参加手术人员严格执行无菌技术操作原则，检查术中所用器械、敷料等均在有效期内。

知识拓展 | **手术安全核查**

《医疗质量管理办法》将手术安全核查制度列为十八项医疗质量安全核心制度之一，手术安全核查表（surgical safety checklist，SSC）是手术安全核查制度的保障，主要由手术医生、麻醉医师及手术室护士三方人员共同推进。SSC包括麻醉诱导前、手术实施前、患者出手术室前一共三阶段的信息确认，所有项目确认完成后，由三方核查人员在核查表上签字。三方核查对手术安全质量管理提供了制度性的保障，有利于患者在接受外科治疗期间得到稳定可靠的医疗服务。

未来，在手术安全核查工作中还需充分发挥患者的主观能动性，将"三方核查"升级为"四方核查"，这既是手术室人文关怀和责任心的体现，也是构筑手术安全文化的必然趋势。

第三节　手术后患者的护理

导入情景与思考

患者，男，65岁，因"乏力伴上腹不适1个月"，诊断为"胃癌"入院，完善术前检查后在全身麻醉下行胃全切除术伴食管空肠吻合术。现术后第5日，患者主诉胸闷、咳嗽少痰。体格检查：体温39℃，脉搏110次/min，呼吸28次/min，血压130/86mmHg；患者呼吸急促，听诊呼吸音粗；切口敷料干燥，无压痛；鼻肠管1根在位通畅，短肽型肠内营养剂500ml管饲。辅助检查：肺部X线检查示心影旁模糊片絮状影。患者情绪低落，担心手术效果。

请思考：

1. 该患者目前可能发生了什么情况？为什么？
2. 该患者目前主要的护理措施有哪些？

手术后护理（postoperative nursing care）是指患者从离开手术室起至出院期间的护理。该阶段的护理重点是减少患者痛苦与不适，尽快恢复生理功能，防治并发症，促进康复。

【护理评估】

（一）术中情况

评估麻醉类型、手术方式、手术过程，术中出血、输血、补液量及留置引流管的情况等，以判断手术创伤对机体的影响。

（二）身体状况

1. 一般状况　患者的生命体征及意识状况。

2. 切口及引流管　切口部位、大小、敷料包扎情况，有无渗血、渗液；引流管的种类、数量、位置及作用，引流是否通畅及引流液的量、性状、颜色等。

3. 肢体功能　感知觉、四肢活动度、皮肤色泽及温度。

4. 液体出入量及营养状态　24小时液体出入量；每日营养摄入情况，手术后体重变化等。

5. 术后不适及并发症　有无切口疼痛、发热、恶心、呕吐、腹胀、呃逆、尿潴留等术后不适；有无术后出血、切口感染、切口裂开、深静脉血栓形成等并发症及危险因素。

6. 辅助检查　患者手术后各项检查结果。

（三）心理–社会状况

术后患者的心理感受、心理改变及原因；患者及家属对手术的认识。

【常见护理诊断/问题】

1. 急性疼痛　与手术创伤、特殊体位等有关。

2. 有体液不足的危险　与手术导致失血、体液丢失、禁食禁饮、液体量补充不足等有关。

3. 低效性呼吸型态　与术后活动量少、切口疼痛、呼吸运动受限有关。

4. 潜在并发症：术后出血、切口裂开、切口感染、肺部感染、泌尿系统感染、深静脉血栓形成、压力性损伤等。

【护理目标】

1. 患者主诉疼痛减轻或缓解。

2. 患者体液平衡得以维持，循环系统功能稳定。

3. 患者术后呼吸功能改善，血氧饱和度维持在正常范围。

4. 患者未发生并发症，或并发症被及时发现和处理。

【护理措施】

（一）一般护理

1. 安置患者　与麻醉医师和手术室护士做好床旁交接；搬运患者时动作轻稳，注意保护头部、切口、各引流管、输液管道；正确连接并固定各引流装置；检查输液是否通畅；遵医嘱给氧；注意保暖，加强安全护理。

2. 合理体位　根据麻醉类型及手术方式合理安置患者体位：① 全身麻醉未醒者，取平卧位，头偏向一侧；② 蛛网膜下隙阻滞者，取去枕平卧或头低卧位6~8小时；③ 硬膜外阻滞者，平卧6小时后根据需要调整体位；④ 颅脑手术者，如无休克或昏迷，取床头抬高15°~30°斜坡卧位；⑤ 颈、胸部手术者，取高半坐卧位；⑥ 腹部手术者，取低半坐卧位或斜坡卧位；⑦ 脊柱或臀部手术者，取俯卧或仰卧位；⑧ 休克患者，取中凹卧位；⑨ 肥胖患者，取侧卧位。

3. 病情观察

（1）生命体征及意识：术后中、小手术者，手术当日每小时测量1次脉搏、呼吸和血压，监测6~8小时至平稳；大手术、全身麻醉及病情危重者，每15~30分钟测量1次脉搏、呼吸、血压及瞳孔、意识，病情稳定后可改为每小时测量1次直至平稳，并做好记录。

（2）病情监测：根据病情行心电监护、中心静脉压测定、肺动脉楔压测定等。

（3）体液平衡：大、中手术者，详细记录24小时出入量；病情危重者，观察并记录每小时尿量。

4. 静脉补液　遵医嘱静脉输液，防治电解质及酸碱平衡失调；必要时遵医嘱输注血液制品等维持有效循环血量。

5. 引流管护理　① 妥善固定，标识明确：妥善固定好各引流管，防止拖拽或拔出；引流管标识内容全面、清晰。② 保持通畅，仔细观察：定期检查引流管，保持引流通畅；观察并记录引流液的性质和量，若有异常，及时告知医生处理。③ 及时更换，注意拔管指征：严格按照无菌原则定时更换引流袋；掌握拔管指征，协助医生拔管。

6. 饮食护理

（1）非腹部手术：局麻者，术后即可进食；蛛网膜下隙麻醉者，若无恶心、呕吐，术后3~6小时即可进食；全身麻醉者，待麻醉清醒，无恶心、呕吐后方可进食。一般先给予易消化的流质饮食，以后逐步过渡到半流质饮食或普食。

（2）腹部手术：消化道手术后，一般禁食24~48小时，肛门排气后可进食少量流质，逐步递增至全量流质；第5~6日进食半流质；第7~9日可过渡到软食；第10~12日开始普食。留置空肠营养管者，一般术后第2日进行肠内营养。

7. 休息与活动　保持病室安静，减少或去除干扰因素，保证患者有充足的睡眠与休息。术后清醒即可半卧位或适量在床上活动，建立每日活动目标，逐日增加活动量，可促进呼吸、胃肠、肌肉骨骼等多系统功能恢复，有利于预防肺部感染、压力性损伤和下肢深静脉血栓形成。

8. 切口护理　观察切口有无渗血、渗液，切口及周围皮肤情况；保持切口敷料清洁干燥，必要时使用约束带包扎，但不能影响呼吸运动、血液循环等。

（1）切口分类：① 清洁切口（Ⅰ类切口），无菌切口，手术未进入炎症区，未进入呼吸道、消化道、泌尿生殖道及口咽部位，如甲状腺次全切除术等。② 清洁-污染切口（Ⅱ类切口），可能带有污染的切口，进入呼吸道、消化道、泌尿生殖道及口咽部位，但不伴有明显污染，如全胃切除术等。③ 污染切口（Ⅲ类切口），邻近感染区或组织直接暴露于污染或感染物的切口，如开放性创伤手术、已有临床感染或脏器穿孔的手术。

（2）切口换药：根据切口情况确定换药的频率，一般术后第3日换药，若无感染征象，待拆除缝线时或无须拆线者出院前再换1次即可。

（3）切口拆线：缝线拆除时间应根据切口部位、患者年龄、营养状况等决定。一般头、面、颈部为术后4~5日；下腹部、会阴部为术后6~7日；胸部、上腹部、背部和臀部为术后7~9日；四肢为术后10~12日（近关节处可适当推迟），减张缝线为术后14日；年老、营养不良者，拆线时间可适当推迟，青少年患者拆线时间可以适当提前。用可吸收缝线者不用拆线。

（4）切口愈合等级：① 甲级愈合，愈合良好，无不良反应；② 乙级愈合，愈合处有炎症反应，如红肿、硬结、血肿、积液等，但未化脓；③ 丙级愈合，切口化脓，需要做切开引流等处理。

（5）切口愈合记录：将切口类型与愈合等级联合登记，如Ⅰ/甲表示"清洁切口甲级愈合"。当切口处理不当时，Ⅰ类切口亦可成为丙级愈合（Ⅰ/丙）；相反，Ⅲ类切口处理恰当，也可能得到甲级愈合（Ⅲ/甲）

9. 基础护理 加强基础护理，保持口腔、皮肤、头发的清洁卫生等。

（二）常见术后不适的护理

1. 疼痛 最常见于麻醉作用消失后，患者感觉到切口疼痛，一般术后24小时内最剧烈，2~3日后逐渐减轻。

护理措施：① 评估和了解疼痛的程度、时间、部位、性质和规律，鼓励患者表达疼痛的感受；② 遵医嘱给予镇静、镇痛药，大手术后1~2日内，可应用患者自控镇痛泵进行止痛；③ 协助患者改变体位，促进舒适；④ 做好解释和心理疏导，分散患者注意力，指导其运用按摩、放松疗法、听音乐等方式缓解疼痛；⑤ 指导患者循序渐进地开展活动。

2. 发热 是术后患者最常见的症状，也是机体对手术创伤作出的炎症反应。一般术后体温不超过38℃，称外科手术热或吸收热。若术后24小时内体温超过39℃，持续发热3~6日或体温降至正常后再度发热，应警惕继发感染的可能。

护理措施：① 监测体温及伴随症状；② 检查切口有无感染；③ 遵医嘱给予降温措施；④ 采集血液、尿液等标本送检，必要时进行X线、超声、CT等影像学检查，以寻找病因并进行针对性治疗。

3. 恶心、呕吐 最常见的原因是麻醉反应，待麻醉作用消失后症状随之消退；水、电解质代谢紊乱和酸碱平衡失调，严重腹胀者也会出现恶心、呕吐。

护理措施：① 呕吐时，头偏向一侧，并及时清除呕吐物，以保持呼吸道通畅；② 遵医嘱给予镇吐药、镇静药等；③ 持续性呕吐者，应尽快查明原因进行处理。

4. 腹胀 早期腹胀是由胃肠蠕动受抑制所致，随胃肠蠕动恢复即可自行缓解。若术后数日仍未排气且同时腹胀，可能是腹膜炎或其他原因所致的肠麻痹；若腹胀伴阵发性绞痛、肠鸣音亢进，可能是早期肠粘连或其他原因所引起的机械性肠梗阻，需进一步检查。

护理措施：① 协助患者多翻身，下床活动；② 遵医嘱给予胃肠减压、肛管排气或高渗溶液低压灌肠，使用促进肠蠕动的药物，如新斯的明肌内注射；③ 腹腔内感染或机械性肠梗阻非手术治疗无效者，应做好再次手术的准备。

5. 尿潴留 若患者术后6~8小时仍未排尿或尿量较少，应判断是否存在尿潴留。常见于骨盆和会阴部手术后；并发前列腺增生的老年患者；镇静药用量过大或低血钾；不习惯床上排尿等。

护理措施：① 稳定患者情绪，采用诱导排尿法，如变换体位、下腹部热敷或听流水声等；② 遵医嘱应用药物、针灸等治疗方法；③ 若上述措施无效，遵医嘱进行无菌导尿术，一次放尿不超过1000ml，对于尿潴留时间过长或导出尿液量超过500ml的患者，应留置导尿管1~2日。

6. 呃逆 可能是神经中枢或膈肌直接受刺激所致，常为暂时性。

护理措施：① 术后早期发生者，压迫眶上缘，抽吸胃内积气、积液；遵医嘱应用镇静或解痉药物。② 上腹部手术后出现顽固性呃逆者，应警惕吻合口瘘或十二指肠残端瘘、膈下积液或感染等情况，应查明病因；未查明原因且一般治疗无效时，协助医生行颈部膈神经封闭治疗。

（三）术后并发症的观察与护理

术后并发症分两类，一类是各种手术后都可能发生的并发症，在本节介绍；另一类是与具体手术方式相关的专科并发症，在各专科疾病章节中介绍。

1. **术后出血**　多发生在术后24~48小时，由于术中止血不完善或创面渗血、原先痉挛的小动脉断端舒张、结扎线脱落、凝血功能障碍等所致。如切口敷料大量渗血，患者面色苍白、脉率增快、血压下降，或引流管引流出鲜血，每小时超过100ml，持续3小时以上，均提示有术后出血。

预防措施：① 加强术前准备，凝血功能障碍者补充凝血因子；② 术中止血严密，观察细致；③ 术后遵医嘱使用促凝血药物。

处理措施：① 严密观察生命体征、切口敷料、引流液等；② 少量出血时，更换切口敷料、加压包扎或全身使用止血剂；③ 出血量较大时，加快输液速度，遵医嘱输血或血浆，并做好再次手术止血准备。

2. **切口裂开**　手术切口的任何一层或全层裂开，多于术后1周左右或皮肤拆线后24小时内发生，常见于腹部及肢体邻近关节部位。常见原因包括营养不良导致的组织愈合能力下降、缝合不当、切口感染、腹内压突然增高（如剧烈咳嗽、喷嚏及呕吐等）及严重腹胀等。

预防措施：① 加强营养支持，尤其对于年老体弱、营养状况差的患者；② 预计切口愈合不良者，术中加用全层腹壁减张缝线，术后加压包扎切口，延迟拆线时间；③ 及时发现并消除慢性腹内压增高的相关因素；④ 肢体关节部位的切口，拆线后避免大幅度动作。

处理措施：① 立即平卧；② 稳定患者情绪；③ 告知患者勿咳嗽和进食饮水；④ 用无菌生理盐水纱布覆盖切口；⑤ 肠管脱出者切勿将其直接回纳；⑥ 及时告知医生处理。

3. **切口感染**　术后3~4日，切口疼痛加重，局部有炎症表现，可伴有体温增高，考虑发生切口感染。主要因为切口内留有无效腔、血肿、异物或局部组织供血不良，并发有贫血、糖尿病、营养不良或肥胖等。

预防措施：① 术中严格遵守无菌操作原则，严密止血；② 术后保持伤口敷料干燥、清洁；③ 遵医嘱加强全身营养支持、合理使用抗菌药物。

处理措施：① 感染早期局部理疗；② 脓肿形成切开引流，拆除部分缝线；③ 遵医嘱，应用抗菌药物；④ 必要时再次手术缝合。

4. **肺部感染**　多与术后呼吸运动受限、呼吸道分泌物积聚及排出不畅有关，常发生在胸部、腹部大手术后，特别是老年患者及长期吸烟、术前并发急性或慢性呼吸道感染者。

预防和处理措施：① 保持病室适宜的温湿度；② 协助患者取半卧位；③ 病情允许者鼓励尽早下床活动，多饮水；④ 指导患者进行深呼吸和有效咳嗽；⑤ 痰液黏稠者雾化吸入稀释痰液；⑥ 遵医嘱应用抗生素及祛痰药物等。

5. **泌尿系统感染**　多由尿潴留、留置导尿管时间过长或反复多次导尿导致，包括急性肾盂肾炎和急性膀胱炎。

预防和处理措施：① 术前进行床上排尿训练，术后指导患者自主排尿；② 按无菌原则留置导尿；③ 保持尿量在 1 500ml/d 以上；④ 根据尿液培养及药物敏感试验结果针对性应用抗生素。

6. 深静脉血栓形成 常发生于下肢深静脉。常见原因为术后腹胀、长时间制动、卧床等引起下腔及髂静脉回流受阻（尤其是老年和肥胖患者）、血流缓慢；手术、外伤、反复穿刺置管或输注高渗性液体、刺激性药物等导致血管壁和血管内膜损伤；手术导致组织破坏、癌细胞分解及大量丢失体液造成血液凝集性增加等。表现为早期腓肠肌疼痛和紧束感，或腹股沟区出现疼痛和压痛，继而出现下肢凹陷性水肿，沿静脉走行有触痛，可扪及条索状变硬的静脉。一旦血栓脱落可引起肺动脉栓塞，导致死亡。

预防措施：① 病情允许者，鼓励早期下床活动；② 卧床期间进行肢体主动和被动运动；③ 按摩下肢比目鱼肌和腓肠肌，促进血液循环；④ 术后穿弹力袜以促进下肢静脉回流；⑤ 对于血液高凝状态患者，可预防性口服抗凝药物。

处理措施：① 严禁患肢静脉输液和局部按摩，以防血栓脱落；② 抬高患肢、制动，局部采用 50% 硫酸镁湿热敷，配合理疗和全身性抗生素治疗；③ 遵医嘱使用溶栓剂、抗凝剂及降低血液黏滞度的药物。

7. 压力性损伤 术后切口疼痛、手术特殊要求长期卧床而致局部皮肤组织长期受压，皮肤受到汗液、尿液、各种引流液等刺激，营养不良、水肿等可能导致压力性损伤。

预防措施：① 定时翻身；② 保持患者皮肤及床单清洁干燥，正确使用便盆；③ 增进营养；④ 正确使用石膏、绷带及夹板；⑤ 鼓励患者早期下床，协助患者每日进行主动或被动运动。

处理措施：① 去除致病原因；② 小水疱未破裂者可自行吸收，大水疱在无菌操作下用注射器抽出疱内液体，再用无菌敷料包扎；③ 浅度溃疡者应用透气性良好的保湿敷料覆盖；④ 坏死溃疡者，清创、去除坏死组织，保持引流通畅。

8. 消化道并发症 常见急性胃扩张、肠梗阻。腹部手术后肠道功能的恢复于术后 12~24 小时开始，此时可闻及肠鸣音，术后 48~72 小时肠蠕动可恢复正常，肛门排气、排便。

预防措施：① 根据病情留置胃管；② 维持水、电解质和酸碱平衡；③ 术后取半卧位，按摩腹部；④ 尽早下床活动。

处理措施：① 禁食、胃肠减压；② 分析并去除病因；③ 对症处置。

9. 微创手术后 CO_2 气腹相关并发症 由于 CO_2 气腹使腹腔压力上升，CO_2 逸入组织间隙大量吸收入血，影响心肺功能和酸碱平衡，导致高碳酸血症、皮下气肿、气体栓塞、心律不齐、静脉血栓等，患者常表现为腹胀、皮下捻发音、呼吸困难、心律失常、血压增高等。

预防措施：① 密切观察病情，发生高碳酸血症和酸中毒时，立即告知医生降低气腹压力，抬高患者头胸部；② 采取措施促使 CO_2 排出，如术毕缝合腹部切口前在患者腹壁轻轻加压，术后 6 小时取半卧位，吸氧、深呼吸。

处理措施：① 取半卧位，延长吸氧时间；② 症状严重者准备穿刺排气；③ 密切监测病情变化，遵医嘱进行相应处置。

（四）心理护理

建立良好的护患关系；加强术后患者教育，提供有关术后康复、疾病护理的相关知识；教会患者提高认知和应对技巧。

（五）健康教育

1. **休息与活动**　养成良好的生活习惯，保证充足睡眠；活动量从小到大；选择合适的运动方式。

2. **饮食与营养**　加强合理膳食、均衡营养，避免摄入辛辣刺激性食物。

3. **康复锻炼**　告知患者康复锻炼的目的、具体方法及注意事项等。

4. **后续治疗**　遵医嘱服药或定期接受化疗、放疗；观察治疗的不良反应；带开放性伤口出院者，告知门诊换药时间及次数；带引流管出院者，指导管道护理要点。

5. **定期复诊**　告知患者可能出现的症状、随访复诊安排等，如有异常应立即复诊。

【护理评价】

1. 患者的疼痛是否减轻。

2. 患者的体液是否能维持平衡，有无水、电解质代谢紊乱和酸碱平衡失调表现。

3. 患者的呼吸功能是否正常，血氧饱和度是否在正常范围。

4. 患者是否发生术后并发症，或并发症是否被及时发现和处理。

（丁亚萍）

学习小结

1. 围手术期护理包括术前、术中、术后三个阶段的护理，快速康复、以人为本的理念贯穿在围手术期护理的全过程。

2. 手术前护理　要评估患者的健康史、身体状况和心理-社会状况，评价手术耐受情况，了解手术类型，加强术前心理护理、健康教育，对于耐受力良好的患者做好术前一般准备，对于耐受力不良的患者，还需进行特殊准备与护理。

3. 手术中护理　要明确手术人员工作职责，严格执行手术安全核查制度、遵守无菌操作原则，确保患者安全和手术的顺利实施。

4. 手术后护理　需要在评估患者术中情况、术后身体状况和心理-社会支持的基础上，制订术后一般护理措施，加强切口和引流管的护理，密切观察病情，尤其是有无术后不适和并发症，针对原因做好预防，一旦发生要及时处理。

一、单项选择题

1. 术前备皮的范围原则上应超过切口周围至少
   A. 5cm
   B. 10cm
   C. 15cm
   D. 20cm
   E. 25cm

2. 直肠癌根治术按照手术时限分类,其手术类型属于
   A. 急症手术
   B. 限期手术
   C. 择期手术
   D. 紧急手术
   E. 普通手术

3. 采用肝素抗凝治疗的患者需要急诊手术时,常用的拮抗药物是
   A. 维生素K
   B. 维生素D
   C. 血浆
   D. 凝血因子
   E. 鱼精蛋白

4. 患者手术后开始进流质饮食的时间通常在
   A. 腹痛消失后
   B. 患者恢复食欲时
   C. 恶心呕吐消失后
   D. 肛门排气后
   E. 体温降至37.5℃

5. 患者上腹部手术后出现顽固性呃逆,应警惕发生
   A. 切口感染
   B. 肺不张
   C. 膈下感染
   D. 急性胃扩张
   E. 慢性肠梗阻

参考答案:

1. C 2. B 3. E 4. D 5. C

二、简答题

1. 简述手术前的一般准备与护理措施。

2. 简述手术后常见并发症及护理要点。

第六章 # 外科营养支持患者的护理

学习目标

知识目标	1. 掌握肠内营养和肠外营养的输注方式和护理措施。 2. 熟悉营养筛查、营养评定、营养支持指征，肠内营养和肠外营养的定义、适应证和禁忌证。 3. 了解外科患者的代谢特点。
能力目标	能运用护理程序对外科营养支持患者实施整体护理。
素质目标	具有关心和爱护外科营养支持患者的态度和行为；具备团队合作精神。

营养支持（nutritional support，NS）是指在饮食摄入不足或不能摄入的情况下，通过肠内或肠外途径为人体提供必需营养素的过程。

规范化的营养支持治疗包括营养筛查、营养评定、制订营养支持计划、实施营养支持和监测五个步骤。

第一节　概述

正常情况下，机体需要不断地从摄入的食物中获取营养物质，经过代谢转化为生命活动过程中所需要的能量或能量储存形式，以维持机体新陈代谢和生理功能。患病时，机体可发生一系列代谢改变，以适应疾病状态或治疗需要。

【外科患者的代谢变化】

外科患者常因疾病或手术等，处于饥饿、感染和创伤等应激状况，此时机体会发生以碳水化合物、脂肪、蛋白质等为主体的代谢及免疫改变，以维持机体疾病状态下组织、器官功能及生存所需。

（一）饥饿时的代谢变化

机体对饥饿的代谢反应是调节机体的能量需要，减少活动和降低基础代谢率，防止机体组织过度分解，维持生存。

1. 糖代谢　饥饿时血糖下降，为维持糖代谢恒定，胰岛素分泌立即减少，胰高血糖素、生长激素、儿茶酚胺分泌增加，以加速糖原分解，使糖生成增加。

2. 蛋白质代谢　随着饥饿时间延长，上述激素的变化可促使氨基酸动员，肝糖异生增加，生成葡萄糖供能，但同时消耗机体蛋白质。此时每日约消耗蛋白质75g，每日尿排出氮10~15g。

3. 脂肪代谢　饥饿3~4日，在内分泌激素作用下，脂肪水解增加，逐步成为机体的最主要能源以减少糖异生和蛋白质分解。每日尿排出氮减少至3~4g。

（二）手术、创伤、感染后的代谢变化

手术、创伤、感染后所致的高代谢状态使机体的静息能量消耗增加。

1. 糖代谢　机体对糖的利用率下降，糖异生过程活跃，容易发生高血糖。机体利用葡萄糖的能力及对胰岛素的敏感性降低，是应激状态下糖代谢的特点。

2. 蛋白质代谢　蛋白质分解及尿氮排出增加，出现负氮平衡。每日尿排出氮可达20~30g。

3. 脂肪代谢　手术、创伤、感染后，由于儿茶酚胺的作用，脂肪的氧化利用率增加（可达正常的2倍），成为体内主要的能源，并导致血液中低密度脂蛋白、甘油三酯及游离脂肪酸增加。由于交感神经系统受到持续刺激，此时即使提供外源性脂肪，亦难以完全抑制体内脂肪分解。

【营养筛查】

营养筛查（nutritional screening）是应用营养筛查工具判断患者营养相关风险的过程，包括营养风险筛查和营养不良筛查，后者是明确个体有无营养不良或营养不良风险。

（一）营养风险

营养风险是指现存的或潜在的营养和代谢状况导致患者出现不良临床结局的风险，这些不良临床结局包括住院时间延长、感染性并发症发生率增加、成本–效益比增加、生活质量降低等。值得注意的是，营养风险强调因营养因素出现不良临床结局的风险，而不仅仅是出现营养不良的风险。

（二）营养筛查工具

临床上用于营养筛查的工具可分为营养风险筛查工具和营养不良筛查工具两类，各种方法均有其优点和不足，应根据被筛查对象的特点合理选用。

1. 营养风险筛查2002（nutritional risk screening 2002，NRS 2002）　临床最常用，适用于18岁以上、住院时间超过24小时患者的营养风险筛查。该工具从患者的年龄、疾病严重程度和营养受损状况3个方面进行筛查，总分为0~7分，总评分≥3分提示存在营养风险，需进行营养评定，并制订和实施营养支持计划（表6-1-1）。总评分<3分者，每周复评1次。

▼ 表6-1-1　营养风险筛查2002（NRS 2002）

评分项目	评分标准	分值
A. 年龄	<70岁 ≥70岁	0分 1分
B. 疾病严重程度	一般恶性肿瘤、髋部骨折、长期血液透析、糖尿病、慢性疾病（如肝硬化、慢性阻塞性肺疾病）	1分（任一项）
	血液恶性肿瘤、重症肺炎、腹部大手术、脑卒中	2分（任一项）
	颅脑损伤、骨髓转移、入住重症监护	3分（任一项）

续表

评分项目	评分标准	分值
C. 营养受损状况	近3个月体重下降>5%；近1周内进食量减少≥25%	1分（任一项）
	近2个月体重下降>5%；近1周内进食量减少>50%	2分（任一项）
	近1个月体重下降>5%或近3个月体重下降>15%；近1周内进食量减少>75%；体重指数<18.5kg/m² 及一般情况差	3分（任一项）

注：NRS 2002评分总分为A+B+C，若总评分≥3分，提示患者存在营养风险，须进行营养评定。

2. 营养不良通用筛查工具（malnutrition universal screening tool，MUST） 主要用于营养不良及其风险的筛查，适用于社区、医院等不同医疗机构，从体重指数、体重下降程度、疾病所致近期禁食3个方面进行筛查（表6-1-2）。

▼ 表6-1-2　营养不良通用筛查工具（MUST）

评分项目	评分标准	分值
A. 体重指数	>20kg/m²	0分
	18.5~20kg/m²	1分
	<18.5kg/m²	2分
B. 体重下降程度	过去3~6个月体重下降<5%	0分
	过去3~6个月体重下降5%~10%	1分
	过去3~6个月体重下降>10%	2分
C. 疾病原因导致近期禁食	≥5日	2分

注：根据总分判断，0分为低风险状态，1分为中风险状态，≥2分为高风险状态。

3. 微型营养评定简表（mini-nutritional assessment short-form，MNA-SF） 主要用于社区和养老机构老年患者的营养不良风险筛查。

【营养评定】

营养评定（nutritional assessment）是由专业人员通过询问健康史、体格检查、实验室检查、人体测量、采用复合型营养评定工具等多种方法，对患者的营养状况进行全面检查和评估，以确定（诊断）营养不良的类型和程度，为营养支持计划的制订和疗效监测提供依据。

（一）临床检查

1. 健康史 包括患者病史，有无手术创伤、感染等应激状态，有无呕吐、腹泻等消化道症状，有无体重、进食量改变等情况。

2. 体格检查 重点关注患者有无恶病质、毛发脱落、皮肤损害、肌肉萎缩、水肿、营养素缺乏等体征。

3. 实验室检查 了解患者的血清白蛋白、转铁蛋白、前白蛋白水平和肝肾功能，以及血糖、血脂、血清电解质等指标。

（二）人体测量指标

1. 体重 综合反映人体的营养状况，是最简单、最直接的评定指标。通常采用实际体重占理想体重的百分比来衡量，常用理想体重的计算公式如下。

$$Broca改良公式：理想体重（kg）=身高（cm）-105$$
$$平田公式：理想体重（kg）=[身高（cm）-100]×0.9$$

一般在未主动控制体重的情况下，患者6个月内体重丢失>5%，或6个月以上体重丢失>10%，即提示存在营养不良。

2. 体重指数（body mass index，BMI） 评定营养不良的重要指标之一，计算公式为：

$$BMI=体重（kg）/[身高（m）]^2$$

国际生命科学学会中国办事处中国肥胖问题工作组提出：中国成人理想的BMI在18.5~<24.0kg/m²之间，若<18.5kg/m²为营养不良，24.0~<28.0kg/m²为超重，≥28.0kg/m²为肥胖。

3. 三头肌皮褶厚度（triceps skinfold thickness，TSF） 反映体脂储备的指标，可直接显示皮下脂肪量和间接反映体内脂肪量。测量时，被测者上臂自然下垂，测定者在其肩峰与尺骨鹰嘴连线的中点上方约2cm处做标记，以左手拇指、示指、中指将该点皮肤连同皮下组织捏起，用皮脂计测量拇指下方的皮褶厚度，连续测量3次取平均值，即为TSF。若测定值较标准值低10%以上，提示营养不良。

4. 握力测定 反映肌肉功能的有效指标，与机体营养状况及手术后恢复程度相关。正常男性握力≥35kg，女性握力≥23kg。

（三）复合型营养评定工具

1. 主观全面评定（subjective global assessment，SGA） 由美国肠内肠外营养学会推荐的通用营养评定工具，适用于不同年龄患者。通过近期内体重变化、饮食改变、胃肠道症状、活动能力变化、应激反应、肌肉消耗、TSF和踝部水肿来评估营养不良的严重程度，在此基础上发展出患者参与的主观全面评定（patient-generated subjective global assessment，PG-SGA），是肿瘤患者优选的营养评定工具。

2. 微型营养评定（mini-nutritional assessment，MNA） 适用于65岁以上的社区居民，也适用于住院老年患者的营养评定。

【营养支持的适应证】

当患者出现下列情况之一时，应提供营养支持：① 近期体重下降大于理想体重的10%；② 血清白蛋白<30g/L；③ 连续7日以上不能正常进食；④ 已明确为营养不良；⑤ 可能产生营养不良或手术并发症。

【能量和蛋白质需要量的估算】

（一）能量需要量的估算

临床上可根据患者的病情、基础能量消耗、活动程度和治疗目标来估算实际能量的需要量。

1. 公式计算法 首先，根据哈里斯-本尼迪克特（Harris-Benedict）公式计算基础能量消耗（basal energy expenditure，BEE）：男性BEE（kcal/d）=66.5+13.7W+5.0H-6.8A，女性BEE（kcal/d）=

655.1＋9.56W＋1.85H－4.68A。其中，W为体重（kg），H为身高（cm），A为年龄（岁）。

然后，乘以相应的系数计算得到实际能量消耗（actual energy expenditure，AEE）：AEE＝BEE× AF×IF×TF。其中，AF为活动系数（卧床为1.1，卧床加活动为1.2，正常活动为1.3）；IF为手术等损伤应激系数（无应激因素为1.0，中等手术为1.1，骨折为1.2，脓毒症为1.3，腹膜炎为1.4，多发性创伤为1.5）；TF为体温系数（正常体温为1.0；体温每升高1℃，系数增加0.1）。

2. 简易估算法 根据患者性别和应激情况等进行估算，再根据病情和治疗目标增减。每日基本能量需要一般男性非应激状态下为25~30kcal/kg（1kcal≈4.2kJ），应激状态下为30~35kcal/kg；女性非应激状态下为20~25kcal/kg，应激状态下为25~30kcal/kg。

总能量由碳水化合物、脂肪和蛋白质提供，分别占比50%~60%、25%~30%和15%~20%，并根据患者的实际情况适当调整。在严重应激状态下，营养素供给中应增加氮量，减少热量，降低热氮比，调整蛋白质、脂肪和碳水化合物的供能比至25%、30%和45%，从而给予相应的代谢支持。

（二）蛋白质需要量的估算

一般为1.0~1.5g/（kg·d），也可根据病情和治疗目标增减。

第二节　肠内营养

导入情景与思考

患者，男，66岁，因"反复中上腹隐痛10余年，伴消瘦、乏力"，门诊拟"胃癌"收住入院。患者既往有胃溃疡病史，平素喜食腌制食物。体格检查：神志清楚，消瘦，体温37.2℃，脉搏88次/min，呼吸16次/min，血压135/88mmHg。辅助检查：胃镜检查示胃多发溃疡，病理报告示（胃窦）小弯黏膜间质内见小团实性异型细胞，考虑为癌。入院后行胃癌根治术，术后第5日，医嘱予鼻肠管滴注肠内营养液，在治疗期间，患者出现腹胀、腹泻症状。
请思考：
1. 该患者出现腹胀、腹泻的原因有哪些？
2. 针对此种情况，护士应如何处理？

肠内营养（enteral nutrition，EN）是指经口或各种胃肠内置管，将人体所需的营养物质提供给患者的一种方法。其优点包括：① 肠内营养剂经肠道吸收，经肝解毒并合成机体所需的各种成分，符合人体正常生理过程；② 食物的直接刺激有利于预防肠黏膜萎缩，保护肠屏障功能；③ 食物中的某些营养素（如谷氨酰胺）可直接被肠黏膜细胞利用，有利于其代谢及增生；④ 经济安全，实施方便，无严重并发症。

【适应证与禁忌证】

1. 适应证 ① 不能正常经口进食者，如口腔、食管疾病与手术，严重颌面部损伤，破伤风，意识障碍等患者；②处于高分解代谢状态者，如严重感染、复杂大手术后、大面积烧伤等患者；③慢性消耗性疾病者，如结核、肿瘤等患者；④消化道疾病稳定期，如消化道瘘、短肠综合征、急性坏死性胰腺炎等患者经肠外营养至病情稳定后，可逐步过渡到肠内营养。

2. 禁忌证　①肠梗阻；②消化道活动性出血；③严重腹腔或肠道感染；④严重呕吐、腹泻、吸收不良；⑤休克等。

【肠内营养剂】

为适合机体代谢的需要，肠内营养剂的成分均很完整，包括碳水化合物、蛋白质、脂肪或其分解产物，也含有生理需要量的电解质、维生素和微量元素等。根据病情需要，可选择使用以下几种制剂。

1. 非要素型肠内营养剂　又称整蛋白型肠内营养剂，以完整蛋白为主的制剂，其蛋白质源为酪蛋白或大豆蛋白，碳水化合物源为麦芽糖、糊精，脂肪源为玉米油或大豆油。溶液的渗透压接近等渗（约320mmol/L），适用于胃肠道功能正常或基本正常者。

2. 要素型肠内营养剂　以蛋白水解产物（或氨基酸）为主的制剂，其蛋白质源为乳白蛋白水解产物、肽类或结晶氨基酸，碳水化合物源为低聚糖、糊精，脂肪源为大豆油及中链甘油三酯，有些制剂中还含有谷氨酰胺、膳食纤维等，但不含乳糖。溶液的渗透压较高（470~850mmol/L），适用于胃肠道消化、吸收功能不良者。

3. 组件型肠内营养剂　仅含一种或以一种营养素为主的肠内营养剂，主要有蛋白质组件、糖类组件、脂肪组件、维生素及矿物质组件等。可采用组件对完全型肠内营养剂进行补充和强化，使营养剂配方更符合个体需求。但较多的不溶成分相加增加了物理不相容性，也有被微生物污染的危险性。

4. 疾病专用型肠内营养剂　根据不同疾病特征设计的针对特殊患者的专用制剂，既能达到营养支持的目的，又能起到治疗疾病的作用，如肾病、肝病、糖尿病、创伤患者等专用的肠内营养剂。

【肠内营养途径】

1. 口服　是营养摄入的首选途径。可刺激唾液的分泌，利于食物消化，且具有一定的抗菌作用，因此优于管饲。当患者因进食不足造成营养缺乏时，应首先考虑口服营养补充。

2. 管饲　包括经鼻插管途径和造口途径。

（1）经鼻插管途径：适用于胃肠功能正常，短时间（<2~3周）营养支持的患者。

1）经鼻胃管：优点是简单、易行，缺点是易致反流、误吸、鼻窦炎、上呼吸道感染的发生率增加。

2）经鼻空肠置管：优点在于导管通过幽门进入十二指肠或空肠，可使反流与误吸的发生率降低，患者对肠内营养的耐受性增加，但在喂养的开始阶段，营养液的渗透压不宜过高。

（2）造口途径：适用于需要较长时间营养支持的患者。

1）胃造口：可在腹部手术中实施，也可行经皮内镜下胃造口术，将营养管置入胃腔。其优点是去除了鼻管，减少鼻咽与上呼吸道的感染并发症，可长期留置营养管。适用于昏迷、食管梗阻等长时间不能进食，但胃排空良好的重症患者。

2）空肠造口：尤其适用于有误吸风险、胃动力障碍、十二指肠壅积症等需要胃、十二指肠减压的危重患者。可在腹部手术中实施，也可行经皮内镜下空肠造口术，将营养管置入空肠上段。其优点是可长期留置，减少鼻咽与上呼吸道感染并发症，减少反流与误吸，还可在喂养的同时行胃、十二指肠减压。

【肠内营养给予方式】

1. 按时分次给予 将配好的肠内营养液用注射器分次缓慢注入，每次200ml左右，每日6~8次，在10~20分钟内完成。适用于胃内置管和胃肠功能良好的患者，但易引起胃肠道反应如腹胀、腹泻、恶心等。

2. 间歇重力滴注 将营养液置于专门容器中，经输注管与喂养管连接，借助重力缓慢滴注。每次入量在2~3小时内完成，间隔2~3小时1次。

3. 连续输注 使用肠内营养输注泵或借重力，将每日的营养液在24小时内不间断均匀地输注。适用于十二指肠或空肠置管及胃肠道功能不良和耐受性较差的患者，特别是危重患者。

【护理措施】

（一）肠内营养监测

定期监测血清白蛋白、转铁蛋白、前白蛋白等指标和肝肾功能，进行人体测量和氮平衡试验等；记录24小时液体出入量，监测电解质变化，防止出现电解质紊乱；监测血糖和尿糖，及时发现高血糖或低血糖。

（二）喂养管护理

1. 妥善固定 注意观察导管体外的标记。经鼻置管者，先将导管固定于鼻尖部，再将导管妥善固定于面颊部；造口置管者，其导管是用缝线、盘片或水囊固定于腹壁。患者翻身或床上活动时，要注意预防管道受压、打折、扭曲甚至脱出。

2. 预防堵塞 对连续输注者，至少每隔4小时用30ml温开水脉冲式冲管1次；固体药物要充分研磨或溶解；避免营养液与任何药物混合输注，以免造成凝结堵塞管腔；每次输注药物或营养液前后均应用10~30ml温开水冲洗管道，以减少导管的腐蚀或堵塞。一旦发生堵管，应立即用20ml温开水反复脉冲式冲管。冲洗时，要将反流到注射器内的营养管内沉积物连同冲洗液一并丢弃，重新抽取温开水进行冲管。必要时，更换喂养管。

3. 消毒 各导管接口每日用75%乙醇消毒，喂养完毕用纱布包裹。

4. 避免皮肤、黏膜损伤 长期留置鼻胃管或鼻肠管者，应用油膏涂拭润滑鼻腔黏膜，防止因长时间受压而产生损伤；胃、空肠造口者，应保持造口周围皮肤干燥、清洁，防止造口周围皮肤损伤。

（三）控制营养液输注的"六度"

1. 浓度 尽量使用等渗性营养液，利于患者耐受。

2. 速度 注意匀速输注，可使用肠内营养输注泵由慢到快输注。经胃管输注，速度约50ml/h，3~4d内逐渐增加至100ml/h，达到目标摄入量。经肠管输注，速度宜慢（20~50ml/h），逐日增加速度，5~7d达到目标摄入量。

3. 温度　保持营养液温度在38~40℃，有条件可使用持续加温器，保证温度恒定。

4. 角度　肠内营养过程中，须将床头抬高30°~45°，并在营养液输注结束后半小时内继续采取半卧位。

5. 清洁度　营养液的配制和输注过程中严格遵守无菌操作原则，注意手和器具的卫生（尽量采用一次性输注装置），避免过度使用抗菌药物。

6. 合适度　依据患者病情、胃肠功能等，选择合适的置管方式、营养液剂型及输注方式。

（四）常见并发症的观察与护理

1. 误吸

（1）主要原因：① 胃排空不良，胃液及营养液反流。② 喂养管径不合适。管径越粗，对食管下段的扩张作用越明显，发生反流、误吸的风险也相应增加。③ 幼儿、老人、病情危重、呼吸道疾病者，因呼吸功能和神经肌肉功能较差，导致吞咽反射功能不良，易发生营养液反流。

（2）护理：① 对于意识障碍者，尤其是神志不清、格拉斯哥昏迷评分8分以下及老年患者，在行肠内营养前翻身，并将呼吸道分泌物吸净，可有效降低误吸发生率。② 选择管径适宜的喂养管进行鼻饲，成人可选择14号胃管。③ 胃内残余量每4小时测定1次，若残余量>150ml，应延缓肠内营养的使用。④ 肠内营养行人工气道者需每隔4小时进行1次声门下吸引。⑤ 及时检查患者有无腹胀、反流等误吸的危险因素，每4小时听诊肠鸣音1次。⑥ 若患者突然出现呛咳、呼吸急促或咳出营养液样痰液，提示有误吸的可能，应立即停止输注，尽量吸尽胃内容物；指导和刺激患者咳嗽，必要时经气管镜清除误吸物；遵医嘱治疗肺水肿，并使用抗菌药物；密切观察患者呼吸状态和病情变化。

2. 胃肠道并发症　腹胀、腹泻是较为常见的胃肠道并发症，发生率为3%~5%，与输入速度过快、溶液渗透压过高或温度不合适、营养液污染及患者低蛋白血症（肠黏膜水肿）、乳糖不耐受等有关。输注过程中应注意患者是否有腹胀、腹泻的情况，如有，应针对原因采取相应护理措施，如控制输注的速度、营养液的浓度和温度，营养液配制和输注过程中防止污染，对低蛋白血症的患者补充白蛋白或血浆，对乳糖不耐受的患者改为无乳糖配方营养制剂。

3. 感染性并发症

（1）吸入性肺炎：由误吸所致，是严重的并发症，病死率较高，护理措施同误吸护理。

（2）急性腹膜炎：多见于经胃造口、空肠造口置管的患者。当营养管移位时，营养液可漏入腹腔引起急性腹膜炎。表现为腹痛，造瘘管周围有营养液渗出等。应立即停止输注营养液并报告医生，配合清除或引流漏出的营养液，遵医嘱应用抗菌药物，以避免继发性感染。

（3）肠道感染：由营养液污染、变质引起。配制及使用过程中应严格无菌操作，现配现用，避免污染。如暂时不用应保存于4℃冰箱内，并于24小时内用完。

4. 高血糖或低血糖　病情危重者常由于胰岛素抵抗等因素而发生应激性高血糖；肠内营养过程中静脉使用胰岛素者，可因胰岛素调控不当而导致高血糖或低血糖的发生。

（1）观察：观察患者有无尿量增多、心率加快、呼吸缓而深等表现，准确监测血糖，以及时发现高血糖。若患者出现面色苍白、虚汗、心率加快、昏迷等表现，要警惕低血糖的发生，应立即监测血糖水平。

（2）护理：① 对使用肠内营养，尤其是病情危重者，应监测其血糖波动情况，尽量将目标血糖控制在6.1~10mmol/L范围内；② 对于危重患者，持续静脉胰岛素治疗较皮下给药效果好，但要注意根据患者血糖变化及时调整胰岛素用量。

（五）健康教育

1. 解释肠内营养的重要性和必要性，降低自行拔管的风险。

2. 教会携管出院的患者及家属掌握居家喂养和自我护理技术。

3. 恢复正常饮食是一个循序渐进的过程，告知患者来院复查的时间；对拔管恢复正常饮食的患者说明可选择饮食的种类、搭配及烹制方法等。

第三节　肠外营养

肠外营养（parenteral nutrition，PN）是指通过静脉途径将人体所需的营养物质提供给患者的一种方法。当患者所需的营养素全部经静脉途径提供时称为全胃肠外营养（total parenteral nutrition，TPN）。

【适应证与禁忌证】

1. 适应证　1周以上不能或不宜经口进食者。包括：① 不能从胃肠道进食者，如严重消化道瘘、短肠综合征、急性坏死性胰腺炎等患者；② 消化道需要休息或消化不良者，如肠道炎症性疾病、长期腹泻患者；③ 处于高分解代谢状态者，如严重感染、腹部大手术、大面积烧伤等患者；④ 需要改善营养状况者，如营养不良患者的术前准备、放疗和化疗期间胃肠道反应重者；⑤ 肠内营养无法达到机体需要的目标量时亦可补充肠外营养。

2. 禁忌证　① 严重水、电解质代谢紊乱和酸碱平衡失调；② 凝血功能异常；③ 休克等。

【肠外营养剂】

1. 葡萄糖　是肠外营养的主要能量物质。1g葡萄糖可提供约4kcal热量，供给机体非蛋白质热量需要的50%~70%。常用制剂为25%、50%葡萄糖溶液。机体利用葡萄糖的能力有限，肠外营养时葡萄糖的供给量一般为3~3.5g/（kg·d），应激后普遍存在"胰岛素抵抗"，糖的利用率更差，葡萄糖供给量降至2~3g/（kg·d），过量或过快输入可能导致高血糖和高渗性非酮性昏迷，多余的糖将转化为脂肪沉积在肝脏，引起肝功能损害。

2. 脂肪乳剂　是肠外营养的另一种重要能源。1g脂肪可提供约9kcal热量，供给机体非蛋白质热量需要的20%~30%。常用制剂为10%、20%、30%脂肪乳剂。

临床常用的脂肪乳剂有两类：① 由长链甘油三酯（long chain triglyceride，LCT）构成；② 由等量物理混合的长链及中链甘油三酯（medium chain tiglyeeride，MCT）构成。LCT内包含人体的必需脂肪酸（亚油酸、亚麻酸及花生四烯酸），临床上应用很普遍。MCT的主要脂肪酸是辛酸及癸酸，在体内代谢比LCT快，代谢过程不依赖肉碱，且极少沉积在器官、组织内，但MCT内不含必需脂肪酸，且大量输入后可致毒性反应。目前，脂肪乳剂还有以橄榄油、鱼油为原料的新制剂，其在减轻免疫抑制、减少炎症反应和血栓形成等方面有一定效果。

3. 复方氨基酸 肠外营养的唯一氮源，可分为平衡型及特殊型两类。平衡氨基酸溶液含8种必需氨基酸和8~12种非必需氨基酸，其组成比例符合正常机体代谢的需要，适用于大多数患者；特殊氨基酸溶液系针对某一疾病的代谢特点而设计的配方，兼有营养和治疗双重作用，如含支链氨基酸较多的适用于肝性脑病患者，含必需氨基酸较高的适用于肾衰竭患者。

4. 电解质 肠外营养时需补充钾、钠、氯、钙、镁及磷，常用制剂为10%氯化钾、10%氯化钠、10%葡萄糖酸钙、25%硫酸镁、甘油磷酸钠注射液等。

5. 维生素 有水溶性及脂溶性两种，均为复方制剂。脂溶性维生素制剂含维生素A、D、E、K等，水溶性维生素制剂含B族维生素、维生素C。

6. 微量元素 常用复方微量元素静脉用制剂，内含锌、铜、锰、铁、铬、钼、硒、碘等多种微量元素。

【肠外营养的输注途径】

1. 经中心静脉途径 通常采用锁骨下静脉、颈内静脉或股静脉穿刺置管。适用于肠外营养时间超过2周、TPN及所用营养液渗透压较高的患者。

2. 经外周静脉途径 通常选择肢体较粗的静脉穿刺，如肘部的头静脉和贵要静脉、内踝上方的大隐静脉等。适用于肠外营养时间不超过2周、部分补充营养素及所用营养液渗透压不高的患者。

3. 经外周静脉置入中心静脉导管（peripherally inserted central catheter，PICC）途径 常采用经头静脉或贵要静脉穿刺，将管端置于胸腔内上腔静脉。具有操作简单、护理方便、可利用时间长、并发症少等优点，适用于肠外营养时间超过2周的患者，目前临床使用越来越普遍。

【肠外营养的输注方式】

1. 全营养混合液（total nutrient admixture，TNA） 将每日所需的营养物质在无菌条件下混合入由聚合材料制成的输液袋中，又称全合一（all in one，AIO）营养液。TNA的优点是各种营养成分混合，并以较好的热氮比同时进入体内，增加了代谢利用率和节氮效果，可更快地达到正氮平衡，降低代谢性并发症的发生率；溶液的渗透压降低，可用于外周静脉途径；全封闭的输注系统减少污染和空气栓塞的机会；使用中无须排气和更换输液瓶，简化了输注步骤，减轻护理负担。

输注TNA的注意事项：① 对已有缺水或电解质紊乱者，应先补充部分平衡盐溶液或纠正紊乱；② 速度不宜超过200ml/h，不可突然大幅度改变输液速度，以保证营养液匀速输入体内；③ 注意患者24小时出入量，维持水、电解质和酸碱平衡。

2. 单瓶输注 适用于不具备TNA输注条件时。输注时应合理安排各种营养素的输注顺序，保证营养素的有效利用，特别是复方氨基酸溶液输注前，应提供足够的非蛋白能量溶液，避免氨基酸作为能量消耗。

【护理措施】

（一）肠外营养监测

肠外营养最初3日每日监测血清电解质、血糖水平，3日后视情况每周测1~2次。每周称体重，每1~2周测定血清白蛋白、转铁蛋白、前白蛋白等营养指标及肝肾功能1次，必要时进行氮平衡试验。

（二）营养管护理

1. 妥善固定 静脉穿刺针或静脉导管应妥善固定，防止滑脱。

2. 保持导管通畅

（1）输液前：消毒肝素帽接头处；每周更换肝素帽；先抽回血，保证管路通畅后再输注药物，严禁用力推注。

（2）输液后：用20ml生理盐水脉冲式冲管，长时间输注肠外营养液者，应至少每4小时冲管1次；当输液结束或外出检查需要暂停输注时，应采用正压封管方式进行封管。

3. 穿刺部位换药 穿刺部位定时换药，观察和记录有无红肿等感染征象，一旦发生感染，遵医嘱进行处理，必要时拔除导管。

4. 拔管 在肠外营养治疗结束或出现导管堵塞、导管相关感染等情况时，应与医生沟通，遵医嘱拔除导管，并将导管的前端剪下送细菌培养。

（三）常见并发症的观察与护理

1. 置管相关并发症

（1）空气栓塞：最严重的并发症。患者可出现胸前区疼痛、呼吸困难、发绀、心动过速、静脉压升高而血压下降、神志不清、昏迷，甚至突然死亡。中心静脉穿刺时，安置患者平卧位、屏气，置管成功后妥善固定输液管道，输注结束后旋紧导管塞。如发现空气栓塞症状，立即安置患者左侧卧位，头低足高，即刻联系医生并协助抢救。

（2）气胸、血胸和血气胸：与穿刺技术不熟练、反复穿刺、患者有肺气肿或极度消瘦等有关。主要表现为胸痛、胸闷、呼吸困难、血压下降、休克等。应立即联系医生，并做好胸腔穿刺和胸腔闭式引流的准备。

2. 感染性并发症

（1）导管性脓毒症：肠外营养的严重并发症。临床表现为突发的寒战、高热，重者可致感染性休克，在找不到其他感染部位解释上述症状时，应考虑本症。此时需立即与医生联系，遵医嘱拔除导管，将导管前端剪下送细菌培养和药物敏感试验；更换输液管道和输注部位，重新建立静脉通道；遵医嘱给予抗感染治疗。

（2）肠源性感染：长期禁食可导致肠黏膜上皮绒毛萎缩，肠黏膜上皮通透性增加，肠道免疫功能障碍，肠道细菌易位而引发肠源性感染。除使用抗生素外，还应尽可能应用肠内营养，或在肠外营养时增加经口饮食机会。

3. 代谢性并发症 由不同的原因引起，常见有以下几种情况。

（1）糖代谢紊乱：高血糖和低血糖，以前者较常见。高血糖与溶液中葡萄糖浓度过高、输注速度太快及机体对糖的利用率降低有关，当血糖浓度超过40mmol/L时，可导致非酮症高渗高糖性昏迷。表现为血糖异常升高、渗透性利尿、脱水、电解质紊乱和神志改变等。一旦发现，立即联系医生，停止输注葡萄糖溶液或含大量葡萄糖的营养液，遵医嘱输注低渗或等渗盐水以纠正高渗，加适量胰岛素以降低血糖。低血糖与外源性胰岛素用量过大或突然停止输注葡萄糖溶液有关，表现为脉搏增快、面色苍白、四肢湿冷，甚至低血糖性休克。一旦发生，应立即口服或遵医嘱静脉注射葡萄糖溶液。

（2）高脂血症或脂肪超载综合征：若脂肪乳剂输入速度过快或总量过多，超过人体代谢能力时，患者易发生高脂血症或脂肪超载综合征。后者表现为发热、急性消化性溃疡、血小板减少、溶血、肝脾大、骨骼肌肉疼痛等。一旦发现类似症状，应立即停输脂肪乳剂。通常情况下，20%的脂肪乳剂250ml需输注4~5小时。

4. 脏器功能损害　主要为肝功能异常。其原因与肠腔内长期缺乏食物刺激、肠道激素分泌受抑制、过高的能量供给等有关，引起肝脏脂肪浸润和胆汁淤积，导致肝脏功能受损。患者可表现为转氨酶升高，碱性磷酸酶升高，高胆红素血症等。通过减少总能量供给、调整葡萄糖与脂肪比例、更换氨基酸制剂或停用TPN，1~2周后即可好转。当患者胃肠功能恢复后，应尽早开始肠内营养。

（四）健康教育

1. 解释肠外营养的重要性和必要性，告知患者不能自行调节滴速。

2. 教会患者及家属保护静脉导管的方法，避免滑脱。

3. 胃肠功能恢复或允许经口进食时，鼓励患者循序渐进经口恢复正常饮食或行肠内营养。

（王俊杰）

学习小结

1. 营养支持可分为肠内营养和肠外营养两种方式。给予营养支持前应先进行营养筛查和营养评定，熟悉营养支持的指征。

2. 肠内营养的输注途径为经鼻插管或经胃造口、空肠造口输注。护理重点是做好喂养管护理，防止皮肤和黏膜损伤，预防和处理误吸、胃肠道并发症和感染性并发症。

3. 肠外营养的输注途径可根据病情选择中心静脉或周围静脉，护理重点是做好营养管护理，预防和处理置管相关并发症、感染性并发症、代谢性并发症和脏器功能损害等。

复习参考题

一、单项选择题

1. 临床最常用的营养风险筛查工具是
   - A. NRS 2002
   - B. MUST
   - C. MNA–SF
   - D. MNA
   - E. SGA

2. 外科患者蛋白质的需要量一般为
   - A. 0.5~0.9g/（kg·d）
   - B. 1.0~1.5g/（kg·d）
   - C. 1.6~2.0g/（kg·d）
   - D. 2.1~2.5g/（kg·d）
   - E. 2.6~3.0g/（kg·d）

3. 经消化道提供维持人体代谢所需营养素的方法称为
   - A. 静脉内营养
   - B. 鼻饲管内营养
   - C. 肠外营养
   - D. 肠内营养
   - E. 造瘘管内营养

4. **不属于**肠内营养并发症的是
   - A. 误吸
   - B. 腹胀、腹泻
   - C. 肠道感染
   - D. 高血糖或低血糖
   - E. 导管性脓毒症

5. 有关保持肠外营养管通畅的护理措施，**错误**的是
   - A. 每周更换肝素帽
   - B. 保证管路通畅后再输注营养制剂
   - C. 如管路不通畅，可用力推注
   - D. 长时间输注者至少每4小时冲管1次
   - E. 输注结束采用正压封管

参考答案：

1. A　2. B　3. D　4. E　5. C

二、简答题

1. 简述对外科患者进行营养筛查和营养评定的方法。

2. 简述肠内营养和肠外营养的常见并发症及其预防和护理措施。

第七章　外科感染患者的护理

学习目标

知识目标	1. 掌握外科感染、破伤风的处理原则。 2. 熟悉外科感染、破伤风的病因和临床表现。 3. 了解外科感染的特点、分类。
能力目标	能结合实际病例运用护理程序对外科感染患者实施整体护理。
素质目标	具有关心和爱护外科感染患者的态度和行为；具备团队合作精神。

第一节　概述

导入情景与思考

患者，女，32岁，因"无明显诱因背部红肿3日"就诊。体格检查：体温38.5℃，脉搏96次/min，呼吸22次/min，血压120/75mmHg。神志清楚，背部可见一10cm×10cm的肿胀区，中央可见多个脓栓，发红，挤压疼痛，且有脓液流出。

请思考：

1. 该患者患有哪种疾病？
2. 该患者的处理原则是什么？

　　感染（infection）是指病原体入侵机体引起的局部组织或全身炎症反应。外科感染（surgical infection）一般指发生在组织损伤、空腔脏器梗阻和手术后的感染。外科感染的特点：① 多数与创伤或手术有关；② 常为多种细菌引起的混合感染；③ 有明显的局部症状和体征，严重时可有全身表现；④ 感染常集中于局部，发展后可致化脓、坏死等。处理外科感染的关键是控制感染源和合理应用抗菌药物。

【分类】

（一）按致病菌种类和病变性质分类

1. 非特异性感染（nonspecific infection）　又称化脓性感染或一般性感染，大多数外科感染属于此类。常见致病菌有金黄色葡萄球菌、溶血性链球菌、大肠埃希菌、铜绿假单胞菌、变形杆菌等；常见疾病有疖、痈、丹毒、急性乳腺炎、急性阑尾炎等。

2. **特异性感染**（specific infection） 是由特异性致病菌如结核分枝杆菌、破伤风梭菌、产气荚膜梭菌等引起的感染，常见疾病如结核病、破伤风、气性坏疽等。不同致病菌引起的特异性感染，病程演变和防治措施各有特点。

（二）按病程分类

1. **急性感染**（acute infection） 病程在3周以内，以急性炎症为主，大多数化脓性感染属于此类。

2. **慢性感染**（chronic infection） 病程超过2个月，部分急性感染迁延不愈可转为慢性感染。

3. **亚急性感染**（subacute infection） 病程介于急性与慢性感染之间。

（三）其他分类

1. **按病原菌来源分类** 病原体由体表或外环境侵入人体而造成的感染称外源性感染（exogenous infection）；由原存体内（如肠道、胆道、肺或阑尾等）的病原体造成的感染称内源性感染（endogenous infection），亦称自身感染。

2. **按病原菌入侵时间分类** 由伤口直接污染而造成的感染称原发性感染（primary infection）；伤口愈合过程中发生的感染称继发性感染（secondary infection）。

3. **按感染发生的条件分类** 可分为机会性感染（opportunistic infection）、二重感染（double infection）和医院内感染（nosocomial infection）等。

【病因】

（一）致病菌的侵入和致病因素

1. **黏附因子及荚膜或微荚膜** 病菌能产生黏附因子，有利于其黏附和侵入人体的组织细胞。有些病菌有荚膜或微荚膜，能抵抗吞噬细胞的吞噬或杀菌作用而在组织内生长繁殖，并引起组织细胞损伤。

2. **病菌毒素** 病菌能释放胞外酶、外毒素和内毒素（统称病菌毒素），可导致感染扩散、组织结构破坏、细胞功能损害和代谢障碍。

3. **病菌的数量与增殖速度** 侵入人体组织的病菌数量越多，增殖速度越快，感染的概率越高。

（二）机体防御功能减弱

1. **局部因素** ① 皮肤或黏膜破损，如开放性创伤、烧伤、胃肠穿孔等使屏障破坏，病原菌易于入侵；② 管腔阻塞，使内容物淤积，细菌大量繁殖而侵入组织，如阑尾腔和乳腺导管阻塞、肠梗阻、胆道梗阻等；③ 留置于血管或体腔内的导管处理不当或时间过长，为病原菌入侵开放了通道，如静脉导管、各类引流管等；④ 存在异物与坏死组织，可抑制吞噬细胞功能，如内固定器材、假体植入、外伤性异物等；⑤ 局部组织血供障碍或水肿、积液，降低了组织防御和修复的能力。

2. **全身因素** 凡能引起全身抗感染能力下降的因素均可促使感染的发生：① 严重损伤或休克；② 糖尿病、尿毒症、肝硬化等慢性消耗性疾病；③ 先天性或获得性免疫缺陷、自身免疫病；④ 严重营养不良、贫血、低蛋白血症、白血病或白细胞过少等；⑤ 长期使用肾上腺皮质激素、免疫抑制剂、抗肿瘤治疗等；⑥ 高龄老人与婴幼儿抵抗力差，属于易感人群。

【外科感染的结局】

感染的演变与结局取决于致病菌的种类、数量、毒性，机体抵抗力、感染部位，以及治疗与护理措施是否得当等。

1. 炎症消退　当机体抵抗力较强、抗菌药物治疗及时有效时，炎症消退，感染痊愈。

2. 炎症局限　当机体抵抗力占优势时，感染被局限，形成脓肿；小的脓肿经过治疗可吸收消退，较大的脓肿在破溃后或切开引流后感染好转，形成瘢痕而愈合。

3. 炎症扩散　当病菌数量多、毒性大和/或机体抵抗力明显减弱时，感染迅速扩散，导致菌血症或脓毒血症，引起全身性外科感染，严重者可危及生命。

4. 转为慢性炎症　病菌大部分消灭，仅有少量残存。此时，组织炎症持续存在，中性粒细胞浸润减少、成纤维细胞增加，转为慢性炎症。在机体抵抗力降低时，病菌可再次繁殖，炎症可重新急性发作。

【临床表现】

（一）非特异性感染

1. 局部表现　急性感染局部有红、肿、热、痛和功能障碍的典型表现，当形成体表脓肿时，局部可触及波动感。慢性感染局部有肿胀或硬结，但疼痛较轻。

2. 器官系统功能障碍　当感染侵及某一器官时，如肝、胆、肺、肾等，可引起该器官或系统的功能障碍，出现相应的临床症状和体征。

3. 全身症状　感染轻者无全身症状；感染较重者可出现发热、呼吸和心率增快、头痛、乏力、全身不适、食欲缺乏等表现。感染严重者可发生感染性休克、多器官功能障碍甚至衰竭等。

（二）特异性感染

特异性感染者可有特殊的临床表现，如破伤风有肌肉强直性痉挛，气性坏疽可出现皮下捻发音等。

【辅助检查】

1. 实验室检查　血常规、白细胞计数及分类测定是最常用的检查，白细胞计数 $>12 \times 10^9$/L 或 $<4 \times 10^9$/L 或出现未成熟的白细胞，常提示感染严重。病程较长的重症患者可有红细胞计数和血红蛋白浓度降低。血、尿、脓、痰、渗出液、分泌物、穿刺液等做涂片染色镜检、细菌培养及药物敏感试验，可明确病原体种类以便指导用药。

2. 影像学检查　超声检查能探测肝、胆、胰、肾等感染病灶及腹腔、胸腔、关节等部位积液。X 线片、CT、MRI 检查适用于胸部、腹部、骨关节等处感染的诊断。

【处理原则】

1. 局部治疗

（1）非手术治疗：早期可采取患部制动、抬高患处、外敷药物（50%硫酸镁、鱼石脂软膏、金黄散等）、热敷或其他物理疗法等，促进炎症消散。

（2）手术治疗：脓肿形成后须手术切开引流，内脏器官感染或已发展为全身化脓性感染时，应处理感染病灶或切除感染组织。

2. 全身治疗

（1）应用抗菌药物：小范围或较轻的局部感染可不用或仅口服抗菌药物；较大范围或有扩散趋势的感染应静脉使用抗菌药物。早期可根据感染部位、临床表现及脓液性状等估计病原菌的种类选择用药；当获得细菌培养和药物敏感试验结果后，应根据检查结果选用敏感抗菌药物。

（2）支持疗法：包括适当休息，高维生素、高热量、高蛋白饮食，及时补液，维持水、电解质和酸碱平衡。对不能经口进食或摄入营养不足的患者，提供肠内或肠外营养支持。严重感染者可输注血浆、人血白蛋白、丙种球蛋白或多次少量输注新鲜全血等。

（3）对症治疗：① 全身中毒症状严重者，可短期使用糖皮质激素；② 感染性休克者，给予抗休克治疗；③ 高热者给予降温，体温过低者给予保暖；④ 疼痛剧烈者，给予镇痛药物；⑤ 抽搐者，给予镇静解痉药物；⑥ 合并糖尿病者，需要控制血糖。

第二节　浅部软组织化脓性感染

导入情景与思考

患者，男，46岁，因"上唇疖红肿热痛3日，1日前用手挤压后出现寒战、高热、头痛、呕吐"入院。体格检查：体温39.5℃，脉搏120次/min，呼吸30次/min，血压110/78mmHg。神志不清，颜面部肿胀压痛。辅助检查：血常规示白细胞$19×10^9$/L，中性粒细胞百分比85%。

请思考：

1. 该患者病情发生了什么变化？

2. 如何护理该患者？

浅部软组织化脓性感染是指由化脓性致病菌引起的，发生于皮肤、皮下组织、淋巴管、淋巴结、肌间隙及其周围疏松结缔组织等处的各种感染。

一、疖

【病因与病理】

疖（furuncle）是单个毛囊及其周围组织的急性细菌性化脓性炎症。致病菌大多为金黄色葡萄球菌，偶可见表皮葡萄球菌。多发生于毛囊和皮脂腺丰富的部位，如头面部、颈背部、腋窝及腹股沟等处，常与局部皮肤不洁、擦伤或机体抵抗力降低有关。在身体不同部位同时发生几处疖或反复发生多处疖称为疖病，可见于糖尿病患者。

【临床表现】

初起为红、肿、热、痛的小硬结（直径<2cm），以后逐渐增大呈圆锥形隆起，数日后结节中央组织坏死、软化，出现黄白色小脓栓，之后脓栓脱落排出脓液，炎症逐渐消退而痊愈。发生在

鼻、上唇及周围"危险三角区"的疖，如被挤压或处理不当，细菌可沿内眦静脉、眼静脉进入颅内海绵窦，引起化脓性海绵窦炎，出现颜面部进行性肿胀，伴寒战、高热、头痛等症状，严重时可出现昏迷，威胁患者的生命。

【处理原则】

1. 早期促进炎症消退　保持皮肤清洁，勤洗澡和及时更换衣物。早期未破溃的炎性结节可用热敷、超短波疗法、红外线疗法等物理疗法，也可外涂金黄散、碘酊或鱼石脂软膏。

2. 排脓　疖顶见脓点或有波动感时，可用碘酊点涂脓点；脓肿形成时，应及时切开排脓，并外敷呋喃西林湿纱条或化腐生肌的中药膏，直至病变消退。未成熟的疖，切勿挤压，以免引起感染扩散。

3. 全身治疗　若有发热、头痛、全身不适等全身症状，特别是面部疖或并发急性淋巴结炎、淋巴管炎时，可选用青霉素类或磺胺类抗菌药物，或用清热解毒中药方剂。糖尿病者根据病情在控制饮食的同时应给予胰岛素或降血糖药。

【护理措施】

1. 控制感染　① 保持感染部位及周围皮肤清洁，避免挤压未成熟的疖，尤其是"危险三角区"的疖，防止感染扩散。对脓肿切开引流者，应严格无菌操作，保持引流通畅，及时更换敷料。② 遵医嘱合理应用抗菌药物，及时采集血液、脓液标本行细菌培养和药物敏感试验。③ 加强病情观察，注意体温变化，有无头痛、呕吐、意识障碍等症状，若出现血白细胞计数升高、血培养阳性等全身化脓性感染征象，及时告知医生并配合救治。④ 注意休息，加强营养，鼓励摄取高蛋白、高热量、高维生素的易消化饮食，提高机体抵抗力。⑤ 高热患者遵医嘱给予降温措施，并鼓励患者多饮水。

2. 健康教育　注意个人卫生，保持皮肤清洁，勤洗澡，及时更换衣物。对免疫力较弱的老年人、婴幼儿、糖尿病患者应加强防护。

二、痈

【病因与病理】

痈（carbuncle）是多个相邻毛囊及周围组织同时发生的急性化脓性感染，或由多个相邻疖融合而成。致病菌多为金黄色葡萄球菌，好发于颈部、背部等皮肤厚韧部位，也可见于上唇、腹壁的软组织。常见于成年人，尤其是糖尿病及免疫力低下的患者。感染常从一个毛囊底部开始，并向皮下组织蔓延，再沿深筋膜浅层向四周扩散，再向上侵及周围的毛囊群，形成多个脓头。痈自行破溃较慢，全身反应较重，甚至可发展为脓毒症。

【临床表现】

病变好发于皮肤较厚部位，早期为局部皮肤小片硬肿、热痛、暗红，其中可有数个凸出点或脓点，但一般疼痛较轻。随着病情进展，局部病灶皮肤硬肿范围增大，周围呈现浸润性水肿，局部疼痛加剧，全身症状加重。随着病变部位脓点增大、增多，中心处可破溃流脓、坏死脱落，疮口呈蜂窝状如同"火山口"。周围皮肤可因组织坏死呈紫褐色，很难自行愈合。患者多伴有寒战、高热、食欲减退、乏力等全身症状，严重者可致全身化脓性感染而危及生命。唇痈容易引起颅内化脓性海绵窦炎。

【处理原则】

初期仅有红肿时，可用50%硫酸镁湿敷或鱼石脂软膏、金黄散等外敷，促进炎症消退，减轻疼痛。已出现多个脓点、皮肤呈紫褐色或已有破溃流脓者，须及时切开引流。静脉麻醉下进行"+"或"++"形切口切开引流，切口大小应适当超出病变边缘，清除坏死组织，在脓腔内填塞生理盐水、碘伏或凡士林纱条，外加干纱布绷带包扎。术后24小时更换敷料，呋喃西林纱条湿敷抗感染。以后每日换药，待炎症控制后伤口内可用生肌膏促进肉芽组织生长。可先选用青霉素类或磺胺类抗菌药物，以后根据细菌培养与药物敏感试验结果调整用药。糖尿病者应注意饮食管理，及时应用胰岛素或降血糖药控制高血糖。

【护理措施】

抬高患肢并制动，以免加重疼痛。疼痛严重者，遵医嘱给予镇静、镇痛药。其他护理措施参见本节疖的护理。

三、急性蜂窝织炎

【病因与病理】

急性蜂窝织炎（acute cellulitis）是皮下、筋膜下、肌间隙或深部疏松结缔组织的急性弥漫性化脓性感染。致病菌主要为溶血性链球菌、金黄色葡萄球菌、大肠埃希菌等，厌氧菌也可引起本病。常由皮肤、黏膜损伤或皮下疏松结缔组织受感染引起，溶血性链球菌感染后可释放毒性较强的溶血素、透明质酸酶和链激酶等，使病变扩展较快而炎症不易局限；与周围正常组织界限不清，常累及附近淋巴结，可致明显的毒血症。

【临床表现】

1. 一般性皮下蜂窝织炎　表浅者初起时局部明显红肿、疼痛，向四周迅速扩散不易局限，肿痛加剧，并出现大小不一的水疱。病变区与正常皮肤无明显界限，病变中央常因缺血而发生坏死。深部感染者，局部皮肤症状多不明显，但有局部组织水肿和深部压痛，多伴有寒战、高热、头痛等全身症状。

2. 产气性皮下蜂窝织炎　容易发生在下腹部和会阴部，致病菌以厌氧菌为主。初期表现类似一般性蜂窝织炎，但病变进展快且可触及皮下捻发音，蜂窝组织和筋膜出现坏死，脓液恶臭，全身状况恶化较快。

3. 新生儿皮下坏疽　多发生在背部、臀部等经常受压的部位。初起皮肤发红，触之稍硬。随后病变范围扩大，中心部分变暗、变软，皮肤与皮下组织分离，可有皮肤漂浮感或波动感，甚至皮肤坏死，呈灰褐色或黑色，可破溃流脓。患儿出现发热、拒奶、哭闹不安或嗜睡等全身症状。

4. 颌下急性蜂窝织炎　多见于小儿，感染起自口腔或面部。除局部红、肿、热、痛症状外，高热、乏力、神志淡漠等全身性反应较重；感染常向颌下的结缔组织，甚至向纵隔蔓延，导致喉头水肿，压迫气管，阻碍通气，引起吞咽困难和呼吸困难，甚至窒息。

【处理原则】

1. **局部治疗** 早期蜂窝织炎，可用50%硫酸镁溶液湿敷，或以金黄散、鱼石脂软膏外敷等，若形成脓肿应及时切开引流；颌下急性蜂窝织炎应争取及早切开减压，以防喉头水肿、压迫气管；其他各型皮下蜂窝织炎，为缓解皮下炎症扩展和减少皮肤坏死，可在病变处做多个小的切口减压；产气性皮下蜂窝织炎须及时隔离，伤口可用3%过氧化氢溶液冲洗、湿敷等。

2. **全身治疗** 注意休息，加强营养，必要时给予解热镇痛药物。应用磺胺类药或广谱抗生素；疑有厌氧菌感染者加用甲硝唑或替硝唑；根据细菌培养和药物敏感试验结果调整药物。

【护理措施】

1. **预防窒息** 特殊部位，如口底、颌下、颈部等的蜂窝织炎可能影响患者呼吸，应注意观察患者呼吸状况，及时发现并处理呼吸困难、窒息等症状；警惕突发喉痉挛，做好气管插管等急救准备。

2. **健康教育** 保持皮肤清洁，勤洗澡，避免损伤。发生损伤应及早医治。婴幼儿和老年人抗感染能力较弱，应重视生活护理。

3. **其他护理措施** 参见本节疖和痈的护理。

四、急性淋巴管炎及淋巴结炎

【病因与病理】

急性淋巴管炎是病菌从皮肤、黏膜损伤处或其他感染病灶（如疖、足癣等），经组织淋巴间隙进入淋巴管所引起的感染；急性淋巴管炎波及所属淋巴结时，即为急性淋巴结炎。常见的致病菌为乙型溶血性链球菌、金黄色葡萄球菌等。急性淋巴管炎好发于四肢，下肢更常见，很少发生局部组织坏死或化脓。急性淋巴结炎好发于颈部、腋窝和腹股沟，可化脓或形成脓肿。

【临床表现】

1. **急性淋巴管炎**

（1）网状淋巴管炎：又称丹毒（erysipelas），起病急，有全身不适、畏寒、发热、头痛等症状。病变好发于下肢和面部，表现为片状皮肤红疹、微隆起，色鲜红，中心颜色稍淡，边界清楚。局部有烧灼样疼痛，附近淋巴结肿大、有触痛，感染加重时可出现全身性脓毒症。丹毒反复发作导致淋巴管阻塞、淋巴液淤滞，引起淋巴水肿，局部皮肤粗厚，肢体肿胀，甚至发展成"象皮肿"。

（2）管状淋巴管炎：多见于四肢，下肢更常见。皮下浅层急性淋巴管炎可见"红线"，质硬有触痛。皮下深层淋巴管炎无"红线"，但可出现患肢肿胀，有条形压痛区。两种淋巴管炎均可引起全身症状。

2. **急性淋巴结炎** 轻者仅有局部淋巴结肿大，有疼痛和触痛，表面皮肤正常，可清晰触及肿痛的淋巴结，大多能自行消肿痊愈。炎症加重时，肿大淋巴结可粘连成团而形成肿块，疼痛加剧，表面皮肤红肿、发热。严重的淋巴结炎可因坏死形成局部脓肿而有波动感，少数可破溃流脓，并有发热、白细胞增多等全身炎症反应的表现。

【处理原则】

积极处理原发感染灶，应用抗生素控制感染。急性淋巴结炎已形成脓肿时，需切开引流；丹毒时，在局部及全身症状消失后尚需继续用药3~5日，以防复发。在接触丹毒患者或换药前后，应做好手卫生，防止交叉感染。

【护理措施】

协助治疗原发病灶，如扁桃体炎、足癣、龋齿及各种皮肤化脓性感染等，其余护理措施参见本节疖和痈的护理。

第三节　手部急性化脓性感染

导入情景与思考

患者，女，43岁，因"2日前在家洗鱼时不小心刺破右手示指"就诊，受伤后用创可贴简单包扎。现感手指轻度肿胀、针刺样疼痛，手下垂时疼痛加重，感觉乏力、全身不适。体格检查：体温38.5℃，脉搏88次/min，呼吸20次/min，血压110/78mmHg。神志清楚，右手示指末端红肿，有触痛。辅助检查：血常规示白细胞计数12×10^9/L，中性粒细胞百分比78%。

请思考：

1. 该患者应采取哪些护理措施？
2. 如病情进一步发展，可能产生什么后果？

常见的手部急性化脓性感染包括甲沟炎、化脓性指头炎、急性化脓性腱鞘炎和化脓性滑囊炎、掌深间隙感染等，手部的解剖结构及其功能具有特殊性，各种感染的临床表现存在一定差异，但处理原则和护理措施基本相同。

【病因】

手部急性化脓性感染最常见的致病菌为金黄色葡萄球菌。

1. 甲沟炎（paronychia）　甲沟或其周围组织的化脓性感染，多因甲沟皮肤损伤，如刺伤、挫伤、逆剥皮刺或剪指甲过深等引起。

2. 化脓性指头炎（felon）　由甲沟炎扩散、蔓延所致，也可因手指末节刺伤或皮肤受损引起。

3. 急性化脓性腱鞘炎（acute suppurative tenosynovitis）　主要指手掌面的屈指肌腱鞘炎，常因手掌面的刺伤或邻近组织的感染蔓延所致。

4. 化脓性滑囊炎（suppurative bursitis）　可由腱鞘炎蔓延而来，也可因手掌面刺伤引起。

5. 掌深间隙感染　可由腱鞘炎蔓延引起，也可由直接刺伤所致。

【临床表现】

1. 甲沟炎　常先发生在一侧甲沟皮下，先为局部红、肿、热、痛。化脓时甲沟皮下出现白色脓点，有波动感，但不破溃。炎症可由一侧甲沟蔓延至甲根或对侧，形成半环形肿胀。脓肿再向甲下蔓延形成指头炎或指甲下脓肿，可见甲下有黄白色脓液、甲与甲床分离。若处理不当，可发展为慢性甲沟炎或指骨骨髓炎。感染加重时常有疼痛加剧和发热等症状。

2. 化脓性指头炎 初起指头有针刺样疼痛、轻度肿胀，继而肿胀加重、疼痛剧烈。当指动脉受压时，疼痛转为搏动性跳痛，患肢下垂时疼痛加重。剧痛常使患者烦躁、彻夜不眠。感染严重者局部组织缺血和坏死，神经末梢因受压而麻痹，表现为指头痛减轻，皮肤颜色由红转白。如果不及时治疗，可引起指骨缺血性坏死，形成慢性骨髓炎。

3. 急性化脓性腱鞘炎 患指半屈，近、中节呈均匀性肿胀；感染的腱鞘均有压痛，被动伸直可引起剧烈疼痛。

4. 化脓性滑囊炎 尺侧滑囊炎表现为小鱼际和小指腱鞘区肿胀、压痛；小指和环指呈半屈曲状，被动伸直可引起剧痛。桡侧滑囊炎表现为大鱼际和拇指腱鞘区肿胀、压痛；拇指肿胀微屈、不能外展和伸直。

5. 掌深间隙感染

（1）掌中间隙感染：掌心凹消失，皮肤紧张、发白，压痛明显，手背部水肿严重；中指、环指和小指呈半屈状，被动伸直可引起剧痛。

（2）鱼际间隙感染：掌心凹存在，大鱼际和拇指指蹼明显肿胀；示指半屈，拇指外展略屈，不能对掌。两者常伴有全身症状。

【处理原则】

1. 非手术治疗 手部感染初期局部理疗，外敷鱼石脂软膏、金黄散等。感染加重或伴有全身症状者，给予青霉素、磺胺类药等抗生素，注意休息，对症处理。

2. 手术治疗 经治疗无好转或局部肿痛明显时，应及时切开减压与引流。甲沟脓肿形成可在甲沟处纵行切开引流；如甲床下积脓，应将指甲拔除，或将脓腔上的指甲剪去，以利于脓液充分引流。

【护理措施】

1. 缓解疼痛 抬高患肢并制动，减轻局部充血、肿胀；换药时动作轻柔以免加重疼痛；遵医嘱应用镇痛药物。

2. 维持正常体温 ① 严密监测体温、脉搏变化，高热时予物理降温或药物降温。② 局部给予热敷、理疗、外敷药物等，促进炎症消退；行脓肿切开引流者，保持脓腔引流通畅，必要时应用抗菌药物。③ 保证休息和睡眠，多饮水，摄入高能量、高蛋白、富含维生素的饮食，提高机体抵抗力。④ 遵医嘱及时合理使用抗生素。

3. 病情观察 观察伤口渗出物和引流液颜色、性状及量的变化，保持敷料清洁、干燥。密切观察手部肿胀、疼痛及局部皮肤颜色改变，注意有无感染扩散的征象，如腱鞘炎的疼痛突然减轻，提示可能出现了腱鞘坏死或感染扩散。

4. 健康教育

（1）功能锻炼：在炎症消退后或切开引流1周左右，开始进行局部按摩、理疗和功能锻炼，以防肌肉萎缩、肌腱粘连和关节僵硬等。

（2）日常防护：保持手部清洁，加强劳动保护，防止刺伤、挫伤。若有皮刺应剪除，不可徒手撕或拔；指甲长度应与指腹前端齐平，不宜剪得过短。

（3）损伤处理：一旦发生手部损伤，应用碘伏消毒，并用无菌纱布包扎，及早就诊。

第四节　全身性外科感染

导入情景与思考

患者，男，66岁，因"右小腿跌伤感染3日"急诊入院，1日前感畏寒发热，局部疼痛加剧。体格检查：体温39.3℃，脉搏125次/min，呼吸32次/min，血压100/65mmHg。急性病容，神志不清，心率加快，心律齐，腹软，肝脾未扪及。右小腿下部发红肿胀，有压痛。辅助检查：血常规示白细胞计数15.0×10⁹/L，红细胞计数3.5×10¹²/L，中性粒细胞百分比75%。既往糖尿病史12年。

请思考：

1. 该患者目前的处理原则是什么？

2. 该患者目前的主要护理措施有哪些？

全身性外科感染（systematic surgical infection）是指致病菌侵入人体血液循环，并在体内生长繁殖或产生毒素，引起一系列全身性感染中毒症状，主要包括脓毒症（sepsis）和菌血症（bacteremia）。脓毒症是指由病原菌因素引起的全身性炎症反应，患者体温、循环、呼吸、神志有明显改变。菌血症是指细菌侵入血液循环，患者血培养检出病原菌。

【病因】

全身性外科感染的发生与否和致病菌数量、毒力和/或机体抗感染能力有关。

1. 致病菌因素

（1）致病菌来源：全身性外科感染常继发于严重创伤后的感染和各种化脓性感染，如大面积烧伤创面感染、开放性骨折合并感染、急性弥漫性腹膜炎、急性梗阻性化脓性胆管炎、绞窄性肠梗阻等。

（2）致病菌种类：① 革兰氏阴性杆菌，最常见，主要有大肠埃希菌、铜绿假单胞菌、变形杆菌等；② 革兰氏阳性球菌，常见的有金黄色葡萄球菌、溶血性链球菌、肠球菌等；③ 无芽孢厌氧菌，常见的有拟杆菌、梭状杆菌、厌氧葡萄球菌、厌氧链球菌等；④ 真菌，常见的有白念珠菌、曲霉菌、毛霉菌、新型隐球菌等。

2. 影响机体防御功能的因素　① 机体抵抗力低下，合并糖尿病、长期应用糖皮质激素或抗肿瘤治疗者，大量使用广谱抗生素导致菌群失调者；② 长期中心静脉置管引起的导管相关性感染；③ 局部病灶处理不当，脓肿未及时引流，伤口有异物、引流不畅等。

【临床表现】

包括原发感染病灶、全身炎症反应和器官灌注不足等。

1. **共性表现** ① 骤起寒战，继以高热，可高达40~41℃，或体温降低；② 头痛、头晕、关节酸痛、食欲缺乏、恶心、呕吐、腹胀、腹泻、出冷汗、面色苍白或潮红，神志淡漠或烦躁不安、谵妄和昏迷；③ 心率加快、脉搏细数，呼吸急促或呼吸困难；④ 肝脾可肿大，严重者可出现黄疸、皮下出血、瘀斑等。如病情发展，患者可并发感染性休克、多器官功能障碍综合征等。

2. **原发感染灶表现** 如急性血源性骨髓炎有患肢疼痛；急性出血坏死性胰腺炎存在明显腹膜刺激征；急性梗阻性化脓性胆管炎有上腹疼痛和黄疸；绞窄性肠梗阻表现为腹痛、腹胀、呕吐、停止排便排气和腹膜刺激征等。

【辅助检查】

1. **实验室检查** ① 血常规：白细胞计数明显升高或降低，中性粒细胞核左移，出现中毒颗粒；多数患者可有进行性贫血。② 尿常规：可见尿蛋白、血细胞、酮体和管型。③ 血生化：可见不同程度的酸碱平衡失调、肝肾功能受损。④ 血培养：患者寒战、发热时采集静脉血培养标本可以发现致病菌。

2. **影像学检查** 对原发感染灶进行X线、超声、CT、MRI等检查有助于诊断。

【处理原则】

1. **处理原发感染灶** 明确感染原发灶后，及时、彻底清除坏死组织和异物、消灭死腔、引流脓肿。如暂时找不到原发灶，应进行全面检查。

2. **应用抗菌药物** 先根据原发感染灶的性质、部位，选用广谱抗菌药物，再根据细菌培养及药物敏感试验结果调整用药。对真菌性脓毒症，应停用广谱抗生素或改用窄谱抗生素，并全身应用抗真菌药物。

3. **支持疗法** 补充血容量，纠正低蛋白血症等。

4. **对症处理** 如高热者采取物理或药物降温；疼痛严重者给予镇静、镇痛药；并发感染性休克者给予快速补液和糖皮质激素；水、电解质代谢紊乱及酸碱平衡失调者，予以纠正等。同时应对受累的心、肺、肝、肾等重要脏器，以及原有的糖尿病、肝硬化、尿毒症等给予相应处理。

【护理措施】

1. **控制感染** 观察体温、脉搏变化，高热者遵医嘱采取降温措施；遵医嘱及时、准确应用药物，观察药物疗效及不良反应；配合处理原发病灶，如脓肿切开引流、感染器官切除、静脉留置导管拔除、烧伤或感染创面换药等。

2. **营养支持** 给予高热量、高蛋白、高维生素的易消化饮食，鼓励患者多饮水。进食不足者，遵医嘱给予肠内或肠外营养，必要时输注白蛋白、血浆或新鲜全血、免疫球蛋白等。

3. **观察病情** 观察生命体征、意识、尿量、末梢循环等变化；定时进行血常规、尿常规、血生化、动脉血气分析检查；定期进行病原学检查。若患者出现感染性休克及水、电解质代谢紊乱和酸碱平衡失调，应及时告知医生，配合处理。

4. **健康教育** 做好劳动保护，避免损伤；注意饮食卫生，锻炼身体，增强机体抵抗力；治疗糖尿病、感染病灶等，以防炎症扩散引起全身性感染。

第五节 破伤风

导入情景与思考

患者，男，42岁，因"全身肌肉阵发性痉挛伴呼吸困难1日"急诊入院，经检查诊断为"破伤风"。患者1周前在田间劳动时左脚被铁钉刺伤，曾自行简单包扎处理，现感全身乏力、咀嚼不便、牙关紧闭、全身肌肉强直性收缩、阵发性痉挛、四肢抽搐，呼吸急促。体格检查：体温36.3℃，脉搏96次/min，呼吸20次/min，血压120/75mmHg。神志清楚，苦笑面容，颈项强直，腹肌紧张，全腹无压痛和反跳痛，肠鸣音正常。

请思考：

1. 该患者目前主要的护理诊断/问题是什么？
2. 该患者目前应采取哪些护理措施？

破伤风（tetanus）是由破伤风梭菌经体表破损处侵入人体组织，并大量繁殖、产生毒素所引起的一种以肌肉强直性收缩和阵发性痉挛为特征的急性特异性感染。

【病因】

致病菌为破伤风梭菌，是一种革兰氏阳性厌氧芽孢梭菌，大量存在于人畜肠道中，随粪便排出体外，以芽孢状态分布于自然界，广泛存在于土壤及环境中。引起破伤风必须具备三个条件：① 破伤风梭菌直接侵入人体伤口，如被泥土、粪便污染的伤口，烧伤，挤压伤；② 伤口内有缺氧环境，如伤口深而窄、局部缺血、异物存留、组织坏死、填塞过紧、引流不畅或混合其他需氧菌感染等；③ 人体的免疫力低下。

【病理生理】

在厌氧的环境下芽孢迅速生长为增殖体，释放外毒素。外毒素主要为破伤风痉挛毒素和破伤风溶血毒素。破伤风痉挛毒素经血液和淋巴循环作用于脊髓前角灰质或脑干的运动神经核，抑制突触释放抑制性传递介质。运动神经元失去中枢的抑制作用而兴奋性增强，引起随意肌紧张和痉挛；通过阻断脊髓对交感神经的抑制，导致交感神经过度兴奋，出现大汗、血压升高和心率增快等症状。破伤风溶血毒素可引起局部组织坏死和心肌损害。

【临床表现】

可分为潜伏期、前驱期、发作期3期。

1. 潜伏期 通常为3~21日，多数在10日左右，还有在伤后数月或数年因清除病灶或异物而发病。潜伏期越短，预后越差。新生儿破伤风一般在断脐7天左右发病。

2. 前驱期 表现为乏力、头晕、头痛、咀嚼无力、张口不便、烦躁不安、打哈欠等，其中以张口不便为主要特征。

3. 发作期 在肌肉紧张性收缩的基础上出现阵发性的强直性痉挛。一般最先受累的是咀嚼肌，以后依次为面部表情肌、颈项肌、背腹肌、四肢肌，最后为膈肌和肋间肌。表现包括：① 咀嚼不便、张口困难，甚至牙关紧闭；② 苦笑面容、颈项强直、角弓反张、握拳、屈肘、屈膝姿态；③ 呼吸困难，甚至呼吸暂停。在肌肉紧张性收缩的基础上，任何轻微的刺激，如声音、光线、接触、饮水、疼痛等均可诱发全身肌群强烈的阵发性痉挛。发作时，患者大汗淋漓、口唇发绀、呼吸急促、口吐白沫、流涎、磨牙、头颈频频后仰、手足抽搐不止等，每次发作持续数秒或数分钟不等，间歇期长短不一。发作时患者神志清楚，十分痛苦。强烈的肌痉挛可致肌肉断裂，甚至骨折。膀胱括约肌痉挛可引起尿潴留。持续的呼吸肌群和膈肌痉挛可致呼吸骤停，甚至窒息。患者死亡的主要原因为窒息、心力衰竭或肺部感染。

【辅助检查】

实验室检查很难诊断破伤风，合并化脓性细菌感染者可有血白细胞计数和中性粒细胞百分比增高。

【处理原则】

1. 清除毒素来源　有伤口者，应实施清创术。伤口已结痂者，应检查痂下有无窦道或死腔，必要时扩创引流。

2. 中和游离毒素　注射破伤风抗毒素（tetanus antitoxin，TAT），常规用量10 000~60 000U，肌内注射或加入5%葡萄糖溶液500~1 000ml中缓慢静脉滴注。破伤风免疫球蛋白（tetanus immunoglobulin，TIG）早期应用有效，用法为3 000~6 000U，肌内注射。

3. 控制和解除痉挛　是治疗破伤风的重要环节。根据病情使用镇静、解痉药物，如地西泮、苯巴比妥钠、10%水合氯醛等；较重者使用冬眠合剂一号（氯丙嗪和异丙嗪各50mg、哌替啶100mg加入5%葡萄糖250ml配成）静脉缓慢滴入；对痉挛发作频繁且不易控制者，在气管切开、控制呼吸的情况下，给予2.5%硫喷妥钠缓慢静脉注射，每次0.25~0.5g。

4. 支持治疗　加强气道管理，必要时尽早行气管插管，给予机械通气，还可利用高压氧舱辅助治疗；加强营养支持，及时补充水、电解质，必要时输注血浆、白蛋白或新鲜全血等。

【预防】

1. 正确处理伤口　遇到可疑伤口应彻底清除伤口内的异物、坏死组织、积血等，清创后伤口完全敞开，用3%过氧化氢溶液冲洗和湿敷，破坏有利于病菌生长的缺氧环境。

2. 人工免疫　① 主动免疫：注射破伤风类毒素，刺激机体产生抗体；② 被动免疫：对伤前未接受主动免疫者，尽早皮下注射TAT 1 500~3 000U或肌内注射TIG 250~500U。TAT易致过敏反应，注射前必须做过敏试验，阳性者采用脱敏注射法。

知识拓展　｜　**外伤后破伤风预防处置和预防接种门诊建设专家共识**

1978年，中国将百白破疫苗纳入国家免疫规划。世界卫生组织证实中国在2012年已成功消除了新生儿破伤风，但是目前非新生儿破伤风特别是成人破伤风发病率和病死率仍然较高。《"健康中国2030"规划纲要》中明确提出2030年，中国居民主要健康指标水平进入高收入国家行列，为破伤风防治工作提出了方向。

破伤风免疫制剂的合理使用对预防破伤风尤其重要。破伤风被动免疫制剂包含破伤风抗毒素（TAT）、马破伤风免疫球蛋白〔F（ab'）₂〕和破伤风人免疫球蛋白（HTIG）。破伤风主动免疫制剂

［含破伤风成分疫苗（TCV）］是用破伤风类毒素为抗原制作的疫苗，是暴露前主动预防和暴露后医疗处置所必需的生物制剂。没有破伤风主动免疫接种史或者主动免疫接种史不明确的人群应尽早完成外伤暴露前免疫，在第0日、1个月后、7个月后分别接种1剂次TCV。免疫接种史不详的人群，如果出现刺伤、开放性骨折或者刀扎伤等外伤暴露时，清洁伤口需全程接种TCV，不洁伤口在全程接种TCV的同时还应注射F（ab'）$_2$/TAT或HTIG。

【护理评估】

1. 健康史　患者有无外伤史、开放性伤口，伤口的污染程度、深度、大小，是否进行过清创和/或破伤风人工免疫注射。有无产后感染或新生儿脐带消毒不严。

2. 身体状况　患者的前驱症状、肌肉收缩和痉挛发作的持续时间、严重程度、间歇时间等；有无肺部感染、窒息、尿潴留、脱水、心力衰竭及骨折等并发症。若为新生儿，检查脐带残端有无红肿等感染征象。

3. 心理-社会状况　有无焦虑、恐惧、孤独、无助等心理反应；患者和家属对疾病的认识和对患者的支持程度。

【常见护理诊断/问题】

1. 有窒息的危险　与持续性呼吸肌痉挛、误吸、痰液堵塞气道有关。

2. 有受伤的危险　与强烈的肌痉挛发作有关。

3. 潜在并发症：肺不张、肺部感染、尿潴留、心力衰竭等。

【护理目标】

1. 患者呼吸道通畅，呼吸平稳。

2. 患者痉挛得到控制，未发生坠床等意外伤害。

3. 患者潜在并发症得到预防，或被及时发现和处理。

【护理措施】

1. 环境安置　将破伤风患者安置于单间暗室，避免声、光刺激，减少探视。医护人员说话、走路要低声、轻巧；使用器具时避免发出噪声。合理、集中安排各项治疗和护理操作，尽量在使用镇静药30分钟内完成。

2. 保持呼吸道通畅　准备气管切开包、吸引装置、氧气吸入装置及急救药品和物品等；对抽搐频繁无法咳痰或有窒息危险者，尽早配合医生行气管切开，必要时进行人工辅助呼吸。注意做好呼吸道管理，预防误吸，抬高床头30°~45°，协助患者翻身、叩背、雾化吸入、震动排痰等，促使痰液排出。加强呼吸机内外管道的清洁消毒，在进行与气道相关的操作时严格遵守无菌技术操作规范。

3. 控制并解除肌痉挛　病情严重者遵医嘱用冬眠合剂一号，低血压者禁用。用硫喷妥钠者需警惕喉痉挛和呼吸抑制的发生。应用氯化琥珀胆碱前，必须做好气管插管、气管切开和人工辅助呼吸的准备，以确保患者安全。

4. 防止患者受伤　使用带护栏的病床，必要时加用约束带固定患者，防止痉挛发作时患者坠床和自我伤害；关节部位放置软垫保护，防止肌腱断裂和骨折；患者发生抽搐时，使用合适的牙垫，防止舌咬伤。

5. 病情观察

（1）生命体征：设专人护理，每4小时测量1次体温、脉搏、呼吸，根据需要测量血压；监测患者意识、尿量的变化，加强心肺功能监护，及时发现并发症。

（2）抽搐发作情况：详细记录抽搐发作的次数、持续时间和间隔时间、诱发因素；注意抽搐发作前的征兆，以便及时调整药量，控制抽搐发作。

（3）并发症：注意有无肺不张和肺部感染，呼吸停止或窒息，水、电解质代谢紊乱和酸碱平衡失调，尿潴留，心力衰竭，骨折，营养不良等并发症的症状和体征。一旦发现问题，应及时告知医生，配合处理。

6. 营养支持 对能经口饮食者，给予高热量、高蛋白和高维生素饮食，进食应少量多餐，避免呛咳和误吸。病情严重不能经口进食者，在控制痉挛后给予鼻饲或肠外营养。

7. 消毒隔离 破伤风梭菌具有传染性，应严格执行接触隔离措施。

（1）患者安置于单人病室，医护人员接触患者要穿隔离衣、戴帽子、口罩、手套等，身体有伤口者不能参与护理。

（2）所有器械、敷料均须专用，使用后的污染器械、器具和物品，直接置于封闭的容器中，由消毒供应中心集中处理。尽可能使用一次性材料物品，使用后焚烧。

（3）污染的布类先灭菌，再清洗、消毒；用后的敷料须焚烧。

（4）患者换下的被服集中放置，包布包好后送环氧乙烷室灭菌，再送洗衣房清洗、消毒。

（5）患者排泄物和呕吐物用2 000~5 000mg/L含氯消毒剂搅拌混合均匀，放置2小时后倾倒。

（6）患者用过的碗、筷、药杯等用0.1%~0.2%过氧乙酸溶液浸泡后，再煮沸消毒30分钟。

（7）病室内空气、地面、用物等需定时消毒。

8. 健康教育

（1）加强劳动保护，避免皮肤受伤：破伤风梭菌多存在于泥土之中，因此农田或地面作业时应尽量不赤足，加强自我保护，避免受伤。避免不洁接产，以防止发生新生儿及产妇破伤风。

（2）出现下列情况应及时到医院就诊：① 任何较深而窄的外伤切口，如木刺、锈钉刺伤；② 伤口虽浅，但沾染人畜粪便；③ 医院外的急产或流产，未经消毒处理者；④ 陈旧性异物摘除术前。

（3）采取预防措施，幼儿应定期注射破伤风类毒素或百白破疫苗，以获得主动免疫；特殊人群如军人、园艺工人、农民、野外作业者应增强对破伤风的免疫屏障。

【护理评价】

1. 患者呼吸道是否通畅，呼吸是否平稳。

2. 患者痉挛是否得到控制，有无坠床或其他损伤。

3. 患者是否发生并发症，或并发症是否及时被发现和处理。

（贾琳琳）

学习小结

1. 外科感染的发生、演变与致病菌的种类、数量、毒力、机体抵抗力、感染部位，以及治疗与护理措施有关。

2. 化脓性感染可有局部红、肿、热、痛和功能障碍等典型表现，感染严重者可出现发热等全身不适；特异性感染有特殊的临床表现。

3. 疖、痈的主要致病菌为金黄色葡萄球菌，急性蜂窝织炎主要致病菌为溶血性链球菌；挤压"危险三角区"的疖，会引起化脓性海绵窦炎；化脓性指头炎患者指动脉受压时有搏动性跳痛，患肢下垂时疼痛加重；全身性外科感染常继发于创伤后感染，主要临床表现为原发感染病灶、全身炎症反应和器官灌注不足。

4. 破伤风是由破伤风梭菌侵入伤口，同时有缺氧环境、患者免疫力低下引起，患者表现为肌肉强直性痉挛、苦笑面容、颈项强直等。治疗原则是清除毒素来源、中和游离毒素、控制和解除痉挛、支持治疗。护理要点包括安置单间暗室；保持呼吸道通畅；观察病情变化；解除痉挛或疼痛，防治并发症；保护患者，防止其受伤；严格消毒隔离；加强健康教育。

复习参考题

一、单项选择题

1. 外科急性感染的病程一般在
   A. 1周内
   B. 2周内
   C. 3周内
   D. 1个月内
   E. 2个月内

2. 疖最常见的致病菌是
   A. 梭状杆菌
   B. 大肠埃希菌
   C. 铜绿假单胞菌
   D. 金黄色葡萄球菌
   E. 乙型溶血性链球菌

3. 向颈部蔓延会引起喉头水肿、窒息的感染是
   A. 疖
   B. 痈
   C. 丹毒
   D. 急性淋巴管炎
   E. 急性蜂窝织炎

4. 破伤风患者最早发生强直性痉挛的肌群是
   A. 面部表情肌
   B. 咀嚼肌
   C. 颈项肌
   D. 背腹肌
   E. 肋间肌

5. 破伤风患者护理措施中，**不妥**的是
   A. 保持病室安静
   B. 患者住单人隔离病房
   C. 护理操作应尽量集中
   D. 病室内光线应明亮充足
   E. 按接触隔离原则护理患者

参考答案：
1. C 2. D 3. E 4. B 5. D

二、简答题

1. 简述全身性外科感染的共性表现。

2. 简述破伤风患者的处理原则。

损伤患者的护理

学习目标

知识目标	1. 掌握创伤、烧伤的临床表现和处理原则，烧伤患者的评估和现场的抢救措施。 2. 熟悉创伤、烧伤的病理生理和修复过程。 3. 了解创伤的分类、愈合的影响因素。
能力目标	能运用所学知识对创伤、烧伤患者实施整体护理。
素质目标	具有关心和爱护损伤患者的态度和行为；具备团队合作精神。

损伤（injury）是指各种致伤因素作用于人体所造成的组织结构完整性破坏或功能障碍及其所引起的局部和全身反应。引起损伤的原因主要包括：① 机械因素，如锐器切割、钝器撞击等；② 物理因素，如高温、寒冷、电流、放射线等；③ 化学因素，如强酸、强碱等：④ 生物因素，如动物的咬、抓、蜇伤。

第一节　创伤

创伤（trauma）是指机械性致伤因素作用于人体所造成的组织结构完整性破坏或功能障碍，是临床最常见的一种损伤。

【分类】

1. 按伤后皮肤完整性分类　皮肤完整无破损为闭合性损伤，如挫伤、挤压伤、关节脱位、闭合性骨折及闭合性内脏伤等。有皮肤破损者为开放性损伤，如擦伤、刺伤、切割伤等。

2. 按受伤部位分类　可分为颅脑、颌面部、颈部、胸（背）部、腹（腰）部、骨盆、脊柱脊髓和四肢伤等。

3. 按伤情轻重分类　一般分为轻度、中度和重度。① 轻度伤：主要伤及局部软组织，无生命危险，只需局部处理或小手术治疗；② 中度伤：主要是广泛软组织损伤、四肢长骨骨折、肢体挤压伤及一般腹腔脏器损伤等，需手术治疗，有一定生命危险；③ 重度伤：主要指危及生命或治疗后有严重残疾者。

创伤评分是以计分的方式估计创伤的严重程度，是一种相对量化的分类方法，以分值大小反映伤情的轻重。创伤评分的方法较多，常用的主要有院前指数、创伤指数、创伤严重度评分等。

【病理生理】

创伤可导致机体出现一系列局部和全身防御性反应，目的是维持机体内环境的稳定。对不同的创伤，机体的反应也不相同。

（一）局部反应

主要表现为创伤性炎症反应，为非特异性防御反应，与一般急性炎症反应基本相同。创伤后组织破坏，释放各种炎症介质，引起毛细血管壁通透性增高，血浆成分外渗；白细胞等趋化因子迅速聚集于伤处吞噬、清除病原微生物，并出现疼痛、发热等炎症表现。一般3~5日后趋于消退。

（二）全身反应

即全身性应激反应，是致伤因素作用于机体后引起的一系列神经内分泌活动增强并引发各种功能和代谢改变的过程，是一种非特异性应激反应。

1. 神经－内分泌系统反应　创伤发生后，下丘脑－垂体－肾上腺皮质轴和交感神经－肾上腺髓质轴分泌大量儿茶酚胺、肾上腺皮质激素、抗利尿激素、生长激素等；同时，肾素－血管紧张素－醛固酮系统被激活，上述3个系统（轴）相互协调，共同调节全身各器官功能和代谢，对抗致伤因素的损害，保证重要脏器的灌注。

2. 体温变化　创伤后大量释放的炎症介质如白细胞介素、肿瘤坏死因子等作用于下丘脑体温调节中枢引起机体发热。

3. 代谢变化　主要表现为基础代谢率增高，能量消耗增加，糖、蛋白质、脂肪分解加速，糖异生增加，水、电解质代谢紊乱。

4. 免疫反应　严重创伤后，中性粒细胞、单核巨噬细胞的吞噬和杀菌能力减弱，淋巴细胞数量减少、功能下降，免疫球蛋白含量降低，补体系统耗竭等，可导致机体免疫防御功能下降，使机体对感染的易感性增加。

（三）组织修复和创伤愈合

1. 组织修复的方式　组织修复的基本方式是由伤后增生的细胞和细胞间质再生增殖、充填、连接或替代缺损组织。各种组织创伤后修复情况差别较大，大多数组织伤后不能由原来性质的细胞修复，而是由其他性质的细胞（多为成纤维细胞）增生替代完成。

2. 创伤的修复过程　一般分为3个既相互区分又相互联系的阶段。

（1）局部炎症反应阶段：伤后立即发生，常持续3~5日。主要是血管和细胞反应、免疫应答、血液凝固和纤维蛋白的溶解，目的在于清除坏死组织，为组织再生和修复奠定基础。

（2）细胞增殖分化和肉芽组织形成阶段：局部炎症开始不久，即有新生细胞出现。成纤维细胞、内皮细胞等增殖、分化、迁移，分别合成、分泌组织基质（主要为胶原）和形成新生毛细血管，并共同构成肉芽组织。

（3）组织塑形阶段：胶原纤维交联增加、强度增加，多余的胶原纤维被胶原酶降解；过度丰富的毛细血管网消退，伤口的黏蛋白和水分减少，最终达到受伤部位外观和功能的改善。

3. 创伤愈合的类型

（1）一期愈合：组织修复以原来细胞为主，仅含少量纤维组织，局部无感染、血肿及坏死组织，伤口边缘整齐、严密、呈线状，组织结构和功能修复良好。多见于创伤程度轻、范围小、无感染的伤口或创面。

（2）二期愈合：以纤维组织修复为主，修复较慢，瘢痕明显，愈合后对局部结构和功能有不同程度的影响。多见于损伤程度重、范围大、坏死组织多，常伴有感染而未经外科处理的伤口。

4. 影响创伤愈合的因素

（1）局部因素：伤口感染是最常见的影响因素。其他如创伤范围大、坏死组织多，伤缘不能直接对合，且被新生组织连接阻隔，影响康复；局部血液循环障碍使组织缺血缺氧，或局部制动不足等采取措施不当，造成继发性损伤也不利于伤口愈合。

（2）全身因素：主要有高龄、营养不良、大量使用细胞增生抑制剂、免疫功能低下及全身严重并发症等。

【临床表现】

创伤的原因、部位、程度不同，其临床表现各异。本节仅介绍常见创伤的共性表现，内脏损伤表现在相关章节介绍。

（一）局部表现

1. 疼痛　活动时加剧，制动后减轻，常在受伤2~3日后逐渐缓解。

2. 肿胀和瘀斑　因局部出血及液体渗出所致，常伴有皮肤瘀斑、血肿。严重肿胀可致局部或远端肢体血供障碍。

3. 伤口和出血　开放性创伤多有伤口和出血。

4. 功能障碍　由局部组织结构破坏、疼痛、肿胀或神经系统损伤等所致。

（二）全身表现

1. 体温升高　中、重度创伤患者常有发热，体温一般不超过38.5℃，并发感染时可有高热，脑损伤致中枢性高热体温可达40℃。

2. 全身炎症反应综合征（SIRS）　创伤后释放的炎症介质、疼痛、精神紧张和血容量减少等引起体温、心血管、呼吸和血细胞等方面的异常。主要表现为意识障碍，体温升高或过低，呼吸急促或困难，脉率过快或心律不齐，收缩压降低或脉压过低，面色苍白或发绀。

【辅助检查】

1. 实验室检查　血常规和血细胞比容可判断失血或感染情况；尿常规有助于判断有无泌尿系统损伤。血清电解质和动脉血气分析有助于了解有无水、电解质代谢紊乱和酸碱平衡失调。对疑有肾损伤者，可进行肾功能检查；对疑有胰腺损伤者，应做血、尿淀粉酶测定等。

2. 影像学检查　X线检查可了解有无骨折、脱位、胸腹腔有无积液积气、伤处异物情况等。超声、CT和MRI有助于实质性脏器损伤及脊髓、颅底、骨盆底部等处损伤的诊断。

3. 穿刺和导管检查　胸腔穿刺可明确血胸或气胸；腹腔穿刺或灌洗可明确腹腔内脏破裂、出血；心包穿刺可证实心包积液或积血。放置导尿管或膀胱灌洗可诊断尿道或膀胱的损伤；留置中心静脉导管可辅助判断血容量和心功能。

【处理原则】

本节重点介绍创伤救治的一般原则和措施，各部位创伤的具体治疗方法参见相关章节。

（一）现场急救

妥善的现场救护是挽救各种类型创伤患者生命的重要保证，为进一步救治奠定基础。优先抢救的急症主要包括心跳、呼吸骤停、窒息、大出血、张力性气胸和休克等，常用的急救措施包括心肺复苏、通气、止血、包扎、固定等。

（二）进一步救治

患者经现场急救被送到医院后，应立即对病情进行再次评估、判断和分类，采取针对性的救治措施。

1. 局部处理

（1）闭合性损伤：单纯软组织损伤者，予以局部制动、患肢抬高。初期局部冷敷，后期采用热敷或红外线治疗。闭合性骨折和脱位者，需进行复位、固定；合并重要脏器、组织损伤者，应手术探查和修复处理。

（2）开放性损伤：擦伤、表浅的小刺伤和小切割伤，可用非手术治疗。其他的开放性损伤需要手术处理，以修复断裂的组织。

2. 全身处理　①维持呼吸和循环功能；②镇静镇痛；③防治感染，遵循无菌操作原则，使用抗生素，开放性创伤需加用破伤风抗毒素；④支持治疗。

【护理评估】

1. 健康史

（1）一般情况：年龄、性别、职业、饮食及睡眠情况等。

（2）外伤史：受伤原因、时间、地点、部位；伤后表现、有无危及生命的损伤、现场救治及转运途中伤情变化等。

（3）既往史：伤前是否饮酒；是否合并高血压、糖尿病、营养不良等慢性疾病；是否长期使用皮质激素类、细胞毒性药物；有无过敏史等。

2. 身体状况

（1）症状与体征：受伤部位有无伤口、出血、血肿、异物、瘀斑、肿胀、疼痛及功能障碍；有无合并伤及其他脏器损伤等。观察伤者意识、生命体征、尿量等变化，有无休克及其他并发症发生。

（2）辅助检查：实验室检查、影像学检查及穿刺、导管等各项检查有无异常。

3. 心理–社会状况　患者及家属对突受创伤打击的心理承受程度及心理变化；患者对创伤的认知程度及对治疗的信心。

【常见护理诊断/问题】

1. 体液不足　与伤后失血、失液有关。

2. 急性疼痛　与创伤、局部炎症反应或伤口感染有关

3. 组织完整性受损 与组织器官受损伤、结构破坏有关。

4. 潜在并发症： 休克、感染、挤压综合征等。

【护理目标】

1. 患者有效循环血量恢复，生命体征平稳。

2. 患者自述疼痛逐渐减轻。

3. 患者的伤口得到妥善处理，受损组织逐渐修复。

4. 患者未发生并发症，或并发症得到及时发现和处理。

知识拓展 | 创伤后成长

创伤事件主要指对个体生命构成威胁或造成严重伤害的生活事件或灾难，包括意外事故、癌症、自然灾害等。创伤发生后患者常会产生焦虑、抑郁、创伤后应激障碍等负性心理体验，对身心健康带来消极影响。

创伤后成长（post-traumatic growth，PTG）是指个体在与具有创伤性的负性生活事件和情境进行抗争后所体验到的正性心理变化。PTG既是与创伤抗争的积极结果，也是个体在处理和接受创伤中自身积极变化的过程。PTG可以提高患者的自我效能，帮助患者树立信心和希望，培养积极的应对方式，提高社会支持度，改善生活质量。PTG也给临床工作者提供新的角度，拓宽临床视野，帮助创伤幸存者进一步康复。

【护理措施】

1. 急救护理

（1）抢救生命：现场经简单评估，找出危及生命的紧迫问题，立即就地救护。主要措施包括保持呼吸道通畅，置导管通气、给氧、气管切开，封闭胸部开放性伤口等；心跳呼吸骤停者，立即采取胸外心脏按压及口对口人工呼吸。

（2）止血：采用指压法、填塞法、加压包扎、扎止血带等，迅速控制伤口大出血。

（3）包扎：一般用无菌敷料或清洁布料包扎，如有腹腔内脏脱出，应先用干净器皿保护后再包扎，勿轻易还纳，以防污染。

（4）固定：骨关节损伤须固定制动，以减轻疼痛，避免骨折断端损伤血管和神经，有助于防治休克和搬运。

（5）搬运：经过现场初步处理后应迅速、安全、平稳地转送患者，多用担架或徒手搬运。搬运患者时注意勿使伤处移位、扭曲、震动等。搬运脊柱损伤者应注意保持伤处稳定，勿弯曲或扭动；搬运昏迷患者应将头偏向一侧，或采取半卧位或侧卧位。

2. 维持有效循环血量 有效止血后，迅速建立2~3条静脉输液通道，给予输液、输血或应用血管活性药等，以尽快恢复有效循环血量并维持循环的稳定。髂静脉或下肢静脉损伤及腹膜后血肿者禁止经下肢静脉输液、输血，以免加重出血。

3. 病情观察 ① 密切监测意识、呼吸、血压、脉搏、中心静脉压和尿量等，并做好记录；

② 闭合性损伤患者，重点观察生命体征是否平稳，血压有无波动；③ 开放性损伤患者，重点观察伤口有无出血、渗出、感染征象，伤口引流是否通畅等。

4. 妥善护理创面

（1）开放性损伤：根据伤口情况选择不同的处理方法。

1）清洁伤口：常见于无菌手术切口，消毒后可以直接缝合。

2）污染伤口：指有细菌污染但尚未构成感染的伤口。开放性创伤早期为污染伤口，采用清创术，对伤口进行清洗、扩创、直接缝合或延期缝合。清创时间越早越好，伤后6~8小时是最佳时间，此时清创一般可达到一期缝合。若伤口污染较重或超过8~12小时，但尚未发生明显的感染，清创后伤口放置引流条并行延期缝合。

3）感染伤口：指开放性伤口污染严重或较长时间未得到处理，已发生感染的伤口，处理的基本措施是先引流再换药。首先用等渗盐水或呋喃西林等药液纱布条敷在伤口内，引流脓液；再更换敷料，即换药。目的是消除伤口的分泌物、坏死组织和脓液，保持引流通畅，控制感染；改善肉芽组织状态，减少瘢痕形成。

（2）闭合性损伤：软组织损伤，抬高或平放受伤肢体，12小时内予以局部冷敷，以减少局部组织的出血和肿胀。伤后12小时起改用热敷、理疗，或包扎制动，以促进血肿和炎症的吸收。注意观察皮下出血及血肿的变化，局部如有血肿形成时可加压包扎。伤情稳定后鼓励患者早期活动，指导患者进行功能锻炼。

5. 并发症的护理

（1）伤口感染：多见于开放性损伤患者。若伤口出现红、肿、热、痛或已减轻的疼痛加重，体温升高、脉速、血白细胞计数增高等，表明伤口已发生感染，应遵医嘱使用抗生素，加强换药。

（2）挤压综合征：凡四肢或躯干肌肉丰富的部位受到重物长时间挤压致肌肉组织缺血性坏死，继而引起以肌红蛋白血症、肌红蛋白尿、高血钾和急性肾衰竭为特点的全身性改变，称为挤压综合征（crush syndrome），又称为Bywaters综合征。当局部压力解除后，出现肢体肿胀、压痛、肢体主动活动及被动牵拉活动引起疼痛、皮肤温度下降、感觉异常、弹性减弱，在24小时内出现茶褐色尿或血尿等改变时，提示可能发生挤压综合征，应及时告知医生。

护理措施包括：① 早期患肢禁止抬高、按摩及热敷；② 协助医生切开减压，清除坏死组织；③ 遵医嘱应用碳酸氢钠及利尿剂，防止肌红蛋白阻塞肾小管；④ 对行透析治疗的肾衰竭患者做好相应护理。

6. 心理护理　创伤往往突发，不仅对患者造成身体伤害，同时也对其心理造成一定的创伤，尤其是一些严重创伤影响到患者的外观和机体功能，伤者会出现创伤后应激障碍、焦虑、恐惧、抑郁或愤恨心理。为患者提供心理护理、细致的生活照顾、有效的医患沟通、身心放松训练、动员社会支持等，有助于减轻其焦虑、恐惧及抑郁情绪，增强患者对治疗的信心。

7. 健康教育　① 普及安全知识，加强防护意识，避免受伤；② 一旦受伤，要及时到医院就诊，接受正确的处理，以免延误治疗；③ 伤后恢复期加强功能锻炼，促进机体功能恢复，防止肌肉萎缩和关节僵硬等并发症的发生。

【护理评价】

1. 患者体液是否维持平衡，生命体征是否稳定。

2. 患者疼痛是否缓解。

3. 患者伤口是否得到妥善处理，受损组织是否修复。

4. 患者是否发生并发症，或并发症是否被及时发现和处理。

第二节　烧伤

导入情景与思考

患者，男，34岁，体重60kg。因"被沸水烫伤1小时，烦躁、痛苦"入院，主诉创面疼痛，感觉口渴、胸闷。诊断为"烧伤"。体格检查：体温37.8℃，脉搏110次/min，呼吸27次/min，血压102/88mmHg，面部、胸、腹部、两前臂、双手、两小腿、双足部广泛烧伤，且背部散在有约3手掌大小，均有水疱。烧伤处皮肤发红、疼痛、有明显触痛。患者情绪波动较大。

请思考：

1. 该患者烧伤面积、深度及严重程度如何？

2. 患者目前最主要的护理诊断/问题是什么？

3. 伤后第1个24小时补液总量是多少？如何安排补液种类和速度？

　　烧伤（burn）泛指由热力、电流、化学物质、激光、放射线等所造成的组织损伤。热力烧伤（thermal injury）是指由火焰、热液、蒸汽、热固体等引起的组织损伤。狭义的烧伤一般指热力所造成的烧伤。本节主要介绍热力烧伤的相关内容。

【病理生理】

1. 局部变化　由于局部热损伤产生的炎症反应，毛细血管扩张及通透性增高，血浆样液体渗至细胞间、皮质间或体外，形成水肿、水疱或创面渗液；深度烧伤可致皮肤脱水、凝固，甚至炭化形成焦痂。

2. 全身变化　较大面积烧伤后，可引起全身性的烧伤反应，机体释放出多种血管活性物质，如组胺、5-羟色胺（5-HT）、激肽等，引起烧伤后微循环变化和毛细血管通透性增加，导致血容量减少、红细胞丢失、负氮平衡和免疫功能降低等，从而诱发休克，继发肺部感染、急性呼吸衰竭、烧伤脓毒症等并发症，使病情更加恶化。

【临床分期】

　　根据烧伤病理生理特点，病程大致分为4期，各期之间往往互相重叠和互相影响，分期的目的是突出各阶段临床处理的重点。

1. 体液渗出期　组织烧伤后立即发生的反应是体液渗出，以伤后6~12小时内最快，持续24~36小时，严重烧伤可延至48小时以上。此期容易发生低血容量性休克，临床上又称为休克期。

2. 急性感染期 从烧伤渗出液回吸收开始，感染的危险即已存在并将持续至创面完全愈合。烧伤后早期因为皮肤生理屏障被破坏，全身免疫功能低下，对病原菌的易感性增加，通常在休克的同时即可并发局部和全身性感染。深度烧伤形成的凝固性坏死及焦痂，在伤后2~3周可进入广泛组织溶解阶段，此阶段为烧伤并发全身性感染的又一高峰期。

3. 创面修复期 烧伤后组织修复在炎症反应的同时即已开始。创面的修复与烧伤的深度、面积及感染的程度密切相关。浅度烧伤多能自行修复，无瘢痕形成；深Ⅱ度烧伤靠残存的上皮扩展修复，如无感染，3~4周逐渐修复，但常见瘢痕增生；Ⅲ度烧伤形成瘢痕或挛缩，可导致肢体畸形和功能障碍，需要皮肤移植修复。

4. 康复期 深度烧伤创面愈合后，可形成瘢痕，严重者影响外观和功能，需要锻炼、工疗、体疗和整形以期恢复；某些器官功能损害及心理异常也需要一个恢复过程；深Ⅱ度和Ⅲ度创面愈合后，常有瘙痒或疼痛，并发感染，形成残余创面，这种现象的终止往往需要较长时间；严重大面积深度烧伤愈合后，由于大部分汗腺被毁，机体散热调节体温能力下降，常需2~3年的调整与适应。

【伤情判断与临床表现】

主要根据烧伤的面积、深度和部位判断伤情，同时应考虑全身情况，如休克、重度吸入性损伤或复合伤。

（一）烧伤面积和深度估计

1. 烧伤面积 以相对于体表面积的百分率表示。估算方法有多种，目前国内多采用中国新九分法和手掌法。

（1）中国新九分法（表8-2-1）：将全身体表面积划分为11个9%的等份，另加1%，其中头颈部占9%（1个9%）、双上肢占18%（2个9%）、躯干（包括会阴）占27%（3个9%）、双下肢（包括臀部）占46%（5个9%＋1%）（图8-2-1）。与成人相比，儿童头较大，下肢相对短小，可按下法计算：头颈部面积＝［9＋（12－年龄）］%，双下肢面积＝［46－（12－年龄）］%。

▼ 表8-2-1 中国新九分法

部位		占成人体表面积/%	占儿童体表面积/%
头颈	发部	3	
	面部	3	9×1 9＋（12－年龄）
	颈部	3	
双上肢	双上臂	7	
	双前臂	6	9×2 9×2
	双手	5	
躯干	躯干前	13	
	躯干后	13	9×3 9×3
	会阴	1	

部位		占成人体表面积/%	占儿童体表面积/%
双下肢	双臀	5*	
	双大腿	21	
	双小腿	13	9×5+1	46-（12-年龄）
	双足	7*	

注：*成年女性的双臀和双足各占6%。

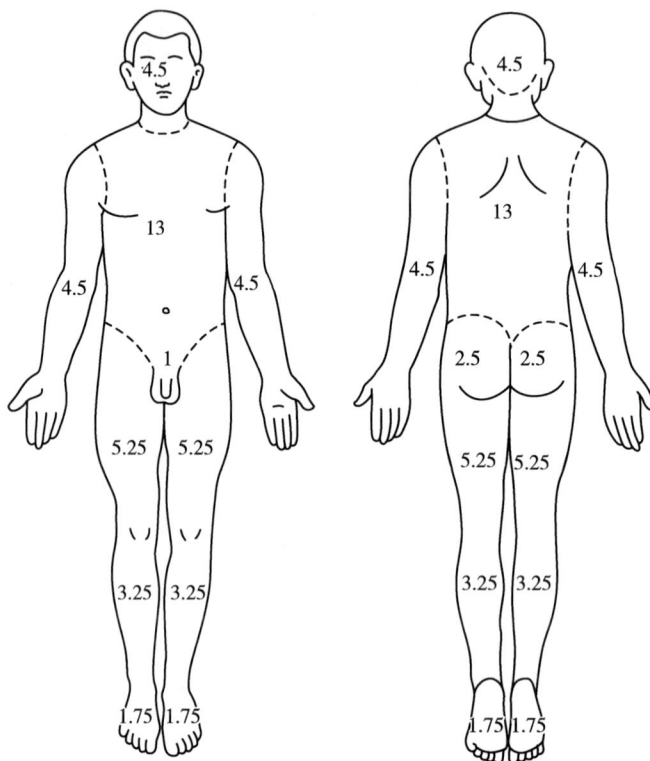

▲ 图8-2-1 成人体表各部位表面积所占百分比的估算

（2）手掌法：用患者自己的手掌测量其烧伤面积。不论年龄或性别，若将五指并拢，单掌的掌面面积占体表面积的1%。此法适用于小面积烧伤的估计，也可辅助九分法（图8-2-2）。

2. 烧伤深度 目前普遍采用三度四分法，即Ⅰ度、浅Ⅱ度、深Ⅱ度、Ⅲ度烧伤。其中，Ⅰ度及浅Ⅱ度烧伤属浅度烧伤；深Ⅱ度和Ⅲ度烧伤属深度烧伤。烧伤深度的判断见表8-2-2。组织损害层次见图8-2-3。

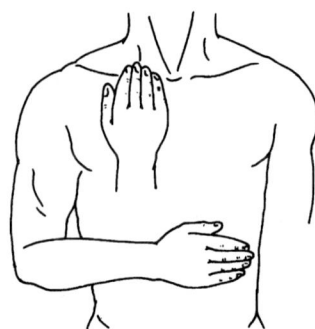

▲ 图8-2-2 手掌法

烧伤深度		组织损伤	临床表现	预后
Ⅰ度 （红斑烧伤）		表皮浅层	皮肤红斑，轻度水肿，干燥，灼痛，无水疱	3~5日脱屑痊愈
Ⅱ度 （水疱烧伤）	浅Ⅱ度	表皮全层及真皮浅层	水疱大小不一，剧痛，疱壁较薄，基底潮红，水肿明显	1~2周愈合，不留瘢痕，但多数有色素沉着
	深Ⅱ度	真皮深层	水疱较小，痛觉迟钝，有拔毛痛，疱壁较厚，基底发白或红白相间，水肿明显	3~4周愈合，通常留有瘢痕和色素沉着
Ⅲ度 （焦痂烧伤）		皮肤全层、皮下组织、肌肉和骨骼	创面无水疱，无弹性，干燥如皮革样或呈蜡白、焦黄甚至炭化，可有树枝状栓塞血管，痛觉消失	3~4周后焦痂自然脱落，愈合后留有瘢痕或畸形

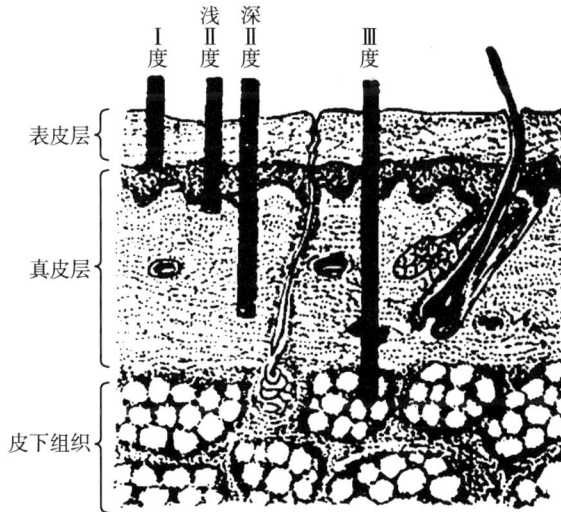

▲ 图8-2-3　烧伤深度的组织学划分

（二）烧伤严重程度判断

按烧伤的总面积和烧伤的深度将烧伤程度分为4类（通常情况下，烧伤总面积的计算不包括Ⅰ度烧伤）。

1. 轻度烧伤　Ⅱ度烧伤总面积在10%以下。

2. 中度烧伤　Ⅱ度烧伤面积在11%~30%，或Ⅲ度烧伤面积在10%以下。

3. 重度烧伤　烧伤总面积31%~50%，或Ⅲ度烧伤面积11%~20%；或总面积、Ⅲ度烧伤面积虽未达到上述范围，但已发生休克、吸入性损伤或有较重复合伤者。

4. 特重烧伤　烧伤总面积在50%以上，或Ⅲ度烧伤面积在20%以上，或存在较重的吸入性损伤、复合伤等。

（三）全身表现

大面积、重度烧伤患者伤后48小时内易发生低血容量性休克，主要表现为口渴、脉搏细速、血压下降、尿量减少、烦躁不安等。感染发生后可出现体温骤升或骤降，呼吸急促、心率加快，血白细胞计数骤升或骤降；其他如尿素氮、肌酐清除率、血糖、血气分析等都可能变化。

【处理原则】

（一）现场急救

去除致伤原因，脱离现场，迅速抢救危及患者生命的损伤，如窒息、大出血、开放性气胸、中毒等。

1.迅速脱离热源

（1）断开热源：将伤员从潜在的燃烧源包括热源、电源和化学品中移开。

（2）流动水冲洗创面：对于热液、火焰烧伤，使用清洁的流动水冲洗烧伤创面15~20分钟，既可减轻疼痛，又可防止余热继续损伤组织。

（3）保暖：冷疗后及时寻求医疗帮助，同时注意患者的保暖。

2.保护创面　剪开取下伤处的衣裤，不可剥脱；创面可用干净敷料或布类简单包扎后送医院处理，避免受压，防止创面再损伤和污染。避免用有色药物涂抹，以免影响对烧伤深度的判断。

3.保持呼吸道通畅　火焰烧伤后呼吸道受热力、烟雾等损伤，可引起呼吸困难、呼吸窘迫，应特别注意保持呼吸道通畅，必要时放置通气管，行气管插管或气管切开。

4.其他救治　尽快建立静脉通道，给予补液治疗，可适量口服淡盐水或烧伤饮料，避免单纯大量饮水，以免发生呕吐及水中毒。转送路程较远者，留置导尿管监测尿量。安慰和鼓励患者保持情绪稳定。疼痛剧烈者遵医嘱使用镇静、镇痛药物。

5.妥善转运　现场急救后，轻患者即可转送；烧伤面积较大者，如不能在伤后1~2小时内送到附近医院，应在原地输液、抗休克治疗，待休克控制后再转送。转运途中应建立静脉输液通道，保持呼吸道通畅。

（二）防治休克

严重烧伤特别是大面积烧伤患者，防治休克至关重要。静脉补液是防治休克的主要措施。

1.补液总量　根据烧伤早期体液渗出的规律估计补液总量。国内通常按患者的烧伤面积和体重计算补液量。

（1）伤后第1个24小时：补液总量的一半应在伤后8小时内输入。每1%烧伤面积（Ⅱ度、Ⅲ度）、每千克体重应补充胶体溶液和电解质溶液共1.5ml（儿童为1.8ml，婴儿为2ml），另加每日生理需要量2 000ml（儿童为60~80ml/kg，婴儿为100ml/kg）。即：第1个24小时补液量=体重（kg）×烧伤面积×1.5ml（儿童为1.8ml，婴儿为2ml）+2 000ml（儿童60~80ml/kg，婴儿100ml/kg）。

（2）伤后第2个24小时：电解质溶液和胶体溶液为第1个24小时的一半，再加每日生理需要量2 000ml。

2.补液种类　胶体溶液和电解质溶液的比例为1:2，大面积深度烧伤者与小儿烧伤其比例可改为1:1。胶体溶液首选血浆，紧急抢救时可用低分子量的血浆代用品，但总用量不宜超过1 000ml，Ⅲ度烧伤患者可适量输全血。电解质溶液首选平衡盐溶液，并适当补充碳酸氢钠溶液。生理需要量一般用5%~10%葡萄糖注射液。电解质溶液、胶体溶液和水分应交叉输入。

（三）处理创面

目的是清洁保护创面，防治感染，促进创面愈合；减少瘢痕产生，最大限度恢复外形和功能。

1. 初期清创 在控制休克之后尽早清创。

2. 包扎疗法 可以保护创面、减少污染和及时引流创面渗液。适用于面积小或四肢的浅Ⅱ度烧伤。

3. 暴露疗法 将患者暴露在清洁、温暖、干燥的空气中，使创面的渗液及坏死组织干燥成痂，以暂时保护创面。适用于头面、会阴部烧伤及大面积烧伤或创面严重感染者。

4. 手术治疗 对深度烧伤创面，应及早采用手术治疗，包括切痂（切除烧伤组织达深筋膜平面）、削痂（削除坏死组织至健康平面）、剥痂（手术予以成片剥离，颜面、会阴等部位），并立即植皮。

（四）防治感染

感染是烧伤救治中的突出问题，如未能控制，易出现脓毒症、肺部感染、尿路感染、创面感染甚至多器官功能衰竭。

1. 积极纠正休克 防治组织器官缺血缺氧损害，维护机体的防御功能，保护肠黏膜屏障，对防治感染意义重大。

2. 正确处理创面 是防治全身性感染的关键措施。深度烧伤创面是主要感染源，应早期切痂、削痂，并加以严密覆盖。

3. 合理应用抗生素 根据创面细菌培养和药物敏感试验结果针对性地选择抗生素。大多数烧伤创面应该使用局部抗生素，但部分抗生素具有细胞毒性，可能影响创面愈合。因预防性使用抗生素并不会减少全身性感染脓毒症的发生，在烧伤后的5~10日内不建议预防性使用抗生素。

4. 其他措施 营养支持，纠正水、电解质代谢紊乱，维护脏器功能等。

【护理评估】

1. 健康史

（1）一般情况：年龄、性别、职业、饮食及睡眠情况等。

（2）外伤史：烧伤原因和性质、受伤时间、现场情况、有无吸入性损伤；有无合并危及生命的损伤；现场采取的急救措施、效果，途中运送情况。

（3）既往史：有无营养不良、呼吸系统疾病，是否合并高血压、糖尿病等慢性疾病，是否长期应用皮质激素类或接受化疗、放疗。

2. 身体状况

（1）症状与体征：生命体征是否稳定，有无血容量不足、吸入性损伤、全身感染的征象。

（2）辅助检查：血细胞比容、尿比重、血清电解质水平、血生化、血气分析及影像学检查。

3. 心理-社会状况 患者及家属对突受打击的心理承受程度及心理变化，对治疗及康复费用的经济承受能力。

【常见护理诊断/问题】

1. 有窒息的危险 与头面部、呼吸道或胸部等部位烧伤有关。

2. 体液不足 与烧伤创面渗出液过多、血容量减少有关。

3. 皮肤完整性受损 与烧伤导致组织破坏有关。

4. 悲伤 与烧伤后毁容、肢残及躯体活动障碍有关。

5. 潜在并发症：感染、肺部并发症、心功能不全、肾功能不全、应激性溃疡等。

【护理目标】

1. 患者呼吸道通畅，呼吸平稳。

2. 患者生命体征平稳，平稳度过休克期。

3. 患者烧伤创面逐渐愈合。

4. 患者情绪稳定，能配合治疗及护理，敢于面对伤后的自我形象。

5. 患者未发生并发症，或并发症得到及时发现和处理。

【护理措施】

1. 维持有效呼吸

（1）保持呼吸道通畅：① 及时清除呼吸道分泌物，鼓励患者深呼吸、用力咳嗽、咳痰，必要时吸痰；② 密切观察呼吸情况，若患者出现刺激性咳嗽、血氧饱和度下降、血氧分压下降等表现时，应积极做好气管插管或气管切开术的准备，并加强术后护理；③ 对于中重度吸入性损伤患者，可根据吸入性损伤病理生理改变过程进行分阶段、精细化气道护理。

（2）给氧：吸入性损伤患者多有不同程度缺氧，合并一氧化碳中毒者可经鼻导管高浓度氧或纯氧吸入，有条件者应积极采用高压氧治疗。

2. 维持有效循环血量

（1）轻度烧伤者：口服淡盐水或烧伤饮料（100ml液体中含食盐0.3g、碳酸氢钠0.15g、糖适量）。

（2）中、重度烧伤者：① 迅速建立2~3条能快速输液的静脉通道，以保证各种液体及时输入；② 遵循"先晶后胶，先盐后糖，先快后慢"的输液原则，合理安排输液种类和速度，以尽早恢复有效循环血量；③ 根据动脉血压、中心静脉压、心率、末梢循环等判断液体复苏的效果。

液体复苏有效的指标：① 成人每小时尿量为30~50ml，小儿每小时尿量不低于1ml/kg；② 患者安静，无烦躁不安；③ 无明显口渴；④ 脉搏、心跳有力，成人脉率在120次/min以下，小儿脉率在140次/min以下；⑤ 收缩压维持在90mmHg以上，脉压在20mmHg以上，中心静脉压为5~12cmH$_2$O；⑥ 呼吸平稳。

3. 加强创面护理

（1）包扎疗法护理：① 抬高肢体并保持各关节功能位；② 保持敷料清洁、干燥，敷料潮湿时立刻予以更换；③ 密切观察创面，及时发现感染征象，需加强换药及抗感染治疗，必要时改用暴露疗法；④ 包扎松紧适宜，压力均匀，达到要求的厚度和范围，注意观察肢体末梢血液循环情况，如肢端动脉搏动、皮肤颜色及温度。

（2）暴露疗法护理：① 严格执行消毒隔离制度。保持病室清洁，空气流通，室内温度维持在28~32℃，湿度适宜，每日空气消毒2次；床单、被套等均经高压蒸汽灭菌处理，其他室内物品每日用消毒液擦拭消毒；接触创面时要戴无菌手套，接触另一烧伤患者创面时要更换手套，防止发生交叉感染。② 保持创面干燥，体液渗出期应定时以消毒敷料吸去创面过多的分泌物，表面涂以抗生素，以减少细菌繁殖，避免形成厚痂，若发现痂下有感染，立即去痂引流，清除坏死组织。③ 定时翻身，使用翻身床，交替暴露受压创面，避免创面长时间受压而影响愈合。④ 创面已结痂时注意避免痂皮开裂引起出血或感染。⑤ 极度烦躁或意识障碍者，适当约束肢体，防止抓伤。

4. 去痂、植皮手术护理 大面积烧伤创面早期采取切痂、削痂并植皮，做好植皮手术前后的护理。

5. 特殊烧伤部位的护理

（1）眼、耳、鼻部烧伤：用无菌棉签清除分泌物，做好五官护理。

（2）会阴部烧伤：多采用暴露疗法，及时清理创面分泌物，保持创面干燥、清洁；在严格无菌操作下留置导尿管，并每日行膀胱冲洗及会阴冲洗，预防尿路及会阴部感染。

6. 防治感染的护理 ① 遵医嘱应用抗生素，定期监测创面微生物谱及对抗生素的敏感性；观察全身情况及创面变化，若患者出现寒战、高热、脉搏加快，创面出现脓性分泌物、坏死或异味等，应警惕创面感染、全身性感染的发生。② 严格消毒隔离。大面积烧伤患者单独安置在隔离病室，及时做好室内清洁卫生、通风和紫外线照射消毒，严格控制探视人员。医护人员接触患者前需洗手、戴手套、口罩、帽子、穿隔离衣；接触创面处使用无菌大单、烧伤垫，并保持床单位干燥、清洁；诊疗工具和生活用品应专用和定时消毒。

7. 并发症的护理

（1）肺部并发症：多发生于伤后2周内，肺部感染与肺水肿占多数，肺不张次之。采取对症治疗，加强呼吸道管理，遵医嘱使用有效抗生素等。

（2）心功能不全：主要因缺血缺氧和失控性炎症反应造成心肌损害，在抗休克的同时，需给予心功能支持。平稳度过休克和防治严重感染，是防治心功能不全的关键。

（3）肾功能不全：休克所致肾功能不全多为少尿型，早期应迅速补充血容量，及早应用利尿剂，以增加尿量，碱化尿液。感染所致肾功能不全多为非少尿型，控制全身感染尤为关键。

（4）应激性溃疡：早期症状不明显，多在发生大出血或穿孔后被发现。在防治应激性溃疡方面，应避免发生严重休克和脓毒症。对严重烧伤，遵医嘱应用抗酸、抗胆碱药物以保护胃黏膜。

8. 心理护理 大面积烧伤可能会造成畸形、功能障碍，患者可能出现恐惧、焦虑、绝望等负性情绪，甚至产生自杀的意念。应向患者耐心解释病情、认真倾听患者对烧伤的不良感受，给予真诚的安慰和劝导，取得信任；利用社会支持系统的力量，鼓励患者树立战胜疾病的信心，积极参与社交活动和工作，减轻心理压力，促进康复。

9. 其他措施 ① 营养支持：给予高蛋白、高能量、高维生素、清淡易消化饮食，少量多餐；经口摄入不足者，经肠内或肠外补充营养，保证摄入足够的营养素。② 疼痛护理：遵医嘱应用镇静、镇痛药。③ 满足患者脏器功能维护、清洁卫生需要，舒适护理等。

10. 健康教育 ① 宣传防火、灭火和自救等安全知识；② 无论烧伤面积大小，都应尽早开始运动和功能训练，最大程度恢复机体的生理功能；③ 对与烧伤有关的疼痛及焦虑、谵妄等情况进行管理、治疗和监测；④ 告知患者保护创面皮肤的方法，避免使用刺激性肥皂清洗，水温不宜过高，勿搔抓；烧伤部位在1年内避免太阳暴晒。

【护理评价】

1. 患者呼吸道是否通畅，呼吸是否平稳。

2. 患者血容量是否恢复，生命体征是否稳定。

3. 患者的创面是否愈合。

4. 患者能否正确面对伤后自我形象的改变，逐渐适应外界环境及生活。

5. 患者是否发生并发症，或并发症是否被及时发现和处理。

（尹心红）

学习小结

1. 损伤的原因包括机械因素、物理因素、化学因素和生物因素，临床常见的损伤是机械因素引起的创伤和物理因素引起的烧伤，轻者仅为局部软组织损害，重者可引起全身反应，甚至危及生命。

2. 创伤治疗原则是优先抢救生命。对创伤患者做好止血、包扎、固定、止痛、安全转送等；开放性损伤多数需要清创，以伤后6~8小时清创为宜。护理要点包括迅速配合医生处理窒息、心脏停搏、大出血、开放性气胸等危急情况，预防休克，保护创面，安全转运；护理的重点是维持有效呼吸及循环血量，加强创面护理，防治感染和心理护理等。

3. 烧伤的临床分期为体液渗出期、急性感染期、创面修复期、康复期；烧伤面积的判断目前多采用中国新九分法和手掌法；烧伤深度的估计采用三度四分法；烧伤的严重程度分为轻度、中度、重度、特重四类。烧伤患者的处理原则包括"现场急救、防治休克、处理创面、防治感染"；现场急救时要迅速脱离热源、保护创面、保持呼吸道通畅、建立静脉通道、止痛、妥善转运等。烧伤患者的护理要点包括维持有效呼吸；维持有效循环血量；加强创面护理；去痂、植皮手术护理；特殊烧伤部位的护理；防治感染的护理；并发症的护理；心理护理；营养支持、疼痛护理等其他措施；健康教育。

复习参考题

一、单项选择题

1. 创伤现场急救措施**不包括**

   A. 心肺复苏

   B. 止血

   C. 包扎

   D. 复位

   E. 固定

2. 开放性骨折伤后清创的适宜时间是

   A. 24~48小时

   B. 12~24小时

   C. 12~16小时

D. 8~12小时

E. 6~8小时

3. 烧伤患者实施暴露疗法时室内的温度调节为

A. 30~35℃

B. 28~32℃

C. 25~28℃

D. 20~25℃

E. 18~22℃

4. 烧伤后第1个24小时内，在伤后8小时内输入的液体量占补液总量的

A. 1/2

B. 1/3

C. 2/3

D. 2/5

E. 3/5

5. 大面积烧伤患者使用电解质溶液补充血容量，首选

A. 0.9% NaCl溶液

B. 5% $NaHCO_3$溶液

C. 5% 葡萄糖氯化钠溶液

D. 平衡盐溶液

E. 低分子右旋糖酐溶液

参考答案：

1. D 2. E 3. B 4. A 5. D

二、简答题

1. 简述创伤患者的临床表现和处理原则。

2. 简述烧伤患者的现场急救原则和护理措施。

肿瘤患者的护理

学习目标

知识目标	1. 掌握恶性肿瘤患者的护理措施。
	2. 熟悉恶性肿瘤的临床特点、处理原则、三级预防与随访。
	3. 了解肿瘤的病因及分类;恶性肿瘤的病理生理;常见体表良性肿瘤的临床表现、处理原则。
能力目标	能运用护理程序对肿瘤患者实施整体护理。
素质目标	具有关心和爱护肿瘤患者的态度和行为;具备团队合作精神。

肿瘤(tumor)指机体细胞异常增生所形成的新生物。该新生物不受正常机体生理调节,也不因病因消除而停止,表现为生长失控,破坏所在器官或周围正常组织。

【分类与命名】

1. 良性肿瘤(benign tumor) 常称为"瘤"。瘤细胞分化成熟,组织和细胞形态变异较小,少有核分裂象,通常呈膨胀性生长,速度缓慢,有完整包膜或边界清楚,无浸润和转移能力,彻底切除后少有复发,对机体危害小。

2. 恶性肿瘤(malignant tumor) 来源于上皮组织者称为癌(carcinoma);来源于间叶组织者称为肉瘤(sarcoma);胚胎性肿瘤常称为母细胞瘤。瘤细胞分化不成熟,有不同程度的异型性,通常呈浸润性生长,速度较快,无包膜,边界不清楚,具有浸润和转移能力,对机体危害较大,常因复发、转移而死亡。

3. 交界性肿瘤(borderline tumor) 少数肿瘤形态上属于良性,但常呈浸润性生长,切除后易复发,可发生转移,在生物学行为上介于良性与恶性之间,故称交界性或临界性肿瘤。

第一节 恶性肿瘤

导入情景与思考

患者,女,48岁,因"左侧乳房无痛性肿块半年"入院,诊断为"左侧乳腺癌"。半年前发现左侧乳房有一花生米大小的无痛性肿块,1周前明显增大,近3个月体重下降4kg。体格检查:左侧乳房外上象限局部略隆起，可触及大小为4cm×3cm×2cm的肿块，质硬，表面不光滑，边界不清，活动欠佳，无触痛；左侧腋下可触及2枚淋巴结，最大为1cm×0.8cm×0.8cm，无压痛，无粘连及融合，活动尚可。乳腺超声显示左乳外上象限1点处可见一低回声结节，大小约3.7cm×3.8cm，形态欠规则，边缘欠规整，纵横比大于1，乳腺影像报告和数据系统（BI-RADS）4级。患者知晓诊断后，情绪失控，其母亲8年前因乳腺癌去世，患者否认患病事实，害怕治疗，主要担心人财两空，拖累家庭。

请思考：

1. 针对该患者目前的心理状况应采取哪些护理措施？
2. 拟为该患者行初始化疗，应采取哪些护理措施？

恶性肿瘤由细胞恶性增生引发，具有侵袭性和转移性，是人类最常见的死亡原因之一。近年，我国癌症发病率总体比较稳定，癌症死亡率呈下降趋势，5年生存率也显著提高。农村癌症发病率低于城市，死亡率高于城市。

【病因】

肿瘤的病因迄今尚未完全明确，机体的内在因素和外界因素均在肿瘤的发生、发展中起重要作用。

（一）内在因素

1. 遗传因素 肿瘤有遗传倾向性，即遗传易感性（hereditary susceptibility），如胃癌、乳腺癌、食管癌、肝癌、鼻咽癌等。

2. 内分泌因素 某些肿瘤的发生与激素有关，如乳腺癌与雌激素和催乳素有关；子宫内膜癌与雌激素有关；生长激素可刺激恶性肿瘤的发展等。

3. 免疫因素 先天或后天免疫缺陷者易发生恶性肿瘤，如艾滋病患者、肾移植后长期使用免疫抑制剂者肿瘤发生率较高。

（二）外界因素

1. 化学因素

（1）肯定致癌物：如多环芳香烃类化合物、氮芥、联苯胺等。

（2）可能致癌物：如亚硝胺类与食管癌、胃癌、肝癌的发生有关，黄曲霉素易导致肝癌、肾癌、胃癌、结直肠癌等。

（3）潜在致癌物：如有机农药、硫芥等烷化剂可致肺癌、造血器官肿瘤等，氨基偶氮类易诱发膀胱癌、肝癌等。

2. 物理因素

（1）电离辐射：如X线防护不当可致皮肤癌、白血病等。

（2）紫外线：可致皮肤癌，尤其对着色性干皮病患者作用明显。

（3）其他：如石棉纤维与肺癌有关，皮肤慢性溃疡可能致皮肤鳞癌等。

3. 生物因素

（1）病毒：如 EB 病毒与鼻咽癌有关，乙型肝炎病毒与肝癌有关。

（2）细菌：如幽门螺杆菌与胃癌有关。

（3）寄生虫：如华支睾吸虫与肝癌有关，埃及血吸虫与膀胱癌有关，日本血吸虫与大肠癌有关。

【病理生理】

（一）发生和发展

1. 癌前期　表现为上皮增生明显，伴有不典型增生。

2. 原位癌　指癌细胞局限于上皮层，未突破基底膜的早期癌。

3. 浸润癌　指原位癌突破基底膜向周围组织浸润、发展，破坏周围组织的正常结构。

（二）细胞的分化

1. 高分化（Ⅰ级）　细胞形态接近正常，恶性程度低。

2. 中分化（Ⅱ级）　介于高分化和低分化之间。

3. 低分化或未分化（Ⅲ级）　细胞核分裂较多，高度恶性，预后不良。

（三）生长方式

以浸润性生长为主，肿瘤沿组织间隙、神经纤维间隙或毛细血管扩展，边界不清，实际浸润范围远较肉眼所见大，局部切除后极易复发。

（四）生长速度

生长迅速、病程较短。良性肿瘤恶变时亦可短期内明显增大，并发出血、感染。

（五）转移方式

1. 直接蔓延　肿瘤细胞向原发灶周围组织扩散生长，如晚期宫颈癌可蔓延到直肠和膀胱。

2. 淋巴转移　多数先转移至邻近区域淋巴结，也可越级转移。皮肤淋巴管转移可使局部呈卫星结节。

3. 血行转移　肿瘤细胞侵入血管，随血流转移至远处脏器，如腹腔内肿瘤可经门脉系统转移到肝。

4. 种植性转移　发生于胸腹腔等体腔内器官的肿瘤，侵及器官表面时，肿瘤细胞脱落并在体腔或其他器官内生长，形成转移性肿瘤，如胃癌种植至盆腔。

（六）分期

分期有助于制订合理的治疗方案，正确评价治疗效果及预后。国际抗癌联盟提出的 TNM 分期法最常用，适用于大多数实体肿瘤。T（tumor）代表原发肿瘤的大小和局部侵犯范围，N（node）代表区域淋巴结转移情况，M（metastasis）代表有无远处转移。

T、N、M 后可分别通过数字或小写字母来描述不同程度，如用 0 至 4 代表肿瘤的浸润深度，0 代表无，1 至 4 数字越大，程度越深。根据 TNM 的不同组合，诊断为Ⅰ、Ⅱ、Ⅲ、Ⅳ期。若临床无法判断肿瘤体积时，则用 T_x 表示。肿瘤分期有临床分期（cTNM）及术后的临床病理分期（pTNM）。各类肿瘤 TNM 分期具体标准由各专业学会协定。

【临床表现】

1. 局部表现

（1）肿块：常为体表或浅表肿瘤的首要表现。因肿瘤性质不同，其硬度、活动度及边界均可不同。位于深部或内脏的肿块较难触及，但可出现器官受压或空腔脏器梗阻症状。

（2）疼痛：肿块的膨胀性生长、破溃或感染等可刺激或压迫神经而引起局部刺痛、跳痛、灼热痛、隐痛或放射痛等，且较剧烈，夜间明显。空腔脏器的肿瘤可致平滑肌痉挛而产生绞痛。

（3）溃疡：体表或空腔脏器的肿瘤若生长过快，可因血供不足而继发坏死，或因继发感染而发生溃烂，可有恶臭和血性分泌物。

（4）出血：肿瘤组织破溃或发生血管破裂可致出血，表现为咯血、呕血、便血及血尿等。

（5）梗阻：肿瘤可堵塞或压迫空腔脏器或邻近组织而导致梗阻，根据部位不同可出现不同的临床表现，如肠道肿瘤可致肠梗阻，胰头癌和胆管癌可致胆道阻塞而出现黄疸。

（6）浸润与转移症状：可出现区域淋巴结肿大、局部静脉曲张、肢体水肿。骨转移可有疼痛或触及硬结，甚至发生病理性骨折。

2. 全身表现　早期全身症状多不明显，晚期常见的非特异性全身表现有贫血、低热、消瘦、乏力、恶病质等。不同部位肿瘤，恶病质出现迟早不一，消化道肿瘤可较早发生。

【辅助检查】

1. 实验室检查

（1）常规检查：血、尿及大便常规检查，阳性结果可提供诊断线索。

（2）肿瘤标志物（tumor marker）检查：分布在血液、分泌物和排泄物中的肿瘤标志物，有酶、激素、糖蛋白、胚胎抗原或肿瘤代谢产物等，可作为肿瘤辅助诊断、疗效监测及预后判断的指标之一。

（3）流式细胞术（flow cytometry，FCM）：用于了解细胞分化程度，可结合肿瘤病理类型判断肿瘤恶性程度及推测预后。

（4）基因或基因产物检查：根据有无特定序列，确定是否有肿瘤或癌变的特定基因存在，从而作出诊断。

2. 影像学检查　X线、超声、CT、MRI、放射性核素显像、正电子发射断层成像（PET）等方法，可明确有无肿块，肿块的部位、形态、大小等，可定位诊断，也可判断肿瘤的性质。

3. 内镜检查　应用腔镜或内镜直接观察空腔脏器、胸腔、腹腔、纵隔的肿瘤或其他病变，同时可取细胞或组织进行病理学检查，并能对小的病变如息肉进行摘除治疗，还能插入导管做造影检查等。

4. 病理学检查　是目前确定肿瘤直接而可靠的依据，包括临床细胞学检查、病理组织学检查、免疫组织化学检查。

【处理原则】

1. 手术治疗　是目前多数实体肿瘤首选的最有效治疗方法。

（1）预防性手术：用于治疗癌前病变，防止其发展成进展期癌，如家族性结肠息肉病患者行预防性结肠切除，以降低结肠癌发生的可能性。

（2）诊断性手术：采用切除活检、切取活检、剖腹探查术等方式获取肿瘤组织标本并进行组织学检查，以明确诊断、制订治疗方案。

（3）根治性手术：对原发灶连同其可能累及的周围组织和区域淋巴结进行切除，尽可能地达到根治目的。可分为瘤切除术、广泛切除术、根治术和扩大根治术等。

（4）姑息性手术：适用于晚期恶性肿瘤或不宜行根治性手术者，目的是缓解症状、减轻痛苦、改善生存质量、延长生存期、减少和防止并发症。如空腔脏器梗阻时行捷径转流或造口术、内分泌腺切除术等。

（5）减瘤手术：当瘤体较大，或累及邻近重要器官、结构，手术不能将其完全切除时，行大部分切除，术后应用其他治疗方式控制残余的肿瘤，以争取较好的治疗效果。

（6）复发或转移灶手术：复发肿瘤应根据具体情况及手术、化疗、放疗的疗效，凡能手术者应考虑再行手术。转移性肿瘤的手术切除多适用于原发灶已得到较好控制且仅有单个转移灶者。

（7）重建和康复手术：术后器官或组织的重建和康复能提高患者的生活质量，如乳腺癌改良根治术后经腹直肌皮瓣转移乳房重建等。

2. 化学治疗（chemotherapy） 简称化疗，是一种应用特殊化学药物杀灭恶性肿瘤细胞或组织的治疗方法，是中晚期恶性肿瘤综合治疗的重要手段之一。应根据肿瘤特性、病理类型选用敏感的药物，并制订联合化疗方案。

（1）药物分类：① 细胞毒素类，烷化剂类药物的氮芥基团可作用于 DNA、RNA、酶、蛋白质，导致细胞坏死，如氮芥、环磷酰胺、白消安等；② 抗代谢类，对核酸代谢物与酶结合反应有相互竞争作用，影响与阻断核酸的合成，如氟尿嘧啶、甲氨蝶呤、阿糖胞苷等；③ 抗生素类，如丝裂霉素、多柔比星、放线菌素 D 等；④ 生物碱类，主要干扰细胞内纺锤体的形成，使细胞停留在有丝分裂中期，如羟喜树碱、紫杉醇等；⑤ 激素和抗激素类，通过改变内环境影响肿瘤生长，或增强机体对肿瘤侵害的抵抗力，如己烯雌酚、他莫昔芬、泼尼松等；⑥ 分子靶向药物，如单克隆抗体类常用的有利妥昔单抗、曲妥珠单抗、西妥昔单抗等，小分子化合物常用的有伊马替尼、吉非替尼等；⑦ 其他，如顺铂类、羟基脲、达卡巴嗪等。

（2）化疗方式：① 诱导化疗（induction chemotherapy），常为静脉给药，用于可治愈肿瘤或晚期播散性肿瘤，以期达到治愈或使病情缓解后再选用其他治疗；② 辅助化疗（adjuvant chemotherapy），常为静脉给药，用于肿瘤已被局部控制后的治疗，疗程相对固定；③ 初始化疗（primary chemotherapy），又称新辅助化疗（neoadjuvant chemotherapy），用于尚可选用手术或放疗的局限性肿瘤，常在局部治疗前进行 1~3 个疗程的化疗；④ 特殊途径化疗，如腔内注射、动脉内注入、动脉隔离灌注、门静脉灌注等，可提高药物在肿瘤局部的浓度。

3. 放射治疗（radiotherapy） 简称放疗，指利用各种放射线的电离辐射作用，破坏或杀灭肿瘤细胞，从而达到治疗目的，是治疗恶性肿瘤的主要手段之一。

（1）放疗技术：① 远距离治疗（简称远距放疗）又称外照射治疗，将放射源置于体外一定距离，集中照射人体某一部位，是最常用的放疗技术；② 近距离治疗，又称组织间放疗或腔内放疗，将放射源直接放入病变组织或人体的天然腔内，如鼻腔、宫颈、食管等部位进行照射；③ 立体定向放射治疗，通过三维空间将射线一次大剂量聚集照射在病变部位，既摧毁病灶又不损伤周围正常组织和重要器官；④ 适形放射治疗，使照射高剂量分布区的三维形态与病变形状一致，最大限度地将剂量集中到病灶内，而使其周围正常组织器官少受或免受不必要的照射，不仅可提高疗效，且有助于减轻放疗反应。

（2）临床应用：① 根治性放疗，通过放疗达到彻底消灭肿瘤，患者完全恢复健康的效果；② 姑息性放疗，可缓解症状、改善生活质量，适用于某些病变范围广泛、对射线不敏感、年迈、全身情况差，或难以耐受根治性放疗的患者；③ 放疗结合手术、化疗的综合治疗，根据患者情况，合理应用现有的治疗手段，以较大幅度地提高治愈率、改善患者的生存质量。

4. 生物治疗　应用现代生物技术及产品，通过机体免疫系统，直接或间接地介导抑瘤和/或杀瘤效应的治疗方法，包括免疫治疗、基因治疗、分子靶向治疗、内分泌治疗、诱导分化治疗、干细胞治疗等。

5. 中医中药治疗　应用中医祛邪扶正、化瘀散结、清热解毒等原理，以中药补益气血、调理脏腑，配合化疗、放疗、手术治疗等，促进肿瘤患者康复。

【预防】

1. 一级预防　消除或减少可能致癌的因素，防止恶性肿瘤的发生。主要措施有保护环境，控制污染；合理膳食，规律生活，戒烟酒；加强职业防护，减少职业暴露；定期接种疫苗等。

2. 二级预防　早期发现、早期诊断、早期治疗，以提高生存率，降低死亡率。如针对某种肿瘤的高发区或高危人群开展筛查，尽早发现癌前病变或早期肿瘤患者，尽早进行治疗，以获得较好的治疗效果。

3. 三级预防　治疗后的康复，包括姑息性治疗和对症治疗，以改善生存质量或延长生存时间。

【护理措施】

（一）手术治疗的护理

1. 术前护理

（1）心理护理：通常恶性肿瘤患者会因文化背景、心理特征、病情及对疾病的认知不同，产生不同的心理反应，护士应针对性地进行疏导，动员社会支持系统，关心、照顾患者，减轻负性情绪影响，增强其战胜疾病的信心。

1）震惊否认期（shock and deny stage）：患者在初悉病情后，第一反应多是震惊与否认，拒绝承认患病，怀疑诊断结果，甚至辗转多家医院就诊。对此期患者，护士应鼓励家属给予患者情感上的支持和生活上的关心，使之有安全感。之后，根据患者的心理状态逐步使其了解病情。

2）愤怒期（anger stage）：当患者接受疾病事实后，会产生恐慌、哭泣、烦躁、不满、愤怒等情绪，部分患者会把愤怒指向环境中的人或物，甚至出现冲动性行为。对此期患者，护士应通过交谈和沟通，尽量引导患者表达自身的感受和想法，并可请其他病友介绍成功治疗经验，帮助患者正视现实。

3）磋商期（bargaining stage）：在愤怒不平结束后，患者不得不在心理上承认诊断。面对疾病常出现两种分化，部分患者积极接受诊断，易接受劝慰，有良好的遵医行为；部分患者消极接受命运，经常交替出现愤怒和抑郁。对此期患者，护士应维护其自尊，尊重隐私，满足身心照护需求，给予精神支持。

4）抑郁期（depression stage）：当肿瘤复发、病情恶化、治疗效果不理想时，患者往往感到绝望无助，失去治疗信心，表现为悲伤抑郁、沉默寡言、黯然泪下、不配合治疗，甚至有自杀倾向。对此期患者，护士应给予更多关爱和抚慰，引导其适当发泄情绪以减轻心理压力，鼓励家人陪伴，满足其各种需求。

5）接受期（acceptance stage）：患者经过激烈的内心挣扎，接受事实，心境逐渐平和，能够配合治疗。晚期患者常处于消极被动的应付状态，表现出无望、异乎寻常的平静心态。对此期患者，护士应加强交流，尊重意愿，满足需求，尽可能提高其生活质量。

知识拓展 | **健康中国行动——癌症防治行动实施方案（2023—2030年）**

近年来，我国癌症防治工作取得显著进步，癌症筛查与早诊早治持续扩点扩面，医疗机构癌症规范诊疗水平逐年提升，癌症发病率、死亡率上升的趋势得到初步遏制。经过努力，我国总体癌症5年生存率从2015年的40.5%，上升到2022年的43.7%，如期实现了健康中国行动的阶段性目标。

2023年10月30日，国家卫生健康委员会等13个部门联合制定了《健康中国行动——癌症防治行动实施方案（2023—2030年）》。该文件指出，计划到2030年，癌症防治体系进一步完善，危险因素综合防控、癌症筛查和早诊早治能力显著增强，规范诊疗水平稳步提升，癌症发病率、死亡率上升趋势得到遏制，总体癌症5年生存率达到46.6%，患者疾病负担得到有效控制。

（2）改善营养：肿瘤患者因疾病消耗易出现营养不良，术前应予以纠正，以提高对手术的耐受性，保证手术安全。鼓励患者进食高蛋白、高热量、高维生素饮食。因疼痛、恶心、呕吐而影响食欲者，餐前可遵医嘱用药控制症状。对口服摄入不足或营养不良者，可给予肠内、肠外营养支持。

（3）缓解疼痛：术前疼痛主要由肿瘤浸润神经或压迫邻近脏器所致。应耐心倾听患者主诉，观察疼痛的部位、性质、持续时间。鼓励患者适当参加娱乐活动以分散注意力。教会患者采用如松弛疗法、音乐疗法等以缓解疼痛，同时鼓励家属参与实施镇痛计划。

2. 术后护理 肿瘤手术范围广、创伤大，且多数肿瘤患者对手术耐受性较差，手术风险大，为促进患者康复、减少并发症的发生，术后除常规护理外，还应加强以下护理。

（1）休息与活动：卧床期间，协助患者定时翻身，并指导患者进行深呼吸、有效咳嗽、咳痰。待病情稳定后，鼓励患者尽早下床活动。

（2）饮食和营养支持：鼓励能经口进食者尽早进食，给予易消化且营养丰富的食物。患者消化道功能尚未恢复之前，可经肠外途径补充能量和营养素，以利于伤口修复。也可经管饲给予肠内营养，促进胃肠功能恢复。指导康复期患者少量多餐，循序渐进恢复饮食。

（3）病情观察：严密观察患者的意识状态、生命体征、中心静脉压、尿量、体液平衡等。

（4）伤口与引流：观察伤口渗血、渗液情况，保持伤口局部清洁、干燥。观察切口颜色、温度，特别注意皮瓣移植术后，如出现颜色苍白或发绀、局部变冷，应及时告知医生并协助处理。保持引流管固定良好、引流通畅，注意无菌操作。

（5）镇痛护理：遵医嘱及时应用镇痛药物。对于疼痛难以控制者，应按世界卫生组织（WHO）三阶梯镇痛方案处理：轻度疼痛使用非阿片类镇痛药，中度疼痛使用弱阿片类镇痛药，重度疼痛和剧烈癌痛选用强阿片类镇痛药。用药原则：口服给药、按阶梯给药、按时给药、个体化给药，从小剂量开始，密切观察患者的反应，根据镇痛效果逐渐增加剂量，直至疼痛消失为止。

（6）并发症的观察与护理：术后常见并发症有出血，呼吸系统、切口或腹腔内感染等，具体护理措施见第五章第三节"手术后患者的护理"。

（二）化疗的护理

1. 营养支持　大多数化疗药物会产生胃肠道毒副作用，表现为恶心、呕吐、口腔炎、腹痛、腹泻等，导致患者食欲低下，易发生营养不良。护理措施：① 密切观察病情，重视患者主诉；② 鼓励患者摄入高热量、高蛋白、低脂肪、富含维生素、易消化的清淡流质或半流质食物，忌烟酒，避免粗糙、辛辣等刺激性食物，少量多餐；③ 注意食物的色、香、味，增进食欲；④ 指导患者多饮水，以加快药物的排泄；⑤ 对发生口腔黏膜炎的患者，加强口腔护理，必要时外敷锡类散等；⑥ 对发生恶心、呕吐的患者，为其创造舒适环境，引导患者通过听音乐、聊天等方式转移注意力，化疗前遵医嘱给予镇吐药，必要时遵医嘱补液以防脱水。

2. 化疗性静脉炎的预防与护理　多数抗肿瘤药物对血管刺激性较大，外周静脉给药可引起化疗性静脉炎，主要表现为从注射部位沿静脉走向的局部静脉路径的疼痛、肿胀、色素沉着、血管变硬等，严重时可发生静脉栓塞。护理措施：① 合理安排给药途径和方法，详细了解化疗方案，评估患者的血管条件。如经外周静脉给药，应有计划地由远心端开始选择合适的静脉，左右臂交替使用；如疗程较长，最好选用中心静脉导管（CVC）或 PICC。② 控制药液浓度，选用适宜的溶媒稀释药物，避免浓度过高刺激血管。③ 化疗前后冲管，化疗药使用前用生理盐水建立静脉通道，两种化疗药物中间及化疗药物滴注结束后均应用生理盐水冲管，以减少对血管的损伤。④ 避免药液外渗，每次输注化疗药前，应抽回血确认针头在血管内；妥善固定针头以防脱落、药液外渗；输注过程中，密切观察穿刺局部情况及患者主诉。⑤ 药液外渗的处理，疑有药液外渗或已外渗时，立即停药，保留针头，尽量回抽药液以减少存留，并立即用解毒剂加利多卡因溶液局部皮下注射进行封闭。拔出针头后，抬高患肢并进行局部冷敷，每次 15~20 分钟，每日至少 4 次，持续 24~48 小时。之后用 50% 硫酸镁湿敷或遵医嘱应用外用药膏，必要时行外科扩创及植皮手术。

3. 骨髓抑制反应的护理　骨髓抑制反应在化疗后数日便可出现，10~14 日达到峰值，可导致感染、出血甚至危及生命，一旦发生须减少药量甚至暂停化疗。护理措施：① 血常规监测，每周检查血常规 1~2 次。② 支持治疗，鼓励患者进食，补充营养，以增强抵抗力，必要时遵医嘱给予升血细胞类药物。③ 预防感染，加强病房空气消毒，减少探视；预防医源性感染；若白细胞

计数小于 $3.5 \times 10^9/L$，应遵医嘱减量或停药；白细胞计数小于 $1.0 \times 10^9/L$ 或接受大剂量强化疗者，应实施严密的保护性隔离或置于层流室。④ 预防出血，密切观察患者有无出血倾向；用软毛牙刷刷牙；尽量避免肌内注射；协助生活护理，注意安全，避免受伤；若血小板计数小于 $50 \times 10^9/L$ 应避免外出，低于 $20 \times 10^9/L$ 时应绝对卧床，限制活动。

4. 脱发和皮肤反应的护理 脱发常与化疗药物的种类、剂量及个体因素有关，停药后头发可再生。大剂量或长期化疗还可造成皮肤色素沉着、皮肤完整性受损等，但随着化疗结束可逐渐恢复。护理措施：① 观察，随时评估患者脱发及皮肤完整性情况；② 脱发护理，指导患者化疗前先剪短头发，选择合适的假发、帽子等，以免引起心理不适；③ 皮肤反应的护理，指导患者选择性质温和的洗护用品，避免抓挠等，皮肤反应严重者可请皮肤科医生会诊。

5. 脏器功能障碍的护理 化疗过程中严密观察，监测心、肝、肺、肾等重要脏器功能；评估患者腹痛、恶心、呕吐等不适主诉；注意观察尿量，准确记录出入量，鼓励患者多饮水，碱化尿液，以减轻化疗毒副作用。

（三）放疗的护理

1. 一般护理

（1）休息与活动：放疗期间应保证充足的睡眠，并酌情适当锻炼。放疗后静卧休息30分钟。

（2）饮食护理：放疗前少量进食，以免形成条件反射性厌食。放疗期间应加强营养，饮食宜清淡，少食多餐，多饮水。

（3）预防感染：医护人员应严格遵守无菌原则。保持病室空气新鲜，每日通风2次。指导患者注意个人卫生，外出时注意保暖，防止感冒诱发肺部感染。

（4）血常规监测：每周查血常规1次，必要时遵医嘱给予升血细胞类药物等。

2. 皮肤护理

（1）衣物的选择：指导患者勤换衣物，选择宽松、柔软、吸水性强的棉质衣物。

（2）照射野皮肤护理：保持照射野皮肤清洁、干燥，特别是皮肤皱褶部如腋下、腹股沟、会阴部等。清洗时应动作轻柔，禁用肥皂、粗毛巾搓擦；避免照射野皮肤受到理化刺激和日光直射；忌摩擦、搔抓，禁用乙醇、碘酒等涂擦。照射野皮肤有脱皮现象时，禁用手撕脱，应让其自然脱落。

3. 照射器官功能损伤的护理 肿瘤所在器官或照射野内的正常组织受射线影响，可发生器官或组织功能的改变，如胃肠道损伤后可发生出血、溃疡，胸部照射后可发生放射性肺纤维化，膀胱照射后可出现血尿等。应加强对照射器官功能状态的观察，并进行对症护理，若有严重不良反应，应及时告知医生。

（四）靶向治疗的护理

1. 皮肤及其附件不良反应的护理 多见于以表皮生长因子受体（EGFR）为靶点的药物如吉非替尼、厄洛替尼等，主要表现为痤疮样皮疹、皮肤干燥、皮肤过敏、脓疱、甲沟炎等。护理措施：① 皮肤护理，指导患者使用性质温和的洗护用品。② 加强观察，发生皮疹后，密切观察，注意有无皮肤感染等并发症的发生。③ 合理用药，轻度皮疹者遵医嘱使用氢化可的松等药液涂抹患处；中度皮疹者遵医嘱口服四环素类抗生素，局部使用氢化可的松软膏或免疫抑制剂，合并感染时可使用克林霉素软膏。

2. 手足皮肤反应（hand-foot skin reaction，HFSR）的护理 引起HFSR的药物多为激酶抑制剂索拉非尼和舒尼替尼，主要表现为皮肤麻木、烧灼感、红斑、肿胀、皮肤干燥和皲裂等，常为双侧，且以脚底受力区最为明显。护理措施：① 加强保护，指导患者尽量避免手部和足部的摩擦，穿软底鞋、棉袜，避免长时间站立；② 合理用药，可将25%硫酸镁溶于温水浸泡患处，2~3次/d，每次15分钟。

3. 心血管系统不良反应的护理 主要表现为心律失常、Q-T间期延长、T波抬高等。护理措施：① 治疗前及治疗中密切监测心电图变化；② 遵医嘱使用果糖二磷酸钠、门冬氨酸钾镁、钙通道阻滞剂、三磷酸腺苷（ATP）等药物保护心脏；③ 避免增加心脏负担。

（五）健康教育

1. 保持心情舒畅 指导患者自我调节，避免情绪刺激或波动。

2. 加强营养 鼓励患者摄入高热量、高蛋白、富含维生素的食物，饮食宜清淡，少量多餐，注意营养均衡。

3. 适当运动与功能锻炼 适量、适时运动有助于改善患者精神面貌，有利于调整机体内在功能，增强抗病能力，减少各类并发症的发生。鼓励和协助患者尽早加强功能锻炼，使其具备基本的自理能力和必要的劳动能力，减少对他人的依赖。

4. 坚持治疗 督促患者按时用药，积极配合后续治疗，以缓解症状、减少并发症、降低复发率。同时有针对性地提供相关信息，提高患者的自我护理能力。

5. 定期复查 指导患者遵医嘱定期复查，如有不适随时就诊。

【随访】

1. 目的 ① 早期发现有无复发或转移病灶；② 研究、评价、比较各种治疗方法的效果；③ 增强对患者的心理治疗和支持。

2. 随访制度 一般为治疗后最初2年内，每3个月至少随访1次，以后每半年复查1次，5年后每年复查1次。

3. 复查内容 不同肿瘤的复查侧重点有所不同，主要包括：① 有无局部和区域淋巴结复发情况；② 有无全身转移情况；③ 相关肿瘤标志物、激素和生化指标检查；④ 机体免疫功能测定。

第二节 良性肿瘤

良性肿瘤因来源和发生部位不同，其病理生理变化和临床表现也各异，分为脏器良性肿瘤和体表良性肿瘤。脏器良性肿瘤因所在器官不同而有不同的临床表现和处理原则，本节仅介绍常见体表良性肿瘤。体表肿瘤指来源于皮肤、皮肤附件、皮下组织等浅表软组织的肿瘤。

【体表良性肿瘤分类】

1. **皮肤乳头状瘤（skin papilloma）** 由表皮乳头样结构的上皮增生所致，同时向表皮下乳头状延伸，有蒂，单发或多发，表面常角化，伴溃疡，易恶变为皮肤癌。好发于躯干、四肢和会阴，手术切除是首选治疗方法。

2. **黑痣（pigmented nevus）** 为色素斑块，分为皮内痣、交界痣和混合痣。皮内痣位于表皮下和真皮层内，可高出皮肤，表面光滑，可有汗毛，较稳定，很少恶变，好发于面部皮肤及发际；交界痣位于表皮真皮交界处，呈扁平状，色素较深，多发于手、足，易在局部刺激或外伤后发生恶变；混合痣是皮内痣与交界痣同时存在，若色素加深、变大或有瘙痒、疼痛，可能是恶变表现，应及时行完整切除，切忌进行不彻底切除或化学烧灼。

3. **脂肪瘤（lipoma）** 为脂肪样组织的瘤状物。一般单发，也可多发。女性多见，好发于四肢、躯干。质地软、边界清，呈分叶状，可有假囊性感，生长缓慢、无痛。多发者瘤体常较小，呈对称性，可伴疼痛，有家族史。位于深部者可发生恶变，应及时手术彻底切除。

4. **纤维瘤（fibroma）** 位于皮肤及皮下的纤维组织肿瘤。呈单个结节状，瘤体不大，质硬，边界清，活动度大，生长缓慢，极少恶变，可手术切除治疗。

5. **神经纤维瘤（neurofibroma）** 源于神经鞘膜的纤维组织及鞘细胞。好发于四肢屈侧较大的神经干上，多发、对称，多数无症状，也可伴明显疼痛或感觉过敏。手术切除时应注意避免伤及神经干。

6. **血管瘤（hemangioma）** 多数为先天性，生长缓慢，按结构可分为三类。

（1）毛细血管瘤（capillary hemangioma）：好发于颜面、肩、头皮和颈部，女性多见。出生时或生后早期可见皮肤红点或小红斑，逐渐增大、红色加深并可隆起。若增大速度快于婴儿发育，则是真性肿瘤。瘤体境界分明，压之可稍褪色，释手后恢复红色。大多数为错构瘤，一般患儿的毛细血管瘤在1岁内可停止生长或消退。早期瘤体较小时，手术切除或液氮冷冻治疗效果均较好。

（2）海绵状血管瘤（cavernous hemangioma）：一般由小静脉与脂肪组织构成，多位于皮下组织、肌内，也可位于骨或内脏。皮肤色泽正常或呈青紫色。肿块质地软、边界不太清楚，可有钙化结节和触痛，应尽早手术切除，以免增大而影响局部组织功能。

（3）蔓状血管瘤（hemangioma racemosum）：由较粗大的迂曲血管构成。多数来自静脉，也可来自动脉或动静脉瘘。除发生于皮下和肌组织外，也常侵入骨组织，范围较大。外观可见蜿蜒血管，具有明显压缩性和膨胀性，或可闻及血管杂音或触及硬结。应争取手术切除。

7. **囊性肿瘤及囊肿**

（1）皮样囊肿（dermoid cyst）：为囊性畸胎瘤。好发于眉梢或颅骨骨缝处，呈圆珠状，质地硬，可与颅内交通呈哑铃状。手术切除前应充分评估和准备。

（2）皮脂腺囊肿（sebaceous cyst）：非真性肿瘤，为皮脂腺排泄受阻所形成的囊肿，好发于头面部及背部。囊内是油脂样"豆渣物"，易继发感染而伴奇臭，应控制感染后再行手术切除。

（3）表皮样囊肿（epidermoid cyst）：外伤导致表皮移位于皮下而生成的囊肿，多见于臀、肘部等易受外伤或磨损的部位，可手术切除治疗。

（4）腱鞘或滑液囊肿（synovial cyst）：非真性肿瘤，由浅表滑囊经慢性劳损而发生黏液样变。常位于手腕、足背肌腱或关节附近，屈曲关节时有坚硬感。可加压挤破或抽出囊液或手术切除，但较易复发。

（刘媛航）

学习小结

1. 肿瘤是机体细胞异常增生所形成的新生物，分为良性肿瘤、恶性肿瘤和交界性肿瘤。

2. 恶性肿瘤呈浸润性生长为主，采用TNM分期；可分为癌前期、原位癌、浸润癌3个阶段；肿瘤细胞可分化为高分化、中分化、低分化或未分化3类；肿瘤扩散包括直接蔓延、淋巴转移、血行转移、种植性转移。恶性肿瘤的局部表现包括肿块、疼痛、溃疡、出血、梗阻、浸润与转移症状；全身表现常包括贫血、低热、消瘦、乏力、恶病质等。

3. 恶性肿瘤的处理原则主要包括手术治疗、化疗、放疗、生物治疗、中医中药治疗等综合治疗方法，采取三级预防措施，加强定期随访及复查。恶性肿瘤的护理主要包括依据不同心理反应的针对性心理护理、不同治疗方式的营养支持及护理、疼痛护理、不同治疗方式的并发症观察与护理、健康教育。

4. 良性肿瘤　来源于皮肤、皮肤附件、皮下组织等浅表软组织的体表肿瘤主要包括皮肤乳头状瘤、黑痣、脂肪瘤、纤维瘤、神经纤维瘤、血管瘤、囊性肿瘤及囊肿。

复习参考题

一、单项选择题

1. 来源于间叶组织的恶性肿瘤称为
   A. 癌
   B. 肉瘤
   C. 间叶瘤
   D. 纤维瘤
   E. 乳头状瘤

2. 在肿瘤的TNM临床分期中 N_0 代表的是
   A. 未发现原发肿瘤
   B. 未发现淋巴转移
   C. 出现了远处转移
   D. 无法对原发肿瘤作出评价
   E. 无法对区域淋巴结作出评价

3. 恶性肿瘤的二级预防是指
   A. 治疗癌症
   B. 控制吸烟
   C. 防止并发症
   D. 早期发现癌症
   E. 减少暴露于致癌物

4. 属于肿瘤患者镇痛护理按阶梯给药顺序的是
   A. 可待因→吗啡→布洛芬
   B. 吗啡→布洛芬→可待因
   C. 吗啡→可待因→布洛芬

D. 可待因→布洛芬→吗啡

E. 布洛芬→可待因→吗啡

5. 肿瘤患者化疗或放疗期间，最主要的观察项目是

A. 脱发程度

B. 食欲减退

C. 恶心呕吐

D. 皮肤损害

E. 血常规

参考答案：

1. B 2. B 3. D 4. E 5. E

二、简答题

1. 简述化疗药物外渗的处理措施。

2. 简述放疗的皮肤护理措施。

第十章 器官移植患者的护理

学习目标

知识目标	1. 掌握不同类型移植排斥反应的特点和肾移植、肝移植术后并发症的防治和护理。 2. 熟悉常用免疫抑制剂及其不良反应、免疫治疗原则。 3. 了解器官移植、同种异体移植、活体移植、排斥反应的概念。
能力目标	1. 能结合实际病例进行器官移植前受体的准备工作。 2. 能运用护理程序对肾移植、肝移植患者实施整体护理。
素质目标	具有关心器官移植患者心理和尊重患者隐私的态度和行为。

器官移植是指通过手术的方法将某一个体的活性器官移植到另一个体的体内，使之恢复原有的功能，以代偿受体相应器官因终末性疾病而丧失的功能。被移植的细胞、器官或组织称为移植物；提供移植物的个体称为供者或供体；接受移植物的个体称为受者或受体。

第一节 概述

20世纪初血管吻合技术的创立为移植外科奠定了基础。1954年，Murray等在同卵双生的兄弟间进行肾移植并获得成功，标志着器官移植进入临床应用阶段。随后脾移植（1960年）、尸体肾移植（1962年）、同种原位肝移植（1963年）、肺移植（1963年）、胰腺移植（1966年）、原位心脏移植（1967年）、心肺联合移植（1968年）、小肠移植（1964年）相继开展。20世纪70年代，免疫抑制剂环孢素的应用显著提高了器官移植的成功率。20世纪80年代初，新型器官保存液的应用延长了供体器官的保存时间，提高了手术安全性。目前，器官移植已被公认为治疗各类终末期器官功能衰竭的有效治疗方法。

【分类】

1. 按供体和受体的遗传学关系分类

（1）自体移植术：供体与受体是同一个体，移植后不会引起排斥反应。如断肢/指再植、自体皮肤移植等。

（2）同质移植术：供体与受体虽非同一个体，但两者基因完全相同，移植后不会发生排斥反应。如同卵双生同胞之间的器官移植。

（3）同种异体移植术：供体与受体属于同一种系，但基因不同，是目前临床应用最广泛的移植方法。由于供体与受体的抗原结构不同，移植后即使采用了免疫抑制措施，也仍然有可能会发生不同程度的排斥反应。

（4）异种移植术：指不同种系之间的移植，移植后可引起强烈的排斥反应。

2. 按移植物植入的部位分类

（1）原位移植术：将移植物移植到受体该器官原来的解剖位置。

（2）异位移植术：将移植物移植到受体非该器官原来的解剖位置。

（3）原位旁移植术：将移植物植入受体该器官原解剖位置旁，不切除原来的器官。

3. 按移植物的活力分类

（1）活体移植：移植物保持活力，移植之后恢复其功能。临床上大部分移植为活体移植。

（2）结构移植：也称支架移植，移植物不要求保持活力，仅是提供支持性基质和解剖结构，移植之后不会发生排斥反应。

4. 按移植物的数量分类

（1）单一移植：每次仅移植单一器官，也称单独移植。

（2）联合移植：两个器官同时移植到一个个体的体内。

（3）多器官移植：同时移植3个或更多的器官到一个个体的体内。

（4）器官簇移植：在联合移植或多器官移植中，若两个或多个器官只有1个总的血管蒂，整块切除后在植入时只需吻合其主要动静脉干。

5. 按移植物的供体来源分类

（1）尸体供体移植：移植物来源于心脏死亡供体和脑死亡供体。

（2）活体供体移植：移植物来源于依法自愿捐献自身器官的自然人。

知识拓展 | **人体器官捐献和移植条例**

《人体器官捐献和移植条例》于2023年10月20日国务院第17次常务会议通过，自2024年5月1日起施行。此条例主要内容包括：

1. 强化对器官捐献的宣传引导，坚持自愿、无偿原则，依据《中华人民共和国民法典》完善器官捐献的条件和程序。

2. 完善器官获取和分配制度，实行全流程管理。细化获取器官前的伦理审查要求，规定获取遗体器官的见证程序。完善遗体器官分配制度，规定遗体器官分配应当符合医疗需要。

3. 加强器官移植技术应用管理，保障医疗质量。明确医疗机构和执业医师从事器官移植应当具备的条件，严格准入管理。定期对医疗机构器官移植技术的临床应用能力进行评估，完善退出机制。规定器官移植手术的收费范围，加强财务管理。

【移植排斥反应及其治疗】

（一）移植排斥反应的分类和机制

移植排斥反应是移植术后受体免疫系统与供体移植物相互作用而产生的特异性免疫应答反应。器官移植后，根据免疫攻击的方向不同，可分为两种不同类型的排斥反应：一种是宿主抗移植物反应，即临床常提到的排斥反应；另一种是移植物抗宿主反应。另外，根据排斥反应机制可分为T淋巴细胞介导的细胞免疫和抗体类物质介导的体液免疫。

1. 宿主抗移植物反应

（1）超急性排斥反应（hyperacute rejection）：是以抗体介导为主的体液免疫反应。多发生在移植器官恢复血流后数分钟至数小时内，是临床表现最为剧烈且后果最为严重的一类排斥反应。

（2）加速性排斥反应（accelerated rejection）：是以体液免疫为主的排斥反应，有免疫球蛋白、补体和纤维蛋白沉积。由于受体内预存有抗供体人类白细胞抗原（HLA）或血管内皮细胞的低浓度抗体，是较弱的超急性排斥反应。通常发生在移植术后2~5日，病程进展快，移植物功能迅速减退、逐渐恶化并最终发生衰竭。

（3）急性排斥反应（acute rejection）：是最常见的类型，其中细胞免疫起主要作用，也可能有体液免疫因素参与。多发生于术后第5日至6个月内。患者可出现寒战、高热、全身不适，移植物肿大引起局部胀痛，伴有移植物功能减退。一旦确诊则应尽早大剂量激素冲击治疗，应用抗淋巴细胞的免疫球蛋白制剂或调整免疫抑制方案。

（4）慢性排斥反应（chronic rejection）：是移植物失去功能的常见原因。多发生在移植术后数月至数年，病程进展缓慢。目前其发生机制尚不完全清楚。

2. 移植物抗宿主反应　移植物中的特异性淋巴细胞识别宿主（受体）抗原而诱发针对受体的排斥反应，移植物抗宿主反应（graft versus host reaction，GVHR）引起的移植物抗宿主病（graft versus host disease，GVHD）可引发多器官功能衰竭和受体死亡。

（二）免疫抑制剂和免疫抑制治疗

1. 免疫诱导药物　主要是抗淋巴细胞的免疫球蛋白制剂，包括多克隆抗体和单克隆抗体。

2. 免疫维持用药

（1）类固醇皮质激素：是预防和治疗同种异体移植排斥反应的一线药物，常与其他免疫抑制剂联合应用。

（2）增殖抑制药物：硫唑嘌呤、吗替麦考酚酯、咪唑立宾、来氟米特等。

（3）钙调磷酸酶抑制剂（CNI）：是目前免疫抑制维持治疗的最基本药物之一，如环孢素和他克莫司。

3. 免疫抑制治疗原则　理想的免疫抑制治疗方案要求既能保证移植物不被排斥，同时对受体免疫系统影响最小，药物的毒副作用最少。免疫抑制治疗的基本原则是联合用药，利用药物的协同作用增强其免疫抑制效果，同时减少各种药物的剂量而降低其毒性作用。

【移植前准备】

（一）供体的选择

1. 供体免疫学选择的意义和方法 目前同种异体移植成功的最大障碍是移植后供体与受体之间的免疫排斥反应，由主要组织相容性复合体（major histocompatibility complex，MHC）引起，临床又称为人类白细胞抗原（human leucocyte antigen，HLA）。选择供体时，必须进行相关的免疫学检测，以减少术后排斥反应的发生，提高移植效果。供体和受体的免疫学选择通常称为组织配型，是器官移植中检查供体和受体之间组织相容性抗原是否相配的一系列措施。临床常用的检测方法有以下几种：

（1）ABO血型相容试验：检测供体与受体的红细胞血型抗原是否相同或相容。同种异体移植时要求供体与受体血型相同或相容，至少要符合输血的原则。

（2）预存抗体的检测：受体体内预存的抗HLA抗体通过淋巴细胞毒交叉配型试验和群体反应性抗体来检测。

1）淋巴细胞毒交叉配型试验：指受体的血清与供体淋巴细胞之间的配型试验，是移植前必检项目。若淋巴细胞毒交叉配型试验阳性（＞10%），提示移植后有发生超急性排斥反应或加速性排斥反应的风险。

2）群体反应性抗体（panel reactive antibody，PRA）检测：是通过检测受体体内同种异体抗体对随机细胞群体反应的细胞筛查试验来测定其被致敏的程度，用PRA百分率表示。PRA百分率高者，交叉配型阳性率高，提示不容易找到合适的供体。

（3）人类白细胞抗原（HLA）配型：国际标准是测定供体与受体Ⅰ类抗原HLA-A、HLA-B和HLA-C，以及Ⅱ类抗原HLA-DR、HLA-DP和HLA-DQ共6个位点的相容程度。临床上主要检测HLA-A、HLA-B和HLA-DR点位，配型相容程度越好，移植器官存活率越高。

2. 供体的非免疫学要求 移植器官功能正常，供体无血液病、结核病、恶性肿瘤、严重全身性感染和人类免疫缺陷病毒（HIV）感染等疾病。

（二）器官的切取与保存

供体类型不同或所需器官不同，其切取和保存的方法也不同。

1. 切取过程 获得器官的过程主要包括切开探查、原位灌注、切取器官、保存器官和运送器官。

2. 保存原则 应遵循低温、预防细胞肿胀和避免生化损伤的原则。控制热缺血与冷缺血时间、配合安全有效的器官保存是器官移植成功的先决条件。热缺血（warm ischemia）是指器官从供体血液循环停止或者局部血供中止到冷灌注开始的间隔时间。热缺血时期对离体器官的损害最为严重，此时期的离体器官在35~37℃下短时间内即趋向失去活力。为保证供体器官的功能和移植后的存活率，热缺血时间不宜超过10分钟。冷缺血（cold ischemia）是指从供体器官冷灌注到移植后血供开放之前所间隔的时间，包括器官保存阶段。过长的冷缺血时间对移植器官的功能恢复和长期存活有不良影响。

3. 保存方法 从器官切取时即开始保存器官的低温状态。目前临床大多采用单纯低温保存法，便于转运。浸没并保存于0~4℃器官保存液，直至移植。

4. 器官灌洗液与器官保存液

（1）器官灌洗液：用于器官灌洗的特制成分液体。目前多采用细胞外液型液体，如乳酸林格液。多器官快速原位联合灌洗多采用保存液进行灌洗。

（2）器官保存液：用于器官保存的特制成分液体。分为3类：仿细胞内液型、仿细胞外液型和非细胞内液非细胞外液型。

（三）受体的准备

1. 心理准备　在等待供体期间，即开始为患者提供术前指导，让患者了解器官移植的相关知识，解除思想顾虑，减轻对移植的恐惧和不安，以良好的心理状态接受手术。

2. 完善相关检查　完善术前常规检查，根据不同的移植器官进行相关的免疫学检测，如HLA配型等。

3. 应用免疫抑制剂　术前或术中即开始用药，具体药物及其剂量、用法及用药时间可根据移植器官的种类和受体情况决定。

4. 预防感染　及时治疗潜伏感染病灶，预防感染。

5. 其他准备　① 营养支持；② 纠正水、电解质代谢紊乱和酸碱平衡失调；③ 饮食和肠道准备；④ 保证足够的睡眠；⑤ 术日晨测量体重。

（四）病室准备

1. 病室设施光线充足，通风良好。

2. 物品准备　① 消毒物品，如被套、患者衣裤和腹带等；② 仪器，如监护仪、急救车等；③ 其他，如精密度集尿袋等。

3. 药品管理　根据移植器官的种类准备相关的药品。

4. 消毒与隔离　① 消毒：术前1日和手术当日用消毒液擦拭病室内的物品并进行空气消毒；② 实施保护性隔离。

第二节　肾移植患者的护理

导入情景与思考

患者，女，23岁，新婚半年，因"肌酐进行性升高1年余"入院。患者1年来无明显诱因出现间断性乏力，活动后明显，伴恶心呕吐、厌食、腿脚麻木、胸闷，入院诊断为"慢性肾衰竭（CKD 5期）"。完善术前检查后在全身麻醉下行同种异体肾移植术。现术后第2日，连续2小时内盆腔引流管引流出血性液体大于220ml/h，尿色鲜红。体格检查：体温36.5℃，脉搏120次/min，呼吸16次/min，血压88/52mmHg，痛苦面容，贫血貌，血肌酐较前上升。辅助检查：移植肾彩色多普勒超声检查提示移植肾周可见明显液性暗区。

请思考：

1. 该患者目前最主要的并发症是什么？应采取哪些护理措施？

2. 针对该患者，如何做好育龄期管理？

肾移植是治疗终末期肾病的手术治疗方法。在各类器官移植中,肾移植开展较早,目前我国已成功开展腹腔镜活体供肾切取的肾移植。

【适应证与禁忌证】

1. 适应证 终末期肾病患者,如慢性肾小球肾炎、肾盂肾炎、多囊肾、高血压肾病、糖尿病肾病等疾病所致的不可逆慢性肾衰竭尿毒症期。肾移植受体年龄无绝对限制,但以4~65岁较为合适,高龄受体的移植效果亦较以前明显提高。

2. 禁忌证 以下情况者不适合肾移植,或移植前需特殊准备:① 恶性肿瘤或转移性恶性肿瘤;② 慢性呼吸衰竭;③ 严重心脑血管疾病;④ 泌尿系统严重的先天性畸形;⑤ 精神病和精神状态不稳定者;⑥ 肝功能明显异常者;⑦ 活动性感染,如活动性肺结核和肝炎等;⑧ 活动性消化道溃疡;⑨ 淋巴细胞毒交叉配型试验或PRA强阳性者。

【手术方式】

肾移植多采用异位移植,移植肾放在腹膜后的髂窝,肾动脉与髂内或髂外动脉吻合,肾静脉与髂外静脉吻合,输尿管经过一段膀胱浆肌层形成的短隧道与膀胱黏膜吻合,以防止尿液回流。

【护理评估】

（一）术前评估

1. 健康史

（1）一般情况:年龄、性别、婚姻和职业等。

（2）既往史:肾病的病因、病程及诊疗情况,尿毒症发生的时间和治疗经过,血液或腹膜透析治疗的频率和效果等;有无手术史及过敏史等。

2. 身体状况

（1）症状与体征

1）全身:生命体征、营养状况,有无水肿、高血压、贫血或皮肤溃疡等;是否还有排尿及尿量等;有无其他并发症或伴随症状;各脏器器官功能是否良好。

2）局部:肾区有无疼痛、压痛、叩击痛;疼痛的性质、范围和程度;动静脉造瘘侧及其肢体局部情况。

（2）辅助检查:常规术前检查结果及移植免疫学检测结果。

3. 心理-社会状况

（1）患者是否恐惧手术、担心手术失败,有无犹豫不决、不安和失眠等。

（2）患者及家属对肾移植手术、术后并发症、术后治疗和康复等相关知识的了解及接受程度。

（3）家属及社会、医疗支持体系对肾移植手术的风险、肾移植所需高额医药费用的承受能力。

（二）术后评估

1. 术中情况 术中血管吻合、出血、补液及尿量情况,移植肾植入部位情况。

2. 身体状况

（1）生命体征:监测患者生命体征。

（2）伤口与引流管情况:伤口部位及引流液的颜色、性状、量等。

（3）移植肾功能：移植肾的排泄功能及体液平衡，移植肾区局部有无肿胀和压痛等。

（4）术后并发症：是否有出血、感染、排斥反应、泌尿系统并发症等。

3. 心理-社会状况 患者的心理状态，对移植肾的认同程度；患者及家属对肾移植术后治疗、康复、护理及保健知识的了解和掌握程度。

【常见护理诊断/问题】

1. 焦虑/恐惧 与担心手术效果及移植后治疗与康复有关。

2. 营养失调：低于机体需要量 与食欲减退、胃肠道吸收不良及低蛋白饮食等有关。

3. 有体液失衡的危险 与术前透析过度或不足、摄入水分过多或不足、术后多尿期尿液过多等有关。

4. 潜在并发症：出血、感染、急性排斥反应、泌尿系统并发症等。

5. 知识缺乏：缺乏移植手术、抗排斥药物、术后护理等知识。

【护理目标】

1. 患者情绪稳定，焦虑/恐惧减轻或消失。

2. 患者营养状况得到改善。

3. 患者未发生体液失衡或发生后得以及时发现并纠正。

4. 患者术后未发生并发症，或并发症得到及时发现与处理。

5. 患者对移植手术、抗排斥药物和术后护理有所了解，能复述简单要点。

【护理措施】

（一）非手术治疗的护理／术前护理

1. 心理护理 针对患者对肾移植手术的认知程度，开展有针对性的健康教育，帮助患者树立战胜疾病的信心。

2. 皮肤准备 保持皮肤清洁卫生，预防皮肤感染；皮肤准备范围为上起肋弓，下至大腿上1/3，两侧至腋后线；术前淋浴或手术日前晚用消毒液擦身。

3. 营养支持 根据患者的营养状况指导并鼓励患者进食低钠、优质蛋白、高碳水化合物、高维生素饮食，以改善患者的营养状况和纠正低蛋白血症，提高手术耐受性。

（二）术后护理

1. 病情观察

（1）监测生命体征：密切监测生命体征，术后如体温>38℃，评估是否发生排斥反应或感染。

（2）监测尿量：监测并记录每小时尿液的量、颜色、性状；术后3~4日内，尿量维持在200~500ml/h为宜；尿毒症患者由于术前存在不同程度的水钠潴留和术后早期移植肾衰竭，多数患者肾移植术后3~4日内出现多尿，每小时尿量可达1 000ml以上，每日尿量达到5 000~10 000ml时，称为多尿期；当尿量<100ml/h，应及时向医生报告。

（3）观察伤口及引流：伤口有无红、肿、热、痛及分泌物，视伤口渗出情况及时换药；观察髂窝引流液的颜色、性状和量，引流血性液体>100ml/h，提示有活动性出血，应立即告知医生。

2. 合理补液

（1）血管通路选择：原则上不在手术侧下肢和动静脉造瘘侧的肢体建立静脉通道；术后早期应建立2条静脉通道。

（2）输液原则：记录24小时出入量，遵循"量出为入"的原则。根据尿量和CVP及时调整补液速度与量，保持出入量平衡；后1小时的补液量与速度依照前1小时排出的尿量而定。一般当尿量<200ml/h、200~500ml/h、>500~1 000ml/h和>1 000ml/h时，补液量分别为等于尿量、尿量的4/5、尿量的2/3和尿量的1/2；24小时出入量差额不能超过1 500；当血容量不足时需加速扩容。

（3）输液种类：除治疗用药外，用糖和盐交替或0.45%氯化钠溶液；当尿量>300ml/h时，应加强盐的补充，盐与糖的比例为2:1；术后需重点维持水、电解质及酸碱平衡。

3. 免疫抑制剂的应用与监测　是移植护理的重要内容。

（1）三联免疫抑制治疗方案：国内外普遍采用钙调磷酸酶抑制剂联合一种增殖抑制药物加类固醇皮质激素的肾移植三联免疫抑制治疗方案。

（2）术前使用抗体诱导者：继续按疗程使用抗淋巴细胞球蛋白等。

（3）免疫抑制剂浓度监测：定期测定血药浓度，以预防因血药浓度过低或过高而引起排斥反应或药物中毒。监测血药浓度谷值在服药前30分钟，监测血药浓度峰值在服药后2小时。

4. 饮食指导和营养支持　① 待胃肠道功能恢复、肛门排气后可先进食少量流质，如无不适可改为半流质，再逐渐加量并过渡到普食；② 移植术后给予优质蛋白、高热量、高维生素、低脂、易消化的饮食，以保证营养；③ 必要时可给予要素饮食或者肠外营养；④ 记录饮食和饮水量。

5. 并发症的护理

（1）出血：肾移植患者术后可发生移植肾的血管出血和创面出血，常于术后72小时内发生。

1）表现：患者心率增快，血压下降、CVP降低，血尿、伤口渗血；血常规示红细胞数量及血细胞比容明显下降；伤口引流管引流出血性液体>100ml/h，提示有活动性出血的可能。

2）护理：① 观察病情，监测患者神志、生命体征、外周循环等情况；记录24小时出入量，观察尿液的颜色、性状和量。② 预防血管吻合口破裂，术后平卧24小时，与移植肾同侧的下肢髋膝关节水平屈曲15°~25°；禁忌突然改变体位；术后可尽早进行床上活动、适度增大活动量。③ 发现出血征象时，遵医嘱及时加快补液速度，给予止血药、升压药或输血；协助医生做好手术探查止血的术前准备。

（2）感染：是器官移植后最常见的致命并发症。肾移植术后并发肺部感染和败血症的病死率较高。

1）表现：感染部位有切口、肺部、尿道、口腔和皮肤等。若患者出现体温逐渐升高，尿量减少，血肌酐上升等改变，常提示存在感染。

2）护理：以预防为主。① 遵医嘱合理预防性使用抗生素，做好保护性隔离，密切观察病情变化；② 严格执行无菌操作，确保病室符合器官移植病房的感染控制规范要求；③ 做好各项基础护理，鼓励患者床上活动，预防肺部感染；④ 医护人员进入病室前应洗手并穿戴隔离物品；

术后早期，患者不宜外出，以预防交叉感染；⑤ 定期检查，以早期发现感染病灶；⑥ 一旦出现疑似感染的症状，遵医嘱应用敏感抗生素或抗病毒药物，及时有效控制感染。

（3）急性排斥反应

1）表现：体温突然升高且持续高热，伴有血压升高、尿量减少、血清肌酐上升、移植肾区闷胀感、压痛等。

2）护理：① 观察患者的生命体征及早发现排斥反应；② 发生排斥反应时，遵医嘱执行抗排斥反应的冲击治疗，并观察用药效果；③ 排斥逆转的判断，抗排斥治疗后，体温下降至正常，尿量增多，体重稳定，移植肾肿胀消退、质变软、无压痛，全身症状缓解或消失，血肌酐、尿素氮下降。

（4）泌尿系统并发症：肾移植术后早期应观察有无尿瘘、移植肾输尿管梗阻、肾动脉血栓形成或栓塞和移植肾自发性破裂等并发症发生。

1）表现：尿量突然减少、无尿、血尿、移植肾区胀痛和压痛、移植肾质地改变、血尿素氮和肌酐增高。

2）护理：① 观察并记录伤口引流液的颜色、性状和量。② 若引流出尿液样液体超过100ml/d，引流液做肌酐检测符合尿肌酐水平，提示尿瘘的可能；若引流出乳糜样液，则提示淋巴漏。③ 发现异常及时告知医生，协助进行超声检查，并再次做好术前准备。

（三）健康教育

1. 用药指导　① 指导患者正确、准时服用各种药物，并强调长期、按时服用免疫抑制剂的重要性，不能自行增减或替换药物；② 不宜自行服用对免疫抑制剂有拮抗或增强作用的药物；③ 指导患者学会观察排斥反应的表现和各种药物的不良反应。

2. 饮食指导　① 选择优质高蛋白、丰富维生素、低脂、易消化、低盐及少渣饮食；② 早期应禁食酸性、高糖水果；③ 避免生冷及刺激性食物；④ 禁烟酒；⑤ 进食前食物需经煮沸消毒或微波消毒；⑥ 禁止服用增强免疫功能的滋补品。

3. 预防感染　① 告知预防感染的重要性，保持口腔清洁和个人卫生；② 预防感冒；③ 避免交叉感染；④ 适当锻炼身体，增强机体抵抗力。

4. 自我保健　出院时指导患者学会自我监测，特别注意监测尿量变化，如有异常及时就诊。

5. 育龄期女患者管理　① 采取有效的避孕措施；② 延迟妊娠到移植术后至少1年，待移植物的功能稳定、并发症控制良好后再考虑妊娠；③ 免疫抑制剂的用量维持在治疗作用较低水平。

6. 定期门诊随访。

【护理评价】

1. 患者情绪是否稳定，焦虑与恐惧是否减轻，能否以良好心态配合手术。

2. 患者营养状况是否达到耐受肾移植手术的要求。

3. 患者的体液是否维持平衡。

4. 术后并发症是否得以预防，或得到及时发现与处理。

5. 患者是否获得了疾病和治疗的相关知识。

第三节 肝移植患者的护理

肝移植已成为国际公认的治疗各种终末期肝病的最有效治疗手段。肝移植术后1年、5年存活率分别为80%~95%、70%~80%。

【适应证与禁忌证】

1. 适应证 ① 肝实质疾病，如终末期肝硬化、肝衰竭等；② 先天性肝代谢障碍性疾病，如 α_1-抗胰蛋白酶缺乏症等；③ 终末期胆道疾病，如先天性胆道闭锁等；④ 肝脏肿瘤不能手术切除者。

2. 禁忌证

（1）绝对禁忌证：HIV阳性、恶性肿瘤有肝外转移或者侵犯、肝胆管以外的全身性感染、器官功能衰竭（脑、心、肺、肾）、既往有严重精神病史者。

（2）相对禁忌证：门静脉血栓或栓塞、胆道感染所致的败血症、年龄大于60岁者。

【手术方式】

目前临床上开展的肝移植术式很多，最常用的术式是经典原位肝移植、背驮式肝移植和改良背驮式肝移植（图10-3-1）。

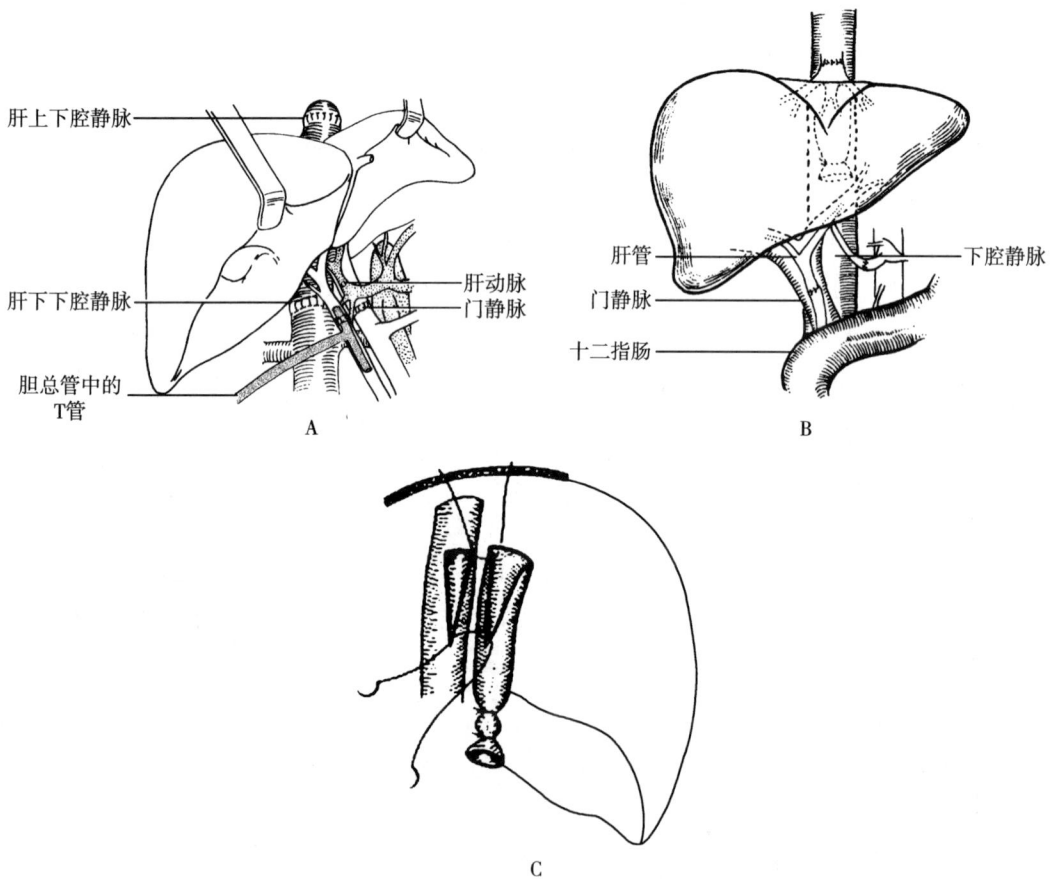

▲ 图10-3-1 肝移植常见手术方式
A. 经典原位肝移植；B. 背驮式肝移植；C. 改良背驮式肝移植。

1. 经典原位肝移植 指将受体下腔静脉连同病肝一并切除，并将供肝做原位吻合。

2. 背驮式肝移植 指保留受体下腔静脉，将受体肝静脉合并成形后与供体肝上下腔静脉做吻合。背驮式的优点在于，进行供、受肝上下腔静脉吻合和门静脉吻合时，可完全或部分保留下腔静脉回心血流，以维持受体循环稳定。

3. 改良背驮式肝移植 指把供肝下腔静脉和受体3支肝静脉开口，分别扩大成相同形状的三角形开口进行吻合，有利于流出道的畅通。

【护理措施】

（一）非手术治疗的护理/术前护理

除与肾移植患者类似的术前准备外，还需做好以下特殊准备。

1. 合理补液 以纠正体液失衡、贫血、低蛋白血症、凝血异常等。

2. 备血 肝移植手术因创伤大、患者凝血功能差、门静脉高压等可致术中出血较多，术前常规备同型浓缩红细胞4 000ml以上，血浆3 000~4 000ml及一定数量的凝血因子等。

3. 肠道准备 术前2~3日开始口服抗生素和肠道清洁剂，术前1日清洁灌肠。

4. 皮肤准备 备皮范围自锁骨水平至大腿上1/3前内侧及外阴部，两侧至腋后线。

5. 预防感染 肝移植受体，限制外出，预防感冒，观察有无感染病灶。乙型肝炎病毒阳性者应用抗病毒药物；腹水继发感染时积极抗感染治疗。

6. 预防性抗血栓治疗 肝移植围手术期易发生血管并发症。卡普里尼（Caprini）评分≥3分的患者，移植后2~12小时开始预防性抗血栓治疗，并持续用药至出院或术后第14日。

7. 营养支持 肝移植受体通常为慢性重症肝炎或肝硬化失代偿期患者，均伴有不同程度的营养不良。术前营养支持建议提前2周或提前数月经口或鼻饲肠内营养，不耐受者联合肠外营养。

8. 康复锻炼 指导呼吸功能锻炼、有效咳嗽训练、抬臀运动、踝泵运动，床上使用便器训练。

9. 其他术前准备 有消化道溃疡者尽早治疗；肝性脑病或严重黄疸者常需人工肝治疗以争取时间过渡到肝移植。

（二）术后护理

1. 病情观察 监测呼吸功能，血流动力学，水、电解质及酸碱平衡，肝功能，肾功能，神经系统功能，凝血功能等。

2. 维持体液平衡 根据血流动力学，水、电解质监测结果合理安排各类液体的输注顺序与速度。

3. 管道护理 肝移植术后患者除胃管、尿管外，还有腹腔引流管和T管，护理措施同腹部外科引流管的护理。

4. 并发症的护理

（1）出血：包括术后腹腔内出血和消化道出血。

1）表现：①腹腔内出血，常见于术后即刻至术后72小时内。患者出现腹胀、心率增快、血压迅速下降、伤口处引流管瞬间有大量鲜血涌出，血常规示红细胞数量及血细胞比容明显下降。②消化道出血，常见于术后出血性胃炎、食管胃底曲张静脉破裂出血，表现为呕血和黑便，胃管常引流出较多的血性液体。

2）护理：① 观察，包括神志、生命体征和中心静脉压；伤口渗血情况；24小时液体出入量；血常规、凝血功能等。② 处理，发现出血征象，及时告知医生；遵医嘱快速输液、输血，应用止血药、升压药；做好手术探查止血的术前准备。

（2）感染：是肝移植术后最常见的致命性并发症，以肺部感染和败血症的病死率最高。

1）表现：患者体温逐渐升高。

2）护理：术后预防感染的一般护理措施同肾移植术后。

其他特殊护理措施包括：① 在密切监测移植肝功能的前提下，免疫抑制剂剂量最小化，是预防移植术后感染的首要环节；② 积极处理并发症；③ 仔细评估器官捐献供体的潜在感染风险，制订有效的移植术后抗感染方案；④ 肝移植术后需常规行预防性抗感染治疗。

（3）排斥反应：以急性排斥反应为主。术后4周是急性排斥反应的高危期，常发生于术后7~14日。

1）表现：① 急性排斥反应，患者出现发热、精神萎靡、昏睡；食欲减退、腹胀、肝区胀痛、皮肤瘙痒；胆汁量减少、颜色变淡；肝功能异常。② 晚期排斥反应，患者可出现瘙痒、黄疸、血清胆红素和转氨酶增高、肝功能减退。

2）护理：① 观察，监测生命体征、T管引流液量、肝功能及肝区胀痛和腹胀等情况，及早发现排斥反应；使用免疫抑制剂期间，监测血药浓度、密切观察治疗效果和副作用。② 预防，遵医嘱使用免疫抑制剂。③ 处理，发生急性排斥反应时，遵医嘱应用抗排斥药物。

（4）其他：胆道系统并发症、血管并发症、代谢并发症、慢性肾病、原发性移植物无功能等。

（三）健康教育

1. 指导患者T管的常规护理。

2. 其他　参见本章第二节肾移植患者的护理。

（尹心红）

学习小结

1. 器官移植是治疗各类终末期器官功能衰竭的有效治疗方法，通常按照供体和受体的遗传学关系、移植物植入的部位、移植物的活力、移植物的数量及移植物的供体来源等进行分类。器官移植前准备包括供体的选择、器官保存、受体的准备及病室准备等。移植排斥反应包括宿主抗移植物反应（如超急性排斥反应、加速性排斥反应、急性排斥反应、慢性排斥反应）和移植物抗宿主反应。

2. 肾移植非手术治疗的护理/术前护理包括心理护理、皮肤护理、营养支持；移植术后护理包括病情观察、合理补液、免疫抑制剂的应用和监测、饮食指导、营养支持、对"出血、感染、急性排斥反应、尿瘘、移植肾输尿管梗阻"等并发症的护理。

3. 肝移植非手术治疗的护理/术前护理包括合理补液、备血、肠道准备、皮肤准备、预防感染、预防性抗血栓治疗、营养支持等；移植术后护理包括病情观察、维持体液平衡、管道护理、并发症的观察和护理。

复习参考题

一、单项选择题

1. 器官移植最佳的供体是
   - A. 父母子女
   - B. 同卵双生
   - C. 异卵双生
   - D. 同胞兄弟姐妹
   - E. 有血缘关系的亲属

2. 按移植物植入的部位分类，肾移植为
   - A. 原位移植
   - B. 原位旁移植
   - C. 异位移植
   - D. 结构移植
   - E. 联合移植

3. 肾移植术后24小时内，每小时尿量不应小于
   - A. 10ml
   - B. 30ml
   - C. 50ml
   - D. 80ml
   - E. 100ml

4. 患者肾移植术后第1日，尿量为200~500ml/h，患者的补液量为
   - A. 出量的100%
   - B. 出量的80%
   - C. 出量的70%
   - D. 出量的60%
   - E. 出量的50%

5. 肾移植术后患者体温38.5℃，排除急性排斥反应后应首先考虑
   - A. 感染
   - B. 尿漏
   - C. 尿路梗阻
   - D. 急性肾小管坏死
   - E. 血管栓塞

参考答案：

1. B　2. C　3. E　4. B　5. A

二、简答题

1. 简述肾移植术后并发症的种类与护理。

2. 简述对肾移植患者进行健康教育的内容。

第十一章   颅内压增高和脑疝患者的护理

学习目标

知识目标	1. 掌握颅内压增高和脑疝的概念、临床表现和护理措施。 2. 熟悉颅内压增高和脑疝的分类、病理生理和处理原则。 3. 了解颅内压增高、脑疝的病因和辅助检查。
能力目标	能运用护理程序对颅内压增高、脑疝患者实施整体护理。
素质目标	具有关心和爱护颅内压增高、脑疝患者的态度和行为；具备团队合作精神。

第一节   颅内压增高

导入情景与思考

患者，男，55岁，因"车祸伤及头部2小时、昏迷20分钟"就诊。自诉头痛剧烈伴恶心呕吐，呕吐1次，呕吐物为胃内容物，量约140ml。体格检查：体温37℃，脉搏50次/min，呼吸12次/min，血压125/50mmHg，双侧视乳头水肿。颅脑CT显示左颞部高密度新月影。

请思考：

1. 该患者目前存在哪些护理诊断/问题？
2. 若该患者进行亚低温治疗，如何护理？

颅内压（intracranial pressure，ICP）是指颅腔内容物对颅腔内壁所产生的压力，一般以腰椎穿刺或直接穿刺脑室测定脑脊液静水压来表示。颅腔内容物（脑组织、脑脊液、血液）是颅内压形成的物质基础。颅腔容积与颅腔内容物体积相适应，使颅内维持稳定的压力。成人正常颅内压为70~200mmH$_2$O，儿童正常颅内压为50~100mmH$_2$O。当颅腔内容物体积增加或颅腔容积减小，超过颅腔可代偿的容量时，可导致成人颅内压持续高于200mmH$_2$O、儿童高于100mmH$_2$O，称为颅内压增高（increased intracranial pressure）。颅内压增高是神经外科常见的临床综合征，如诊断、治疗不当，患者很可能引发颅内高压危象甚至脑疝（brain hernia）而死亡。

【病因】

1. 颅腔内容物体积增加

（1）脑组织体积增大：最常见的原因是脑水肿。脑组织损伤、炎症、缺血缺氧、中毒等均可导致脑水肿。

（2）脑脊液增多：脑脊液分泌过多、吸收障碍或脑脊液循环障碍导致高颅压性脑积水。

（3）脑血流量增加：见于颅内静脉回流受阻、过度灌注等。

2. 颅腔容积减小

（1）先天性畸形：狭颅症、颅底凹陷症等使颅腔容积变小。

（2）颅内空间相对变小：外伤致大片凹陷性颅骨骨折；颅内占位性病变如颅内血肿、脑肿瘤、脑脓肿和脑寄生虫病等使颅内空间相对缩小。

【分类】

1. 按病因分类

（1）弥漫性颅内压增高：由颅腔狭小或脑实质的体积增大而引起，其特点是颅腔内各部分及各分腔之间压力均匀升高，不存在明显的压力差，脑组织无明显移位。常见于弥漫性脑水肿、交通性脑积水、静脉窦血栓等。

（2）局灶性颅内压增高：颅内血肿、肿瘤等局限性病变造成颅内各腔隙间存在压力差，脑组织被挤压或脑室、脑干及中线结构移位，易形成脑疝。

2. 按病情发展分类

（1）急性颅内压增高：见于急性颅脑损伤引起的颅内血肿、高血压脑出血等。病情发展迅速，症状体征严重，生命体征变化剧烈。

（2）亚急性颅内压增高：见于颅内恶性肿瘤、转移瘤及各种颅内炎症等。病情发展较快，颅内压增高症状、体征较轻。

（3）慢性颅内压增高：见于颅内良性肿瘤、慢性硬脑膜下血肿等。病情发展较慢，可长期无颅内压增高的症状和体征。

【病理生理】

（一）颅内压调节机制

颅内压的调节主要依靠脑脊液的分布和分泌变化来实现。脑脊液的总量占颅腔总容积的10%，成人颅内压低于70mmH$_2$O时，脑脊液的分泌增加而吸收减少，以维持正常颅内压；当颅内压高于70mmH$_2$O时，脑脊液的分泌将减少而吸收增多，以代偿增高的颅内压。颅腔内容物体积增加的临界值约为5%，颅腔容积减小的临界值是8%~10%，超过此范围，会出现颅内压增高甚至导致脑疝。

（二）影响颅内压增高的因素

1. 年龄　婴幼儿及小儿的颅缝未闭合或融合尚未牢固，颅内压增高可使颅缝裂开而相应地增加颅腔容积；老年人由于脑萎缩，颅内的代偿空间增多。两类患者病程相对较长。

2. 病变进展速度　颅内病变体积与压力上升呈现指数曲线。当颅内有占位性病变时，随着病情的缓慢发展，可长期无颅内压增高症状，一旦颅内压调节失代偿，可能在短期内出现颅内压增高，甚至发生脑疝。

3. 病变部位 颅脑中线或颅后窝的占位性病变，易阻塞脑脊液循环通路，导致梗阻性脑积水，故颅内压增高症状出现早且严重。大静脉窦附近的占位性病变，导致颅内静脉回流障碍或致脑脊液吸收障碍，亦可早期出现颅内压增高症状。

4. 伴发脑水肿程度 脑组织炎症反应、脑转移瘤、脑肿瘤放疗后均可伴有较明显的脑水肿，故早期即可出现颅内压增高症状。

5. 全身系统性疾病 肝性脑病、尿毒症、毒血症、肺部感染、电解质及酸碱平衡失调等可引起继发性脑水肿而致颅内压增高，高热通常加重颅内压增高的程度。

（三）颅内压增高的后果

颅内压持续增高，可引起一系列中枢神经系统功能紊乱和病理变化。

1. 脑血流量降低 脑血流量=脑灌注压/脑血管阻力，其中脑灌注压=平均动脉压−颅内压。正常脑灌注压为70~90mmHg，脑血管阻力为1.2~2.5mmHg。

颅内压增高早期，脑灌注压下降，机体通过脑血管扩张来降低脑血管阻力，维持脑血流量稳定。但当颅内压不断增高使脑灌注压低于40mmHg时，脑血管自动调节功能失效，脑血流量随之急剧下降，就会出现脑缺血缺氧。当颅内压增高到接近平均动脉压时，脑血流量几乎为零，脑组织严重缺血缺氧，最终导致脑死亡。

2. 脑疝 参见本章第二节脑疝。

3. 脑水肿 颅内压增高可直接影响脑的代谢和脑血流量导致脑水肿，使脑的体积增大，从而加重颅内压增高。脑水肿可分为血管源性脑水肿和细胞中毒性脑水肿。

4. 库欣（Cushing）反应 心率减慢、每搏输出量增加和呼吸深慢（又称"两慢一高"三联反应）的全身血管加压反应。这种危象多见于急性颅内压增高的患者；慢性增高者不明显。

5. 胃肠功能紊乱及消化道出血 颅内压增高可引起下丘脑自主神经中枢缺血而出现功能紊乱，呕吐、胃−十二指肠溃疡出血或穿孔等。

6. 神经源性肺水肿 在急性颅内压增高病例中，5%~10%的患者会出现肺水肿症状，表现为呼吸急促，痰鸣音，并有大量泡沫状血性痰液，这与下丘脑、延髓受压导致α肾上腺素能神经活性增强、血压反应性增高、左心室负荷过重，肺毛细血管压力增高有关。

【临床表现】

头痛、呕吐、视乳头水肿合称颅内压增高的三主征，是颅内压增高患者最典型的临床表现。但三主征各自出现的时间并不一致。

1. 头痛 最常见、最主要的症状，以晨、晚较重，头痛部位以额部及颞部多发，随颅内压的增高而进行性加重，在用力、咳嗽、打喷嚏、弯腰或低头活动时加重。

2. 呕吐 剧烈头痛时可伴有恶心、呕吐。呕吐多呈喷射状，严重呕吐可致电解质紊乱。

3. 视乳头水肿 是颅内压增高重要的客观体征之一。表现为眼底视网膜静脉曲张、视乳头（又称视盘）充血、水肿、边缘模糊不清，中央凹变浅或消失。若水肿长期存在，则视乳头颜色苍白，继而视力下降、视野向心缩小，出现视神经继发性萎缩。严重者视力恢复困难，甚至失明。

4. 意识障碍 急性颅内压增高患者意识障碍呈进行性发展；慢性者则表现为神志淡漠、反应迟钝或时轻时重。

5. 生命体征紊乱 早期代偿时，血压增高，脉搏慢而有力，呼吸深慢（即"两慢一高"）；后期失代偿时，血压下降，脉搏细快，呼吸浅快不规则，甚至呼吸停止，终因呼吸循环衰竭而死亡。

6. 其他症状和体征 小儿可有头颅增大、头皮静脉怒张、囟门饱满、颅缝增宽。头颅叩诊时呈破罐音（MacEwen征）。

7. 脑疝 急性和慢性颅内压增高者均可引起脑疝。前者发生较快，可数小时就出现；后者发生缓慢，甚至不发生。

【辅助检查】

1. 影像学检查

（1）CT、MRI：CT是诊断颅内占位性病变的首选检查。CT和MRI能显示病变的位置、大小和形态，均能较准确地定位诊断并可帮助定性诊断。MRI检查时间较长，对颅骨骨质显现差。

（2）数字减影血管造影（digital subtraction angiography，DSA）：对怀疑脑血管畸形或血运丰富的颅脑肿瘤，可提供定位和定性诊断。

（3）X线检查：颅内压增高时，可见脑回压迹增多，蛛网膜颗粒压迹增大，鞍背骨质稀疏及蝶鞍扩大等。小儿可见颅缝分离。X线检查现已少用于单独诊断颅内占位性病变。

2. 腰椎穿刺 腰椎穿刺可以直接测量颅内压，同时取脑脊液检查。但对有明显颅内压增高症状和体征者有引起脑疝的危险，应禁用。

3. 颅内压监测 持续监测颅内压，以指导用药、手术时机的选择。

【处理原则】

（一）非手术治疗

1. 一般治疗 对于颅内压增高的患者应留院观察，密切观察生命体征变化及意识和瞳孔变化，及时掌握病情进展；有条件者可做颅内压监测；不能进食的患者应当补液，补液应"量出为入"，注意保持水、电解质和酸碱平衡；避免患者用力排便，可用缓泻剂；对昏迷患者及咳痰困难者行气管切开等。病情稳定，及时查找病因，进行病因治疗。

2. 降低颅内压的治疗 应针对不同的病情和医疗条件，采取不同的措施降低颅内压。

（1）脱水治疗：适用于颅内压增高原因不明，或原因明确非手术治疗者。脱水药物可使脑组织水分向血液循环内转移，缩小脑体积，达到降低颅内压的作用。常用的药物有渗透性脱水药如20%甘露醇等和利尿剂，如氢氯噻嗪、呋塞米等。

（2）激素治疗：肾上腺糖皮质激素可降低毛细血管通透性，稳定血脑屏障，预防和缓解脑水肿，并能减少脑脊液生成，降低颅内压。常用药物有地塞米松、氢化可的松、泼尼松等。但激素对颅脑创伤导致的脑水肿无明显疗效。

（3）亚低温治疗：应用药物和物理方法使患者处于亚低温状态，以降低脑耗氧量和脑代谢率，减少脑血流量，改善细胞膜通透性，增加脑对缺血缺氧的耐受力，减轻脑水肿，从而降低颅内压。

（4）过度通气：目的是使体内 CO_2 排出。$PaCO_2$ 每下降1mmHg，可使脑血流量递减2%，从而使颅内压相应下降。但脑血流量减少会加重脑缺氧，故应行血气分析监测。

（5）脑脊液体外引流：有颅内压监护条件时，行脑室穿刺缓慢引流脑脊液，可缓解颅内压增高。

3. 对症治疗　头痛者给予镇痛药，但忌用吗啡和哌替啶等药物，以防呼吸中枢抑制。患者烦躁时，在排除颅内压持续增高、气道梗阻、排便困难等前提下，给予镇静药。有抽搐发作者，给予抗癫痫药物治疗。应用抗生素治疗控制颅内感染或预防感染。

（二）手术治疗

手术去除病因是最根本、最有效的治疗手段。对无手术禁忌的颅内占位性病变，首先考虑手术切除病变。非功能区的良性病变，争取根治性切除；难以根治的，可做大部切除、部分切除或减压术。有脑积水者行脑脊液分离术，即将脑室内液体经特殊导管分流入蛛网膜下隙、心房或腹腔。颅内压增高引起脑疝者，可采用去骨瓣减压术。

【护理评估】

（一）术前评估

1. 健康史

（1）一般情况：包括年龄、性别、职业、导致颅内压急骤升高的诱发因素等，重点关注年龄。

（2）既往史：有无颅脑外伤、脑水肿、脑占位性病变、颅脑畸形等疾病史；有无高血压、脑动脉硬化病史，有无并发尿毒症、肝性脑病、毒血症、酸碱平衡失调等其他系统疾病。

（3）家族史：家族中有无高血压、颅内肿瘤等疾病的患者。

2. 身体状况

（1）主要症状与体征：有无意识障碍、视力障碍及肢体运动功能障碍等；有无因呕吐影响进食，有无水、电解质代谢紊乱及营养不良；头痛的部位、性质、程度、持续时间及变化，有无诱发或加重头痛的因素，头痛是否影响患者休息和睡眠。

（2）辅助检查：CT或MRI等检查证实有无颅脑损伤或占位性病变等；腰椎穿刺有无压力增高。

3. 心理-社会状况　患者有无头痛、呕吐等不适所致的烦躁不安、焦虑等心理反应；患者及家属对疾病的认知和适应程度，家庭经济状况，以及家属对患者的关心和支持程度。

（二）术后评估

1. 术中情况　手术类型和麻醉方式，手术过程是否顺利，术中出血、输血、补液量及留置引流管等情况。

2. 身体状况　生命体征、意识、瞳孔变化、神经系统症状和体征、颅内压变化情况；伤口及引流情况；有无脑疝等并发症发生。

3. 心理-社会状况　心理状况；康复训练和早期活动；出院后的继续治疗方案。

【常见护理诊断/问题】

1. 急性/慢性疼痛：头痛　与颅内压增高有关。

2. 有脑组织灌注无效的危险　与颅内压增高有关。

3. 有体液不足的危险　与频繁呕吐、不能进食和脱水治疗等有关。

4. 有受伤的危险　与颅内压增高引起视力障碍、复视、意识障碍等有关。

5. 潜在并发症：脑疝、心搏骤停等。

【护理目标】

1. 患者自述头痛减轻。

2. 患者脑组织灌注恢复正常。

3. 患者体液恢复平衡，生命体征平稳。

4. 患者无意外受伤情况发生。

5. 患者未发生并发症，或并发症被及时发现并处理。

【护理措施】

（一）非手术治疗的护理/术前护理

1. 一般护理

（1）体位：绝对卧床休息，床头抬高30°，有利于头部静脉回流，降低颅内压。昏迷者头偏向一侧，以免发生误吸。

（2）饮食与补液：控制液体摄入量。神志清醒者，给予低盐饮食。不能进食者，成人每日补液量不超过2 000ml，其中等渗盐水不超过500ml，保持24小时尿量不少于600ml。控制输液速度，防止短时间内输入大量液体，加重脑水肿。维持水、电解质及酸碱平衡。

（3）给氧：持续或间断给氧，改善脑缺氧，降低$PaCO_2$，使脑血管收缩，降低脑血流量，降低颅内压。使用过度通气治疗时，持续时间不宜超过60分钟，使用期间注意监测脑血流及血气分析。

（4）维持正常体温：高热时及时给予有效降温，可防止机体代谢率增高，加重脑缺氧。中枢性高热应以物理降温为主。

（5）防治感染：遵医嘱应用抗生素预防和控制感染。

（6）生活护理：躁动不安的患者应避免外伤，但切忌强制约束，以免患者挣扎导致颅内压增高；昏迷患者加强皮肤护理，预防压力性损伤；定时翻身拍背，防止发生肺部并发症；保持大便通畅，尿潴留者应导尿。

2. 病情观察　密切观察患者意识、生命体征及瞳孔的变化。观察患者有无肢体活动障碍和癫痫发作，警惕颅内高压危象的发生，有条件时可进行颅内压监测，以掌握病情发展的动态并指导治疗。

（1）意识状态：意识反映大脑皮质和脑干的功能状态。对于意识障碍程度的评定，目前主要采用意识状态分级法（表11-1-1）和格拉斯哥昏迷量表（Glasgow Coma Scale，GCS）（表11-1-2）。意识状态分级法将意识状态分为清醒、意识模糊、浅昏迷、昏迷和深昏迷五级。GCS依据患者睁眼反应、语言反应及运动反应进行评分，三项相加累计得分，最高分为15分，8分以下为昏迷，最低分为3分，分数越低，表示意识障碍越严重。

▼ 表11-1-1 意识状态分级

意识状态	语言刺激反应	痛刺激反应	生理反应	大小便自理	配合检查
清醒	灵敏	灵敏	正常	能	能
意识模糊	迟钝	不灵敏	正常	有时不能	尚能
浅昏迷	无	迟钝	正常	不能	不能
昏迷	无	无防御	减弱	不能	不能
深昏迷	无	无	无	不能	不能

▼ 表11-1-2 格拉斯哥昏迷量表

睁眼反应	计分	语言反应	计分	运动反应	计分
自动睁眼	4	回答正确	5	遵命动作	6
呼唤睁眼	3	回答错误	4	痛觉定位	5
刺痛睁眼	2	含混不清	3	疼痛躲避	4
不能睁眼	1	有声无语	2	肢体屈曲	3
		不能发音	1	肢体过伸	2
				无动作	1

（2）瞳孔改变：正常瞳孔等大、等圆，在自然灯光下直径2~5mm，直接、间接对光反射灵敏。颅内压增高患者出现患侧瞳孔先缩小后散大，对光反射迟钝或消失，应警惕小脑幕切迹疝（又称小脑幕裂孔疝）的发生。

（3）生命体征改变：注意观察呼吸的频率和深度，脉搏频率、节律及强度、血压和脉压的变化。血压上升、脉搏缓慢有力、呼吸深而慢，同时有进行性意识障碍，是颅内压增高所致的代偿性生命体征变化。患者因体温调节中枢受颅内高压的影响，出现持续性高热，常达39℃。

（4）肢体功能：病变对侧肢体肌力有无减弱和麻痹，是否存在双侧肢体自主活动消失，有无阳性病理征。

（5）颅内压监护：可动态观察患者颅内压的变化。颅内压进行性增高提示有引发脑疝的可能；颅内压持续增高提示预后较差。监护过程应严格无菌操作，预防感染，监护时间一般为7~14日。

3. 防止颅内压骤升

（1）休息：绝对卧床休息，保持病室安静，避免情绪激动。尽量减少搬运患者。清醒患者避免用力坐起、提重物、弯腰、低头及用力活动等。

（2）保持呼吸道通畅：频繁呕吐者应暂时禁食，以防止吸入性肺炎，同时注意补充电解质并调整酸碱平衡。定时翻身拍背，意识不清或排痰困难者注意防止舌根后坠和呕吐物吸入气道，及时清除呼吸道分泌物和呕吐物，解除呼吸道梗阻，必要时配合医生行气管切开。

（3）避免剧烈咳嗽和用力排便：剧烈咳嗽和用力排便可使胸腹压力增高，加重颅内压增高。及时控制呼吸道感染，防止剧烈咳嗽、打喷嚏。鼓励患者多吃蔬菜和水果等富含纤维素食物，以防止发生便秘。对已有便秘者，予以开塞露或低压小剂量灌肠。禁忌高压灌肠。

（4）及时处理躁动和控制癫痫发作：评估引起躁动的原因并给予解除，适当使用镇静药，避免强制约束导致挣扎而加重病情。癫痫发作可加重脑缺氧及脑水肿，注意观察有无癫痫症状出现，遵医嘱定时定量给予抗癫痫药物；一旦发作应协助医生及时给予抗癫痫及降低颅内压处理。

4. 对症护理

（1）疼痛：遵医嘱使用渗透性脱水药，必要时给予镇痛药，但禁用吗啡和哌替啶，以免抑制呼吸中枢。

（2）呕吐：应禁食禁饮和维持水、电解质及酸碱平衡。及时清除呕吐物，防止误吸，观察并记录呕吐物的量和性状。

（3）高热：进行有效降温，减少脑缺氧。必要时行亚低温治疗。

5. 脱水治疗的护理

（1）遵医嘱使用渗透性脱水药和利尿剂。常用20%甘露醇250ml，在30分钟内快速静脉滴注，输注后10~20分钟颅内压开始下降，维持4~6小时，可重复使用。同时静脉注射利尿剂呋塞米20~40mg，降低颅内压效果更好。

（2）脱水治疗期间应观察血压、脉搏、尿量变化。给药后1小时内不大量喝水，记录24小时出入量，尤其尿量，注意用药反应及有无血容量不足，水、电解质代谢紊乱等不良反应。

（3）为防止颅内压增高的反跳现象，应遵医嘱定时、反复应用脱水药物，停药前逐渐减量或延长给药间隔。

6. 激素治疗的护理

（1）遵医嘱应用肾上腺皮质激素如地塞米松、氢化可的松等，可预防和缓解脑水肿，常用地塞米松5~10mg，每日1~2次静脉注射。

（2）预防感染、高血糖和应激性溃疡等并发症发生。

7. 亚低温治疗的护理

（1）适应证：各种原因引起的严重脑水肿、中枢性高热患者。儿童和老年人慎用。休克、全身衰竭或有房室传导阻滞者禁用。

（2）环境和物品准备：将患者安置于一个安静、光线宜暗的单间，室温在18~20℃。室内备氧气、负压吸引器、血压计、听诊器、水温计、冰袋或冰毯、导尿包、集尿袋、吸痰盘、冬眠药物、急救药物及器械和护理记录单等，由专人护理。

（3）降温方法：先进行药物降温。遵医嘱给予足量冬眠药物，常用的有冬眠药物（氯丙嗪50mg、异丙嗪50mg、哌替啶50~100mg），待自主神经被充分阻滞，患者进入昏睡状态，御寒反应消失，方可加用物理降温措施。降温速度以每小时下降1℃为宜，体温降至肛温33~35℃理想。冬眠药物最好经静脉滴注，物理降温方法可采用头部戴冰帽或在颈动脉、腋动脉、肱动脉、股动脉等主干动脉表浅部放置冰袋。此外，还可通过降低室温、减少被盖、体表覆盖冰毯或冰水浴巾等方法，维持患者体温在治疗要求的范围内。

（4）严密观察病情：亚低温治疗前、持续期间均应严密观察生命体征、意识、瞳孔变化，并做好记录。亚低温治疗期间，若脉搏超过100次/min，收缩压低于100mmHg，呼吸慢而不规则，及时告知医生处理。

（5）饮食：亚低温治疗期间患者机体代谢率降低，能量及水分的需求相对减少。每日液体入量不宜超过1 500ml。鼻饲液或肠内营养液的温度要与体温相同。观察患者有无胃潴留、腹胀、便秘、消化道出血等表现，防止反流和误吸。

（6）预防并发症：亚低温治疗期间患者昏睡、卧床、体温低，容易发生并发症。① 肺部并发症：由于患者处于昏睡状态且因药物作用而肌肉松弛，易出现舌下坠，吞咽、咳嗽反射减弱。应保持呼吸道通畅，予以雾化吸入、定时拍背。② 低血压：患者体温低，心排血量减少，冬眠药物使周围血管阻力降低，易引起体位性低血压。搬动患者或为其翻身时，动作要缓慢、轻稳。③ 其他：观察放置冰袋处皮肤和肢体末端的血液循环情况，定时局部按摩，以防冻伤；加强皮肤护理，防止压力性损伤的发生；注意眼睛的保护，避免发生暴露性角膜炎。

（7）复温的护理：亚低温治疗时间一般为3~5日。停止治疗时，先停止物理降温，然后逐渐停用冬眠药物，注意保暖，为患者加盖被毯，或使用变温水毯、提升室温等，让体温自然回升。复温速度控制在每4小时上升1℃，12小时后使肛温恢复到36~37℃。

（二）术后护理

1. 颅内占位性病变术后护理 参见第十三章第一节颅内肿瘤。

2. 脑室引流的护理

（1）严格无菌操作，妥善固定：无菌操作下接引流瓶（袋），妥善固定，确保引流瓶（袋）高于侧脑室平面10~15cm，以维持正常颅内压。每日定时更换引流袋，搬动患者及更换引流袋时夹闭引流管，防止空气进入或脑脊液反流，引起颅内感染。必要时可行脑脊液常规检查或细菌培养。

（2）控制引流速度及量：每日引流量不超过500ml。可适当抬高或降低引流袋位置，以控制速度和流量。术后早期适当提高引流袋的位置，减缓速度，使颅内压平稳降低。过多、过快引流脑脊液可能导致颅内压急剧下降引起脑疝等意外。颅内感染患者脑脊液分泌增多，引流量可以适当增加，但同时需注意补液。在抢救脑疝等危急情况下，可先快速引流脑脊液，再接引流袋缓慢引流。

（3）保持引流的通畅：应避免引流管受压、扭曲、成角、折叠，适当限制患者的头部活动以免牵拉引流管。引流管内有液体流出且引流管内液面随患者呼吸、脉搏而上下波动，则提示引流管通畅。导致引流不畅的主要原因：① 颅内压低于120~150mmH$_2$O，可通过降低引流袋来观察有无液体流出；② 引流管口贴于脑室壁，可将引流管轻轻旋转再观察有无脑脊液流出；③ 引流管在脑室内盘曲成角，可对照X线片，将引流管缓慢向外抽出至有脑脊液流出，然后重新固定；④ 细碎脑组织或血凝块堵塞引流管，应在严格无菌操作下，用无菌注射器轻轻回抽，切不可注入生理盐水冲洗，以免堵塞物被冲至脑室系统狭窄处，引起日后脑脊液循环受阻。经上述处理后若仍无脑脊液流出，必要时更换引流管。

（4）观察并记录脑脊液颜色、性状和量：正常脑脊液无色透明，无沉淀。手术后1~2日可略呈血性，以后变淡。若脑脊液混浊，呈毛玻璃状或有絮状物则提示颅内感染；若脑脊液中有较多血液或血色渐加深，提示脑室内出血，须告知医生及时处理。

（5）拔管：脑室持续引流一般不超过7日。拔管前应行CT检查，同时试行夹管24小时，观察有无颅内压增高现象。若患者出现头痛、呕吐等症状，应立即告知医生并打开夹闭的引流管或放低引流袋。若未出现症状，检查结果良好，患者脑脊液循环通畅，即可拔管。拔管时先夹闭引流管，以免管内液体逆流入脑室引起感染。拔管后加压包扎，让患者卧床休息并减少活动。加强切口处观察，若切口处有脑脊液漏出，患者意识、瞳孔、肢体活动情况出现异常，应告知医生给予妥善处理。

3. 脑疝护理　参见本章第二节脑疝。

（三）健康教育

1. 介绍疾病相关知识，如患者出现头痛进行性加重伴呕吐，需及时就诊。

2. 防止剧烈咳嗽、便秘、用力等诱发颅内压骤升的因素，避免脑疝发生。

3. 指导患者及家属学习和掌握康复知识和技能，循序渐进地进行多方面训练。

知识拓展　｜　　　　　格拉斯哥昏迷量表（GCS）

　　　　　　　格拉斯哥昏迷量表是至今应用最广泛的昏迷程度指标。此量表是由格拉斯哥大学的两位神经外科教授Graham Teasdale与Bryan J. Jennett在1974年发表的。2014年，在GCS评分提出的40周年之际，Teasdale教授回顾了GCS的历程，同时对如何进行GCS评分提出了修订：三个反应均增加了无法检查一项，得分为NT。睁眼反应（eye opening，E）即局部原因导致闭眼，若患者眼睛肿胀不能评估，应以C代替，记录为EC；语言反应（verbal response，V）即存在影响交流的因素，若患者因气管插管等不能正常发声，应以T代替，记录为VT；运动反应（motor response，M）即瘫痪或其他影响因素。

【护理评价】

1. 患者头痛是否减轻。

2. 患者脑组织灌注是否恢复正常。

3. 患者体液是否平衡，生命体征是否平稳，尿比重是否在正常范围，有无脱水症状和体征。

4. 患者有无意外受伤情况发生。

5. 患者是否发生并发症，或并发症是否被及时发现和处理。

第二节 脑疝

导入情景与思考

患者，男，50岁，因"颅内占位性病变、颅内压增高"入院。入院后第3日，因便秘用力排便时，突然出现剧烈头痛、呕吐，随即意识丧失。既往头痛8个月，多出现在清晨和晚间，用力时加重，常伴有恶心，偶有呕吐。体格检查：体温37℃，脉搏55次/min，呼吸16次/min，血压165/88mmHg。左侧瞳孔散大，对光反射消失；右侧肢体瘫痪，病理征阳性。颅脑CT显示颅内占位性病变。

请思考：

1. 该患者目前发生了何种并发症？
2. 应采取的急救护理措施有哪些？

脑疝（brain hernia）是指颅腔内某分腔有占位性病变时，该分腔的压力较邻近分腔的压力高，脑组织从高压区向低压区移位，被挤到附近的生理性孔隙（大脑镰下间隙、小脑幕裂孔、枕骨大孔等）或非生理性孔隙，使脑组织、血管、神经等重要结构受压或移位，脑脊液循环发生障碍而出现的一系列严重的临床症状和体征。脑疝是颅内压增高的危象和引起死亡的主要原因，临床常见的有小脑幕切迹疝和枕骨大孔疝。

【病因】

脑内任何部位占位性病变发展到一定程度均可导致颅内各分腔压力不均衡而诱发脑疝。常见病因：① 颅内血肿；② 脑脓肿；③ 颅内肿瘤；④ 颅内寄生虫和各种炎性肉芽肿；⑤ 医源性因素，如腰椎穿刺致脑脊液引流过快过多。

【分类】

根据移位的脑组织及其通过的硬脑膜间隙和孔道，可将脑疝分为三类（图11-2-1）。① 小脑幕切迹疝又称颞叶钩回疝、小脑幕裂孔疝，是幕上占位性病变引起颅内压增高，使颞叶海马回、钩回挤入小脑幕裂孔下方；② 枕骨大孔疝又称小脑扁桃体疝，小脑扁桃体及延髓经枕骨大孔被推挤入椎管内；③ 大脑镰下疝又称扣带回疝，一侧半球的扣带回经大脑镰下间隙被挤至对侧。

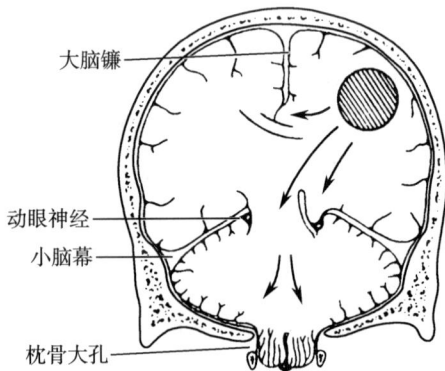

▲ 图11-2-1 大脑镰下疝（上）、小脑幕切迹疝（中）和枕骨大孔疝（下）的示意图

【临床表现】

临床常见的脑疝类型为小脑幕切迹疝和枕骨大孔疝两种类型。

1. 小脑幕切迹疝

（1）颅内压增高：进行性加重的剧烈头痛，与进食无关的频繁呕吐伴烦躁不安。

（2）进行性意识障碍：随脑疝进展出现嗜睡、浅昏迷至深昏迷，这与脑干网状上行激活系统受累有关。

（3）瞳孔改变：患侧初期动眼神经受刺激导致瞳孔缩小，对光反射迟钝，后期随病情进展动眼神经麻痹，患侧瞳孔逐渐扩大，直接或间接对光反射消失，伴有患侧上睑下垂、眼球外斜。晚期中脑受压出现脑干供血障碍，脑内动眼神经核功能丧失，双侧瞳孔均散大固定，对光反射消失。

（4）运动障碍：表现为病变对侧肢体肌力减弱或麻痹，肌张力增高，腱反射亢进，病理征阳性。随病情发展可致双侧自主活动减少或消失，严重者可出现去大脑强直发作，这是脑干严重受损的表现。

（5）生命体征紊乱：表现为心率缓慢或不规则、血压忽高忽低、呼吸节律紊乱、高热或体温不升。

2. 枕骨大孔疝　多由颅后窝病变所致。由于颅后窝容积小，对颅内压代偿能力小，病情变化快。表现为：① 剧烈头痛，以枕后部疼痛为甚，频繁呕吐；② 颈强直、强迫头位；③ 生命体征改变迅速，意识障碍和瞳孔改变出现较晚。由于延髓直接受压，患者可突发呼吸、心搏骤停而死亡。

【处理原则】

脑疝是由急性颅内压增高造成的危象，一旦出现脑疝的典型症状，应立即快速静脉滴注渗透性脱水药，降低颅内压，缓解病情，争取时间。确诊后尽快手术去除病因，如切除颅内肿瘤或清除颅内出血。一时难以确诊或已确诊但病因无法直接去除时，可以行侧脑室穿刺引流术、脑脊液分流术、减压术等姑息性手术，以降低颅内压，抢救生命。

【护理措施】

脑疝确诊后应立即采取措施降低颅内压。

1. 脱水治疗　遵医嘱立即使用脱水药以降低颅内压，并观察用药效果。

2. 保持呼吸道通畅　吸氧，准备气管插管或呼吸机。患者绝对卧床休息，保持呼吸道通畅，头偏向一侧，防止呕吐物反流造成误吸。必要时给予吸痰。若发生呼吸骤停，立即气管插管行人工辅助呼吸。

3. 观察病情　严密监测并记录生命体征、瞳孔、意识和肢体活动等。

4. 其他　亚低温治疗的护理、脑室引流的护理等措施参见本章第一节颅内压增高。

（沈娟）

学习小结

1. 颅内压增高的主要原因是颅腔内容物的体积增加或颅腔容积减小超过颅腔可代偿的容量。颅内压增高三大主征为头痛、呕吐和视乳头水肿。可采用非手术治疗（一般治疗、降低颅内压、对症治疗等）和手术治疗。该类患者需要绝对卧床休息，密切观察病情变化；防止颅内压骤升；对症护理。

2. 脑疝是颅内压增高的危象。临床常见的有小脑幕切迹疝和枕骨大孔疝，主要表现为剧烈头痛、频繁呕吐、意识障碍、生命体征紊乱等。一旦发生应立即脱水治疗以降低颅内压，确诊后尽快手术去除病因。

复习参考题

一、单项选择题

1. 脑室引流术后3小时，引流管无脑脊液流出，**不正确**的处理方法是
  A. 将引流瓶（袋）降低
  B. 告知医生
  C. 将引流管轻轻旋转
  D. 生理盐水冲洗
  E. 必要时换管

2. 护士给予颅内压增高患者床头抬高30°的主要目的是
  A. 有利于改善心脏功能
  B. 有利于改善呼吸功能
  C. 有利于颅内静脉血液回流
  D. 有利于鼻饲
  E. 防止呕吐物误入呼吸道

3. 关于GCS计分**不正确**的是
  A. 依据睁眼反应、语言反应及运动反应进行评分
  B. 最高分为15分
  C. 8分以下为昏迷
  D. 最低分为0分
  E. 分数越低表示意识障碍越严重

4. 颅内压增高患者为降低颅内压，20%甘露醇250ml输注时间至多
  A. 30分钟
  B. 60分钟
  C. 90分钟
  D. 100分钟
  E. 120分钟

5. 颅内压增高患者出现便秘时，处理方法是
  A. 每日饮水3 000ml
  B. 腹部按摩
  C. 使用缓泻剂
  D. 低压小剂量灌肠
  E. 多进食蔬菜水果

参考答案：
1. D　2. C　3. D　4. A　5. D

二、简答题

1. 简述脑室引流的护理。

2. 简述颅内压增高患者亚低温治疗的护理要点。

第十二章　颅脑损伤患者的护理

学习目标

知识目标	1. 掌握颅脑损伤患者的护理。 2. 熟悉颅脑损伤的定义、临床表现、处理原则。 3. 了解颅脑损伤的病因与发病机制、辅助检查。
能力目标	能运用护理程序对颅脑损伤患者实施整体护理。
素质目标	具有关心和爱护颅脑损伤患者的态度、行为；具备团队合作精神。

颅脑损伤（craniocerebral injury）多见于交通事故、自然灾害、高处坠落、跌倒，以及各种锐器、火器伤等，是常见的外科急症。其发病率仅次于四肢损伤，居全身损伤第二位，因常并发身体其他部位损伤，死亡率和伤残率均居全身各部位损伤之首。颅脑损伤包括头皮损伤、颅骨骨折和脑损伤，三者可单独发生或合并存在。

导入情景与思考

患者，男，35岁。因"车祸撞伤头部2小时"入院。患者2小时前因车祸撞伤头部致头痛，鼻咽部有异味液体流入口腔。体格检查：体温36.5℃，脉搏68次/min，呼吸19次/min，血压112/84mmHg。神志清楚，双侧瞳孔等大、等圆，直径2.5mm，对光反射灵敏，双眼青紫、肿胀明显，鼻腔有淡红色血性液体流出。CT检查示头皮血肿、颅骨骨折。

请思考：

1. 该患者目前主要的护理诊断/问题是什么？
2. 该患者目前的主要护理措施有哪些？

第一节　头皮损伤

头皮损伤均由直接外力造成，损伤类型与致伤物种类密切相关。根据致伤原因和表现特点的不同，头皮损伤可分为头皮血肿、头皮裂伤和头皮撕脱伤。

一、头皮血肿

【病因与分类】

头皮富含血管，遭受钝性打击或碰撞后，可使血管破裂，而头皮仍保持完整，形成头皮血肿（scalp hematoma）。按血肿发生的部位可分为皮下血肿（subcutaneous hematoma）、帽状腱膜下血肿（subgaleal hematoma）和骨膜下血肿（subperiosteal hematoma）。

【临床表现】

1. 皮下血肿　位于皮肤表层和帽状腱膜之间，常见于产伤或碰伤。血肿范围局限，不易扩散，边缘隆起，中央凹陷。易被误认为凹陷骨折。

2. 帽状腱膜下血肿　位于帽状腱膜和骨膜之间。由头部受斜向暴力，头皮发生剧烈滑动，撕裂该层间的血管所致。血肿体积较大，出血易扩散，甚至可蔓延至全头部，不受颅缝限制，失血量多。触诊有明显波动感。

3. 骨膜下血肿　位于骨膜和颅骨外板之间，常由颅骨骨折或产伤所致。血肿多以骨缝为界，局限于某一颅骨范围内而不超越颅缝，张力较高，可有波动感。诊断时应注意是否伴有颅骨骨折。

【辅助检查】

颅脑X线检查有助于发现有无颅骨骨折。

【处理原则】

较小的皮下血肿无须特殊处理，1~2周可自行吸收。伤后局部冷敷以减少出血和疼痛，24~48小时后改用热敷以促进血肿吸收。较小的帽状腱膜下血肿可加压包扎，待其自行吸收，血肿较大者需在无菌操作下穿刺抽吸并加压包扎。骨膜下血肿处理原则与帽状腱膜下血肿相似，但对伴有颅骨骨折者不宜强力加压包扎，以防血液经骨折缝进入颅内，引起硬脑膜外血肿。

【护理措施】

1. 镇痛　早期冷敷以减少出血和疼痛，24~48小时后可改用热敷以促进血肿吸收。

2. 病情观察和预防并发症　观察患者的意识、生命体征和瞳孔变化，警惕并发颅骨骨折及脑损伤；血肿加压包扎，嘱患者勿用力揉搓，以免增加出血。经反复穿刺加压包扎血肿仍不能缩小者，需注意是否有凝血功能障碍或其他原因。

3. 健康教育　损伤较轻者，勿剧烈活动；血肿较大或病情较重者，卧床休息。出院后如原有症状加重、头痛剧烈、频繁呕吐，应及时就诊。

二、头皮裂伤

头皮裂伤（scalp laceration）是常见的开放性损伤，可由锐器或钝器伤所致。

【临床表现】

因头皮血管丰富、出血量大，不易自止，可致失血性休克。锐器所致头皮裂伤创缘整齐。钝器打击或头部碰撞造成的头皮裂伤，创缘多不规则，常伴颅骨骨折或脑损伤。

【辅助检查】

颅脑X线检查有助于发现有无颅骨骨折。

【处理原则】

立即加压包扎止血，及早进行清创缝合术。由于头皮供血丰富，伤后24小时内，只要没有明显的感染征象，仍可进行彻底清创一期缝合；防治感染。

【护理措施】

1. 伤口护理　加强创面观察，保持敷料干燥清洁。

2. 病情观察　判断有无合并颅骨骨折和脑损伤。

3. 预防感染　严格无菌操作，遵医嘱应用抗生素和破伤风抗毒素。

4. 其他护理　遵医嘱补液，维持有效循环血量；加强基础护理。

三、头皮撕脱伤

头皮撕脱伤（scalp avulsion）是最严重的头皮损伤。多由发辫被卷入旋转的机器内所致，使大片头皮自帽状腱膜下或连同骨膜一并撕脱。分为完全撕脱和不完全撕脱两种。

【临床表现】

常因大量出血及剧烈疼痛而发生休克，有时可并发颈椎损伤，较少合并颅骨骨折和脑损伤。

【辅助检查】

颅脑X线检查有助于发现有无颅骨骨折。

【处理原则】

1. 无菌敷料覆盖创面，加压包扎，妥善止血。

2. 及时补充血容量，防治休克。

3. 完全撕脱的头皮，用无菌敷料包裹，隔水放置于有冰块的容器内随患者送至医院。严格清创后，尽早行头皮再植和小血管吻合头皮原位缝合。

4. 预防感染，镇痛止痛。

【护理措施】

1. 伤口和皮瓣护理　观察创面有无渗血，皮瓣有无坏死和感染；植皮区禁止受压；遵医嘱应用抗生素和破伤风抗毒素。

2. 抗休克护理　严密监测生命体征和病情变化，遵医嘱进行抗休克治疗并观察疗效。

3. 心理护理　做好心理疏导，指导患者保持较好的自我形象。

第二节　颅骨骨折

颅骨骨折（skull fracture）是指颅骨受暴力作用致颅骨结构破坏，常并发脑损伤。颅骨骨折的危害性常常不在于骨折本身，而在于同时并发的脑、脑神经和血管损伤，如发生脑脊液漏、颅内血肿及颅内感染等常可危及生命。

【分类】

按骨折部位可分为颅盖骨折（fracture of skull vault）与颅底骨折（fracture of skull base）；按骨折形态可分为线性骨折（linear fracture）、凹陷骨折（depressed fracture）、粉碎性骨折（comminuted fracture）和洞形骨折（cavitated fracture）；按骨折与外界是否相通，可分为开放性骨折（open fracture）与闭合性骨折（closed fracture）。

【发病机制】

颅骨骨折均系外力直接或间接作用于颅骨所致，暴力作用的方向、速度和着力面积等致伤因素对颅骨骨折影响较大。若暴力作用点面积较小而速度较缓时，多引起通过着力点的线状骨折；若作用面积小而速度快时如火器伤，常形成洞形骨折，骨片陷入颅腔；若作用点面积大而速度较缓时，可致粉碎性骨折或多发线性骨折；若打击面积大而速度快时，多引起局部粉碎性凹陷骨折。

【临床表现】

（一）颅盖骨折

颅盖骨折按骨折形态一般分为线性骨折、凹陷骨折。

1. 线性骨折　局部压痛、肿胀，患者常伴有局部骨膜下血肿。应警惕合并脑损伤和颅内血肿。

2. 凹陷骨折　凹陷骨折多见于额、顶部。单纯性凹陷骨折多为闭合性损伤，头皮完整，不伴有脑损伤。粉碎性凹陷骨折常伴有硬脑膜和脑组织损伤，或骨折位于脑重要功能区，引起颅内出血、偏瘫、失语、癫痫等神经系统定位体征。

（二）颅底骨折

颅底骨折常为线性骨折，多由颅盖骨折延伸而来。颅底硬脑膜与颅骨贴合紧密，颅底骨折易撕裂硬脑膜，出现脑脊液漏而成为开放性骨折。依骨折的部位可分为颅前窝、颅中窝和颅后窝骨折。骨折部位不同，临床表现各异（表12-2-1），主要表现为脑脊液漏、皮下或黏膜下瘀斑和脑神经损伤。

▼ 表12-2-1　颅底骨折的临床表现

骨折部位	脑脊液漏	瘀斑位置	可能累及的脑神经
颅前窝	鼻漏	眼睑、球结膜下（熊猫眼或眼镜征）	嗅神经 视神经
颅中窝	鼻漏和耳漏	无	颞骨岩部骨折损伤面神经和听神经；骨折位于中线处，可累及第Ⅱ~Ⅵ对脑神经
颅后窝	无	乳突和枕下部皮肤（Battle征）、咽后壁黏膜下	第Ⅸ~Ⅻ对脑神经

【辅助检查】

1. X线检查　可以明确有无线性闭合性颅盖骨折；对颅底骨折诊断价值不大。

2. CT　可清楚显示骨折的部位，有助于了解有无脑损伤。

【处理原则】

1. 颅盖骨折 单纯的线性骨折或凹陷骨折下陷较轻、范围不大者一般无须特殊处理。以下情形需手术整复或摘除陷入的骨片：凹陷深度大于1cm；开放性粉碎性凹陷骨折者；合并脑损伤、大面积的骨折片陷入颅腔引起颅内压增高者或并发脑疝者；骨折片压迫脑组织引起神经系统体征或癫痫者。

2. 颅底骨折 骨折本身多数无须特殊处理，重点是预防颅内感染、处理脑脊液漏及脑神经损伤，给予破伤风抗毒素及抗生素预防感染。多数脑脊液漏能在1~2周自愈，持续4周以上或伴颅内积气经久不消时，应及时进行硬脑膜修补术。若骨折片或血肿压迫视神经或面神经，应尽早手术减压。

【护理措施】

1. 病情观察

（1）了解现场急救情况、治疗情况，观察有无脑损伤和其他合并伤的存在。

（2）密切观察患者意识、生命体征、瞳孔及肢体活动情况等，注意有无颅内压增高及脑疝的早期迹象；观察有无体温升高、脑膜刺激征等颅内感染征象，及时发现和处理。

（3）明确有无脑脊液漏并估计外漏量：观察并询问患者是否经常有腥味液体流至咽部。颅脑外伤后，若有淡红色液体自患者鼻腔、外耳道流出，可疑为脑脊液漏，将待查血性液体滴在白色滤纸上，若血迹周围有淡红色月晕样浸渍圈，则为脑脊液漏；也可通过红细胞计数与周围血红细胞比较，以明确诊断。脑脊液中葡萄糖含量约为血糖的60%，而鼻腔分泌物中不含糖，可用尿糖试纸测定或葡萄糖定量来明确诊断。在鼻前庭或外耳道口放置干棉球，随湿随换，观察24小时浸湿棉球数，估计并记录脑脊液外漏量。

2. 脑脊液漏的护理

（1）合适体位：绝对卧床休息，取头高位，头偏向患侧，借重力作用使脑组织移至颅底，促使脑膜逐渐形成粘连以封闭脑膜破口。

（2）保持外耳道、鼻腔和口腔清洁：及时用消毒棉球或棉签清除外耳道、鼻腔的血迹和污垢，以防逆行感染。

（3）预防脑脊液反流：严禁从鼻腔吸痰或放置胃管；严禁堵塞鼻腔和外耳道；禁止耳鼻滴药和冲洗；禁忌腰椎穿刺；避免用力咳嗽、打喷嚏、擤鼻涕；避免用力排便，以免颅内压的骤然变化导致脑脊液反流。

（4）用药护理：遵医嘱应用抗生素、破伤风抗毒素或破伤风类毒素等。

3. 颅内低压综合征的护理 若脑脊液外漏过多，颅内压过低可导致颅内血管扩张，患者出现剧烈头痛、眩晕、呕吐、厌食、反应迟钝、脉搏细弱、血压偏低等症状。头痛在立位时加重，卧位时缓解。一旦发生，患者卧床休息，取头低足高位，以防脑脊液外漏过多；遵医嘱补充大量水分以缓解症状。

4. 健康教育 指导有颅骨缺损患者，避免局部碰撞，以免造成脑组织损伤；遵医嘱复诊，伤后6个月左右可行颅骨成形术。

《脑脊液漏规范化管理中国专家共识》（2022年）关于脑脊液漏的手术治疗时机和适应证的推荐意见包括：

1. 对于影像学检查高度怀疑存在创伤性脑脊液漏患者，应在急诊手术处理颅脑损伤同时，一期探查有无颅底骨折，并妥善修复硬脑膜和颅底重建。

2. 一旦出现术后脑脊液漏必须积极处理。经蝶手术后脑脊液鼻漏，如果为低流量，可先行保守治疗，治疗无效时应进行手术修补；如果为高流量，应早期积极手术修补。开颅手术的切口漏，应即刻缝合切口，并妥善处理皮下积液，若保守治疗无效者应进行手术修补。

3. 对于特发性脑脊液漏，应遵循其他脑脊液漏的诊断原则和标准，一旦确诊，建议尽早手术修补。若无法明确病因，应尽可能明确漏口的位置并进行手术修补。

第三节 脑损伤

脑损伤（brain injury）是指暴力作用导致脑膜、脑组织、脑血管及脑神经的损伤。

【分类】

根据伤后脑组织是否与外界相通，可分为开放性脑损伤和闭合性脑损伤。开放性脑损伤多由锐器和火器直接造成，伴有头皮破裂、颅骨骨折和硬脑膜破裂，多有脑脊液漏；闭合性脑损伤多由间接暴力或头部接触钝性物体所致，脑膜完整，无脑脊液漏。

根据损伤发生的时间和机制可分为原发性脑损伤和继发性脑损伤。原发性脑损伤指暴力作用头部后立即发生的脑损伤，包括脑震荡和脑挫裂伤等；继发性脑损伤是指受伤一段时间后出现的脑损伤，主要有脑水肿和颅内血肿等。

【发病机制】

脑损伤的发生机制较为复杂，可概括为由两种作用力所造成。

1. 接触力 外力作用于头部直接造成冲击，颅骨骨折、颅骨的急速变形（内陷和迅速回弹）引起脑损伤。病变部位常在受力部位。

2. 惯性力 脑与颅骨之间的相对运动造成脑损伤，既有冲击伤的作用，又有对冲伤的作用。受伤瞬间头部的减速或加速运动，使脑在颅腔内急速移位，与颅壁相撞、颅底摩擦，并可受大脑镰、小脑幕的牵扯，导致多处或弥散性脑损伤。通常将着力点侧的脑损伤称为冲击伤，其对侧由于惯性力作用引起受伤称为对冲伤。人体坠落时，枕部着地，造成额、颞部及其底部的脑损伤，属对冲伤。

一、脑震荡

脑震荡（cerebral concussion）指头部受撞击后发生的一过性脑功能障碍，无肉眼可见的神经病理改变，但在显微镜下可见神经组织结构紊乱。

【临床表现】

患者在伤后立即出现短暂意识障碍，持续数秒或者数分钟，一般不超过30分钟，同时可伴有皮肤苍白、出汗、血压下降、心动徐缓、呼吸浅慢、肌张力降低、各种生理反射迟钝或消失等自主神经和脑干功能紊乱表现。清醒后大多不能回忆伤前及受伤当时情况，而对往事记忆清楚，称为逆行性遗忘。常伴有头痛、头昏、呕吐、恶心、失眠、耳鸣、情绪不稳、记忆力减退等症状，一般持续数日或数周。

【辅助检查】

神经系统检查无阳性体征，脑脊液检查无红细胞，CT检查颅内无异常发现。

【处理原则】

脑震荡一般无须特殊处理，卧床休息1~2周可完全恢复。注意观察有无颅内压增高和脑疝的表现，必要时给予镇静、镇痛药。

【护理措施】

1. 病情观察　密切观察患者的意识状态、生命体征、瞳孔及神经系统体征，预防颅内继发性病变和并发症。

2. 镇静、镇痛　遵医嘱适当给予镇静、镇痛药。

3. 心理护理　缓解患者焦虑情绪，帮助其正确认识疾病，树立信心。

二、脑挫裂伤

脑挫裂伤是常见的原发性脑损伤，可单发或多发，可发生于着力部位，也可发生于对冲部位。脑挫裂伤包括脑挫伤和脑裂伤。脑挫伤指脑组织遭受破坏较轻，软脑膜尚完整；脑裂伤是指软脑膜、血管和脑组织都有破裂，伤后易出现蛛网膜下隙出血，脑水肿、颅内压增高甚至脑疝。因两者常并存，合称为脑挫裂伤。

【病理生理】

脑挫裂伤主要发生于大脑皮质，轻者软脑膜下有散在的点状或片状出血灶。重者软脑膜撕裂，脑皮质及深部白质广泛碎裂、坏死，局部出血，甚至形成血肿。脑挫裂伤继发引起脑水肿和血肿形成，临床意义更为重要。

【临床表现】

1. 意识障碍　是脑挫裂伤最突出的临床表现。伤后立即出现，其程度和持续时间与脑损伤严重程度和范围直接相关。绝大多数在30分钟以上，严重者可长期持续昏迷。

2. 头痛、恶心、呕吐　可能与颅内压增高、自主神经功能紊乱有关。脑裂伤可致外伤性蛛网膜下隙出血，可有脑膜刺激征、脑脊液检查有红细胞等表现。

3. 局灶症状和体征　若伤及脑功能区，在受伤当时立即出现与受伤部位相应的神经功能障碍和体征，如语言中枢受损出现失语，运动中枢受损出现对侧偏瘫等。若伤及额叶、颞叶前端，可无局灶症状和体征。

4. 原发性脑干损伤　是脑挫裂伤中最严重的特殊类型，常与弥散性脑损伤并存。① 意识障碍：患者常因脑干网状结构受损、上行激活系统功能障碍而出现持久昏迷。② 严重生命体征紊乱：伤后早期即出现呼吸节律紊乱、心率及血压波动明显。③ 瞳孔变化：双侧瞳孔时大时小，对光反射消失，眼球位置歪斜或同向凝视。④ 四肢肌张力增高，伴单侧或双侧锥体束征，严重者出现去大脑强直。

【辅助检查】

1. 影像学检查 首选CT检查，可显示脑挫裂伤部位、范围、脑水肿程度和有无脑室受压及中线结构移位等；MRI检查时间较长，一般较少用于急性颅脑损伤的诊断，但对较轻的脑挫伤病灶显示优于CT；X线检查有助于了解颅骨骨折情况。

2. 腰椎穿刺 检查脑脊液是否含血，同时可测量颅内压或引流血性脑脊液，以减轻症状。但颅内压明显增高者禁忌腰椎穿刺。

【处理原则】

1. 非手术治疗 包括防治脑水肿，保持呼吸道畅通，加强营养支持，处理高热、躁动和癫痫，做好促苏醒、脑保护和脑功能恢复治疗。

2. 手术治疗 继发性脑水肿严重；颅内血肿清除后，颅内压无明显缓解或一度好转又恶化出现脑疝者考虑局部病灶清除术或减压术。

【护理评估】

1. 健康史

（1）一般情况：年龄、性别等。

（2）外伤史：受伤原因、时间、外力作用的部位及方向，迅速评估有无危及生命的损伤；现场采取的急救措施及其效果，途中运送情况等。

（3）既往史：既往健康状况。

2. 身体状况

（1）症状与体征：头部外伤情况，呼吸道是否通畅；生命体征、意识、瞳孔及神经系统体征变化，有无颅内压增高和脑疝症状，有无脑干受损情况；患者营养状况。

（2）辅助检查：影像学检查结果，判断脑挫裂伤的严重程度及类型。

3. 心理-社会状况 患者及家属的心理反应，以及家属对患者的支持能力和程度。

【常见护理诊断/问题】

1. 急性意识障碍 与脑损伤、颅内压增高有关。

2. 清理呼吸道无效 与意识障碍或气道内分泌物增多不能有效排痰有关。

3. 营养失调：低于机体需要量 与脑损伤后高代谢、进食障碍及呕吐等有关。

4. 有废用综合征的危险 与脑损伤后意识和肢体功能障碍及长期卧床有关。

5. 潜在并发症： 颅内压增高、脑疝、癫痫。

【护理目标】

1. 患者意识障碍未加重或意识清醒。

2. 患者呼吸道保持通畅，呼吸平稳，未发生误吸。

3. 患者维持营养状况，未发生营养失调。

4. 患者未出现因活动受限引起的功能障碍。

5. 患者未发生并发症，或并发症被及时发现和处理。

【护理措施】

（一）非手术治疗的护理／术前护理

1. 合适体位　意识清醒者，取斜坡卧位。床头抬高30°，以利于颅内静脉回流。昏迷或吞咽功能障碍者宜取侧卧位，以免误吸。

2. 营养支持　定期评估患者的营养状况，及时有效地补充蛋白质及能量。早期可采用肠外营养，待肠蠕动恢复且无消化道出血者尽早行肠内营养，以利胃肠功能恢复和营养吸收。昏迷患者可通过鼻饲管给予每日所需营养，成人每日约需补充8 400kJ热量和10g氮。

3. 保持呼吸道通畅，防治呼吸道感染　及时清除呼吸道分泌物、血液、呕吐物等。对吞咽、咳嗽反射消失者，应及时清除呕吐物及呼吸道分泌物，定时翻身、拍背；深昏迷者可放置口咽通气道，必要时行气管切开或气管插管辅助呼吸；遵医嘱使用抗生素预防呼吸道感染。

4. 降温护理　及时给予高热患者冰袋、冰帽等物理降温措施。物理降温无效时，遵医嘱药物降温或亚低温治疗。

5. 病情观察

（1）意识：意识障碍的程度与脑损伤的轻重直接相关，意识障碍出现的迟早和有无继续加重可作为区别原发性和继发性脑损伤的重要依据。

（2）生命体征：为避免患者躁动影响检查准确性，应先测呼吸，再测脉搏，后测血压。注意呼吸节律和深度、脉搏快慢和强弱，以及血压和脉压变化。

（3）瞳孔：密切观察瞳孔大小、形态、对光反射及眼裂大小等，注意两侧对比。① 若伤后立即出现一侧瞳孔散大，对光反射消失，但患者的生命体征平稳、神志清醒，多为动眼神经损伤。② 若伤后一侧瞳孔散大，对侧肢体活动障碍，提示脑受压或脑疝。③ 双侧瞳孔大小多变不等圆，对光反射消失，眼球分离或异位，多为脑干损伤的表现。④ 双侧瞳孔散大，对光反射消失、眼球固定，多为原发性脑干损伤或临终表现；要注意某些药物对瞳孔的影响，如吗啡、氯丙嗪可使瞳孔缩小，阿托品、麻黄碱等药物可使瞳孔散大。

（4）肢体运动障碍：注意观察有无自主运动，是否对称，有无瘫痪及瘫痪的程度等。伤后立即出现一侧上下肢运动障碍而且相对稳定，多为对侧大脑皮质运动区损伤所致。伤后一段时间出现的一侧肢体运动障碍且进行性加重，伴有意识障碍和瞳孔变化，多为小脑幕切迹疝使中脑受压，锥体束受损所致。

（5）其他：观察有无脑脊液漏、颅内压增高表现或脑疝先兆。注意CT和MRI扫描结果及颅内压监测情况。

（二）手术患者的护理

参见第十三章第一节颅内肿瘤。

（三）并发症的护理

1. 蛛网膜下腔出血 由脑裂伤所致，患者可有头痛、发热、颈强直等脑膜刺激征表现。遵医嘱给予解热镇痛药对症处理。病情稳定时，排除颅内血肿、颅内压增高、脑疝征象后可行腰椎穿刺，放出血性脑脊液缓解头痛。

2. 应激性溃疡 见于严重颅脑损伤、大剂量类固醇皮质激素应用、休克患者，可诱发急性胃肠黏膜病变，引起消化道出血。遵医嘱补充血容量，停用激素，使用胃酸分泌抑制剂如西咪替丁等。及时清理呕吐物，避免误吸。

3. 外伤性癫痫 颅内血肿、脑挫裂伤、蛛网膜下腔出血等可引起早期癫痫发作，脑的瘢痕、脑萎缩等可引起晚期癫痫发作。对癫痫患者应掌握其先兆，做好预防措施。发作时应有专人护理，用牙垫防止舌咬伤；及时吸出呼吸道分泌物，保持呼吸通畅。外伤性癫痫可用苯妥英钠预防，发作时可用地西泮制止抽搐。癫痫完全控制后，继续用药1~2年，逐渐减量后停药，以防突然停药所致复发。

4. 颅内压增高和脑疝 参见第十一章颅内压增高。

5. 暴露性角膜炎 定期清除眼分泌物，并滴抗生素眼药水。眼睑闭合不全者，用无菌纱布覆盖或涂眼药膏保护，预防暴露性角膜炎和角膜溃疡。

6. 废用综合征 加强肢体功能锻炼，每日2~3次做四肢关节被动活动和肌肉按摩，保持四肢关节功能位，预防关节痉挛、肌萎缩。

7. 压力性损伤、呼吸道感染、泌尿系统感染 参见第五章围手术期患者的护理。

（四）健康教育

1. 对恢复过程中的患者如出现头晕、耳鸣等症状应给予适当解释和宽慰，鼓励其尽早自理生活。

2. 指导外伤性癫痫患者坚持服用抗癫痫药物，不可突然中断服药。为防止发生意外，癫痫患者不能单独外出、登高、游泳等。

3. 脑损伤后遗留的运动、语言或智力障碍在伤后1~2年内有部分恢复的可能，应鼓励患者树立信心，并协助制订康复计划，以提高患者的生活自理能力及社会适应能力。

【护理评价】

1. 患者意识障碍是否减轻或意识清醒。

2. 患者呼吸是否平稳，呼吸道是否保持通畅，有无发生误吸。

3. 患者是否发生营养失调，能否维持营养状况。

4. 患者是否出现由活动受限引起的功能障碍。

5. 患者是否发生并发症，或并发症是否被及时发现和处理。

三、颅内血肿

颅内血肿是颅脑损伤中最常见、最危险的继发性病变。若不及时处理，血肿压迫脑组织，可引起颅内压增高、脑疝而危及患者生命。颅内血肿按照症状出现的时间可分为急性血肿（<3日

内）、亚急性血肿（3日~3周）和慢性血肿（>3周）三型；按照血肿的来源和部位分为硬脑膜外血肿、硬脑膜下血肿和脑内血肿三型。

【病因与病理】

1. 硬脑膜外血肿（epidural hematoma，EDH） 约占外伤性颅内血肿的30%，大多属于急性型。可发生于任何年龄，但小儿少见。出血积聚于颅骨与硬脑膜之间，与颅骨损伤有密切关系。硬脑膜外血肿多见于颅盖骨折，出血主要来源于脑膜中动脉，除此之外，颅内静脉窦、脑膜中静脉、板障静脉也可引起出血。血肿多见于颞部、额顶部和颞顶部。

2. 硬脑膜下血肿（subdural hematoma，SDH） 约占外伤性颅内血肿的40%，是最常见的颅内血肿。可分为急性、亚急性和慢性三型。出血积聚于硬脑膜与蛛网膜之间。急性或亚急性硬脑膜下血肿多见于额颞部，出血主要来源于挫裂的脑实质血管，大多由对冲性脑挫裂伤所致；慢性硬脑膜下血肿好发于老年人，多有轻微头部外伤史，部分病例无外伤史而与营养不良、维生素C缺乏、血管性疾病等有关。慢性硬脑膜下血肿可形成完整包膜，进展缓慢，可出现脑受压和颅内压增高症状。

3. 脑内血肿（intracerebral hematoma，ICH） 比较少见，在闭合性颅脑损伤中，发生率仅为0.5%~1.0%。血肿发生在脑内，浅部血肿常与脑挫裂伤所致硬脑膜下血肿共存，多伴有颅骨凹陷骨折；深部血肿多见于老年人，血肿位于白质，脑表面可无明显挫伤。多由脑受力变形或剪切力使深部血管撕裂所致。

【临床表现】

1. 硬脑膜外血肿

（1）意识障碍：随脑损伤的程度和出血速度不同而有所不同。主要有三种类型：① 原发性脑损伤轻，伤后无原发昏迷，待颅内血肿形成后才开始出现意识障碍，即清醒-昏迷。② 原发性脑损伤略重，伤后一度昏迷，随后完全清醒或好转，因继发性血肿及颅内压增高，再度出现意识障碍，并渐加重，即昏迷-清醒-昏迷。③ 原发性脑损伤较重或血肿形成迅速，伤后昏迷进行性加重或持续昏迷。

（2）颅内压增高：一般成人幕上血肿大于20ml、幕下血肿大于10ml，即可引起颅内压增高症状。血肿进一步增大可形成脑疝。

（3）瞳孔：幕上血肿大多先出现小脑幕切迹疝，患侧瞳孔先缩小然后散大；若脑疝继续发展，最终双侧瞳孔散大。幕上血肿大多先经历小脑幕切迹疝，然后合并枕骨大孔疝，故呼吸循环障碍常发生在意识障碍和瞳孔变化之后。幕下血肿者可直接发生枕骨大孔疝，较早发生呼吸骤停。

（4）神经系统体征：原发性脑损伤表现为伤后立即出现局灶神经功能障碍的症状和体征。当血肿增大引起脑疝时，可出现对侧锥体束征，脑干受压严重时可致去大脑强直。

2. 硬脑膜下血肿

（1）急性和亚急性硬脑膜下血肿：多由脑挫裂伤造成脑实质血管破裂所致。症状类似于硬脑膜外血肿，因脑实质损伤重，原发性意识障碍时间长，少有中间清醒期。颅内压增高征象在1~3日内进行性加重。

（2）慢性硬脑膜下血肿：多见于老年人，致伤外力小，出血缓慢。患者可有慢性颅内压增高、偏瘫、失语等局灶症状和体征，有时可有智力障碍、精神失常、记忆力减退等表现。易误诊，应注意鉴别诊断。

3. 脑内血肿　以进行性加重的意识障碍为主，当血肿累及重要功能区，可出现偏瘫、失语、局灶性癫痫等定位体征。

【辅助检查】

CT对颅内血肿可明确定位。

1. 硬脑膜外血肿　CT检查颅骨内板与脑表面之间有双凸镜形或弓形高密度影，可有助于确诊。

2. 硬脑膜下血肿　① 急性硬脑膜下血肿，在颅骨内板与脑表面之间呈新月形或半月形高密度、混杂密度或等密度影，多伴有脑挫裂伤和脑受压；② 慢性硬脑膜下血肿，在脑表面可见新月形、半月形低密度影，中线移位、脑室受压。

3. 脑内血肿　在靠近脑挫裂伤病灶或脑深部白质内见到类圆形或不规则高密度影，周围有低密度水肿区。

【处理原则】

1. 手术治疗　急性血肿一经确诊应立即手术治疗，开颅清除血肿并彻底止血；慢性硬脑膜下血肿已形成完整包膜者多采用颅骨钻孔引流术。术中置管冲洗清除血肿，术后保持引流2~3日，以利脑组织膨出和消灭无效腔。

2. 非手术治疗　若颅内血肿较小，患者无意识障碍及颅内压增高症状和体征，可在严密病情观察条件下行脱水等非手术治疗。若发现病情变化或血肿增大，有脑疝早期症状应立即行手术治疗。

【护理措施】

颅内血肿为继发性脑损伤，在执行原发性脑损伤相关护理措施之外，还应注意以下几点。

1. 病情观察　密切观察患者意识状态、生命体征，瞳孔变化等，一旦发现颅内压增高征象，积极采取措施降低颅内压，同时做好术前准备。术后观察病情变化，判断血肿清除效果并及时发现术后血肿复发迹象。

2. 慢性硬脑膜下血肿术后护理　① 体位：患者取平卧位或头低足高患侧卧位，以便充分引流。② 引流管护理：引流瓶（袋）应低于创腔30cm，保持引流管通畅，注意观察引流液的性质和量。术后3日左右行CT检查，证实血肿消失后拔管。③ 术后不使用强力脱水药，亦不严格限制水分摄入，以免颅内压过低影响脑膨出。

（沈娟）

学习小结

颅脑损伤有明确外伤史。头皮损伤以血肿为主；较小头皮血肿可自行吸收，较大可穿刺抽吸后加压包扎。颅底骨折的主要临床表现为皮下或黏膜下瘀斑、脑脊液漏和脑神经损伤症状；做好脑脊液漏的护理是预防颅底骨折颅内感染的关键。脑震荡为一过性脑功能障碍，无肉眼可见的神经病理改变，临床特点是短暂意识障碍、逆行性遗忘等，一般无须特殊处理。脑挫裂伤最突出的症状为意识障碍，以非手术治疗为主，其中防治脑水肿是治疗脑挫裂伤的关键。硬脑膜下血肿是最常见的颅内血肿；硬脑膜外血肿意识障碍的典型表现为昏迷-清醒-昏迷。急性颅内血肿，一经确诊应立即手术清除血肿。

复习参考题

一、单项选择题

1. "熊猫眼征"常见于
   - A. 颅前窝骨折
   - B. 颅中窝骨折
   - C. 颅后窝骨折
   - D. 额骨骨折
   - E. 脑挫裂伤

2. 颅内低压综合征表现**不包括**
   - A. 剧烈头痛
   - B. 反应迟钝
   - C. 血压升高
   - D. 脉搏细弱
   - E. 呕吐、厌食

3. 脑脊液漏正确的处理是
   - A. 应用利尿剂
   - B. 给予镇静镇痛药
   - C. 用棉球堵塞外耳道
   - D. 头低足高位卧床休息
   - E. 用生理盐水棉球清洁外耳道

4. 颅脑外伤患者住院观察期间应特别警惕出现
   - A. 血压下降
   - B. 再次昏迷
   - C. 全身抽搐
   - D. 瞳孔散大
   - E. 尿量增多

5. 颅内血肿患者应**禁用**的药物是
   - A. 吗啡
   - B. 甘露醇
   - C. 地西泮
   - D. 硝苯地平缓释片
   - E. 尼莫地平

参考答案：

1. A 2. C 3. E 4. B 5. A

二、简答题

1. 简述脑震荡的临床表现。

2. 简述脑脊液漏的判定及护理措施。

第十三章

常见颅脑疾病患者的护理

学习目标

知识目标	1. 掌握颅内肿瘤、脑血管疾病患者的护理。 2. 熟悉颅内肿瘤、脑血管疾病患者的病因、分类与特点、临床表现和处理原则。 3. 了解颅内肿瘤、脑血管病的概念和辅助检查。
能力目标	能运用护理程序对颅内肿瘤、脑血管疾病患者实施整体护理。
素质目标	具有关心和爱护颅内肿瘤、脑血管疾病患者的态度和行为；具备团队合作精神。

　　常见颅脑疾病包括颅内肿瘤、脑血管病等。原发中枢神经系统肿瘤的年发病率约为16.5/10万，其中近半数为恶性肿瘤，约占全身恶性肿瘤的1.5%。颅内肿瘤由于原发部位、组织生物学特性的不同，临床表现各异，但以颅内压增高、神经功能定位症状为共性表现。诊断常借助于辅助检查，治疗主要是通过手术切除肿瘤组织。

第一节　颅内肿瘤

导入情景与思考

患者，男，55岁，因"反复头痛、头晕3年，加重伴恶心呕吐3日，抽搐发作1次"入院。患者3年前无明显诱因出现额部钝痛，晚间及用力时加重。3日前因用力排便头痛加重，出现恶心呕吐，未处理。1日前抽搐发作1次，发作时意识丧失，眼球上翻，小便失禁，持续约3分钟后自行缓解。CT检查示右侧额叶占位性病变，考虑为"星形细胞瘤"。

请思考：

1. 该患者目前主要的护理诊断/问题有哪些？
2. 该患者目前应采取哪些护理措施？

颅内肿瘤（intracranial tumor）又称脑瘤，是指颅内占位性病变，分为原发性和继发性两大类。颅内肿瘤可发生于任何年龄，以20~50岁多见，40岁左右为发病高峰期，此后随年龄增长发病率下降。发生率在性别上无明显差异，男性患者可能略多于女性。发病部位以大脑半球为多，其次为鞍区、脑桥小脑角。

颅内肿瘤分型繁多，其中来自神经系统胶质细胞和神经元细胞的胶质瘤，是颅内最常见的恶性肿瘤，占颅内肿瘤的40%~50%，以星形细胞瘤为最多。其次为脑膜瘤和垂体腺瘤等。儿童的颅内肿瘤发病率仅次于白血病，约占全身肿瘤的7%，以颅后窝和中线部位肿瘤为多。良性肿瘤单纯外科治疗有可能治愈，交界性肿瘤单纯外科治疗后易复发，恶性肿瘤一旦确诊，需要外科治疗辅助放疗和/或化疗。

【病因】

病因目前尚不明确。颅内肿瘤的诱因可以是遗传因素、物理和化学因素，以及生物因素等。电磁辐射、神经系统致癌物、过敏性疾病和病毒感染等为颅内肿瘤发生的潜在危险。胚胎发育中一些残留细胞或组织也可分化生长成肿瘤，如颅咽管瘤、脊索瘤和畸胎瘤等。

【分类与特点】

2021年，WHO中枢神经系统肿瘤分类第五版（WHO CNS 5）采用组织学病理诊断＋基因特征的"整合诊断（integrated diagnosis）"的模式，并在此基础上进一步强调综合诊断和分层报告的重要性，同时新定义了多种肿瘤类型和相关亚型。本章节重点介绍以下5类。

（一）弥漫性胶质瘤

弥漫性胶质瘤（diffuse gliomas）包括星形细胞瘤和少突胶质细胞瘤。其发病率为（5~8）/10万，是所有脑肿瘤中发病率最高、治疗最复杂和难以治愈的类型。临床上将WHO Ⅱ级胶质瘤称为低级别胶质瘤，将WHO Ⅲ/Ⅳ级胶质瘤称为高级别胶质瘤。

1. 低级别星形细胞瘤（WHO Ⅱ级） 多发生于中青年，发病高峰25~45岁。好发于大脑半球，以额、颞叶多见，顶叶次之，枕叶少见。星形细胞瘤生长缓慢，平均病史2~3年，可长达10余年。超过50%的患者以癫痫为首发症状。肿瘤占位可引起颅内压增高，若肿瘤侵犯额叶，可出现精神障碍和性格改变。肿瘤呈实质性者与周围组织分界不清，常不能彻底切除。早期手术为主要治疗措施，对于肿瘤未能完整切除或年龄大于40岁患者，术后应辅以放射治疗。

2. 高级别星形细胞瘤（WHO Ⅲ/Ⅳ级） 包括间变性星形细胞瘤和胶质母细胞瘤，主要发生于中老年。其中胶质母细胞瘤为星形细胞瘤中恶性程度最高的肿瘤。患者主要表现为颅内压增高和神经功能障碍，癫痫少见。肿瘤呈浸润性生长，增长迅速，病程发展快，治疗较困难。临床首选在保留神经功能的同时最大限度地手术切除，术后辅以放射治疗和化疗的综合治疗。

3. 少突胶质细胞瘤（WHO Ⅱ/Ⅲ级） 多发生于30~40岁，男女发病比例为3:2。肿瘤生长较慢，形状不规则，与正常脑组织分界较清楚，瘤体内多见钙化斑块。多以癫痫为首发症状，易误诊为原发性癫痫。对化疗敏感，推荐的治疗方案是手术切除加化疗的联合治疗。

（二）脑膜瘤

脑膜瘤（meningioma）是一种常见的原发性中枢神经系统肿瘤，约占原发性颅内肿瘤的

14.4%~19.0%。多为良性肿瘤，生长缓慢，有完整包膜，压迫嵌入脑实质内，边界清晰。多位于大脑半球矢状窦旁、大脑凸面、蝶骨和鞍结节。邻近的颅骨有增生或被侵蚀的迹象。采取手术彻底切除可预防复发。

（三）蝶鞍区肿瘤

1. 垂体腺瘤（pituitary adenoma） 来源于腺垂体的良性肿瘤。发病率日渐增多，约占颅内肿瘤的10%~15%。起病年龄多为30~50岁，女性多于男性。对患者生长、发育、劳动能力、生育功能有严重损害。根据腺瘤内分泌功能分类，主要包括：① 催乳素腺瘤（PRL腺瘤），为最常见类型，可致女性患者停经泌乳，男性患者肥胖、阳痿、体重增加、毛发稀少等。② 生长激素腺瘤（GH腺瘤），青春期前发病者表现为巨人症，发育期后患病者表现为肢端肥大症。③ 促肾上腺皮质激素腺瘤（ACTH腺瘤），临床患者表现为库欣病、皮质醇增多症，满月脸、水牛背、腹壁及大腿部皮肤紫纹、肥胖、高血压及性功能减退等。④ 其他类型，如促甲状腺激素腺瘤（TSH腺瘤）、混合性激素分泌瘤等。手术摘除是首选的治疗方法。生长激素腺瘤对放射线较敏感，立体放射治疗适用于垂体微腺瘤。相比溴隐亭，卡麦角林是目前针对催乳素腺瘤最有效且最易耐受的药物。

2. 颅咽管瘤（craniopharyngioma） 为良性先天性肿瘤，约占颅内肿瘤的2.5%~4%，多位于蝶鞍膈上。发病年龄高峰为5~10岁的儿童及50~75岁的成人。主要表现为压迫视神经及视交叉引起视力障碍、视野缺损；肿瘤影响垂体腺及下丘脑功能导致的性发育迟缓、性功能减退、尿崩症、侏儒症、肥胖及间脑综合征；肿瘤侵犯其他脑组织引起的神经、精神症状。首选手术治疗，术后多需要激素补充和替代治疗。

（四）前庭神经施万细胞瘤

前庭神经施万细胞瘤（vestibule schwannoma）源于前庭神经的施万细胞（Schwann细胞），发生在内耳道段，临床习惯称为听神经瘤（acoustic neuroma），为良性肿瘤，占颅内肿瘤的8%~10%，位于脑桥小脑角内。多以单侧高频耳鸣隐匿性起病，听力下降，逐渐丧失听力。大多数肿瘤早期表现为同侧神经性听力下降、耳鸣和平衡障碍三联征。临床以手术切除为主，肿瘤直径<3cm者可行立体放射治疗。

（五）转移性肿瘤

脑转移瘤是成人最常见的颅内肿瘤，在颅内肿瘤中的占比远超50%。在非中枢神经恶性肿瘤患者中，10%~30%的成人和6%~10%的儿童会出现脑转移瘤。最常引起成人脑转移瘤的原发性肿瘤是上皮细胞癌，包括肺癌、乳腺癌、肾癌、结直肠癌和黑色素瘤。儿童最常见的脑转移瘤来源是肉瘤、神经母细胞瘤和生殖细胞肿瘤。部分患者以颅内转移灶为首发症状，诊断为转移瘤后才在其他部位找出原发病灶。伴颅内压增高单发转移瘤应尽早手术，术后辅以放疗和化疗。

【临床表现】

由于肿瘤的原发部位、组织生物学特性的不同，不同肿瘤的临床表现各异，但以颅内压增高、神经功能定位症状为共同特点。

1. 颅内压增高 颅内肿瘤引起颅内压增高的原因主要是颅内占位性病变、肿瘤周围脑水肿及脑脊液循环受阻出现脑积水。瘤内出血可表现为急性颅内压增高，甚至引发脑疝。出现头痛、呕吐、视乳头水肿三主征，还可引起意识障碍、脉搏徐缓、血压增高、两眼展神经麻痹、复视、头晕、黑矇、猝倒、大小便失禁等征象，症状常呈进行性加重。儿童颅内肿瘤伴颅内压增高时常掩盖肿瘤定位体征，易误诊为胃肠道疾病。老年人由于脑萎缩，颅内空间相对增大，发生颅脑肿瘤时颅内压增高不明显易误诊。

2. 神经功能定位症状 颅内肿瘤刺激、压迫或破坏脑组织或脑神经会产生局部神经功能紊乱，如癫痫发作、进行性运动或感觉障碍、精神障碍、视力或视野障碍、语言障碍及共济失调等。症状和体征的出现取决于颅内肿瘤的部位。颅内肿瘤发病部位以大脑半球最多，其次为鞍区、脑桥小脑角。最早出现的局灶性症状有定位意义。

3. 癫痫 颅内肿瘤患者的癫痫发生率高达30%~50%，瘤性癫痫的发生及发作类型与肿瘤部位有关，例如运动功能区胶质瘤癫痫发生率高达90%，多为局灶性发作。长程视频脑电图监测到癫痫发作期的棘波、棘尖波具有诊断价值。

【辅助检查】

1. 影像学检查

（1）CT：目前应用最广泛的无损伤脑成像技术。颅内软组织结构如脑室、脑池、灰质和白质等能清晰显影并有较高的对比度，对诊断颅内肿瘤有很高的应用价值。三维CT的应用使颅内病变定位诊断更加精确。

（2）MRI：对不同神经组织和结构的细微分辨能力远优于CT。具有无X线辐射、对比度高、可多层面扫描重建等优点。适用于碘过敏不能行CT检查及颅骨伪影所致CT检查受限者。因可清楚显示颅内血管血流情况，MRI已部分取代脑血管造影检查。

（3）PET-CT：可早期发现肿瘤，判断脑肿瘤恶性程度，尤其可诊断脑转移瘤并提示原发灶，鉴别原发中枢神经系统淋巴瘤与体部淋巴瘤脑转移。

2. 实验室检查 垂体腺及靶腺功能检查发现垂体腺瘤，还需要做内分泌激素如生长激素（GH）、甲状腺激素 [三碘甲状腺原氨酸（T_3）、甲状腺素（T_4）]、血浆促肾上腺皮质激素（ACTH）等的测定。

3. 活组织病理学检查 在立体定向或神经导航技术的基础上取得组织标本，进行组织学检查，确定肿瘤性质。

【处理原则】

1. 非手术治疗

（1）降低颅内压：缓解症状，为手术治疗争取时间。包括脱水治疗、激素治疗、亚低温治疗及脑室引流等。

（2）药物治疗：术前有癫痫病史或术后出现癫痫发作者，应连续服用抗癫痫药物，发作停止后，可缓慢停药。

（3）放射治疗：作为恶性肿瘤部分切除后辅助治疗手段。适应证：① 肿瘤位于重要功能区；② 部位深不宜手术者；③ 患者全身情况差不允许手术者；④ 对放疗较敏感的肿瘤，如生殖细胞瘤和淋巴瘤对放射线高度敏感，经活体组织检查（简称活检）证实后，可首选放疗。

知识拓展 | <center>立体定向放射治疗</center>

立体定向放射治疗（stereotactic radio-therapy，SRT）是2014年公布的放射医学与防护名词，是利用专门设备通过立体定向、定位技术实现小照射野聚焦式的放射治疗，是立体定向放射外科（stereotactic radiosurgery，SRS）和分次立体定向放射治疗（fractional stereotaxis radiotherapy，FSRT）的统称。1951年，瑞典著名的神经外科专家Lars Leksell教授首先提出了立体定向放射治疗的方法。

FSRT和SRS都是利用立体定向技术进行病灶定位，照射靶区的放射治疗技术，但前者是分次照射，而后者是单次、大剂量照射。FSRT是SRS的发展，具有减轻放射性脑损伤、促使肿瘤乏氧细胞再氧化等优点。FSRT大多数应用非创伤性头架（面模）通过直线加速器非共面旋转照射或多个小固定野照射；也有应用伽马刀Leksell头架完成FSRT，疗程通常较短，在2~6日内完成。

（4）化疗：可作为综合治疗的措施之一。化疗过程中需要防止颅内压增高、肿瘤坏死出血及抑制骨髓造血功能等不良反应。如患者体质好可与放疗同时进行。

（5）其他治疗：如基因、免疫、中医等治疗方法，均在进一步探索中。

2. 手术治疗　切除肿瘤是降低颅内压、解除对脑神经压迫的最直接及最有效的方法。若肿瘤不能完全切除，可行减压术和脑脊液分流术等，以降低颅内压，延长生命。立体定位、神经导航等微创神经外科技术的发展，保障了患者在切除肿瘤时脑功能不受损伤。

【护理评估】

（一）术前评估

1. 健康史

（1）一般情况：年龄、性别、职业、生活状态、营养状况、康复功能状况、生活自理情况等，了解本次发病的特点和经过。

（2）既往史：有无其他系统肿瘤、头部外伤、电磁辐射、接触神经系统致癌物、病毒感染、手术治疗史等。

（3）家族史：家族中有无颅内和椎管内肿瘤病史。

2. 身体状况

（1）症状与体征：患者的生命体征、意识状态、瞳孔、肌力及肌张力、运动感觉功能等。询问起病方式，注意有无进行性颅内压增高及脑疝症状，有无神经系统定位症状和体征，如精神症状、癫痫发作、运动障碍、感觉障碍、失语、视野改变、视觉障碍、内分泌功能紊乱、小脑症状、各种脑神经功能障碍等，是否影响患者的自理能力及容易发生意外伤害。

（2）辅助检查：CT、MRI，以及血清内分泌激素检测。

3. 心理-社会状况　患者及家属对疾病的认识和期望值，对手术治疗方法、目的和预后的认知程度，家属对患者的关心、支持程度，家庭对手术的经济承受能力。

（二）术后评估

患者手术方式、麻醉方式及术中情况；引流管放置位置是否正确，引流管是否通畅，引流液的颜色、性状和量等；有无并发症迹象；患者的心理–社会状况。

【常见护理诊断/问题】

1. 自理缺陷　与肿瘤压迫导致肢体瘫痪及开颅手术有关。

2. 潜在并发症：颅内出血、颅内压增高及脑疝、颅内积液和假性囊肿、中枢性高热、脑脊液漏、癫痫发作、尿崩症等。

【护理目标】

1. 患者能够达到最佳的自理水平。

2. 患者未发生并发症，或并发症被及时发现和处理。

【护理措施】

（一）非手术治疗的护理/术前护理

1. 体位　床头抬高30°，有利于头部静脉回流，降低颅内压。昏迷者头偏向一侧，以免发生误吸。

2. 加强营养　采取均衡饮食，保证足够的蛋白质和维生素的摄入，睡前不喝咖啡、浓茶，避免大脑兴奋。无法进食者采用鼻饲或胃肠外营养，维持患者水、电解质和酸碱平衡。

3. 病情观察　严密观察病情变化，当患者出现意识障碍、瞳孔不等大、缓脉、血压升高等症状时，提示有发生脑疝可能，应立即告知医生。保持呼吸道通畅，迅速静脉滴注脱水药，并留置导尿管，以了解脱水效果。做好术前特殊检查及手术准备。

4. 安全护理

（1）有精神症状、癫痫大发作、视野缺损、视力减退、肌张力下降、共济失调及幻觉者，术前应留陪护，并根据患者情况采取恰当的安全措施，如使用床栏、保持地面干燥、物品放在患者容易取到的位置等。

（2）偏瘫和感觉障碍者，常规给予床栏保护，必要时约束四肢，避免患者发生坠床、跌倒、压力性损伤及烫伤等不良事件。

5. 术前准备　术前检查包括血常规、尿常规、大便常规、凝血功能、血液生化、心功能、肺功能检查等；术前两小时剃净头发并消毒，做好整个头部和颈部的皮肤准备。若患者拟行经口鼻蝶窦入路手术，术前还应剃胡须，剪鼻毛，保持口腔及鼻腔清洁。如颅后窝肿瘤，应剃颈部毛发；术前应用阿托品以减少呼吸道分泌物、抑制迷走神经。

（二）术后护理

1. 体位　幕上开颅术后患者应取健侧卧位，避免切口受压；幕下开颅术后早期宜取去枕侧卧或侧俯卧位；经口鼻蝶窦入路术后患者采取半卧位，以利于伤口引流；后组脑神经受损、吞咽功能障碍者宜取侧卧位，以防口咽部分泌物误入气管；肿瘤体积较大，术后颅腔所留空隙较大者，24~48小时内手术区应保持高位，以免突然翻动时，脑和脑干移位引起大脑上静脉撕裂、硬脑膜下出血或脑干功能衰竭。为患者翻身或搬动患者时，应有专人扶持头部，确保头颈位于一条直线，避免头颈部过度扭曲或震动。

2. 病情观察 严密观察生命体征、意识、瞳孔变化和肢体活动状况。术后24小时内易出现颅内出血及脑水肿，而引起脑疝等并发症。若患者意识由清醒转为迟钝或消失，伴对侧肢体活动障碍加重，同时出现脉缓、血压升高，要考虑颅内出血或水肿的可能，应及时向医生报告。

3. 饮食 一般颅脑手术后，麻醉清醒，恶心、呕吐消失后可给予流食，第2~3日给予半流质饮食，以后逐渐过渡至普通饮食；颅后窝手术或听神经瘤手术后，因舌咽、迷走神经功能障碍有吞咽困难、饮水呛咳者，应严格禁食禁饮，采用鼻饲供给营养，待吞咽功能恢复后逐渐练习进食；颅脑手术后因脑水肿反应，应适当控制液体入量，以1 500~2 000ml为宜，记录24小时液体出入量，维持水、电解质和酸碱平衡。

4. 引流管护理 术后常规放置引流管。妥善固定，保持引流通畅，观察引流液的量、颜色及性状，控制引流速度和引流量，不可随意放低或抬高引流袋，3~4日脑脊液转清后可拔管，拔除引流管前可试行闭管或抬高引流袋。

5. 并发症的护理

（1）颅内出血：是术后最危险的并发症，多发生在术后24~48小时内。患者出现颅内压增高的表现，意识障碍程度加深，由清醒变为意识模糊、嗜睡、昏睡甚至昏迷。术后密切观察，一旦发现患者有颅内出血迹象，应及时告知医生，行CT检查，若幕上血肿>20ml，幕下血肿>10ml，应做好再次手术的准备。

（2）颅内压增高：术后2~4日是脑水肿的高发期。当患者意识状态和瞳孔出现变化时，需警惕出现颅内压增高甚至脑疝。一旦发生颅内压增高，应及时告知医生，遵医嘱进行脱水和激素治疗，并给予抬高床头30°、吸氧等处理。

（3）颅内积液或假性囊肿：术后手术残腔内的血性液体和气体易引起局部积液或假性囊肿，应保持引流通畅，妥善放置引流瓶。① 术后48小时内若引流量多，肿瘤创腔引流袋可放于枕边（高度与头部创腔一致）或适当抬高引流袋，以保证创腔内有一定的液体压力，防止脑组织移位。② 术后48小时后引流袋可略放低，以较快引出创腔内液体，减少局部残腔，避免局部积液引起颅内压增高。③ 通畅引流3~4日，待血性脑脊液转为清亮后即可拔管。

（4）脑脊液漏：注意伤口、鼻、耳等处有无脑脊液漏。经口鼻蝶窦入路术后避免剧烈咳嗽，以防脑脊液鼻漏。一旦发现，应及时告知医生并做好相应护理。

（5）中枢性高热：术后12~48小时内，下丘脑、脑干部位病变可引起中枢性高热，一般物理降温效果较差，需采用亚低温治疗。

（6）尿崩症：主要发生于鞍上手术后，如垂体腺瘤、颅咽管瘤等手术影响下丘脑血管升压素分泌所致。患者出现多饮、多尿、口渴，每日尿量大于4 000ml，尿比重低于1.005。遵医嘱给予神经垂体激素治疗时，准确记录出入量，根据尿量的增减和血清电解质的水平调节用药剂量。尿量增多期间，须注意补钾，每1 000ml尿量补充1g氯化钾。

（7）癫痫发作：多发生在术后2~4日，即脑水肿高峰期。因术后脑组织缺氧及皮质运动区激惹所致。脑水肿消退，脑循环恢复，癫痫常可自愈。对皮质运动区及附近区域肿瘤患者，术前常规应用抗癫痫药物预防；癫痫发作时，及时控制。保证患者休息，避免情绪激动，避免意外受伤。

（三）健康教育

1. 休息与功能锻炼 患者卧床休息期间，定时翻身，保持肢体功能位。告知患者及家属康复训练的知识，指导术后康复锻炼的具体方法。术后患者常有偏瘫或失语，要及早进行肢体功能锻炼和语言训练。指导患者家属协助患者肢体被动活动，按摩肌肉，防止肌肉萎缩。耐心辅导患者进行语言训练，鼓励患者家属建立信心，平时给患者听音乐、广播等，刺激其感觉中枢。改善患者生活自理能力和社会适应能力，提高生活质量。

2. 防止意外损伤 偏瘫或肢体无力者，加强生活护理，防止坠床、跌倒或碰伤；感觉障碍者禁用热水袋，以防止烫伤；视力障碍者应注意防止烫伤、摔伤；眼睑闭合不全者滴眼药水或涂眼膏，以免眼睛干燥，外出须戴墨镜或眼罩，以防阳光和异物伤害；癫痫患者尽量不要单独外出活动，以免发生意外时影响抢救。

3. 疾病知识 ① 用药指导：嘱患者按时、按量服药，不可擅自停药、换药及增减药量，以免加重病情；② 及时就诊：告知患者恢复期可能出现的症状，如头痛、头晕、恶心、呕吐、抽搐、不明原因持续高热、肢体乏力、麻木、视力下降等，发现异常及时就医；③ 定期复诊：术后3~6个月后门诊复查CT或MRI。

【护理评价】

1. 患者是否达到最佳自理水平。

2. 患者术后是否发生并发症，或并发症是否及时发现和处理。

第二节　脑血管疾病

导入情景与思考

患者，男，60岁，因"剧烈咳嗽之后突发剧烈头痛、呕吐2小时"急诊入院。患者2小时前因剧烈咳嗽突发剧烈头痛，伴喷射性呕吐。既往有高血压病史。体格检查：体温37℃，脉搏80次/min，呼吸20次/min，血压160/90mmHg，意识模糊，右睑下垂，右侧瞳孔直径8mm，直接、间接对光反射消失，左侧瞳孔直径4mm，对光反射存在。颈强直，克尼格征（+）。CT检查显示蛛网膜下隙出血，怀疑颅内动脉瘤破裂。

请思考：

1. 颅内动脉瘤破裂出血发生的诱因有哪些？如何预防出血？

2. 该患者目前的护理措施有哪些？

脑血管疾病是各种颅内和椎管内血管病变引起脑功能障碍的一组疾病的总称。流行病学资料显示，脑血管疾病发病率和死亡率均很高，与心血管疾病和恶性肿瘤共同构成严重威胁人类健康的三类疾病。其中脑卒中、颅内动脉瘤、血管畸形均可通过外科手术治疗。目前我国颅内和椎管内血管疾病的规范化外科治疗技术的深入研究，促进了巨大动脉瘤、脑血管畸形外科治疗水平的发展。

一、脑卒中

脑卒中（stroke）是由各种原因引起的脑血管疾病急性发作，引起脑的供应动脉狭窄、闭塞或破裂，造成急性脑血液循环障碍，并出现相应临床症状及体征。脑卒中包括缺血性脑卒中和出血性脑卒中，前者发病率高于后者。部分脑卒中患者需要外科治疗。

【病因与分类】

1. 缺血性脑卒中　发病率占脑卒中的60%~80%，严重者可致患者死亡。常见于40岁以上者。缺血性脑卒中的主要原因是在动脉粥样硬化基础上发生脑血管痉挛或血栓形成，由此导致脑的供应动脉狭窄或闭塞，出现脑缺血缺氧表现。颈内动脉是脑的主要供应动脉，结缔组织疾病或动脉炎引起的动脉内膜增生和肥厚、颈动脉外伤、肿瘤压迫颈动脉等，均可引起颈内动脉狭窄和闭塞，导致缺血性脑卒中。某些使血流缓慢和血压下降的因素是本病的诱因，故患者常在睡眠中发作。

2. 出血性脑卒中　多发生于50岁以上的高血压动脉硬化患者，男性多于女性，是高血压病死亡的主要原因。多由粟粒状微动脉瘤破裂所致，可因剧烈活动或情绪激动而诱发。

【病理生理】

1. 缺血性脑卒中　脑动脉闭塞后，可直接引起该动脉供血区的脑组织发生缺血性坏死，同时出现相应的神经功能障碍及意识改变。血栓栓塞的部位以颈内动脉和大脑中动脉最多，基底动脉和椎动脉次之。血管闭塞的部位、快慢和有无侧支循环代偿及代偿程度将直接影响脑梗死的范围和程度。

2. 出血性脑卒中　出血多位于基底核壳部，向内可扩展至内囊部。随着出血量增多形成血肿，可压迫脑组织，造成颅内压增高甚至脑疝。血肿也可沿其周围神经纤维束扩散，导致神经功能障碍，早期清除血肿后此损害可恢复。脑干内出血或血肿若破入相邻脑室者，后果严重。

【临床表现】

1. 缺血性脑卒中　根据脑动脉狭窄和闭塞后，神经功能障碍的轻重和症状的持续时间，分为4种类型。

（1）短暂性脑缺血发作（transient ischemic attack，TIA）：多由动脉粥样硬化斑块的小碎片散落在血液中形成微栓子，造成脑血管局灶性小栓塞所致。神经功能障碍持续时间不超过24小时。患者表现为突发单侧肢体无力、感觉麻木、一过性黑矇及失语等大脑半球供血不足的表现；或出现眩晕、复视、步态不稳、耳鸣及猝倒为特征的椎基底动脉供血不足表现。症状可反复发作，能自行缓解，大多不留后遗症。大多数TIA持续时间不超过1小时，但即使相对短暂的缺血也有导致永久性脑损伤（即脑梗死）的风险。

（2）可逆性缺血性神经功能障碍（reversible ischemic neurological deficit，RIND）：发病机制类似TIA，但神经功能障碍持续时间超过24小时，可达数日，也可完全恢复。

（3）进行性脑卒中（progressive stroke，PS）：急性缺血性脑卒中发病几日内出现的神经功能恶化，临床中约1/3的患者经历卒中进展，是脑卒中预后不良的重要原因。

（4）完全性脑卒中（complete stroke，CS）：症状较上述三种类型严重，神经功能障碍长期不能恢复，常伴意识障碍。

2. 出血性脑卒中　突然出现的意识障碍和偏瘫；重症患者可出现昏迷、生命体征紊乱、完全性瘫痪、去皮质强直等。

【辅助检查】

1. 脑血管造影　对于缺血性脑卒中，脑血管造影可显示不同部位脑动脉狭窄、闭塞及扭曲。

2. CT和MRI　急性脑缺血性发作24~48小时后，头部CT可显示脑梗死区。MRI比CT敏感，可提示动脉系统的狭窄和闭塞，MRI弥散加权像可发现数小时内的脑缺血区。对于急性脑出血首选CT检查，表现为高密度影区，定位准确。

3. 颈动脉B型超声检查和经颅多普勒超声探测　有些患者无症状，经超声检查可发现颈内动脉的狭窄或粥样硬化，可用于疾病早期筛选，是早期干预该病发作的有效手段。

【处理原则】

1. 缺血性脑卒中　一般先行非手术治疗，包括卧床休息、扩血管、抗凝、血液稀释疗法及扩容治疗等。急性缺血性脑卒中（acute ischemic stroke，AIS）患者可使用再灌注治疗，发病3~4.5小时内患者行静脉溶栓治疗；发病6小时内患者进行静脉溶栓治疗桥接血管内治疗安全、有效；对于发病>6小时、经严格的影像学评估、条件适宜的急性缺血性卒中患者，推荐血管内治疗。脑动脉完全闭塞者，应在24小时内及时考虑手术治疗，一般采用颈动脉内膜切除术、颅外-颅内动脉吻合术等；闭塞超过48小时，已发生脑软化者不宜手术。

2. 出血性脑卒中　对于收缩压超过150mmHg、无急性降压治疗禁忌证的脑出血患者，可将收缩压降至140mmHg。当患者收缩压>220mmHg时，应在持续血压监测下积极降压。经绝对卧床休息，控制血压，予止血、脱水降低颅内压等治疗，病情仍继续加重时，应考虑行开颅手术清除血肿，终止出血、缓解血肿和脑水肿的占位效应；或行穿刺血肿抽吸加尿激酶溶解引流术清除血肿，但不能通过清除血肿改善神经功能损伤症状。对出血破入脑室者，手术效果不佳；病情过重（深昏迷、双瞳孔散大）或年龄过大，伴重要脏器功能不全者，不宜手术治疗。

【护理措施】

（一）非手术治疗的护理/术前护理

1. 绝对卧床休息。

2. 遵医嘱使用药物控制血压　① 对于适合静脉溶栓治疗的急性缺血性脑卒中的高血压患者，在溶栓治疗前推荐控制血压≤185/110mmHg；② 溶栓治疗后，应稳定血压并维持血压≤180/105mmHg至少24小时；③ 对于未采用溶栓治疗的缺血性脑卒中患者，当血压>220/120mmHg时，或者患者有活动性缺血性冠状动脉疾病、心力衰竭、主动脉夹层、高血压脑病或子痫前期/子痫的情况，则在急性期（脑卒中发作后最初24小时内）谨慎降压约15%，静脉用拉贝洛尔、尼卡地平和氯维地平等一线降压药物。

3. 采取减轻脑水肿、降低颅内压、促进脑功能恢复的措施　① 缺氧患者应接受氧疗使血氧饱和度维持在94%以上；② 不缺氧的急性缺血性脑卒中患者不常规用氧；③ 在溶栓、抗凝治疗期间，注意观察药物效果及不良反应。

（二）术后护理

1. 加强生活护理，防止意外发生。

（1）饮食：鼓励患者进食，对吞咽困难者应鼻饲流质饮食，防止进食时误吸，导致肺部感染甚至窒息的发生。面瘫患者进食时，需特别注意清洁该侧颊部黏膜。

（2）防止意外伤害：肢体无力或偏瘫的患者需加强生活护理，防止坠床或跌倒、碰伤等意外伤害的发生。

（3）促进沟通：对语言、视力、听力障碍的患者采取适宜的沟通方式，及时了解并满足患者的需求。

（4）促进肢体功能恢复：患者卧床期间，定期翻身，防止压力性损伤发生；保持肢体处于功能位，及早进行肢体被动或主动功能锻炼，避免关节挛缩和肌肉萎缩。

2. 有效缓解疼痛　了解并分析患者术后头痛的原因、性质及程度，进行对症护理。

（1）切口疼痛：大多发生于术后24小时内，给予一般镇痛药可缓解。禁用吗啡或哌替啶，以免引起呼吸抑制、瞳孔缩小等不良反应，影响病情观察。

（2）颅内压增高引起的头痛：多发生在术后2~4日脑水肿高峰期，常为搏动性头痛，严重时伴有呕吐、意识障碍及生命体征的改变、进行性瘫痪等。需经脱水、激素治疗降低颅内压，头痛方可缓解。

（3）术后血性脑脊液刺激脑膜引起的头痛：需于术后早期行腰椎穿刺引流血性脑脊液，可缓解脑膜刺激征表现，并可降低颅内压。但有颅内压增高者禁用，以免诱发脑疝。

3. 并发症的观察与护理

（1）颅内压增高、脑疝：脑手术后局部均有脑水肿反应，有引起颅内压增高甚至脑疝可能。应适当控制输液量和速度，记录出入量，注意维持水、电解质的平衡。观察有无颅内压增高症状，及时发现、及时处理，避免诱发脑疝。

（2）颅内出血

1）原因：① 术中止血不彻底或电凝止血血痂脱落；② 患者呼吸不畅、躁动不安、用力挣扎等引起颅内压骤升导致术后出血。

2）表现：颅内出血是术后最危险的并发症，多发生在术后24~48小时，患者通常有意识改变，表现为意识清楚后又逐渐嗜睡、反应迟钝甚至昏迷。大脑半球术后出血或可出现小脑幕切迹疝征象；颅后窝术后出血常有呼吸抑制甚至枕骨大孔疝表现；脑室内术后出血可有高热、抽搐、昏迷及生命体征紊乱。

3）护理：术后应严密观察，避免颅内压增高因素。一旦发现患者有颅内出血症状，应及时告知医生，并做好再次手术止血的准备。

（3）感染：术后常见的感染有切口感染、脑膜脑炎及肺部感染。预防术后感染的主要措施包括严格无菌操作，严密止血，加强营养及基础护理，遵医嘱合理使用抗生素。

1）切口感染：与术前营养不良、并发贫血、糖尿病等免疫功能下降、皮肤准备不合要求、切口内血肿、无效腔残留等有关。多发生于术后3~5日，表现为患者切口疼痛缓解后再加重，局部有明显的红肿、压痛及皮下积液，头皮所属的淋巴结肿大压痛。严重的切口感染可波及骨膜，甚至发生颅骨骨髓炎和脑膜脑炎。

2）脑膜脑炎：常因切口感染伴脑脊液漏而导致颅内感染，也可继发于开放性颅脑损伤后。表现为术后3~4日外科吸收热消退后再次出现高热，或术后体温持续升高，伴头痛、呕吐、意识障碍，甚至出现谵妄和抽搐，脑膜刺激征阳性。腰椎穿刺见脑脊液混浊、呈脓性，白细胞计数明显升高。

3）肺部感染：多发生于术后1周左右，与呼吸运动受限、呼吸道分泌物集聚与排出不畅有关。全身情况差的患者，若未能及时控制，可出现高热及呼吸功能障碍或加重脑水肿，甚至发生脑疝。

（4）中枢性高热：中枢性高热多见于术后12~48小时，与体温调节中枢功能紊乱（下丘脑、脑干及上颈髓病变和损害所致）有关。临床以高热多见，偶有体温过低者。体温可达40℃以上，常伴有意识障碍、瞳孔缩小、脉搏快速、呼吸急促等自主神经功能紊乱症状，一般物理降温效果差，须及时采用冬眠低温疗法来治疗和护理。

（5）癫痫发作：参见本章第一节颅内肿瘤。

（三）健康教育

1. 加强功能锻炼　病情稳定后早期开始康复训练，包括肢体的被动及主动运动、语言能力及记忆力等。教会患者及家属常用护理技能方法，特别是日常生活活动能力训练如翻身、起坐、穿衣、行走及上下轮椅等，以最大程度地恢复肢体功能，恢复自理及工作能力，尽早回归社会。

2. 避免再出血　出血性脑卒中患者多有高血压病史，必须经常检查和控制血压，避免剧烈活动、情绪激动等再出血诱发因素。寒冷季节出血性脑卒中发病率更高，高血压患者应特别注意气候变化，规律服药，保持情绪稳定，将血压控制在适当水平，切忌血压忽高忽低，发现异常及时就诊。

二、颅内动脉瘤

颅内动脉瘤（intracranial aneurysm）是颅内动脉壁的囊性膨出，是引起自发性蛛网膜下隙出血的首位病因。常在劳累或激动时突感剧烈头痛伴恶心、呕吐、颈强直或意识障碍，经腰椎穿刺可见血性脑脊液。颅内动脉瘤破裂出血在脑血管意外中仅次于脑血栓形成和高血压脑病居第三位，主要见于40~60岁的中老年人，男女差别不大。动脉瘤的位置以颈内动脉颅内段居多，其次为大脑前动脉和大脑中动脉，大脑后动脉较少见。

【病因与病理】

组织学检查可见颅内动脉瘤壁仅存一层内膜，缺乏中层平滑肌组织，弹性纤维断裂或消失。其发病原因尚不明确，但主要有动脉壁先天性缺陷学说、后天性退变学说。动脉壁先天性缺陷学说认为大脑动脉环（Willis环）分叉处的动脉壁先天性平滑肌层缺乏；动脉壁后天性退变学说认为颅内动脉粥样硬化和高血压使动脉内弹力板破坏，逐渐膨出形成囊性动脉瘤。此外，若存在细菌性心内膜炎、肺部感染等感染病灶，感染性栓子脱落侵蚀脑动脉壁可形成感染性动脉瘤；头部外伤也可引起动脉瘤形成；遗传也可能与动脉瘤形成相关。

囊性动脉瘤呈球形或浆果状，外观呈紫红色，瘤壁极薄，术中可见瘤内的血流旋涡。瘤顶部最为薄弱，是出血的好发部位。巨大的动脉瘤内常有血栓形成，甚至钙化，血栓分层呈"洋葱"状。破裂的动脉瘤周围被血肿包裹，瘤顶破口处与周围组织粘连。依动脉瘤位置分类：90%为颈内动脉系统瘤，10%为椎–基底动脉系统动脉瘤。

【临床表现】

1. 局灶症状 取决于动脉瘤的部位、毗邻解剖结构及动脉瘤大小。直径大于7mm的动脉瘤可出现压迫症状。① 动眼神经麻痹常见于颈内动脉–后交通动脉动脉瘤和大脑后动脉的动脉瘤，表现为单侧睑下垂、瞳孔散大，眼球内收和上、下视不能，直接、间接对光反射消失；② 有些局灶症状如轻微偏头痛、眼眶痛，继之出现动眼神经麻痹被视为动脉瘤出血的前兆症状，此时应警惕随之发生的蛛网膜下隙出血；③ 大脑中动脉的动脉瘤出血可形成血肿压迫，其他部位动脉瘤出血后诱发脑血管痉挛引起脑梗死，患者可出现偏瘫，失语。巨大动脉瘤影响到视通路时，患者可有视力、视野障碍。

2. 出血症状

（1）中、小型动脉瘤未破裂出血，临床可无任何症状，称为未破裂动脉瘤。

（2）动脉瘤一旦破裂出血，临床表现为严重的蛛网膜下隙出血，发病急剧，患者突发剧烈头痛，频繁呕吐，大汗淋漓，体温可升高；颈强直，克尼格征阳性。也可出现意识障碍，甚至昏迷。脑膜刺激征多见，严重者可因颅内压增高诱发脑疝。部分患者出血前有劳累、情绪激动等诱因，也有的无明显诱因或在睡眠中发病。约1/3的患者，动脉瘤破裂后因未及时诊治而死亡。

（3）再次出血：多数动脉瘤破口会被凝血块封闭而出血停止，病情逐渐稳定。随着动脉瘤破口周围血块溶解，2周内动脉瘤可能再次破溃出血。部分患者出血时血液可经视神经鞘侵入玻璃体引起视力障碍。

（4）脑血管痉挛：21%~62%的蛛网膜下隙出血可诱发脑血管痉挛，多发生在出血后的3~15日。局部血管痉挛只发生在动脉瘤附近，患者症状不明显，只在脑血管造影上显示。广泛脑血管痉挛会导致脑梗死发生，患者表现为意识障碍、偏瘫、失语，甚至死亡。

【辅助检查】

1. 数字减影血管造影（DSA） 确诊颅内动脉瘤的检查方法，对判明动脉瘤的位置、数目、形态、内径、血管痉挛，以及确定手术方案都十分重要。

2. CT及MRI 可检出大于1cm的动脉瘤和脑积水，出血1周后，CT不易诊断。MRI可提示动脉瘤位置，也有助于诊断。磁共振血管成像（magnetic resonance angiography，MRA）可提示动脉瘤部位，用于颅内动脉瘤筛选。

【处理原则】

1. 非手术治疗　适用于全身不能耐受手术者、诊断不明确需进一步检查者。目的在于防止出血或再出血，控制动脉痉挛。主要治疗方法有卧床休息，对症处理，如控制血压、降低颅内压、扩血管（发现血管痉挛，使用钙通道阻滞剂）和抗凝处理。

2. 手术治疗　夹闭动脉瘤蒂是首选手术治疗，既可彻底消除动脉瘤又不阻断载瘤动脉，也可采用颅内动脉瘤介入栓塞治疗，具有微创、简便、相对安全、恢复快等优点。

【护理措施】

（一）非手术治疗的护理/术前护理

1. 预防出血或再次出血

（1）卧床休息：床头抬高30°，有利于颅内静脉回流。保持病室安静，保证充足睡眠，避免情绪激动，减少不必要的活动。保持大便顺畅，预防再次出血。

（2）保持适宜的颅内压：颅内压骤降会加大颅内血管壁内外压力差，诱发动脉瘤的破裂。应维持颅内压在100mmH$_2$O左右。在应用脱水药时，适当控制输入的速度，不能加压输入；行脑脊液引流者，宜放慢引流速度，且引流瓶位置不宜过低；同时应避免颅内压增高的诱因，如便秘、用力咳嗽、癫痫发作等。

（3）维持血压：血压骤升、骤降可诱发动脉瘤破裂，因此，要维持血压的稳定性。若发现血压升高，需要遵医嘱使用降压药物，使血压下降10%即可。用药期间注意观察血压的变化，避免血压偏低造成脑缺血。

（4）抗凝治疗：适用于动脉瘤破裂预估风险比较低且有抗凝治疗确切适应证的患者。动脉瘤破裂风险较高及抗凝治疗绝对益处比较小的患者，决定是否使用抗凝治疗时应慎重并个性化。一般使用阿司匹林抗凝治疗。

2. 术前准备

（1）在术前常规准备的基础上，介入治疗者还应进行双侧腹股沟区的备皮准备。

（2）颈动脉压迫试验与练习：动脉瘤位于Willis环前部的患者，术前进行颈动脉压迫试验与练习，以建立侧支循环。用手指或特制的颈动脉压迫装置按压患侧的颈总动脉，直至同侧颞浅动脉搏动消失。开始每次压迫5分钟，以后逐渐延长压迫时间，直至持续压迫20~30分钟患者仍能耐受，不出现头晕、黑矇、对侧肢体无力和发麻等表现时，才可进行手术治疗。

3. 心理护理　对神志清醒者讲解手术的必要性及手术中需要患者配合的事项，消除恐惧心理；对有意识障碍者，应使家属了解手术的目的、意义、术前准备的内容，以达到配合手术的目的。

（二）术后护理

1. 体位　意识清醒者床头抬高30°，以利于颅内静脉回流、减轻脑水肿、降低颅内压；介入治疗的患者术后绝对卧床休息24小时，术侧髋关节制动6小时。对患者进行轴线翻身，防止头颈部过度扭曲或震动。

2. 营养　术后当日需要禁食，第2日可给予流质或半流质饮食，昏迷者经鼻饲提供营养。给予高蛋白、高维生素、易消化饮食，保持大便通畅，做好口腔和皮肤护理。

3. 病情观察　密切观察患者的生命体征、意识状态、瞳孔对光反射、伤口及引流液的引流情况等，特别注意有无颅内压增高或再出血的征兆。介入手术患者应观察穿刺部位有无血肿，触摸穿刺侧足背动脉搏动及皮温是否正常。

4. 保持呼吸道通畅，给氧

5. 用药护理　遵医嘱使用抗癫痫药和抗生素，使用药物控制血压。动脉瘤栓塞治疗后注意观察患者有无脑缺血症状，发现异常及时告知医生妥善处理。

6. 并发症的观察与护理

（1）脑血管痉挛

1）原因：动脉瘤栓塞治疗或手术刺激脑血管，易诱发脑血管痉挛。

2）表现：一过性神经功能障碍，如头痛、短暂意识障碍、肢体麻木与瘫痪、失语等。

3）护理：为避免造成不可逆的神经功能障碍，术后通常使用尼莫地平进行治疗，预防脑血管痉挛的发生。给药期间需观察患者有无胸闷、面色潮红、血压下降、心率减慢等不良反应。

（2）脑梗死

1）原因：由术后血栓形成或血栓栓塞引起。

2）表现：患者术后出现一侧肢体无力、偏瘫、失语甚至意识障碍等。

3）护理：嘱患者绝对卧床休息，保持平卧位，同时遵医嘱给予扩血管、扩容、溶栓治疗。术后患者若处于高凝状态，常应用肝素预防脑梗死。

（3）穿刺点局部血肿

1）原因：① 动脉硬化、血管弹性差；② 术中肝素过量、凝血功能障碍；③ 术后穿刺侧肢体活动频繁、局部压迫力量不够等。

2）表现：通常发生在介入栓塞治疗术后6小时内。

3）护理：颈动脉穿刺术后，患者绝对卧床24小时，穿刺点加压包扎，沙袋压迫8~10小时。

（三）健康教育

1. 指导患者注意休息，保持情绪稳定，生活规律，劳逸结合；遵医嘱按时服药，控制血压，避免诱发因素；嘱患者尽量不单独外出活动或锁上门洗澡，以免发生意外，影响抢救。

2. 定期接受随访，动脉瘤栓塞术后定期复查脑血管造影。若发现动脉瘤破裂出血表现，如头痛、呕吐、意识障碍、偏瘫等应及时就医。

三、自发性蛛网膜下隙出血

蛛网膜下隙出血（subarachnoid hemorrhage，SAH）是由各种原因引起的颅内和椎管内血管突然破裂，血液流至蛛网膜下隙的统称，分为自发性和外伤性两类。其中70%~80%需要外科处理。自发性蛛网膜下隙出血约占急性脑血管意外的15%。

【病因】

70%的自发性蛛网膜下隙出血源于颅内动脉瘤和脑（脊髓）血管畸形，其中前者较后者多见；其次为高血压动脉硬化、血液病、颅内肿瘤卒中、烟雾病；动脉闭塞、动脉炎、脑炎、脑膜炎引起者较少见；近年来也有因口服抗凝药物引发自发性蛛网膜下隙出血的报道。

【临床表现】

1. 出血症状　起病急骤，突发剧烈头痛、恶心呕吐、面色苍白、全身冷汗、眩晕、项背痛或下肢疼痛。多数患者动脉瘤破裂前有情绪激动、剧烈咳嗽、用力排便等诱因。半数患者出现精神症状，如烦躁不安、意识模糊、定向力障碍等，以一过性意识障碍多见，严重者昏迷，甚至出现脑疝而死亡。20%患者出血后有抽搐发作，出血后1~2日内出现脑膜刺激征，经对症治疗后症状可减轻。如未得到及时治疗，部分患者可能会在首次出血后1~2周内再次出血，约1/3的患者死于再出血。

2. 脑神经损害　以一侧动眼神经麻痹常见，占6%~20%，提示存在同侧颈内动脉–后交通动脉、基底动脉顶端或大脑后动脉动脉瘤。

3. 偏瘫　病变或出血累及运动区皮质及传导束，患者出血后出现偏瘫。

4. 视力、视野障碍　蛛网膜下隙出血可沿视神经鞘延伸，眼底检查可见玻璃体膜下片块状出血，发病后1小时内即可出现，可作为诊断蛛网膜下隙出血的有力证据。出血量过大时，血液可浸入玻璃体内，引起视力障碍。巨型动脉瘤压迫视神经或视放射时可产生双颞偏盲或同向偏盲。

5. 低热　部分蛛网膜下隙出血患者发病数日后可有低热。

【辅助检查】

1. 影像学检查

（1）CT：检查首选CT，诊断符合率接近100%。急性蛛网膜下隙出血第1周内CT显示最清晰，可见脑沟、脑池密度增高，脑（室）内血肿，脑积水，脑梗死和脑水肿。1~2周后出血逐渐吸收，不易诊断。CT增强扫描可显示脑血管畸形和动脉瘤，是无创和简易的检查方法。

（2）MRI：急性蛛网膜下隙出血发病后1周内，MRI很难查出。磁共振血管成像（MRA）和计算机体层血管成像（computed tomography angiography，CTA）可用于头颈及颅内血管性疾病的筛查和随访。

（3）数字减影血管造影（DSA）：有助于发现蛛网膜下隙出血的病因，确定动脉瘤大小、部位，有无血管痉挛、动静脉畸形，以及侧支循环情况。

2. 腰椎穿刺　对于疑诊蛛网膜下隙出血但CT结果阴性的患者，需要进一步做腰椎穿刺检查。无色透明的正常脑脊液可以帮助排除最近2~3周内发病的蛛网膜下隙出血；均匀血性的脑脊液可支持蛛网膜下隙出血的诊断，但需注意排除穿刺过程中损伤出血的可能；脑脊液黄变是红细胞裂解生成的氧合血红蛋白及胆红素所致，脑脊液黄变提示陈旧性蛛网膜下隙出血。对CT已确诊的蛛网膜下隙出血患者，不需要再做此项检查，以防伴有颅内压增高时进行腰椎穿刺可能诱发脑疝。

【处理原则】

1. 非手术治疗　出血急性期患者绝对卧床休息，可应用止血剂。头痛剧烈者遵医嘱给予镇痛、镇静药，并保持大便通畅。伴有颅内压增高时，应用甘露醇溶液脱水治疗；并发脑室内出血或脑积水，可行脑室穿刺外引流；解除脑血管痉挛多主张选用钙通道阻滞剂，如尼莫地平等。

2. 手术治疗　尽早去除病因，如开颅行动脉瘤夹闭，对脑动脉畸形或脑肿瘤行切除等。

【护理措施】

1. 绝对卧床休息　避免引起颅内压增高的诱因，如过早活动、情绪激动、剧烈咳嗽、便秘等，必要时遵医嘱使用抗高血压药，头痛剧烈者给予镇静、镇痛药。

2. 病情观察　严密观察意识、瞳孔和生命体征变化，及时发现出血及再出血体征。有癫痫发作的患者，注意观察癫痫发作的先兆、持续时间、类型。

3. 加强生活护理，防止意外　癫痫发作时应保护患者，防止意外发生，遵医嘱按时服用癫痫药；感觉障碍的患者注意防止烫伤和冻伤；昏迷及意识障碍的患者加以床栏，防止坠床；加强皮肤和口腔护理，防止压力性损伤的发生；术后有肢体活动障碍者，给予功能锻炼。

4. 脱水治疗的患者　记录出入量，测量中心静脉压，维持水、电解质平衡。

5. 心理护理　多与患者交流，消除患者焦虑、恐惧的不良情绪，保持情绪平稳，必要时给予镇静药。

四、颅内动静脉畸形

颅内动静脉畸形（arteriovenous malformation，AVM）是由一支或多支发育异常的供血动脉、引流静脉形成的病理脑血管团，是先天性中枢神经系统血管发育异常所致畸形中最常见的一种类型。畸形血管团周围脑组织因缺血而萎缩，呈胶质增生。由于其内部动脉与静脉之间缺乏毛细血管结构，动脉血直接流入静脉，产生血流动力学改变，出现相应的临床症状和体征。颅内动静脉畸形可发生于脑的任何部位，一般为单发病变，幕上病变最多见，约占90%，其余位于颅后窝。

【临床表现】

临床表现与患者年龄，颅内动静脉畸形病灶大小、位置和血管特征有关。

1. 出血　最常见的首发症状，好发年龄为20~40岁。多因畸形血管破裂引起脑内、脑室内和蛛网膜下隙出血。发病较突然，往往在患者进行体力活动或有情绪波动时发病，出现剧烈头痛、呕吐、意识障碍等症状；少量出血时症状可不明显。单支动脉供血、体积小、部位深，以及颅后窝动静脉畸形容易发生急性破裂出血。妇女妊娠期颅内动静脉畸形出血的风险高。

2. 抽搐　额、颞部动静脉畸形的患者多以抽搐为首发症状。可在颅内出血时发生，也可单独出现。与病灶周围脑缺血、胶质增生及出血后的含铁血黄素刺激大脑皮质有关。若抽搐反复发作，脑组织缺氧不断加重，可致患者智力减退。

3. 头痛　间断性局部或全头痛。可能与供血动脉、引流静脉及静脉窦扩张，或脑积水及颅内压增高有关。

4. 神经功能缺损及其他症状　由颅内动静脉畸形周围脑组织缺血萎缩、血肿压迫或合并脑积水所致，患者出现进行性神经功能缺损，肢体运动、感觉、视野及语言功能障碍，个别患者有三叉神经痛或头部杂音。婴儿和儿童可因颅内血管短路出现心力衰竭。

【辅助检查】

DSA是确诊本病的必需手段，可了解畸形血管团大小、范围、供血动脉、引流静脉及血流速度，对制订颅内动静脉畸形治疗计划和治疗后随访至关重要。MRI及CT检查也有助于诊断。对出现颅内出血或不明原因癫痫发作、急性神经功能障碍或精神状态改变的患者进行评估时，常采用CT或MRI和/或CTA或MRA进行无创性诊断。

【处理原则】

手术治疗是最根本的治疗方法，可以去除病灶出血危险，恢复正常脑的血液供应。在多功能手术室实施一站式手术，清除血肿并切除动静脉畸形是急诊患者的最佳选择。对位于脑深部重要功能区动静脉畸形，不适宜手术切除。直径小于3cm或手术后残存的动静脉畸形可采用立体定向放射治疗或血管内治疗，使畸形血管形成血栓而闭塞。

【护理措施】

1. 一般护理 保持病房安静，卧床休息，避免各种不良刺激，保持情绪稳定。

2. 预防出血及意外发生 密切观察血压及颅内压变化情况，遵医嘱控制血压和颅内压，预防颅内出血及再出血。颅内动静脉畸形患者可出现或进展为癫痫发作。一般不推荐预防性使用抗癫痫药物来预防首次癫痫发作。如果出现癫痫发作，应遵医嘱应用抗癫痫药物，保持呼吸道通畅，防止舌咬伤等意外发生。

3. 介入栓塞治疗护理 介入栓塞治疗术后卧床休息24小时，术侧髋关节制动6小时，观察足背动脉搏动、肢体温度、伤口敷料有无渗血等情况，如需肝素化，则严密观察有无出血情况。

4. 其他护理 病情观察、体位管理和并发症的护理等，参见本章第二节颅内动脉瘤的护理。

（沈娟）

学习小结

1. 颅内肿瘤病因尚不明确，目前认为与先天染色体存在癌基因和后天各种诱因有关。临床共性表现为颅内压增高、神经功能定位症状，采用手术切除肿瘤进行治疗。护理措施包括病情观察、康复训练、并发症的观察与护理。

2. 脑血管疾病指各种颅内和椎管内血管病变引起脑功能障碍的一组疾病总称，主要表现为脑出血及神经系统局灶表现。护理措施包括病情观察、体位管理、并发症的观察与护理。

一、单项选择题

1. 左侧颅内肿瘤幕上开颅手术后，首选的体位是
   A. 仰卧位
   B. 左侧卧位
   C. 右侧卧位
   D. 侧俯卧位
   E. 俯卧位

2. 颅内肿瘤引起颅内压增高患者，首先采取的急救措施应是
   A. 立即开颅切除肿瘤
   B. 20% 甘露醇静脉滴注
   C. 脑脊液体外引流
   D. 去骨瓣减压
   E. 气管插管，保持呼吸道通畅

3. 垂体腺瘤切除术后，护士应随时监测患者的
   A. 血压
   B. 尿量

   C. 呼吸
   D. 心率
   E. 意识

4. 脑出血的表现**不包括**
   A. 一侧肢体瘫痪
   B. 头痛
   C. 呕吐
   D. 口齿不清
   E. 病理反射未引出

5. 明确蛛网膜下隙出血病因最有效的检查方法是
   A. CT
   B. MRI
   C. 腰椎穿刺
   D. 头部彩色多普勒超声检查
   E. 血管造影

   参考答案：

   1. C　2. B　3. B　4. E　5. E

二、简答题

1. 简述颅内肿瘤术后并发症的观察与护理。

2. 简述预防颅内动脉瘤出血或再出血的护理措施。

第十四章 甲状腺疾病患者的护理

学习目标

知识目标	1. 掌握甲状腺肿瘤、甲状腺功能亢进的护理措施。 2. 熟悉甲状腺肿瘤、甲状腺功能亢进的临床表现、处理原则。 3. 了解甲状腺肿瘤、甲状腺功能亢进的病因、辅助检查。
能力目标	能运用护理程序对甲状腺肿瘤患者实施整体护理。
素质目标	具有关心和爱护甲状腺疾病患者的态度和行为；具备团队合作精神。

第一节 甲状腺癌

导入情景与思考

患者，女，42岁，1个月前体检发现颈部有一肿物，超声检查提示"甲状腺左叶结节"，甲状腺穿刺病理学检查结果为甲状腺乳头状癌。入院完善术前准备后，在全身麻醉下行"甲状腺癌根治术"。术后4小时出现频繁咳嗽，心电监护显示心率112次/min，SpO_2 97%，血压135/83mmHg，呼吸22次/min。患者主诉颈部有压迫感、憋闷，自觉呼吸困难，无声音嘶哑，手足麻木，颈部伤口敷料有2cm×3cm的血液浸渍，打开敷料后见颈部中央皮肤有7cm×4cm青紫斑，局部隆起，颈部引流管引流出血性液体约300ml。汇报医生后立即协同处理。术后9小时患者主诉手足麻木、针刺感，活动后仍不能缓解，急查血清电解质Ca^{2+} 1.89mmol/L。

请思考：

1. 患者术后4小时出现了何种并发症？原因是什么？如何护理？
2. 患者术后9小时出现了何种并发症？原因是什么？如何护理？

甲状腺癌（thyroid carcinoma）是最常见的甲状腺恶性肿瘤，约占全身恶性肿瘤的1%。近年来，全球范围内甲状腺癌的发病率增长迅速。

【病理】

1. 乳头状癌 是成人甲状腺癌的最主要类型，几乎占儿童甲状腺癌的全部。成人多见于30~45岁女性，低度恶性，生长较缓慢，较早出现颈部淋巴结转移，但预后较好。

2. 滤泡状癌　多见于50岁左右女性，中度恶性，发展较快，有侵犯血管倾向。33%可经血运转移至肺、肝、骨及中枢神经系统，预后较乳头状癌差，和乳头状癌合称分化型甲状腺癌（differentiated thyroid carcinoma，DTC）。

3. 未分化癌　多见于70岁左右老年人，高度恶性，发展迅速，约50%早期便有颈部淋巴结转移，或侵犯喉返神经、气管或食管，常经血运转移至肺、骨等处，预后很差。

4. 髓样癌　常有家族史。来源于滤泡旁细胞（C细胞），可分泌大量降钙素。中度恶性，可经淋巴结转移和血运转移，预后较乳头状癌及滤泡状癌差，但较未分化癌好。

【临床表现】

1. 甲状腺肿大或结节　乳头状癌和滤泡状癌早期多无明显症状，前者有时可因颈部淋巴结肿大而就诊。随着病情发展，肿块逐渐增大、质硬、可随吞咽上下移动，吞咽时肿块移动度变小。

2. 压迫症状　肿块增大压迫周围组织时可产生一系列症状，特别是未分化癌。癌肿侵犯喉返神经可出现声音嘶哑；压迫或侵犯气管可出现呼吸困难或咯血；压迫食管或浸润食管可出现吞咽困难；压迫颈交感神经会引起同侧上睑下垂、瞳孔缩小、眼球内陷、面部无汗等，称为霍纳综合征（Horner syndrome）；侵犯颈丛浅支时，可有耳、枕、肩等处疼痛。

3. 远处转移症状　乳头状癌颈部淋巴结转移灶发生率高，出现早、范围广、发展慢，可有囊性变。滤泡状癌易发生远处转移，以血行转移为主，常转移至肺和骨。未分化癌发生颈部淋巴结转移较早，可出现颈部淋巴结肿大，有少部分患者甲状腺肿块不明显，因转移灶就医；远处转移部位多见于扁骨（颅骨、椎骨、胸骨、盆骨等）和肺。

【辅助检查】

1. 影像学检查

（1）超声：是分化型甲状腺癌的首选评估手段，有助于确定结节的性质。

（2）X线检查：胸部及骨骼X线片可了解有无肺、纵隔及骨转移；颈部X线片可了解有无气管受压、移位及肿瘤内钙化灶。

（3）CT/MRI：适用于有压迫症状的肿物、巨大结节或胸骨后甲状腺结节者，能清楚界定病变范围及淋巴结转移灶。

2. 实验室检查　血清降钙素测定，有助于诊断髓样癌。

3. 病理学检查　对于直径超过1cm或较小但临床可疑的甲状腺结节，均推荐行细针吸取细胞学检查。该检查是术前诊断甲状腺癌最有效和最实用的方法。

4. 放射性核素扫描　直径>1cm且伴有血清促甲状腺激素（TSH）降低的甲状腺结节，应行甲状腺^{131}I或^{99m}Tc核素显像，以判断结节是否有自主摄取功能。

5. 其他检查　喉部检查以评估声带功能，如怀疑病变及气管或食管，还需要行气管镜、食管镜检查等。

【处理原则】

手术切除是甲状腺癌（未分化癌除外）的基本治疗方法。根据患者情况可辅以内分泌、放射性核素及外放射治疗等。

1. 手术治疗 包括甲状腺切除及颈部淋巴结清扫。

2. 内分泌治疗 甲状腺次全切除或全切除者需要终身服用甲状腺素制剂，以预防甲状腺功能减退及抑制TSH分泌。

3. 放射性核素治疗 术后^{131}I治疗适用于45岁以上高危乳头状癌、滤泡状癌接受甲状腺全切除术后患者。

4. 外放射治疗 主要用于未分化型甲状腺癌。

【护理评估】

（一）术前评估

1. 健康史

（1）一般情况：年龄、性别、文化程度、吸烟饮酒史等。

（2）既往史：甲状腺肿疾病史；放射线接触史；手术治疗史；糖尿病、高血压、心脏病等其他疾病史。

（3）家族史。

2. 身体状况

（1）症状与体征：① 局部肿块的大小、性状、质地和活动度、生长速度、单发或多发、与吞咽运动的关系；有无颈部淋巴结肿大。② 周围组织压迫症状、颈部淋巴结转移和远处转移症状；类癌综合征表现；内分泌失调表现。

（2）辅助检查：颈部超声、CT、喉镜、甲状腺摄^{131}I率或^{99m}Tc扫描、细针吸取细胞学检查、甲状腺功能测定及血清降钙素测定等检查结果。

3. 心理-社会状况 患者对疾病及手术的认知和接受程度，对手术的顾虑和其他思想负担；家属对患者的关心、支持程度，家庭对治疗的经济承受能力。

（二）术后评估

1. 术中情况 手术、麻醉方式和效果，术中出血、补液情况等。

2. 身体状况

（1）一般情况：患者神志、生命体征，有无疼痛不适等情况。

（2）伤口与引流管：伤口敷料是否干燥，引流管是否通畅、牢固，引流液的颜色、性状和量。

（3）并发症发生情况：是否出现术后并发症，如呼吸困难和窒息、喉返神经损伤、喉上神经损伤、甲状旁腺功能减退症、乳糜漏和皮下气肿等。

【常见护理诊断/问题】

1. 急性疼痛 与手术创伤、术中气管插管、术中头颈过伸位和术后咳嗽等有关。

2. 清理呼吸道无效 与咽喉部及气管受刺激、分泌物增多及切口疼痛等有关。

3. 恐惧 与颈部肿块性质不明、担心手术及预后等有关。

4. 潜在并发症：呼吸困难和窒息、喉返神经损伤、喉上神经损伤、甲状旁腺功能减退症、乳糜漏和皮下气肿等。

【护理目标】

1. 患者主诉疼痛减轻或缓解。

2. 患者能有效清除呼吸道分泌物，保持呼吸道通畅。

3. 患者恐惧减轻，能积极配合治疗。

4. 患者术后未发生并发症，或并发症得到及时发现和处理。

【护理措施】

（一）非手术治疗的护理/术前护理

1. 心理护理　告知患者甲状腺癌的相关知识，说明手术的必要性、手术的方法、术后恢复过程及预后情况，消除其顾虑和恐惧。

2. 术前适应性训练　指导患者进行术前头颈过伸位训练，每日2~3次，时长以患者能够耐受为宜。指导患者深呼吸、有效咳嗽的方法，以保持呼吸道通畅。

3. 皮肤准备　经口腔前庭入路腔镜甲状腺手术患者术前遵医嘱使用杀菌或抑菌漱口液漱口。经胸前入路、腋窝入路、锁骨下入路的腔镜甲状腺手术，患者需要进行术区皮肤准备。

4. 保证休息和睡眠，必要时术前晚遵医嘱予以镇静催眠药。

（二）术后护理

1. 体位和引流　术后取平卧位，待麻醉清醒、生命体征平稳后，改半坐卧位，利于呼吸和引流。如有颈部引流管，应保持引流通畅，妥善固定。

2. 保持呼吸道通畅　避免引流管阻塞导致颈部出血形成血肿，压迫气管而引起呼吸不畅。鼓励和协助患者进行深呼吸和有效咳嗽，必要时行雾化吸入。因切口疼痛而不敢咳嗽排痰者，遵医嘱给予镇痛药。

3. 饮食　麻醉清醒、病情平稳者，遵医嘱少量饮水，若无不适，饮食逐步过渡到普食。有淋巴结清扫者，遵医嘱低脂或无油饮食，禁忌过热饮食。

4. 并发症的观察与护理　密切监测生命体征，观察患者发音和吞咽等情况，及早发现术后并发症。

（1）呼吸困难和窒息：是最危急的并发症，多发生于术后48小时内。

1）表现：患者呼吸增快、费力，出现三凹征，甚至窒息死亡。

2）护理：① 对于引流通畅、出血速度慢、颈部肿胀较轻且无明显不适者，可暂时给予局部加压等保守治疗，密切关注患者呼吸情况、颈前区肿胀程度等。对于血肿压迫导致呼吸困难者，应立即返回手术室，在无菌条件下拆开伤口。如患者呼吸困难严重，已不允许搬动，则应在床边拆开缝线，消除血肿，严密止血，必要时行气管切开。② 轻度喉头水肿者无须治疗；中度者应嘱其不说话，可采用皮质激素雾化吸入，静脉滴注氢化可的松；严重者应紧急行环甲膜穿刺或气管切开。气管软化者一般不宜行气管切开。

（2）喉返神经损伤：发生率约为0.5%。

1）表现：一侧喉返神经损伤可由健侧声带向患侧内收而代偿，但不能恢复原音色，发生声音嘶哑；双侧喉返神经损伤可导致失声或严重的呼吸困难，甚至窒息。

2）护理：① 钳夹、牵拉或血肿压迫所致损伤多为暂时性，经理疗等及时处理后，一般在3~6个月内可逐渐恢复。② 严重呼吸困难者应立即行气管切开。

（3）喉上神经损伤

1）表现：若损伤外支，可使环甲肌瘫痪，引起声带松弛、声调降低、发声无力；若损伤内支，则使咽喉黏膜感觉丧失，患者进食特别是进水时，易发生误咽或呛咳。

2）护理：对于声音嘶哑的患者，视情况可行声音治疗。对于存在误咽或呛咳风险的患者，一般经康复治疗后可逐渐恢复。

（4）甲状旁腺功能减退症（hypoparathyroidism）：多系手术时甲状旁腺被误切、挫伤或其血液供应受累，导致甲状旁腺功能低下，血钙浓度下降，神经肌肉应激性显著提高，引起手足抽搐。

1）表现：多数患者临床表现不典型，起初仅有面部、唇部或手足部的针刺感、麻木感或强直感，症状轻且短暂，经过2~3周，未损伤的甲状旁腺增生、代偿后症状可消失。严重者可出现面肌和手足伴有疼痛的持续性痉挛，每日多次发作，甚至可发生喉和膈肌痉挛，引起窒息而死亡。

2）护理：① 预防的关键在于切除甲状腺时注意保留腺体背面的甲状旁腺。② 一旦发生，应适当限制肉类、乳品和蛋类等食品的摄入，因其含磷较高，影响钙的吸收。③ 症状轻者可口服钙剂或静脉使用钙剂，同时服用维生素 D_2 或维生素 D_3；严重低血钙、手足抽搐时，立即遵医嘱予以10%葡萄糖酸钙或氯化钙10~20ml缓慢静脉注射，必要时4~6小时后重复使用。葡萄糖酸钙注射液浓度较高，需稀释后再使用，且应控制速度，不宜过快，否则易发生恶心、呕吐、心律失常甚至心搏骤停。使用时应选择安全的静脉，避免局部渗漏。补钙期间需定期监测血清钙浓度，以调节钙剂的剂量。

（5）乳糜漏

1）表现：术后引流液呈粉红色或乳白色，进食高脂食物会引起引流液增多，引流液乳糜试验阳性。乳糜漏可导致低蛋白血症，水、电解质代谢紊乱等，严重者可出现乳糜胸。

2）护理：宜先行局部加压包扎，并给予持续负压引流、低脂饮食等保守治疗，必要时禁食、给予静脉营养支持。乳糜漏经保守治疗多能自愈，对于保守治疗无效的乳糜漏可考虑手术治疗。

（6）皮下气肿

1）表现：患者颈胸部出现肿胀，按压可有握雪感和捻发音，部分患者出现不同程度的胸闷、呼吸困难和心动过速等。

2）护理：① 密切关注患者皮下气肿情况，观察有无呼吸困难等症状。② 症状较轻者无须处理，气肿可自行吸收；若出现广泛皮下气肿、严重的呼吸困难等，应立即进行急救，给予吸氧或建立人工气道等。

（三）健康教育

1. 功能锻炼　术后指导患者进行颈肩部功能锻炼，特别是行颈部淋巴结清扫术者，颈肩部功能锻炼至少持续至出院后3个月，促进患者功能康复。

2. 饮食指导　甲状腺癌患者可以正常进食含碘饮食。如果手术后行 ^{131}I 治疗，治疗前需要低碘饮食。

3. 后续治疗　指导患者术后遵医嘱坚持服用甲状腺素制剂，预防肿瘤复发。术后遵医嘱行放射性核素治疗等。

4. 定期复诊　出院后定期复诊，若发现结节、肿块、甲状腺功能异常等及时就诊。

【护理评价】

1. 患者疼痛是否减轻或缓解。

2. 患者能否有效咳嗽并及时清除呼吸道分泌物。

3. 患者能否正确认识疾病和手术，恐惧是否减轻。

4. 患者是否发生并发症，或并发症是否被及时发现和处理。

第二节　甲状腺腺瘤

甲状腺腺瘤（thyroid adenoma）是最常见的甲状腺良性肿瘤。病理上可分为滤泡状和乳头状囊性腺瘤两种，后者少见，且不易与乳头状腺癌区分。

【临床表现】

多见于20~30岁的年轻人，腺瘤生长缓慢，多数患者无不适症状。当乳头状囊性腺瘤因囊壁血管破裂而发生囊内出血时，肿瘤可在短期内迅速增大，局部出现胀痛。体格检查可见颈部出现圆形或椭圆形结节，多为单发，表面光滑，稍硬，无压痛，边界清楚，随吞咽上下移动。

【辅助检查】

1. 超声检查　可发现甲状腺肿块；伴囊内出血时，提示囊性变。

2. 放射性^{131}I或^{99m}Tc扫描　多呈温结节，伴囊内出血时可为冷结节或凉结节，边缘一般较清晰。

【处理原则】

甲状腺腺瘤有诱发甲状腺功能亢进（约20%）和甲状腺恶变（约10%）的可能，原则上应早期行患侧甲状腺大部或部分（腺瘤小）切除。切除标本行病理学检查，以判定肿块性质。

知识拓展　｜　　　　　　　腔镜甲状腺手术

随着手术技术的不断进步和患者术后美容需求的不断提升，腔镜甲状腺手术在国内的应用逐渐广泛。根据切口部位的不同，腔镜甲状腺手术可分为不同入路，包括胸前入路、腋窝入路及口腔前庭入路等。选择手术入路时，须坚持"治病第一，功能保护第二，美容第三"的原则，综合考虑病情、患者意愿和不同手术入路特点，制订科学的手术方案。腔镜甲状腺手术带来了新的护理需求，如口腔颌面护理、功能锻炼、皮肤护理、腔镜手术相关并发症的观察与护理等，国内临床护理团队也开展了相应的循证护理实践及创新。

第三节　甲状腺功能亢进

甲状腺功能亢进（hyperthyroidism）简称"甲亢"，是由各种原因引起循环中甲状腺素异常增多而出现以全身代谢亢进为主要特征的疾病。

【分类】

按引起甲亢的原因，可分为以下3类。

1. 原发性甲亢　最常见，患者甲状腺肿大的同时，出现功能亢进症状，患者年龄以20~40岁多见。腺体多呈弥漫性肿大，两侧对称，常伴有眼球突出，故又称突眼性甲状腺肿（exophthalmic goiter），可伴胫前黏液性水肿。

2. 继发性甲亢　较少见，如继发于结节性甲状腺肿的甲亢，患者先有结节性甲状腺肿多年，以后逐渐出现功能亢进症状，年龄多在40岁以上。

3. 高功能腺瘤　少见，甲状腺内有单个或多个自主性高功能结节，结节周围的甲状腺组织呈萎缩改变，患者无眼球突出。

【临床表现】

轻重不一，典型表现有甲状腺激素分泌过多综合征、甲状腺肿大及眼征。

1. 甲状腺激素分泌过多综合征　由于甲状腺激素分泌过多和交感神经兴奋，患者可出现高代谢综合征和各系统功能受累，表现为性情急躁、易激惹、失眠、双手颤动、疲乏无力、怕热多汗、皮肤潮湿；食欲亢进但体重减轻；肠蠕动亢进和腹泻；月经失调和阳痿；心悸、脉快有力（脉率常在100次/min以上，休息与睡眠时仍快）、脉压增大。其中脉率增快及脉压增大常作为判断病情程度和治疗效果的重要指标。

2. 甲状腺肿大　呈弥漫性、对称性，质地不等，无压痛，多无局部压迫症状。甲状腺触诊可触及震颤，听诊可闻及血管杂音。

3. 眼征　典型者双侧眼球突出、眼裂增宽。严重者上下眼睑难以闭合。

【辅助检查】

1. 基础代谢率测定　清晨、空腹和静卧时测定，临床上常根据脉率和脉压计算。计算公式：基础代谢率（%）=（脉率+脉压）-111。正常值为±10%，+20%~+30%为轻度甲亢，+30%~+60%为中度甲亢，+60%以上为重度甲亢。

2. 甲状腺摄^{131}I率测定　正常甲状腺24小时内摄取的^{131}I量为总入量的30%~40%，若2小时内甲状腺摄^{131}I量超过25%，或24小时内超过50%，且吸收^{131}I高峰提前出现，都表示有甲亢，但不反映甲亢的严重程度。

3. 实验室检查　① 血清TSH测定：诊断甲亢的首选指标，可作为单一指标进行甲亢筛查。甲亢患者一般TSH降低，但垂体性甲亢TSH不降低或升高。② 血清T_3、T_4含量测定：甲亢时T_3上升较早而快；T_4上升则较迟缓，故测定T_3对甲亢的诊断具有较高的灵敏度。

4. 甲状腺核素显像　核素显像表现为"热结节"，常伴有甲状腺增大，主要表现在甲状腺的长径加长或横径增宽，甲状腺影像异常清晰，边界清楚。

【处理原则】

目前普遍采用的3种疗法：抗甲状腺药物治疗、放射性^{131}I治疗和手术治疗。

手术是治疗甲亢的主要方法之一。主要缺点是有一定的并发症，有4%~5%的患者术后复发，也有少数患者术后发生甲状腺功能减退。

【护理措施】

（一）非手术治疗的护理/术前护理

1. 休息与心理护理　多与患者沟通，消除其顾虑和恐惧心理，避免情绪激动。精神过度紧张或失眠者，适当应用镇静药或催眠药。

2. 用药护理　术前通过药物降低基础代谢率是甲亢患者手术准备的重要环节。常用药物有碘剂、硫脲类药物、普萘洛尔等。碘剂服用方法：① 复方碘化钾溶液口服，3次/d，第1日3滴/次，第2日4滴/次，逐日每次增加1滴，至16滴/次为止，然后维持此剂量。将碘剂滴在饼干、面包等食物上，一并服下以减轻胃肠道不良反应。服药2~3周后甲亢症状得到基本控制，表现为患者情绪稳定，睡眠好转，体重增加，脉率稳定在90次/min以下，脉压恢复正常，基础代谢率+20%以下，便可进行手术。② 碘剂的作用：抑制蛋白水解酶，减少甲状腺球蛋白的分解，逐渐抑制甲状腺素的释放，有助于避免术后甲状腺危象的发生。

3. 饮食护理　给予高热量、高蛋白质和富含维生素的食物，加强营养支持；给予足够的液体摄入，但有心脏疾病的患者应避免大量摄入液体。禁用对中枢神经有兴奋作用的浓茶、咖啡等刺激性饮料，戒烟、酒，勿进食富含粗纤维的食物，避免加重腹泻。

4. 突眼护理　突眼者注意保护眼睛，常滴眼药水。外出戴墨镜或眼罩以免强光、风沙及灰尘刺激；睡前用抗生素眼膏敷眼，戴黑眼罩或用油纱布遮盖，以免角膜过度暴露后干燥受损，发生溃疡。

5. 其他术前指导与准备　参见本章第一节甲状腺癌。

（二）术后护理

1. 体位、引流、保持呼吸道通畅　参见本章第一节甲状腺癌。

2. 特殊药物的应用　甲亢患者术后继续遵医嘱服用复方碘化钾溶液及其他药物。

3. 并发症的观察与护理

（1）甲状腺危象：是甲亢术后的严重并发症之一。

1）表现：术后12~36小时内出现高热（>39℃）、脉快而弱（>120次/min）、大汗、烦躁不安、谵妄，常伴有呕吐、水泻。若不及时处理，可迅速发展至虚脱、休克、昏迷，甚至死亡。

2）护理：预防的关键在于充分的术前准备，使患者基础代谢率降至+20%以下，方可手术。术后密切观察，一旦发生甲状腺危象，立即告知医生予以处理。① 口服复方碘化钾溶液3~5ml，紧急时将10%碘化钠5~10ml加入10%葡萄糖500ml中静脉滴注，以降低循环血液中甲状腺素水平。② 氢化可的松每日分次静脉滴注，以拮抗应激反应。③ 肾上腺素受体拮抗药，如肌内注射利血平或静脉使用普萘洛尔等，以降低周围组织对甲状腺素的反应。④ 常用苯巴比妥钠100mg或半量冬眠合剂二号等镇静药肌内注射，每6~8小时1次。⑤ 用退热、冬眠药物或物理降温等综合降温措施，保持患者体温在37℃左右。⑥ 静脉输入大量葡萄糖溶液。⑦ 给氧，减轻组织缺氧。⑧ 心力衰竭者，加用洋地黄制剂及利尿剂等。

（2）其他：与甲状腺癌术后并发症相似，参见本章第一节甲状腺癌。

（三）健康教育

1. 自我护理　指导患者正确面对疾病，保持精神愉快、心境平和。合理安排休息与饮食，维持机体代谢需求。

2. 用药指导　说明甲亢术后继续服药的重要性并督促执行。

3. 定期复诊　嘱患者定期门诊复查，出现心悸、手足震颤、抽搐等情况时应及时就诊。

（张莉萍）

学习小结

1. 甲状腺癌分为乳头状癌、滤泡状癌、未分化癌及髓样癌，主要临床表现为甲状腺肿大或结节、压迫症状及远处转移症状。手术切除是甲状腺癌（未分化癌除外）的基本治疗方法，可辅以内分泌、放射性核素及外放射治疗等。护理要点包括：① 术前头颈过伸位训练；② 术后保持呼吸道通畅；③ 体位与引流；④ 低脂或无油饮食；⑤ 并发症的观察和护理；⑥ 功能锻炼；⑦ 术后用药指导与随访。

2. 甲状腺腺瘤患者颈部出现圆形或椭圆形结节，无压痛，随吞咽上下移动，主要通过手术治疗。

3. 甲亢可分为原发性甲亢、继发性甲亢及高功能腺瘤3类，以甲状腺激素分泌过多综合征、甲状腺肿及眼征为主要临床表现，使用抗甲状腺药物治疗、放射性^{131}I治疗及手术治疗。应做好充分的术前准备，使患者基础代谢率降至＋20%以下后手术，可以预防术后甲状腺危象。

复习参考题

一、单项选择题

1. 霍纳综合征的主要临床表现是
   - A. 喉痉挛和呼吸困难
   - B. 面部发绀和颈静脉怒张
   - C. 声音嘶哑
   - D. 吞咽困难
   - E. 同侧上睑下垂、瞳孔缩小、眼球内陷、面部无汗

2. 基础代谢率计算公式为
   - A. 基础代谢率＝脉率/收缩压
   - B. 基础代谢率＝脉率/舒张压
   - C. 基础代谢率＝（脉率＋脉压）－111
   - D. 基础代谢率＝（脉率－脉压）－111
   - E. 基础代谢率＝（脉率/脉压）－111

3. 喉返神经损伤的表现是

A. 声音嘶哑，失声
B. 声调降低，发声无力
C. 引流液乳糜试验阳性
D. 进食进水时误咽或呛咳
E. 呼吸增快，呼吸费力，三凹征

4. 喉上神经内支损伤的表现是
A. 声音嘶哑，失声
B. 声调降低，发声无力
C. 引流液乳糜试验阳性
D. 进食进水时误咽或呛咳

E. 呼吸增快，呼吸费力，三凹征

5. 甲状腺切除术后，颈部引流管引出乳白色液体，其发生的并发症是
A. 喉上神经内支损伤
B. 喉上神经外支损伤
C. 呼吸困难与窒息
D. 喉返神经损伤
E. 乳糜漏

参考答案：

1. E 2. C 3. A 4. D 5. E

二、简答题

1. 简述甲状腺切除术后发生呼吸困难和窒息的常见原因和护理措施。

2. 简述甲状腺危象患者的护理措施。

第十五章　乳房疾病患者的护理

学习目标

知识目标	1. 掌握急性乳腺炎、乳腺癌的临床表现、处理原则和护理措施。 2. 熟悉乳腺囊性增生病、乳房良性肿瘤的临床表现、处理原则和护理措施。 3. 了解乳腺疾病的病因、辅助检查和乳腺癌的病理生理、临床分期。
能力目标	能运用护理程序对乳房疾病患者实施整体护理。
素质目标	具有关心和爱护乳房疾病患者的态度和行为；具备团队合作精神。

第一节　急性乳腺炎

导入情景与思考

患者，女，30岁，初产妇，产后21日，因"左侧乳房胀痛、发热，触及压痛性肿块"入院。患者产后实施母乳喂养，入院5日前开始出现左侧乳房胀痛，1日前感发热、畏寒且乳房疼痛加剧。现患者神志清楚，痛苦面容，自述因疼痛害怕哺乳，已停止哺乳1日。体格检查：体温39.5℃，脉搏90次/min，呼吸20次/min，血压110/70mmHg。扪及左侧乳房一压痛性肿块，左侧腋窝有淋巴结肿大。辅助检查：血常规检查示白细胞计数$12×10^9$/L，中性粒细胞百分比95%。

请思考：

1. 目前该患者主要的护理措施有哪些？
2. 对该患者如何进行健康教育？

急性乳腺炎（acute mastitis）是乳腺的急性化脓性感染，多见于产后哺乳期妇女，尤以初产妇多见，多发生于产后3~4周。

【病因】

1. 乳汁淤积　乳汁过多、婴儿吸乳过少导致乳汁不能排空。淤积后乳汁的分解产物是细菌理想的培养基，有利于入侵细菌的生长繁殖。

2. 细菌入侵　主要致病菌为金黄色葡萄球菌。乳头破损或皲裂是细菌沿淋巴管入侵感染的主要途径。如果婴儿患口腔炎或含乳头入睡，细菌可直接侵入乳管，上行至乳腺小叶而致乳腺感染。

【临床表现】

患侧乳房红肿、胀痛、发热，有压痛性肿块，严重者数日后可形成单房或多房性脓肿。表浅脓肿可向外破溃或穿破乳管自乳头流出脓液，深部脓肿可缓慢向外破溃，也可向深部穿至乳房与胸肌间的疏松组织中，形成乳房后脓肿（retromammary abscess）（图15-1-1）。常伴患侧腋窝淋巴结肿大和触痛。随着炎症发展，可出现寒战、高热、脉搏加快等脓毒症表现。

【辅助检查】

1. 实验室检查 血常规可见白细胞计数及中性粒细胞百分比升高。

2. 诊断性穿刺 在超声引导下穿刺，若抽出脓液可确诊脓肿形成，脓液应做细菌培养及药物敏感试验。

【处理原则】

控制感染，排空乳汁。脓肿形成前以抗生素治疗为主，脓肿形成后及时行脓肿切开引流。

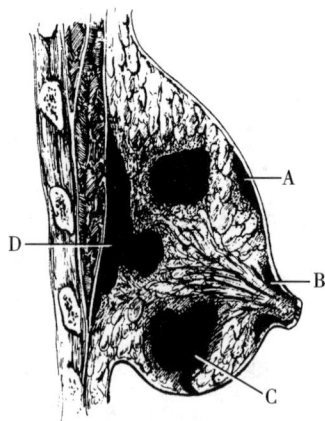

A. 表浅脓肿；B. 乳晕下脓肿；
C. 深部脓肿；D. 乳房后脓肿。
▲ 图15-1-1 乳房脓肿的不同部位

1. 非手术治疗

（1）局部处理：可用金黄散或鱼石脂软膏等外敷促进炎症消散，水肿明显者可用25%硫酸镁湿热敷。有效的乳房按摩可排出淤积乳汁，但乳房严重水肿时应避免局部直接按摩。

（2）终止乳汁分泌：患侧乳房应停止哺乳，可用吸奶器吸尽乳汁。感染严重或脓肿引流后并发乳瘘者应终止哺乳。可服用炒麦芽、溴隐亭、己烯雌酚等促进回乳。

（3）应用抗生素：抗生素应早期、足量、足疗程使用，推荐使用疗程10~14日。首选青霉素类抗生素，或根据脓液的细菌培养和药物敏感试验结果选用抗生素。

（4）中药治疗：服用清热解毒类中药，如野菊花、蒲公英等。

2. 手术治疗 脓肿形成后，及时在超声引导下穿刺抽吸脓液，必要时可切开引流。腺叶和乳管均以乳头为中心呈放射状排列，为避免损伤乳管形成乳瘘，应做放射状切口。乳晕部脓肿应沿乳晕边缘做弧形切口（图15-1-2）。乳房深部脓肿或乳房后脓肿可沿乳房下缘做弧形切口。

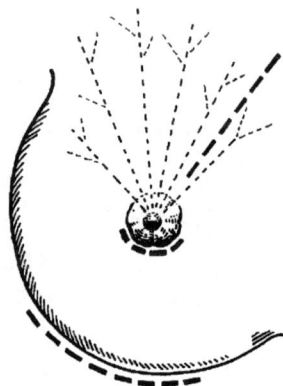

▲ 图15-1-2 乳房脓肿的切口

【护理措施】

（一）非手术治疗的护理/术前护理

1. 一般护理 病室环境安静整洁、温湿度适宜；摄入充足的食物、液体和维生素C。

2. 缓解疼痛 ① 局部托起：用宽松胸罩托起患侧乳房，以减轻疼痛和肿胀。② 热敷、药物外敷或理疗：以促进局部血液循环和炎症消散。③ 使用药物：遵医嘱服用对乙酰氨基酚或布洛芬镇痛。

3. 控制感染和降温 ① 控制感染：遵医嘱早期应用有效抗生素。② 降温：高热者采用物理或药物降温。

4. 排空乳汁 ① 鼓励哺乳者继续用健侧乳房哺乳。若婴儿无法顺利吸出乳汁或医嘱建议暂停哺乳，则用手挤出或用吸奶器吸出乳汁。② 在哺乳前热敷乳房，但局部明显红肿的情况下不推荐局部热敷。③ 变换哺乳姿势或托起一侧乳房哺乳，以促进乳汁排出。

（二）术后护理

脓肿切开引流后保持引流通畅，密切观察引流液颜色、性状、量及气味的变化，定时更换切口敷料。

（三）健康教育

1. 保持婴儿口腔卫生，及时治疗口腔炎症。

2. 纠正乳头内陷　乳头内陷者妊娠期应每日挤捏、提拉乳头，也可用吸乳器吸引乳头，纠正内陷。

3. 保持乳头清洁　妊娠后期每日清洗乳头1次。避免过多清洗，忌用肥皂水、刺激性液体清洗。

4. 正确哺乳　产后应尽早开始哺乳，按需哺乳。每次哺乳时将乳汁吸净。不让婴儿含乳头入睡，哺乳后涂抹乳汁或天然羊毛脂乳头修复霜以保护乳头皮肤，哺乳前可不拭去，可让婴儿直接吸吮。

5. 防止感染　乳头破损或皲裂应暂停哺乳，用吸乳器吸出乳汁哺育婴儿，局部用温水清洗后涂抗生素软膏，待愈合后再哺乳。

第二节　乳腺囊性增生病

乳腺囊性增生病（breast cystic hyperplasia）是女性多发病，常见于30~50岁的女性。

【病因】

本病与内分泌失调有关，第一是雌、孕激素比例失调，使乳腺实质增生过度和复旧不全；第二是乳腺实质成分中女性激素受体的质和量异常，使乳腺各部分的增生程度不同。

【临床表现】

1. 症状　主要表现为乳房胀痛，疼痛与月经周期有关，常在月经前加重，月经来潮后减轻或消失，严重者整个月经周期都有疼痛。

2. 体征　一侧或双侧乳腺有大小不一、质韧而不硬的单个或多个结节，可有触痛，与周围乳腺组织分界不清，与皮肤无粘连。少数患者可有黄绿色或血性的乳头溢液，偶为无色浆液。

【辅助检查】

钼靶X线和超声检查均有助于本病的诊断。

【处理原则】

1. 非手术治疗

（1）定期观察：定期复查超声，若肿块有变化，可进一步做钼靶X线检查。

（2）药物治疗：可口服中药逍遥散。症状严重，且影响正常工作和生活时，可考虑抗雌激素治疗。

2. 手术治疗　若肿块在月经干净后5日内无明显消退者，或局部病灶有恶性病变可疑时，应予切除并做快速病理检查。如有不典型上皮增生，同时有对侧乳腺癌或有乳腺癌家族史等高危因素者，应结合其他因素决定手术范围。

【护理措施】

1. 减轻疼痛　① 遵医嘱指导患者服用中药或其他对症治疗药物；② 应穿宽松的乳罩托起乳房；③ 给予心理护理，解释疼痛发生的原因，消除患者紧张焦虑的情绪。

2. 定期检查　教会患者定期乳房自检的方法，局限性增生者在月经后7~10日内复查，每隔2~3个月到医院复诊，有乳腺癌家族史者密切随访，防止恶变。

第三节　乳房良性肿瘤

女性乳房肿瘤的发病率甚高，良性肿瘤中以乳腺纤维腺瘤最多，约占良性肿瘤的3/4，其次为导管内乳头状瘤，约占良性肿瘤的1/5。

一、乳腺纤维腺瘤

乳腺纤维腺瘤是女性常见的乳房良性肿瘤，好发年龄为20~25岁。

【病因】

本病的发生与乳腺小叶内纤维细胞对雌激素的敏感性异常增高有关，雌激素是该病发生的刺激因素。

【临床表现】

常表现为乳房肿块，好发于乳房外上象限，约75%为单发，少数为多发。肿块一般为圆形、卵圆形。生长缓慢，质感似硬橡皮球，表面光滑，易于推动。

【处理原则】

本病发生癌变的可能性很小，但有肉瘤变的可能。手术切除是唯一有效的治疗方法，手术方式有开放性局部切开术或微创旋切术。妊娠期纤维瘤常增大，所以妊娠前后发现的纤维瘤一般应手术切除，肿块常规做病理检查。

【护理措施】

1. 向患者讲解乳腺纤维瘤的病因和治疗方法。

2. 指导暂不手术者自我观察肿块变化。

3. 肿瘤切除术后，保持术后切口敷料清洁、干燥。

知识拓展 | **真空辅助微创旋切术**

随着微创技术的发展，微创旋切术因其手术范围小、术后瘢痕小、术后疼痛轻等优点易被患者所接受。常规开放性手术能够完整切除病灶，但创伤大，瘢痕大，可能改变乳房外形。而真空辅助微创旋切术是在超声引导下，局麻，通过乳房皮肤上3~5mm小切口，精准穿刺乳腺结节，真空泵负压抽吸，旋切针同时进行旋转切割，连续切除。该术式有利于病灶精准切除，既达到治疗的目的，又兼顾患者对于外观的要求，符合微创手术理念及人们对于美观的追求。适用于影像学诊断良性的不可触及的乳腺微小肿物或多发性肿物切除，可用于乳腺良性病灶的治疗。

二、导管内乳头状瘤

导管内乳头状瘤多见于40~50岁的经产妇。75%发生在大乳管近乳头的壶腹部，导管内乳头状瘤的瘤体很小，带蒂而有绒毛，有较多壁薄的血管，故易出血。

【临床表现】

主要表现为乳头溢液，多为血性，也可为暗棕色或黄色液体。因肿瘤小，常不能触及。大乳管乳头状瘤可在乳晕区扪及小肿块，多呈圆形，质软、可推动，轻压此肿块常可从乳头溢出血性液体。

【辅助检查】

乳头溢液未扪及肿块者可行乳管内镜检查，也可进行乳头溢液涂片细胞学检查。

【处理原则】

诊断明确者以手术治疗为主。单发的导管内乳头状瘤患者应切除病变的乳管系统，常规行病理检查；如有恶变应施行乳腺癌根治术；对年龄较大、乳管上皮增生活跃或间变者，可行单纯乳房切除术。

【护理措施】

1. **心理护理** 向患者讲解导管内乳头状瘤的病因、手术治疗的必要性。

2. **伤口护理** 保持术后切口敷料清洁、干燥。

第四节 乳腺癌

导入情景与思考

患者，女，47岁，因无意间触及右侧乳房无痛性肿块，近来自觉肿物有增大趋势，为求明确诊治，来医院就诊。体格检查：体温36.5℃，脉搏80次/min，呼吸16次/min，血压120/75mmHg，

右侧乳房外上象限可扪及一无痛性肿块，不易推动，与周围组织分界不清。辅助检查：彩色多普勒超声检查示右侧乳房实性占位并钙化，右侧腋窝淋巴结肿大。确诊为乳腺癌后，于全身麻醉下行右侧乳腺癌改良根治术及同侧腋窝淋巴结清扫术，手术顺利。术后患者皮瓣下留置负压引流管，胸部用弹力绷带包扎，在护士指导下进行右手握拳和屈腕练习。术后第5日开始，该患者右侧上肢逐渐出现水肿且不易消退。

请思考：

1. 该患者出现上肢水肿的原因可能是什么？
2. 针对该患者上肢水肿情况，应采取哪些相应的护理措施？

乳腺癌（breast cancer）是女性发病率最高的恶性肿瘤。在我国，发病率呈逐年上升趋势，尤其是东部沿海地区和经济发达的大城市，其发病率增加尤为显著。

【病因与发病机制】

乳腺癌的病因尚不明确，可能与下列因素有关：① 激素作用，雌酮和雌二醇与乳腺癌的发病有直接关系。② 月经婚育史，月经初潮早、绝经晚、未孕及未哺乳的女性，乳腺癌发病率较高。③ 家族史，一级女性亲属中有乳腺癌病史者的发病危险性是普通人群的2~3倍。④ 乳房良性疾病，多数认为乳腺小叶有上皮高度增生或不典型增生可能与本病发生有关。⑤ 高脂饮食、肥胖，可加强或延长雌激素对乳腺上皮细胞的刺激，增加发病机会。⑥ 环境和生活方式，长期接触致癌化学物、放射线与乳腺癌的发病呈正相关。不同地域的乳腺癌发病率也有明显差异。

【病理生理】

1. 病理分型

（1）非浸润性癌：属早期，预后较好。① 导管内癌：癌细胞未突破导管壁基底膜。② 小叶原位癌：癌细胞未突破末梢乳管或腺泡基底膜。③ 乳头湿疹样乳腺癌（伴发浸润性癌者除外）。

（2）浸润性特殊癌：此型分化程度高，预后尚好。包括乳头状癌、髓样癌（伴大量淋巴细胞浸润）、小管癌（高分化腺癌）、黏液腺癌、腺样囊性癌、鳞状细胞癌等。

（3）浸润性非特殊癌：占乳腺癌的80%，此型一般分化程度低，预后差。包括浸润性导管癌、浸润性小叶癌、硬癌、髓样癌（无大量淋巴细胞浸润）、腺癌等。

（4）其他罕见癌：炎性乳腺癌、湿疹样乳癌等。

2. 转移途径

（1）局部浸润：癌细胞沿导管或筋膜间隙蔓延，侵犯Cooper韧带、胸膜、皮肤。

（2）淋巴转移：乳房淋巴液输出的四个解剖途径（图15-4-1）。① 乳房大部分淋巴液流至腋窝淋巴结，部分乳房上部淋巴液可直接流向锁骨下淋巴结；② 部分乳房内侧淋巴液通过肋间淋巴管流向胸骨旁淋巴结；③ 两侧乳房间皮下有交通淋巴管；④ 乳房深部淋巴网沿腹直肌鞘和肝镰状韧带的淋巴管流向肝。

（3）血行转移：癌细胞经淋巴途径进入静脉或直接侵入血液循环而发生远处转移。最常见的远处转移器官依次为骨、肺、肝。有些乳腺癌早期已有血行转移。

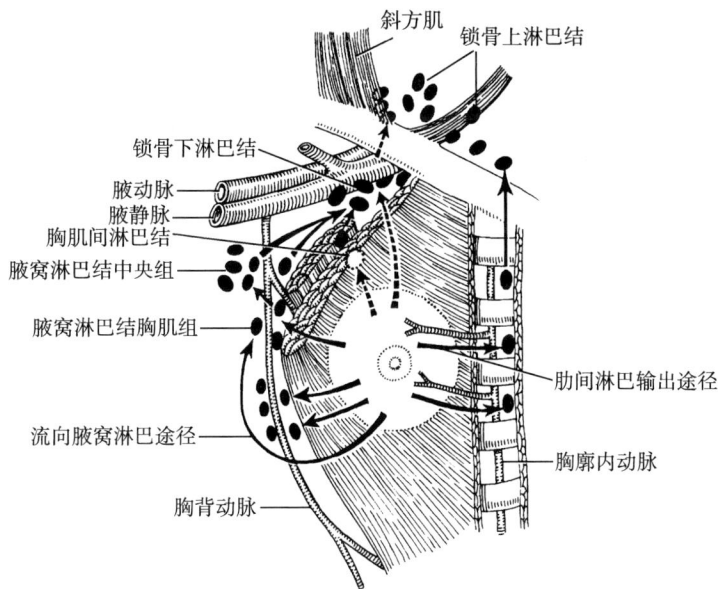

▲ 图15-4-1　乳房淋巴液的输出途径

【临床表现】

（一）常见乳腺癌的临床表现

1. 乳房肿块

（1）早期：表现为患侧乳房出现无痛性、单发小肿块，多见于乳房外上象限，常在无意中发现。肿块质硬，表面不光滑，外形不规则，与周围组织分界不清且不易推动。

（2）晚期：可出现以下表现。① 肿块固定：癌肿侵入胸肌筋膜和胸肌时，固定于胸壁而不易推动。② 卫星结节、铠甲胸：癌细胞侵及大片乳房皮肤，出现多个坚硬小结节或条索，呈卫星样围绕原发病灶。若数个结节融合成片，可延伸至背部及对侧胸壁，致胸壁紧缩呈铠甲状，患者呼吸受限。③ 皮肤破溃：癌肿侵及皮肤使之破溃而形成溃疡，常伴有恶臭，易出血。

2. 乳房外形改变　随着肿瘤的生长，可引起乳房外形改变。① 酒窝征：若肿瘤累及Cooper韧带，可使其缩短而致肿瘤表面皮肤凹陷，出现"酒窝征"。② 乳头内陷：邻近乳头或乳晕的癌肿侵入乳管使之缩短，可将乳头牵向癌肿一侧，进而使乳头扁平、回缩、凹陷。③ 橘皮征：若皮下淋巴管被癌细胞堵塞，引起淋巴回流障碍，可出现真皮水肿，乳房皮肤呈"橘皮样"改变。

3. 转移征象　① 淋巴转移：最初多见于患侧腋窝。先为少数散在、质硬、无压痛、可推动的淋巴结，继而逐渐增多并融合成团，甚至与皮肤或深部组织粘连。② 血行转移：乳腺癌转移至骨、肺、肝时可出现相应的症状。如骨转移者可出现局部疼痛，肺转移者可出现咳嗽、胸痛、气急，肝转移者出现肝大或黄疸等。

（二）特殊类型乳腺癌的临床表现

1. 炎性乳腺癌　发病率低，但恶性程度高，预后极差，多见于年轻女性。表现为患侧乳房皮肤红肿、发热、增厚、粗糙，类似炎症表现，但无明显肿块。病变初期比较局限，短期可扩展到乳房大部分皮肤，常可累及对侧乳房。

2. 乳头湿疹样乳腺癌（Paget's carcinoma of the breast） 发病率低，恶性程度低，进展慢，腋窝淋巴结转移较晚。初期症状为乳头瘙痒、烧灼感，继而乳头和乳晕皮肤发红、潮湿、糜烂，偶有黄褐色鳞屑样结痂等湿疹样改变。

【辅助检查】

1. 影像学检查

（1）超声检查：能清晰显示乳房各层次软组织结构及肿块的形态和质地，主要用于鉴别囊性或实性病灶。可结合彩色多普勒检查观察血液供应情况，提高判断的灵敏度，为肿瘤的定性诊断提供依据。

（2）钼靶X线检查：是早期发现乳腺癌的方法，表现为高密度的肿块影，边界不规则，或呈毛刺状，或见细小钙化灶。

（3）MRI：对软组织分辨率高，灵敏度优于钼靶X线检查。不仅能够提供病灶形态学特征，而且运用动态增强还能提供病灶的血流动力学情况。

2. 活组织病理检查 常用的活检方法有空芯针穿刺活检术（core needle biopsy，CNB）、乳腺微创旋切活检术和细针吸取细胞学检查（fine needle aspiration cytology，FNAC）。疑为乳腺癌者，若这些方法无法确诊，可将肿块连同周围乳腺组织一并切除，做冰冻活检或快速病理检查。乳头糜烂疑为乳头湿疹样乳腺癌时，可做乳头糜烂部刮片细胞学检查。

【临床分期】

美国癌症联合委员会（American Joint Committee on Cancer，AJCC）第8版肿瘤TNM分期系统于2018年1月1日在全球正式启动执行。建议的T（原发癌肿）、N（区域淋巴结）、M（远处转移）分期法内容如下。

原发肿瘤（T）

T_x：原发肿瘤无法评估。

T_0：无原发肿瘤证据。

T_{is}：原位癌（导管原位癌及不伴肿块的乳头湿疹样乳腺癌）。

T_1：肿瘤最大直径≤20mm。

T_2：肿瘤最大直径>20mm而≤50mm。

T_3：肿瘤最大直径>50mm。

T_4：不论肿瘤大小，直接侵犯胸壁或皮肤。

区域淋巴结临床分类（N）

N_x：区域淋巴结无法评估（已切除或未切除）。

N_0：无区域淋巴结转移。

N_{1mi}：存在微转移，单个淋巴结单张组织切片中肿瘤细胞数量超过200个，最大直径>0.2mm而≤2.0mm。

N_1：同侧Ⅰ、Ⅱ级腋窝淋巴结转移，可推动。

N_2：同侧Ⅰ、Ⅱ级腋窝淋巴结转移，固定或融合；或有同侧内乳淋巴结转移临床征象，而没有Ⅰ、Ⅱ级腋窝淋巴结转移临床征象。

N_3：同侧锁骨下淋巴结（Ⅲ级腋窝淋巴结）转移，伴或不伴Ⅰ、Ⅱ级腋窝淋巴结转移；或有同侧内乳淋巴结转移临床征象，并有Ⅰ、Ⅱ级腋窝淋巴结转移；或同侧锁骨上淋巴结转移，伴或不伴腋窝或内乳淋巴结转移。

远处转移（M）

M_0：临床及影像学检查未见远处转移。

M_1：临床及影像学检查发现远处转移，或组织学发现$>2.0mm$的转移灶。根据上述情况组合，可把乳腺癌分为5个分期。

0期：$T_{is}N_0M_0$。

Ⅰ期：$T_1N_0M_0$，$T_0N1_{mi}M_0$，$T_1N1_{mi}M_0$。

Ⅱ期：$T_{0\sim1}N_1M_0$，$T_2N_{0\sim1}M_0$，$T_3N_0M_0$。

Ⅲ期：$T_{0\sim2}N_2M_0$，$T_3N_{1\sim2}M_0$，$T_4N_{0\sim2}M_0$，任何TN_3M_0。

Ⅳ期：包括M_1的任何T、N。

【处理原则】

手术治疗为主，辅以化疗、放疗、内分泌治疗、生物治疗等综合治疗措施。

1. 非手术治疗

（1）化疗：乳腺癌是实体瘤中应用化疗最有效的肿瘤之一。

乳腺癌术后辅助化疗的指征：① 浸润性肿瘤直径大于2cm；② 淋巴结转移阳性；③ 激素受体阴性；④ 人表皮生长因子受体2（HER2）阳性；⑤ 组织学分级为3级。术前化疗又称新辅助化疗，其目的主要包括将不可手术乳腺癌降期为可手术乳腺癌；将不可保乳的乳腺癌降期为可保乳的乳腺癌；探测肿瘤对药物的敏感性。化疗常选择联合化疗方案，应注意药物的给药顺序、输注时间和剂量强度，严格按照药品说明使用，注意药物配伍禁忌。

（2）放疗：放疗可以抑制癌细胞的活动能力，对Ⅱ期以上的乳腺癌患者可降低转移率和复发率。术前放疗可提高手术切除率，使部分不能手术治疗的患者获得手术治疗的机会。

（3）内分泌治疗：肿瘤细胞中雌激素受体（ER）含量高者，称激素依赖性肿瘤。受体含量越高，治疗效果越好。主要治疗药物：① 抗雌激素类药，如他莫昔芬（又称三苯氧胺），其结构与雌激素相似，可在靶器官内与雌二醇争夺ER。该药与ER复合物能影响DNA基因转录，从而抑制肿瘤细胞生长。可降低乳腺癌术后复发及转移，减少对侧乳腺癌的发生率。② 芳香化酶抑制剂，如阿那曲唑、来曲唑和依西美坦等，能抑制肾上腺分泌的雄激素转变为雌激素过程中的芳香化环节，从而降低雌二醇，达到治疗乳腺癌的目的。

（4）生物治疗：又称分子靶向治疗，临床上已推广使用的曲妥珠单抗注射液，对乳腺癌患者有一定的疗效。

2. 手术治疗　TNM分期为0期、Ⅰ期、Ⅱ期或部分Ⅲ期患者首选手术治疗。

（1）保留乳房的乳腺切除术（breast-conserving surgery）：完整切除肿块及其周围1~2cm的组

织，并行腋窝淋巴结清扫。术后需辅以放疗、化疗，适用于Ⅰ、Ⅱ期乳腺癌且有强烈保乳愿望的患者。

（2）乳腺改良根治术（modified radical mastectomy）：有两种术式。① 保留胸大肌，切除胸小肌；② 保留胸大、小肌。改良根治术保留了胸肌，术后外观效果较好，适用于Ⅰ、Ⅱ期乳腺癌患者，是目前常用的手术方式。

（3）乳腺癌根治术（radical mastectomy）和乳腺癌扩大根治术（extensive radical mastectomy）：乳腺癌根治术应包括整个乳房、胸大肌、胸小肌及腋窝Ⅰ、Ⅱ、Ⅲ组淋巴结的整块切除。扩大根治术还需同时切除胸廓内动脉、静脉及其周围的淋巴结（即胸骨旁淋巴结）。此两种术式现已较少使用。

（4）全乳房切除术（total mastectomy）：切除整个乳腺，包括腋尾部及胸大肌筋膜。适用于原位癌、微小癌及年老体弱不适行根治术者。

（5）前哨淋巴结活检术（sentinel lymph node biopsy，SLNB）和腋淋巴结清扫术（axillary lymph node dissection，ALND）：对临床腋淋巴结阳性的乳腺癌患者常规行腋淋巴结清扫术，阴性者应先行前哨淋巴结活检术。

（6）乳腺癌根治术后乳房重建术（radical mastectomy and breast reconstruction）：根据重建的材料，乳房重建可以分为基于假体的乳房重建、基于自体组织的乳房重建和联合两种材料的重建。

【护理评估】

（一）术前评估

1. 健康史

（1）一般情况：年龄、文化程度、饮食习惯、营养状况、生活环境等。

（2）既往史：患者的月经史、婚育史、哺乳史等，以及既往是否患乳房良性肿瘤。

（3）家族史：患者女性亲属中有无乳腺癌患者。

2. 身体状况

（1）症状与体征：肿块部位、大小、质地、活动度，表面是否光滑，边界是否清楚；乳房皮肤及外形变化；腋窝等部位有无淋巴转移。

（2）全身情况：生命体征，心、肺、肝、肾等重要器官功能状态；有无癌肿远处转移的征象。

（3）辅助检查：超声、X线、MRI、实验室检查结果。

3. 心理-社会状况　患者有无焦虑、恐惧；患者对拟采取的手术治疗的了解和掌握程度；患者配偶对疾病及其治疗、预后的认知程度及心理承受能力；家庭对治疗的经济承受能力和支持程度。

（二）术后评估

1. 术中情况　手术及麻醉方式、病灶切除情况，术中出血、补液、输血及病情变化等情况。

2. 术后情况　患者生命体征及引流管情况；皮瓣愈合情况，术后患侧上肢功能锻炼情况；患者对康复期保健和疾病相关知识的认知程度。

3. 术后并发症评估　患侧上肢是否有肿胀，伤口附近的皮下是否有积液。

【常见护理诊断/问题】

1.体象紊乱 与乳腺癌切除术造成乳房缺失和术后瘢痕形成有关。

2.有组织完整性受损的危险 与留置引流管、患侧上肢淋巴引流不畅、头静脉被结扎、腋静脉栓塞或感染有关。

3.知识缺乏：缺乏有关术后患侧上肢功能锻炼的知识。

4.潜在并发症：皮下积液、积血、皮瓣坏死、患侧上肢水肿等。

【护理目标】

1.患者能正确认识和应对自我形象的变化。

2.患者手术创面愈合良好，能恢复全范围的关节活动。

3.患者能复述患侧上肢功能锻炼的知识并能正确进行功能锻炼。

4.患者未发生并发症或并发症得到及时发现和处理。

【护理措施】

（一）非手术治疗的护理／术前护理

1.终止妊娠或哺乳 对于妊娠期或哺乳期的患者，应立即终止妊娠或停止哺乳，以免因激素作用活跃加速肿瘤生长。

2.术前准备 做好术前常规检查，皮肤准备应视切除范围而定。对需要植皮的患者，应做好供皮区的皮肤准备。对乳房皮肤有破溃者，术前每日换药，改善创面情况。

3.心理护理 患者面对乳腺癌带来的生命危险、不确定的疾病预后、乳房缺失、婚姻生活受到的影响、疾病带来的巨大经济负担等问题，容易产生焦虑、恐惧、绝望等心理。因此，护士应关心鼓励患者，了解患者的顾虑，有针对性地进行心理护理。

（二）术后护理

1.体位 术后麻醉清醒、血压平稳后协助患者取半坐卧位，以利于呼吸和引流。

2.病情观察 严密观察生命体征变化，观察切口敷料渗血、渗液情况。乳腺癌扩大根治术有损伤胸膜可能，应严密监测患者是否有胸闷、呼吸困难等表现，以便早期发现和协助处理气胸等肺部并发症。

3.伤口护理

（1）妥善固定、加压包扎：用弹力绷带或胸带加压包扎皮瓣及伤口，使皮瓣紧贴胸壁，防止积液积气。包扎的松紧度以能容纳一手指、能够维持正常血运、不影响患者呼吸为宜。若绷带松脱，立即重新包扎。

（2）观察皮瓣血液循环：正常情况下，皮瓣温度较健侧略低，颜色红润，紧贴胸壁。若皮瓣颜色暗红，表示血液循环不好，可能出现坏死，应及时通知医生。

（3）观察患侧上肢末梢血液循环：若患者手指发麻、皮肤发绀、皮温降低、动脉搏动减弱或消失，提示腋窝部血管受压，应调整弹力绷带／胸带的松紧度。

4.引流管护理 乳腺癌根治术后，皮瓣下常规放置引流管并接负压引流装置。负压吸引可及时、有效地吸出残腔内的积液、积血，并使皮肤紧贴胸壁，从而有利于皮瓣愈合。

（1）妥善固定，保持通畅：卧床时引流管固定于床旁，起床时固定于上衣，以防患者活动时导管受牵拉而脱出，避免引流管受压、打折、扭曲。

（2）有效吸引：负压引流瓶应保持负压状态，压力大小要适宜。对连接墙壁负压吸引者，若引流管外形无变化，但未闻及负压抽吸声，应注意连接是否紧密，压力是否适当。

（3）密切观察：观察引流液的颜色、性状和量。术后1~2日引出血性液体50~200ml，以后颜色逐渐变浅，量逐渐减少。

（4）拔管：术后4~5日，引流液转淡黄色，每日量少于10~15ml，皮瓣与胸壁紧贴，手指按压切口周围皮肤无空虚感，可考虑拔管。

5. 患侧上肢肿胀的护理　患侧腋窝淋巴结切除、头静脉被结扎、腋静脉栓塞、局部积液或感染等因素导致上肢淋巴液回流不畅和静脉回流障碍。护理时应注意：

（1）避免损伤：勿在患侧上肢测血压、静脉输液、输血；避免患侧上肢过度负重及长时间下垂。

（2）抬高患肢：平卧时患侧上肢下方垫枕抬高10°~15°，肘关节呈轻度屈曲；半卧位时屈肘90°放于胸腹部；下床活动时用吊带托或用健侧手将患肢抬高放于胸前；需他人扶持时只能扶健侧，以防腋窝皮瓣滑动而影响愈合，避免患肢下垂过久。

（3）促进肿胀消退：在专业人员指导下向心性按摩患侧上肢或进行握拳、屈肘、伸肘和举重训练，举重要缓慢并逐渐增加负重。肢体肿胀严重者，可用空气压迫泵或戴弹力袖。

6. 功能锻炼　手术后患侧上肢活动受限，应加强患侧上肢功能锻炼，以增强肌力、松解和预防粘连，最大程度地恢复患侧上肢的功能。

（1）术后24小时内：活动手指及腕关节，练习伸指、握拳、屈腕等。

（2）术后1~3日：进行上肢肌肉的等长收缩；用健侧上肢或他人协助患侧上肢进行屈肘、伸臂等锻炼，而后逐渐过渡到肩关节的小范围前屈、后伸运动（前屈小于30°，后伸小于15°）。

（3）术后4~7日：指导患者用患侧手进食、洗脸、刷牙等，并逐渐进行患侧手触摸同侧耳朵和对侧肩部的锻炼。

（4）术后1~2周：术后1周内患臂不上举，1周后皮瓣基本愈合，以肩部为中心，做前后摆臂。术后10日左右：① 循序渐进抬高患侧上肢，将患侧手掌置于对侧肩部，直至患侧肘关节与肩平。② 做手指爬墙运动，每日标记高度，逐渐递增幅度，直至患侧手指高举过头。③ 梳头、摸耳，患侧手越过头顶梳对侧头发、扪对侧耳朵。应根据患者的实际情况决定患侧肢体的锻炼内容和活动量，一般以每日3~4次，每次20~30分钟为宜。循序渐进，逐渐增加功能锻炼的内容。术后7日内限制肩关节外展，以防皮瓣移动而影响愈合。严重皮瓣坏死者，术后2周内避免大幅度运动。

（三）健康教育

1. 饮食与活动　加强营养，多摄入高蛋白、高维生素、高热量、低脂肪的食物，以增强机体抵抗力。近期避免患侧上肢搬动或提拉过重物品，继续进行功能锻炼。

2. 坚持治疗　术后应定期行化疗或放疗。化疗期间定期复查肝、肾功能，化疗前1日或化疗后5~7日均应检查血白细胞计数，若血白细胞计数低于3×10^9/L，须及时就诊。放疗、化疗期间因抵抗力低，应少到公共场所，以减少感染的机会。

3. 避孕 术后5年内避免妊娠，防止乳腺癌复发。

4. 定期乳房自我检查（breast self-examination） 20岁以上的女性，特别是乳腺癌高危人群、乳腺癌术后患者应每月自查1次。乳房自我检查可选在月经周期的第7~10日或月经结束后2~3日进行；绝经者应选择每月固定1日检查。40岁以上的女性或乳腺癌术后的患者每年需行钼靶X线检查。

（1）视诊：充分暴露两侧乳房。站在镜前，两臂放松垂于身体两侧，观察两侧乳房的大小和外形是否对称，有无局限性隆起、凹陷或皮肤改变；两侧乳头有无内陷、抬高；乳头和乳晕有无糜烂、破溃、水肿等。

（2）触诊：可取仰卧位或侧卧位。仰卧位，肩下垫软薄枕，手臂枕于头下。一侧手指并拢将指腹平放在对侧乳房上，要有一定压力，依次从乳房外上、外下、内下、内上各象限进行检查。然后检查乳头和乳晕，最后检查腋窝有无肿块。若发现肿块和乳头溢液，应及时就诊。

【护理评价】

1. 患者能否正确认识和应对自我形象的变化。

2. 患者手术创面愈合是否良好，能否恢复全范围的关节活动。

3. 患者能否复述患侧上肢功能锻炼的知识，是否能正确进行功能锻炼。

4. 患者是否发生并发症，或并发症是否被及时发现和处理。

（尹崇高）

学习小结

1. **急性乳腺炎** 急性乳腺炎主要临床表现是患侧乳房胀痛、局部红肿、发热、压痛性肿块，主要是通过局部处理、终止乳汁分泌、全身抗感染、中药治疗等治疗方法，形成脓肿后可根据脓肿形成的部位切开引流。

2. **乳房良性疾病** 乳腺囊性增生病主要表现为乳房出现与月经周期有关的胀痛。乳腺纤维腺瘤主要表现为有一定活动度的无痛性乳房肿块，好发于20~25岁年轻女性；导管内乳头状瘤主要表现为乳头血性、暗棕色或黄色溢液，一般无自觉症状。手术切除是后两种疾病唯一有效的治疗方法。

3. **乳腺癌** 乳腺癌病因不是很明确，临床表现多以无痛性乳房肿块为首发症状，随着病情进展可出现酒窝征、乳头内陷、橘皮征等乳房外形改变，并伴有患侧腋窝淋巴结转移。治疗时应采取手术治疗和非手术治疗相结合的方法。重点做好术后护理，尤其注意观察术后病情、伤口的护理、引流管的护理、患侧上肢肿胀的护理，指导患者进行正确的患侧上肢功能锻炼，做好健康教育。

复习参考题

一、单项选择题

1. 急性乳腺炎最常见的致病菌是
   - A. 变形杆菌
   - B. 厌氧菌
   - C. 大肠埃希菌
   - D. 金黄色葡萄球菌
   - E. 溶血性链球菌

2. 急性乳腺炎最常见于
   - A. 妊娠期的妇女
   - B. 初产哺乳的妇女
   - C. 乳头凹陷的妇女
   - D. 绝经期的妇女
   - E. 乳汁分泌多的妇女

3. 可用于乳腺癌手术后内分泌治疗的抗雌激素类药是
   - A. 他莫昔芬
   - B. 丝裂霉素
   - C. 依西美坦
   - D. 免疫核糖核酸
   - E. 氟尿嘧啶

4. 乳腺癌侵犯Cooper韧带引起相应的皮肤改变是
   - A. 橘皮样变
   - B. 乳头内陷
   - C. 酒窝征
   - D. 湿疹样皮炎
   - E. 铠甲状胸

5. 关于乳腺癌临床表现的描述,正确的是
   - A. 肿块多见于内上象限
   - B. 患侧乳房常出现与月经周期有关的疼痛
   - C. 转移症状一般易出现在骨、肺、肝
   - D. 常表现为对侧淋巴结肿大
   - E. 肿块与周围组织分界较清楚

参考答案:
1. D 2. B 3. A 4. C 5. C

二、简答题

1. 简述孕产妇预防急性乳腺炎的措施。

2. 简述乳腺癌改良根治术后患侧上肢功能锻炼的方法。

第十六章　胸部损伤患者的护理

16章

学习目标

知识目标	1. 掌握胸部损伤患者的护理。
	2. 熟悉胸部损伤患者的临床表现、处理原则。
	3. 了解胸部损伤的分类、病因、病理生理、辅助检查。
能力目标	能运用护理程序对胸部损伤患者实施整体护理。
素质目标	具有关心和爱护胸部损伤患者的态度和行为；具备团队合作精神。

第一节　肋骨骨折

肋骨骨折指暴力直接或间接作用于肋骨，使肋骨的完整性和连续性中断，是最常见的胸部损伤。第4~7肋骨长而薄，最易折断。若发生骨折，应警惕合并腹内脏器和膈肌损伤。

【病因】

1. 外来暴力　多数肋骨骨折常由外来暴力所致。外来暴力又分为直接暴力和间接暴力。直接暴力所致骨折指打击力直接作用于骨折部位而发生的骨折，间接暴力所致骨折则是胸部前后受挤压而导致的骨折。

2. 病理因素　部分肋骨骨折见于恶性肿瘤发生肋骨转移的患者或严重骨质疏松者。此类患者可因咳嗽、打喷嚏或病灶肋骨处轻度受力而发生骨折。

【分类】

根据骨折断端是否与外界相通，分为闭合性肋骨骨折和开放性肋骨骨折。根据损伤程度，肋骨骨折又分为单根单处肋骨骨折、单根多处肋骨骨折、多根单处肋骨骨折和多根多处肋骨骨折。

【病理生理】

1. 单根单处肋骨骨折或多根单处肋骨骨折时，其上、下仍有完整肋骨支撑胸廓，对呼吸功能影响不大；但若尖锐的肋骨断端内移刺破壁胸膜和肺组织，可产生气胸、血胸、皮下气肿、血痰、咯血等；若刺破肋间血管，尤其是动脉，可引起大量出血，导致病情迅速恶化。

2. 多根多处肋骨骨折是指在两根及以上相邻肋骨各自发生2处或以上骨折。其局部胸壁失去完整肋骨支撑而软化，可出现反常呼吸（paradoxical respiration）（图16-1-1），表现为吸气时软化区胸壁内陷，呼气时外突，称为连枷胸（flail chest）。若软化区范围较大，可引起呼吸时双侧胸腔内压不均衡，使纵隔左右扑动，影响肺通气和静脉血回流，导致体内缺氧和二氧化碳潴留，严重者可发生呼吸和循环衰竭。

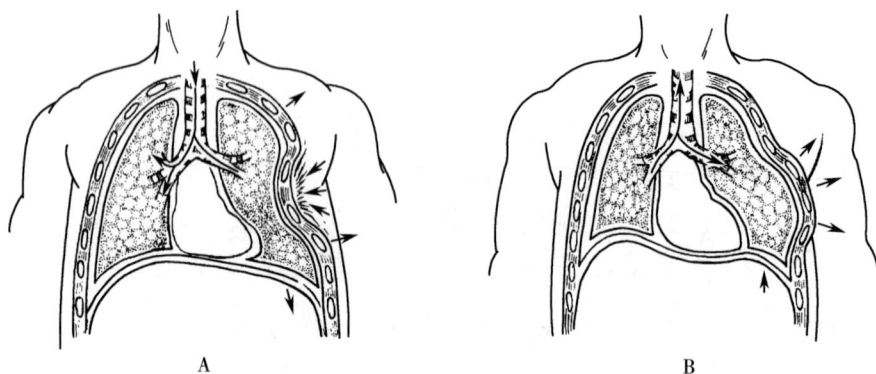

▲ 图16-1-1　胸壁软化区的反常呼吸
A. 吸气时软化区胸壁内陷；B. 呼气时软化区胸壁外突。

【临床表现】

1. 症状　肋骨骨折断端局部可刺激肋间神经产生疼痛，当深呼吸、咳嗽或转动体位时疼痛加剧；部分患者可因肋骨骨折断端向内移位刺破肺组织而出现咯血；由于肋骨骨折损伤程度不同，可有不同程度的呼吸困难、发绀或休克等。

2. 体征　受伤胸壁肿胀，可有畸形；局部明显压痛，挤压胸部疼痛加剧，甚至产生骨擦音；多根多处肋骨骨折者，伤处可见反常呼吸；部分患者出现皮下气肿。

【辅助检查】

1. 实验室检查　出血量大者，血常规检查示血红蛋白和血细胞比容下降。

2. 影像学检查　胸部X线和CT检查可显示肋骨骨折断端错位、断裂线及血气胸等，但前胸肋软骨折断征象不能显示；肋骨三维重建CT可以更好地显示肋骨骨折情况。

知识拓展　│　　　　　　　　　胸部损伤患者呼吸训练器的应用

　　　　　　胸部损伤患者常发生通气功能降低等肺部并发症，严重影响患者肺功能。
　　　　　　呼吸训练器由折叠状软管、吸气口、框架、过滤器及3个小球组成，应用其进行呼吸训练时，患者通过刻度指示和容量设置很容易控制深吸气时的速度和容量，使吸气形成深、慢的模式，提高潮气量和有效通气量，改善通气/血流比值。呼吸训练器上标识有600cm³、900cm³、1 200cm³ 3个容量，指导患者进行可量化的呼吸功能锻炼。患者如能使3只球都升至顶部，则表示肺活量接近正常，吸气量可反映患者的呼吸深度，有助于增加主观能动性，达到训练目的。国内外已有研究显示，呼吸训练器在预防通气功能降低、阻塞性肺不张、肺部感染等方面均取得了较好的疗效。

【处理原则】

1. 闭合性肋骨骨折

（1）固定胸廓，处理反常呼吸：为减少肋骨断端活动，减轻疼痛，可直接用弹性胸带固定，也可采用多条胸带固定胸廓。此方法适合闭合性单根单处肋骨骨折的患者，也可用于胸背部、胸侧壁多根多处肋骨骨折且胸壁软化范围小而反常呼吸不严重的患者。对多根多处肋骨骨折，胸壁软化范围大，反常呼吸明显的连枷胸患者，行牵引固定，即在患侧胸壁放置牵引支架，或用厚棉垫加压包扎，以减轻或消除胸壁的反常呼吸，促进患侧肺复张。近年来也开展经电视胸腔镜直视下导入钢丝的方法固定连枷胸。

（2）镇痛：必要时可口服布洛芬、可待因、吗啡、地西泮等镇痛镇静药，也可应用患者自控镇痛装置、1%普鲁卡因封闭骨折部位或行肋间神经阻滞。

（3）建立人工气道：对有多根多处肋骨骨折、咳嗽无力、不能有效排痰或呼吸衰竭者，应实施气管插管或气管切开，以利于清理呼吸道痰液、给氧和施行呼吸机辅助呼吸。

（4）预防感染：合理应用抗生素。

2. 开放性肋骨骨折　除上述相关处理外，还需要及时处理伤口。

（1）清创与固定：开放性肋骨骨折胸壁伤口需彻底清创，用不锈钢丝对肋骨断端行内固定术。

（2）肋骨骨折致胸膜穿破者，须行胸腔闭式引流。

【护理措施】

1. 现场急救　包括基础生命支持与快速致命性胸部损伤的紧急处理。急救原则：保持呼吸道通畅、给氧，控制外出血、建立静脉通道、补充血容量，镇痛、固定长骨骨折、保护脊柱（尤其是颈椎），配合医生迅速转运。对威胁生命的严重胸外伤需要在现场配合医生施行紧急处理：气道梗阻者应立即清理呼吸道，必要时给予人工辅助呼吸；张力性气胸者应放置具有单向活瓣作用的胸腔穿刺针或胸腔闭式引流；开放性气胸者应迅速包扎和封闭胸部吸吮伤口，安置上述穿刺针或引流管；对大面积胸壁软化的连枷胸有呼吸困难者应有效镇痛，加压包扎，必要时给予人工辅助呼吸。

2. 非手术治疗护理 / 术前护理

（1）保持呼吸道通畅：及时清除呼吸道分泌物和呕吐物。根据损伤部位、范围和性质给予相应处理，如封闭伤口、胸腔穿刺或胸腔闭式引流等，以改善呼吸和循环功能。

（2）维持有效血容量：建立静脉通路，根据病情及时补液、输血等，防治休克。

（3）病情观察：包括意识、生命体征、胸腹部活动、呼吸，有无皮下气肿等，若有异常，及时告知医生并协助处理。

（4）镇痛和预防感染：对剧烈疼痛影响呼吸、咳嗽和活动的患者可使用镇痛药物；有开放性损伤的患者，给予伤口换药。

（5）术前准备：做好血型鉴定及交叉配血试验、术区皮肤准备等。

3. 术后护理

（1）病情观察：包括呼吸、血压、脉搏及神志，观察胸部活动情况，及时发现有无呼吸困难或反常呼吸，发现异常应及时告知医生并协助处理。

（2）防止感染：① 协助并鼓励患者深呼吸、咳嗽、排痰，以减少呼吸系统并发症；② 监测体温变化，若体温超过38.5℃且持续不退，告知医生并协助处理；③ 及时更换创面敷料，保持敷料清洁、干燥和引流管通畅。

4. 健康教育

（1）合理饮食：食用清淡且富含营养的食物；多食蔬菜、水果，保持大便通畅；忌食辛辣、生冷、油腻食物；多饮水。

（2）休息与活动：保证充足睡眠，骨折已临床愈合者可逐渐练习床边站立、床边活动、室内步行等活动，并系好肋骨固定带。骨折完全愈合后，可逐渐加大活动量。

（3）用药指导：遵医嘱按时服用药物，服药时应缓慢吞咽，防止剧烈呛咳呕吐，影响伤处愈合。

（4）定期随访：3个月后复查胸部X线；如有不适随时就诊。

第二节 气胸

导入情景与思考

患者，男，45岁，因"1小时前被汽车撞伤左胸部"急诊入院。体格检查：体温37.5℃，脉搏124次/min，呼吸32次/min，血压80/55mmHg，患者神志清楚，痛苦面容，呼吸困难并逐渐加重，伴口唇发绀，颈静脉怒张不明显，气管向右侧移位，左胸部饱满，呼吸运动较右胸弱。左胸壁第4、5、6肋触诊有骨擦音、局部压痛明显，有皮下气肿。左胸叩诊呈鼓音，呼吸音消失，心律齐，未闻及杂音。

请思考：

1. 该患者初步的医疗诊断是什么？

2. 该患者目前主要的护理诊断/问题是什么？

3. 该患者应采取哪些急救护理措施？

胸膜腔内积气称为气胸（pneumothorax）。根据胸膜腔的压力情况，气胸可分为闭合性气胸、开放性气胸和张力性气胸。

【病因】

1. 闭合性气胸（closed pneumothorax） 多并发于肋骨骨折，由于肋骨断端刺破肺，空气进入胸膜腔。伤后伤道自然闭合，呼吸时空气不再进入胸膜腔。

2. 开放性气胸（open pneumothorax） 多并发于刀刃锐器或弹片火器等导致的胸部穿透伤，空气随呼吸自由进出胸膜腔。

3. 张力性气胸（tension pneumothorax） 主要是由较大的肺泡破裂、较深较大的肺裂伤或支气管破裂所致。损伤处形成活瓣，气体随吸气持续进入胸膜腔，呼气时不能排出。

【病理生理】

胸部损伤造成肺组织、气管、支气管、食管破裂，空气进入胸膜腔，或由胸壁伤口穿破胸膜，外界空气进入胸膜腔所致。

1. 闭合性气胸　胸腔内负压被部分抵消，但胸腔内压仍低于大气压，使患侧肺部分萎陷、有效气体交换面积减少，影响肺的通气和换气功能。

2. 开放性气胸　胸膜腔通过胸壁伤口或软组织缺损处与外界大气相通，外界空气可随呼吸自由进出胸膜腔。

（1）呼吸功能障碍：若双侧胸腔内压力不平衡，患侧胸腔内压显著高于健侧时，可致纵隔向健侧移位，进一步使健侧肺扩张受限。

（2）纵隔扑动：患者呼、吸气时，两侧胸膜腔压力不均衡的周期性变化，使纵隔位置出现左右摆动。表现为吸气时纵隔向健侧移位，呼气时又移回患侧（图16-2-1）。纵隔扑动可影响腔静脉回心血流，导致循环功能障碍。

（3）低氧气体重复交换：吸气时健侧肺扩张，不仅吸入从气管进入的空气，而且也吸入由患侧肺排出的含氧量低的气体，使低氧气体在双侧肺内重复交换而致患者严重缺氧。

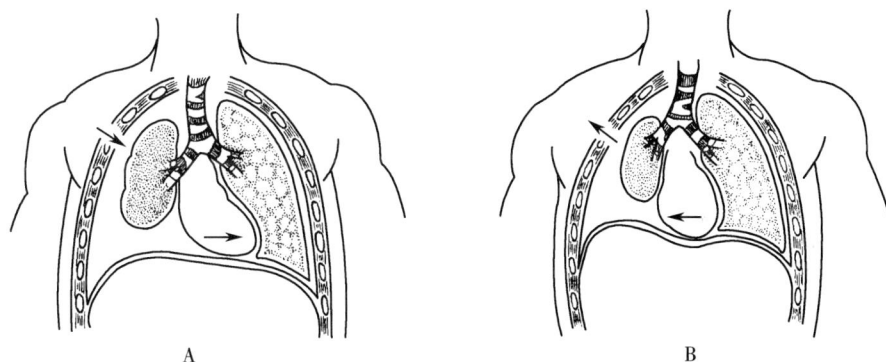

▲ 图16-2-1　开放性气胸的纵隔扑动
A. 吸气；B. 呼气。

3. 张力性气胸　损伤后气管、支气管或肺损伤裂口与胸腔相通，且形成活瓣，胸膜腔内积气不断增多，压力逐步升高，导致胸腔内压高于大气压，又称为高压性气胸（high pressure pneumothorax）。

（1）呼吸循环功能障碍：胸腔压力升高使患侧肺严重萎陷，纵隔明显向健侧移位，健侧肺组织受压，腔静脉回流受阻，导致呼吸、循环功能严重障碍。

（2）气肿形成：胸腔内压高于大气压，使气体经气管、支气管周围疏松结缔组织或壁层胸膜裂口处进入纵隔或胸壁软组织，形成纵隔气肿或扩散至颈、面、胸部等处形成皮下气肿（subcutaneous emphysema）（图16-2-2）。

【临床表现】

1. 闭合性气胸

（1）症状：轻者胸闷、胸痛，重者出现呼吸困难，主要与胸膜腔积气量和肺萎陷程度有关。肺萎陷在30%以下者为小量气胸，患者无明显呼吸和循环功能紊乱的症状；肺萎陷在30%~50%者为中量气胸；肺萎陷在50%以上者为大量气胸。后两者均可出现明显的低氧血症。

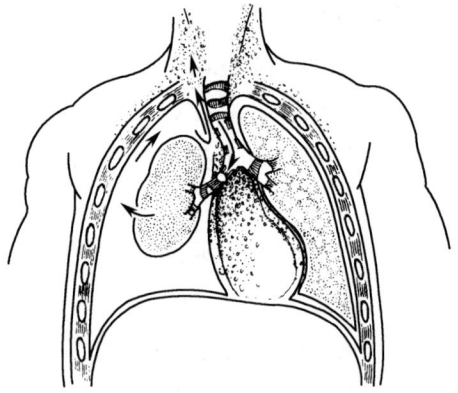

▲ 图16-2-2　张力性气胸和纵隔、皮下气肿

（2）体征：可见患侧胸部饱满，叩诊呈鼓音；呼吸活动度降低，气管向健侧移位，听诊呼吸音减弱甚至消失。

2. 开放性气胸

（1）症状：有明显呼吸困难、鼻翼扇动、口唇发绀，重者伴有休克症状。

（2）体征：可见患侧胸壁的伤道，呼吸时可闻及气体进出胸腔伤口发出吸吮样声音，称为胸部吸吮伤口；颈部和胸部皮下可触及捻发感；患侧胸部叩诊呈鼓音，听诊呼吸音减弱或消失；心脏、气管向健侧移位。

3. 张力性气胸

（1）症状：严重或极度呼吸困难、烦躁、意识障碍、大汗淋漓、发绀。

（2）体征：气管明显移向健侧，颈静脉怒张；患侧胸部饱满，肋间隙增宽，呼吸幅度减低，皮下气肿明显；叩诊呈鼓音；听诊呼吸音消失。

【辅助检查】

1. 影像学检查　主要为胸部X线检查。

（1）闭合性气胸：显示不同程度的肺萎陷和胸膜腔积气。

（2）开放性气胸：显示患侧胸膜腔大量积气、肺萎陷，气管和心脏等纵隔内器官向健侧移位。

（3）张力性气胸：显示胸膜腔严重积气、肺完全萎陷，气管和心脏等纵隔内器官向健侧移位。

2. 诊断性胸腔穿刺　胸腔穿刺既能明确有无气胸的存在，又能抽出气体降低胸腔内压，缓解症状。

【处理原则】

（一）不同类型气胸的处理

1. 闭合性气胸　小量气胸者，积气一般在1~2周内可自行吸收，无须特殊处理，但应注意观察其发展变化。中量或大量气胸者，应行胸腔穿刺抽尽积气以减轻肺萎陷，必要时行胸腔闭式引流。

2. 开放性气胸

（1）紧急封闭伤口：立即变开放性气胸为闭合性气胸，使用无菌敷料如纱布、棉垫或因地制宜利用身边清洁器材如衣物、塑料袋等在患者深呼吸末时封盖吸吮伤口，加压包扎固定，并迅速转运至医院。

（2）安全转运：在运送医院途中如有呼吸困难加重或张力性气胸表现，应在患者呼气时暂时开放密闭敷料，排出胸腔内高压气体后再封闭伤口。

（3）住院处理：及时清创、缝合胸壁伤口，并行胸腔穿刺抽气减压，暂时解除呼吸困难，必要时行胸腔闭式引流。

（4）预防和处理并发症：吸氧，以缓解患者缺氧的状况；补充血容量，纠正休克；应用抗生素预防感染。

（5）手术治疗：对疑有胸腔内器官损伤或进行性出血者行开胸探查术，止血、修复损伤或清除异物。

3. 张力性气胸　可迅速危及生命，需紧急抢救，并应用抗生素防止感染。

（1）迅速排气减压：入院前或院内需迅速在患侧锁骨中线与第2肋间连线处，用粗针头穿刺胸膜腔排气减压，并外接单向活瓣装置。

（2）安置胸腔闭式引流：闭式引流装置的排气孔外接可调节恒定负压的吸引装置，可加快气体排出，促使肺复张。

（3）开胸探查：若胸腔引流管内持续不断逸出大量气体，呼吸困难未改善，肺膨胀困难，提示可能有肺和支气管的严重损伤，应考虑行开胸探查术或电视胸腔镜手术探查。

（二）胸腔闭式引流

目的是引流胸膜腔内积气、血液和渗液；重建胸膜腔负压，保持纵隔的正常位置；促进肺复张。

1. 适应证　① 中量、大量气胸，开放性气胸，张力性气胸；② 在胸腔穿刺术治疗下肺无法复张者；③ 剖胸手术后引流。

2. 置管方法和置管位置　通常在手术室置管，紧急情况下可在急诊室或患者床旁置管。可根据临床诊断和胸部X线检查结果决定置管位置（图16-2-3）。

（1）气胸：一般在前胸壁锁骨中线第2肋间隙置管引流。

（2）血胸：在腋中线与腋后线间第6或第7肋间隙置管引流。

（3）脓胸：通常选择脓液积聚的最低位置进行置管。

3. 胸管种类　① 用于排气者，引流管宜选择质地较软的，既能引流，又可减少局部刺激和疼痛的管径为1cm的塑胶管；② 用于排液者，引流管宜选择质地较硬、不易打折和堵塞且利于通畅引流的管径为1.5~2.0cm的硅胶或橡胶管。

4. 胸腔闭式引流的装置　传统的胸腔闭式引流装置有单瓶、双瓶和三瓶3种（图16-2-4）。目前临床广泛应用的是各种一次性使用的胸腔闭式引流装置。

（1）单瓶水封闭式引流：集液瓶的橡胶瓶塞上有两个孔，分别插入长、短玻璃管。瓶中盛有500ml无菌生理盐水，短玻璃管下口远离液面，使瓶内空气与外界大气相通，而长玻璃管的下口插至液面下3~4cm。

（2）双瓶水封闭式引流：包括与上述相同的集液瓶和1个水封瓶（即吸引瓶），在引流液体时，水封下的密闭系统不会受引流量的影响。

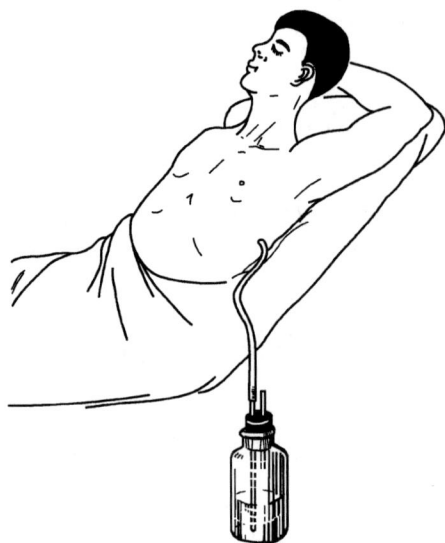

▲ 图16-2-3　胸腔闭式引流

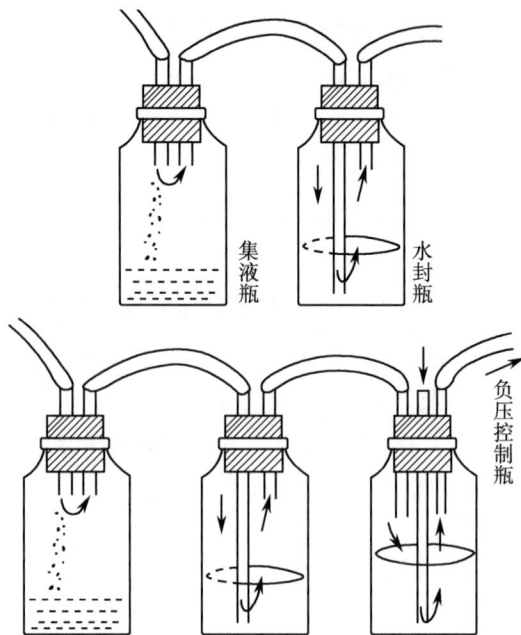

集液瓶　水封瓶　负压控制瓶

▲ 图16-2-4　双瓶或三瓶水封闭式引流装置

（3）三瓶水封闭式引流：在双瓶式基础上增加了一个施加抽吸力的控制瓶，通常抽吸力取决于通气管没入液面的深度。若抽吸力超过没入液面的通气管的高度所产生的压力时，就会将外界空气吸入此引流系统中。因此，负压控制瓶中必须始终有水泡产生才表示其具有功能。

知识拓展　|　**数字化胸腔闭式引流系统**

数字化胸腔闭式引流系统（digital drainage system，DDS）是一个紧凑的数字化引流和监控系统，机载有负压泵、集液盒和液封，整合了传感器和软件，提供了自动化的引流管理，包括对流速和漏气的监测。

该系统主要特点：紧凑轻便的设计，方便需要持续引流的患者能早期下床活动；能记录患者编号，调整并记录吸引负压和引流速度；在引流瓶装满、系统泄漏、系统阻塞、自检失败、引流瓶中滤菌器阻塞和系统过热或电池耗尽时均可及时发出声音警报，并在显示屏上反馈当前问题，有利于医护人员及时发现并处理故障。

【护理评估】

（一）术前评估

1. 局部　受伤部位及性质；有无开放性伤口、活动性出血；伤口是否肿胀；是否有肋骨骨折、反常呼吸或呼吸时空气进出伤口的吸吮样声音，气管位置有无偏移；有无颈静脉怒张或皮下气肿，肢体活动情况。

2. 全身　生命体征是否平稳，有无休克或意识障碍；是否呼吸困难或发绀，有无咳嗽、咳痰，注意记录痰量和性质；有无咯血，咯血次数和量等。

（二）术后评估

1. 术中情况 手术、麻醉方式和效果，术中出血、补液、输血情况和术后诊断。

2. 身体状况 麻醉是否清醒，生命体征、伤口与引流管情况，有无不适、并发症等。

3. 心理-社会状况 患者的情绪，能否配合进行术后早期活动和康复锻炼；家属和亲友对患者的支持等。

【常见护理诊断/问题】

1. 气体交换障碍 与胸部损伤、疼痛、胸廓活动受限或肺萎陷有关。

2. 急性疼痛 与组织损伤有关。

3. 潜在并发症：胸腔或肺部感染。

【护理目标】

1. 患者能维持正常的呼吸功能，呼吸平稳。

2. 患者疼痛得到缓解或控制，自述疼痛减轻。

3. 患者未发生并发症，或并发症被及时发现和处理。

【护理措施】

（一）现场急救

对开放性气胸者，立即用敷料封闭胸壁伤口，使之成为闭合性气胸，阻止气体继续进入胸膜腔。闭合性或张力性气胸积气量大者，应立即协助医生行胸腔穿刺排气减压。

（二）非手术治疗护理/术前护理

1. 保持呼吸道通畅 呼吸困难和发绀者，及时给予吸氧，协助和鼓励患者有效咳嗽、排痰，及时清理口腔、呼吸道内的呕吐物、分泌物、血液及痰液等，保持呼吸道通畅，预防窒息。

2. 缓解疼痛 因疼痛不敢咳嗽、咳痰时，协助或指导患者及家属用双手按压患侧胸壁，以减轻伤口震动产生的疼痛；必要时遵医嘱给予镇痛药。

3. 动态观察病情变化 观察血压、心率、意识等变化；观察患者呼吸的频率、节律和幅度；有无气促、呼吸困难、发绀和缺氧等症状。

4. 预防感染 对开放性损伤者，遵医嘱注射破伤风抗毒素及合理使用抗生素。

5. 术前护理 急诊手术患者，做好血型鉴定、交叉配血及药物过敏试验，术区备皮；择期手术者，鼓励其摄入营养丰富、易消化食物，术前晚禁食禁水。

（三）术后护理

1. 病情观察 观察有无呼吸困难、纵隔移位和皮下气肿。

2. 呼吸道管理

（1）协助患者咳嗽、咳痰：卧床期间，定时协助患者翻身、坐起、叩背、咳嗽；指导鼓励患者做深呼吸运动，促使肺扩张，预防肺不张或肺部感染等并发症的发生。

（2）气管插管或切开的护理：实施气管插管或气管切开呼吸机辅助呼吸者，做好呼吸道护理，主要包括气道的湿化、吸痰及保持管道通畅等，以维持有效气体交换。

3. 胸腔闭式引流的护理

（1）保持管道密闭性：① 引流管周围应用油纱布严密包盖；随时检查引流装置是否密闭及引流管有无脱落；若引流管从胸腔滑脱，立即用手捏闭伤口处皮肤，消毒处理后，以凡士林纱布封闭伤口，并协助医生进一步处理；若引流瓶损坏或引流管连接处脱落，立即用双钳夹闭胸壁引流导管，并更换引流装置。② 水封瓶长玻璃管没入水中3~4cm，并始终保持直立。③ 更换引流瓶或搬动患者时，先用止血钳双向夹闭引流管，防止空气进入；放松止血钳时，先将引流瓶安置在低于胸腔引流口平面的位置。

（2）严格无菌技术操作，防止逆行感染：① 保持引流装置无菌，定时更换引流装置，并严格遵守无菌技术操作原则。胸壁引流口处敷料清洁、干燥，一旦渗湿，及时更换。② 引流瓶低于胸壁引流口平面60~100cm，依靠重力引流，以防瓶内液体逆流入胸膜腔。

（3）观察引流，保持通畅：① 观察并准确记录引流液的量、颜色和性质，定时挤压引流管，防止受压、扭曲和阻塞。② 密切注意水封瓶长玻璃管中水柱波动的情况，以判断引流管是否通畅。一般水柱上下波动的范围为4~6cm，若水柱波动幅度过大，提示可能存在肺不张；若水柱无波动，提示引流管不通畅或肺已经完全扩张；若患者出现气促、胸闷、气管向健侧偏移等肺受压症状，提示血块阻塞引流管。应积极采取措施，通过挤捏或使用负压间断抽吸引流瓶中的短玻璃管，促使其通畅，并立即告知医生。③ 患者可采取半坐卧位，鼓励患者咳嗽和深呼吸，以利胸腔内液体和气体的排出，促进肺复张；经常改变体位，有助于引流。

（4）拔管

1）拔管指征：一般置管48~72小时后，临床观察引流瓶中无气体逸出，且引流液颜色变浅，24小时引流液量＜50ml、脓液＜10ml、胸部X线片显示肺复张良好无漏气，患者无呼吸困难或气促，即可考虑拔管。

2）拔管方法：协助医生拔管，嘱患者先深吸一口气，在吸气末迅速拔管，并立即用凡士林纱布和厚敷料封闭胸壁伤口，包扎固定。

3）拔管后观察：拔管后24小时内，应注意观察患者有无胸闷、呼吸困难、发绀、切口漏气、渗液、出血和皮下气肿等，如发现异常及时告知医生并协助处理。

（四）健康教育

1. 有效咳嗽、咳痰 向患者讲解腹式呼吸和有效咳嗽、咳痰的意义，并给予指导，出院后仍应坚持腹式呼吸和有效咳嗽。

2. 肢体功能锻炼 告知患者锻炼应早期进行并循序渐进；但在气胸痊愈的1个月内，不宜参加剧烈的体育活动，如打球、跑步、抬举重物等。

3. 定期复诊 胸部损伤严重的患者，出院后须定期来院复诊，发现异常及时治疗。

【护理评价】

1. 患者呼吸功能是否恢复正常，有无气促、呼吸困难或发绀等。

2. 患者疼痛是否减轻或消失。

3. 患者是否发生并发症，或并发症是否被及时发现和处理。

第三节 血胸

血胸（hemothorax）是指胸膜腔积血。血胸与气胸可同时存在，称为血气胸（hemopneumo-thorax）。

【病因】

多由胸部损伤所致，如肋骨断端或利器损伤胸部，刺破肺、心脏、胸内血管而导致胸膜腔积血。

【病理生理】

体循环动脉、心脏或肺门部大血管损伤可导致大量血胸。胸膜腔积血后，随着胸膜腔内血液积聚和压力增高，患侧肺受压萎陷，纵隔被推向健侧，导致健侧肺受压，阻碍腔静脉血液回流，严重影响患者呼吸和循环。

【分类】

按照病理生理特点，血胸分为4类。

1. 进行性血胸 大量持续出血所致的胸腔积血。

2. 凝固性血胸 当胸腔内迅速积聚大量血液，超过肺、心包及膈肌运动所起的去纤维蛋白作用时，胸腔内积血发生凝固，称为凝固性血胸。

3. 迟发性血胸 受伤一段时间后，因肋骨骨折断端活动刺破肋间血管或血管破裂处血凝块脱落，发生延迟出现的胸腔内积血。

4. 感染性血胸 血液是良好的培养基，细菌经伤口或肺破裂口侵入后，会在血液中迅速繁殖，形成感染性血胸，最终导致脓血胸。

【临床表现】

1. 症状 血胸的症状与出血量相关。小量血胸（成人<0.5L）可无明显症状；中量血胸（0.5~1.0L）和大量血胸（>1.0L），特别是急性出血时，可出现低血容量性休克表现，表现为面色苍白、脉搏细速、血压下降、四肢湿冷、末梢血管充盈不良等。

2. 体征 患侧胸部叩诊呈浊音、肋间隙饱满、气管向健侧移位、呼吸音减弱或消失等。

【辅助检查】

1. 实验室检查 血常规检查显示血红蛋白和血细胞比容下降，继发感染者，血白细胞计数和中性粒细胞百分比增高；积血涂片和细菌培养可发现致病菌。

2. 影像学检查 ① 胸部X线检查：小量血胸者，胸部X线检查仅显示肋膈角消失。大量血胸者，显示胸膜腔有大片阴影，纵隔移向健侧；合并气胸者可见液平面。② 胸部超声：可明确胸腔积液的位置和量。

3. 胸腔穿刺 抽出血性液体时即可确诊。

【处理原则】

1. 非进行性血胸 ① 小量积血不必穿刺抽吸，可自行吸收；② 中、大量血胸早期行胸腔穿刺抽除积血，必要时行胸腔闭式引流，以促进肺膨胀，改善呼吸。

2. 凝固性血胸 为预防感染和血块机化，出血停止后数日内经手术清除积血和血凝块；对于已机化的血块，待病情稳定后早期行血块和胸膜表面纤维组织剥除术。

3. 进行性血胸 及时补充血容量，防治低血容量性休克；立即开胸探查、止血。

4. 感染性血胸 及时行胸腔引流，排尽积血、积脓；若无明显效果或肺复张不良，尽早手术清除感染性积血，剥离脓性纤维膜。

【护理措施】

1. 现场急救 包括基础生命支持与快速致命性胸部损伤的紧急处理。胸部有较大异物者，不宜立即拔除，以免出血不止。

2. 非手术治疗护理/术前护理

（1）动态观察病情变化：① 严密监测生命体征，尤其注意呼吸型态及呼吸音的变化，有无缺氧征象，如有异常，立即报告医生予以处理；② 观察胸腔引流的量、颜色、性状。

（2）维持有效循环血量和组织灌注量：建立静脉通路，积极补充血容量和抗休克；遵医嘱合理输注晶体和胶体溶液，根据血压和心肺功能状态等调整补液速度。

3. 术后护理

（1）血流动力学监测：监测血压、脉搏、体温及引流液的变化，若发现有活动性出血的征象，应立即告知医生并协助处理；病情危重者，可监测中心静脉压。

（2）维持呼吸功能：① 密切观察呼吸型态及呼吸音变化；② 根据病情给予吸氧，观察血氧饱和度变化；③ 若生命体征平稳，可取半卧位，以利呼吸；④ 协助患者叩背、咳痰，教会其深呼吸和有效咳嗽的方法，以清除呼吸道分泌物。

（3）预防感染：① 遵医嘱合理使用抗生素；② 密切观察体温、局部伤口和全身情况的变化；③ 鼓励患者咳嗽、咳痰，保持呼吸道通畅，预防肺部感染的发生；④ 进行胸腔闭式引流护理的过程中，严格无菌操作，保持引流通畅，以防胸部继发感染。

第四节　心脏损伤

心脏损伤分为钝性心脏损伤与穿透性心脏损伤。

一、钝性心脏损伤

多由胸部撞击、减速、挤压、冲击等暴力所致，常发生于右心室，因其紧贴胸骨。心脏在等容收缩期遭受钝性暴力的后果最为严重。

【病因】

1. 直接暴力 多为方向盘或重物等撞击胸部。

2. 间接暴力 高处坠落，心脏受猛烈震荡；腹部和下肢突然受挤压后大量血液涌入心脏，使心腔内压力骤增；突然加速或减速使心脏碰撞胸骨或脊柱。

【病理生理】

钝性心脏损伤的严重程度与暴力撞击的速度、作用时间和心脏受力面积有关。心肌挫伤轻者仅引起心外膜至心内膜下心肌出血，部分心肌纤维断裂；重者可发生心肌广泛挫伤及大面积心肌出血坏死，甚至瓣膜、腱索和室间隔等心内结构损伤。

【临床表现】

1. 症状　轻者无明显症状，中、重度挫伤可能出现胸痛，伴心悸、气促、呼吸困难，甚至心绞痛等症状。

2. 体征　偶可闻及心包摩擦音，部分患者有前胸壁软组织损伤和胸骨骨折。

【辅助检查】

1. 实验室检查　测定乳酸脱氢酶（LDH）和肌酸激酶（CK）及其同工酶活性。

2. 心电图检查　可见心动过速、ST段抬高、T波低平或倒置、房性或室性期前收缩等心律失常的表现。

3. 超声心动图　可显示心脏结构和功能的改变，如腱索断裂、室间隔穿破、瓣膜反流、室壁瘤形成。

【处理原则】

1. 非手术治疗　① 卧床休息；② 严密观察病情，持续心电监护；③ 补充血容量，输液速度宜慢，以防心力衰竭；④ 吸氧，纠正低氧血症；⑤ 有效镇痛。

2. 手术治疗　根据患者心脏受损情况，在全身麻醉体外循环下实施房、室间隔缺损修补术，腱索或乳头肌修复术，冠状动脉旁路移植术或室壁瘤切除术等。

二、穿透性心脏损伤

穿透性心脏损伤多数由锐器伤及心脏所致，少数可由钝性暴力导致。穿透性心脏损伤好发的部位依次为右心室、左心室、右心房和左心房；此外，还可导致房间隔、室间隔和瓣膜损伤。

【病因】

多由锐器（如刀器等）、火器（如子弹或弹片等）穿透胸壁而致心脏损伤。

【病理生理】

当心脏破裂，心包裂口持续开放且流出道通畅时，出血外溢，可从胸壁伤口涌出或流入胸膜腔，患者迅速发生低血容量性休克。当心包无裂口或裂口较小、流出道不太通畅时，出血不易排出而积聚于心包腔内，可使心包腔内压力急剧升高并压迫心脏，阻碍心室舒张，导致心脏压塞。

【临床表现】

1. 症状　开放性胸部损伤导致心脏破裂者，可见胸壁伤口不断涌出鲜血；患者面色苍白、皮肤湿冷、呼吸浅快，很快出现低血容量性休克，甚至死亡。患者同时还会出现心律失常和心力衰竭。

2. 体征

（1）心脏压塞征：致伤物和致伤动能较小时，心包与心脏裂口小，心包裂口易被血凝块阻塞而引流不畅，导致心脏压塞。表现为Beck三联征，即：① 静脉压增高（>15cmH₂O），颈静脉怒张；② 心音遥远、脉搏微弱；③ 脉压小，动脉压降低，甚至难以测出。

（2）心脏杂音：若有室间隔损伤，则可闻及收缩期杂音；若有瓣膜损伤，可闻及收缩期或舒张期杂音。

【辅助检查】

1. 影像学检查　X线检查有助于诊断，超声心动图可明确有无心包积血及积血量。

2. 心包穿刺　抽出血液可确诊。

3. 开胸探查　穿透性心脏损伤进展迅速，一旦不能排除心脏损伤，应立即进行手术探查，避免耽误抢救的最佳时机。

【处理原则】

已有心脏压塞或失血性休克者，应立即行开胸手术。心脏介入诊治过程中发生的医源性心脏损伤，多为导管尖端戳伤。因其口径小，发生后应立即终止操作，拔除心导管，给予鱼精蛋白中和肝素抗凝作用，进行心包穿刺抽吸积血，多能获得成功，避免开胸手术。

【护理措施】

1. 急救处理　对怀疑有心脏压塞者，立即配合医生行心包穿刺减压术。

2. 非手术治疗护理/术前护理

（1）补充血容量：迅速建立2条及以上静脉通路，在监测中心静脉压的前提下输液和补液，维持有效血容量和水、电解质及酸碱平衡。

（2）病情观察：① 持续心电监护，严密观察患者的生命体征变化，出现心律失常及时通知医生并配合处理；② 观察患者的神志、瞳孔、中心静脉压、末梢血氧饱和度、尿量及有无心脏压塞等表现。

（3）缓解疼痛：遵医嘱给予镇痛药。

（4）预防感染：① 遵医嘱合理、足量、有效应用抗生素，预防感染；② 监测体温变化，出现畏寒、发热等及时通知医生并配合处理。

3. 术后护理　具体参见本章第二节气胸。

（尹崇高）

学习小结

1. **肋骨骨折**　常由外来暴力所致，主要表现为局部疼痛，严重时可出现呼吸和循环衰竭。治疗原则主要包括镇痛；固定胸廓，处理反常呼吸；预防感染等。护理措施包括吸氧、保持呼吸道通畅、维持有效血容量、镇痛和预防感染。

2. **气胸**　可以分为3种类型：① 闭合性气胸，胸膜腔负压低于大气压，中量以上气胸需要做胸腔穿刺；② 开放性气胸，空气自由进入患者的胸膜腔可以发出吸吮样声音，患者出现明显呼吸困难，现场救治的关键是变开放性气胸为闭合性气胸；③ 张力性气胸，是胸外科的急危重症，由于呼吸功能进行性受限，应立即排气急救，减轻胸腔内的压力。

3. 血胸 通常和气胸同时存在，积血较多时应行胸腔穿刺或胸腔闭式引流。治疗时应注意及时补充血容量，改善呼吸功能，观察有无进行性出血的征象。

4. 心脏损伤 分为钝性心脏损伤和穿透性心脏损伤。钝性心脏损伤重者可出现胸闷、心悸、呼吸困难、心绞痛等表现；穿透性心脏损伤可出现失血性休克，也可导致心脏压塞。

复习参考题

一、单项选择题

1. 根据胸腔的压力情况，胸腔内压与大气压相等的是
   A. 闭合性气胸
   B. 开放性气胸
   C. 张力性气胸
   D. 血胸
   E. 钝性心脏损伤

2. 张力性气胸行胸腔闭式引流，其引流瓶的正确位置是低于胸壁引流口平面
   A. 10~20cm
   B. 20~40cm
   C. 40~60cm
   D. 60~100cm
   E. 100~120cm

3. 车祸后多根多处肋骨骨折，呼吸困难时，采取的措施是
   A. 控制输入量，防止肺水肿
   B. 胸腔闭式引流
   C. 固定胸壁消除反常呼吸，必要时气管插管
   D. 肋间神经阻滞及骨折处封闭
   E. 立即气管切开

4. 胸腔闭式引流的引流管脱出时，首先应
   A. 告知医生紧急处理
   B. 给患者吸氧
   C. 嘱患者缓慢呼吸
   D. 用手捏闭引流管周围皮肤
   E. 立即插入

5. 张力性气胸的病理生理改变中，**不恰当**的是
   A. 较大较深的肺裂伤，裂口形成活瓣
   B. 纵隔左右摆动
   C. 严重皮下气肿形成
   D. 严重呼吸循环障碍
   E. 气管向健侧移位

参考答案：
1. B 2. D 3. C 4. D 5. B

二、简答题

1. 简述开放性气胸的处理原则及方法。

2. 简述胸腔闭式引流的护理措施。

第十七章　　　**肺部疾病患者的护理**

学习目标

知识目标	1. 掌握肺癌、支气管扩张的临床表现和护理措施。 2. 熟悉肺癌、支气管扩张的病因、病理和处理原则。 3. 了解肺癌、支气管扩张的概念和辅助检查。
能力目标	能运用护理程序对肺部疾病患者实施整体护理。
素质目标	具有关心和爱护肺部疾病患者的态度和行为；具有加强肺癌三级预防的意识和行为；具备团队合作精神。

第一节　肺癌

导入情景与思考

患者，男，53岁，因"刺激性干咳、咯血3个月"，诊断为"左肺中心型肺癌"入院。完善术前准备后在全身麻醉下行左全肺切除术加淋巴结清扫术，术毕安全返回病房。患者意识清醒，鼻氧管给氧2L/min，心电监护显示心率86次/min，呼吸18次/min，血压110/55mmHg，SpO_2 98%。伤口敷料干燥，左侧胸腔引流管一根，呈钳闭状态并间断开放。头孢唑肟钠2g+0.9%氯化钠注射液100ml静脉滴注。术后第1日，患者主诉痰液黏稠难以咳出，且害怕切口疼痛不敢用力咳嗽，SpO_2 92%，肺部闻及痰鸣音。

请思考：

1. 该患者术后胸腔引流管为什么呈钳闭状态？若患者气管明显向健侧移位，该如何处理？
2. 该患者输液速度以每分钟多少滴为宜？为什么？
3. 该患者术后第1日最主要的护理诊断/问题是什么？有哪些护理措施？

　　肺癌（lung cancer）又称原发性支气管肺癌，是源于支气管黏膜上皮或肺泡上皮的恶性肿瘤。肺癌是我国及世界各国发病率和死亡率较高的恶性肿瘤之一，近年来其发病率和死亡率呈明显上升趋势。发病年龄大多在40岁以上，男性居多，但女性的发病率逐年增加更明显。

【病因】

肺癌的病因尚未完全明确，危险因素包括吸烟、烹饪油烟、职业接触（砷、镉、铬、镍、石棉、煤烟焦油、电离辐射等）、既往慢性肺部疾病史（慢性阻塞性肺疾病、肺结核、肺纤维化等）、遗传易感性和基因突变等。

【病理与分类】

肺癌起源于支气管黏膜上皮或肺泡上皮，局限于基底膜内者称为原位癌。肿瘤可以向支气管腔内和/或邻近的肺组织生长，并可以通过淋巴、血行转移或直接向支气管转移扩散。

肺癌的分布右肺多于左肺，上叶多于下叶。传统上把起源于肺段支气管开口以近，位置靠近肺门的肺癌称为中心型肺癌；起源于肺段支气管开口以远，位于肺周围部分的肺癌称为周围型肺癌。

（一）分类

目前肺癌病理学分类采用的是2021年世界卫生组织（WHO）修订的病理分型标准。临床将肺癌分为两类：非小细胞肺癌（non-small cell lung cancer，NSCLC）和小细胞肺癌（small cell lung cancer，SCLC）。

1. 非小细胞肺癌　主要包括下列3种病理类型。

（1）腺癌：发病率上升明显，已成为最常见的类型。周围型多见，一般生长速度较慢，但在肿瘤较小时即发生血行转移和淋巴转移。

（2）鳞状细胞癌（简称鳞癌）：多见于老年男性，与吸烟关系密切。中心型多见，生长速度较缓慢，病程较长，肿块较大时可发生中心坏死，形成厚壁空洞。通常先经淋巴转移，血行转移发生相对较晚。

（3）大细胞癌：老年男性、周围型多见。肿块多较大，常见中心坏死，显微镜下为多边形大细胞，胞质丰富，排列松散，核大。分化程度低，预后不良。

2. 小细胞肺癌　与吸烟关系密切，老年男性、中心型多见。癌细胞质内含有神经内分泌颗粒，恶性程度高，生长快，很早可出现淋巴和血行转移。小细胞肺癌虽对放疗和化疗较敏感，但可迅速抵抗耐药，预后差。

部分肺癌患者可同时存在不同组织类型的肺癌，如腺癌和鳞癌混合，非小细胞肺癌与小细胞肺癌并存等。

（二）扩散及转移

1. 直接扩散　肿瘤沿支气管壁并向支气管管腔内生长，造成支气管管腔部分或全部阻塞；亦可穿越肺叶间裂侵入相邻的肺叶；随着肿瘤不断长大，还可侵犯胸壁、胸内其他组织和器官。

2. 淋巴转移　淋巴转移是常见的扩散途径，小细胞肺癌和鳞癌较多见。癌细胞经支气管和肺血管周围的淋巴管，先侵入肿瘤所在肺段或肺叶支气管周围的淋巴结，然后到达肺门和纵隔淋巴结，最后累及锁骨上前斜角肌淋巴结和颈部淋巴结。

3. 血行转移　多发生于肺癌晚期，小细胞肺癌和腺癌的血行转移较鳞癌更为常见，常转移至骨、脑、肝、肾上腺等部位。

【临床表现】

肺癌的临床表现与肿瘤的部位、大小，是否压迫和侵犯邻近组织器官，以及有无转移等情况密切相关。

1. 原发肿瘤表现

（1）咳嗽、咳痰：最常见。早期为刺激性干咳或少量黏液痰，抗炎治疗无效。当肿瘤继续长大阻塞支气管并继发肺部感染时，痰量增多，可伴有脓性痰液。

（2）咯血：多为痰中带血点、血丝或间断小量咯血；大量咯血较少见。

（3）胸闷、气促：肿瘤造成较大支气管不同程度的阻塞，可出现胸闷、气促等症状。

（4）胸痛：肿瘤侵犯胸膜、胸壁、神经肌肉或骨组织时，可出现胸部不规则隐痛或钝痛，随呼吸、咳嗽加重。

（5）体重下降、乏力、发热：肿瘤可引起机体消耗、食欲减退，导致乏力伴体重下降。发热以间断中、低热多见，合并感染时可出现高热。

2. 肿瘤压迫或侵犯邻近组织器官表现

（1）压迫或侵犯膈神经：引起同侧膈肌麻痹。

（2）压迫或侵犯喉返神经：引起声带麻痹、声音嘶哑。

（3）压迫上腔静脉：引起上腔静脉阻塞综合征，表现为上腔静脉回流受阻，面部、颈部、上肢和上胸部静脉怒张，皮下组织水肿，可出现头痛、头晕或晕厥。

（4）侵犯胸膜及胸壁：可引起持续的剧烈胸痛和胸腔积液，积液多呈血性，大量积液可引起胸闷、气促。

（5）侵入纵隔、压迫食管：可引起吞咽困难和支气管–食管瘘。

（6）肺上沟瘤：亦称Pancoast肿瘤，可侵入纵隔和压迫位于胸廓入口的器官或组织，如第1肋骨、锁骨下动静脉、臂丛神经等引起剧烈胸肩痛、上肢静脉怒张、水肿、臂痛和上肢运动障碍等；若压迫颈交感神经则会引起同侧上睑下垂、瞳孔缩小、眼球内陷、面部无汗等颈交感神经综合征（霍纳综合征）。

3. 肿瘤远处转移表现　转移至不同部位可出现不同表现。脑转移可引起头痛、恶心或其他神经系统症状和体征；骨转移可引起骨痛，血液碱性磷酸酶或血钙升高；肝转移可导致肝区疼痛、碱性磷酸酶、谷草转氨酶、乳酸脱氢酶或胆红素升高等；皮下转移时可在皮下触及结节。

4. 非转移性全身症状　少数患者可出现非转移性全身症状，如杵状指、骨关节痛、骨膜增生等骨关节病综合征、库欣综合征、重症肌无力、男性乳房发育、多发性肌肉神经痛等，称为副瘤综合征。其发生可能与肿瘤产生的内分泌物质有关，手术切除肿瘤后这些症状可能会消失。

【辅助检查】

1. 影像学检查

（1）胸部X线检查：是胸部基本检查方法，发现异常应进一步检查。

（2）胸部CT：可检出早期周围型肺癌、明确病变所在的部位和累及范围，是目前肺癌诊断、分期、疗效评价和治疗后随诊的主要影像学检查手段。

（3）MRI：增强MRI检查有助于判定有无脑转移和局部骨转移。

（4）PET-CT：是诊断肺癌、分期与再分期、手术评估、放疗靶区勾画、疗效和预后评估的最佳方法之一。

（5）超声检查：常用于检查腹部脏器及浅表淋巴结有无异常，对浅表淋巴结、邻近胸壁的肺内病变或胸壁病变进行超声引导下穿刺活检，还可用于检查有无胸腔积液及心包积液，并可进行超声引导下抽取积液。

（6）骨扫描：是筛查骨转移的首选方式，当骨扫描发现可疑骨转移时，可行MRI检查等进一步确认。

2. 有助于明确病理的检查

（1）痰细胞学检查：是诊断中心型肺癌非常简单方便的无创诊断方法之一，但有一定的假阳性和假阴性可能，且分型较为困难。

（2）支气管镜检查：临床怀疑的肺癌病例应常规进行支气管镜检查，可直接观察气管和支气管中的病变，并取得病理证据；亦可准确定位病灶，对确定手术切除范围、方式有重要意义。

（3）经胸壁肺穿刺术：在CT或超声引导下经胸壁肺穿刺是诊断周围型肺癌的首选方法之一。

（4）其他：胸腔穿刺术、浅表淋巴结和皮下转移病灶活组织检查、纵隔镜检查、胸腔镜检查等均可帮助明确病理诊断。

3. 血清学检查　有助于肺癌的辅助诊断、疗效判断和随访监测。目前推荐常用的原发性肺癌标志物有癌胚抗原、神经元特异性烯醇化酶、细胞角蛋白19片段抗原、胃泌素释放肽前体、鳞状上皮细胞癌抗原等。肿瘤标志物联合检测可提高其在临床应用中的灵敏度和特异度。

【处理原则】

临床常根据患者的机体状况、肿瘤的病理组织学类型、临床分期等采取个体化多学科综合治疗，从而最大限度地控制肿瘤进展、提高生存率和改善生活质量。

Ⅰ期、Ⅱ期非小细胞肺癌优选外科手术根治性切除；ⅢA期和少部分ⅢB期非小细胞肺癌，可切除者采用以外科为主的综合治疗，不可切除者以根治性同步放化疗为主；ⅢC期和绝大部分ⅢB期非小细胞肺癌以根治性同步放化疗为主；Ⅳ期非小细胞肺癌，选择适合患者的全身治疗方案。小细胞肺癌除早期（$T_{1-2}N_0M_0$）患者适合手术治疗外，其他以非手术治疗为主。

1. 手术治疗　目的是彻底切除肺部原发肿瘤病灶和局部及纵隔淋巴结，尽可能保留正常的肺组织。

手术方式首选解剖性肺叶切除和淋巴结清扫，但由于肿瘤或患者耐受性因素，又有扩大切除术和局部切除术。① 扩大切除术：指切除范围不仅局限于一个肺叶的术式，如双肺叶切除术、支气管袖状肺叶切除术和全肺切除术等，风险远高于标准肺叶切除术，筛选宜谨慎。② 局部切除术：指切除范围小于一个肺叶的术式，包括肺段切除术和肺楔形切除术，主要用于非常早期的肺癌和耐受不良的老年患者。

开胸和微创手术具备同样的肿瘤学效果，在技术可行且不牺牲肿瘤学原则的前提下推荐行胸腔镜手术。

2. 放疗 是从局部消除肺癌病灶的一种手段，主要用于处理术后残留病灶、局部晚期病例或配合化疗。小细胞肺癌对放疗敏感性较高，鳞癌次之，腺癌最差。

3. 化疗 包括新辅助化疗（术前化疗）、辅助化疗（术后化疗）和系统性化疗。小细胞肺癌对化疗特别敏感，鳞癌次之，腺癌最差。

4. 靶向治疗 针对肿瘤特有和依赖的驱动基因异常进行的治疗称为靶向治疗。它具有针对性强、疗效较好、副作用轻的优点。目前，在肺癌领域得到应用的靶点主要有表皮生长因子受体（EGFR）、血管内皮生长因子（VEGF）和间变性淋巴瘤激酶（ALK）等。对于携带 *EGFR* 基因突变者，EGFR抑制剂（如吉非替尼、厄洛替尼）的治疗有效率和疾病控制率远高于传统化疗。

5. 免疫治疗

（1）特异性免疫疗法：主要针对抑制T细胞的程序性死亡蛋白-1（PD-1）及其配体（PD-L1）通路的单克隆抗体药物，可以纠正被肺癌细胞表达的PD-L1分子抑制的免疫反应，从而特异性杀伤肿瘤；也有用经过处理的自体肺癌细胞或加用佐剂后，进行皮下接种治疗。

（2）非特异性免疫疗法：用卡介苗、干扰素、胸腺素等药物激发和增强人体免疫功能，以抑制肿瘤生长，增强机体对化疗药物的耐受性。

6. 中医中药治疗 可改善部分患者的症状，亦可减轻放疗或化疗的副作用，提高机体抵抗力，增强疗效并延长生存期。

【护理评估】

（一）术前评估

1. 健康史

（1）一般情况：年龄、性别、婚姻和职业、吸烟史和被动吸烟史等。

（2）既往史：有无其他部位肿瘤和手术治疗史；有无其他肺部疾病；有无传染病史，如肺结核等；有无其他伴随疾病，如糖尿病、冠心病、高血压等。

（3）家族史：家族中有无肺癌和其他肺部疾病、其他肿瘤患者。

2. 身体状况

（1）症状与体征：有无咳嗽、咳痰，有无痰中带血及咯血，咯血的量、次数；有无疼痛，疼痛的部位、性质及程度；有无发热、呼吸困难、发绀、杵状指/趾；有无贫血、低蛋白血症等。

（2）辅助检查：肿瘤相关检查（胸部CT、支气管镜检查等）和手术耐受性检查（心电图、肺功能检查等）结果有无异常。

3. 心理-社会状况 患者对疾病的认知程度，心理状况；家属及朋友对患者的关心、支持程度，家庭对治疗的经济承受能力。

（二）术后评估

1. 术中情况 麻醉方式、手术方式；病变组织切除情况及术后诊断；术中出血、补液、输血等情况。

2. 身体状况 麻醉是否清醒，生命体征是否平稳；有无胸闷、胸痛、呼吸浅快、发绀等，血氧饱和度是否正常；伤口敷料是否干燥，有无渗血、渗液；各引流管是否通畅，引流液的量、颜色与性状是否正常；疼痛的部位、性质及程度等。

3. 心理–社会状况 患者情绪；早期活动和康复训练情况；是否知晓术后的继续治疗方案等。

【常见护理诊断/问题】

1. 气体交换受损 与肺组织病变、手术、麻醉、肿瘤阻塞支气管、肺膨胀不全、呼吸道分泌物潴留、肺换气功能降低等因素有关。

2. 营养失调：低于机体需要量 与肿瘤引起的机体代谢增加、手术创伤等有关。

3. 焦虑 与担心手术效果和疾病的预后、疼痛等因素有关。

4. 潜在并发症：胸腔内出血、支气管胸膜瘘、肺水肿等。

【护理目标】

1. 患者恢复正常的气体交换功能。

2. 患者营养状况改善。

3. 患者自述焦虑减轻或消失。

4. 患者未发生并发症，或并发症得到及时发现和处理。

【护理措施】

（一）非手术治疗的护理/术前护理

1. 呼吸道准备 改善肺泡的通气与换气功能，预防术后感染。

（1）戒烟：指导患者术前戒烟2周以上。

（2）保持呼吸道通畅：观察痰液的量、颜色、黏稠度及气味；遵医嘱给予支气管扩张剂、祛痰剂等药物，以改善呼吸状况；大量咯血者应绝对卧床休息，头偏向一侧，以免发生窒息。

（3）预防和控制感染：注意口腔卫生，如发现患者有龋齿等口腔疾病时，及时向医生汇报。如合并有慢性支气管炎、肺部感染、慢性阻塞性肺疾病，及时采集痰液及咽部分泌物做细菌培养，并遵医嘱给予抗生素和雾化吸入以控制感染。

（4）指导训练：指导患者练习腹式深呼吸、缩唇呼吸、有效咳嗽、咳痰和翻身，学会使用深呼吸训练器，进行有效的呼吸功能锻炼，以促进肺复张，预防肺部并发症。

（5）机械通气：呼吸功能异常，如应用机械通气治疗者，做好相应护理。

2. 营养支持 建立愉快的进食环境，提供色香味俱全的均衡饮食。术前伴营养不良者，给予肠内或肠外营养支持，改善患者营养状况，提高其手术耐受性。

3. 心理护理 关心体贴患者，加强与患者及家属的沟通交流，鼓励他们表达内心感受，对他们担心的问题表示理解并认真耐心回答；介绍手术成功的实例，增强患者的信心；动员家属给患者以心理和经济方面的全力支持。

（二）术后护理

1. 病情观察 严密监测患者的生命体征，维持生命体征平稳。检查伤口敷料是否干燥，有无渗血、渗液，发现异常及时向医生汇报。

2. 体位安置

（1）一般情况：患者麻醉未清醒前取平卧位，头偏向一侧，以免呕吐物、分泌物吸入引起窒息或吸入性肺炎。清醒且血压平稳者，可改为半坐卧位，以利于呼吸和引流。

（2）特殊情况：① 肺段切除术或肺楔形切除术者，尽量选健侧卧位，促进患侧肺组织复张。② 一侧肺叶切除术者，如呼吸功能尚可，可取健侧卧位，利于患侧肺组织复张；如呼吸功能较差，则取半坐卧位，避免健侧肺受压而限制肺的通气功能。③ 全肺切除术者，避免过度侧卧，可取1/4患侧卧位，以预防纵隔移位和压迫健侧肺而致呼吸循环功能障碍。④ 咯血或支气管瘘者，取患侧卧位。

3. 呼吸道护理

（1）给氧：常规鼻氧管给氧2~4L/min，根据血气分析结果调整给氧浓度。

（2）观察：观察呼吸频率、幅度、节律及血氧饱和度情况，听诊双肺呼吸音，观察有无气促、发绀等缺氧征象，若有异常，及时向医生汇报。术后带气管插管返回病房者，应严密观察气管插管的位置和深度，防止其滑出或移向一侧气管，造成通气量不足。

（3）深呼吸和有效咳嗽：患者清醒后鼓励并协助其做深呼吸和有效咳嗽，每1~2小时1次。咳嗽前嘱患者先做3~5次深呼吸，然后深吸气后屏气3~5秒，再用力做爆破性咳嗽，将痰液咳出。患者咳嗽时，可固定胸部伤口（图17-1-1），以减轻震动引起的疼痛。

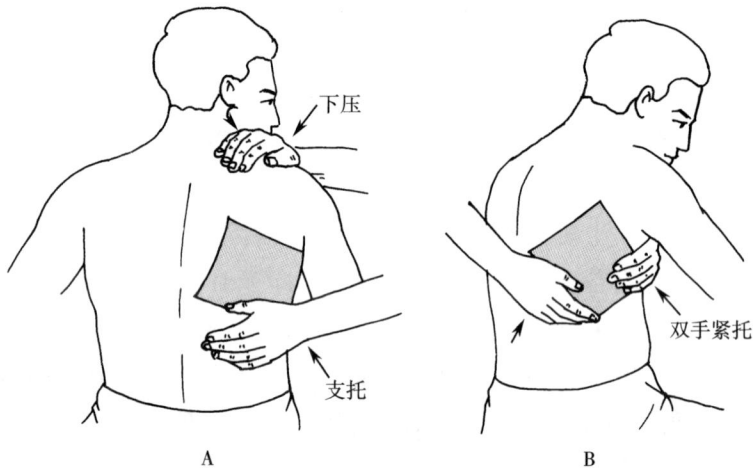

▲ 图17-1-1　胸部伤口固定的方法
A. 护士站在患者术侧，一手放在术侧肩膀上并向下压，另一手置于伤口下协助支托胸部；
B. 护士站在患者健侧，双手紧托伤口部位以固定胸部伤口。

（4）雾化吸入：呼吸道分泌物黏稠者，可遵医嘱用灭菌用水、祛痰剂、支气管扩张剂等进行雾化吸入，以达到稀释痰液、解痉、抗感染的目的。

（5）吸痰：对咳嗽无力、呼吸道分泌物潴留的患者给予吸痰护理。保留气管插管的患者，随时吸净呼吸道分泌物；全肺切除术后，因其支气管残端缝合处在隆突下方，吸痰管插入长度不宜超过气管的1/2，以防刺破支气管残端；支气管袖状肺叶切除术后，支气管上皮纤毛功能暂时丧失，以及气管或支气管吻合口反应性充血、水肿易造成呼吸道分泌物潴留，如患者不能自行咳出痰液，尽早行纤维支气管镜下吸痰。

4. 胸腔闭式引流护理

（1）一般护理：参见第十六章第二节气胸。

（2）持续负压吸引的护理：肺切除术后若肺创面及缝针处出现漏气，胸腔引流管见气体逸出，可在胸腔引流瓶的短管处接低负压吸引器（压力：-0.5~-1.5kPa），如有2根胸腔引流管，多接上侧引流管，促进排气排液，有利于早期肺复张。负压吸引开始应设置在低负压水平，根据患者情况缓慢微调，不要随意调整或中断负压吸引，防止复张的肺泡再次萎陷。负压吸引时应密切观察患者有无胸闷、气短、发绀、血性引流液增多等情况，判断气管是否居中，听诊双肺呼吸音是否对称。负压吸引一般应在术后24小时以后开始使用，过早使用可引起胸腔内渗血。当不再需要负压吸引时，及时将负压吸引器与引流装置断开。

（3）全肺切除术后胸腔闭式引流的护理：胸腔引流管一般全钳闭或半钳闭，以保证术后患侧胸腔内有一定的胸液，维持两侧胸腔内压平衡，防止纵隔过度摆动。全钳闭时，密切观察患者气管是否居中，有无呼吸和循环功能障碍。若气管明显向健侧移位，应立即听诊肺呼吸音，在排除肺不张后，遵医嘱缓慢放出适量的气体或液体，每次放液量宜少于100ml，避免过快、过多放液引起纵隔突然移位，导致心搏骤停。半钳闭时注意保持引流管内水柱随呼吸波动的幅度为4~6cm。

5. 维持体液平衡和补充营养

（1）控制输液量和速度：为防止心脏前负荷过重而导致急性肺水肿，全肺切除术后，24小时补液量应控制在2 000ml内，速度宜慢，以20~30滴/min为宜。记录出入量，维持体液平衡。

（2）补充营养：对麻醉清醒后患者，如无恶心、呕吐，即可开始饮水；肠蠕动恢复后，可进清淡流质、半流质饮食，进食后无不适可改为普食。饮食宜高热量、高蛋白、含丰富维生素、易消化，以保证营养，提高机体抵抗力，促进伤口愈合。

6. 活动与休息

（1）早期下床活动：目的是预防肺不张，改善呼吸循环功能，增进食欲。麻醉清醒后，鼓励患者床上活动，如四肢主动活动、抬臀运动、踝泵运动等。生命体征平稳后，鼓励并协助患者床上坐起，坐在床边双腿下垂或床旁站立移步；如患者无不适，可扶患者围绕病床在室内行走3~5分钟，以后根据患者情况逐渐增加活动量。活动期间，应妥善安置引流管，严密观察患者病情变化，出现不适立即停止活动。

（2）手臂和肩关节的运动：目的是预防术侧胸壁肌肉粘连、肩关节僵直及失用性萎缩。患者麻醉清醒后，可协助其进行术侧肩关节及手臂的抬举运动，并指导其逐步开始做肩、臂的主动运动，如术侧手臂上举、爬墙及肩关节旋前旋后运动，使肩关节活动范围逐渐恢复至术前水平，防止肩下垂。鼓励全肺切除术后患者取直立的功能位，防止脊柱侧凸。

7. 并发症的护理

（1）胸腔内出血

1）原因：手术时胸膜粘连紧密、止血不彻底或血管结扎线脱落，胸腔内大量毛细血管充血及胸腔内负压等因素均可导致胸腔内出血。

2）表现：当胸腔引流液量>100ml/h、呈鲜红色、有血凝块，患者出现烦躁不安、血压下降、脉搏增快、尿少等血容量不足表现时，应考虑有活动性出血。

3）护理：密切观察患者的生命体征，定时检查伤口敷料及胸腔引流液的量、颜色和性状。一旦出现上述表现须立即通知医生，加快输血、补液速度，注意保温，遵医嘱给予止血药，保持胸腔引流管通畅，确保胸腔内积血能及时排出。必要时监测中心静脉压，做好开胸探查止血的准备。

（2）支气管胸膜瘘：是肺切除术后严重的并发症之一，多发生于术后1周。

1）原因：多由支气管缝合不严密、支气管残端血运不良或支气管缝合处感染、裂开等所致。

2）表现：术后3~14日仍可从胸腔引流管持续引出大量气体，患者有发热、刺激性咳嗽、痰中带血或咯血、呼吸困难、呼吸音减弱等症状。支气管胸膜瘘可引起张力性气胸、皮下气肿、脓胸等，如从瘘孔吸入大量胸腔积液会引起窒息。

3）护理：将亚甲蓝从胸腔引流管注入胸膜腔，若患者咳出蓝色痰液可确诊。一旦发生，立即通知医生；置患者于患侧卧位，以防漏液流向健侧；使用抗生素预防感染；继续行胸腔闭式引流。小瘘口可自行愈合，但应延长胸腔闭式引流时间，必要时可开胸手术修补。

（3）肺水肿

1）原因：与原有心脏疾病、输血输液过多过快及病肺切除或余肺复张不全使肺泡毛细血管床容积减少有关，全肺切除患者更为明显。

2）表现：患者表现为呼吸困难、发绀、心动过速、咳粉红色泡沫样痰等。

3）护理：一旦发生，立即通知医生；安抚患者的紧张情绪；立即减慢输液速度，控制液体入量；保持呼吸道通畅；给予高流量吸氧；遵医嘱给予心电监护及强心、利尿、镇静等治疗。

（三）健康教育

1. 早期筛查　40岁以上人群应定期行胸部X线普查，尤其是反复呼吸道感染、久咳不愈或咳血痰者应进一步检查。高危人群定期行低剂量CT筛查。

知识拓展 | 　　　　　　　　　**肺癌筛查**

多年来国内外一直致力于通过筛查来实现肺癌的早诊早治，并最终降低肺癌相关死亡率。多个权威医学组织的肺癌筛查指南均推荐在高危人群中采用低剂量CT（low-dose computed tomography，LDCT）进行肺癌筛查。

《中华医学会肺癌临床诊疗指南（2023版）》推荐年龄≥45岁并含有下列危险因素之一的人群采用LDCT进行肺癌筛查：① 吸烟量≥20包/年；② 二手烟或环境油烟吸入史；③ 职业致癌物质暴露史；④ 个人肿瘤史；⑤ 一二级亲属肺癌家族史；⑥ 慢性肺部疾病史。建议肺癌筛查的间隔时间为1年，年度筛查结果正常的，建议每1~2年继续筛查。

---

2. 营养和休息　保持良好的营养状况。每日保持充分的休息与适度活动，出院后半年内不宜从事重体力活动。

3. 康复锻炼 出院回家后数周内，坚持进行腹式深呼吸和有效咳嗽，以促进肺复张；坚持进行抬肩、抬臂、手达对侧肩部、举手过头或拉床带活动，以预防术侧肩关节僵直。

4. 预防感染 保持良好的口腔卫生，如有口腔疾病应及时治疗。注意环境空气新鲜，避免出入公共场所或与上呼吸道感染者接触，避免居住或工作于布满灰尘、烟雾及化学刺激物品的环境。

5. 复诊指导 定期复查，若出现伤口疼痛、剧烈咳嗽及咯血等症状或有进行性倦怠情形，应及时就诊。遵医嘱坚持后续治疗，如放疗或化疗。

【护理评价】

1. 患者呼吸功能是否改善，有无气促、发绀等缺氧征象。

2. 患者营养状况是否改善。

3. 患者焦虑是否减轻或消失。

4. 患者是否发生并发症，或并发症是否被及时发现和处理。

第二节 支气管扩张

支气管扩张（bronchiectasis）是由支气管壁及其周围肺组织的炎症性破坏所造成的1根或多根支气管异常性、永久性扩张的慢性呼吸道疾病。

【病因与病理】

青壮年发病主要继发于感染，如幼儿时期的百日咳、支气管肺炎等；儿童发病主要继发于先天性畸形。感染与支气管阻塞两种互为因果的因素在支气管扩张形成与发展中起着重要作用。支气管壁及其周围肺组织的反复感染导致支气管壁破坏、纤维化，进而出现支气管扩张；同时炎症引起的淋巴结肿大、稠厚分泌物脓块和异物等造成支气管阻塞；阻塞又加重感染，进一步加重支气管扩张。支气管扩张常位于3~4级支气管，根据扩张的形态分为柱状、囊状和混合型扩张3种，以双肺下叶、左肺上叶舌段及右肺中叶多见。

【临床表现】

主要为慢性咳嗽、咳痰、咯血，反复发作的呼吸道和肺部感染。患者痰量较多，呈黄绿色脓性黏液，甚至有恶臭。体位改变，尤其是清晨起床时可诱发剧烈咳嗽、咳痰，可能是扩张支气管内积存的脓液引流入近端气道，引起刺激所致。咯血可反复发生，痰中带血或大量咯血，咯血量与病情严重程度不一致。病程久者可有贫血、营养不良或杵状指/趾等。

【辅助检查】

影像学检查可明确诊断支气管扩张的部位、范围和程度。① 胸部X线检查：轻度支气管扩张可无明显异常，随着病情发展可出现肺纹理增多、紊乱或网格、蜂窝状改变；② 胸部CT：表现为局限性炎症浸润，肺容积减小，支气管远端呈现柱状或囊状扩张。高分辨率CT薄层扫描对支气管扩张诊断的灵敏度和特异度均很高，三维重建图像可精确显示病变范围与程度，是目前最重要的检查手段。

【处理原则】

支气管扩张的治疗包括内科治疗、支气管动脉栓塞治疗和外科治疗。

内科治疗主要包括消除潜在的病因、治疗并存的疾病、控制感染、促进排痰、解除气道痉挛。支气管动脉栓塞可用于治疗支气管扩张引起的大量咯血，尤其是针对不能耐受手术或病变广泛不适合手术者；对通过支气管动脉造影能明确出血来自支气管动脉的患者，支气管动脉栓塞疗效更佳。

外科治疗是治疗支气管扩张的主要手段，其原则是切除病变组织、消除肺部感染和出血病灶。

1. 手术适应证　① 一般情况较好，心、肝、肾等重要器官功能可耐受手术；② 经规范内科治疗，但症状无明显减轻，存在大量脓痰、反复或大量咯血等症状；③ 病变相对局限。

2. 手术禁忌证　① 一般情况差，心、肺、肝、肾功能不全，合并肺气肿、哮喘或肺源性心脏病等不能耐受手术者；② 双肺弥漫性病变。

3. 手术方法　一般行肺叶或肺段切除术，少数患者需要行全肺切除术，肺移植是重度支气管扩张可供选择的治疗手段之一。

【护理措施】

（一）术前护理

参见本章第一节肺癌。

（二）术后护理

1. 窒息的抢救　咯血最严重的并发症是窒息，可导致患者迅速死亡，应及时识别窒息先兆，积极抢救。窒息发生时可表现为咯血突然减少或中止，患者感胸闷、憋气，出冷汗，随即烦躁、表情紧张或惊恐、两手乱动或手指喉头（示意空气吸不进来），继而出现发绀、呼吸窘迫、全身抽搐、昏迷，甚至心跳、呼吸停止而死亡。对大量咯血或意识不清的患者，应在床旁备好急救设备，一旦患者出现窒息征象，应立即取头低足高45°俯卧位，头偏向一侧，轻拍背部，迅速排出在气道和口咽部的血块，或直接刺激咽部以咳出血块，必要时用吸痰管进行负压吸引。给予高浓度吸氧。做好气管插管或气管切开准备与配合工作，以解除呼吸道阻塞。

2. 其他　参见本章第一节肺癌。

（三）健康教育

1. 疾病知识　介绍本病的病因、常见临床表现和手术疗效；指导患者出院后一旦症状加重，应及时就诊。

2. 疾病康复　指导患者出院后加强体育锻炼，生活规律，劳逸结合，以增强机体抵抗力；注意保暖和口腔卫生，忌烟酒及辛辣食物，避免烟雾、灰尘及不良情绪刺激；坚持深呼吸锻炼，预防呼吸道感染，防止支气管扩张复发。

（张俊）

学习小结

1. 肺癌指源于支气管黏膜上皮或肺泡上皮的恶性肿瘤，其临床表现与肿瘤的部位、大小，是否压迫和侵犯邻近组织器官，以及有无转移等情况密切相关。非小细胞肺癌以手术治疗为主，小细胞肺癌除了早期患者适合手术治疗，其他以非手术治疗为主。术前应加强营养，做好呼吸道准备；术后应密切观察病情，安置合适体位，维持呼吸道通畅，做好胸腔闭式引流护理和并发症的观察与护理；加强健康教育，预防肺癌复发。

2. 支气管扩张多由支气管及其远端阻塞并发感染所致，主要表现为慢性咳嗽、咳痰、咯血，反复发作的呼吸道和肺部感染，病程久者可有贫血、营养不良或杵状指/趾等。治疗措施包括内科治疗、支气管动脉栓塞治疗和外科治疗，其中手术是治疗的主要手段。咯血最严重的并发症是窒息，应及时识别窒息先兆，积极抢救；加强健康教育，预防支气管扩张复发。

复习参考题

一、单项选择题

1. 肺癌中较早出现广泛淋巴和血行转移的是
    A. 鳞癌
    B. 腺癌
    C. 肺泡细胞癌
    D. 大细胞癌
    E. 小细胞肺癌

2. 肺癌早期常见症状是
    A. 刺激性干咳、痰中带血
    B. 食欲减退
    C. 持续性胸痛
    D. 胸闷、气促
    E. 发热

3. 肺癌患者出现声音嘶哑，应考虑肿瘤压迫
    A. 臂丛神经
    B. 喉上神经
    C. 喉返神经
    D. 膈神经
    E. 颈交感神经

4. 肺癌筛查、诊断、分期、疗效评价和治疗后随访中最重要和最常用的影像学检查是
    A. 胸部X线
    B. 胸部CT
    C. 胸部MRI
    D. 超声检查
    E. 全身骨扫描

5. 青壮年支气管扩张的主要病因是
    A. 先天性发育缺陷
    B. 支气管阻塞并发感染
    C. 支气管外部纤维的牵拉
    D. 遗传因素
    E. 过敏体质

参考答案：
1. E 2. A 3. C 4. B 5. B

二、简答题

1. 简述肺癌患者围手术期呼吸道护理措施。

2. 简述支气管扩张患者发生咯血窒息时的急救措施。

第十八章　食管癌患者的护理

学习目标

知识目标	1. 掌握食管癌的临床表现和护理措施。 2. 熟悉食管癌的病因和处理原则。 3. 了解食管癌的概念和辅助检查。
能力目标	能运用护理程序对食管癌患者实施整体护理。
素质目标	具有关心和爱护食管癌患者的态度和行为；具有加强食管癌三级预防的意识和行为；具备团队合作精神。

导入情景与思考

患者，女，66岁，因"进行性吞咽困难3个月"，诊断为"食管癌"入院。完善术前准备后在全身麻醉下行食管癌根治术（胃代食管），术毕安全返回病房。患者意识清醒，鼻氧管给氧2L/min，心电监护示心率86次/min，呼吸20次/min，血压110/80mmHg，SpO_2 98%，遵医嘱给予补液、抗感染、营养支持等治疗。鼻胃管、鼻肠管、PICC、胸腔闭式引流管、腹腔引流管、纵隔引流管、尿管各一根。术后第2日，鼻胃管不慎脱落。术后第6日，患者进食后主诉剧烈胸痛、胸闷气短、寒战，体温38.5℃。

请思考：

1. 该患者术后留置鼻胃管的目的是什么？鼻胃管脱落后该如何处理？
2. 该患者术后第6日发生了什么并发症？其原因可能有哪些？如何护理？

食管癌（esophageal carcinoma）是指从下咽到食管胃结合部之间食管上皮来源的癌，是一种常见的上消化道恶性肿瘤。

食管癌的发病率和死亡率世界各地差异很大，我国是全球食管癌高发地区之一。近十余年，随着我国医疗水平的进步，我国食管癌发病率和死亡率呈下降趋势，5年生存率呈上升趋势。

【病因】

病因尚不清楚，目前研究已经明确的危险因素包括：① 饮食因素，比如热烫饮食、腌制饮食、辛辣饮食、油炸饮食、高盐饮食、霉变饮食、硬质饮食、快速进食、不规律饮食等；② 遗传因素；③ 饮酒和吸烟。保护因素是充分摄入膳食纤维、膳食钙、蔬菜和水果。

234

【病理与分型】

我国食管癌大多为鳞状上皮癌，以胸中段食管癌较多见；胸下段次之；胸上段较少。按病理形态，中晚期食管癌可分为髓质型、蕈伞型、溃疡型和缩窄型。转移途径以淋巴转移为主，血行转移发生较晚。

【临床表现】

1. 早期 常无明显症状，吞咽粗硬食物时可能偶有不适，如胸骨后烧灼样、针刺样或牵拉摩擦样疼痛。食物通过缓慢，可伴有停滞感或异物感。哽噎、停滞感常通过饮水而缓解或消失。上述症状时轻时重，进展缓慢。

2. 中晚期

（1）症状：典型症状为进行性吞咽困难，先是难咽固体食物，继而半流质食物，最后液体也难以下咽。患者逐渐消瘦、贫血、乏力及营养不良。随着病情发展，食管癌可侵犯周围器官和组织出现不同症状，如侵犯喉返神经，可出现声音嘶哑；侵入气管、支气管，可形成食管–气管瘘或食管–支气管瘘，吞咽水或食物时出现剧烈呛咳，并发呼吸系统感染；穿透大血管，可出现致死性大量呕血。由于长期不能正常进食，患者最终出现恶病质状态。若有肝、脑等脏器转移，可出现相应症状。

（2）体征：中晚期患者可触及锁骨上淋巴结肿大，有远处转移者可出现相应体征，如肝肿块、胸腔积液、腹水等。

【辅助检查】

1. 食管气钡双重对比造影 早期可见：① 食管黏膜皱襞紊乱、粗糙或有中断现象；② 小的充盈缺损；③ 局限性管壁僵硬，蠕动中断；④ 小龛影。中晚期有明显的不规则狭窄和充盈缺损，管壁僵硬。有时狭窄上方食管有不同程度的扩张。

2. 内镜检查及超声内镜检查术 食管纤维内镜检查可直视肿块部位、形态，并可钳取活组织做病理学检查用以确诊。超声内镜检查术可以通过确定食管癌的浸润深度及有无纵隔淋巴结转移进行术前 T 分期及 N 分期。

3. 胸、腹部 CT 能显示食管癌外侵及远处转移情况，辅助判断能否手术切除。

【处理原则】

食管癌的治疗是以手术为主，辅以放疗、化疗等多学科的综合治疗。

1. 内镜治疗 早期食管癌及癌前病变可采用内镜下治疗，包括内镜黏膜切除术、内镜黏膜下剥离术、射频消融等，但应严格掌握适应证。

2. 手术治疗 是可切除食管癌的首选治疗方法。术前应进行准确的 TNM 分期。手术方式是肿瘤完全性切除（切除的长度至少应距癌瘤上、下缘 5~8cm）、消化道重建和胸、腹两野或颈、胸、腹三野淋巴结清扫。消化道重建中常用胃、结肠替代食管（图18-0-1、图18-0-2），以胃最为常用。

手术适应证：① Ⅰ、Ⅱ 期和部分 Ⅲ 期食管癌（$T_3N_1M_0$ 和部分 $T_4N_1M_0$）；② 放疗后复发，无远处转移，一般情况能耐受手术者；③ 全身情况良好，有较好的心肺功能储备；④ 对估计切除可能性小的较长鳞癌而全身情况良好者，可先采用术前放化疗，待瘤体缩小后再做手术。

手术禁忌证：① Ⅳ期及部分Ⅲ期食管癌（侵及主动脉及气管的T_4病变）；② 心肺功能差或合并其他重要器官系统严重疾病，不能耐受手术者。

对晚期食管癌无法手术者，为改善生活质量，可做姑息性减状手术，如食管腔内置管术、胃造瘘术等。

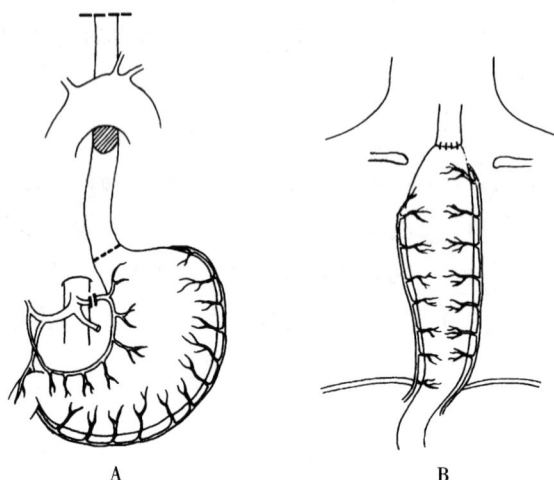

▲ 图18-0-1　食管癌切除术后胃代食管术
A.上、中段食管癌的食管切除范围；B.胃代食管、颈部吻合术。

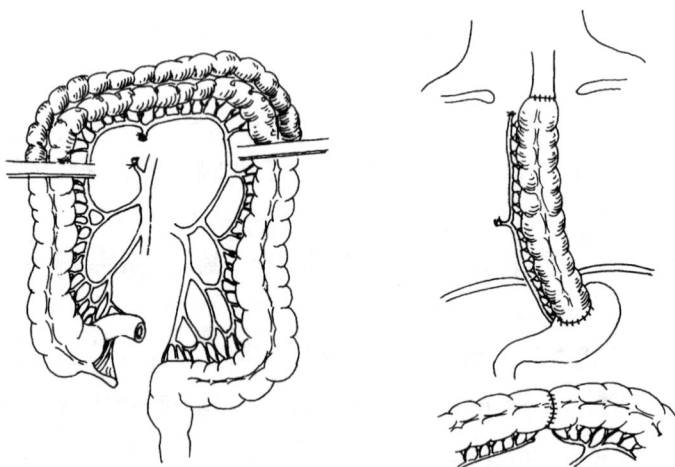

▲ 图18-0-2　横结肠代食管术

3. 放疗　① 新辅助放疗（术前）：可增加手术切除率，提高远期生存率。一般放疗结束2~3周后再做手术。② 辅助放疗（术后）：对术中切除不完全的残留癌组织在术后3~6周开始放疗。③ 根治性放疗：多用于颈段或胸上段食管癌；也可用于有手术禁忌证而尚可耐受放疗者。

4. 化疗　包括新辅助化疗（术前）、辅助化疗（术后）和姑息性化疗，化疗方案强调规范化和个体化。食管癌对化疗药物敏感性差，化疗与其他方法联合应用，有时可提高疗效，缓解症状，延长存活期。

5. 其他 靶向治疗、免疫治疗等亦有一定疗效。

【护理评估】

（一）术前评估

1. 健康史

（1）一般情况：年龄、性别、婚姻和职业，吸烟史和被动吸烟史、居住地和饮食习惯等。

（2）既往史：有无其他部位肿瘤和手术治疗史；有无其他食管疾病；有无传染病史，如肺结核等；有无其他伴随疾病，如糖尿病、冠心病等。

（3）家族史：家族中有无食管癌和其他食管疾病、其他肿瘤患者。

2. 身体状况

（1）症状与体征：有无吞咽困难、呕吐等；有无疼痛，疼痛的部位和性质；有无体重下降、消瘦、贫血、脱水或衰弱；有无锁骨上淋巴结肿大和肝肿块；有无腹水、胸腔积液等。

（2）辅助检查：肿瘤相关检查（内镜检查、CT等）和手术耐受性检查（心电图、肺功能检查等）结果有无异常。

3. 心理-社会状况 患者对疾病的认知程度，心理状况；患者家属及朋友对患者的关心、支持程度，家庭对治疗的经济承受能力等。

（二）术后评估

1. 术中情况 麻醉方式、手术方式；病变组织切除情况及术后诊断；术中出血、输血等情况。

2. 身体状况 麻醉是否清醒，生命体征是否平稳；有无胸闷、呼吸浅快、发绀等，血氧饱和度是否正常；伤口敷料是否干燥，有无渗血、渗液；引流管是否通畅，引流液的量、颜色与性状；疼痛的部位、性质及程度等。

3. 心理-社会状况 有无紧张、焦虑等；是否配合早期活动和康复训练；是否知晓术后的继续治疗方案等。

【常见护理诊断/问题】

1. 营养失调：低于机体需要量 与进食量减少或不能进食、消耗增加等有关。

2. 体液不足 与吞咽困难、水分摄入不足有关。

3. 焦虑 与担心疾病预后等有关。

4. 潜在并发症：吻合口瘘、乳糜胸等。

【护理目标】

1. 患者营养状况改善。

2. 患者水、电解质维持平衡。

3. 患者自诉焦虑减轻或消失。

4. 患者未发生并发症或并发症得到及时发现和处理。

【护理措施】

（一）非手术治疗的护理/术前护理

1. 心理护理　护士应加强与患者及家属的沟通交流，鼓励他们表达内心感受，对他们担心的问题表示理解并耐心回答；介绍手术成功的实例，增强患者的信心；动员家属给患者以心理和经济方面的全力支持。

2. 营养支持和维持水、电解质平衡　食管癌是营养不良发生风险最高的恶性肿瘤，应对患者进行营养诊断并给予营养支持。能进食者，鼓励患者进食清淡、易消化的高热量、高蛋白、丰富维生素流质或半流质饮食，摄入不足的部分由肠内营养剂补充。肠内营养首选口服营养补充，不能满足目标营养需要量时，建议管饲。长期不能进食或一般情况差者，可遵医嘱补充水、电解质或提供肠内、肠外营养。

3. 术前准备

（1）呼吸道准备：参见第十七章第一节肺癌。

（2）胃肠道准备：① 饮酒者术前4周戒酒。无胃肠道动力障碍者，术前禁食6小时，禁饮2小时，有吞咽困难或梗阻的患者应延长禁食禁饮时间。② 食管癌出现梗阻和炎症者，术前1周遵医嘱分次口服抗生素溶液，可起到局部抗感染作用。③ 进食后有滞留或反流者，术前1日晚上遵医嘱予以生理盐水100ml加抗生素经鼻胃管冲洗食管及胃，可减轻局部充血水肿、减少术中污染、防止吻合口瘘。④ 拟行结肠代食管手术者，术前3~5日口服肠道不吸收的抗生素，如甲硝唑、庆大霉素等；术前2日进食无渣流质饮食；术前晚行清洁灌肠或全肠道灌洗后禁饮禁食。⑤ 术日晨常规留置胃管，胃管通过梗阻部位时不能强行进入，以免穿破食管，可置于梗阻部位上端，待术中直视下再置于胃中。

（二）术后护理

1. 病情观察　术后严密监测患者的生命体征变化，维持生命体征平稳。

2. 饮食护理　① 能经口进食、病情稳定的患者于术后第1日开始口服营养；不能经口进食的患者，尽早通过管饲给予肠内营养。循序渐进，于术后3~6日达到营养需求目标。② 严重营养不良、新辅助放疗及化疗、严重糖尿病等发生吻合口瘘风险较高的患者，禁饮禁食3~4日，持续胃肠减压，遵医嘱予以肠内和肠外营养支持，避免吻合口瘘的发生。③ 避免进食生、冷、硬食物，以防后期吻合口瘘。④ 食管癌、贲门癌切除术后，或由于早期进食，可发生胃液反流至食管，患者可有反酸、呕吐等症状，平卧时加重，嘱患者进食后2小时内勿平卧，睡觉时将床头抬高。⑤ 食管胃吻合术后患者，可由于胃拉入胸腔、肺受压而出现胸闷、进食后呼吸困难，建议患者少食多餐，1~2个月后，症状多可缓解。

3. 呼吸道护理　参见第十七章第一节肺癌。

4. 胃肠道护理

（1）胃肠减压护理：放置鼻胃管的目的是胃肠减压，以减轻胃扩张导致的切缘缺血、吻合口张力增加，以及对肺的压迫，减轻各种瘘所致的不良后果。① 发生吻合口瘘风险小者，考虑术后第2日拔除鼻胃管。发生吻合口瘘风险较大者，术后3~4日内持续胃肠减压，妥善固定胃管，防止脱出；待肛门排气、胃肠减压引流量减少后，拔除胃管。② 严密观察引流液量、性状及颜色并准确记录。术后6~12小时可从胃管内引流出少量血性或咖啡色液体，以后引流液颜色逐渐变浅。若引流出大量鲜血或血性液体，患者出现烦躁、血压下降、脉搏增快、尿量减少等，应考虑吻合口出血，须立即通知医生并配合处理。③ 经常挤压胃管，定期用少量生理盐水冲洗并及时回抽，避免管腔堵塞、胃液引流不畅使胃扩张，导致吻合口张力增加和胃液反流而并发吻合口瘘。④ 胃管脱出后应严密观察病情，不应盲目插入，以免戳穿吻合口，造成吻合口瘘。

（2）结肠代食管术后护理：① 保持置于结肠祥内的减压管通畅；② 注意观察腹部体征，了解有无吻合口瘘、腹腔内出血或感染等发生，发现异常及时通知医生；③ 若从减压管内吸出大量血性液体或呕吐大量咖啡样液体伴全身中毒症状，应考虑代食管的结肠祥坏死，须立即通知医生并配合抢救；④ 结肠代食管后，因结肠逆蠕动，患者常嗅到粪便气味，需要向患者解释原因，并指导其注意口腔卫生，一般此情况于半年后逐步缓解。

（3）肠内营养护理：患者术后常规留置肠内营养管，护理措施参见第六章第二节肠内营养。

5. 胸腔闭式引流护理　参见第十六章第二节气胸。

6. 并发症的护理

（1）吻合口瘘：术后较为严重的并发症之一。颈部吻合口瘘经引流多能愈合，不威胁患者生命；胸内吻合口瘘多发生在术后5~10日，病死率高达50%。

1）原因：① 食管的解剖特点，如无浆膜覆盖、肌纤维呈纵向走行，易发生撕裂；② 食管血液供应呈节段性，易造成吻合口缺血；③ 吻合口张力太大；④ 感染、营养不良、贫血、低蛋白血症等。

2）表现：患者出现呼吸困难、胸痛、胸腔积液和全身中毒症状，如高热、寒战，甚至休克等。

3）护理：积极预防和治疗感染、营养不良、贫血、低蛋白血症等；保持胃肠减压管通畅，避免吻合口张力太大；术后密切观察患者有无吻合口瘘的临床表现，一旦发现应立即通知医生并配合治疗。① 嘱患者立即禁食；② 协助行胸腔闭式引流并常规护理；③ 遵医嘱予以抗感染治疗及营养支持；④ 严密观察生命体征，若出现休克症状，应积极抗休克治疗；⑤ 需再次手术者，积极配合医生完善术前准备。

（2）乳糜胸：多发生在术后2~10日，少数可在2~3周后出现。由于乳糜液中95%以上是水，并含有大量脂肪、蛋白质、胆固醇、酶、抗体和电解质，若未及时治疗，患者可在短时期内因全身消耗、衰竭而死亡，是术后比较严重的并发症。

1）原因：多由术中伤及胸导管所致。

2）表现：术后早期由于禁食，乳糜液含脂肪甚少，胸腔闭式引流可为淡血性或淡黄色液，但量较多。恢复进食后，乳糜液漏出量增多，大量积聚在胸腔内，可压迫肺及纵隔并使之向健侧移位，患者出现胸闷、气急、心悸，甚至血压下降。

3）护理：一旦发现应立即通知医生并配合治疗。① 禁食，给予肠外营养支持；② 若诊断明确，迅速协助放置胸腔闭式引流管，必要时低负压持续吸引，以及时引流胸腔内乳糜液，促使肺膨胀；③ 对需要行胸导管结扎术者，积极配合医生完善术前准备。

（三）健康教育

1. 疾病预防　避免接触引起癌变的因素；改变不良饮食习惯；戒烟；多摄入膳食纤维、新鲜的蔬菜和水果，补充身体所缺乏的微量元素及维生素等；积极治疗食管上皮增生，处理癌前病变；加大防癌宣传教育，在高发地区人群中做普查和筛检。

知识拓展 | **食管癌筛查**

食管癌高风险人群接受筛查和早诊早治能够有效降低食管癌的发病率和死亡率。《食管癌筛查与早诊早治方案（2024年版）》中将食管癌高风险人群定义为年龄≥45岁，且符合以下任意一项：① 居住于食管癌高发地区；② 一级亲属中有食管癌病史；③ 热烫饮食、高盐饮食、腌制食品、吸烟、重度饮酒等不良饮食习惯和生活方式；④ 患有慢性食管炎、巴雷特食管、食管憩室、贲门失弛缓症、反流性食管炎等疾病；⑤ 有食管的癌前病变诊疗史。食管癌筛查推荐内镜学检查。筛查对象为食管癌高风险人群，无上消化道癌病史，年龄一般在45~74岁，无内镜检查禁忌证，能配合内镜检查。

---

2. 活动与休息　保证充足的睡眠，劳逸结合，逐渐增加活动量。

3. 饮食指导　根据不同术式，向患者讲解术后进食时间，指导合理饮食，通知注意事项，预防并发症的发生。

4. 复诊指导　定期复查，遵医嘱坚持后续治疗。若术后3~4周再次出现吞咽困难，可能为吻合口狭窄，应及时就诊。

【护理评价】

1. 患者营养状况是否改善。

2. 患者水、电解质是否维持平衡。

3. 患者焦虑是否减轻或消失。

4. 患者是否发生并发症，或并发症是否被及时发现和处理。

（张俊）

学习小结

食管癌早期多无明显症状，中晚期典型症状为进行性吞咽困难。治疗以手术为主，辅以放疗、化疗等多学科综合治疗。术前应加强营养，做好呼吸道和胃肠道准备；术后应密切观察病情，做好饮食护理、胃肠道护理和并发症的观察与护理；加强健康教育，预防食管癌复发。

一、单项选择题

1. 食管癌最常发生于
   A. 食管颈段
   B. 食管胸上段
   C. 食管胸中段
   D. 食管胸下段
   E. 食管腹段

2. 食管癌进展期的典型症状是
   A. 食物停滞感
   B. 食管内异物感
   C. 胸骨后疼痛
   D. 胸骨后灼烧感
   E. 进行性吞咽困难

3. 食管癌患者出现声音嘶哑多提示癌肿已侵犯
   A. 支气管
   B. 大血管
   C. 喉返神经
   D. 颈交感神经
   E. 食管外组织

4. 食管癌切除后最常用来替代食管的器官是
   A. 胃
   B. 空肠
   C. 回肠
   D. 结肠
   E. 直肠

5. 食管癌根治术后饮食护理正确的是
   A. 禁饮、禁食1日
   B. 术后第5日才能开始肠内营养
   C. 肛门排气后进普食
   D. 恢复饮食后少食多餐
   E. 饭后立即平卧

参考答案:

1. C 2. E 3. C 4. A 5. D

二、简答题

1. 简述食管癌术后饮食护理要点。

2. 简述食管癌术后并发吻合口瘘的原因、表现及护理。

第十九章

心脏疾病患者的护理

学习目标

知识目标	1. 掌握体外循环的概念、护理措施；主动脉夹层的处理原则。
	2. 熟悉各类先天性心脏病、后天性心脏病的病因、病理生理、临床表现和处理原则；主动脉夹层的病因和临床表现。
	3. 了解法洛四联症、Beck三联征、室间隔缺损、冠状动脉粥样硬化性心脏病、主动脉夹层的概念。
能力目标	能运用护理程序对心脏疾病患者实施整体护理。
素质目标	具有关心和爱护心脏疾病患者的态度和行为；具备团队合作精神。

第一节　体外循环

导入情景与思考

患者，女，47岁，因"阵发性胸闷、气促、呼吸困难15日"，诊断为"心脏瓣膜病、二尖瓣重度狭窄"入院。患者在全身麻醉体外循环下行"二尖瓣替换术"，术毕返回重症监护病房，呼吸机辅助呼吸，麻醉后清醒，体格检查：体温38℃，脉搏91次/min，呼吸25次/min，血压128/70mmHg，SpO_2 80%，痛苦面容，口唇轻度发绀，颈静脉无怒张，双肺可闻及痰鸣音。患者担心疾病预后。

请思考：

1. 该患者术后的护理诊断/问题有哪些？

2. 该患者术后的主要护理措施有哪些？

体外循环（extracorporeal circulation，ECC）指将回心的上、下腔静脉血和右心房静脉血引出体外，经人工心肺机进行氧合并排出CO_2，经过调节温度和过滤后，再由血泵输回体内动脉继续血液循环的生命支持技术。体外循环可暂时取代心肺功能，在心肺转流、阻断患者心脏血流的状态下，维持全身器官的血液供应和气体交换，为实施心内直视手术提供无血或少血的手术野。

【人工心肺机的基本组成】

人工心肺装置的基本设备包括血泵、氧合器、变温器、过滤器及附属装置（图19-1-1）。

1. **血泵** 即人工心，是代替心脏排血功能的主要部件，具有驱动体外氧合器内的氧合血单向流动回输入体内动脉，继续参与循环的功能。常用的血泵有转压式和离心式。前者利用泵头转子交替转压弹性泵管，驱使泵管内血液单向流动；后者则利用旋转磁场驱动泵内多层旋转椎体或叶轮高速旋转，无须血流转压，可减少对血液成分的破坏。

2. **氧合器** 即人工肺，是代替肺进行气体交换的部件，具有氧合静脉血、排出 CO_2 的功能。

3. **变温器** 利用循环水温和导热薄金属隔离板，降低或升高体外循环血液温度的装置。

4. **过滤器** 体外循环的动、静脉系统均有过滤装置，用于有效滤除各种微栓子，如微气栓、血栓、脂肪栓及其他微小组织等。

5. **附属装置** 包括各种血管插管、连接导管、贮血器及检测系统等。

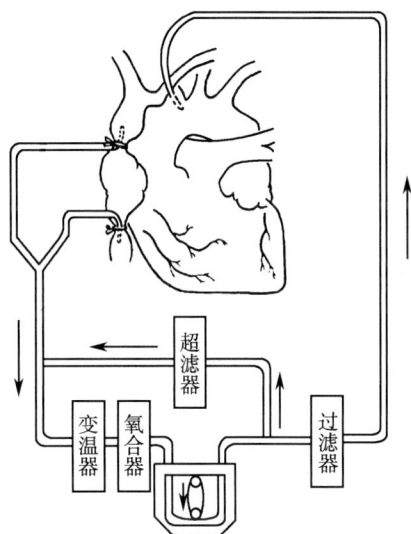

▲ 图 19-1-1 体外循环装置示意图

> **知识拓展** | **我国体外循环的发展**
>
> 　　1957年我国心脏外科专家石美鑫、顾恺时、叶椿秀开始了人工血泵和氧合器的研制，经过不断发展和完善，现已不再局限于心血管领域，成为很多学科的支撑技术。肝移植术后，采用静脉-静脉的体外转流以减轻无肝期阻断下腔静脉和门静脉时的静脉淤血，提高了肝移植术的成功率；在颅脑外科，采用体外循环至深低温控制性停循环技术行脑动脉瘤切除术。
>
> 　　目前常用的体外生命支持技术——体外膜肺氧合（extracorporeal membrane oxygenation，ECMO）也是在体外循环技术和设备的基础上发展的，是针对一些呼吸或循环衰竭患者，通过特殊体外循环设备，较长时间辅助或替代心肺功能的技术；可有效改善低氧血症，为心肺疾病治疗与功能恢复争取时间。

【体外循环后的病理生理变化】

体外循环作为一种非生理过程，机体可释放大量炎症介质，导致各器官和组织不同程度的损害，使红细胞破坏、血红蛋白下降、血小板消耗和凝血因子失活，引起凝血机制紊乱，造成术后出血。体外循环过程中由于低灌注、低血压、低血容量、组织缺氧、血液稀释和术前术后利尿等，常可造成水、电解质代谢紊乱和酸碱平衡失调，主要表现为低钾血症、代谢性酸中毒和呼吸性碱中毒。

【护理评估】

（一）术前评估

1. 健康史

（1）一般情况：年龄、性别、身高、体重、发育、饮食习惯及营养状况等。

（2）既往史：有无出血性疾病和凝血功能障碍；有无颅脑外伤史或其他伴随疾病；有无过敏史及近期是否服用抗凝药物等。

（3）家族史：家族中有无心脏疾病患者。

2. 身体状况

（1）患者生命体征、心肺功能，有无发绀和杵状指/趾。

（2）辅助检查：心电图、X线检查、超声心动图及其他检查。

3. 心理-社会状况 患者对疾病的认知程度，家属对患者的关心、支持程度，家庭对手术的经济承受能力。

（二）术后评估

1. 术中情况 手术、麻醉方式和效果，术中流转、循环阻断时间及各重要器官的功能等。

2. 术后情况 全身麻醉后清醒程度，对疼痛的耐受力，生命体征是否平稳；心功能和呼吸型态有无异常；气管插管位置及呼吸机参数是否正常；皮肤色泽、温湿度；肢端脉搏能否扪及，末梢血管充盈情况及术后有无并发症发生。

3. 心理-社会状况 有无紧张、焦虑；术后是否配合治疗和护理。

【常见护理诊断/问题】

1. 焦虑 与担心心脏疾病和体外循环手术有关。

2. 低效性呼吸型态 与手术、麻醉、人工辅助呼吸、体外循环和术后伤口疼痛影响通气有关。

3. 心排血量减少 与心脏疾病，心功能减退，血容量不足，心律失常，水、电解质代谢紊乱有关。

4. 潜在并发症：急性心脏压塞、肾功能不全、感染、脑功能障碍等。

【护理目标】

1. 患者情绪稳定，焦虑缓解或消失。

2. 患者呼吸功能改善，无缺氧表现。

3. 患者心功能改善，能维持有效循环。

4. 患者未发生并发症，或并发症被及时发现和处理。

【护理措施】

（一）非手术治疗的护理/术前护理

1. 心理护理 术前应加强沟通，根据患者心理状况，给予针对性的心理护理。

2. 改善心功能 一般患者多卧床休息、少活动，保证充足睡眠，遵医嘱服用改善心功能的药物。重度心力衰竭、夹层动脉瘤等患者绝对卧床休息。心慌、气短或呼吸困难者协助取半坐卧位并给予吸氧。

3. 病情监测 每日监测血压、心率等；患者进入手术室麻醉诱导前，进行循环监测。

4. 营养支持 给予高蛋白、高热量、富含维生素、易消化饮食；进食不足者，给予静脉营养支持；心力衰竭、水肿患者给予低盐饮食，钠盐少于2g/d，遵医嘱控制入量。

5. 完善术前检查 包括血常规、血型鉴定、交叉配血、尿常规、凝血功能、血清电解质、心电图和超声心动图等。

（二）术后护理

1. 体位 根据患者具体情况采取合适的体位。待患者麻醉清醒，循环稳定后，抬高床头至30°。冠状动脉旁路移植术（又称冠状动脉搭桥术）后，应抬高手术肢体，以促进肢体血液循环。

2. 维持水、电解质及酸碱平衡 体外循环术后易引起水、电解质代谢紊乱和酸碱平衡失衡，代谢性酸中毒最常见。应注意定时监测血气、电解质和pH，若发现异常，及时告知医生处理。

3. 加强呼吸系统管理，维持有效通气 体外循环术后患者常规使用机械通气以支持呼吸功能。

（1）密切观察呼吸功能：观察患者有无发绀、鼻翼扇动、点头或张口呼吸；定期听诊并记录双肺呼吸音；注意患者的呼吸频率、节律和幅度，呼吸机是否与其呼吸同步；监测动脉血气分析，根据情况及时调整呼吸机参数。

（2）妥善固定气管插管：定时测量气管插管位置，防止脱出或移位。

（3）保持呼吸道通畅：及时清理呼吸道分泌物和呕吐物，以免发生误吸；吸痰前后充分给氧，每次吸痰时间不超过15秒，以免机体缺氧；吸痰时注意观察患者反应，出现心电图异常或血氧饱和度持续下降应立即停止吸痰；痰多黏稠者，可经气管滴入糜蛋白酶后再吸痰。拔除气管插管后，给予雾化吸入，以减轻喉头水肿、降低痰液黏稠度；定期吸氧，维持充分的氧合状态；指导患者深呼吸和有效咳嗽，促进排痰。

4. 监测心功能，维持有效循环

（1）持续心电监护：观察心率、心律、血压等变化，如有异常及时告知医生并配合处理。

（2）观察皮肤色泽和温度：密切观察患者皮肤颜色、温度、湿度，口唇、甲床毛细血管充盈和动脉搏动情况，及早发现微循环灌注不足和组织缺氧，及时给予相应处理。

（3）监测和记录液体出入量：包括24小时或每小时尿量，评估容量是否充足。

（4）补液护理：保留必需的静脉输液通路；严格无菌操作；应用血管活性药时，严格遵医嘱配制药物浓度和剂量，并应用输液泵控制输液速度和用量。

5. 并发症的观察与护理

（1）急性心脏压塞

1）原因：体外循环破坏血小板，使纤维蛋白原、凝血因子损耗增多造成凝血功能障碍，以及应用止血药物后形成血凝块等因素均可造成心包腔积血、血块凝聚，引起急性心脏压塞。

2）表现：出现Beck三联征，静脉压升高（颈静脉怒张，中心静脉压≥25cmH$_2$O），心音遥远、心搏微弱，动脉压降低、脉压小。

3）护理：① 做好引流管护理，保持引流管通畅，观察并记录引流液的颜色、量及性状；② 监测中心静脉压，使其维持在5~12cmH$_2$O；③ 严密观察病情，若患者出现心脏压塞表现，及时告知医生并配合处理。

（2）肾功能不全

1）原因：体外循环的低灌注量和红细胞破坏而致的大量游离血红蛋白、低心排血量或低血压、血管收缩药应用不当或肾毒性药物的大量应用均可能影响患者肾功能，甚至造成肾功能不全。

2）表现：少尿、无尿、高血钾、尿素氮和血清肌酐升高等。

3）护理：① 术后留置无菌导尿管，每小时测尿量1次，每4小时测尿pH和尿比重。② 保持尿量在1ml/（kg·h）以上，观察尿色变化、有无血红蛋白尿等；发生血红蛋白尿者，应给予高渗性利尿或静脉滴注5%碳酸氢钠碱化尿液，防止血红蛋白沉积在肾小管导致肾功能损害。③ 尿量减少时应及时找出原因；停用肾毒性药物；怀疑肾衰竭者应限制水和电解质的摄入；若确诊为急性肾衰竭，应考虑做肾透析治疗。

（3）感染

1）原因：心脏手术创伤较大、手术时间长、体外循环的实施，以及心力衰竭、缺氧引起患者自身抵抗力降低等，增加了患者术后感染的机会。

2）表现：术后体温上升至38℃以上且持续不退，伤口局部隆起、触痛明显，并溢出白色分泌物等感染现象。

3）护理：① 密切监测体温变化；② 严格遵守无菌操作原则；③ 保持患者口腔和皮肤卫生；④ 患者病情稳定后，及时撤除各种管道；⑤ 合理应用抗生素；⑥ 加强营养支持。

（4）脑功能障碍

1）原因：体外循环长时间的低血压、低灌注量等。

2）表现：与脑病灶的部位、性质和病变程度有关，常见的有清醒延迟、昏迷、躁动等。

3）护理：术后应严密观察患者的意识、瞳孔、肢体活动情况；患者若出现头痛、呕吐、躁动、嗜睡等异常表现及神经系统的阳性体征时，应及时告知医生并配合处理。

【护理评价】

1. 患者焦虑是否缓解或消失，能否配合治疗和护理。

2. 患者呼吸功能是否改善，有无缺氧表现。

3. 患者心功能是否改善，能否维持有效循环。

4. 患者是否发生并发症，或并发症是否被及时发现和处理。

第二节 先天性心脏病

先天性心脏病（congenital heart disease，CHD）简称先心病，是胎儿期心脏和大血管在母体内发育异常、部分停顿或有缺陷所造成的一种小儿最常见的心脏病。

一、动脉导管未闭

动脉导管未闭（patent ductus arteriosus，PDA）是常见的小儿先天性心脏病之一，占先天性心脏病的12%~15%。动脉导管是胎儿期连接主动脉峡部和左肺动脉根部之间的正常结构，是胎儿期血液循环的重要通道，约85%的正常婴儿在出生后2个月内动脉导管自然闭合，形成动脉韧带；未闭合者称为动脉导管未闭。

【病因】

与胎儿发育的宫内环境因素和遗传因素有关。

【病理生理】

动脉导管未闭的患儿，出生后主动脉压力升高，肺动脉压力下降，主动脉血持续流向肺动脉，形成左向右分流。分流量的大小取决于主动脉和肺动脉之间的压力阶差和动脉导管粗细。

左向右分流增加了肺循环血量，使左心容量负荷增加，导致左心室肥大，甚至左心衰竭。肺循环血量增加会使肺动脉压力升高，引发肺小动脉反应性痉挛，长期痉挛导致肺小动脉管壁增厚和纤维化，造成右心阻力负荷加重和右心室肥大。随着肺循环阻力的进行性增高，当肺动脉压接近或超过主动脉压力时，血液呈现双向甚至逆转为右向左分流，患者出现发绀，形成艾森门格综合征，最终导致右心衰竭而死亡。

知识拓展 | 艾森门格综合征

　　艾森门格综合征（Eisenmenger syndrome，ES）是1897年维克多艾森门格发现首例患者而命名。该疾病是左向右分流的先天性心脏病的发展结果，可表现为轻至中度发绀，于劳累后加重，逐渐出现杵状指/趾，常伴有气急、乏力、头晕等症状。治疗方式包括药物治疗、手术治疗和介入治疗等。值得注意的是，妊娠合并艾森门格综合征的妇女易发生心力衰竭，是临床关注的重点人群之一。

【临床表现】

1. 症状　动脉导管细、分流量小者，常无明显症状；动脉导管粗、分流量大者，可出现气促、咳嗽、乏力、多汗和心悸等症状。婴儿因肺部充血而易患感冒或呼吸道感染，出现双向分流者易致心力衰竭而死亡。

2. 体征

（1）心脏杂音：胸骨左缘第2肋间可闻及粗糙、连续的整个收缩期和舒张期的机器样杂音，以收缩末期最为响亮；肺动脉高压者可闻及收缩期杂音；左向右分流量大者，可闻及心尖部舒张中期隆隆样杂音。

（2）周围血管征：脉压增大出现周围血管征，如颈动脉搏动增强、四肢动脉搏动处可触及水冲脉、股动脉闻及枪击音，但随着肺动脉压力的增高和分流量的下降而逐渐减弱，甚至消失。

【辅助检查】

1. 心电图　正常或左心室肥大；肺动脉高压者表现为左、右心室肥大。

2. 胸部X线检查　心影增大，左心缘向左下延长；主动脉结凸出，降主动脉呈漏斗状；肺动脉圆锥平直或隆出；肺血管影增粗。

3. 超声心动图　左心房和左心室内径增大。二维切面可显示未闭动脉导管；多普勒超声能发现异常血流信号。

【处理原则】

主要采取手术治疗。

1. 适应证和禁忌证 适应证：早产儿、婴幼儿反复发生肺炎、呼吸窘迫、心力衰竭或喂养困难者，应及时手术治疗；无明显症状者，多主张4~5岁择期手术。艾森门格综合征者禁忌手术。

2. 手术方法 ① 动脉导管结扎或钳闭术；② 动脉导管切断缝合术；③ 肺动脉内口缝闭术；④ 导管封堵术。

【护理措施】

（一）非手术治疗的护理/术前护理

参见本章第一节体外循环。

（二）术后护理

1. 预防感染 注意保暖防寒，避免受凉后感冒而引起呼吸道感染。

2. 加强呼吸道管理 ① 保持呼吸道通畅，及时清理呼吸道分泌物；② 给予氧气吸入或氧气雾化吸入，鼓励患者深呼吸、有效咳嗽，预防肺不张；③ 密切观察呼吸频率、节律、幅度和双肺呼吸音；④ 必要时遵医嘱使用抗菌药物；⑤ 做好胸腔闭式引流的护理。

3. 监测心功能，维持有效循环 参见本章第一节体外循环。

4. 心包纵隔引流管的护理 ① 妥善固定引流管；② 保持管道的密闭和无菌；③ 保持引流管通畅，间歇挤压引流管，并记录引流液的性状及量；④ 若引流量持续2小时超过4ml/（kg·h），考虑有活动性出血，应及时告知医生。

5. 并发症的观察和护理

（1）高血压

1）原因：手术结扎导管后导致体循环血量突然增大。

2）表现：术后可出现血压升高，甚至高血压危象。

3）护理：① 监测血压，术后密切监测血压变化，并观察患者有无烦躁不安、头痛、呕吐等高血压脑病的表现。② 控制血压，控制液体入量。若血压偏高，遵医嘱及时给予降压药，并观察用药后的疗效和不良反应，根据血压变化随时调整剂量。③ 保持患儿镇静，必要时遵医嘱给予镇静、镇痛药物。

（2）喉返神经损伤

1）原因：术中牵拉、挤压喉返神经或术后局部水肿压迫。

2）表现：左侧声带麻痹，声音嘶哑。

3）护理：若术后1~2日患者出现单纯性声音嘶哑，应告知患儿少说话和多休息，应用激素和营养神经药物，一般1~2个月后可逐渐恢复。

（三）健康教育

1. 疾病预防 加强孕期保健，妊娠早期适量补充叶酸，积极预防流行性感冒、风疹等病毒性疾病，避免与发病有关的因素接触。

2. 合理饮食 食用富含高蛋白、高维生素、易消化的食物，保证营养充足，以利生长发育。

3. 休息和活动　养成良好的起居习惯，交代患儿活动范围、活动量及方法，避免劳累。胸骨正中切开患儿出院1年内不宜侧卧，以免影响骨骼生长。

4. 用药指导　严格遵医嘱服用药物，不可随意增减药物剂量，并教会家属观察用药后反应，发现异常及时就诊。

5. 自我保健　教会患儿家属观察用药后反应及疾病康复情况，定期复查，如出现烦躁、心率过快、呼吸困难等症状，应及时就诊。

二、房间隔缺损

房间隔缺损（atrial septal defect，ASD）是原始房间隔在胚胎发育过程中出现异常，导致左、右心房之间遗留孔隙，是临床上常见的小儿先天性心脏病之一，占先天性心脏病的10%左右。房间隔缺损可分为原发孔型和继发孔型，以后者居多。原发孔型房间隔缺损位于冠状窦的前下方，缺损下缘靠近二尖瓣瓣环，常伴有二尖瓣大瓣裂缺。继发孔型房间隔缺损位于冠状窦后上方，绝大多数为单孔缺损，少数为多孔缺损。依据缺损的解剖位置可分为中央型（卵圆孔型）、上腔型（静脉窦型）、下腔型和混合型。

【病因】

房间隔缺损的发生与胎儿发育的宫内环境因素、母体情况和基因有关。

【病理生理】

正常左心房压力高于右心房，左心房血液经缺损处向右心房分流，分流量取决于两心房压力差、缺损大小，以及左、右心室充盈阻力的大小。分流所致右心容量负荷增加，造成右心房、右心室增大和肺动脉扩张；肺循环血量增加使肺动脉压力升高，并引发肺小动脉反应性痉挛，最终可导致梗阻性肺动脉高压。当右心房压力高于左心房时，出现右向左逆流，引起发绀，发生艾森门格综合征，最终因右心衰竭而死亡。

【临床表现】

1. 症状　继发孔型房间隔缺损分流量较小者，儿童期无明显症状，多在体检时发现。到了青年期，出现劳力性气促、心悸、乏力等症状，易出现呼吸道感染和右心衰竭。原发孔型房间隔缺损伴有严重二尖瓣关闭不全者，早期可出现心力衰竭及肺动脉高压等症状。

2. 体征

（1）右心室明显肥大，心前区隆起。可触及心搏增强，少数可触及震颤。

（2）肺动脉瓣区，即胸骨左缘第2~3肋间可闻及Ⅱ~Ⅲ级吹风样收缩期杂音，伴第二心音亢进和分裂。分流量大者心尖部可闻及柔和的舒张期杂音。肺动脉高压者，第二心音亢进和分裂加重。原发孔型房间隔缺损伴二尖瓣裂缺者，可闻及心尖部Ⅱ~Ⅲ级收缩期杂音。

（3）可出现发绀、杵状指/趾，多见于右向左分流者。

【辅助检查】

1. 心电图　原发孔型房间隔缺损显示电轴左偏，P-R间期延长，可有左心室高电压、左心室肥大；继发孔型房间隔缺损显示电轴右偏，P波高大，右心室肥大，不完全或完全性右束支传导阻滞。

2. 胸部X线检查 右心房、右心室增大，肺动脉段突出，主动脉结缩小，呈典型的"梨形心"。肺纹理增多，可见"肺门舞蹈征"。

3. 超声心动图 最主要的诊断方法，可明确显示缺损位置、大小、心房水平分流的血流信号、肺静脉的位置和右心大小。

【处理原则】

以手术治疗为主。

1. 适应证和禁忌证 原发孔型房间隔缺损、继发孔型房间隔缺损合并肺动脉高压者应尽早手术。艾森门格综合征者禁忌手术。

2. 手术方法 ① 在体外循环下切开右心房，直接缝合或修补缺损；② 导管伞封堵术，此方法具有创伤小、恢复快等优点，适用于继发孔型且房间隔缺损大小、位置适宜的患者。

【护理措施】

（一）非手术治疗的护理/术前护理

参见本章第一节体外循环。

（二）术后护理

1. 有效镇痛 评估疼痛程度，遵医嘱给予口服或肌内注射镇痛药。

2. 并发症的护理 术后患者可出现房性心律失常或室性期前收缩（较少见房室传导阻滞），严密监测病情变化，观察心率、心律和动态心电图；如发现异常，遵医嘱使用抗心律失常药。

3. 其他护理 病情监测、呼吸道管理、维持营养和体液平衡、切口与引流管的护理、活动和功能锻炼等，参见本章第一节体外循环。

（三）健康教育

加强疾病预防、合理饮食、休息和活动、用药指导、自我保健等，具体参见本节动脉导管未闭的健康教育。

三、室间隔缺损

室间隔缺损（ventricular septal defect，VSD）是指室间隔在胎儿期因发育不全，在左、右心室之间形成异常通路，血液在心室水平产生左向右的分流。室间隔缺损在所有先天性心脏病中发病率最高，约占30%。

【病因】

病因与胎儿发育的宫内环境、母体情况及基因有关。

【病理生理与分类】

正常左心室压力高于右心室，室间隔缺损时，左心室血液经缺损向右心室分流，分流量取决于左、右心室的压力阶差，缺损大小和肺血管阻力。缺损小、分流量小，不引起肺动脉压力升高；缺损大、分流量大，右心容量负荷增大，肺动脉压力逐渐增高，最终导致梗阻性肺动脉高压，致使左向右分流明显减少，出现右向左逆流，即艾森门格综合征。

【临床表现】

1. 症状　缺损小、分流量小者一般无明显症状。缺损大、分流量大者在出生后表现出反复的呼吸道感染、充血性心力衰竭、喂养困难和发育迟缓等症状；能度过婴幼儿期的较大室间隔缺损者则表现为活动耐力较同龄人差，劳累后气促、心悸；发展为进行性梗阻性肺动脉高压者，可出现发绀和右心衰竭。

2. 体征　胸骨左缘第2~4肋间可闻及Ⅲ级以上粗糙响亮的全收缩期杂音，常伴有收缩期震颤。分流量大者，心前区轻度隆起，心尖部可闻及柔和的功能性舒张中期杂音。肺动脉高压导致分流量减少者肺动脉瓣区第二心音亢进和分裂明显，并可伴肺动脉瓣关闭不全的舒张期杂音。

【辅助检查】

1. 心电图　缺损小者心电图正常或电轴左偏；缺损大者示左心室高电压，左心室肥大。重度肺动脉高压时，显示双心室肥大、右心室肥大伴劳损。

2. X线检查　缺损小者，肺充血及心影改变轻；缺损大者，心影扩大，左心缘向左下延长，肺动脉段突出，肺血增多；梗阻性肺动脉高压时，肺门血管影明显增粗，肺外周纹理减少，甚至肺血管影呈残根征。

3. 超声心电图　左心房、左心室内径增大。二维超声可明确缺损部位及大小。多普勒超声可判断血流分流方向和分流量，并可了解肺动脉压力。

【处理原则】

1. 非手术治疗　缺损小、无血流动力学改变者，可门诊随访观察，部分病例可自行闭合。

2. 手术治疗

（1）适应证和禁忌证：缺损大、分流量多或伴有肺动脉高压的婴幼儿，应尽早手术；缺损小但已有房室扩大者，需在学龄前手术；并发心力衰竭或细菌性心内膜炎者，控制症状后方能手术。艾森门格综合征者禁忌手术。

（2）手术方法：主要方法是在低温体外循环下行心内直视修补术。导管伞封堵法是近年来治疗室间隔缺损的新方法，该方法创伤小，但仍需要进一步评估远期效果。

【护理措施】

参见本节房间隔缺损的护理。

四、法洛四联症

法洛四联症（tetralogy of Fallot，TOF）是右室漏斗部或圆锥动脉干发育不全引起的一种心脏畸形，主要包括4种解剖畸形：肺动脉口狭窄、室间隔缺损、主动脉骑跨和右心室肥厚。该病是一种最常见的发绀型先天性心脏病，占先天性心脏病的12%~14%。

【病因】

近年研究认为，法洛四联症与胎儿发育的宫内环境因素、母体情况和基因有关。

【病理生理】

肺动脉狭窄使右心室排血障碍，右心室压力升高，右心室肥大。肺动脉狭窄的程度决定右心室压力的高低。轻度肺动脉狭窄时，在心室水平主要为左向右分流，患者发绀不明显；中度肺动脉狭窄时，心室水平的分流呈双向，患者多在开始活动时才出现发绀；重度肺动脉狭窄时，在心室水平主要是右向左分流，患者发绀明显，行动受限，常有蹲踞或昏厥现象。

【临床表现】

1. 症状　发绀、喜蹲踞和缺氧发作是法洛四联症的主要症状。

（1）发绀：由于动脉血氧饱和度降低，新生儿即可出现发绀，啼哭、情绪激动时更为明显，发绀随年龄增大而加重。

（2）喜爱蹲踞：是其特征性姿态，多见于儿童期。蹲踞时，发绀和呼吸困难症状有所减轻。

（3）缺氧发作：常见于漏斗部重度狭窄患儿，表现为活动后突然呼吸困难，发绀加重，出现缺氧性昏厥和抽搐，甚至死亡。

2. 体征　生长发育迟缓，口唇、指/趾甲床发绀，杵状指/趾。胸骨左缘第2~4肋间可闻及Ⅱ~Ⅲ级喷射性收缩期杂音，肺动脉瓣区第二心音减弱或消失，严重肺动脉狭窄者可听不到杂音。

【辅助检查】

1. 实验室检查　红细胞计数和血红蛋白增高，且与发绀程度成正比。动脉血氧饱和度降低。

2. 心电图　电轴右偏，右心室肥大。

3. X线检查　心影正常或稍大，肺动脉段凹陷，心尖钝圆，呈"靴形心"。升主动脉增宽，肺血流减少，肺血管纹理纤细。

4. 超声心动图　升主动脉内径增宽，骑跨于室间隔上方，室间隔连续性中断，右心室增大，右心室流出道、肺动脉瓣或肺动脉主干狭窄。多普勒超声可见心室水平右向左分流的血流信号，此项检查可明确诊断。

【处理原则】

手术治疗为主，包括姑息性手术和根治性手术。

1. 适应证和禁忌证　左心室舒张末期容量足够，肺动脉左、右分支发育正常的法洛四联症患儿均应在1岁内行根治性手术。对于婴儿期严重缺氧、屡发呼吸道感染和昏厥者，可先行姑息性手术。手术禁忌证为顽固性心力衰竭、严重肝功能损害。

2. 手术方式

（1）姑息性手术：在全身麻醉下行锁骨下动脉–肺动脉吻合术或右心室流出道补片扩大术，以增加肺循环血量，改善缺氧，等条件成熟后再做根治性手术。

（2）根治性手术：在低温体外循环下疏通右室流出道，修补室间隔缺损，同时矫正所合并的其他心内畸形。

【护理措施】

（一）非手术治疗的护理/术前护理

1. 休息　严格限制患者活动量，注意休息，减少急性缺氧性昏厥的发作。

2. 呼吸系统管理　① 吸氧，氧流量4~6L/min，2~3次/d，20~30min/次；② 改善微循环，纠正组织严重缺氧；③ 预防感染，注意保暖和口腔卫生。

（二）术后护理

1. 加强呼吸道护理 ① 给予呼吸机辅助呼吸，并充分供氧；② 及时吸痰，保持呼吸道通畅，严防低氧血症的发生；③ 拔出气管插管后，应延长吸氧时间3~5日。

2. 并发症的观察和护理

（1）灌注肺

1）原因：灌注肺是法洛四联症矫治术后的一种严重并发症，可能与肺动脉发育差、体–肺侧支多或术后液体输入过多有关。

2）表现：急性进行性呼吸困难、发绀、血痰和难以纠正的低氧血症。

3）护理：① 用呼气末正压通气方式辅助通气；② 密切监测呼吸机的各项参数，特别注意气道压力的变化；③ 促进有效气体交换，及时清理呼吸道分泌物；④ 严格限制入量，经常监测血浆胶体渗透压，在术后急性渗血期，根据血浆胶体渗透压的变化，遵医嘱及时补充血浆及白蛋白。

（2）低心排血量综合征

1）原因：心脏缺血、缺氧使心肌收缩不全出现低心排血量。

2）表现：低血压、心率快、少尿、多汗、末梢循环差、四肢湿冷等。

3）护理：① 密切观察患者生命体征、外周循环及尿量等；② 遵医嘱给予强心、利尿药物，并注意保暖。

（三）健康教育

参见本节动脉导管未闭的健康教育。

第三节　后天性心脏病

后天性心脏病（acquired heart disease）是指出生后各种原因引起的心脏疾病。心脏瓣膜病是临床最常见的心脏病之一，约占我国心脏外科患者的30%，其中最常见的是风湿性心脏瓣膜病（rheumatic valvular heart disease），又称风湿性心脏病，简称风心病。风心病是由风湿热引起心瓣膜损害，最常累及二尖瓣，其次为主动脉瓣、三尖瓣，肺动脉瓣则较少累及；可单独累及一个瓣膜区，也可同时累及几个瓣膜区，以二尖瓣合并主动脉瓣病变较多见。除心脏瓣膜病外，冠状动脉粥样硬化性心脏病及老年退行性心脏瓣膜病的发病率亦呈逐年上升趋势。

一、二尖瓣狭窄

二尖瓣狭窄（mitral stenosis，MS）是指二尖瓣瓣膜受损、瓣膜结构和功能异常所致的瓣口狭窄，导致左心房血流受阻。女性发病率高于男性，在儿童和青年期患风湿热后，往往在20~30岁以后才出现二尖瓣狭窄的临床症状。

【病因】

主要由风湿热所致。风湿热反复发作并侵及二尖瓣后，在瓣膜交界处粘着融合，导致瓣口狭窄，瓣叶增厚、挛缩、变硬和钙化等都进一步加重瓣口狭窄，并限制瓣叶活动。

【病理生理与分类】

正常成人二尖瓣瓣口面积为4.0~5.0cm^2，当瓣口面积小于1.5cm^{2}时，即可产生血流障碍，在运动后血流量增大时更为明显。当瓣口面积小于1.0cm^{2}时，血流障碍更加严重，左心房压力升高，左心房逐渐扩大；继之，肺静脉和肺毛细血管扩张、淤血，影响肺泡换气功能；运动时肺毛细血管压力升高更为明显。当肺毛细血管压力升高超过正常血浆胶体渗透压30mmHg（4.0kPa）时，即可发生急性肺水肿。晚期右心室排血负担加重，右心室逐渐肥厚、扩大，最终引起右心衰竭。

【临床表现】

主要取决于瓣口狭窄的程度。

1. 症状 气促、咳嗽、咯血和发绀等。当瓣口面积缩小至2.5cm^{2}左右，静息时无症状；当瓣口面积小于1.5cm^{2}时，患者即可出现气促、咳嗽、咯血、端坐呼吸和夜间阵发性呼吸困难，剧烈体力活动、情绪激动、呼吸道感染、妊娠、心房颤动等可诱发阵发性气促、端坐呼吸或急性肺水肿。咳嗽多在运动后、夜间入睡后或肺淤血加重时出现。约10%~20%的患者可出现咯血。此外，还可出现心悸、乏力、头晕等心排血量不足的表现。

2. 体征 常可见二尖瓣面容，即面颊和口唇轻度发绀。可并发心房颤动，为常见的心律失常；右心室肥大者，心前区可扪及收缩期抬举样搏动；多数患者在心尖部可扪及舒张期震颤。心尖部可闻及第一心音亢进和舒张中期隆隆样杂音；在胸骨左缘第3、4肋间可闻及二尖瓣开瓣音。右心衰竭者出现颈静脉怒张、肝大、腹水和踝部水肿等。

【辅助检查】

1. 心电图 轻度狭窄者心电图可以正常；中、重度狭窄者表现为电轴右偏、P波增宽、呈双峰或电压增高；肺动脉高压者可出现右束支传导阻滞或右心室肥大；病程长者常示心房颤动。

2. X线检查 病变轻者无明显异常，而中度以上狭窄者可见左心房和右心室扩大，心脏影呈梨形。长期肺淤血者在肋膈角可见细直的水平线，称为克利B线（Kerley B线）。

3. 超声心动图 ① M型超声心动图显示二尖瓣前后叶活动异常，呈同向运动，形成城墙垛样的长方波；② 二维/切面超声心动图可直接显示二尖瓣瓣叶增厚和变形、活动异常、瓣口狭窄，左心房扩大；③ 食管超声检查有助于发现左心房血栓。

【处理原则】

1. 非手术治疗 适用于无症状或心功能Ⅰ级的患者。注意休息，避免剧烈活动，控制钠盐摄入和预防感染等，定期（6~12个月）复查；呼吸困难者减少体力活动，限制钠盐摄入，口服利尿剂，避免和控制诱发急性肺水肿的因素，如急性感染、贫血等。

2. 手术治疗

（1）适应证：心功能Ⅱ级以上且瓣膜病变明显者，需择期手术。重度狭窄伴心力衰竭、急性肺水肿、大量咯血、风湿热活动和感染性心内膜炎等情况，原则上应积极内科治疗，病情改善后尽早手术；如内科治疗无效，则应急诊手术，挽救生命。已出现心房颤动者，为避免血栓栓塞应尽早手术。

（2）手术方式：① 经皮穿刺球囊导管二尖瓣交界扩张分离术，适用于隔膜型二尖瓣狭窄，尤其是瓣叶活动好、无钙化、无心房颤动及左心房内无血栓者。② 直视手术，若瓣膜重度纤维化、硬化、挛缩或钙化，病变严重，则需要切除瓣膜，行二尖瓣置换术。临床上使用的人工瓣膜有机械瓣、生物瓣两大类。

知识拓展 | **经导管二尖瓣缘对缘修复术**

经导管二尖瓣缘对缘修复术（transcatheter edge-to-edge repair，TEER）是目前二尖瓣反流介入治疗中证据最充足、应用最广泛的技术，2020年美国心脏病学会（ACC）/美国心脏协会（AHA）心脏瓣膜病患者管理指南中正式提出。其核心技术就是将二尖瓣两个瓣叶进行缘对缘缝合，使得心脏收缩期造成二尖瓣反流的两个瓣叶之间的间隙消失，心脏舒张期二尖瓣的瓣口变成了双孔而不影响瓣膜的舒张，从而达到治疗二尖瓣反流且不影响瓣膜功能的目的。

【护理措施】

（一）非手术治疗的护理/术前护理

1. 限制患者活动量　卧床休息，避免情绪激动。

2. 改善循环功能，纠正心力衰竭　注意观察心率和血压情况；吸氧，改善缺氧情况；限制液体摄入；遵医嘱应用强心、利尿、补钾药物。

3. 加强营养　进食高热量、高蛋白及丰富维生素食物，以增强机体对手术的耐受力，限制钠盐摄入。低蛋白血症和贫血者，给予白蛋白、新鲜血输入。

4. 预防感染　① 戒烟；② 冬季注意保暖，预防呼吸道和肺部感染；③ 保持口腔和皮肤卫生，避免黏膜和皮肤损伤；④ 积极治疗感染灶，预防术后感染性心内膜炎的发生。

5. 心理护理　与患者建立信任关系，介绍疾病和手术相关知识，使患者积极配合治疗和护理。

（二）术后护理

1. 加强呼吸道管理　① 对留有气管插管的患者，及时吸痰和湿化气道；② 气管插管拔除后定期协助患者翻身、拍背，指导其咳嗽咳痰，保持气道通畅。

2. 改善心功能和维持有效循环血量

（1）加强病情观察：密切监测生命体征；观察尿量、外周血管充盈情况和中心静脉压等变化；监测心电图变化，警惕出现心律失常。

（2）补充血容量：记录每小时尿量和24小时液体出入量；排除肾功能因素影响，若尿量<1ml/（kg·h），提示循环血量不足，及时补液，必要时输血，但术后24小时出入量应基本呈负平衡，血红蛋白一般维持在100g/L左右。

（3）遵医嘱应用强心、利尿、补钾药物：对服用洋地黄制剂的患者，注意观察其有无洋地黄中毒，如患者出现心率慢、胃肠道不适、黄绿视等，应立即告知医生。

（4）控制输液速度和输液量：使用血管活性药时应用输液泵或注射泵控制输液速度和输液量。

3. 抗凝治疗的护理　机械瓣置换术后的患者，必须终身不间断抗凝治疗；置换生物瓣的患者需抗凝治疗3~6个月。心脏瓣膜置换术后24~48小时即给予华法林抗凝治疗，并定期复查凝血功能，根据医嘱调整华法林用量。

4. 并发症的观察与护理

（1）出血

1）原因：手术或抗凝过度有关。

2）表现：引流量持续2小时超过4ml/（kg·h）或有较多血凝块，伴血压下降、脉搏增快、躁动、出冷汗等表现；服用华法林抗凝药物期间，患者易出现牙龈出血、鼻出血、血尿等情况，严重者导致脑出血。

3）护理：① 间断挤压引流管，观察并记录引流液的性状及量。若出现低血容量表现，考虑有活动性出血，及时告知医生，并积极准备再次开胸止血；② 在服用华法林抗凝药物期间，出现异常及时告知医生处理。

（2）动脉栓塞

1）原因：因置换瓣膜和抗凝不足等产生血栓，血栓脱落导致栓塞。

2）表现：突发昏厥、偏瘫或下肢厥冷、疼痛、皮肤苍白等血栓形成或肢体栓塞表现。

3）护理：加强病情观察，出现异常及时告知医生并协助处理。

（3）机械瓣失灵：是心脏瓣膜置换术后最严重的并发症，病死率高，预后差。

1）原因：内膜组织过度生长，侵入瓣环卡住瓣叶；新鲜的血栓形成；机械瓣本身故障，机械瓣质量问题，较少见。

2）表现：突然出现不明原因的胸闷、乏力、气短、进行性呼吸困难，听诊瓣膜音异常。

3）护理：加强病情观察，出现异常及时告知医生。

（4）瓣膜周围漏：是心脏瓣膜置换术后严重的并发症之一。

1）原因：缝合技术失误；瓣环病变；或发生人造瓣膜性心内膜炎。

2）表现：轻度患者不存在明显临床症状；中度患者出现头晕、乏力、胸闷、心悸、胸痛、心前区不适，可引起溶血性贫血、血红蛋白尿；重度者出现心功能不全表现。

3）护理：加强病情观察，出现异常及时告知医生并协助处理。

（三）健康教育

1. 用药指导　严格遵医嘱服用强心、利尿、补钾及抗凝药物，并教会其观察药物的作用及副作用。生物瓣抗凝治疗3~6个月，机械瓣需要终身抗凝。

2. 预防感染　注意保暖，预防呼吸道感染；如出现皮肤感染、牙周炎、感冒、肺炎及胃肠道感染等应及时治疗，避免引起感染性心内膜炎。

3. 饮食指导　食用高蛋白、丰富维生素、低脂肪的均衡饮食，少食多餐，避免过量进食加重心脏负担。少吃维生素K含量高的食物，以免降低抗凝药物的作用。

4. 休息与活动　一般术后休息3~6个月，避免劳累，保持良好的生活习惯；根据心功能恢复情况，进行适当的户内外活动，并逐渐增加活动量，以不引起胸闷、气急为宜，避免重体力劳动和剧烈运动。

5. 性生活与妊娠　术后不妨碍结婚与性生活，但一般在术后1~2年心功能完全恢复为宜。女性患者婚后一般应避孕，如坚持生育，应详细咨询医生并取得保健指导。

6. 复诊指导　术后半年内，每个月定期复查凝血酶原时间（PT）和国际标准化比值（INR），根据结果遵医嘱调整用药。半年后，置入机械瓣的患者每6个月复查1次。出现心悸、胸闷、呼吸困难、皮下出血等不适时应及时就诊。

二、二尖瓣关闭不全

二尖瓣关闭不全（mitral insufficiency）指二尖瓣瓣膜受损害、瓣膜结构和功能异常导致的瓣口关闭不全。半数以上的二尖瓣关闭不全患者常合并二尖瓣狭窄。

【病因】

病因复杂，主要由风湿性炎症累及二尖瓣所致；感染性心内膜炎可造成二尖瓣赘生物或穿孔；各种原因所致的腱索断裂、乳头肌功能不全或二尖瓣脱垂等均可造成二尖瓣关闭不全。

【病理生理】

左心室收缩时由于二尖瓣关闭不全，部分血液反流入左心房，致使左心房因血量增多而压力升高，逐渐产生代偿性扩大和肥厚；左心室舒张时，左心房过多的血流入左心室，使之负荷加重，左心室也逐渐扩大，导致左心衰竭；同时肺静脉淤血，肺循环压力升高引起右心衰竭。

【临床表现】

1. 症状　病变轻、心功能代偿良好者可无明显症状；病变重或病程长者，常表现为心悸、乏力和劳累后气促等。患者一旦出现急性肺水肿和咯血等临床症状，病情可在短时间内恶化。

2. 体征

（1）心尖搏动增强，并向左下移位。第一心音减弱或消失，肺动脉瓣区第二心音亢进。

（2）晚期患者出现右心衰竭体征，如肝大、腹水及下肢水肿等。

【辅助检查】

1. 心电图　轻者可正常，重者显示电轴左偏、二尖瓣型P波、左心室肥大和劳损。

2. X线检查　可见左心房和左心室增大。

3. 超声心动图　左心房、左心室扩大，二尖瓣活动度大且关闭不全。

4. 心导管检查　右心导管检查可显示肺动脉和肺毛细血管压力升高，心脏指数下降。

5. 左心室造影　向左心室内注入对比剂，心脏收缩时可见对比剂反流入左心房，病情严重者反流量大，但左心室排血分数降低。

【处理原则】

1. 非手术治疗　主要为药物治疗，包括洋地黄制剂、血管扩张药和利尿剂等，以改善心功能和全身状况。

2. 手术治疗 症状明显、心功能受影响、心脏扩大者应及时在体外循环下进行直视手术。

（1）二尖瓣修复成形术：适用于瓣膜病变轻、活动度较好者。利用患者自身组织和部分人工代用品修复二尖瓣，使其恢复功能。

（2）二尖瓣替换术：适用于二尖瓣严重损坏、不宜实施修复成形术者。

【护理措施】

参见本章第一节体外循环和本节二尖瓣狭窄的护理。

三、主动脉瓣关闭不全

主动脉瓣关闭不全（aortic insufficiency）指主动脉瓣膜受损害引起的瓣叶变形、增厚、钙化，活动受限不能严密对合。常伴有不同程度的主动脉瓣狭窄。

【病因】

风湿热、老年性主动脉瓣变性钙化、细菌性心内膜炎、马方综合征（Marfan syndrome）、先天性主动脉瓣畸形、主动脉夹层动脉瘤等均可引起主动脉瓣关闭不全。

【病理生理】

因主动脉瓣关闭不全，血液自主动脉反流入左心室，左心室接受来自左心房和主动脉的血液而过度充盈，导致肌纤维伸长、收缩力增强，并逐渐扩大和肥厚。在心功能代偿期，左心室排血量可高于正常；当心功能失代偿时，心排血量减少、左心房和肺动脉压力升高，可导致左心衰竭。由于舒张压低，冠状动脉灌注量减少，同时左心室高度肥厚时耗氧量增加，可导致心肌供血不足。

【临床表现】

1. 症状 轻度关闭不全、心功能代偿好的患者无明显症状。关闭不全早期表现为心悸、心前区不适、头部强烈搏动感；重度关闭不全者常出现心绞痛、气促、阵发性呼吸困难、端坐呼吸或急性肺水肿。

2. 体征 心界向左下方增大，心尖部见抬举样搏动。胸骨左缘第3、4肋间和主动脉瓣区可闻及叹息样舒张早、中期或全舒张期杂音，向心尖部传导。重度关闭不全者出现水冲脉、股动脉枪击音、毛细血管搏动等征象。

【辅助检查】

1. 心电图 电轴左偏，左心室肥大伴劳损。

2. X线检查 左心室明显增大，向左下方延长；主动脉结隆起，升主动脉和弓部增宽，左心室和主动脉搏动幅度增大；逆行升主动脉造影，可见对比剂在舒张期从主动脉反流入左心室。根据反流量多少可评估关闭不全的程度。

3. 超声心电图 可见主动脉瓣关闭不全的瓣膜形态和血液反流的严重程度。

【处理原则】

若患者有心绞痛、左心室衰竭或心脏逐渐扩大，可能在数年内死亡，故应尽早施行人工瓣膜置换术。

【护理措施】

参见本章第一节体外循环和本节二尖瓣狭窄的护理。

四、主动脉瓣狭窄

主动脉瓣狭窄（aortic stenosis，AS）是主动脉瓣瓣叶结构和形态改变使瓣口狭窄，导致心脏收缩时血流在主动脉瓣叶水平受阻。主动脉瓣狭窄常合并主动脉瓣关闭不全和二尖瓣病变等。

【病因】

多由风湿热累及主动脉瓣所致，也可由先天性狭窄或老年性主动脉瓣钙化造成。

【病理生理】

正常成人主动脉瓣瓣口横截面积为3cm²。主动脉瓣狭窄会增加左心室后负荷，如果狭窄程度较轻则对左心室功能无明显影响。重度狭窄时，左心室后负荷增加促使左心室收缩压力升高，进而导致向心性左心室肥厚，顺应性降低，心排血量减少，进入冠状动脉和脑的血流量减少，常出现心、脑供血不足的症状。

【临床表现】

1. 症状　轻度主动脉瓣狭窄者无明显症状。中度和重度狭窄者可表现为乏力、眩晕、运动时昏厥、心绞痛、劳累后气促、端坐呼吸、急性肺水肿甚至猝死。

2. 体征　主动脉瓣区能触及收缩期震颤，听诊可闻及收缩期喷射性杂音，向颈部传导，主动脉瓣区第二心音延迟或减弱。重度狭窄者血压偏低、脉搏细弱和脉压小。

【辅助检查】

1. 心电图　电轴左偏，左心室肥大伴劳损，T波倒置，部分患者可出现左束支传导阻滞。

2. X线检查　早期心影无改变；病变加重后可见左心室增大，升主动脉扩张；晚期可有肺淤血。

3. 超声心动图　可见主动脉瓣增厚、变形或钙化，活动度减小和瓣口缩小等征象。

4. 心导管检查　左心导管检查可测定左心室与主动脉之间的收缩压差，明确狭窄的程度。

【处理原则】

无症状的轻、中度狭窄者无手术指征，可进行内科治疗。重度狭窄伴心绞痛、昏厥或心力衰竭等症状者应尽早实施手术；重度狭窄虽无症状，但伴有心脏进行性增大和/或明显左心衰竭者，也需手术治疗。主动脉瓣置换术为治疗主动脉瓣狭窄的主要方法，其他手术方式还包括直视下主动脉瓣切开术。通过手术可以消除主动脉瓣跨瓣压力阶差，减轻左心室后负荷，缓解左心室肥厚。

【护理措施】

参见本章第一节体外循环和本节二尖瓣狭窄的护理。

五、冠状动脉粥样硬化性心脏病

冠状动脉粥样硬化性心脏病（coronary atherosclerotic heart disease）简称冠心病，是冠状动脉粥样硬化使管腔狭窄或阻塞，导致心肌供血不足、缺氧或坏死而引起的一种心脏病。冠心病是成人心脏病死亡的主要原因。近年来，我国冠心病发病率明显上升，多见于中年以上人群，男性发病率与死亡率明显高于女性。

【病因】

病因尚未完全明确，已公认的主要危险因素有高脂血症、高血压、吸烟、肥胖和糖尿病等。

【病理生理】

调节冠状动脉血流量的主要因素是心肌细胞氧分压。当体力活动或情绪激动时，心搏次数增加，心脏收缩力增强，心室壁张力增高，致心肌需氧量增大，动脉血氧分压降低，冠状动脉血流量就会相应增多，以满足心肌对氧的需要。若冠状动脉管腔狭窄而心肌需氧量增大时，冠状动脉供血量不能相应增加，临床上就会出现心肌缺血症状。长时间心肌严重缺血可引起心肌细胞坏死。

【临床表现】

1. 心绞痛　在情绪激动、体力劳动或饱餐等情况下，可因心肌需氧量增加而引起或加重心肌血氧供给不足，出现心绞痛。

2. 心肌梗死　冠状动脉发生急性阻塞或长时间痉挛，血管腔内血栓形成，可引起心肌梗死。心肌梗死时心绞痛剧烈，有濒死感，持续时间长，休息和含服硝酸甘油不能缓解；可伴有恶心、呕吐、大汗、发热、发绀、血压下降、心律失常、休克、心力衰竭或心室壁破裂，甚至猝死。

3. 心功能不全　心肌可因长期缺血、缺氧而发生心肌广泛变性和纤维化，导致心脏扩张。临床表现为以心功能不全为主的综合征，包括心脏扩大、心律失常和心力衰竭，称为缺血性心肌病，预后较差。

【辅助检查】

1. 心电图　心绞痛时以R波为主的导联中可见ST段压低、T波低平或倒置，以及室性心律失常或传导阻滞。心肌梗死时，表现为坏死性Q波、损伤性ST段和缺血性T波改变。

2. 实验室检查　急性心肌梗死早期肌酸激酶及其同工酶的活性或质量、肌红蛋白、肌钙蛋白均出现异常改变。

3. 超声心动图　可对冠状动脉、心肌、心腔结构及血管、心脏的血流动力学状态提供定性、半定量和定量的评价。

4. 冠状动脉造影术　可准确了解粥样硬化的病变部位、血管狭窄的程度和狭窄远端冠状动脉血流通畅情况。

【处理原则】

1. 内科治疗　主要目的是缓解症状、减慢病变的发展，尽快恢复心肌的血液灌注。

2. 介入治疗　应用心导管技术，在冠状动脉造影的基础上经皮穿刺血管，将导管送达冠状动脉并以球囊扩张狭窄病变部位，达到解除狭窄、增加血供和使闭塞的冠状动脉再通的目的。主要适用于单支或局限性血管病变，以及急性心肌梗死时。介入治疗主要包括经皮冠状动脉腔内成形术（percutaneous transluminal coronary angioplasty，PTCA）和支架植入术（stent implantation）。

3. 手术治疗　主要目的是通过血管旁路移植绕过狭窄的冠状动脉，为缺血心肌重建血运通道，改善心肌的供血和供氧，缓解和消除心绞痛症状，改善心肌功能，延长寿命。

（1）适应证：① 药物治疗不能缓解的心绞痛，且冠状动脉造影显示冠状动脉主干或主要分支明显狭窄；② 左冠状动脉主干狭窄和前降支狭窄者；③ 介入治疗术后狭窄复发者。

（2）手术方式：冠状动脉旁路移植术（coronary artery bypass grafting，CABG）为常用的手术方式，即将游离的自体动脉或静脉血管移植到冠状动脉主要分支狭窄的远端，恢复病变冠状动脉远端的血流量，改善心肌功能。自体血管主要有乳内动脉、桡动脉、胃网膜右动脉、大隐静脉、小隐静脉、头静脉等。

【护理措施】

（一）非手术治疗的护理/术前护理

1. 心理护理 取得患者信任，加强沟通，了解其心理状态；鼓励患者提出疾病、检查和治疗相关问题并及时解答；介绍手术室及监护室环境，告知手术简要过程及术后注意事项；引导患者与相同疾病手术成功的患者进行交流。

2. 减轻心脏负荷 ① 注意休息：保证充足睡眠，避免劳累和情绪激动。② 合理膳食：多食高维生素、粗纤维素、低脂的食物，防止便秘发生，伴心力衰竭者严格控制饮食中钠盐的摄入量。③ 给氧：间断或持续氧气吸入，预防组织器官缺氧发生。④ 戒烟：有呼吸道感染者应积极抗感染治疗。⑤ 镇静：术日遵医嘱给予少量镇静药，减少精神紧张引起的心肌耗氧增加。

3. 用药护理 遵医嘱用药，及时控制血糖；有高血压者则应给抗高血压药，使血压降至适当水平；有血胆固醇增高者，则应控制高胆固醇，适当给予降脂药物。

4. 术前指导 指导患者深呼吸、有效咳嗽，床上肢体功能锻炼等。

（二）术后护理

1. 病情观察 ① 密切观察生命体征和心电图变化，警惕心律失常和心肌梗死的发生；② 观察周围血管充盈情况，监测血氧饱和度和动脉血氧分压，防止低氧血症发生；③ 观察体温变化，术后早期积极复温，注意保暖，促进末梢循环尽快恢复；④ 观察患者的呼吸功能，呼吸频率、节律、幅度和双肺呼吸音；⑤ 观察被取静脉的手术肢体足背动脉搏动情况和足趾温度、肤色、水肿情况。

2. 抗凝治疗护理 术后遵医嘱使用抗凝、抗血小板聚集类药物，以防搭桥的血管发生阻塞，注意观察用药后反应，如局部胃肠道不适和全身出血，密切观察全身皮肤状况及凝血酶原时间；观察手术切口及下肢取血管处伤口有无渗血；观察并记录引流液的量及性质，判断有无胸内出血或心脏压塞的预兆，发现异常及时告知医生并协助处理。

3. 手术肢体护理 术后局部加压包扎，加强观察。观察要点包括手术切口是否有渗血；周围血管充盈情况；肢体远端的足背动脉搏动情况和足趾温度、颜色、水肿、感觉和运动情况。术后抬高肢体，以促进血液回流；2小时后开始进行术侧下肢、足掌和足趾的被动功能锻炼；手术肢体绷带包扎者，要注意观察肢体血液循环。

（三）健康教育

1. 生活方式指导 ① 合理膳食，进食低盐、低胆固醇和高蛋白饮食，多吃新鲜蔬菜水果，保持均衡饮食；少食多餐，切忌暴饮暴食。② 控制体重，养成定期锻炼的习惯，术后按照个体耐受力和心功能恢复情况逐渐增加运动量。③ 保持良好的心理状态。④ 养成良好的生活习惯，戒烟少酒，保持大便通畅。

2. 用药指导 指导患者遵医嘱服用药物，告知用药的目的，药物的作用、副作用及用药禁忌，出现异常及时就诊。

3. 自我保健

（1）保持正确的姿势：术后患者胸骨愈合的3个月恢复期内，避免胸骨受到较大的牵张，如举重物、抱小孩等。当身体直立或坐位时，尽量保持上半身挺直，两肩向后展。每日做上肢水平上抬练习，避免肩部僵硬。

（2）促进腿部血液循环：床上休息时应抬高下肢；腿部恢复期可穿弹力护袜，以改善下肢血液供应。

（3）定期复诊，不适随诊。

第四节 主动脉夹层

主动脉夹层（aortic dissection，AD）是指主动脉内膜与部分中层发生撕裂并沿着纵轴剥离，血液在所形成的撕裂腔（假腔）中流动，原有的主动脉腔称为真腔。真假腔之间由内膜与部分中层分隔，并有一个或数个破口相通。发病以中老年居多，男性高于女性。传统主动脉夹层分类方法中应用最为广泛的是 De Bakey 分型和 Stanford 分型。De Bakey 等根据病变部位和扩展范围将主动脉夹层分为3型（图19-4-1），目前临床上常用 Stanford 分型，将主动脉夹层分为两型（图19-4-2）。

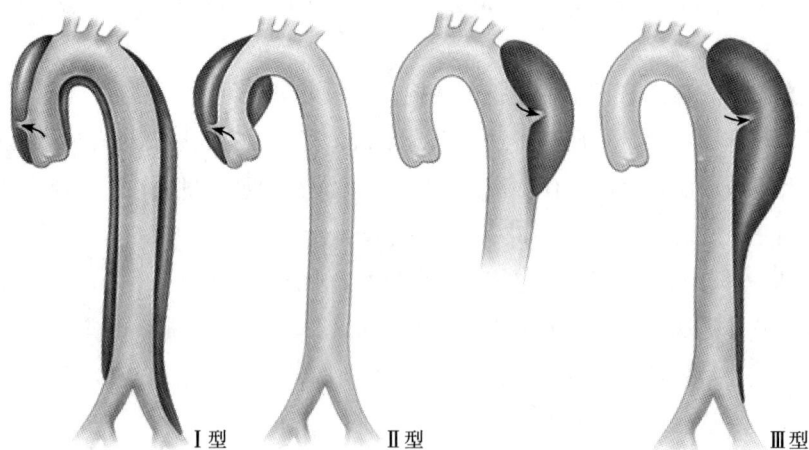

Ⅰ型　　　Ⅱ型　　　Ⅲ型

▲ 图19-4-1　主动脉夹层 De Bakey 分型图

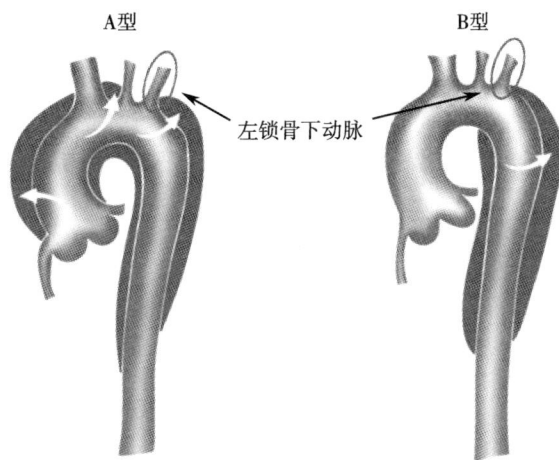

▲ 图19-4-2　主动脉夹层Stanford分型图

【病因】

发病机制尚不明确，主要危险因素包括主动脉中层囊性坏死或退变、遗传性结缔组织疾病、先天性二叶主动脉瓣、动脉炎、动脉瘤、高血压、动脉粥样硬化和医源性损伤等。

【临床表现】

典型的急性主动脉夹层患者往往表现为突发、剧烈的胸背部撕裂样疼痛。严重者出现心力衰竭、晕厥，甚至突然死亡；多数患者同时伴有难以控制的高血压。随着病程进展，患者可出现与主动脉破裂、主动脉瓣关闭不全和/或重要脏器组织供血障碍相关的症状和体征。

【辅助检查】

1. 心电图　一般无异常改变。

2. X线检查　纵隔阴影增宽，主动脉弓呈局限性隆起；主动脉壁增厚，导致内膜钙化斑与主动脉外缘间距增宽；有时主动脉呈现双腔阴影。

3. 超声心动图　能显示出夹层的大小、范围、部位。如合并夹层动脉瘤，超声心动图能显示分离的内膜、假腔、真腔及附壁血栓。

4. 其他影像学检查　CT、MRI可清楚地了解主动脉夹层的部位、范围、大小及周围器官的关系。"双腔征"是主动脉夹层动脉瘤CT扫描的特有征象。

【处理原则】

主动脉夹层急性期应迅速给予镇静、止痛、持续监护和支持治疗，使用药物控制血压、心率，防止夹层继续扩展和主动脉破裂。

对于急性和亚急性期Stanford A型主动脉夹层，应积极行手术治疗。对于急性Stanford B型主动脉夹层，建议先行内科治疗，如高血压难以控制，疼痛无法缓解，出现夹层动脉瘤或主动脉破裂征象应采用介入或杂交治疗。

【护理措施】

（一）非手术治疗的护理／术前护理

1. 一般护理

（1）术前严密观察患者病情变化，监测生命体征和重要脏器的功能；注意观察主动脉弓病变患者的神志改变。一旦发现主动脉破裂先兆，立即告知医生，并配合抢救和处理。

（2）评估患者疼痛的位置、性质、程度、持续时间及诱因等；尽量集中进行护理操作，减少环境刺激；教会患者自我放松的技巧，遵医嘱应用镇痛药物。

（3）限制患者运动，嘱患者绝对卧床休息，避免情绪激动，必要时遵医嘱应用镇静药。

（4）指导患者进行深呼吸、有效咳嗽及床上大小便训练。

2. 饮食护理　指导患者进食高维生素、高纤维素、高蛋白、低胆固醇、低脂、易消化饮食，保持排便通畅。

（二）术后护理

1. 病情观察　密切监测患者生命体征，观察呼吸、心率、心律、血压及心电图的变化；观察患者皮肤温度、色泽，四肢末梢动脉搏动及动脉血乳酸水平，了解远端血供是否充足；监测肾功能指标，记录每小时尿量，观察尿液颜色及尿比重；观察患者意识状态、四肢活动情况及病理征等，了解中枢神经系统的功能状态。

2. 维持有效循环及内环境稳定　在维持血压稳定的同时应积极补充循环血量，保障重要器官的血流灌注；监测血气分析结果，根据血气分析报告及时了解患者酸碱平衡及电解质情况并进行有效干预。

3. 呼吸系统护理　参见本章第一节体外循环。

4. 并发症的观察与护理

（1）出血：参见本章第一节体外循环。

（2）感染：感染是人工血管移植术后的严重并发症，可在术后数日或数周内发生，也可在术后数年发生。主要表现为发热、胸痛等症状，人工血管远端动脉搏动减弱或消失，严重者危及生命。应遵医嘱术前及术后使用抗生素控制感染，术后严密监测有无发热、伤口化脓等感染征兆，根据细菌培养结果合理选择抗生素，及时控制感染。

（3）动脉瘤破裂：密切监测神志、生命体征变化；倾听患者主诉；当患者突发胸痛、面色苍白、出冷汗、脉搏加速等情况时，须警惕瘤体破裂，应立即告知医生。

（三）健康教育

1. 生活指导　指导患者建立健康的生活方式，戒烟限酒，不熬夜；养成定期锻炼的习惯，控制体重；保持心情愉快，避免情绪波动。

2. 饮食指导　合理膳食，宜摄入高蛋白、高维生素、低胆固醇、低盐饮食，多吃新鲜蔬菜水果，少食多餐，忌暴饮暴食。

3. 休息与活动　术后根据患者耐受力和心功能恢复情况逐渐增加运动量；术后心功能Ⅰ~Ⅱ级者，可恢复适当的工作、学习；应保证休息，坚持康复锻炼，避免劳累和剧烈运动。

4. 用药指导　指导患者严格遵医嘱服药，不可随意增减药物剂量，并教会患者及家属观察用药后反应，发现异常及时就诊。告知患者服用降压药物时注意监测血压变化。

5. 自我保健　注意定期复查，出现心悸、胸背部疼痛等症状时及时就诊。

（崔丽君）

学习小结

1. 先天性心脏病主要表现为心悸、气促、乏力，可出现发绀、杵状指/趾。患儿多出现生长发育迟缓，经常感冒，呼吸道反复感染，易患肺炎。通常采用手术治疗和介入治疗，要维持心肺功能和循环血量，做好并发症护理。

2. 后天性心脏病以风湿热导致的瓣膜损害最为常见。在瓣膜病变早期可无临床症状，当出现心律失常、心力衰竭或发生血栓栓塞事件时出现相应的临床症状，通常采用内科治疗和手术治疗，加强抗凝治疗护理及并发症的观察。

3. 主动脉夹层的发病机制尚不明确，典型的急性主动脉夹层患者往往表现为突发、剧烈的胸背部撕裂样疼痛，应迅速给予镇静、止痛、持续监护、支持治疗，积极手术治疗。

复习参考题

一、单项选择题

1. 体外循环装置**不包括**
   A. 管道
   B. 氧合器
   C. 变温器
   D. 除颤器
   E. 血泵

2. 法洛四联症患儿蹲踞所起的作用是
   A. 心脑供血量增加
   B. 缓解漏斗部痉挛
   C. 腔静脉回心血量增加
   D. 休息，缓解疲劳
   E. 减少右向左分流量

3. 二尖瓣狭窄杂音的听诊特点是
   A. 主动脉瓣区可闻及舒张期隆隆样杂音

B. 二尖瓣区可闻及收缩期粗糙的吹风样杂音
C. 二尖瓣区可闻及收缩期柔和的吹风样杂音
D. 主动脉瓣区可闻及舒张期叹息样杂音
E. 心尖部可闻及第一心音亢进和舒张中期隆隆样杂音

4. 直接引起心脏后负荷加重的心脏瓣膜病为
   A. 主动脉瓣狭窄
   B. 主动脉瓣关闭不全
   C. 二尖瓣狭窄
   D. 二尖瓣关闭不全
   E. 法洛四联症

5. 主动脉夹层的典型特征是
   A. 呕吐
   B. 头晕、头痛
   C. 心悸
   D. 疼痛
   E. 眩晕

二、简答题

1. 简述二尖瓣狭窄患者术后常见并发症的观察与护理。

2. 简述主动脉夹层的临床表现及护理措施。

第二十章 20章

腹部损伤患者的护理

学习目标

知识目标	1. 掌握实质性脏器损伤、空腔脏器损伤的护理措施。
	2. 熟悉腹部损伤的临床表现、处理原则。
	3. 了解腹部损伤病因、分类、病理生理特点及辅助检查。
能力目标	能运用护理程序对腹部损伤患者实施整体护理。
素质目标	具有关心和爱护腹部损伤患者的态度和行为；具备团队合作精神。

第一节 概述

导入情景与思考

患者，男，40岁，因"腹部受撞击致上腹疼痛4小时，伴头晕、恶心、心慌2小时"急诊入院。患者脉搏细速，四肢湿冷，面色苍白。体格检查：体温36.3℃，脉搏112次/min，呼吸28次/min，血压88/46mmHg；左上腹膨隆，全腹压痛、反跳痛、肌紧张，腹部移动性浊音阳性。辅助检查：腹部X线显示膈下明显游离气体；血红蛋白91g/L，白细胞计数11×10⁹/L。

请思考：

1. 该患者目前的主要护理诊断/问题是什么？
2. 如何护理该患者？

腹部损伤（trauma of abdomen）是指各种原因导致腹壁和/或腹腔内脏器的损伤。闭合性损伤多由碰撞、坠落、挤压等钝性暴力所致；开放性损伤多由刀刺、枪弹等锐器所致。

【病理生理与分类】

（一）病理生理

1. 实质性脏器损伤

（1）脾破裂（splenic rupture）：在腹部闭合性损伤中最为常见，病理性肿大的脾脏容易破裂，甚至在剧烈咳嗽、打喷嚏或突然体位改变等诱因下可引起自发性破裂。

（2）肝破裂（liver rupture）：右肝破裂较左肝多见。肝破裂后常有严重的失血性休克，血液有可能进入十二指肠而出现黑便或呕血。

2. 空腔脏器损伤　空腔脏器破裂后，消化液、胆汁、细菌等进入腹腔，引起腹膜充血水肿，发生腹膜炎。腹膜大量液体渗出导致患者体液不足和电解质紊乱，严重者导致低血容量性休克；渗出液中混有大量的细菌、纤维蛋白、坏死组织，逐渐由混浊演变为脓性液体，大量毒素和细菌的吸收，引起患者脓毒败血症，甚至感染性休克；肠麻痹、腹胀、膈肌受顶压，导致呼吸和循环发生障碍。

（二）分类

1. 根据腹壁体表有无伤口分类

（1）闭合性损伤（closed injury）：体表无伤口，损伤仅局限于腹壁，也可伴内脏损伤。

（2）开放性损伤（open injury）：体表有伤口，根据腹腔内脏器和组织是否和外界相通，又分为穿透伤（perforating wound）和非穿透伤（non-perforating wound）。

2. 根据腹腔内脏器性质分类

（1）实质性脏器损伤：指肝、脾、肾、胰等的损伤。

（2）空腔脏器损伤：指小肠、胃、结肠、膀胱、胆囊等脏器的损伤。

【临床表现】

1. 单纯腹壁损伤　症状和体征较轻，仅表现为腹壁局限性肿胀、疼痛、压痛及皮下瘀斑。

2. 实质性脏器损伤

（1）症状

1）腹痛：多为持续性，一般不剧烈。如有肝、胰破裂，胆汁、胰液进入腹腔，为持续性剧烈疼痛。

2）失血表现：呼吸急促、脸色苍白、血压下降、尿量变少、神志改变等失血性休克的表现。

（2）体征：腹膜刺激征；移动性浊音阳性。肝、脾等实质性脏器破裂被膜下血肿者，可触及腹部包块；血尿。

3. 空腔脏器破裂损伤

（1）症状

1）弥漫性腹膜炎：表现为持续性剧烈腹痛阵发性加剧。

2）胃肠道症状：恶心、呕吐。

3）感染症状：发热、呼吸急促、脉搏加快等全身感染的表现，甚至感染性休克。

（2）体征：腹膜刺激征；气腹征；腹胀。

【辅助检查】

1. 实验室检查　实质性脏器损伤，血常规可见红细胞计数、血红蛋白、血细胞比容下降，白细胞计数升高。胰腺损伤时，血、尿、腹腔穿刺液中淀粉酶含量明显升高；泌尿系统损伤时，尿常规检查可见血尿。

2. 影像学检查

（1）超声检查：用于诊断实质性脏器损伤。

（2）X线检查：肠腔内有积气积液，提示存在肠麻痹。膈下游离气体，提示上消化道有穿孔。

（3）CT、MRI：进一步诊断实质性脏器损伤的情况。

3. 诊断性腹腔穿刺和灌洗术

（1）诊断性腹腔穿刺：多选择脐和髂前上棘连线中、外1/3交接处或脐水平线与腋前线相交处作为穿刺点（图20-1-1）。穿出不凝固性血液，说明实质性脏器破裂出血。若穿出混浊液体或胃肠道内容物，提示胃和空肠破裂穿孔。若不能肉眼判断穿刺液性质，应涂片检查。

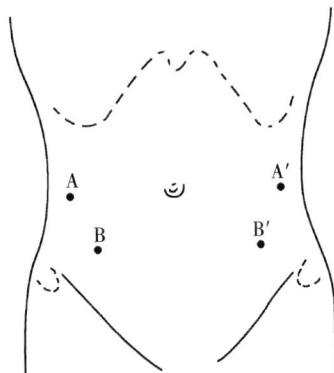

▲ 图20-1-1　腹腔穿刺进针位置

A. A′为经脐水平线与腋前线交点；B. B′为髂前上棘与脐连线中、外1/3交点。

（2）腹腔灌洗术：通过置入的塑料管向腹腔缓慢注入500~1 000ml生理盐水，凭借虹吸作用使注入的生理盐水回流至输液瓶，对回流液体进行观察或显微镜下检查。符合以下任何1项则诊断结果为阳性：① 显微镜下红细胞计数超过100×10^9/L或白细胞计数超过0.5×10^9/L；② 灌洗液含有肉眼可见的血液、胆汁、胃肠内容物或证明是尿液；③ 淀粉酶超过100U/dl（Somogyi法）；④ 涂片检查有致病菌。

知识拓展 | **腹部创伤腔镜诊疗术的适应证与禁忌证**

我国《腹部创伤腔镜诊疗规范专家共识》中对腹部创伤腔镜诊疗术的适应证和禁忌证进行了界定。

适应证：适用于生命体征稳定需要行剖腹探查术的成年患者。生命体征稳定指收缩压＞90mmHg、输液量＜2L和格拉斯哥昏迷评分＞12分；需要行剖腹探查指临床、辅助检查等明确或高度怀疑腹腔内脏损伤。

绝对禁忌证：① 严重失血性休克；② 颅脑创伤；③ 严重胸部创伤；④ 腹壁缺损；⑤ 心肺功能无法耐受气腹；⑥ 合并腹腔高压症或腹腔间室综合征患者。

相对禁忌证：① 严重腹膜炎；② 考虑腹膜后损伤者；③ 存在腹部手术史者；④ 腹部枪伤；⑤ 严重凝血功能障碍者；⑥ 中晚期妊娠等。

【处理原则】

1. 急救处理　首先处理危及生命的情况。开放性腹部损伤者，现场用干净纱布、毛巾等给予伤口包扎临时固定；内脏脱出者，用消毒碗覆盖或用生理盐水湿纱布覆盖保护，禁止将肠管回纳腹腔，以免引起感染。

2. 非手术治疗　适用于生命体征稳定、腹膜刺激征阴性者。给予禁饮禁食、胃肠减压、抗炎等治疗措施。

3. 手术治疗　已确诊腹腔内脏器破裂者可行手术治疗。① 腹痛和腹膜刺激征加重或范围扩大；② 肠鸣音减少、消失、腹胀；③ 全身情况恶化，出现口渴、烦躁、脉率增快或体温升高，血白细胞计数上升；④ 膈下有游离气体；⑤ 红细胞计数下降；⑥ 腹腔穿刺吸出气体、不凝血液、胆汁或胃肠内容物。

4. 手术探查 探查次序原则上应先探查肝、脾等实质性脏器，同时探查膈肌有无破损。接着从胃开始，逐段探查十二指肠球部、空肠、回肠、大肠及系膜。

【护理评估】

（一）术前评估

1. 健康史

（1）一般情况：年龄、性别、职业及饮食情况；女性患者有无不规则阴道流血。

（2）外伤史：暴力强度、部位和方向，受伤至就诊前的病情变化，就诊前的急救处理及效果。

（3）既往史：腹部手术史、药物过敏史、贫血史。

2. 身体状况

（1）症状与体征

1）腹部情况：① 有无腹胀、腹痛、腹膜刺激征；② 腹壁伤口情况，腹壁有无伤口及其部位、大小，有无脏器脱出；③ 腹腔内脏器损伤情况，腹部有无移动性浊音，肝浊音界是否缩小或消失，肠蠕动是否减弱或消失，直肠指检有无阳性结果发现。

2）全身：① 生命体征，早期休克征象；② 感染表现，是否出现高热、脉搏加快等全身感染性中毒征象；③ 是否有其他损伤。

（2）辅助检查：红细胞计数、血红蛋白、白细胞计数可有不同程度变化；超声检查、X线检查、CT、MRI等影像学检查有无异常。

3. 心理-社会状况 患者和家属对突发意外损伤的心理承受能力，对本次损伤相关知识的了解程度。评估家庭经济状况，以及家庭和社会支持等。

（二）术后评估

手术、麻醉方式与效果，术中出血、补液、输血情况；术后生命体征，患者是否清醒，伤口与引流管情况。

【常见护理诊断/问题】

1. 急性疼痛 与损伤有关。

2. 体液不足 与出血、体液渗出、呕吐等有关。

3. 焦虑/恐惧 与突然遭受暴力致伤有关。

4. 潜在并发症：失血性休克、感染性休克。

【护理目标】

1. 患者腹痛缓解。

2. 患者体液平衡得到维持，生命体征平稳。

3. 患者情绪稳定，焦虑/恐惧缓解。

4. 患者未发生并发症，或并发症被及时发现和处理。

【护理措施】

（一）非手术治疗的护理/术前护理

1. 休息与体位 绝对卧床休息，不随便搬动患者，以免加重病情；待病情稳定，可采取半卧位。

2. 观察病情

（1）每15~30分钟监测生命体征，观察意识及尿量情况。

（2）密切观察腹部症状和体征，疑有腹膜刺激征者可行腹腔穿刺术或灌洗术。

（3）如发现以下情况应考虑存在腹内脏器损伤：① 早期出现休克；② 持续性腹痛，伴恶心、呕吐等加重趋势；③ 有明显腹膜刺激征；④ 腹部出现移动性浊音；⑤ 有气腹征表现；⑥ 有呕血、便血或尿血；⑦ 直肠指诊发现前壁有压痛或波动感，或指套染血。

3. 维持体液平衡 遵医嘱补充液体、电解质，维持有效循环血量。

4. 预防感染 遵医嘱应用抗生素。开放性损伤者应注射破伤风抗毒素。

5. "四禁" 诊断未明确之前禁食、禁饮、禁灌肠、禁镇痛药。

6. 术前准备 积极做好术前准备。

7. 心理护理 加强与患者的沟通，解除其紧张、焦虑情绪。

（二）术后护理

1. 病情监测 定时监测和记录生命体征。

2. 饮食 禁食禁水；胃肠减压；输液，维持水、电解质平衡。待胃肠道功能恢复后，开始阶梯饮食。

3. 引流管护理 妥善固定各种引流管，保持引流通畅，根据引流袋的材质及功能更换引流袋，注意无菌操作。观察和记录引流液性状、颜色和量。

4. 防治感染 遵医嘱应用抗生素并观察药物疗效。

5. 呼吸道护理 每日雾化吸入2~3次。鼓励患者深呼吸，协助患者翻身、拍背、咳痰，防止肺部感染。

6. 卧床与活动 血压平稳后改为半卧位，以利于引流和改善呼吸。鼓励患者在病情好转后，早期离床活动，以防止术后肠粘连。

（三）健康教育

1. 宣传安全生产、安全行车、避免意外的损伤。

2. 讲解腹部损伤相关知识，普及各种急救知识，必要时能进行简单的救护和自救。

3. 出院后如有腹痛、腹胀等不适，应及时到医院就诊。

【护理评价】

1. 患者的疼痛程度是否缓解或减轻。

2. 患者的水、电解质平衡是否得以维持，生命体征是否平稳。

3. 患者的焦虑/恐惧是否减轻，情绪是否稳定。

4. 患者是否发生并发症，或并发症是否被及时发现和处理。

第二节　常见实质性脏器损伤

一、脾损伤

脾损伤在腹部损伤中可高达40%~50%。

【病因与分类】

1. 中央型破裂　破裂处位于脾实质深部。

2. 被膜下破裂　破裂处在脾实质周边部。

3. 真性破裂　破损累及被膜，临床上约85%为真性破裂。

【临床表现】

1. 血肿形成　临床上无明显内出血征象而不易被发现，血肿易被吸收。

2. 失血性表现　真性破裂出血量较大，可迅速发展为失血性休克。

3. 腹痛　持续性腹痛，疼痛程度不严重。

【辅助检查】

1. 实验室检查　红细胞计数、血红蛋白及血细胞比容下降；急性出血者白细胞可增高。

2. 影像学检查　超声显示脾周围血肿、脾破裂及腹腔内积血；CT检查可明确脾破裂分型；还可行MRI等检查。

3. 其他　腹腔镜检查、诊断性腹腔穿刺术等。

【处理原则】

1. 非手术治疗

（1）适应证：无休克，检查证实脾裂伤比较局限、表浅，无其他腹腔脏器合并伤者。

（2）主要措施：① 绝对卧床休息至少1周；② 禁食禁饮，胃肠减压；③ 补液或输血；④ 给予止血药和抗生素等。

2. 手术治疗

（1）适应证：不符合非手术治疗条件者，或治疗观察期间发现继续出血或发现有其他脏器损伤。

（2）手术方法：① 保留脾脏手术；② 脾切除术。

【护理措施】

1. 病情观察　密切监测患者病情，及时发现腹腔内出血征象。

2. 活动与休息　非手术治疗期间减少活动量，避免增加腹内压的各种诱因，以防脾破裂。

3. 高热护理　脾切除的患者术后通常会持续发热2~3周，体温在38~40℃，称为"脾热"，及时给予物理降温，补充水与电解质。

4. 其他护理　术前准备、维持体液平衡、镇静镇痛、心理护理及健康教育等。

二、肝损伤

肝损伤在腹部损伤中占20%~30%，右肝损伤较左肝常见。

【分类】

1. 肝破裂　肝被膜和实质均裂伤。

2. 被膜下血肿　实质裂伤但被膜完整。

3. 中央型肝破裂　肝深部实质裂伤，伴或不伴有被膜裂伤。

【临床表现】

1. 失血性表现　休克、黑便或呕血。

2. 腹痛　持续性，伴同侧肩部牵涉痛。

3. 继发性脓肿　肝内或被膜下血肿的继发性感染可形成肝脓肿，会出现全身感染征象。

【辅助检查】

1. 影像学检查　超声、CT均可判断肝破裂。

2. 实验室检查　血红细胞计数、血红蛋白及血细胞比容不同程度下降。

【处理原则】

1. 非手术治疗　绝对卧床2周以上，止血，抗休克，抗感染，纠正水、电解质代谢紊乱和酸碱平衡失调等。

2. 手术治疗　止血，清创，消除胆汁溢漏，建立通畅的引流。

【护理措施】

胆瘘是肝损伤术后的常见并发症，常发生于术后5~10日。保持腹腔引流管通畅，密切观察引流情况，如腹腔引流管有胆汁样液体流出，立即告知医生，并配合做好护理。其他护理措施详见本章第一节概述。

第三节　常见空腔脏器损伤

一、胃、十二指肠和小肠损伤

胃损伤（gastric injury）多发生在饱腹时，以开放性损伤为主。十二指肠损伤（duodenal injury）病情进展快，病死率高。小肠占据中、下腹的大部分空间，故小肠损伤（small intestine injury）发生率较高。

【临床表现】

1. 腹痛　腹痛剧烈；若十二指肠破裂在腹膜后，腰背部疼痛剧烈；小肠破裂早期表现不明显，可逐渐出现腹痛、腹胀。

2. 腹胀　胃破裂后，可立即出现肝浊音界消失，膈下有游离气体，早期出现气腹。

3. 腹膜刺激征　胃、十二指肠破裂后，消化液流入腹腔，立即出现剧烈腹痛及腹膜刺激征。

4. 恶心、呕吐　合并腹膜炎时，恶心，呕吐加重，也可因肠麻痹而出现持续性呕吐。

5. 休克　多为感染性休克，如合并其他脏器损伤，早期可出现失血性休克。

【处理原则】

1. 非手术治疗 ① 抗休克；② 抗感染；③ 禁食禁饮和胃肠减压。

2. 手术治疗 术中彻底探查、清理腹腔，根据具体伤情修复受损脏器。

【护理措施】

患者生命体征稳定应采取半卧位，禁食禁饮、胃肠减压，密切观察病情变化。保持各引流管通畅，观察并记录引流液的颜色、性状和量。

二、结肠、直肠损伤

结肠损伤（colon injury）多由开放性损伤引起，发生率仅次于小肠。直肠损伤（rectal injury）往往伤情较复杂，处理较为困难。

【临床表现】

1. 结肠损伤 主要表现为腹痛、恶心、呕吐和腹膜刺激征。

2. 直肠损伤

（1）腹膜反折上的直肠损伤，表现与结肠破裂基本相同。

（2）腹膜反折下的直肠损伤，可引起严重的直肠周围间隙感染，无腹膜炎症状。腹膜外直肠损伤可出现血液从肛门排出，会阴部、骶尾部、臀部、大腿部的开放性伤口有粪便溢出，尿液中有粪便或尿液从肛门排出。

【处理原则】

1. 结肠损伤 少数裂口小、腹腔污染轻、全身情况良好者可考虑一期修补或一期结肠切除吻合；大部分患者需要先采用肠造口术或肠外置术处理，3~4周后待患者情况好转，再关闭瘘口。

2. 直肠损伤 早期彻底清创，修补直肠破损，行结肠造瘘和直肠周围引流。

【护理措施】

结肠、直肠损伤患者术后应做好肠造口护理；其他护理措施参见本章第一节概述。

（张丽莎）

学习小结

1. 腹部开放性损伤常由枪弹、刀刺所致；闭合性损伤常由坠落、碰撞、挤压等钝性暴力所致。腹部损伤一般采取手术治疗，非手术治疗时要密切监测患者生命体征、腹部及全身病情变化，预防感染，病情加重应及时行剖腹探查术，术后加强病情监测，做好引流管护理等。

2. 腹部实质性脏器损伤常见脾损伤和肝损伤，分中央型破裂、被膜下破裂和真性破裂三类，主要表现为血肿、失血和腹痛，非手术治疗无效者应及时采取手术治疗。腹部空腔脏器损伤常见的临床表现是腹膜刺激征，根据损伤脏器的表现加强局部和全身的治疗与护理。

复习参考题

一、单项选择题

1. 腹部损伤患者非手术治疗时的措施中**不当**的是
   A. 不随意搬动患者
   B. 未明确诊断前不注射镇痛药
   C. 积极补充血容量
   D. 给予流质饮食
   E. 应用广谱抗生素

2. 腹部损伤的患者出现血尿提示可能伤及
   A. 肾
   B. 肝
   C. 十二指肠
   D. 乙状结肠
   E. 胃

3. 诊断腹腔内实质性脏器出血的主要依据是
   A. 腹痛
   B. 膈下游离气体
   C. 腹肌紧张
   D. 腹腔穿刺抽出混浊液体
   E. 腹腔穿刺抽出不凝血

4. 闭合性损伤最容易损伤的脏器是
   A. 小肠
   B. 肝
   C. 胃
   D. 脾
   E. 肾

5. 空腔脏器破裂时主要的临床表现是
   A. 腹膜刺激征
   B. 腹痛
   C. 肠麻痹
   D. 腹胀
   E. 感染性休克

参考答案：
1. D 2. A 3. E 4. D 5. A

二、简答题

1. 简述腹部损伤患者术后护理要点。

2. 简述实质性脏器损伤的分类。

第二十一章

急性腹膜炎患者的护理

学习目标

知识目标	1. 掌握急性化脓性腹膜炎的临床表现、处理原则及护理措施。 2. 熟悉急性化脓性腹膜炎的病因、辅助检查，膈下脓肿和盆腔脓肿的临床特点。 3. 了解急性化脓性腹膜炎的病理生理。
能力目标	能应用护理程序为急性腹膜炎患者提供整体护理。
素质目标	具有关心和爱护急性腹膜炎患者的态度和行为；具备团队合作精神。

　　腹膜炎可由细菌感染、化学性或物理性损伤等引起。临床所称急性腹膜炎（acute peritonitis）多指继发性化脓性腹膜炎，是最为常见的腹膜炎。

导入情景与思考

患者，男，52岁，因"急性腹痛2日"入院。2年前无明显诱因出现右下腹疼痛，自行服消炎药后症状好转，其间右下腹反复出现间断性疼痛，未经正规治疗。2日前患者出现发热，呕吐，下腹部持续性疼痛。体格检查：体温38.2℃，呼吸26次/min，脉搏112次/min，血压99/70mmHg，神志清楚，痛苦面容，被迫体位。腹部平坦，脐周压痛、反跳痛及肌紧张，移动性浊音阴性，肠鸣音弱。辅助检查：血常规示白细胞计数15.2×10⁹/L，血红蛋白140g/L；胸部X线未见异常；腹部超声示右下腹少量积液。

请思考：

1. 目前该患者主要的护理诊断/问题是什么？
2. 目前该患者的主要护理措施有哪些？

第一节　急性化脓性腹膜炎

　　急性化脓性腹膜炎（acute purulent peritonitis）是指由化脓性细菌（需氧菌和厌氧菌）引起的腹膜急性炎症。当炎症累及整个腹膜腔时称为急性弥漫性腹膜炎，可分为原发性和继发性。

【病因】

1. 继发性腹膜炎（secondary peritonitis） 各种原因所致的腹腔内脏器破裂穿孔或坏死等对腹腔造成的直接污染。① 腹腔内脏器穿孔、外伤引起的腹壁或内脏破裂，如胃十二指肠溃疡穿孔、肝破裂伴肝内胆管损伤、肠扭转致肠坏死等；② 腹腔内脏器炎症扩散，如急性阑尾炎、急性胰腺炎等，含有细菌的渗出液在腹腔内扩散引起腹膜炎；③ 其他，如腹部手术中的腹腔污染、吻合口瘘等。致病菌主要是胃肠道内的常驻菌群，以大肠埃希菌最多见，其次是厌氧拟杆菌、链球菌、变形杆菌等。多为混合性感染，故毒性较强（图21-1-1）。

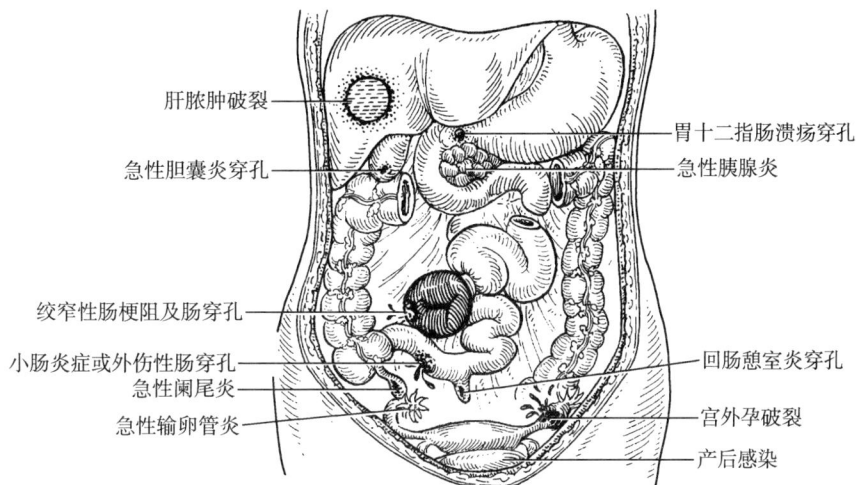

▲ 图21-1-1 继发性腹膜炎常见的病因

2. 原发性腹膜炎（primary peritonitis） 指腹腔内无原发病灶，致病菌经血行、上行感染、直接扩散或透壁性感染等途径播散至腹膜腔引起的炎症，又称为自发性腹膜炎。较少见，占腹膜炎的2%。可发生在任何年龄，但多见于抵抗力低下的儿童，成人伴有全身疾病、抵抗力降低时亦可发生，如肾病或猩红热、肝硬化伴腹水等患者。致病菌多为溶血性链球菌、肺炎双球菌或大肠埃希菌。原发性腹膜炎感染范围大，与细菌的种类及脓液的性质有关。

【病理生理】

（一）病理生理过程

1. 局部反应 腹膜受到胃肠内容物和细菌刺激，迅速发生充血、水肿，并渗出大量液体，以稀释腹腔内毒素。渗出液中含大量中性粒细胞、吞噬细胞，加上坏死组织、细菌和凝固的纤维蛋白，使渗出液变混浊而成为脓液。

2. 全身反应 ① 水、电解质代谢紊乱和酸碱平衡失调：腹腔大量渗液及肠管在脓液中浸泡引起的肠麻痹一方面导致膈肌上移，影响呼吸循环功能；另一方面可引起水、电解质代谢紊乱和酸碱平衡失调。② 休克：大量毒素吸收和低血容量可引起感染性休克和低血容量性休克。

（二）腹膜炎转归

腹膜炎的转归取决于两方面：一方面是患者全身和腹膜局部的防御能力；另一方面是污染细

菌的性质、数量、持续时间。

1. **炎症扩散**　细菌及其产生的毒素可刺激机体细胞的防御机制，激活多种炎症介质，引起全身炎症反应。细菌入侵、毒素吸收可引起水、电解质代谢紊乱和酸碱平衡失调，严重时引起感染性和低血容量性休克。

2. **炎症消散或局限**　年轻体壮、抵抗力强、病变轻者，大网膜粘连、包裹病灶，使炎症局限化，形成局限性腹膜炎，渗出物逐渐被吸收，炎症消散，自行修复而痊愈。若脓液未能完全吸收而积聚于膈下、肠袢间或盆腔等处，并由肠袢、网膜或肠系膜等粘连包裹，与游离腹膜腔隔开，形成腹腔脓肿（abdominal abscess），如膈下脓肿、肠间脓肿或盆腔脓肿（图21-1-2）。

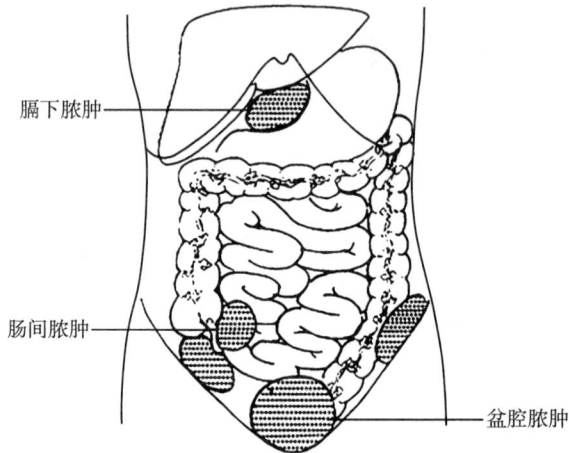

▲ 图21-1-2　腹腔脓肿的常见部位

3. **肠梗阻形成**　腹膜炎治愈后，腹腔内多有不同程度的粘连，大多数粘连无不良后果。部分粘连可导致肠管扭曲或形成锐角，使肠管狭窄引起机械性肠梗阻。

【临床表现】

根据病因不同，腹膜炎临床表现的发生时间不同。如空腔脏器破裂或溃疡穿孔引起的腹膜炎发病常较突然；而由阑尾炎、胆囊炎等引起的腹膜炎多先有原发病症状，之后才逐步出现腹膜炎的表现。

（一）症状

1. **腹痛**　最主要的症状。疼痛的程度与病因、炎症的轻重、年龄及身体状况等有关。腹痛一般为持续性剧烈腹痛，常难以忍受。深呼吸、咳嗽、变换体位时疼痛加剧，因此患者多不愿改变体位。腹痛多从原发病变部位开始，随炎症扩散而延及全腹。

2. **恶心、呕吐**　早期常见症状。腹膜受到刺激，可引起反射性恶心、呕吐，吐出物多为胃内容物。当发生麻痹性肠梗阻时，呕吐为溢出性，可吐出黄绿色胆汁，甚至棕褐色粪水样内容物。

3. **体温、脉搏变化**　突然发病者，体温、脉搏开始时正常，之后因毒素吸收常有体温增高、脉搏加快。如原有炎性病变者如阑尾炎，继发腹膜炎之前体温已升高，继发腹膜炎后更高。但年老体弱者体温可不升高。若脉搏增快而体温下降，是病情恶化的征象之一。

4. 感染中毒症状 患者可出现高热、脉速、呼吸浅快、口干、大汗等。随病情进展，可出现脱水、代谢性酸中毒及休克表现。

（二）体征

1. 腹部体征

（1）视诊：腹部膨胀，腹式呼吸减弱或消失。腹胀加重是病情恶化的重要标志。

（2）听诊：肠鸣音减弱，肠麻痹时肠鸣音可能完全消失。

（3）叩诊：因胃肠胀气，腹部叩诊呈鼓音。若胃、十二指肠穿孔，溢出的气体可积聚于膈下，肝浊音界缩小或消失。当腹腔内积液较多时叩诊呈移动性浊音阳性。

（4）触诊：腹部压痛、反跳痛和腹肌紧张，是腹膜炎的标志性体征，称为腹膜刺激征，以原发病灶所在部位最明显。腹肌紧张的程度随病因和机体状况不同而异。胃肠和胆囊穿孔时内容物流出可引起强烈的腹肌收缩，甚至呈板状腹。幼儿、老人或极度衰弱者腹肌紧张可不明显，容易被忽视。

2. 直肠指检 直肠前窝饱满，有触痛，提示盆腔已有感染或形成盆腔脓肿。

【辅助检查】

1. 实验室检查 白细胞计数及中性粒细胞百分比增高。病情危重或机体反应能力低下者，白细胞计数可不升高，仅有中性粒细胞百分比增高，甚至出现中毒颗粒。

2. 影像学检查

（1）X线检查：腹部立位X线片见多个气液平面，是肠麻痹征象。胃肠穿孔时多可见膈下游离气体。

（2）超声检查：显示腹腔内有积液。

（3）CT：有助于腹腔内实质性脏器病变的诊断及腹腔内液体量的评估，诊断符合率可达95%。

3. 诊断性腹腔穿刺及腹腔灌洗 根据腹腔穿刺抽出液或灌洗液的颜色、气味、浑浊度，做涂片、细菌培养及淀粉酶测定等协助判断病因。如结核性腹膜炎抽出液常为草绿色透明腹水；胃、十二指肠急性穿孔时抽出液呈黄色，混浊、含胆汁、无臭味；饱食后穿孔时抽出液可含食物残渣；急性重症胰腺炎时抽出液常为血性、胰淀粉酶含量高；急性阑尾炎穿孔时抽出液为稀薄、略有臭味的脓液；绞窄性肠梗阻时抽出液为血性、臭味重。

【治疗原则】

积极处理原发病灶，消除引起腹膜炎的病因；清理和引流腹腔渗出液，控制炎症扩散，预防炎症复发。

1. 非手术治疗 对病情较轻或病程较长已超过24小时，且腹部体征已减轻或炎症已有局限趋势者，或伴有严重心肺等脏器疾病不能耐受手术者，或原发性腹膜炎者，可行非手术治疗。治疗措施主要包括：① 体位，一般取半卧位，休克者取平卧位或休克体位；② 禁食、胃肠减压；③ 纠正水、电解质代谢紊乱；④ 合理使用抗生素；⑤ 营养支持，通过肠内、肠外营养充分补充热量与营养；⑥ 镇静、镇痛和吸氧等对症处理；⑦ 经皮穿刺引流腹水，可在超声或CT引导下进行多点穿刺，并置管持续引流。

2. 手术治疗 绝大多数继发性腹膜炎需要及时手术治疗。

（1）适应证：经非手术治疗6~8小时后（一般不超过12小时）无效者；腹腔内原发病严重，如胃肠道穿孔、胆囊穿孔、绞窄性肠梗阻、腹腔内脏器损伤破裂或胃肠道手术后短期内吻合口瘘所致的腹膜炎；腹腔内炎症较重，有大量积液，出现严重的肠麻痹或中毒症状，特别是合并休克者；腹膜炎病因不明且无局限趋势者。

（2）手术原则：① 积极处理原发病。根据引起腹膜炎的病因不同，采取不同的手术方式。② 彻底清洁腹腔。开腹后吸净腹腔内的脓液及渗出液，清除食物残渣、粪便、异物等；并用甲硝唑及生理盐水冲洗腹腔至清洁等。③ 充分引流。术后在病灶附近及最低点放置引流管，将腹腔内的残余液体和继续产生的渗液引流至体外，以防发生腹腔脓肿。感染严重者，可放置两根及以上的引流管，术后可做腹腔灌洗。

（3）术后处理：继续禁食和胃肠减压、静脉补液、营养支持，合理应用抗生素和保证腹腔引流通畅。密切观察病情变化，积极防治并发症。

知识拓展 | **海藻生物胶在胃十二指肠穿孔引起的腹腔感染中的应用**

海藻生物胶是一种非常好的伤口冲洗液。它通过对细胞功能的保护，调节与维持各种生物因子活性，使间皮组织的组织型纤溶酶原激活物（t-PA）活性增强，促进间皮组织趋向完全性修复，保持其完整性。研究表明，褐藻多糖可有效地抑制细菌的繁殖，并具有抗氧化、抗肿瘤及免疫调节等生物活性，减少炎症渗出，形成生物隔离屏障，有效抑制细菌的繁殖。研究表明，海藻生物胶能有效控制胃十二指肠穿孔引起的腹腔感染，减少腹腔渗出，缩短拔除引流管时间，在加速康复外科治疗方面起到一定作用。

【护理评估】

（一）术前评估

1. 健康史

（1）一般情况：年龄、性别、婚姻状况、职业等。

（2）现病史：急性腹膜炎的发生情况，如发生时间、进展情况及治疗情况。

（3）既往史：胃十二指肠溃疡病史、慢性阑尾炎发作史，以及其他腹腔脏器疾病和手术史；近期有无腹部外伤史。

2. 身体状况

（1）腹部症状及体征：腹痛发生的时间、部位、程度、性质、范围及其伴随症状等；腹膜刺激征及其程度和范围；有无肠鸣音减弱或消失，有无腹部移动性浊音等。

（2）全身状况：精神状态、生命体征，饮食和活动情况；感染性中毒症状；水、电解质代谢紊乱和酸碱平衡失调；休克。

（3）辅助检查：实验室检查、腹部X线检查、超声检查、CT及腹腔穿刺等检查结果。

3. 心理-社会状况 患者有无焦虑、恐惧情绪；患者和家属对治疗和护理相关知识的了解程度和心理承受能力，以及家庭对手术的经济承受能力等。

（二）术后评估

1. 手术情况　麻醉方式与效果、手术方式、术中情况。重点了解腹腔引流管放置的部位、作用和引流情况等。

2. 身体状况　评估生命体征；腹部症状与体征变化；切口情况；胃肠减压及腹腔引流管引流通畅程度，引流液的性质、颜色及量等；营养状况；有无腹腔脓肿、切口感染、肠粘连等并发症发生。

3. 心理–社会状况　患者和家属有无恐惧、焦虑情绪，对术后康复相关知识的掌握情况。

【常见护理诊断/问题】

1. 急性疼痛　与壁腹膜受炎症刺激、手术创伤有关。

2. 体温过高　与腹膜炎毒素吸收有关。

3. 体液不足　与腹腔内大量渗出、高热、禁食及胃肠减压等体液丢失有关。

4. 焦虑　与病情严重、担心术后康复与预后有关。

5. 潜在并发症：腹腔脓肿、切口感染、肠粘连等。

【护理目标】

1. 患者腹痛、腹胀等不适程度减轻或逐渐缓解。

2. 患者感染得以控制，体温逐渐降至正常范围。

3. 患者水、电解质平衡得以维持，未发生体液不足。

4. 患者情绪稳定，能积极配合治疗和护理。

5. 患者未发生并发症或并发症得到及时发现和处理。

【护理措施】

（一）非手术治疗的护理／术前护理

1. 病情观察　密切监测生命体征、腹部症状和体征、尿量等变化。

2. 体位　病情允许的情况下，患者多取半卧位，以减少毒素吸收、有利于呼吸和循环、减轻腹肌紧张引起的腹胀等不适。休克患者取平卧位或中凹卧位。尽量减少搬动和按压腹部，以减轻疼痛。鼓励患者活动下肢，预防下肢深静脉血栓形成。

3. 禁食和胃肠减压　通过胃肠减压可以抽出胃肠道内容物和气体，减少消化道内容物继续流入腹腔，改善胃肠壁血运，有利于炎症局限和吸收，促进胃肠道蠕动的恢复。禁食期间做好口腔护理。

4. 维持体液平衡　迅速建立静脉通道，遵医嘱补液，纠正水、电解质代谢紊乱和酸碱平衡失调。准确记录24小时出入量，维持每小时尿量达30~50ml，保持液体出入量平衡。必要时输血或血浆，以维持有效循环血量。长期禁食者采用胃肠外营养，以增加机体抵抗力，促进康复。

5. 控制感染　继发性腹膜炎多为混合性感染，应根据细菌培养及药敏试验结果选择广谱抗生素。注意观察药效和不良反应。

6. 对症治疗　高热者，及时给予物理或药物降温。对诊断明确而腹痛剧烈的患者，可用镇痛药。休克患者，给予氧气吸入。

7. 心理护理 做好患者及家属的安慰、解释工作，讲解有关腹膜炎的病因、治疗和护理知识，减轻患者的焦虑情绪，使患者积极配合治疗和护理。

8. 其他护理 有手术指征或已经决定手术者，做好术前准备。

（二）术后护理

1. 体位与活动 术后全身麻醉未清醒者给予去枕平卧位，头偏向一侧，以免呕吐物吸入引起窒息，保持呼吸道通畅；生命体征平稳，可改半卧位；若病情许可，鼓励患者早期下床活动。

2. 禁食和胃肠减压 术后早期继续禁食并持续胃肠减压。当肠蠕动恢复，肛门排气后，拔除胃管，逐步恢复进食。

3. 病情观察 术后定时监测生命体征变化；密切观察和记录24小时出入量，尤其是尿量的变化；动态观察腹部症状和体征的变化。观察术后切口及引流管情况等。

4. 营养支持 术后根据患者情况及早给予肠内、肠外营养支持，提高术后机体创伤修复和防御能力。

5. 维持体液平衡 遵医嘱合理补充水、电解质，必要时补充全血、血浆等，维持水、电解质及酸碱平衡。

6. 并发症的预防和护理 急性化脓性腹膜炎的主要并发症是腹腔脓肿和切口感染，其护理措施如下。

（1）抗感染：继续合理应用抗生素，以有效控制腹腔内残余感染。

（2）保证有效引流：做好引流管的护理，是术后护理重点之一。① 正确标识。有多根腹腔引流管时，贴上标签并注明各引流管的名称和放置的位置，以免混淆。② 妥善固定。正确连接引流装置，固定引流管和引流袋（瓶），防止引流管脱出、受压或扭曲。③ 保持引流通畅。定时挤捏引流管以防血凝块和坏死组织堵塞，对负压引流者及时调整负压，维持有效引流。如发现引流量突然减少，患者感腹胀伴发热，要及时检查引流管有无阻塞或脱落，并协助医生处理。④ 准确记录。记录24小时引流液的性状、颜色、量、气味等。⑤ 保持无菌。更换引流袋（瓶）及敷料时，应严格无菌操作，普通引流袋（瓶）每日更换1次，防回流引流袋每周更换2~3次。先消毒引流管口再接引流袋，并保持引流管、引流袋始终低于置管处，防止逆行感染。⑥ 拔管。当引流液量<10ml/d、颜色澄清、患者体温及白细胞计数恢复正常，无腹膜炎症状和体征后，可告知医生考虑拔管。拔管后还需要观察局部有无渗液、渗血情况。

（3）切口护理：保持切口干燥，有渗血或渗液时应及时更换敷料。观察切口愈合情况，及早发现切口感染的征象。

（三）健康教育

1. 疾病知识指导 加强疾病的预防宣教，有消化系统疾病者应及时治疗。

2. 饮食相关指导 当病情允许进食后，从流质开始，逐渐过渡到普食，少量多餐，进食营养丰富易消化的高蛋白、高热量及高维生素食物，促进手术创伤的修复和切口愈合。

3. 运动指导 告知术后早期活动的重要性，鼓励患者卧床期间进行床上翻身、肢体活动，待体力恢复后尽早下床活动，促进肠蠕动恢复，防止肠粘连。

4. 复诊指导　若出现恶心、呕吐、腹痛、腹胀及肛门停止排气、排便等不适或原有腹部疾病症状加重，应立即就诊。

【护理评价】

1. 患者腹痛、腹胀是否有所减轻或缓解。

2. 患者感染是否得到控制，体温是否降至正常。

3. 患者水、电解质代谢紊乱和酸碱平衡失调或休克是否得以纠正。

4. 患者焦虑是否减轻。

5. 患者是否发生并发症，或并发症是否被及时发现和处理。

第二节　腹腔脓肿

脓液在腹腔内积聚，由肠袢、内脏、网膜或肠系膜等粘连包围，与游离腹腔隔离，形成腹腔脓肿。常继发于急性化脓性腹膜炎或腹腔内手术后，原发性感染形成脓肿较少见。腹腔脓肿可为单个或多个，其中以膈下脓肿及盆腔脓肿多见。

一、膈下脓肿

脓液积聚于一侧或两侧膈肌下、横结肠及其系膜的间隙内称为膈下脓肿（subphrenic abscess），以右膈下脓肿多见。可发生在1个或以上的间隙内。

【病理生理】

平卧位时膈下部位最低，急性腹膜炎时，腹腔内的脓液易积聚于此。此外，细菌亦可经门静脉和淋巴系统到达膈下。脓肿发生的位置与原发病有关，如十二指肠溃疡穿孔、阑尾炎穿孔、胆囊及胆管化脓性感染，其脓液常积聚在右膈下。胃穿孔、脾切除术后感染，脓肿常发生在左膈下。

脓肿较小或感染早期，采用非手术治疗可被吸收；但较大脓肿，因长期感染、全身中毒症状重，患者发生衰竭。此外，膈下感染可引起反应性胸腔积液或蔓延到胸腔引起胸膜炎，亦可穿破膈肌引起脓胸。个别的还可穿透消化道管壁引起消化道反复出血或内瘘，如肠瘘或胃瘘。机体抵抗力低下的患者可扩散发生脓毒症。

【临床表现】

全身症状明显而局部症状隐匿。

1. 全身症状　发热，初为弛张热，脓肿形成后呈持续高热或中等程度的持续发热。脉率加快，舌苔厚腻。逐渐出现乏力、衰弱、盗汗、厌食、消瘦等表现。

2. 局部症状　常在近中线肋缘下或剑突下有持续性钝痛，深呼吸时疼痛加重，可出现颈肩部牵涉痛。脓肿刺激膈肌可引起呃逆。膈下感染波及胸膜和肺时，可出现咳嗽、气促、胸痛、胸腔积液等。近年来由于大量抗生素治疗，患者局部症状多不典型。

3. 体征　季肋区叩痛，严重时患侧局部皮肤有凹陷性水肿，皮肤温度升高。右膈下脓肿可使肝浊音界扩大，患侧胸部下方听诊闻及呼吸音减弱或消失。

【辅助检查】

1. 实验室检查　血常规检查示白细胞计数升高、中性粒细胞百分比增高。

2. 影像学检查　胸部X线检查可见患侧膈肌升高，随呼吸活动受限或消失，肋膈角模糊或有积液，膈下可见占位阴影。少数脓肿腔内含有气体，可有液气平面。超声或CT检查对膈下脓肿确诊价值较大，还可在超声引导下行诊断性穿刺、抽脓、冲洗脓腔、注入抗生素治疗等。

【治疗原则】

感染早期脓肿尚未形成时，可采用非手术治疗。给予补液、营养支持及大剂量抗生素控制感染等支持治疗，必要时输血或血浆。一旦脓肿形成，近年多采用经皮穿刺置管引流术，具有创伤小、局麻下实施、一般不污染游离腹腔、引流效果较好的优点。适应证：与体壁靠近的、局限性单房脓肿。经此法，80%的膈下脓肿可治愈，已成为膈下脓肿治疗的主要方法。

较大脓肿则必须及时经腹前壁肋缘下部或后腰部切开引流。

【护理措施】

经保守治疗的患者主要给予镇静、止痛、降温等对症处理，并补充充足热量，提供营养支持；手术治疗的患者应密切观察病情，有引流者保证有效引流，做好切口护理。

二、盆腔脓肿

盆腔处于腹腔最低位，腹腔内的炎性渗出物及脓液易积聚于此而形成盆腔脓肿（pelvic abscess）。因盆腔腹膜面积较小，吸收毒素能力较低，所以全身中毒症状较轻。

【临床表现】

局部症状明显而全身中毒症状较轻。常发生在急性腹膜炎治疗过程中，如阑尾穿孔或结直肠手术后，患者出现体温先降后升、脉速，伴有里急后重，排便次数增多而量少、黏液便，尿频或排尿困难等典型的直肠或膀胱刺激症状，常提示有盆腔脓肿的可能。

腹部检查多无阳性发现。直肠指检时可发现肛管括约肌松弛，直肠前壁饱满、有触痛、有时有波动感。已婚女性患者可进行阴道检查，盆腔炎性肿块或脓肿，还可经阴道后穹隆穿刺，有助于诊断和治疗。

【辅助检查】

下腹部超声及经直肠或阴道超声检查均有助于明确诊断。必要时可进行CT检查，明确脓肿的位置及大小。

【治疗原则】

盆腔脓肿较小或未形成时，多采用非手术治疗，应用抗生素，辅以热水坐浴、41~43℃温热盐水保留灌肠和物理透热疗法等，多数患者的脓液能消散、吸收。但脓肿较大者须进行手术治疗，经直肠前壁波动处穿刺，抽出脓液后，切开脓腔，排出脓液，然后放软橡胶管引流3~4日。已婚女性可经阴道后穹隆切开引流。

【护理措施】

1. 非手术治疗的护理 指导患者正确进行热水坐浴，女性患者注意个人生活卫生及饮食调理，加强基础护理。

2. 手术治疗的护理 做好切口、引流管护理。

（武江华）

学习小结

1. 急性化脓性腹膜炎中，继发性腹膜炎最常见，腹腔空腔脏器穿孔和外伤引起的腹壁或内脏破裂是引起继发性腹膜炎最常见的原因。腹痛、恶心、呕吐是早期常见的临床症状，主要体征为腹膜刺激征。若有盆腔感染或盆腔脓肿，直肠指检可发现直肠前窝饱满，有触痛。绝大多数患者需经手术治疗达到治愈。护理措施：① 术前患者病情允许情况下取半卧位，禁食，持续胃肠减压，补液，纠正水、电解质代谢紊乱，应用抗生素并做好患者的心理护理；② 术后护理主要包括体位、病情观察、禁食、胃肠减压、补液及营养支持、腹腔引流管的护理、并发症的观察与处理。

2. 腹腔脓肿以膈下脓肿及盆腔脓肿多见。感染早期，脓肿尚未形成时，可采用非手术治疗。膈下脓肿常见右膈下脓肿，全身症状明显而局部症状隐匿。盆腔脓肿是由腹腔内的炎性渗出液及脓液积聚于盆腔而形成的，局部症状明显而全身中毒症状较轻。

复习参考题

一、单项选择题

1. 急性化脓性腹膜炎的特征性体征是
   A. 肠鸣音减弱
   B. 移动性浊音阳性
   C. 明显腹胀，腹式呼吸减弱
   D. 压痛、反跳痛、腹肌紧张
   E. 叩诊呈鼓音

2. 原发性腹膜炎细菌进入腹膜腔的途径**不包括**
   A. 血行
   B. 上行感染
   C. 直接扩散
   D. 透壁性感染
   E. 淋巴转移

3. 急性化脓性腹膜炎最主要的症状是
   A. 体温增高
   B. 腹痛
   C. 脉搏加快
   D. 呼吸浅快
   E. 恶心、呕吐

4. 急性腹膜炎患者采取半卧位的主要目的是
   A. 有利下肢静脉回流
   B. 利于手术切口的愈合
   C. 减少发生坠积性肺炎
   D. 减少吸收和减轻中毒症状
   E. 避免压力性损伤发生

5. 提示急性腹膜炎患者病情恶化的是
   A. 体温升高
   B. 体温下降
   C. 脉搏加快
   D. 脉搏加快、体温不升高
   E. 脉搏加快、体温下降

参考答案：

1. D 2. E 3. B 4. D 5. E

二、简答题

1. 简述急性化脓性腹膜炎的处理原则。

2. 简述腹腔引流的护理措施。

第二十二章

腹外疝患者的护理

学习目标

知识目标	1. 掌握腹股沟斜疝和直疝的概念、护理措施。 2. 熟悉腹外疝的临床特点和处理原则。 3. 了解腹外疝的种类、病因、病理解剖特点和辅助检查。
能力目标	能运用护理程序对腹外疝患者实施整体护理。
素质目标	具有关心和爱护腹外疝患者的态度和行为；具备团队合作精神。

第一节 概述

体内某个脏器或组织离开其正常解剖部位，通过先天或后天形成的薄弱点、缺损或孔隙进入另一部位，称为疝（hernia）。疝多发生于腹部，以腹外疝（external abdominal hernia）多见。腹外疝是由腹腔内脏器或组织连同腹膜壁层，经腹壁薄弱点或孔隙，向体表突出而形成的。常见的有腹股沟疝、股疝、脐疝、切口疝和白线疝等。腹内疝（internal abdominal hernia）是由脏器或组织进入腹腔内的间隙囊内而形成的，如网膜孔疝。

【病理解剖】

典型的腹外疝由疝囊、疝内容物和疝外被盖组成。疝囊由疝囊颈、疝囊体组成。疝囊颈又称疝门，是疝突向体表的门户，是疝囊比较狭窄的部分，也是疝环所在的位置，通常是腹壁薄弱区或缺损处。临床上各类疝通常以疝囊颈所在部位为命名依据，如腹股沟疝、股疝、脐疝、切口疝等。疝内容物是进入疝囊的腹内脏器或组织，以小肠最为多见，其次是大网膜。疝外被盖指疝囊以外的各层组织，通常由筋膜、皮下组织和皮肤等组成。

【病因】

腹壁强度降低和腹内压增高是腹外疝发生的两个主要原因。

1. 腹壁强度降低

（1）先天性原因：某些组织穿过腹壁的部位是先天形成的腹壁薄弱点，如精索或子宫圆韧带穿过腹股沟管、股动静脉穿过股管、脐环或腹白线发育不全。

（2）后天性原因：手术切口愈合不良、外伤、感染、腹壁神经损伤、高龄、慢性疾病、肥胖等因素所致肌萎缩等。

2. 腹内压增高　慢性咳嗽、便秘、排尿困难、腹水、妊娠、负重、婴儿经常啼哭等是引起腹内压力增高的常见原因。正常人虽偶有腹内压增高情况，但若腹壁强度正常，一般不发生疝。

【临床类型】

根据能否回纳、有无血运障碍可将腹外疝分为易复性疝、难复性疝、嵌顿疝、绞窄性疝4种。

1. 易复性疝（reducible hernia）　腹外疝在腹内压增高时（如站立、活动）突出，于休息、平卧或用手向腹腔推送时，疝内容物可回纳至腹腔，该类型最为常见。

2. 难复性疝（irreducible hernia）　疝内容物不能或不能完全回纳入腹腔内，但并不引起严重症状。难复性疝发生的主要原因：① 较常见疝内容物反复突出，致疝囊颈受摩擦损伤，产生粘连，导致内容物不能回纳。此类疝内容物多数是大网膜，也可包含部分肠管或其他脏器。② 病程长、腹壁缺损大的巨大疝，因内容物较多，腹壁已完全丧失抵挡腹腔内容物突出的作用，也常难以回纳。③ 少数病程较长的疝，因内容物不断进入疝囊时产生的下坠力量将疝囊颈上方的腹膜逐渐推向疝囊，尤其是髂窝区后腹膜与后腹壁结合极为松弛，更易被推移，以致盲肠（包括阑尾）、乙状结肠或膀胱随之下移而成为疝囊壁的一部分，称为滑疝（sliding hernia），也属难复性疝。难复性疝同易复性疝一样，疝内容物并无血运障碍，未发生器质性病理改变，故无严重的临床症状。

3. 嵌顿疝（incarcerated hernia）　疝囊颈较小而腹内压突然增高时，疝内容物可强行扩张疝囊颈而挤入疝囊，随后因疝囊颈的弹性回缩而被卡住，使其不能回纳。疝发生嵌顿后，其内容物如为肠管，肠壁及其系膜可在疝囊颈处受压，静脉回流受阻，导致肠壁及其系膜淤血和水肿，颜色由正常的淡红色逐渐转变为暗红色，囊内可有淡黄色渗液积聚，疝囊内压力增高，疝内容物逐渐肿胀，更难以回纳。此时肠系膜内动脉的搏动尚正常。嵌顿若能及时解除，病变肠管可恢复正常。

4. 绞窄性疝（strangulated hernia）　疝嵌顿若不能及时解除，疝内容物出现了血运障碍，肠壁及其系膜受压情况不断加重可使动脉血流减少，最后导致完全阻断。此时肠系膜动脉搏动消失，肠壁逐渐失去光泽、弹性和蠕动能力，最终变黑坏死。疝囊内渗液变为淡红色或暗红色甚至血性。如继发感染，疝囊内的渗液则为脓性；感染严重时，可引起疝外被盖组织的蜂窝织炎。积脓的疝囊可自行破溃或误被切开引流而导致肠瘘。嵌顿疝和绞窄性疝是一个病理过程的两个阶段，临床上区分较难。儿童发生疝嵌顿后，因疝环组织比较柔软，很少发生绞窄。

当肠管嵌顿或绞窄时，常同时伴有急性机械性肠梗阻。如被嵌顿的只是部分肠管，系膜侧肠壁及其系膜并未进入疝囊，肠腔并未完全梗阻，称为肠壁疝（Richter疝）。如肠管嵌顿时，疝囊内可有多个肠袢，或呈W形，各嵌顿肠袢之间的肠管可隐藏在腹腔内，这种情况称为逆行性嵌顿疝。一旦发生绞窄，不仅疝囊内的肠管可坏死，腹腔内的中间肠袢也可坏死。

第二节　腹股沟疝

导入情景与思考

患者，男，58岁。因"右侧腹股沟肿块增大伴疼痛3小时"，以"腹股沟疝"收入院。患者3小时前因搬重物突然感到右侧腹股沟肿块增大，阵发性疼痛伴有恶心，未呕吐，无排气。既往有右侧腹股沟斜疝10余年，肿块在活动时出现，平卧时消失。体格检查：体温36.8℃，脉搏80次/min，呼吸20次/min，血压120/80mmHg。肿块无法回纳且发硬，有明显触痛。辅助检查：超声示腹股沟管内有肠管进入。拟行"经腹腔镜疝修补术"。

请思考：

1. 如何做好该患者的术前准备？

2. 该患者的出院指导有哪些内容？

发生在腹股沟区的腹外疝，称为腹股沟疝（inguinal hernia），是各种疝中最常见的类型。男性多见，男女发病率之比为15：1，右侧比左侧多见。腹股沟疝可分为斜疝和直疝两种。疝囊经过腹壁下动脉外侧的腹股沟管深环（内环）突出，向内、向下、向前斜行经过腹股沟管，再穿出腹股沟管浅环（皮下环），并可进入阴囊，称为腹股沟斜疝（indirect inguinal hernia）。疝囊经腹壁下动脉内侧的直疝三角直接由后向前突出于体表，不经过深环，也不进入阴囊，为腹股沟直疝（direct inguinal hernia）。

【病因与发病机制】

腹股沟疝的发生有先天性和后天性的因素。

1. 先天性解剖异常　婴儿出生后，如鞘突不闭锁或闭锁不完全，就成为先天性斜疝的疝囊，形成斜疝（图22-2-1）。胚胎发育中右侧睾丸下降比左侧略晚，鞘突闭锁也较迟，故右侧腹股沟疝较多。

2. 后天性腹壁薄弱或腹内压增高

（1）腹横筋膜不同程度的薄弱或缺损。

（2）腹横筋膜和腹横肌发育不全或萎缩时，不能关闭腹股沟管深环，当腹内压增加时，深环处的腹膜自腹壁薄弱处向外突出形成疝囊，腹腔内脏器、组织随之进入疝囊（图22-2-2）。

（3）各种原因所致腹内压增高，如慢性咳嗽、前列腺肥大致排尿困难、便秘、腹水、妊娠等。

【临床表现】

1. 腹股沟斜疝　是最常见的腹外疝，发病率占全部腹外疝的75%~90%，占腹股沟疝的85%~95%，多见于儿童及青壮年，基本表现是腹股沟区有一突出包块。

（1）易复性斜疝：腹股沟区有一可复性肿块，常在患者站立、劳动、行走、跑步、剧咳或患儿啼哭时出现，一般无特殊不适，偶有胀痛。随着病程的进展，肿块可逐渐增大，呈带蒂柄的梨形，自腹股沟下降至阴囊内或大阴唇。平卧时肿块可自行消失或用手将肿块向外上方轻轻挤推向腹腔内回纳消失。疝块回纳后，用手指经阴囊皮肤沿精索向上伸入扩大的浅环，嘱患者咳嗽，则

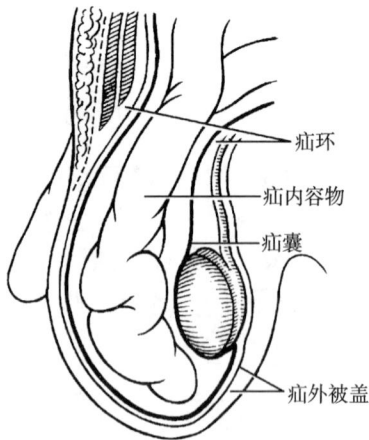

▲ 图22-2-1　先天性腹股沟斜疝

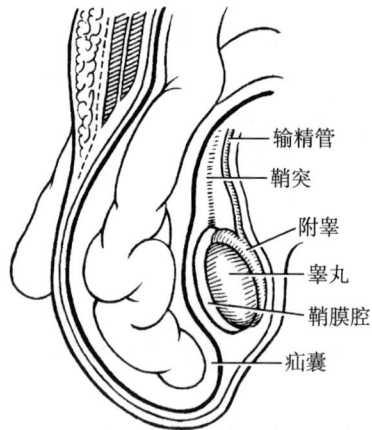

▲ 图22-2-2　后天性腹股沟斜疝

指尖有冲击感。用手指紧压腹股沟管深环，嘱患者起立并咳嗽，肿块并不出现；若移开手指，可见肿块自外上向内下鼓出。这种压迫深环试验可用来鉴别斜疝和直疝，后者在疝块回纳后，用手指紧压住深环嘱患者咳嗽时，疝块仍可出现。疝内容物若为肠管，肿块触之柔软、光滑，叩之呈鼓音，回纳肿块时有阻力，一旦回纳，疝块消失，通常在肠管回纳入腹腔时发出咕噜声；若疝内容物为大网膜，肿块触之坚韧，叩之呈浊音，回纳缓慢。

（2）难复性斜疝：除胀痛稍重外，主要特点为疝块不能完全回纳。这种疝的内容物多数是大网膜。

（3）嵌顿性斜疝：常发生在腹内压骤增时。表现为疝块突然增大，伴有进行性加重的胀痛，疝块紧张发硬，有压痛，平卧或用手推送不能使之回纳。如疝内容物为大网膜，局部疼痛较轻微；如为肠管，除局部疼痛明显外，还可伴有机械性肠梗阻的表现。疝一旦嵌顿，自行回纳的机会较少，多数患者症状逐步加重，如不及时处理，将发展为绞窄性疝。当肠壁疝嵌顿时，由于局部肿块不明显，不一定会有肠梗阻的表现，容易被忽略。

（4）绞窄性斜疝：临床症状多较严重，患者腹痛剧烈且呈持续性；呕吐频繁，呕吐物含咖啡样血液或出现血便；不对称腹胀，腹膜刺激征，肠鸣音减弱或消失；腹腔穿刺或灌洗为血性积液；X线检查见孤立胀大的肠祥或瘤状阴影；体温、脉率、白细胞计数逐渐上升，甚至出现休克体征。在肠祥坏死穿孔时，疼痛可因疝块压力骤降而暂时缓解，故疼痛减轻而肿块仍存在者，不可认为是病情好转。绞窄时间较长者，由于疝内容物发生感染，波及周围组织，引起疝外被盖组织的急性炎症，严重者可发生急性腹膜炎及脓毒症而危及生命。

2. 腹股沟直疝　常见于年老体弱者，其临床特点有别于腹股沟斜疝（表22-2-1）。主要表现为患者站立时，在腹股沟内侧端、耻骨结节外上方出现一半球形肿块，不伴有疼痛或其他症状。由于直疝囊颈宽大，疝内容物又直接由后向前顶出，故平卧后疝块多能自行回纳，肿块不进入阴囊，极少发生嵌顿。疝内容物多为小肠或大网膜。

项目	斜疝	直疝
发病年龄	多见于儿童及青壮年	多见于老年人
突出途径	经腹股沟管突出，可进入阴囊	由直疝三角突出，很少进入阴囊
疝块外形	椭圆或梨形，上部呈蒂柄状	半球形，基底较宽
回纳疝块后压住深环	疝块不再突出	疝块仍可突出
精索与疝囊的关系	精索在疝囊后方	精索在疝囊前外方
疝囊颈与腹壁下动脉的关系	疝囊颈在腹壁下动脉外侧	疝囊颈在腹壁下动脉内侧
嵌顿机会	较多	极少

【辅助检查】

1. 透光试验　因疝块透光性差，所以腹股沟斜疝透光试验呈阴性，而鞘膜积液则表现为阳性（透光）。婴幼儿的疝块因组织菲薄，透光性强，应注意与鞘膜积液相鉴别。

2. 实验室检查　形成绞窄性疝或继发感染时，血常规示白细胞计数和中性粒细胞百分比增高；大便常规显示隐血试验阳性或可见白细胞。

3. 影像学检查　肠袢发生嵌顿或绞窄时，腹部X线或CT检查可见肠梗阻征象；腹股沟区超声检查可见腹股沟管内有肠管、网膜或其他进入。

【处理原则】

腹股沟疝肿块可随病程持续而逐渐增大，进一步加重腹壁薄弱的程度，影响患者的生活和工作，若发生嵌顿或绞窄会危及患者生命。因此，腹股沟疝除少数特殊情况外，均应采取手术治疗。

1. 非手术治疗

（1）棉线束带或绷带压深环法：适用于1岁以下婴儿。

（2）医用疝带法：适用于年老体弱或伴有其他严重疾病而禁忌手术者。方法：回纳疝块后，用医用疝带一端的软垫顶住疝环，阻止疝块突出。但长期使用疝带可使疝囊颈受摩擦而增厚，增加嵌顿疝的发病率，并可使疝囊与疝内容物粘连，增加难复性疝的发病率。

（3）嵌顿疝的紧急处理：一般情况下嵌顿疝一经确诊应立即急诊手术解除嵌顿以防肠坏死。下列情况下可先试行手法复位：① 嵌顿时间在3~4小时内，局部压痛不明显，腹部无压痛或腹肌紧张等腹膜刺激征者；② 年老体弱或伴有其他较严重疾病而估计肠袢尚未绞窄坏死者。复位方法：患者取头低足高卧位，持续缓慢地将疝块推向腹腔，同时轻轻按摩浅环和深环以协助疝内容物回纳。

2. 手术治疗　手术修补是治疗成人腹股沟疝的唯一可靠方法，可分为开放和腔镜手术两类。易复性疝应选择适当时期进行手术，难复性疝则应限制在短期内手术，而嵌顿疝和绞窄性疝则必须采取急诊手术治疗，以免造成更严重的后果。

（1）传统的疝修补术：基本原则是高位结扎疝囊、加强或修补腹股沟管管壁。

1）疝囊高位结扎术：显露疝囊颈，予以高位结扎或贯穿缝合。单纯疝囊高位结扎多适用于婴幼儿或儿童，以及绞窄性疝因肠坏死而局部严重感染暂不宜行补片修补术时。

2）加强或修补腹股沟管管壁：成年腹股沟疝患者都存在不同程度的腹股沟管前壁或后壁的薄弱或缺损，在疝囊高位结扎后，加强或修补薄弱的腹股沟管前壁或后壁，才能获得治愈。

（2）无张力疝修补术（tension-free hernioplasty）：传统的疝修补术存在缝合张力较大、术后有牵拉感、疼痛，以及修补的组织愈合差、易复发等缺点。现代疝手术强调在无张力情况下，利用人工高分子材料网片进行修补，此法不破坏正常腹股沟区组织解剖结构，层次分明，仅在腹股沟管的后壁或腹膜前间隙放置补片，加强薄弱的腹横筋膜和腹股沟管后壁。具有创伤小、术后疼痛轻、康复快、复发率低等优点。

（3）经腹腔镜疝修补术（laparoscopic inguinal herniorrhaphy，LIHR）：基本原理是从腹腔内部或腹膜前间隙用网片加强腹壁缺损或通过缝合缩窄内环口。LIHR手术创伤小、恢复快，且有助于发现亚临床的对侧疝并予以修补，对多次复发或隐匿性疝也有一定优势，目前得到越来越多的临床应用。

知识拓展 | **生物材料应用于腹股沟疝修补术中的优势**

生物材料主要是指来源于人或动物的皮肤、小肠黏膜等脱细胞基质材料，具有无免疫原性、生物相容性好及能够促进组织再生修复等优点，具备足够的力学强度与良好的耐受感染能力。其所提供的三维胶原网架及细胞因子有助于宿主细胞的黏附、迁移与血管的快速长入，最终植入的生物材料可由宿主自身组织完全替代，实现缺损部位的内源性再生修复。理论上，采用生物材料修补腹股沟疝可通过其与宿主自身组织的良好融合，实现腹股沟的解剖结构修复，降低合成材料使用所致各种并发症的可能。但生物材料也有其不足之处，包括力学强度的维持时间有限、价格昂贵等，因此目前在临床上生物补片的应用远少于人工合成补片，对其制备、作用及机制的研究仍在改进与探索中。

【护理评估】

（一）术前评估

1. 健康史　腹外疝发生的情况、病情的进展状况及对日常生活的影响；有无慢性咳嗽、习惯性便秘、排尿困难、腹水、妊娠等腹内压增高的情况；有无腹部手术、外伤、切口感染或愈合不良等病史；营养、发育状况；有无糖尿病和其他慢性疾病；有无阿司匹林、华法林等抗凝药物服用史；是否佩戴疝带；有无疾病导致肌肉萎缩、肥胖等。

2. 身体状况

（1）症状与体征：肿块突出的部位、大小、质地，有无压痛，能否回纳，用手压住深环观察疝块能否突出；有无腹痛、恶心、呕吐、肛门停止排便排气等肠梗阻症状及其诱因；有无压痛、反跳痛、腹肌紧张等腹膜刺激征；有无局部蜂窝织炎、发热、脉搏细速、血压下降等感染的征象；有无水、电解质代谢紊乱。

（2）辅助检查：超声检查、透光试验、血常规检查、粪便隐血试验、影像学检查等结果；老年患者还需要评估心、肺、肾功能和血压、血糖水平。

3. 心理-社会状况 患者的情绪是否稳定，有无因腹外疝长期反复突出影响工作和生活，患者及家属对相关知识的了解，对手术治疗的认识，家庭经济承受能力等。

（二）术后评估

麻醉方式、手术方式、术中情况；有无局部疼痛等不适；观察切口情况，有无发生切口感染；观察引流液的色、质、量；有无发生术区血肿和血清肿及阴囊积液与血肿；有无尿潴留；有无腹内压增高因素存在。

【常见护理诊断/问题】

1. 疼痛 与疝内容物嵌顿或绞窄、手术创伤有关。

2. 知识缺乏：缺乏腹外疝成因、预防腹内压增高及促进术后康复的有关知识。

3. 潜在并发症：嵌顿疝/绞窄性疝、术区血肿和血清肿、术后阴囊积液和血肿、切口感染等。

【护理目标】

1. 患者疼痛程度减轻或缓解。

2. 患者知晓腹股沟疝的成因，了解预防腹内压升高和促进术后康复的知识。

3. 患者未发生并发症，或并发症得到及时发现和处理。

【护理措施】

（一）非手术治疗的护理/术前护理

1. 卧床休息 疝块较大、年老体弱或伴有其他严重疾病、暂不能手术者，指导减少活动，多卧床休息，避免腹腔内容物脱出而造成疝嵌顿。

2. 消除引起腹内压增高的因素 如有咳嗽、便秘、排尿困难等均应给予相应治疗；指导患者戒烟；注意保暖，预防呼吸道感染；养成良好的排便习惯，多饮水，多吃蔬菜等粗纤维食物，保持排便通畅；妊娠期间在活动时可使用疝带压住疝环口。

3. 疝带压迫护理 使用疝带时应注意局部皮肤的血运情况。

4. 嵌顿性/绞窄性疝的预防和护理 ① 疝块较大者离床活动时使用疝带压住疝环口，以避免腹腔内容物脱出而造成疝嵌顿；② 若出现明显腹痛，疝块突然增大、发硬伴明显触痛、不能回纳，应考虑嵌顿，立即告知医生，配合处理；③ 如发生嵌顿、绞窄，引起肠梗阻症状，应给予对症治疗，做好急诊手术准备；④ 行手法复位患者，应在复位24小时内密切观察患者生命体征与腹部情况，注意有无腹膜炎或肠梗阻的表现。

5. 完善术前准备 ① 术前备皮，备皮时不可损伤皮肤，同时应及时治疗术野的皮肤湿疹及感染；腹腔镜手术需要清洁肚脐；② 术前指导患者排空膀胱以免术中损伤；③ 术前2周戒烟；④ 抗凝治疗者术前遵医嘱停药或选择合适的替代药物；⑤ 高龄、糖尿病、肥胖、多次复发疝、化疗及放疗后和其他免疫功能低下者，遵医嘱预防性使用抗生素，在切开皮肤前30分钟至1小时开始静脉给药。

（二）术后护理

1. 体位与活动 麻醉清醒后取舒适体位，膝下垫小枕，使髋关节微屈，以降低腹壁切口张力，利于切口愈合和缓解切口疼痛。鼓励术后卧床期间床上翻身及活动，评估患者疼痛程度，在患者可耐受的情况下，次日即可下床活动。对于年老体弱、复发性疝、绞窄性疝、巨大疝等患者，可根据患者病情适当推迟下床活动的时间。

2. 饮食 术毕6小时后，如无恶心、呕吐可进流质饮食，次日可进软食或普食。如行肠切除肠吻合术，术后应遵医嘱禁食、补液及营养支持治疗，待肠功能恢复后遵医嘱进流质饮食，再逐渐过渡为半流质饮食、普食。

3. 预防腹内压增高 注意保暖，防止引发咳嗽；指导患者在咳嗽时用手掌按压，以保护切口和减轻震动；保持排便通畅，便秘者给予缓泻剂或通便药物，避免用力排便；麻醉或手术刺激可引起尿潴留，应指导患者尽早排尿，必要时导尿。

4. 术后并发症观察及护理 包括：① 观察患者生命体征变化。② 保持切口敷料清洁干燥，观察切口有无红、肿、热、痛。③ 观察引流液的颜色、性质、量，如有异常，及时向医生汇报。④ 术后切口部位如有渗血、血肿时应予沙袋适当加压。⑤ 观察阴囊部有无积液和血肿，由于阴囊比较松弛、位置低、渗血、渗液容易积聚在此。为避免阴囊内积液、积血，促进淋巴回流，术后可用丁字带托起阴囊，并密切观察肿胀变化情况。⑥ 嵌顿性或绞窄性腹外疝术后，易发生切口感染，术后遵医嘱合理应用抗生素。

（三）健康教育

1. 疾病知识宣教 讲解腹外疝的发生原因和诱发因素、手术治疗的必要性，了解患者的顾虑，并尽可能地予以消除，使其安心配合治疗。

2. 出院指导 ① 活动指导：应注意适当休息，逐渐增加活动量，3个月内应避免重体力劳动或提举重物等。② 饮食指导：多饮水，多食高纤维饮食，保持排便通畅；如有便秘可用缓泻剂。③ 防止复发：减少和消除引起腹外疝复发的因素，并注意避免增加腹内压的动作如剧烈咳嗽、用力排便等。④ 定期随访：如疝复发，应及早诊治。

【护理评价】

1. 患者疼痛是否得到减轻或缓解。

2. 患者能否正确说出形成腹外疝的原因，能否说出预防腹内压升高及促进术后康复的有关知识。

3. 患者是否发生并发症，或并发症是否得到及时发现和处理。

第三节 其他腹外疝

一、股疝

腹腔内脏器或组织通过股环、经股管向股部卵圆窝突出形成的疝，称为股疝（femoral hernia）。股疝的发病率占腹外疝的3%~5%，常见于40岁以上妇女。女性骨盆较宽广、联合肌腱和腔隙韧带较薄弱，使股管上口宽大松弛而易发病。妊娠是腹内压增高引起股疝的主要原因。股管几乎是垂直的且股环本身比较小，所以股疝容易嵌顿。在腹外疝中，股疝嵌顿者最多，高达60%，且一旦嵌顿，可迅速发展为绞窄性疝。

【临床表现】

无症状者尤其是肥胖的患者易被忽略，多于发生嵌顿或绞窄等并发症时才就诊，主要表现为腹股沟韧带下方卵圆窝处呈半球形隆起，质地柔软，平卧后疝块多不能完全消失，当咳嗽增加腹压时，局部冲击感不明显，部分患者可在久站后感到患处胀痛、下坠不适。股疝若发生嵌顿，除引起局部明显疼痛、肿胀外，可伴有较明显的典型肠梗阻症状。

【处理原则】

股疝容易发生嵌顿、绞窄，确诊后，应尽早手术治疗。对于嵌顿性或绞窄性股疝，则应紧急手术。手术方法可选用麦克维疝修补术（McVay修补术）、无张力疝修补术、经腹腔镜疝修补术。

二、切口疝

切口疝（incisional hernia）是指腹腔内脏器或组织自腹部切口突出的疝。临床上较常见，发病率居腹外疝的第3位。腹部术后切口一期愈合者，切口疝发生率通常在1%以下；若切口感染，发生率可达10%；若切口裂开再缝合，发生率高达30%。

【病因】

1. 解剖因素　腹部切口疝多见于腹部纵向切口，最常发生于经腹直肌切口，其次为正中切口和旁正中切口。除腹直肌外，腹壁各层肌肉及筋膜、鞘膜等组织的纤维大都是横向走行，纵向切口必然切断上述纤维；缝合时，缝线容易在纤维间滑脱；已缝合的组织又经常受到肌肉的横向牵引力而易发生切口裂开。此外，肋间神经被切断也可导致腹直肌强度降低。

2. 手术因素　手术操作不当是导致切口疝的重要原因。如引流物留置选择或处理不当，大块结扎引起的组织坏死，止血不完全形成的血肿，缝合切口时未依次分层缝合，腹壁切口缝合欠严密，缝合时张力过大而致组织撕裂等情况均可导致切口疝的发生。

3. 切口愈合不良　切口愈合不良也是导致切口疝的重要因素。其中切口感染所致腹壁组织破坏而引起的腹部切口疝占50%左右；切口内血肿形成、肥胖、高龄、合并糖尿病、营养不良或使用激素等，均可导致切口愈合不良。

4. 腹内压过高　手术后肠功能不良导致腹胀或慢性阻塞性肺疾病、肺部感染导致的术后腹内压增高和大量腹水也可导致切口疝的发生。

【临床表现】

1. 症状　腹壁切口处有肿物突出是其主要症状，多数患者无特殊不适。较大的切口疝可有腹部牵拉感、隐痛，伴食欲减退、恶心、便秘等表现。多数切口疝内容物可与腹膜外腹壁组织粘连而成为难复性疝，有时可伴有不完全性肠梗阻的表现。疝环较小的患者，可发生嵌顿。

2. 体征　站立或用力时腹壁手术瘢痕区有肿块或腹壁逐渐膨隆，平卧则缩小或消失，有时还需要用手推助才能复位，肿块大小不一。疝内容物如为肠管，常可在膨隆处见到肠型和肠蠕动波。将肿块复位后，用手指伸入腹壁缺损部位，嘱患者抬头使腹肌紧张时可清楚扪及疝环边缘。

但腹壁神经损伤所致腹肌瘫痪引起的切口疝，腹壁虽有膨隆，但疝块边界不易触清。切口疝的疝环通常较宽大，很少发生嵌顿。

【处理原则】

腹壁切口疝应以手术治疗为主，近年来，腹腔镜切口疝修补术逐渐在临床上开展应用。手术原则：① 显露疝环或腹壁缺损；② 回纳疝内容物；③ 在无张力或低张力的条件下直接修补或用人工修补材料或自体筋膜组织修复腹壁缺损。

【护理措施】

对于不宜或暂不宜手术者，可采用局部腹带包扎，防止疝块突出。对于巨大切口疝患者，为预防腹腔间室综合征，术前应进行腹腔扩容及腹肌顺应性训练。术后遵医嘱佩戴弹力腹带3~6个月，增加腹壁强度，减少引起腹内压增高的因素，预防疝复发。其他护理措施参照本章第二节腹股沟疝。

三、脐疝

腹腔内容物通过脐环突出形成的疝称脐疝（umbilical hernia）。临床上脐疝有小儿脐疝和成人脐疝之分，以前者多见。

【病因】

1. 小儿脐疝　多为先天性，因脐环闭锁不全或脐部结缔组织薄弱，在经常啼哭和便秘等致腹内压增高的情况下发生。

2. 成人脐疝　多为后天性，常见于中年经产妇女，也见于肝硬化腹水、肥胖等患者。除脐环闭锁不全或脐部结缔组织薄弱外，长期腹内压增高，引起腹壁结构发生病理性变化，腹壁强度降低，同时，腹内压也促使腹腔内器官或组织通过脐环形成疝。

【临床表现】

1. 小儿脐疝　临床上表现为啼哭时出现脐部球形或半球形可复性肿物，安静平卧时肿块消失。疝囊颈一般不大，但很少发生嵌顿和绞窄。

2. 成人脐疝　由于疝环狭小，嵌顿和绞窄的机会较多。肠管嵌顿者如不及时手术将发生肠坏死、肠穿孔和急性腹膜炎，甚至导致患者死亡。

【处理原则】

1. 小儿脐疝　临床发现未闭锁的脐环迟至2岁时多能自行闭锁，因此，除脐疝嵌顿或穿破等紧急情况外，小儿2岁之前多采取非手术治疗。将疝块回纳后，用一大于脐环、外包纱布的硬片抵住脐环，然后用胶布或绷带固定勿使之移动。6月龄以内的婴儿采用此法治疗，疗效较好。小儿满2岁后，如脐环直径仍大于1.5cm，则需手术治疗。原则上，5岁以上小儿的脐疝均应采取手术治疗。

2. 成人脐疝　首选手术治疗。脐疝手术修补的原则是切除疝囊、缝合疝环。

（张莉萍）

学习小结

1. 腹壁先天性或后天性薄弱或缺损是腹外疝的发病基础，腹内压增高是其重要的诱因。根据疝内容物进入疝囊的状况，可分为易复性疝、难复性疝、嵌顿疝和绞窄性疝。易复性疝应择期手术，难复性疝则应限制在短期内手术，嵌顿疝和绞窄性疝必须采取急诊手术治疗。

2. 腹股沟斜疝是最常见的腹外疝，多见于儿童及青壮年，基本表现是腹股沟区有一突出包块，容易发生嵌顿。腹股沟直疝常见于年老体弱者，平卧后疝块多能自行回纳，肿块不进入阴囊，极少发生嵌顿。

3. 腹外疝护理要点　① 预防腹内压增高的护理；② 嵌顿疝/绞窄性疝的观察与护理；③ 术后体位与活动；④ 术后饮食护理；⑤ 术后术区血肿和血清肿、阴囊积液和血肿、切口感染等并发症的观察和护理。

复习参考题

一、单项选择题

1. 腹外疝发病原因中最重要的是
   - A. 腹壁薄弱
   - B. 慢性便秘
   - C. 慢性咳嗽
   - D. 腹水
   - E. 排尿困难

2. 腹外疝最常见的疝内容物是
   - A. 大网膜
   - B. 小肠
   - C. 阑尾
   - D. 结肠
   - E. 膀胱

3. 嵌顿疝与绞窄性疝的区别是
   - A. 是否有休克
   - B. 疝内容物有无血运障碍
   - C. 疝囊有无压痛
   - D. 疝内容物能否回纳
   - E. 有无机械性肠梗阻表现

4. 最常见的腹外疝是
   - A. 腹股沟斜疝
   - B. 脐疝
   - C. 切口疝
   - D. 股疝
   - E. 腹股沟直疝

5. 关于股疝的叙述**不正确**的是
   - A. 多见于中年以上的妇女
   - B. 易发生嵌顿和绞窄
   - C. 透光试验阴性
   - D. 不易发生嵌顿，无须紧急手术
   - E. 腹腔内脏经股环、股管，从卵圆窝突出

参考答案：

1. A　2. B　3. B　4. A　5. D

二、简答题

1. 简述腹股沟斜疝和直疝的区别。

2. 简述对腹股沟疝患者开展健康教育的主要内容。

胃十二指肠疾病患者的护理

学习目标

知识目标	1. 掌握胃十二指肠溃疡和胃癌患者的临床表现、处理原则和护理措施。 2. 熟悉胃十二指肠溃疡常见并发症的临床表现和处理原则。 3. 了解胃十二指肠疾病患者的病因、病理生理和辅助检查。
能力目标	能运用护理程序对胃十二指肠疾病患者实施整体护理。
素质目标	具有关心和爱护胃十二指肠疾病患者的态度和行为；具备团队合作精神。

第一节 胃十二指肠溃疡

导入情景与思考

患者，男，42岁，胃溃疡8年余，近几个月来自觉症状加重。6小时前进食后突感上腹部刀割样剧痛，迅速波及全腹，伴恶心、呕吐，入院诊断为"胃溃疡并急性穿孔"。体格检查：体温37.1℃，脉搏106次/min，呼吸24次/min，血压110/80mmHg；腹式呼吸消失，板状腹，全腹压痛和反跳痛，肠鸣音明显减弱，肝浊音界消失，移动性浊音阳性。辅助检查：白细胞计数9.0×10^9/L，中性粒细胞百分比84%。腹部X线检查可见膈下新月状游离气体影。

请思考：

1. 该患者目前的主要护理诊断/问题是什么？
2. 该患者的非手术护理措施有哪些？

胃十二指肠溃疡（gastroduodenal ulcer）是指胃十二指肠黏膜的局限性圆形或椭圆形的全层黏膜缺损。溃疡的形成与胃酸–蛋白酶的消化作用有关，故又称为消化性溃疡（peptic ulcer）。随着消化内镜技术的发展、抗幽门螺杆菌药物的使用，多数患者经内科治疗可以痊愈，外科治疗主要针对急性穿孔、出血、幽门梗阻、癌变及长期规范性药物治疗无效的患者。

【病因】

胃十二指肠溃疡病因较复杂，常为多因素联合作用的结果，主要原因包括幽门螺杆菌感染、胃酸分泌异常、胃黏膜屏障受损和其他因素（遗传因素、吸烟、心理压力等）。

【病理生理】

1. 典型的胃十二指肠溃疡多为单发，呈圆形或椭圆形，黏膜缺损时可深达黏膜下层，若侵蚀到血管或穿破浆膜层可引起出血或穿孔。幽门处较大溃疡愈合后形成瘢痕可导致幽门梗阻。

2. 胃十二指肠溃疡并发症

（1）胃十二指肠溃疡穿孔：是活动期胃十二指肠溃疡向深部侵蚀、穿破浆膜的结果。90%的十二指肠溃疡穿孔发生在球部前壁偏胃小弯侧，而60%的胃溃疡穿孔发生在近幽门的胃前壁，多偏胃小弯。急性穿孔后，具有强烈刺激的消化液和食物进入腹腔，引起化学性腹膜炎并逐渐转变为化脓性腹膜炎。病情严重者可出现休克。

（2）胃十二指肠溃疡大出血：是因溃疡基底血管受侵蚀并导致破裂的结果。患者过去多有溃疡病史，近期可有服用非甾体抗炎药、疲劳、饮食不规律等诱因。胃溃疡大出血多发生在胃小弯，十二指肠溃疡大出血通常位于球部后壁。

（3）胃十二指肠溃疡瘢痕性幽门梗阻：常见于十二指肠球部溃疡和Ⅱ型、Ⅲ型胃溃疡。溃疡引起幽门梗阻的机制有幽门痉挛、炎性水肿和瘢痕3种，前2种情况是暂时性的和可逆的，无须外科手术。胃十二指肠溃疡瘢痕性幽门梗阻属永久性，需要手术解除。胃内容物潴留引起呕吐，导致体液丢失，发生脱水、低钾低氯性碱中毒。

【临床表现】

1. 胃十二指肠溃疡

（1）胃溃疡：腹痛常在进餐后0.5~1小时开始，持续1~2小时后消失。进食后疼痛不能缓解，有时反而加重，服用抗酸药疗效不明显。压痛点位于剑突与脐间的正中线或略偏左。胃溃疡经抗酸治疗后常容易复发。

（2）十二指肠溃疡：上腹部或剑突下烧灼痛或钝痛，主要为餐后延迟痛（餐后3~4小时）、饥饿痛或夜间痛，服用抗酸药或进食能使疼痛缓解或停止。脐部偏右上方可有压痛。腹痛于秋冬季或冬春季好发，具有周期性发作的特点。

2. 胃十二指肠溃疡并发症

（1）胃十二指肠溃疡穿孔：患者多有长期溃疡病史和近期病情加重史。穿孔多发生于夜间空腹或饱食后。主要表现为突发性上腹部刀割样剧痛，很快波及全腹，出现弥漫性腹膜炎的临床表现，常伴恶心、呕吐，甚至出现休克。

（2）胃十二指肠溃疡大出血：呕血和黑便是主要的症状。出血量大，出血速度快的患者，表现为大量呕血或排出紫黑色血便；少量出血者则表现为柏油样大便。呕血前患者感觉心慌不适、恶心，便血前多突然有便意。短期内失血超过400ml时，患者可出现面色苍白、口渴、脉搏增快、血压正常或略偏高的循环系统代偿征象。快速大量出血超过800ml时，患者可以出现休克症状和体征。腹部检查可见腹部稍胀，肠鸣音活跃，上腹部可有轻压痛。

（3）胃十二指肠溃疡瘢痕性幽门梗阻：患者最初出现进食后上腹部不适并出现阵发性痉挛性疼痛，伴嗳气、恶心及呕吐。呕吐常发生在下午或晚间，呕吐量大，一次可达1 000~2 000ml，呕吐物为宿食，有腐败臭味，不含胆汁；呕吐后患者自觉胃部舒适，故患者常自行诱发呕吐以减轻症状。上腹部可见胃型和胃蠕动波。

【辅助检查】

1. 实验室检查 胃十二指肠溃疡穿孔患者血白细胞计数及中性粒细胞百分比增高。血清淀粉酶轻度升高。胃十二指肠溃疡大出血患者红细胞计数、血红蛋白、血细胞比容均下降。但在出血早期，由于血液浓缩，指标下降不明显；若短期内反复测定可见进行性下降。

2. 内镜检查 胃镜检查是确诊胃十二指肠溃疡的首选检查方法，可明确病变部位及程度，能同时进行幽门螺杆菌检测或在直视下取活组织病理学检查，进一步明确病变性质。

3. CT检查 CT对游离气体的检查灵敏度较高，在穿孔诊断中占主要地位，能确定穿孔的位置、大小及排除其他可能。

4. X线钡餐检查 在胃或十二指肠部位显示一边缘光滑、整齐的龛影，或见十二指肠壶腹部变形。胃十二指肠溃疡穿孔患者立位腹部X线检查约有80%患者膈下见新月状游离气体影。幽门梗阻患者可见胃高度扩张，蠕动减弱，排空延迟，有大量空腹潴留液，钡剂下沉出现气、液、钡三层现象。

5. 诊断性腹腔穿刺 适用于急性穿孔临床表现不典型者，必要时行诊断性腹腔穿刺检查，穿刺抽出液可含胆汁或食物残渣。

【处理原则】

胃十二指肠溃疡无严重并发症的患者以内科治疗为主，主要采取抑制胃酸分泌、保护胃黏膜和抗幽门螺杆菌的药物进行综合治疗。如果内科治疗无效或出现严重并发症或胃溃疡怀疑恶变者，可考虑外科手术治疗。

1. 手术适应证 ① 经系统内科治疗3个月以上无愈合或愈合后很快复发的顽固性溃疡；② 胃十二指肠溃疡出现并发症者。

2. 手术方式

（1）胃大部切除术：是首选术式，切除胃远端的2/3~3/4，包括胃体、胃窦部、幽门和近胃侧部分的十二指肠球部。胃大部切除后消化道重建术式有以下几种。

1）毕（Billroth）Ⅰ式胃大部切除术：切除远端胃大部后将残胃与十二指肠吻合（图23-1-1），多适用于胃溃疡。其优点是术后消化道接近正常，手术操作较简单，术后并发症较少；缺点是有时为避免残胃与十二指肠吻合口张力过大，胃的切除范围不够，增加了术后溃疡的复发机会。

2）毕（Billroth）Ⅱ式胃大部切除术：切除远端胃大部后关闭十二指肠残端，行胃与上段空肠吻合（图23-1-2）。该术式适

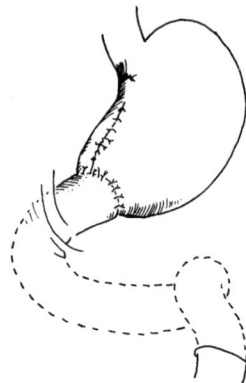

▲ 图23-1-1 毕Ⅰ式胃大部切除术

用于各种胃十二指肠溃疡，尤其是十二指肠溃疡。其优点是即使胃切除较多，胃空肠吻合口也不致张力过大，术后溃疡复发率低；缺点是吻合方式改变了正常的解剖生理关系，术后发生胃肠道功能紊乱的可能性较毕Ⅰ式大。

3）胃空肠鲁氏Y形吻合术（Roux-en-Y吻合术）：胃大部切除后关闭十二指肠残端，在距十二指肠悬韧带（又称Treitz韧带）10~15cm处切断空肠，将残胃和远端空肠吻合，距此吻合口以下45~60cm处将空肠与空肠近侧断端吻合（图23-1-3）。此术式可防止术后胆胰液进入残胃。

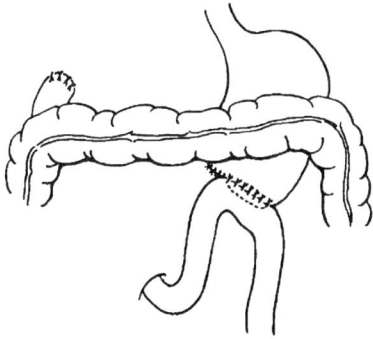

▲ 图23-1-2　毕Ⅱ式胃大部切除术

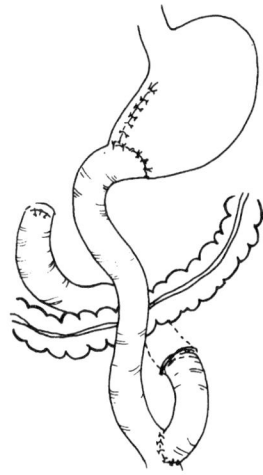

▲ 图23-1-3　胃空肠Roux-en-Y吻合术

（2）穿孔缝合术：主要适用于胃十二指肠溃疡穿孔者。腹腔镜方式主要针对穿孔时间短、腹腔污染较轻者；开放手术针对部分合并出血或者穿孔时间长、腹腔污染较严重者。

（3）出血部位的贯穿缝扎术：主要适用于十二指肠球部后壁溃疡出血者。高龄体弱、难以耐受长时间手术者可采用该术式。

【护理评估】

（一）术前评估

1. 健康史　性别、年龄、职业、饮食生活习惯、用药情况，有无非甾体药物和皮质类固醇药物的服用史，近期是否经历严重应激事件等。

2. 身体状况

（1）症状体征：腹部疼痛的规律及性质，有无上腹部深压痛及压痛点位置。

（2）辅助检查：包括实验室检查、胃镜检查、CT、X线钡餐检查及诊断性腹腔穿刺等结果。

3. 心理-社会状况　患者有无焦虑、恐惧的负性情绪；患者及家属对疾病的认知程度；家庭对治疗的经济承受能力及社会支持状况。

（二）术后评估

1. 术中情况　包括麻醉方式；手术方式；术中出血及补液情况；引流管放置位置及数量。

2. 术后情况　包括生命体征；引流管情况；伤口情况；有无并发症发生；术后饮食及康复情况。

3. 心理-社会状况 患者的心理反应及情绪状态，家属及亲友的态度、经济承受能力等。

【常见护理诊断/问题】

1. 急性疼痛 与胃十二指肠溃疡、穿孔，手术创伤有关。

2. 潜在并发症： 术后胃出血、十二指肠残端破裂、吻合口瘘、术后梗阻等。

【护理目标】

1. 患者疼痛减轻或消失。

2. 患者术后未发生并发症，或并发症被及时发现和处理。

【护理措施】

（一）非手术治疗的护理/术前护理

1. 体位 取平卧位或半卧位。有呕吐倾向者取平卧位，头偏向一侧。休克患者应采取中凹卧位，待生命体征平稳后改为半卧位。

2. 饮食护理 出现并发症者禁食禁饮，必要时给予胃肠减压；出血停止或非完全性幽门梗阻者，可进流质或无渣半流质饮食。术前1日进流质饮食，术前12小时禁饮食。

3. 病情观察 严密观察患者生命体征及腹部情况。胃十二指肠溃疡大出血的患者重点观察胃管引出液及便血情况，如有异常应及时与医生沟通，做好手术准备和抢救工作。

4. 静脉补液 根据医嘱维持水、电解质和酸碱平衡，静脉补充肠外营养液、输血或其他血液制品，以纠正营养不良、贫血和低蛋白血症。

5. 抗感染 遵医嘱使用抗生素以预防和控制感染等。

6. 术前准备 协助做好各项检查、皮肤准备、药物过敏试验；交叉配血、血型鉴定；术前用药等。

7. 心理护理 根据患者对手术的认知程度及心理状态，缓解紧张、恐惧情绪，解释相关的疾病和手术知识，增强患者的信心。

（二）术后护理

1. 病情观察 术后密切观察患者的生命体征、血压、尿量、伤口情况及引流液的颜色及性状，以便及时发现有无出血、吻合口瘘等并发症。

2. 体位 术后取平卧位，待患者意识清楚，生命体征平稳后取低半卧位。

3. 饮食护理 拔除胃管后的当日，可饮少量温开水或米汤类清淡流质饮食，并观察有无腹痛、腹胀和发热等症状。如无不适，第2日进半量流质饮食，第3日进全量流质饮食，第4日进半流质饮食。应少量多餐，开始时每日5~6餐，以后逐渐减少进餐次数并增加每次进食量，逐步恢复正常饮食。饮食应均衡，忌生、冷、硬和刺激性食物。

4. 引流管护理 胃十二指肠溃疡手术后，常留置腹腔引流管和胃管。护理时需要注意：① 应妥善固定并准确标记各引流管，防止滑脱。② 保持引流管通畅，防止受压、扭曲、折叠等。③ 观察并记录引流液的颜色、性质和量。术后胃管引流液为暗红色或咖啡色，量少且逐日减少，如术后引流较多的鲜红色液体，应及时告知医生进行处理。当肠蠕动恢复、肛门排气，患者无腹痛、腹胀、呃逆等症状时，可停止胃肠减压，拔除胃管。

5. 鼓励早期活动　早期活动可促进肠蠕动恢复，预防术后肠粘连和下肢深静脉血栓等并发症的发生。对于年老体弱或病情较重者，活动量根据个体差异而定。

6. 术后并发症的观察与护理

（1）术后胃出血

1）原因：术后24小时内的出血，多由术中止血不彻底或患者凝血功能不良所致；术后第4~6日发生的呕血、便血，常由吻合口黏膜坏死脱落引起；术后第10~20日发生的出血，可能与吻合口感染有关。

2）表现及处理：患者脉搏增快，术后短期内胃肠减压抽出大量鲜红色液体，24小时后仍未停止，或出现呕血、便血。应密切观察生命体征变化，观察并记录出血量和尿量，禁食，遵医嘱使用止血药、抗酸药，必要时输血。如经非手术治疗后仍然存在活动性出血或出血量＞500ml/h，应做好再次手术止血的准备。

（2）十二指肠残端破裂：毕Ⅱ式胃大部切除术后早期最严重的并发症。

1）原因：可能与十二指肠残端处理不当、空肠输入袢梗阻致十二指肠残端内张力过高有关。

2）表现及处理：多发生于术后24~48小时，临床表现为突发性右上腹剧痛，发热，腹膜刺激征，白细胞明显增高，腹腔穿刺可抽得胆汁样液体。一旦确定十二指肠残端破裂，应立即行手术缝合。

（3）吻合口破裂或吻合口瘘

1）原因：多发生于术后5~7日，与吻合口缝合不当、吻合口张力过大和组织供血不足有关，低蛋白血症、贫血者较易发生。

2）表现及处理：吻合口破裂早期患者表现为高热、脉搏增快等全身中毒症状，腹膜刺激征明显，腹腔引流管可引流出含有肠内容物的混浊液体；晚期可形成局限性腹腔脓肿或外瘘。诊断明确、症状体征严重者需立即手术治疗；如患者无弥漫性腹膜炎症状体征，可采取禁食、胃肠减压，营养支持和抗感染等治疗，注意纠正体液失衡。

（4）术后梗阻：根据梗阻部位分为输入袢梗阻、吻合口梗阻和输出袢梗阻。

1）输入袢梗阻：① 急性完全性梗阻，表现为突发性上腹部剧痛、频繁呕吐，呕吐量少，不含胆汁，呕吐后症状不缓解，上腹偏右有压痛及包块，可出现黄疸、休克，应紧急手术治疗；② 慢性不完全性梗阻，表现为进食后15~30分钟，出现上腹胀痛或绞痛，呈喷射状呕吐大量含胆汁液体，呕吐后症状消失。应早期手术治疗。

2）吻合口梗阻：由吻合口过小，吻合口的胃壁或肠壁内翻太多引起。也可能是吻合口炎症水肿所致的暂时性梗阻。表现为进食后上腹饱胀、呕吐，呕吐物为食物，不含胆汁，进行X线钡餐检查可见对比剂完全停留在胃内。保守治疗无效后行手术治疗，解除梗阻。

3）输出袢梗阻：系术后胃肠吻合口下方输出袢因粘连、大网膜水肿或炎性肿块压迫等所致的梗阻。表现为上腹饱胀，严重时呕吐食物和胆汁。经非手术治疗后不能缓解，应手术解除梗阻。

（5）胃排空障碍

1）原因：精神因素、输出袢痉挛、吻合口水肿、低蛋白血症、饮食结构改变、长期应用抑制胃肠运动的药物等可导致胃肠动力障碍，胃排空延迟。

2）表现及处理：多发生于术后4~10日。临床表现为上腹饱胀、胀痛、继而呕吐含胆汁的胃内容物。一旦发生，经禁食、胃肠减压，肠外营养支持，应用促进胃动力的药物治疗后，多数患者能治愈。

（6）倾倒综合征

1）早期倾倒综合征：多因餐后大量高渗性食物快速进入十二指肠或空肠，肠道内分泌细胞大量分泌肠源性血管活性物质，加上渗透压作用使细胞外液大量移入肠腔，从而引起一系列血管舒缩功能紊乱和胃肠道症状。多发生在进食后半小时内，患者以循环系统症状和胃肠道症状为主要表现。循环系统症状表现为心悸、心动过速、出冷汗、全身无力、面色苍白和头晕等；胃肠道症状主要表现为恶心、呕吐甚至虚脱，并伴有肠鸣音增强和腹泻。可采取少量多餐，进食后平卧20分钟，避免进过甜、过浓食物，减少液体摄入量等措施治疗，大多数患者经饮食调整后可逐渐自愈。

2）晚期倾倒综合征：多因进食后胃排空过快，含糖食物迅速进入空肠后被过快吸收使血糖急速升高，刺激胰岛素大量释放，而当血糖下降后，胰岛素并未相应减少，继而发生反应性低血糖，故又称为低血糖综合征。表现为餐后2~4小时，出现心慌、无力、眩晕、出冷汗、手颤、嗜睡，甚至虚脱。饮食中减少碳水化合物含量，增加蛋白质比例，少量多餐，可逐渐缓解。

（三）健康教育

1. 疾病宣教 告知患者有关胃十二指肠溃疡的病因、治疗方法等疾病相关知识，使其正确认识疾病，积极配合治疗。

2. 饮食指导 少食腌制和烟熏食品，避免过冷、过烫、辛辣及煎炸食品。戒烟，戒酒，忌喝浓茶、咖啡及碳酸饮料等。

3. 用药指导 术后需要继续服药者，告知药物服用的时间、方式、剂量及药物的副作用，必要时门诊随访。

【护理评价】

1. 患者的疼痛是否减轻或消失。

2. 患者是否发生并发症，或并发症是否被及时发现和处理。

第二节　胃癌

胃癌（gastric carcinoma）是我国常见的消化道恶性肿瘤，发病率居恶性肿瘤第7位，死亡率居第3位。发病年龄多在50岁以上，男女发病率比例约为2∶1。

【病因】

胃癌的确切病因尚未完全清楚，但目前认为与下列因素有关。

1. 地域环境及饮食生活因素 我国的西北部和东部沿海地区胃癌发病率较南方地区明显为

高。长期食用亚硝酸盐含量高的熏烤、腌制食品的人群，胃癌发病率较高。吸烟者的胃癌发病风险高于不吸烟者。

2. 幽门螺杆菌感染　其发生胃癌的机制较复杂。

3. 癌前疾病及癌前病变　如慢性萎缩性胃炎、胃息肉、胃溃疡及残胃炎等癌前疾病及胃黏膜不典型增生等癌前病变与胃癌的发生均有一定关系。

4. 遗传因素　患者直系亲属中有胃癌疾病者，其胃癌发病率比普通人群高。

【病理】

约50%以上的胃癌好发于胃窦部，其次为贲门部，发生在胃体部者较少。

1. 大体分型　根据胃癌发展所处的阶段分为早期胃癌和进展期胃癌。

（1）早期胃癌：指胃癌仅限于黏膜或黏膜下层。癌灶直径在5mm以下称为微小胃癌，直径小于10mm称为小胃癌。

（2）进展期胃癌：指癌组织浸润深度超出黏膜下层。侵入胃壁肌层为中期胃癌；癌组织达浆膜下层或是超出浆膜向外浸润至邻近脏器或有转移为晚期胃癌。中、晚期胃癌统称为进展期胃癌，临床上进展期胃癌较常见。

2. 组织学分型　① 腺癌（包括肠型和弥漫型）；② 乳头状腺癌；③ 管状腺癌；④ 黏液腺癌；⑤ 印戒细胞癌；⑥ 腺鳞癌；⑦ 鳞状细胞癌；⑧ 小细胞癌；⑨ 未分化癌；⑩ 其他类型。胃癌绝大部分为腺癌。

3. 转移扩散途径

（1）直接浸润：胃癌可由原发部位向纵深浸润发展，穿破浆膜后直接侵犯邻近器官。

（2）淋巴转移：是胃癌的主要转移途径。癌细胞由原发部位经淋巴管转移到所属区域淋巴结，终末期胃癌可经胸导管向左锁骨上淋巴结转移，或经肝圆韧带转移至脐周。

（3）血行转移：多发生于晚期，最常见的是肝转移，也可转移至肺、胰、骨等处。

（4）腹腔种植转移：癌肿浸润穿透浆膜层，癌细胞可脱落种植于腹膜、大网膜或其他脏器表面，广泛播散时可形成血性腹水。女性患者可发生卵巢转移性肿瘤，称库肯伯格瘤（Krukenberg瘤）。癌细胞广泛播散时，可出现大量癌性腹水。

【临床表现】

1. 症状　早期胃癌患者多无明显症状，少数患者可有上腹隐痛、嗳气、反酸、食欲减退等类似溃疡病的症状。进展期胃癌主要表现为疼痛与体重减轻。患者常出现进食后饱胀、上腹部不适、食欲下降、消瘦乏力等症状。上腹部疼痛随病情进展而加重，部分患者还伴有恶心、呕吐。不同部位的胃癌有其特殊表现：贲门胃底癌可有胸骨后疼痛和进行性哽噎感；幽门附近的胃癌可有呕吐宿食的表现；肿瘤溃破血管后可有呕血和黑便。

2. 体征　早期患者无明显体征，仅有上腹部深压痛；晚期患者在腹部可扪及肿块，多呈结节状、质硬，略有压痛。若出现远处转移时，患者出现肝大、腹水、锁骨上淋巴结肿大等体征。

【辅助检查】

1. 胃镜　诊断胃癌的最有效方法，能够直接观察胃黏膜病变的部位和范围，并可直接取病变组织行病理学检查，明确病变性质。

2. X线钡餐 可观察胃的形态和黏膜变化、胃蠕动功能和排空时间。气钡双重对比造影检查可发现早期胃癌。

3. 螺旋CT 是一种有助于胃癌诊断和术前临床分期的新型无创检查手段。

4. 正电子发射断层成像（PET） 可对胃癌进行诊断，还可判断淋巴结和远处转移病灶的情况。

5. 其他 粪便隐血试验常呈持续阳性，胃液测定显示胃酸缺乏或减少。

【处理原则】

早期发现、早期诊断和治疗是提高胃癌疗效的关键。手术治疗是早期胃癌和进展期胃癌最常用、最有效的治疗手段。对于中、晚期胃癌，积极采用化疗、放疗及免疫治疗等综合治疗手段。

1. 手术治疗

（1）根治性手术：包括胃全切除术、远端胃切除术和近端胃切除术。手术原则为彻底切除胃癌原发病灶，包括癌肿和可能受浸润胃壁在内的胃大部或全部，以及大、小网膜和局域淋巴结，并重建消化道。

（2）姑息性切除术：对于癌肿广泛浸润并转移、不能完全切除者，针对由胃癌导致的梗阻、穿孔、出血等并发症状而进行的手术，如姑息性胃切除术、胃空肠吻合术、空肠造口术等。

2. 化疗 最主要的辅助治疗方法，临床上多种化疗药物常联合使用，给药途径通常为口服、静脉、腹膜腔、动脉插管灌注等。

3. 其他治疗 根据患者具体情况还可选用放疗、免疫治疗和靶向治疗等方法。

知识拓展 | **达芬奇机器人手术联合新辅助化疗治疗进展期胃癌**

近年来，达芬奇机器人辅助系统被视为微创手术的创新性应用之一。与腹腔镜技术相比，其具有超高清三维（3D）视角、10倍手术视野放大、有效过滤手部震颤、极高的自由度、减轻术者疲劳等优势。达芬奇机器人手术联合新辅助化疗治疗进展期胃癌和腹腔镜手术联合新辅助化疗具有相似的安全性及短期临床疗效。与腹腔镜手术相比，达芬奇机器人手术具有手术出血少、术后康复快、住院时间短等多种优势，未增加术后并发症发生率。

【护理评估】

参见本章第一节胃十二指肠溃疡。

【常见护理诊断/问题】

1. 焦虑/恐惧 与患者对癌症的恐惧及担心治疗效果和预后等有关。

2. 营养失调：低于机体需要量 与长期食欲减退、消化吸收不良及消耗增加有关。

3. 潜在并发症： 术后胃出血、十二指肠残端破裂、吻合口瘘、术后梗阻等。

【护理目标】

1. 患者情绪稳定，焦虑/恐惧减轻或消失。

2. 患者体重得到维持，营养状况改善。

3. 患者术后未发生并发症，或并发症被及时发现和处理。

【护理措施】

（一）非手术治疗的护理／术前护理

1. 营养支持　能进食者应少量多餐，进食高热量、高蛋白、维生素丰富、无刺激、易消化的少渣食物；进食量少或不能经口进食者，采用经静脉、全胃肠外营养或空肠造瘘给予营养；低蛋白血症或贫血患者输注蛋白制剂或浓缩红细胞。

2. 胃肠道准备　伴有幽门梗阻的患者，应禁食、胃肠减压，术前3日给予患者口服肠道不吸收的抗菌药物；疑有肠道浸润转移者，需做清洁灌肠准备。

3. 心理护理　术前鼓励患者表达自身感受，向患者解释胃癌手术治疗的必要性，帮助患者消除负性情绪，增强对治疗的信心。还应鼓励家属和朋友给予患者关心和支持，使其能积极配合治疗和护理。

（二）术后护理

1. 营养支持

（1）肠内营养支持：对术中放置空肠喂养管的胃癌根治术患者，术后早期经喂养管输注肠内营养液，以改善患者的全身营养状况。护理要点：① 妥善固定喂养管；② 保持喂养管通畅；③ 控制营养液的温度、浓度和速度；④ 喂养过程中观察患者有无恶心、呕吐、腹痛、腹胀、腹泻，以及水、电解质代谢紊乱等并发症的发生。

（2）肠外营养支持：术后胃肠减压期间及时补充患者所需的水、电解质和营养素，并且准确记录24小时出入量，必要时输白蛋白或全血，以改善患者的营养状况，促进切口愈合。

2. 并发症的护理　参见本章第一节胃十二指肠溃疡。

（三）健康教育

1. 饮食指导　向患者及家属解释不良饮食习惯对疾病产生及复发的影响，养成规律进食的习惯。介绍食物烹饪、贮存的要求，少食腌制、熏烤食品。术后少食多餐，戒烟、酒，忌辛辣刺激性食物，忌喝浓茶、咖啡等。

2. 化疗指导　解释化疗的必要性及副作用；定期检查血常规、肝肾功能；预防感冒和预防感染。

3. 出院指导　术后3年内每3~6个月复查1次，术后3~5年每半年复查1次，5年后每年复查1次。内镜检查坚持每年1次。若有腹部不适、胀满、肝区肿胀、锁骨上淋巴结肿大等表现，应随时复诊。

【护理评价】

1. 患者情绪是否稳定，焦虑、恐惧是否减轻。

2. 患者体重是否维持，营养状况是否改善。

3. 患者是否发生并发症，或并发症是否被及时发现和处理。

（武江华）

学习小结

1. 胃十二指肠溃疡的发病原因主要包括幽门螺杆菌感染、胃酸分泌异常、胃黏膜屏障受损和其他因素（遗传因素、吸烟、心理压力等），主要并发症包括胃十二指肠溃疡穿孔、胃十二指肠溃疡大出血和胃十二指肠溃疡瘢痕性幽门梗阻。多数患者经内科治疗可以痊愈，部分治疗效果不佳或出现并发症者则需要外科手术。急性穿孔、大出血时护理措施包括禁食、胃肠减压、使用抗生素和补液治疗。健康指导的重点是保持规律进食，少食多餐，忌辛辣刺激食物，戒烟戒酒。

2. 胃癌的病因不明确，可能与地域环境、饮食生活因素、幽门螺杆菌感染、癌前疾病和癌前病变、遗传因素有关。胃癌早期多无明显症状，进展期一般出现上腹疼痛加重、食欲下降、乏力、消瘦等症状。电子胃镜检查是诊断胃癌最有效的方法。外科手术是治疗胃癌的主要手段，包括根治性手术和姑息性手术，术后要加强营养支持、引流管护理，做好并发症的预防及护理。

复习参考题

一、单项选择题

1. 十二指肠溃疡的腹痛特点是
   A. 上腹部饥饿痛，进食后不缓解
   B. 上腹部饥饿痛，进食后缓解
   C. 上腹部饥饿痛，服抗酸药后不缓解
   D. 上腹痛，进食后不缓解甚至加重
   E. 上腹部持续性胀痛，与饮食无关

2. 胃十二指肠溃疡瘢痕性幽门梗阻常引起
   A. 低钾低氯性酸中毒
   B. 低钾高氯性酸中毒
   C. 高钾高氯性碱中毒
   D. 高钾低氯性碱中毒
   E. 低钾低氯性碱中毒

3. 毕Ⅱ式胃大部切除术后并发吻合口梗阻时的呕吐特点是
   A. 呕吐胃内容物，不含胆汁
   B. 呕吐食物和胆汁
   C. 频繁呕吐，量少不含胆汁
   D. 呕吐量大，呕吐物为带酸臭味的宿食
   E. 呕吐物带臭味

4. 微小胃癌癌灶直径小于
   A. 5mm
   B. 8mm
   C. 10mm
   D. 12mm
   E. 15mm

5. 胃癌最主要的一种辅助治疗方法
   A. 放疗
   B. 生物免疫治疗
   C. 化疗
   D. 动脉介入治疗
   E. 手术

参考答案：
1. B　2. E　3. A　4. A　5. C

二、简答题

1. 简述胃十二指肠溃疡的常见并发症。

2. 简述胃大部切除术后饮食指导的内容。

第二十四章 小肠疾病患者的护理

学习目标

知识目标	1. 掌握肠梗阻的临床表现和护理措施。 2. 熟悉肠梗阻、肠瘘的病因、病理生理和处理原则。 3. 了解肠梗阻、肠瘘的概念和分类。
能力目标	能运用护理程序对小肠疾病患者实施整体护理。
素质目标	具有关心和爱护小肠疾病患者的态度和行为；具备团队合作精神。

第一节 肠梗阻

导入情景与思考

患者，男，51岁，因"间歇性腹痛3日、停止排气排便2日"入院。3日前患者无明显诱因突然腹痛、呕吐，呕吐物有粪臭味，3日来患者未进食，且尿少。体格检查：患者呈痛苦面容，腹部膨隆，无反跳痛及肌紧张，移动性浊音阴性，肠鸣音高亢，有气过水声。辅助检查：腹部X线片示右侧膈下及中下腹可见多个气液平面。患者15年前曾因急性化脓性阑尾炎行阑尾切除手术。

请思考：

1. 该患者目前主要的护理诊断/问题是什么？
2. 该患者非手术治疗的主要护理措施有哪些？

肠梗阻（intestinal obstruction）指肠内容物在肠道中不能顺利通过和运行，是外科常见的急腹症之一，不仅可引起肠管本身形态和功能的改变，还可引起全身性生理功能紊乱。

【病因与分类】

（一）分类

1. **按肠梗阻发生的基本病因分类**

（1）机械性肠梗阻：最常见，各种原因引起肠腔狭窄，使肠内容物通过发生障碍。

（2）动力性肠梗阻：分为麻痹性肠梗阻和痉挛性肠梗阻。

（3）血运性肠梗阻：较少见，由于肠系膜血管栓塞或血栓形成，出现肠管血运障碍。

2. 按肠壁有无血运障碍分类

（1）单纯性肠梗阻：肠内容物通过受阻，而无肠管血运障碍。

（2）绞窄性肠梗阻：伴有肠管血运障碍的肠梗阻。

3. 其他分类 根据梗阻部位，可分为高位（空肠上段）肠梗阻和低位（回肠、结肠）肠梗阻；根据梗阻程度，可分为完全性肠梗阻和不完全性肠梗阻；根据梗阻发展过程，可分为急性肠梗阻和慢性肠梗阻；当发生肠扭转、结肠肿瘤时，病变肠袢两端完全阻塞，称为闭袢性肠梗阻。

【病理生理】

1. 局部变化 以机械性肠梗阻为例，肠梗阻发生后，肠腔内积气、积液，肠管扩张，肠壁变薄、缺血和通透性增加，腹腔内出现粪臭味渗出液，可引起腹膜炎，最后肠管可因缺血坏死而溃破穿孔。

2. 全身性变化 高位肠梗阻可导致代谢性碱中毒。低位肠梗阻时丢失的体液多为碱性或中性；组织灌注不良和尿量减少可引起代谢性酸中毒；大量的 K^+ 丢失可引起肌无力及心律失常；毒素经腹膜吸收可引起全身性感染；水、电解质代谢紊乱和酸碱平衡失调等均可引起严重休克。

【临床表现】

1. 症状

（1）腹痛：单纯性机械性肠梗阻表现为阵发性腹部绞痛；绞窄性肠梗阻呈持续性剧烈腹痛；麻痹性肠梗阻表现为全腹持续性胀痛或不适；肠扭转多表现为突发腹部持续性绞痛伴阵发性加剧；而蛔虫性肠梗阻多以阵发性脐周腹痛为主。

（2）呕吐：梗阻早期多为反射性呕吐；高位肠梗阻呕吐频繁；低位肠梗阻呕吐较迟较轻；麻痹性肠梗阻呕吐呈溢出性；绞窄性肠梗阻呕吐物含血性或棕褐色液体。

（3）腹胀：高位肠梗阻腹胀较轻；低位肠梗阻腹胀明显；闭袢性肠梗阻患者腹胀多不对称；麻痹性肠梗阻表现为均匀性全腹胀；肠扭转时腹胀多不对称。

（4）停止排便、排气：完全性肠梗阻表现为排便和排气现象消失；不完全性肠梗阻可有多次少量排便、排气；绞窄性肠梗阻可排黏液血便。

2. 体征

（1）腹部：机械性肠梗阻可见肠型和蠕动波，可有轻度压痛，但无腹膜刺激征，肠鸣音亢进，有气过水声；肠扭转时可出现不对称腹胀；麻痹性肠梗阻时腹胀均匀，肠鸣音减弱或消失；绞窄性肠梗阻时有固定压痛和腹膜刺激征；蛔虫性肠梗阻时可在腹中部触及条索状团块；肠套叠时可扪及腊肠样肿块。

（2）全身：初期无明显变化；梗阻晚期或绞窄性肠梗阻可出现脱水体征及全身中毒和休克征象。

【辅助检查】

1. 实验室检查 肠梗阻后期血红蛋白、血细胞比容、尿比重均升高。绞窄性肠梗阻白细胞计数和中性粒细胞百分比明显升高。

2. 影像学检查 一般在梗阻4~6小时后，腹部立位或侧位透视或摄片可见多个气液平面及胀气肠袢（图24-1-1）。空肠梗阻时，空肠黏膜环状皱襞可显示"鱼肋骨刺"状改变。

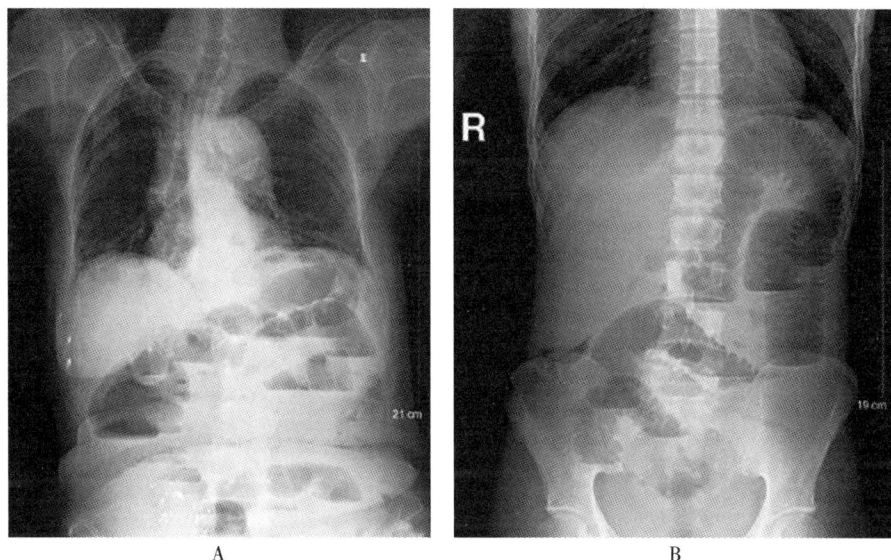

▲ 图24-1-1　肠梗阻的X线表现
A. 气液平面；B. 胀气肠袢。

【处理原则】

1. 非手术治疗　禁食禁饮、胃肠减压；纠正水、电解质代谢紊乱和酸碱平衡失调；防治感染；可给予生长抑素以减少胃肠液的分泌量，减轻胃肠道膨胀；酌情应用解痉药。

2. 手术治疗　适用于绞窄性肠梗阻及由肿瘤等引起的肠梗阻。手术方式包括：① 解除病因，如粘连松解术等；② 肠切除肠吻合术，适用于肠肿瘤或局部肠袢已坏死者；③ 肠短路吻合术，适用于晚期肿瘤浸润固定，或肠粘连成团与周围组织粘连广泛者；④ 肠造口或肠外置术，适用于一般情况极差或局部病变不能切除的低位梗阻患者。

【护理评估】

（一）术前评估

1. 健康史　一般情况，现病史，既往史尤其是腹部手术及外伤史，家族史等。

2. 身体状况

（1）症状与体征：生命体征；呕吐物、排泄物、胃肠减压抽出液的量及性状；有无腹膜刺激征及其范围；有无脱水体征。

（2）辅助检查：实验室检查是否有水、电解质代谢紊乱和酸碱平衡失调等，腹部X线有无异常。

3. 心理-社会状况　患者的情绪、心理状态，对疾病相关知识的了解程度，家庭及社会支持情况。

（二）术后评估

1. 术中情况　麻醉、手术方式及术中输血、输液情况。

2. 术后状况 生命体征及伤口情况；各引流管状况，引流液的量、颜色及性状等；有无术后并发症的发生。

3. 心理-社会状况 患者的心理状态、对疾病康复相关知识的认知程度，家庭及社会支持情况。

【常见护理诊断/问题】

1. 急性疼痛 与肠蠕动增强有关。

2. 体液不足 与频繁呕吐、胃肠减压等有关。

3. 潜在并发症： 术后肠粘连、腹腔感染、肠瘘等。

【护理目标】

1. 患者腹痛程度减轻。

2. 患者体液维持平衡，能维持重要器官及脏器的有效灌注量。

3. 患者未发生并发症，或并发症得到及时发现和处理。

【护理措施】

（一）非手术治疗的护理/术前护理

1. 缓解疼痛与腹胀

（1）禁食禁饮、胃肠减压：有效的胃肠减压对单纯性肠梗阻和麻痹性肠梗阻可达到解除梗阻的目的。现多采用鼻胃管（Levin管）减压，先将胃内容物抽空，再行持续低负压吸引。保持负压装置通畅，观察并记录引流液的颜色、性质及量。

（2）体位：取低半卧位。减轻腹肌紧张，有利于患者的呼吸。

（3）应用解痉剂：明确诊断后，遵医嘱应用解痉药。

（4）按摩或针刺疗法：若为不完全性、痉挛性或单纯蛔虫所致的肠梗阻，可适当顺时针按摩腹部，并遵医嘱配合应用针刺疗法，以缓解疼痛。

2. 维持体液和营养平衡

（1）补液：准确记录液体的出入量。

（2）饮食：不能进食者给予静脉补液。若肠蠕动恢复正常，则可经口进流食，忌食用易产气的甜食和牛奶等；如无不适，24小时后进半流质饮食；3日后进软食。

3. 严密观察病情变化并对症处理 定时监测体温、脉搏、呼吸和血压，以及腹痛、腹胀和呕吐等变化，呕吐时坐起或头偏向一侧，及时清除口腔内呕吐物，以免误吸引起吸入性肺炎或窒息。呕吐后给予漱口，保持口腔清洁。观察和记录呕吐物的颜色、性状和量。协助医生做好各项检查，并评估结果有无异常。

若出现以下情况应警惕绞窄性肠梗阻发生的可能：① 腹痛发作急骤，发病开始即可表现为持续性剧痛或持续性疼痛伴阵发性加重，有时出现腰背痛；② 呕吐出现早、剧烈而频繁；③ 腹胀不对称，腹部有局限性隆起或触痛性肿块；④ 呕吐物、胃肠减压液或肛门排出物为血性，或腹腔穿刺抽出血性液体；⑤ 出现腹膜刺激征，肠鸣音可不亢进或由亢进转为减弱甚至消失；⑥ 体温升高、脉率增快、血白细胞计数升高；⑦ 病情进展迅速，早期出现休克，抗休克治疗无效；⑧ 经积极非手术治疗而症状体征未见明显改善；⑨ 腹部X线可见孤立、突出胀大的肠袢，位置固定不变，或有假肿瘤状阴影；或肠间隙增宽，提示腹水。此类患者病情危重，应在抗休克、抗感染的同时，积极做好术前准备。

4. 术前指导　需要行肠切除术的患者，除一般术前准备外还应进行肠道准备。急诊手术者应做好备皮、配血、输液等术前准备。

（二）术后护理

1. 病情观察　严密监测生命体征；观察引流管和切口敷料情况，若有异常及时处理。

2. 体位　全身麻醉术后暂取平卧位，头偏向一侧。麻醉清醒且血压平稳后给予半卧位。

3. 饮食　同术前护理。

4. 并发症的观察和护理

（1）肠粘连：鼓励病情平稳者术后早期活动，预防肠粘连。

（2）腹腔内感染及肠瘘：若术后3~5日出现体温升高、切口红肿、剧痛，有切口感染及肠瘘的可能。应遵医嘱进行全身营养支持和抗感染治疗，同时进行腹腔冲洗。

（三）健康教育

1. 饮食指导　少食辛辣刺激性食物，宜进高蛋白、高维生素、易消化饮食。避免暴饮暴食，饭后忌剧烈活动。

2. 保持排便通畅　养成良好的排便习惯，无效者可适当给予缓泻剂，避免用力排便。

3. 自我监测　如出现不适，及时就诊。

【护理评价】

1. 患者腹痛是否减轻。

2. 患者体液是否维持平衡，是否维持重要器官及脏器有效的灌注量。

3. 患者是否发生并发症，或并发症是否被及时发现和处理。

第二节　肠瘘

肠瘘（intestinal fistula）是指肠管与其他脏器、体腔或体表之间出现病理性通道，肠内容物经此通道进入其他脏器、体腔或至体外，引起水、电解质代谢紊乱和酸碱平衡失调，营养不良，消化液腐蚀及感染等，可危及患者生命。肠瘘有外瘘和内瘘之分。肠瘘穿破腹壁与外界相通者，称为肠外瘘；与其他空腔脏器相通，肠内容物不流出腹壁外者称肠内瘘。肠外瘘较多见，是肠腔与体表相通的瘘，是腹部外科中常见重症疾病之一。本节主要介绍肠外瘘。

【病因】

1. 先天性　如卵黄管未闭所致脐肠瘘。

2. 后天性　如腹部创伤或手术损伤；腹腔或肠道感染等。

3. 治疗性　如人工造瘘等。

【病理生理】

肠瘘形成后的病理生理改变与瘘管的部位、大小、数目等相关。按瘘管所在的部位可分为高位肠瘘和低位肠瘘。一般而言，高位肠瘘以水、电解质代谢紊乱及营养丢失较为严重；而低位肠瘘则以继发性感染更为明显。

1. 水、电解质代谢紊乱和酸碱平衡失调 正常成人每日分泌约 8 000ml 消化液，绝大部分由肠道回吸收，仅有约 150ml 液体随粪便排出体外。根据肠瘘的日排出量可分为两类：① 高流量肠瘘，指每日消化液排出量在 500ml 以上；② 低流量肠瘘，是指每日排出的消化液在 500ml 以内。伴随消化液的流失，还可出现相应电解质的丧失。

2. 营养不良 消化液大量流失影响消化道的消化吸收功能，导致蛋白质的分解代谢增加，引起负氮平衡及多种维生素缺乏。患者表现为体重骤减，并发贫血、低蛋白血症，若未及时处理，可因恶病质而死亡。

3. 消化液腐蚀及感染 排出的消化液中含有大量消化酶，可消化腐蚀瘘管周围的组织及皮肤，引起局部糜烂、出血并继发感染。消化液若流入腹膜腔或其他器官内，还可引起弥漫性腹膜炎、腹腔脓肿等。

【临床表现】

1. 腹膜炎期 多发生于创伤或手术后3~5日。

（1）局部：体表可见消化液，周围皮肤红肿、剧痛，甚至破溃出血。

（2）全身：高热；严重水、电解质代谢紊乱和酸碱平衡失调。

2. 腹腔内脓肿期 多发生于瘘形成后7~10日，出现恶心、呕吐、腹泻等；瘘口排出大量脓性或脓血性液体。

3. 瘘管形成期 仅有瘘口局部刺激症状及肠粘连表现，全身症状逐渐好转。

4. 肠瘘闭合 瘘管炎症反应消失，瘢痕愈合，临床症状消失。

【辅助检查】

1. 实验室检查 血常规示血红蛋白值、血细胞比容下降；严重感染时白细胞计数及中性粒细胞百分比升高。血生化检查血清 Na^+、K^+ 浓度降低，白蛋白减少，转氨酶升高等。口服染料或医用炭可以初步判断瘘的部位和瘘口大小，是最简便实用的检查手段。

2. 影像学检查 超声及 CT 检查可发现深部脓肿、积液及其与胃肠道的关系。瘘管造影可明确瘘的部位，瘘管的长度、走向、大小等。

【处理原则】

1. 非手术治疗

（1）补液及营养支持：纠正水、电解质代谢紊乱和酸碱平衡失调及营养失调。

（2）应用抗生素：根据肠瘘的部位及其常见菌群或药物敏感试验结果选择抗生素。

（3）应用生长抑素和生长激素：生长抑素制剂如奥曲肽等，能显著降低胃肠分泌量，从而降低瘘口肠液的排出量，以减少液体丢失。当肠液明显减少时，改用生长激素，可促进蛋白质合成，加速组织修复。

（4）瘘口局部处理：① 局部引流，常用双套管负压引流，及时将溢出的肠液引流到体外，部分患者经有效引流后可以愈合；如感染得到控制、病灶局限，或者空气肠瘘合并切口开放，采用持续负压吸引可达到良好效果。② 封堵处理，对于瘘管比较直的单个瘘，可用硅胶片封堵瘘口。近年来，有从管状瘘的外口注入黏合剂或纤维蛋白胶，或者以自体纤维蛋白胶促进管状瘘愈合的方法。

（5）腹腔开放：如肠瘘多发或感染范围广泛，可将腹腔敞开，避免腹腔高压的发生，并在负压引流的基础上，达到更有效引流、控制感染的目的。

2. 手术治疗

（1）早期腹腔引流术：术中可在瘘口附近放置引流管或双套管，以有效引流外溢肠液，促进局部炎症消散、组织修复及瘘管愈合。

（2）瘘口造口术：适用于瘘口大、腹腔污染严重、不能耐受一次性彻底手术者。

（3）肠段部分切除吻合术：适用于经以上处理不能自愈的肠瘘。

（4）肠瘘局部楔形切除缝合术：适用于瘘口较小且瘘管较细的肠瘘。

知识拓展 | 3D打印支架封堵肠瘘

3D打印肠瘘支架是近年来学科交叉的有效产物，通过肠瘘造影与CT重建、支架设计、材料研发、支架路径规划与打印，最终得到符合患者解剖结构的支架，经瘘口置入支架封堵瘘口，恢复肠瘘患者肠道连续性，可有效控制肠液流出，减少了肠液对周围组织的侵蚀，为恢复肠内营养、进行确定性手术奠定基础。

3D打印肠瘘支架置入后需要密切关注支架的位置，特别在泵入肠内营养时及下床活动后，应注意观察瘘口漏出量，警惕持续小渗漏导致的水、电解质代谢紊乱，必要时及时调整支架位置。

【护理措施】

（一）非手术治疗的护理/术前护理

1. 营养支持 发病初期禁食禁饮，可通过CVC或PICC行全胃肠外营养，补充液体和电解质，纠正水、电解质代谢紊乱和酸碱平衡失调，注意输液速度及导管的护理；并根据患者生命体征、皮肤弹性、黏膜湿润情况、24小时出入量、血清电解质及动脉血气分析检测结果，及时调整液体与电解质的种类和量，待肠功能逐渐恢复可逐步恢复肠内营养。

2. 控制感染

（1）体位：取低半坐卧位，以利于漏出液积聚于盆腔，减少毒素的吸收，同时有利于呼吸及引流。

（2）合理应用抗生素：遵医嘱应用抗生素。

（3）腹腔双套管引流的护理：腹腔双套管负压引流是最常用的引流方式。护理措施包括：① 调节负压大小，根据肠液黏稠度和日排出量调节。② 保持引流通畅，妥善固定引流管，及时清除双套管内的坏死组织，避免堵管。③ 调节灌洗液的量及速度，灌洗量每日2 000~4 000ml，滴速为40~60滴/min。若引流量大且黏稠，可适当加大灌洗量并加快灌洗速度；而在瘘管形成、肠液溢出减少后，灌洗量可适当减少。④ 观察和记录，观察并记录引流液的量及性状。

3. 瘘口周围皮肤的护理　及时清除漏出的肠液，保持皮肤清洁干燥。局部清洁后涂复方氧化锌软膏、皮肤保护粉或皮肤保护膜，可用0.5%氯己定清洁皮肤。若局部皮肤发生糜烂，可采取红外线或超短波等进行理疗。

4. 腹腔开放护理　患者咳嗽时可给予双手保护减轻腹部切口张力。创面尽量保持湿润，防止肠管干燥而引发肠瘘。创面下放置引流管者，保证引流通畅。真空负压密闭引流，需要检查连接管有无漏气、接头有无血凝块堵塞、创面封闭等情况。开放创面上方用支撑架，以免棉被压迫创面，也便于引流和观察创面。

5. 心理护理　肠瘘病情较严重，治疗时间长，患者容易产生悲观、失望情绪。向患者及家属解释肠瘘的相关知识，消除心理顾虑，增强对疾病治疗的信心，以积极配合各项治疗和护理。

6. 术前准备　除胃肠道手术前的常规护理外，还应加强以下护理。

（1）皮肤准备：术前认真清除瘘口周围皮肤的污垢及油膏，保持局部清洁。

（2）口腔护理：由于患者长期未经口进食，易发生口腔溃疡等，应加强口腔护理。

（二）术后护理

除肠道手术后常规护理外，还应注意以下几点。

1. 营养支持　术后早期禁食禁饮期间给予全胃肠外营养支持，并做好相应护理。

2. 引流管护理　妥善固定并标识；保持各管道引流通畅；严格无菌技术操作；观察并记录各引流液的颜色、性状和量；根据引流情况及时调整引流管负压大小。

3. 并发症的护理　术后如发生肠梗阻、腹腔内感染和肠瘘可参见本章第一节肠梗阻。

（张丽莎）

学习小结

1.肠梗阻是指肠内容物在肠道中不能顺利通过和运行，典型临床表现为腹痛、呕吐、腹胀、停止排便排气。按肠梗阻发生的基本原因可分为机械性肠梗阻、动力性肠梗阻和血运性肠梗阻；按肠壁有无血运障碍可分为单纯性肠梗阻和绞窄性肠梗阻。绞窄性肠梗阻及由肿瘤等引起的肠梗阻通常采用手术治疗，非手术治疗时的护理要点包括缓解疼痛和腹胀、维持液体与营养平衡、加强病情观察。

2.肠瘘是指肠内容物经病理性通道进入其他脏器、体腔或至体外，肠外瘘是肠腔与体表相通的瘘。护理措施主要包括营养支持、瘘口周围皮肤的护理、负压引流护理、心理护理。

复习参考题

一、单项选择题

1. 肠梗阻的主要临床表现一般**不包括**
   - A. 腹痛
   - B. 腹胀
   - C. 呕吐
   - D. 高热
   - E. 肛门停止排气排便

2. 最常见的肠梗阻类型是
   - A. 机械性肠梗阻
   - B. 血运性肠梗阻
   - C. 粘连性肠梗阻
   - D. 动力性肠梗阻
   - E. 肠扭转

3. 肠梗阻患者非手术治疗期间最重要的护理措施是
   - A. 禁食禁饮、胃肠减压
   - B. 解痉止痛
   - C. 纠正体液失调
   - D. 防治感染
   - E. 取卧位

4. 肠梗阻时最重要的是观察
   - A. 梗阻的原因
   - B. 梗阻的部位
   - C. 梗阻的程度
   - D. 梗阻是否发生绞窄
   - E. 梗阻发生的速度

5. 高位肠瘘最常见的电解质紊乱是
   - A. 低钾高钠
   - B. 低钾低钠
   - C. 高钾低钠
   - D. 高钾高钠
   - E. 低钾，钠正常

参考答案：

1. D　2. A　3. A　4. D　5. B

二、简答题

1. 简述发生绞窄性肠梗阻的病情变化特点。

2. 简述肠瘘患者使用腹腔双套管负压引流时的护理措施。

第二十五章 阑尾炎患者的护理

学习目标

知识目标	1. 掌握急性阑尾炎的临床表现、处理原则和护理措施。 2. 熟悉急、慢性阑尾炎的病因、病理；慢性阑尾炎的临床表现、处理原则和护理措施。 3. 了解急性阑尾炎的概念。
能力目标	能运用护理程序对阑尾炎患者实施整体护理。
素质目标	具有关心和爱护阑尾炎患者的态度和行为；具备团队合作精神。

第一节 急性阑尾炎

导入情景与思考

患者，男，45岁，1日前进食后出现上腹部疼痛，发热，体温37.8~38.6℃；3小时前腹痛加重，由上腹部转移至右下腹。体格检查：体温38.4℃，脉搏97次/min，呼吸22次/min，血压138/86mmHg，全腹压痛以右下腹麦氏点周围为著，肠鸣音10~15次/min。辅助检查：血常规示血红蛋白152g/L，白细胞计数$23.8×10^9$/L，中性粒细胞百分比87%；腹部X线片可见盲肠及回肠末端扩张和气液平面。

请思考：

1. 该患者目前的护理诊断/问题有哪些？
2. 针对该患者目前情况，可采用哪些护理措施？

急性阑尾炎（acute appendicitis）可在各个年龄段、不同人群中发病，多发生于青壮年，以20~30岁多见，男性发病率高于女性。

【病因】

1. 阑尾管腔阻塞 是急性阑尾炎最常见的病因。阑尾管腔细，开口狭小，系膜短使阑尾卷曲，造成阑尾管腔易于阻塞。阑尾管腔阻塞的常见原因有淋巴滤泡增生、粪石、异物、蛔虫、食物残渣等。

2. 细菌入侵 阑尾管腔阻塞后，细菌繁殖并分泌内毒素和外毒素，损伤黏膜上皮，阑尾壁间质压力升高，造成阑尾缺血，甚至梗死和坏疽。

【病理生理与分类】

急性阑尾炎的组织学改变是局部黏膜充血、水肿、中性粒细胞浸润等急性炎症表现。炎症可向深部发展，导致组织坏死、肠壁感染、穿孔。

（一）分类

根据急性阑尾炎的临床过程和病理解剖学变化，可分为4种类型。

1. 急性单纯性阑尾炎（acute simple appendicitis） 阑尾轻度肿胀，浆膜充血，失去正常光泽，表面有少量纤维性渗出物。

2. 急性化脓性阑尾炎（acute suppurative appendicitis） 常由急性单纯性阑尾炎发展而来。阑尾明显肿胀，浆膜高度充血，表面覆有脓性渗出物。

3. 坏疽性阑尾炎（gangrenous appendicitis）及穿孔性阑尾炎（perforating appendicitis） 阑尾病变进一步加重引起血运障碍，阑尾管壁易坏死或部分坏死，严重者发生穿孔。若穿孔后未能被包裹，感染扩散，可引起急性弥漫性腹膜炎。

4. 阑尾周围脓肿（periappendiceal abscess） 急性阑尾炎化脓、坏疽或穿孔后，大网膜和邻近的肠管将阑尾包裹并形成粘连，出现炎性肿块或形成阑尾周围脓肿。

（二）转归

1. 炎症消退 部分单纯性阑尾炎经及时药物治疗后，炎症消退，大部分将转为慢性阑尾炎。

2. 炎症局限 部分化脓性、坏疽性或穿孔性阑尾炎被大网膜和邻近肠管包裹粘连后，炎症局限，形成阑尾周围脓肿。

3. 炎症扩散 阑尾炎症较重，发展快，未及时手术切除，又未能被大网膜包裹局限，可致炎症扩散，发展为弥漫性腹膜炎。当细菌栓子脱落时可引起门静脉炎和细菌性肝脓肿，甚至感染性休克等。

【临床表现】

1. 症状

（1）腹痛：典型表现为转移性右下腹痛，疼痛发作多始于上腹部，逐渐移向脐周，6~8小时后疼痛转移并局限于右下腹。坏疽性阑尾炎呈持续性剧烈腹痛，穿孔性阑尾炎可因阑尾腔压力骤减，腹痛可暂时减轻，但出现腹膜炎后，腹痛又会持续加剧。

（2）胃肠道症状：早期可出现轻度厌食、恶心或反射性呕吐。晚期并发弥漫性腹膜炎时，可致麻痹性肠梗阻而出现持续性呕吐、腹胀和排气排便减少。部分患者可发生腹泻。

（3）全身表现：早期有乏力，炎症重时出现全身中毒症状。阑尾穿孔后可出现寒战、体温达39~40℃、反应迟钝或烦躁不安。

2. 体征

（1）右下腹压痛：是急性阑尾炎的重要体征，发病早期腹痛尚未转移至右下腹时便可出现，通常位于麦氏点。其他常见的压痛部位有Lenz点（左右髂前上棘连线的右、中1/3交点上）、Morris

点（右髂前上棘与脐连线和腹直肌外缘的交点）（图25-1-1）。

（2）腹膜刺激征：包括腹肌紧张、压痛、反跳痛，提示阑尾炎症加重。但小儿、老人、孕妇、肥胖、虚弱者或盲肠后位阑尾炎时，腹膜刺激征不明显。

（3）右下腹包块：阑尾炎性肿块或阑尾周围脓肿形成时，右下腹可扪及压痛性包块，边界不清，固定。

3. 特殊体征

（1）结肠充气试验（Rovsing征）：患者取仰卧位，检查者一手压迫左下腹降结肠区，另一手按压近端结肠，结肠内气体可传至盲肠和阑尾，引起右下腹疼痛者为阳性。

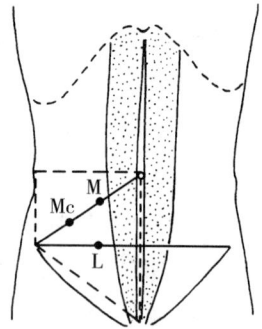

▲ 图25-1-1 阑尾炎的压痛点
M示Morris点；Mc示麦氏点（McBurney点）；L示Lenz点；点线围成的四边形为Rapp压痛区。

（2）腰大肌试验（psoas征）：患者取左侧卧位，右大腿向后伸，引起右下腹疼痛者为阳性，常提示阑尾位于腰大肌前方，为盲肠后位或腹膜后位。

（3）闭孔内肌试验（obturator征）：患者取仰卧位，右髋和右膝均屈曲90°，然后被动向内旋转，引起右下腹疼痛者为阳性，提示阑尾位置靠近闭孔内肌。

（4）直肠指检：盆腔位阑尾炎常在直肠右前方有触痛。若阑尾穿孔，炎症波及盆腔时，直肠前壁有广泛触痛。若发生盆腔脓肿，可触及痛性肿块。

【辅助检查】

1. 实验室检查 多数急性阑尾炎患者血白细胞计数和中性粒细胞百分比增高。部分单纯性阑尾炎或老年患者血白细胞计数和中性粒细胞百分比可无明显升高。

2. 影像学检查

（1）腹部X线片：可见盲肠和回肠末端扩张和气液平面，偶尔可见钙化的粪石和异物。

（2）超声：可发现肿大的阑尾或脓肿。

（3）CT：可显示阑尾周围软组织及其与邻近组织的关系，有助于阑尾周围脓肿的诊断。

3. 腹腔镜检查 可以直接观察阑尾有无炎症，也能分辨与阑尾炎有相似症状的其他邻近脏器疾病。

知识拓展 | **人工智能在阑尾炎诊疗中的应用**

近年来人工智能与阑尾炎诊疗相关的研究逐渐增多，在实验室和影像学诊断上存在一定优势。在实验室诊断方面，有研究利用随机森林模型对急腹症患者尿蛋白分析后，能够区分急性阑尾炎和其他易混淆的急腹症。也有研究使用机器学习模型对儿童阑尾炎患者的人口学和实验室数据进行分析并建立预测模型，结果表明，其预测符合率高达95.31%。在影像学诊断方面，有研究基于机器学习模型的影像学诊断对复杂性阑尾炎与非复杂性阑尾炎的分类有较高特异度，可以降低人工阅片的工作负担和减少相关人员临床经验不足导致的漏诊、误诊。

【处理原则】

1. **非手术治疗**　使用有效的抗生素和补液治疗等，适用于不愿意手术的单纯性阑尾炎、急性阑尾炎诊断尚未确定、病程已超过72小时、炎性肿块和/或阑尾周围脓肿已形成等有手术禁忌者。

2. **手术治疗**　根据急性阑尾炎的病理类型，选择不同手术方法。现临床上绝大多数采用腹腔镜阑尾切除术。

（1）急性单纯性阑尾炎：行阑尾切除术，切口一期缝合。

（2）急性化脓性阑尾炎或坏疽性阑尾炎：行阑尾切除术，若腹腔已有脓液，应冲洗腹腔，吸净溶液后关腹，并行切口一期缝合。

（3）穿孔性阑尾炎：宜采用右下腹经腹直肌切口手术切除阑尾，术中清除腹腔脓液或冲洗腹腔后，冲洗切口并行切口一期缝合。

（4）阑尾周围脓肿：脓肿尚未破溃穿孔时按急性化脓性阑尾炎处理；若已形成阑尾周围脓肿且病情稳定者，应用抗生素治疗或同时联合中药治疗促进脓肿吸收消退，或行置管引流、穿刺抽脓；如脓肿无局限趋势，可行切开引流手术，待体温正常3个月后再行阑尾切除术。

【护理措施】

（一）非手术治疗的护理／术前护理

1. **病情观察**　严密观察患者的生命体征、腹痛及腹部体征的情况。如体温升高，脉搏、呼吸增快，提示炎症加重或扩散；如腹痛加剧，范围扩大，腹膜刺激征更明显，提示病情加重。

2. **避免肠内压增高**　非手术治疗期间禁食，必要时行胃肠减压，同时给予肠外营养；禁服泻药及灌肠，以免导致阑尾穿孔或炎症扩散。

3. **控制感染**　遵医嘱及时应用有效的抗生素；脓肿形成者可配合医生行脓肿穿刺抽液。

4. **缓解疼痛**　协助患者取舒适体位，对明确诊断或已决定手术者，疼痛剧烈时，遵医嘱给予镇痛或镇静、解痉药。

5. **心理护理**　了解患者及家属的心理反应，讲解有关知识，减轻患者对手术的焦虑与恐惧。

6. **并发症的护理**

（1）腹腔脓肿：表现为压痛性肿块，麻痹性肠梗阻所致腹胀，也可出现直肠、膀胱刺激症状和全身中毒症状等。可采取超声引导下穿刺抽脓、冲洗或置管引流，必要时做好急诊手术的准备。

（2）门静脉炎：表现为寒战、高热、剑突下压痛、肝大、轻度黄疸等。如病情加重会发生感染性休克或脓毒症，一经发现，应立即做好急诊手术的准备。

7. **术前准备**　拟急诊手术者应紧急做好备皮、配血、输液等术前准备。

（二）术后护理

1. **病情观察**　监测生命体征并准确记录；加强巡视，注意倾听患者的主诉，观察患者腹部体征的变化，发现异常及时告知医生并配合处理。

2. **体位与活动**　全身麻醉术后清醒或蛛网膜下隙阻滞平卧6小时后，生命体征平稳者可取半卧位。鼓励患者术后早期在床上翻身、活动肢体。

3. **饮食**　术后1~2日可根据情况尽快恢复经口进食。

4. 腹腔引流管的护理 一般不留置引流管，只在局部有脓肿、阑尾包埋不满意和处理困难或有肠瘘形成时采用，一般1周左右拔除。

5. 并发症的护理

（1）出血：多由阑尾系膜的结扎线松脱引起。主要表现为腹痛、腹胀、失血性休克等；一旦发生，应立即遵医嘱输血、补液，并做好紧急手术止血的准备。

（2）切口感染：阑尾切除术后最常见的并发症，表现为术后3日左右体温升高，切口局部胀痛或跳痛、红肿、压痛，形成脓肿时局部可出现波动感。应遵医嘱予以抗生素预防，若出现脓肿，先行试穿抽出伤口脓液，或在波动处拆除缝线敞开引流，排出脓液。

（3）粘连性肠梗阻：多与局部炎性渗出、手术损伤、切口异物和术后长期卧床等因素有关。术后应鼓励患者早期下床活动。

（4）阑尾残株炎：阑尾切除时若残端保留过长超过1cm，术后残株易复发炎症，症状表现同阑尾炎。症状较重者再行手术切除阑尾残株。

（5）肠瘘/粪瘘：较少见。多由残端结扎线脱落，盲肠原有结核、癌肿等病变，术中因盲肠组织水肿脆弱而损伤等所致。通过保持引流通畅、创面清洁、加强营养支持等非手术治疗后，多可自行闭合。

（三）健康教育

1. 预防指导 改变不良的生活习惯，如改变高脂肪、高糖、低膳食纤维的饮食，注意饮食卫生。

2. 知识指导 向患者介绍阑尾炎护理、治疗知识。告知手术准备及术后康复方面的相关知识及配合要点。

3. 复诊指导 出院后如出现腹痛、腹胀等不适应及时就诊。阑尾周围脓肿未切除阑尾者，告知患者3个月后再行阑尾切除术。

第二节 慢性阑尾炎

慢性阑尾炎（chronic appendicitis）大多由急性阑尾炎转变而来，少数病变开始即呈慢性过程。

【病理】

主要改变是阑尾壁不同程度的纤维化及慢性炎症细胞浸润，黏膜层和浆膜层以淋巴细胞和嗜酸性粒细胞浸润为主。阑尾粗短坚韧，表面呈灰白色，可自行蜷曲，四周有纤维粘连，管腔内可有粪石或其他异物；阑尾系膜也可增厚、缩短和变硬。

【临床表现】

患者既往常有急性阑尾炎病史，发作时常有反射性胃部不适、腹胀、便秘等，右下腹疼痛和局部压痛固定，严重时可引起消化不良，甚至导致腹腔炎症、脓肿等并发症。

【处理原则】

诊断明确后应及时治疗，但对未经内镜证实、非反复发作者可先进行抗生素等保守治疗。

【护理措施】

参见本章第一节急性阑尾炎。

（刘敦）

学习小结

急性阑尾炎常由阑尾管腔阻塞及细菌入侵引起，临床表现包括转移性右下腹痛、胃肠道症状、全身乏力、低热等，同时多伴有右下腹包块及腹膜刺激征，绝大多数应早期手术治疗。护理要点包括注意观察病情变化、积极控制感染、加强并发症的观察与护理、术后腹腔引流管的护理、术后并发症的观察与护理及相关健康指导等。

复习参考题

一、单项选择题

1. 急性阑尾炎最典型的症状为
   A. 转移性脐周疼痛
   B. 转移性右下腹痛
   C. 固定性脐周疼痛
   D. 固定的右下腹痛
   E. 腹痛位置无规律

2. 以下类型的阑尾炎中需要暂行保守治疗的是
   A. 急性单纯性阑尾炎
   B. 急性化脓性阑尾炎
   C. 阑尾周围脓肿
   D. 坏疽性阑尾炎
   E. 穿孔性阑尾炎

3. 急性阑尾炎患者腰大肌试验阳性，该患者阑尾位置最可能位于
   A. 靠近闭孔内肌
   B. 盲肠后位或腰大肌前方
   C. 盲肠前位
   D. 腰大肌后方
   E. 腰大肌侧面

4. 急性阑尾炎最常见的病因为
   A. 阑尾管腔阻塞
   B. 细菌入侵
   C. 急性肠炎
   D. 血吸虫病
   E. 经常进食高脂肪

5. 阑尾周围脓肿行阑尾切除的时间应在体温正常
   A. 1个月后
   B. 2个月后
   C. 3个月后
   D. 4个月后
   E. 5个月后

参考答案：

1. B 2. C 3. B 4. A 5. C

二、简答题

1. 简述不同病理类型阑尾炎的腹痛特点。

2. 简述急性阑尾炎患者手术前避免肠内压增高的措施。

大肠和肛管疾病患者的护理

26章

学习目标

知识目标	1. 掌握大肠癌和直肠肛管良性疾病患者的护理。
	2. 熟悉大肠癌和直肠肛管良性疾病的临床表现、处理原则。
	3. 了解大肠癌和直肠肛管良性疾病的病因、病理特点和辅助检查。
能力目标	能运用护理程序对大肠和肛管疾病患者实施整体护理。
素质目标	具有关心及爱护大肠和肛管疾病患者的态度和行为；具备团队合作精神。

第一节 大肠癌

导入情景与思考

患者，男，49岁，因"黏液性血便2个月，伴消瘦"入院。患者2个月前出现黏液性血便，排便次数增多，体重减轻7kg。既往体健，平素喜肉食及腌制食品。体格检查：贫血外观，眼睑结膜苍白，腹软，无明显压痛。辅助检查：内镜检查示距肛门9cm可见一肿物，大小为3.2cm×2.5cm×2cm，表面不平，溃疡、糜烂、出血。

请思考：

1. 为明确诊断，该患者还需要进行哪些检查？

2. 该患者若采取手术治疗，术前应做哪些准备？

结肠癌（colon cancer）及直肠癌（rectal cancer）合称大肠癌，是常见的消化道恶性肿瘤之一，在我国的发病率呈逐年上升趋势。

【病因】

发病原因尚未明确，据流行病学调查结果和临床分析，可能与以下因素有关。

1. 饮食习惯 大肠癌的发生与高脂肪、高蛋白和低纤维饮食有一定相关性；过多摄入腌制、油炸食品可增加肠道中致癌物质；维生素、微量元素及矿物质缺乏均可增加发病率。

2. 遗传因素 常见有家族性腺瘤性息肉病及遗传性非息肉病性结直肠癌，此类人群大肠癌发病率较高。

3. 癌前病变 多数大肠癌来自腺瘤癌变，以绒毛状腺瘤及家族性肠息肉病癌变率最高；近年来一些慢性炎症改变，如溃疡性结肠炎、克罗恩病及血吸虫性肉芽肿也已被列为癌前病变。

【病理生理与分类】

（一）分类

1. 大体分型

（1）隆起型：肿瘤向肠腔内突出，预后较好。

（2）溃疡型：最常见，肿瘤形成深达或贯穿肌层的溃疡。分化程度较低，转移较早。

（3）浸润型：肿瘤以向肠壁各层浸润生长为特点。分化程度低，转移早，预后差。

2. 组织学分型 可分为腺癌、未分化癌、腺鳞癌、鳞状细胞癌等，其中以腺癌最常见。

3. 临床分期 目前采用国际抗癌联盟发布的第8版大肠癌TNM分期系统。

T代表原发肿瘤。T_x为原发肿瘤无法评价；无原发肿瘤证据为T_0；原位癌为T_{is}；肿瘤侵及黏膜下层为T_1；侵犯固有肌层为T_2；穿透固有肌层至浆膜下或侵犯无腹膜覆盖的结直肠周围组织为T_3；穿透脏腹膜为T_{4a}，侵犯或粘连于其他器官或结构为T_{4b}。

N代表区域淋巴结。N_x代表区域淋巴结无法评价；无区域淋巴结转移为N_0；1~3枚区域淋巴结转移或存在任何数量的肿瘤结节且所有可辨识的淋巴结无转移为N_1；4枚以上区域淋巴结转移为N_2。

M代表远处转移。无远处转移为M_0；转移至1个或更多远处部位或器官，或腹膜转移被证实为M_1。

（二）扩散及转移

1. 直接浸润 癌细胞向肠管四周及肠壁深部浸润，穿透肠壁后可侵蚀邻近器官。

2. 淋巴转移 最常见的转移途径。① 结肠癌：可沿结肠壁淋巴结、结肠旁淋巴结、肠系膜血管周围及肠系膜血管根部淋巴结顺次转移。② 直肠癌：向上可沿直肠上动脉、肠系膜下动脉及腹主动脉周围的淋巴结转移；向侧方经直肠下动脉旁淋巴结至盆腔侧壁的髂内淋巴结；向下则沿肛管动脉、阴部内动脉旁淋巴结达髂内淋巴结。

3. 血行转移 癌肿向深层浸润后常侵入肠系膜血管，沿门静脉系统转移至肝，也可向远处转移至肺、脑或骨骼等。

4. 种植转移 结肠癌穿透肠壁后，脱落的癌细胞可种植于腹膜或其他器官表面。

【临床表现】

1. 结肠癌 早期常无明显特殊症状，容易被忽视。

（1）排便习惯和粪便性状改变：首发症状，表现为大便次数增多、粪便不成形或稀便；随病情发展可出现腹泻与便秘交替。由于癌肿表面常发生溃疡、出血及感染，表现为血性、脓性或黏液性粪便。

（2）腹痛或腹部不适：常见的早期症状之一。为定位不确切的持续性隐痛或仅为腹部不适或腹胀感；当癌肿并发感染或肠梗阻时腹痛加剧，或为阵发性绞痛。

（3）腹部肿块：肿块通常较硬，呈结节状。若癌肿穿透肠壁并发感染，可出现固定压痛。

（4）肠梗阻：多为中晚期症状，表现为便秘、腹胀，伴腹部胀痛或阵发性绞痛。左侧结肠癌有时会以急性完全性结肠梗阻为首要症状。

（5）全身症状：可出现贫血、消瘦、乏力、低热等全身性表现。疾病晚期可出现肝大、黄疸、水肿、淋巴结肿大及恶病质等。

由于癌肿的病理类型和部位不同，临床表现也有区别。一般右半结肠癌以全身症状、贫血、腹部肿块为主要表现，肠梗阻症状不明显；左半结肠癌以肠梗阻、便秘、腹泻及便血等症状为显著。

2. 直肠癌 早期常无明显症状，癌肿破溃形成溃疡或感染时才出现症状。

（1）直肠刺激症状：癌肿刺激直肠产生频繁便意，引起排便习惯改变，便前常有肛门下坠、里急后重和排便不尽感；晚期可出现下腹部痛。

（2）黏液血便：最常见，早期即出现便血。癌肿破溃后可出现血性或黏液性便，严重感染时可出现脓血便。

（3）肠腔狭窄症状：当癌肿增大引起肠腔缩窄时，粪便变形、变细，有肠鸣音亢进，腹痛、腹胀等慢性肠梗阻症状。

（4）转移症状：当癌肿侵犯前列腺、膀胱时可发生尿道刺激征、血尿、排尿困难等；浸润骶前神经则发生骶尾部、会阴部持续性剧痛、坠胀感。女性直肠癌可侵及阴道后壁，引起白带增多；若穿透阴道后壁，可导致直肠阴道瘘，可见粪质及血性分泌物从阴道排出。

【辅助检查】

1. 直肠指检 是诊断直肠癌的最直接和重要的方法，可了解癌肿部位、与肛缘的距离、大小、硬度及与周围组织的关系。女性直肠癌患者应行三合诊检查。

2. 实验室检查

（1）粪便隐血试验：高危人群的初筛方法及普查手段。

（2）肿瘤标志物：癌胚抗原（CEA）和糖类抗原19-9（CA19-9）测定对大肠癌的诊断及术后监测有意义，主要用于监测预后。

3. 影像学检查

（1）X射线钡剂灌肠：可作为诊断结直肠癌的方法，但不能判定分期。

（2）超声和CT：有助于了解肿瘤浸润深度及扩散情况。

（3）MRI：显示肿瘤在肠壁的浸润深度。

（4）PET-CT：可作为病情复杂、常规检查无法明确诊断的患者的有效检查。

4. 内镜检查 诊断大肠癌最有效、可靠的方法。可观察病灶的部位、大小、形态，肠腔狭窄的程度等，并可在直视下获取活组织行病理学检查。有泌尿系统症状的男性患者，应行膀胱镜检查，了解肿瘤浸润程度。

【处理原则】

手术切除是治疗大肠癌的主要方法，辅以化疗、放疗等综合治疗，以达到较好的预后。

（一）手术治疗

1. 结肠癌根治术 切除包括癌肿所在的肠袢及其所属系膜相应区域的淋巴结。

（1）右半结肠切除术（right hemicolectomy）：适用于盲肠、升结肠、结肠肝曲癌。

（2）横结肠切除术：适用于横结肠癌。

（3）左半结肠切除术（left hemicolectomy）：适用于结肠脾曲癌、降结肠癌。

（4）乙状结肠切除术：适用于乙状结肠癌。

2. 直肠癌根治术 切除包括癌肿及两端足够肠段、受累器官的全部或部分及周围可能被浸润的组织。

（1）局部切除术：适用于早期瘤体小、分化程度高、局限于黏膜或黏膜下层的早期直肠癌。手术方式包括经肛门局部切除术和经骶后局部切除术。

（2）腹会阴联合直肠癌根治术［又称迈尔斯（Miles）手术］：主要适用于腹膜反折以下的直肠癌。

（3）经腹直肠癌切除术（又称直肠低位前切除术、Dixon手术）：主要适用于腹膜反折以上的直肠癌。

（4）其他：直肠癌侵犯子宫时，一并切除受侵犯的子宫，称为后盆腔脏器清扫；若直肠癌浸润膀胱，可行直肠和膀胱（男性）或直肠、子宫和膀胱（女性）切除，称为全盆腔清扫。

3. 姑息性手术 经腹直肠癌切除、近端造口、远端封闭术（Hartmann手术）适用于全身情况差，无法耐受Miles手术或因急性肠梗阻不宜行Dixon手术的患者。

（二）非手术治疗

1. 放疗 术前可缩小癌肿体积、降低癌细胞活力及淋巴结转移，提高手术切除率。术后多用于晚期癌肿、手术无法根治或术后局部复发者。

2. 化疗 术前辅助化疗有助于缩小原发灶，使肿瘤降期，提高手术切除率，降低术后复发率；术后化疗可杀灭残存癌细胞或隐性病变。常用的给药途径有区域动脉灌注、静脉给药、腹腔置管灌注、肠腔内给药等。

3. 其他治疗 如中医药治疗、局部介入治疗、基因治疗、靶向治疗等。

【护理评估】

（一）术前评估

1. 健康史

（1）一般情况：年龄、性别、职业、饮食习惯，有无烟酒嗜好等。

（2）既往史：是否有大肠腺瘤、溃疡性结肠炎、克罗恩病等疾病史或手术史等。

（3）家族史：家族中有无多发性息肉病、遗传性非息肉病性结直肠癌、大肠癌或其他肿瘤患者。

2. 身体状况

（1）症状与体征：患者排便习惯有无改变，是否出现腹泻、便秘、腹痛、腹胀等肠梗阻症状，有无粪便表面带血、黏液和脓液的情况。患者全身营养状况，有无肝大、腹水、黄疸、消瘦等。腹部有无扪及肿块，肿块大小、部位、硬度、活动度、有无局部压痛等。

（2）辅助检查：肿瘤标志物测定、粪便隐血试验、直肠指检、影像学检查、内镜检查等。

3. 心理-社会状况 患者和家属对疾病的认知程度，有无焦虑、恐惧等心理。患者及家属对结肠造口知识、手术及并发症等知识的了解；家庭和社会支持等。

（二）术后评估

1. 术中情况 患者手术、麻醉方式，手术过程是否顺利。

2. 身体状况 生命体征、意识；伤口、引流管情况；排气、排便及进食情况，营养状况；有无出血、切口感染、吻合口瘘、造口缺血坏死或狭窄及造口周围皮肤糜烂等并发症发生。

3. 心理-社会状况 患者心理适应程度，生活自理情况，生存质量，家庭和社会支持情况。

【常见护理诊断/问题】

1. 焦虑 与对治疗缺乏信心及担心肠造口影响生活和工作有关。

2. 营养失调：低于机体需要量 与癌肿慢性消耗、手术创伤、放化疗反应等有关。

3. 体象紊乱 与肠造口后排便方式改变有关。

4. 知识缺乏： 缺乏肠造口术前准备及术后护理的知识。

5. 潜在并发症： 切口感染、吻合口瘘、造口并发症及肠粘连等。

【护理目标】

1. 患者情绪稳定，未发生过度焦虑或焦虑减轻。

2. 患者的营养状况得以维持。

3. 患者能适应新的排便方式，并自我认可。

4. 患者能掌握疾病相关知识。

5. 患者未发生并发症，或并发症得到及时发现和处理。

【护理措施】

（一）非手术治疗的护理/术前护理

1. 心理护理 指导患者及家属了解疾病的发生、发展及治疗护理进展，树立与病魔斗争的信心。造口手术患者术前可用实物向患者解释造口的目的、部位、功能，以及术后可能出现的情况及相应的处理方法。同时多方面、多渠道争取社会和家庭的积极配合，关心、支持患者。

2. 饮食护理 术前应摄入高蛋白、高热量、高维生素、易消化的少渣饮食，如鱼、肉、乳制品等。若患者出现明显脱水及急性肠梗阻，应及早纠正体内水、电解质代谢紊乱和酸碱平衡失调。

3. 肠道准备 术前应做充分的肠道准备，可有效减少术中污染、术后感染，有利于吻合口愈合。

（1）饮食准备：① 传统饮食准备法，术前3日进少渣、半流质饮食，术前1~2日起进流质饮食，以减少粪便。② 新型饮食准备法，术前3日起口服全营养制剂，每日4~6次，至术前12小时。此方法可减少肠腔粪渣形成，同时保护肠道黏膜屏障。

（2）肠道清洁：① 导泻法，术前12~24小时开始，口服复方聚乙二醇电解质溶液2 000~3 000ml，或术前1日口服泻剂，如硫酸镁、蓖麻油或番泻叶液等。② 灌肠法，可用磷酸钠灌肠剂、甘油灌肠剂或0.1%~0.2%肥皂水。肥皂水灌肠易导致肠黏膜充血、效果差，现已逐渐被其他方法取代。直肠癌肠腔狭窄者，应选用适宜管径的肛管，在直肠指诊引导下轻柔通过肠腔狭窄部位。高位直肠癌避免采用高压灌肠，以防癌细胞扩散。因此，目前有学者主张直肠癌术前肠道准备不宜灌肠而只服泻剂。

（3）其他用药：口服肠道不吸收的抗生素，如新霉素、甲硝唑、庆大霉素等。适当补充维生素K。

4. 肠造口腹部定位　肠造口腹部定位需要结合手术方式及患者生活习惯进行选择，患者在不同体位如坐位、弯腰、站立等时应能看清造口位置。造口通常应定位于腹直肌内，且应避开皮肤凹陷、瘢痕、皱褶、皮肤慢性病变处、系腰带处及骨突处；回肠造口在右下腹脐与髂前上棘连线中上1/3处为宜；横结肠造口宜在上腹部以脐和肋缘分别作水平线，两线间旁开腹中线5~7cm；乙状结肠造口在左下腹脐与髂前上棘连线中上1/3处为宜。选定造口位置后做好标记，以透明薄膜覆盖，并嘱患者改变体位时注意观察预选位置是否符合要求，以便及时调整。

5. 其他准备　为避免女性患者术中污染、术后感染，尤其癌肿侵犯阴道后壁时，术前3日每晚行阴道冲洗。术日晨备皮、留置胃管及导尿管。

（二）术后护理

1. 病情观察　密切观察生命体征变化，每半小时测量血压、脉搏、呼吸及血氧，病情平稳后根据情况延长间隔时间。

2. 休息与活动　术后活动注意保护伤口，避免牵拉，麻醉清醒后可改半卧位，以利腹腔引流。鼓励患者在床上多翻身、活动四肢；2~3日后视情况可下床活动，以促进肠蠕动的恢复，减轻腹胀，避免肠粘连。

3. 饮食护理　术后早期禁食、胃肠减压，经静脉补充水、电解质及营养物质。肠功能恢复后可应用肠内全营养制剂，维持并修复肠黏膜屏障，改善患者营养状况；肛门排气或结肠造口开放后，若无腹胀、恶心、呕吐等不良反应，可拔除胃管，经口进流质饮食；术后1周进少量半流质饮食，2周可进普食，注意补充高热量、高蛋白、低脂、维生素丰富的食物；造口患者注意调整饮食结构，少食大蒜、洋葱、豆类、山芋等可产生刺激性气味或胀气的食物，以免因频繁更换肛门袋而影响工作和生活；避免食用可致便秘的食物。

4. 引流管护理　观察并记录引流液的颜色、性质和量，避免管道脱落、受压、扭曲、堵塞等。若出现异常情况，立即告知医生给予处理。

5. 肠造口护理

（1）肠造口及周围皮肤护理：正常肠造口呈红色，表面光滑湿润。术后早期肠黏膜轻度水肿属正常现象，于1周左右消退；若肠造口呈暗红色或淡紫色提示造口黏膜缺血；若部分或全部肠管变黑，提示肠管缺血坏死；肠造口一般呈圆形或椭圆形，高度一般突出皮肤表面1~2cm，利于排泄物排入造口袋内。肠造口周围用凡士林纱条保护，一般术后3日拆除，及时擦洗肠管分泌物、渗液等，更换敷料，避免感染。观察造口肠黏膜的血液循环，注意有无肠段回缩、出血、坏死等。结肠造口开放时间一般于术后2~3日。

（2）指导患者正确使用人工肛门袋：根据患者情况及造口大小选择合适的人工肛门袋。常用的人工肛门袋分为一件式和两件式。

1）一件式肛门袋：底盘与便袋合一，使用时将底盘上的胶质贴面直接贴于皮肤上。用温水或生理盐水清洁造口及周围皮肤（避免使用乙醇等刺激性消毒剂），用清洁的毛巾或纱布轻柔擦拭；依据造口测量板测量的造口大小剪裁造口底板，造口底板孔径大于造口直径0.2cm；除去肛门袋底盘外的粘贴保护纸，对准造口平整粘贴，用手均匀按压造口底板边缘各处以贴紧皮肤，袋囊朝下，尾端反折，并用外夹关闭。必要时用有弹性的腰带固定人工肛门袋。一件式肛门袋使用方法简单，但反复撕脱易导致撕脱性皮炎，且不便清洁。

2）两件式肛门袋：因底盘和袋子分开，在粘贴好造口袋底盘后，将袋子沿浮动环扣好于底盘上，确保连接紧密。两件式造口袋便于清洁，当袋内充满1/3的排泄物时，应及时倾倒，以防因重力牵拉而影响造口底盘的粘贴。

6. 并发症预防及护理

（1）造口及其周围常见并发症

1）造口出血：多由造口黏膜与皮肤连接处毛细血管或小静脉出血所致，部分为肠系膜小动脉未结扎或结扎线脱落。出血量少者可用无菌棉球或纱布压迫止血；出血较多时可用1%肾上腺素溶液浸湿纱布压迫止血；大量出血时需要缝扎止血。

2）造口缺血/坏死：多由造口血运不良、张力过大引起。术后72小时内密切观察造口情况，解除压迫造口的因素。

3）皮肤黏膜分离：造口局部坏死、缝线脱落或缝合处感染可导致皮肤黏膜分离。浅分离者，应用溃疡粉后再用防漏膏阻隔并贴上造口袋；较深的分离，由于渗液较多，选用吸收性敷料填塞，再用防漏膏阻隔后粘贴造口袋。

4）造口狭窄：术后瘢痕挛缩，可致造口狭窄。观察患者是否出现腹痛、腹胀、恶心、呕吐、停止排气及排便等肠梗阻症状。为避免造口狭窄，在造口拆线、愈合后，可用示指、中指轻轻插入以扩张造口，每日1次。

5）粪水性皮炎：多由造口位置差，难贴造口袋或自我护理时底板剪裁开口过大所致。应指导患者正确护理造口。

6）造口旁疝：多由造口位于腹直肌外、腹部力量薄弱或腹压持续增高等所致。应指导患者避免增加腹压，如提举重物等；必要时佩戴疝气带，严重者需手术修补。

（2）切口感染：患者取侧卧位，腹壁切口与造瘘口间用塑料薄膜隔开，切口渗出多时，及时清除并更换敷料，避免造口内排泄物污染腹壁切口导致感染。观察局部切口有无充血、水肿、剧烈疼痛等。若发生感染，则开放伤口，彻底清创；遵医嘱应用抗生素。

（3）吻合口瘘：患者营养不良、术前肠道准备不充分、术中损伤、吻合口缝合过紧、术后护理不当等均可导致吻合口瘘。术后7~10日内忌灌肠，避免刺激手术伤口，影响吻合口愈合。术后严密观察患者有无腹痛加重、腹膜炎等表现。一旦发生，立即告知医生，遵医嘱给予禁食、胃肠减压、腹腔灌洗和引流及肠外营养支持等。

（三）健康教育

1. 疾病预防 积极治疗各种结直肠慢性炎症及癌前病变，做到早诊断、早治疗。定期进行粪便隐血试验、结肠镜检查等，警惕家族性腺瘤性息肉病及遗传性非息肉病性结肠癌。

2. 饮食指导 保肛手术者多食新鲜蔬菜、水果等高纤维素食物、多饮水，避免辛辣、刺激性食物；肠造口者须控制摄入粗纤维、过稀及可致胀气的食物。

3. 指导患者正确行造口灌洗 目的是洗出肠内积气、粪便，训练有规律的肠道蠕动，养成定时排便的习惯。方法：连接灌洗装置，用39~41℃温水（500~1 000ml）经灌洗管灌入造口，速度缓慢，灌洗时间10~15分钟。灌入后在体内保留10~20分钟，再开放灌洗袋，排空肠内容物。灌洗期间注意观察，若感腹部膨胀或腹痛，应立即减慢灌洗速度或停止灌洗。可每日1次或隔日1次进行灌洗，时间尽量固定。

4. 活动 鼓励患者适当锻炼，注意活动强度，保持心情舒畅，积极融入正常生活、工作及社交活动。

5. 复查 每3~6个月门诊复查。永久性结肠造口患者，如有腹痛、腹胀、排便困难等造口狭窄的征象时，须及时到医院就诊。

【护理评价】

1. 患者的焦虑程度是否减轻。

2. 患者营养状况是否得到改善。

3. 患者是否适应新的排便方式，是否自我认可。

4. 患者是否掌握疾病相关知识。

5. 患者是否发生并发症，或并发症是否被及时发现和处理。

第二节　直肠肛管良性疾病

一、痔

痔（hemorrhoid）是最常见的肛肠疾病，是直肠下端黏膜或肛管皮肤下的曲张静脉团。

【病因】

1. 肛垫下移学说 正常情况下肛垫在排便时被推挤下移，排便后可自行回缩至原位；若便秘、妊娠等引起腹压增高，肛垫中的纤维间隔逐渐松弛向远侧移位，并伴有静脉丛充血、扩张、融合，从而形成痔。

2. 静脉曲张学说 直肠静脉是门静脉系统的属支，其解剖特点是无静脉瓣；任何引起腹压增高的因素均可阻滞直肠静脉回流，导致血液淤滞、静脉扩张及痔的形成。

【病理生理与分类】

根据痔所在部位不同分为内痔、外痔及混合痔（图26-2-1）。

1. 内痔 肛垫的支持结构、静脉丛及动静脉吻合支发生病理性改变或移位。好发部位为截石位3点、7点、11点位。

2. 外痔 齿状线远端皮下静脉丛的病理性扩张或血栓形成，表面覆盖肛管皮肤；包括血栓性外痔、结缔组织性外痔、静脉曲张性外痔及炎性外痔等，其中血栓性外痔最为常见。

3. 混合痔 位于齿状线附近，由内痔通过静脉丛吻合支和相应部位外痔相互融合并扩张而成，表面被直肠黏膜和肛管皮肤覆盖。

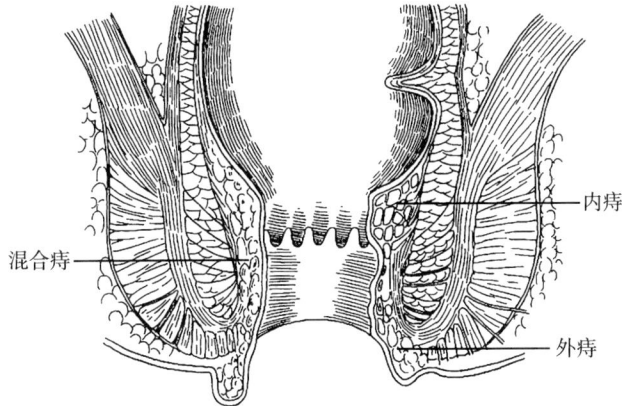

▲ 图26-2-1　痔的分类

【临床表现】

1. 内痔 主要表现为便血及痔块脱出。便血的特点是无痛性间歇性便后出鲜血；若发生血栓、感染及嵌顿，可伴有肛门剧痛。便血较轻时表现为粪便表面附血或便纸带血，严重时可出现喷射状出血，长期出血患者可发生贫血。内痔分为四度：Ⅰ度，排便时出血，便后出血自行停止，无痔块脱出；Ⅱ度，常有便血，痔块在排便时脱出肛门，排便后可自行回纳；Ⅲ度，偶有便血，痔在腹压增高时脱出，无法自行回纳，需要用手辅助；Ⅳ度，偶见便血，痔块长期脱出于肛门，无法回纳或回纳后又立即脱出。

2. 外痔 主要表现为肛门不适、潮湿，有时伴局部瘙痒。血栓性外痔常伴剧痛。

3. 混合痔 兼有内痔及外痔的表现，内痔发展到Ⅲ度以上时多形成混合痔。严重时可呈环状脱出肛门，呈梅花状，又称环状痔；若发生嵌顿，可引起充血、水肿甚至坏死。

【处理原则】

首选非手术治疗，无效时才考虑手术治疗。

1. 非手术治疗

（1）一般治疗：适用于初期及无症状痔。肛管内注入抗生素油膏或栓剂以润滑肛管、促进炎症吸收和减轻疼痛；血栓形成时先局部热敷、外敷消炎镇痛药物，若疼痛不缓解再行手术；嵌顿痔应及早手法复位，将痔核还纳肛门内。

（2）注射疗法：用于Ⅰ、Ⅱ度出血性内痔。在痔核上方处黏膜下层注入硬化剂，使痔与周围组织产生无菌性炎症反应，导致黏膜下组织纤维增生、小血管闭塞、痔块硬化和萎缩。

（3）胶圈套扎疗法：适用于Ⅰ~Ⅲ度内痔。通过特制胶圈套入内痔根部，借胶圈的弹性回缩力将痔的血供阻断，使痔缺血、坏死、脱落而治愈。

（4）红外线凝固：适用于Ⅰ、Ⅱ度内痔。通过红外线直接照射痔块基底部，引起蛋白凝固、纤维增生，痔块硬化萎缩脱落。

（5）多普勒超声引导下痔动脉结扎术：适用于Ⅱ~Ⅳ度内痔。采用直肠镜在齿状线上方2~3cm探测痔上方动脉进行结扎，阻断痔的血液供应。

2. **手术疗法**　主要适用于Ⅱ~Ⅳ度内痔或发生血栓、嵌顿等并发症的痔及以外痔为主的混合痔等。手术方法包括痔单纯切除术、吻合器痔固定术和血栓外痔剥离术。

【护理措施】

（一）非手术治疗的护理／术前护理

指导患者调整饮食结构，养成定时排便的习惯，排便后及时清洗，痔块脱出时可轻轻回纳，遵医嘱局部使用外用药减轻疼痛。做好术前准备，进少渣饮食，排空大便，尽量避免清洁灌肠，防止因反复插肛管造成肛门皮肤黏膜破损；遵医嘱备皮，完成药敏试验，及时纠正贫血；注意心理护理，缓解患者的紧张情绪。

（二）术后护理

1. **休息与活动**　术后不宜过早下床，以免伤口疼痛、出血，24小时后可适当下床活动。伤口愈合后逐渐恢复正常活动，避免久坐或久站。

2. **会阴部护理**　保持肛周皮肤清洁，避免切口感染。大便后可用1∶5 000高锰酸钾温水溶液坐浴。

3. **饮食护理**　术后1~2日以无渣或少渣流质、半流质饮食为主。

4. **疼痛护理**　肛周末梢神经丰富、括约肌痉挛或排便时物理刺激及敷料填塞等，常导致患者疼痛剧烈，应根据原因给予镇痛药或去除多余敷料。

5. **控制排便**　术后早期会有肛门下坠感或便意，告知患者为敷料刺激所致；术后3日内应尽量避免解大便，通常可于术后48小时内口服阿片酊以减轻肠蠕动，减少排便，促进切口愈合；之后须保持大便通畅，避免用力排便，导致伤口崩裂。如有便秘，忌灌肠，可口服液体石蜡或其他缓泻剂。

二、肛周脓肿

肛周脓肿（perianal abscess）指发生在直肠肛管周围间隙内或其周围组织内的急性化脓性感染，并形成脓肿。

【病因】

绝大多数源于肛腺感染，少数可继发于肛周皮肤感染、肛裂、内痔或药物注射治疗等。

【病理生理】

肛窦开口向上，呈袋状，排便时可因粪便擦伤或嵌入导致感染发生而累及开口于肛窦底部的肛腺。肛腺形成脓肿后可延及直肠肛管周围间隙，其间疏松的脂肪、结缔组织使感染极易扩散，形成不同部位的脓肿。

【临床表现】

1. 肛门周围脓肿　多表现为肛周持续跳动性疼痛，可因排便、咳嗽而加剧；患者因疼痛而坐立不安。病变处红肿、发硬，压痛明显，脓肿形成后有波动感，穿刺时可抽出脓液。

2. 坐骨肛管间隙脓肿　发病初期出现头痛、高热、乏力等全身表现。发病时有持续性胀痛，逐渐发展为明显跳痛。较大脓肿可形成肛瘘。

3. 骨盆直肠间隙脓肿　持续发热、恶心、头痛等。局部症状为直肠坠胀感，排便不尽感等，常伴排尿困难。

【处理原则】

1. 非手术治疗　应用抗生素控制感染；温水坐浴；局部理疗；口服缓泻剂。

2. 手术治疗　脓肿切开引流并挂线术。

【护理措施】

1. 术后护理　参见本节痔的护理。

2. 控制感染　遵医嘱应用抗生素。脓肿切开引流者，密切观察引流液的颜色、量、性状并记录；定时冲洗脓腔，保持引流通畅。当脓液变稀且引流量小于每日50ml时可考虑拔管。

三、肛瘘

肛瘘（anal fistula）为肛管或直肠与肛周皮肤相通的肉芽肿性管道，由内口、瘘管和外口三部分组成，是常见的直肠肛管疾病之一，多见于青壮年男性。

【病因】

绝大多数肛瘘由直肠肛管周围脓肿发展而来，以化脓性感染多见，少数为特异性感染，如克罗恩病、溃疡性结肠炎等；少数为直肠肛管恶性肿瘤溃破感染、直肠肛管外伤继发感染等所致。

【病理生理】

肛瘘的内口即原发感染灶，位于齿状线上的肛窦处；外口位于肛周皮肤，为脓肿破溃处或手术切开引流部位；致病菌不断由内口进入，且外口皮肤愈合较快，常导致引流不通畅而发生假性愈合并再形成脓肿；脓肿可从原外口溃破，也可从另外的部位穿出形成新的外口。

【临床表现】

肛门潮湿、瘙痒，周围可见一个或数个外口，排出少量脓性、血性或黏液性分泌物，部分可发生湿疹。直肠指检时内口处轻压痛，可触及硬结样内口及条索状瘘管，外口呈红色乳头状隆起，压之可排出少量脓液或脓血性分泌物，可有压痛。脓肿破溃或切开引流脓液排出后，症状缓解。上述症状反复发作是肛瘘的特点。

【处理原则】

肛瘘不会自愈，必须手术治疗。

1. 瘘管切开术　适用于低位肛瘘。瘘管全部切开，并去除切口两侧边缘的瘢痕组织。

2. 肛瘘切除术　适用于低位单纯性肛瘘。全部切除瘘管壁直至健康组织，创面敞开，使其逐渐愈合。

3.肛瘘挂线术 适用于高位单纯性肛瘘。是利用橡皮筋或有腐蚀作用药线的机械压迫作用,使结扎处组织发生血运障碍而坏死,以缓慢切开肛瘘。

【护理措施】

1.术后护理 参见本节痔的护理。

2.挂线后护理 嘱患者每5~7日至门诊收紧药线,直到药线脱落。脱线后局部可涂生肌散或抗生素软膏,促进伤口愈合。

四、肛裂

肛裂(anal fissure)指齿状线以下肛管皮肤层裂伤后形成的经久不愈的缺血性溃疡;是一种常见的肛管疾病,多见于青、中年人。

【病因】

病因尚不清楚,大多数肛裂形成的直接原因是慢性便秘、粪便干结等引起的排便时机械性创伤。

【病理生理】

多发部位为肛管后正中线。裂口上端的肛瓣和肛乳头水肿,形成肛乳头肥大;下端皮肤因炎症水肿及静脉、淋巴回流受阻,形成外观似外痔的袋状皮垂向下突出于肛门外,由于体检时多先见到此皮垂后见到肛裂,故称其为"前哨痔"。肛裂、前哨痔与肛乳头肥大常同时存在,合称为肛裂"三联症"。

急性肛裂病程短,裂口新鲜,边缘齐整,底浅、色红,未形成瘢痕并有弹性;慢性肛裂因反复感染与损伤,基底深且不整齐,呈灰白色,质硬,边缘纤维化增厚。

【临床表现】

患者多有长期便秘史,临床表现为疼痛、便秘和出血。

1.疼痛 为主要症状,较剧烈,有典型的周期性。因排便时干硬粪便刺激裂口内神经末梢,表现为肛门出现烧灼样或刀割样剧烈疼痛;便后数分钟略缓解,数分钟后因肛门括约肌出现反射性痉挛,再次发生疼痛,常持续半小时至数小时,直到括约肌疲劳、松弛后,疼痛缓解。

2.便秘 患者惧怕疼痛而不愿排便导致便秘,加重肛裂,形成恶性循环。

3.出血 因排便时粪便擦伤溃疡面或撑开肛管撕拉裂口,创面常有少量出血。鲜血可见于粪便表面、便纸上或在排便过程中滴出,少见大量出血。

【处理原则】

1.非手术治疗 服用通便药物;温水坐浴;扩肛疗法。

2.手术治疗 适用于经久不愈、经非手术治疗无效且症状较重的陈旧性肛裂。

【护理措施】

参见本节痔的护理。

(张丽莎)

<h1>学习小结</h1>

1. 大肠癌病因未明，主要临床表现为排便习惯和粪便性状的改变、肠梗阻。治疗方式包括手术治疗、放疗、化疗、介入治疗等。非手术治疗的护理包括缓解疼痛、保持大便通畅、控制感染、肛周皮肤的护理、局部热敷或温水坐浴、心理护理、饮食护理、肠道准备。手术治疗后应做好引流管、造口、饮食、疼痛、并发症的预防和护理。

2. 内痔通常表现为便血及痔块脱出；外痔表现为肛门不适、潮湿，有时伴局部瘙痒；混合痔兼有内痔及外痔表现，若发生嵌顿，可引起充血、水肿甚至坏死。痔首选非手术治疗，无效时才考虑手术治疗。护理包括加强休息与活动、会阴部护理、饮食护理、疼痛护理和控制排便。

3. 直肠肛管周围脓肿多源于肛腺感染，少数继发于肛周皮肤感染、损伤、肛裂、内痔或药物注射治疗等，肛周持续跳痛是主要临床表现。肛瘘多由直肠肛管周围脓肿发展而来，肛门潮湿、瘙痒，周围可见一个或数个外口，排出脓性、血性或黏液性分泌物，需要手术治疗。肛裂、前哨痔与肛乳头肥大合称为肛裂"三联症"，常表现为疼痛、便秘和出血，常采用通便药物、温水坐浴和手术治疗。

复习参考题

一、单项选择题

1. 内痔的主要表现是
   A. 肛门不适
   B. 排便时无痛性间歇性出血
   C. 肛门环状肿物
   D. 肛周红肿
   E. 有脓液流出

2. 直肠肛管周围脓肿最常见的原因是
   A. 肛腺感染
   B. 肛周皮肤感染
   C. 肛管、直肠损伤
   D. 肛裂
   E. 血栓性外痔

3. 直肠肛管疾病患者肛门坐浴宜选择
   A. 清水
   B. 温盐水
   C. 庆大霉素溶液
   D. 高锰酸钾 1∶500 温水溶液
   E. 高锰酸钾 1∶5 000 温水溶液

4. 引起肛瘘最常见的原发病是
   A. 痔疮
   B. 直肠息肉
   C. 肛裂
   D. 直肠肛管周围脓肿
   E. 直肠癌

5. 挂线疗法主要适用于
   A. 肛门周围脓肿
   B. 内痔
   C. 外痔
   D. 肛裂
   E. 肛瘘

参考答案：
1. B 2. A 3. E 4. D 5. E

二、简答题

1. 简述结肠造口的护理措施。

2. 简述常见造口并发症的预防和护理。

肝脏疾病患者的护理

学习目标

知识目标	1. 掌握肝癌、肝脓肿患者的护理措施。 2. 熟悉肝癌、肝脓肿的临床表现、处理原则；细菌性肝脓肿和阿米巴性肝脓肿的异同点。 3. 了解肝癌、肝脓肿的病因、病理生理特点和辅助检查。
能力目标	能运用护理程序对肝癌、肝脓肿患者实施整体护理。
素质目标	具有关心和爱护肝脏疾病患者的态度和行为；具备团队合作精神。

第一节 肝癌

导入情景与思考

患者，男，49岁，因"进食后饱胀不适7个月，触及右上腹部肿物3日"入院，诊断为"肝右叶肝癌（巨块型），肺转移，纵隔淋巴结转移"。体格检查：体温36.6℃，脉搏80次/min，呼吸20次/min，血压120/80mmHg；肝病面容，消瘦，乏力；右肋下可触及肝脏，质硬，移动性浊音阴性；甲胎蛋白635μg/L，肝功能轻度异常。患者拟行经导管动脉化疗栓塞。

请思考：

1. 该患者主要的护理诊断/问题是什么？

2. 患者行经导管动脉化疗栓塞后，护士应采取哪些护理措施？

肝癌是常见的恶性肿瘤，分为原发性肝癌（primary liver cancer）和继发性肝癌（secondary liver cancer）。

一、原发性肝癌

在我国，肝癌发病率和死亡率在常见恶性肿瘤中分别位于第5位、第2位，东南沿海地区高发，患者的年龄大多为40~50岁，男性比女性多见。

【病因】

原发性肝癌的病因迄今尚未完全明确。目前认为与肝硬化、病毒性肝炎、食物被黄曲霉毒素 B_1 污染、饮水中存在如藻毒素等化学致癌物质、长期酗酒、遗传等有关。

【病理生理与分类】

原发性肝癌的大体病理形态分为结节型、巨块型、弥漫型三型。根据肿瘤大小分为微小肝癌（直径≤2cm）、小肝癌（2cm＜直径≤5cm），大肝癌（5cm＜直径≤10cm）、巨大肝癌（直径＞10cm）四类。根据病理组织学分为肝细胞癌、肝内胆管癌和混合型肝细胞癌–胆管癌。

肝癌细胞易经门静脉系统在肝内播散，形成癌栓后阻塞门静脉主干可引起门静脉高压症；可通过肝外血行转移至肺、骨、脑等；经淋巴转移者相对较少，可转移至肝门淋巴结以及胰周、腹膜后、主动脉旁及锁骨上淋巴结；也可直接侵犯邻近脏器及横膈；癌细胞脱落植入腹腔，发生腹膜转移及血性腹水。

【临床表现】

原发性肝癌早期缺乏典型的临床表现，中、晚期可有局部和全身症状。

1. 症状

（1）肝区疼痛：半数以上患者的首发症状，多为右上腹或中上腹持续性钝痛、胀痛或刺痛，夜间或劳累后加重，系癌肿迅速生长致肝包膜张力增加所致。

（2）消化道症状：表现为食欲减退、腹胀等。

（3）全身症状：晚期出现进行性消瘦、乏力、发热、恶病质等。

（4）癌旁综合征（paracarcinoma syndrome）：癌肿本身代谢异常或癌肿产生的一些物质进入血流，对机体产生各种影响而引起的综合征。临床表现多样且缺乏特异性，如红细胞增多症、高钙血症、高胆固醇血症、类癌综合征等。

2. 体征

（1）肝大或右上腹肿块：为中晚期肝癌最常见的体征。肝脏呈进行性不对称肿大，表面有明显结节和肿块，质硬有压痛，可随呼吸上下移动。肝大显著者，可见右上腹或上腹、右季肋部明显隆起。

（2）黄疸：多见于弥漫型肝癌或胆管细胞癌，系癌肿侵犯肝内主要胆管或肝门外转移淋巴结压迫肝外胆管所致。

（3）腹水：呈草黄色或血性，系腹膜受浸润、门静脉受压、门静脉或肝静脉内的癌栓形成及合并肝硬化等所致。

合并肝硬化者常有肝掌、蜘蛛痣、男性乳房增大、脾大、腹壁静脉及食管胃底静脉曲张等。

【辅助检查】

1. 肝癌血清标志物检测

（1）甲胎蛋白（alpha–fetoprotein，AFP）：肝癌普查、诊断中最常用的血清肿瘤标志物，但灵敏度与特异度不高，还可用于评价手术或其他疗法的疗效，判断预后。AFP正常值＜20μg/L。对于AFP≥400μg/L超过1个月，或≥200μg/L持续2个月，并排除妊娠、活动性肝病、生殖腺胚胎源性肿瘤等，可考虑肝癌。AFP轻度升高者，应动态观察，并结合肝功能变化及影像学检查综合判断。约30%肝癌患者AFP不升高，应检测AFP异质体，如为阳性，有助于诊断。

（2）血清酶学及其他肿瘤标志物：血清酶谱由于缺乏特异性，多用于辅助诊断，部分患者癌胚抗原（CEA）或CA19-9升高。

2. 影像学检查

（1）腹部超声：首选检查方法，可显示肿瘤的部位、大小、形态，以及肝静脉或门静脉内有无癌栓等，诊断符合率达90%左右。

（2）CT和MRI：诊断肝癌及临床分期的最重要方法，诊断符合率达90%以上。

（3）肝动脉造影：诊断肝癌符合率达95%左右，为创伤性检查，必要时采用。

3. 肝穿刺活检 对诊断困难或不适宜手术者，为指导下一步治疗，可做此项检查。如不能排除肝血管瘤，应禁止采用。

4. 腹腔镜检查 适用于肿瘤位于肝表面，经过各种检查仍不能确诊者。

【处理原则】

早期诊断，早期采用以手术切除为主的综合治疗。

1. 手术治疗

（1）肝部分切除术：治疗肝癌首选和最有效的方法。一般至少保留30%的正常肝组织，有肝硬化者切除部分不应超过50%。应视全身状况、肝功能，以及肿瘤的数目、部位、大小、血管侵犯、分化程度等综合确定手术方式。

（2）肝移植：原则上对于肝功能C级的小肝癌病例进行肝移植。

2. 介入治疗 经导管动脉化疗栓塞（transcatheter arterial chemoembolization，TACE）即经皮穿刺股动脉插管，适用于不可切除的肝癌或作为肝癌切除术后的辅助治疗，对不能一期手术切除的巨大肝癌，经此方法治疗后肿瘤缩小，部分患者可获得手术切除机会。超声引导下经皮穿刺肿瘤行微波消融、射频消融、冷冻消融或无水乙醇注射治疗（percutaneous ethanol injection，PEI）等消融治疗，适用于瘤体较小而又不能或不宜手术的肝癌，也可在术中应用或术后用于治疗转移、复发瘤。

3. 非手术治疗

（1）放疗：适用于小肝癌不宜手术或不愿手术者、联合介入栓塞治疗者、肝移植前桥接治疗者、中央型肝癌手术后窄切缘及切缘阳性者、门静脉/下腔静脉癌栓者、肝外转移者。

（2）全身治疗：根据肝功能分级，采用全身化疗、中医中药治疗、免疫治疗、靶向治疗等。

知识拓展 | **中国肿瘤整合诊治指南-肝癌**

中国抗癌协会肝癌专业委员会制定的《中国肿瘤整合诊治指南-肝癌》，以"防-筛-诊-治-康"为基础，为我国肝癌临床诊疗提供了最佳参考意见。

1. 防 指肝癌的病因与预防。肝炎病毒、黄曲霉毒素、饮用水污染是肝癌发生的几大相关因素，积极进行肝癌的三级预防，以尽可能挽救部分肝癌患者的生命。

---

2. 筛　对肝癌高危人群的筛查与监测。有助于肝癌的早期发现、早期诊断和早期治疗，是提高肝癌疗效的关键。

3. 诊　结合肝癌发生的高危因素、影像学特征及血清学分子标志物，依据路线图步骤对肝癌进行临床诊断和分期。

4. 治　肝癌治疗提倡多学科诊疗团队（MDT）和多种方法的综合治疗，特别是对疑难复杂病例的诊治。合理治疗方法的选择需要有高级别循证医学证据的支持，但也需要同时考虑地区经济水平及各医院医疗能力和条件的差异。

5. 康　加强全程康复管理。无论接受何种治疗的患者，应在首次治疗后4~6周内返院完成1次全面复查，评价治疗效果及并发症，并安排随访计划。

【护理评估】

（一）术前评估

1. 健康史　一般情况、既往史、家族史等。

2. 身体状况　腹部症状和体征，如肝区疼痛、肝脏肿大情况；食欲减退、嗳气、腹胀等消化道症状；消瘦、乏力等全身症状；肝性脑病、上消化道出血及感染等并发症；辅助检查结果。

3. 心理-社会状况　患者对疾病、治疗、预后的了解程度及心理承受能力；家属对患者的关心和支持程度。

（二）术后评估

1. 术中情况　麻醉方式、手术方式、术中出血、补液、输血及引流情况等。

2. 身体状况　意识状态、生命体征，腹部症状和体征，切口及敷料、引流情况、肝功能等，有无出血、膈下积液、胆汁漏等并发症。

3. 心理-社会状况　患者心理状况，患者和家属的配合、支持程度等。

【常见护理诊断/问题】

1. 慢性疼痛　与肿瘤生长致肝包膜张力增加有关。

2. 营养失调：低于机体需要量　与食欲减退、胃肠功能紊乱、放疗和化疗引起的胃肠道不良反应、肿瘤消耗、手术创伤等有关。

3. 焦虑　与担心手术、预后等有关。

4. 潜在并发症：出血、膈下积液及脓肿、胆汁漏、肝性脑病等。

【护理目标】

1. 患者的疼痛减轻或缓解。

2. 患者的营养状况改善。

3. 患者的焦虑减轻或消失。

4. 患者未发生并发症，或并发症能得到及时发现和处理。

【护理措施】

（一）非手术治疗的护理/术前护理

1. 疼痛护理 评估疼痛发生的时间、部位、性质和程度。遵医嘱给予镇痛药物，指导患者采用非药物镇痛法缓解疼痛。

2. 改善营养状况 术前行营养风险筛查。对于营养不良者首选肠内营养，采用高蛋白、高热量、高维生素、易消化饮食，少量多餐。合并肝硬化有肝功能损害者，适当限制蛋白质摄入量。必要时给予肠外营养支持，输血浆或白蛋白等。

3. 护肝治疗 评估肝功能状态，遵医嘱予护肝、抗病毒治疗，禁饮酒。

4. 维持体液平衡 对肝功能不良伴腹水者，严格控制水、钠盐的摄入量。遵医嘱合理补液与利尿，纠正水、电解质代谢紊乱。记录24小时出入量。定期观察体重及腹围变化。

5. 预防出血 ① 合并肝硬化者，术前3日开始给予维生素K_1，适当补充血浆和凝血因子，预防术中、术后出血；② 避免剧烈咳嗽、用力排便等使腹压骤升的动作，避免外伤及进食干硬食物，以免导致癌肿破裂出血或食管胃底曲张静脉破裂出血；③ 应用组胺2（H_2）受体拮抗剂，预防应激性溃疡出血；④ 观察腹部体征，若突发腹痛，伴腹膜刺激征，应高度怀疑癌肿破裂出血，及时通知医生并协助抢救；⑤ 对不能手术的晚期患者，采用补液、输血、应用止血剂、支持治疗等综合治疗法。

6. 心理护理 给予针对性心理护理。

7. 术前准备 做好腹部手术术前准备。

（二）术后护理

1. 体位 意识清醒且血压稳定者，取半卧位。

2. 吸氧 吸氧可增加肝细胞供氧量，促进肝细胞再生与修复。一般吸氧1~3日，接受半肝以上切除者吸氧3~5日。

3. 病情观察 密切观察意识状态和生命体征，观察有无腹痛、腹膜刺激征，观察切口及敷料有无渗血。监测肝、肾功能，以及水、电解质和酸碱平衡情况。

4. 引流管护理 妥善固定引流管，保持引流通畅，及时更换引流袋，严格遵守无菌原则。观察引流情况，若引流液含胆汁，应考虑胆汁瘘；若引流液为血性且引流量持续增加，应警惕腹腔内出血。

5. 营养支持 术后早期禁食、胃肠减压，遵医嘱静脉输入葡萄糖、适量胰岛素、维生素B、维生素C、维生素K等，待肠蠕动恢复后进食流质饮食，再逐步恢复至普食，观察有无腹胀、腹痛、腹泻等。术后2周补充适量白蛋白和血浆。广泛肝切除术后，可使用肠内和/或肠外营养支持。

6. 并发症的护理

（1）出血：多由凝血功能障碍、腹内压增高及手术缝合不佳引起。表现为鲜红色血性引流液增多，甚至出现失血性休克。护理措施：① 密切观察意识状态和生命体征；观察引流液的颜色、量和性状，手术后当日可从肝周引出血性液体100~300ml，若血性液体增多，应警惕腹腔内出血。② 术后血压平稳，取半卧位；术后1~2日应卧床休息，避免剧烈咳嗽和打喷嚏，防止肝断面出血。③ 若明确为凝血功能障碍性出血，遵医嘱给予凝血酶原复合物、纤维蛋白原、输新鲜血；若短期内或持续引流较大量血性液体，或经输血、输液，血压、脉搏仍不稳定，应做好再次手术止血的准备。

（2）膈下积液及脓肿：多发生于术后1周左右，多因术后引流不畅或引流管拔除过早，使残肝旁积液、积血，或肝断面坏死组织及渗漏胆汁积聚造成膈下积液，如继发感染则形成膈下脓肿。主要表现为术后体温正常后再度升高，或术后体温持续不降，同时伴有上腹部或右季肋部胀痛、呃逆、脉速，白细胞计数增多，中性粒细胞百分比达90%以上，超声等影像学检查可明确诊断。护理措施：① 妥善固定引流管，保持引流通畅；定期更换引流袋，严格执行无菌操作；观察引流液的颜色、量及性状；若引流量逐日减少，一般在手术后3~5日拔除引流管；对经胸手术放置胸腔引流管者，按胸腔闭式引流的护理常规进行护理。② 观察体温变化，高热者给予物理降温和/或药物降温。③ 若已形成膈下脓肿，协助行超声引导下穿刺抽脓或置管引流。④ 遵医嘱使用抗生素。⑤ 加强营养支持。

（3）胆汁漏：多由肝断面小胆管渗漏、胆管结扎线脱落、胆管损伤所致。主要表现为腹痛、发热和腹膜刺激征，切口有胆汁渗出和/或腹腔引流液含胆汁。如怀疑胆汁漏发生，及时告知医生，保持引流通畅，观察引流液的颜色、量与性状；如发生局部积液，应尽早行超声引导下穿刺置管引流；如发生胆汁性腹膜炎，应做好术前准备。

（4）肝性脑病：多与肝解毒功能降低和/或手术创伤有关。常见于肝功能濒临或已经失代偿者。预防和护理措施包括减少氨的产生和加强病情观察，参见第二十八章门静脉高压症患者的护理。

（三）介入治疗护理

1. 治疗前准备　注意凝血时间、血常规、肝肾功能、心电图等检查结果，判断有无禁忌证。解释介入治疗的目的、方法和注意事项，缓解患者的紧张、焦虑。训练床上大小便，穿刺区备皮，建立静脉通道，禁食禁饮6小时，备好所需物品及药品。

2. 治疗后护理

（1）预防出血：拔管前注意血压变化，纠正异常血压。拔管后压迫穿刺部位15分钟，再局部加压包扎，并使用沙袋压迫6~8小时。患者取平卧位，穿刺侧肢体伸直制动6小时，绝对卧床24小时，防止穿刺处出血。观察穿刺点有无出血，以及穿刺侧肢端皮肤的颜色、温度及足背动脉搏动。

（2）导管护理：妥善固定和维护导管。严格遵守无菌原则，每次注药前消毒导管，注药后用无菌纱布保护导管，防止逆行感染。注药后用肝素稀释液冲洗导管，以防导管堵塞。

（3）栓塞后综合征的护理：TACE术后常见并发症，表现为发热、恶心、呕吐、肝区疼痛等。护理措施包括：① 若体温高于38.5℃，给予物理和/或药物降温；② 恶心、呕吐为化疗药物引起的不良反应，遵医嘱予甲氧氯普胺等；③ 肝区疼痛多由栓塞部位缺血、坏死、肝体积增大而牵张肝包膜所致，遵医嘱予以镇痛；④ 当白细胞计数低于$4×10^9$/L时，遵医嘱暂停化疗并应用升白细胞药物；⑤ 指导患者大量饮水，减轻化疗药物对肾的毒副作用，观察排尿情况。

（4）并发症的护理：观察生命体征和腹部体征，因胃、胆、胰、脾动脉栓塞而出现上消化道出血及胆囊坏死等并发症时，及时告知医生并协助处理。TACE可造成肝细胞坏死，加重肝功能损害，注意观察意识状态、黄疸程度，补充高糖、高能量营养素，给予护肝治疗，防止肝衰竭。

（四）健康教育

1. 肝癌的预防　避免和尽量少接触已知的致癌物或危险因素。积极防治病毒性肝炎，避免不必要输血和应用血液制品，避免食用霉变食物，改善饮水水质，戒酒。有肝炎、肝硬化病史，肝癌家族史及肝癌高发地区的人群，应定期做AFP检测与超声检查进行筛查。

2. 生活指导　注意休息，在病情和体力允许的情况下适量活动。多食高热量、优质蛋白、富含维生素和纤维素、清淡易消化的食物，少量多餐。伴有腹水、水肿者，应控制水和钠盐的摄入量。防止便秘，可适当使用缓泻剂，预防血氨升高。

3. 心理护理　缓解紧张、焦虑心理，给予晚期患者精神上的支持和关怀。

4. 复诊指导　肝癌根治性治疗后，2年内，间隔3个月常规复诊1次；超过2年，间隔6个月常规复诊1次。若出现水肿、体重减轻、出血倾向、黄疸和乏力等，及时就诊。

【护理评价】

1. 患者的疼痛是否减轻或缓解。

2. 患者的营养状况有无改善，体重是否稳定或增加。

3. 患者的情绪是否稳定，能否积极配合治疗与护理。

4. 患者是否发生并发症，或并发症是否被及时发现和处理。

二、继发性肝癌

继发性肝癌又称转移性肝癌，是其他部位恶性肿瘤转移至肝脏发生的肿瘤。大多数患者有肝外恶性肿瘤病史，也有部分患者难以查出原发病灶。主要表现为原发性肝癌的症状和体征。

AFP升高者较少。CT典型的转移瘤影像呈现"牛眼"征，MRI检查肝转移癌常显示信号强度均匀、多发，少数有"靶"征或"亮环"征。

肝切除是治疗继发性肝癌最有效的方法，同时应根据患者原发病灶情况和全身状况行综合治疗。护理措施参见本节原发性肝癌的护理。

第二节　肝脓肿

肝脓肿（liver abscess）是肝脏受感染后未得到及时、正确的处理而形成的脓肿，属于继发性感染。根据病原体的不同可分为细菌性肝脓肿和阿米巴性肝脓肿。

一、细菌性肝脓肿

细菌性肝脓肿（bacterial liver abscess）是指化脓性细菌引起的肝内化脓性感染，又称化脓性肝脓肿，多见于男性，中年患者约占70%，有基础性疾病特别是糖尿病患者为高发人群。

【病因】

全身性细菌感染，特别是腹腔内感染时，细菌可经胆道、肝动脉、门静脉、淋巴系统或直接扩散等途径侵入肝，当患者抵抗力低下时即可发生肝脓肿。细菌性肝脓肿的致病菌常为肺炎克雷伯菌、大肠埃希菌、厌氧链球菌、葡萄球菌等。

【病理生理】

细菌侵入肝后，引起局部炎症改变，形成单个或多个小脓肿。经抗感染治疗，小脓肿多能吸收消失；如感染继续扩散，多个小脓肿可融合成一个或数个较大的肝脓肿。肝血运丰富，在脓肿形成发展过程中，大量毒素吸收可出现较严重的毒血症。若脓肿进入慢性期，脓腔周边肉芽组织增生、纤维化，肝脓肿亦可向膈下、腹腔或胸腔穿破导致严重的感染并发症。

【临床表现】

1. 症状　通常继发于某种感染性疾病，起病较急，典型症状是反复发作的寒战、高热、肝区疼痛，体温常可高达39~40℃，多为弛张热；肝区呈持续性钝痛或胀痛，可向肩部放射；可伴恶心、呕吐、食欲缺乏和周身乏力等。

2. 体征　肝区压痛和肝大最为常见，右下胸部、肝区可有叩击痛。若脓肿在肝前下缘较表浅部位时，可伴有右上腹肌紧张和局部明显触痛；脓肿巨大时，右季肋呈饱满状态，甚至可见局限性隆起，局部皮肤可出现红肿；严重时或并发胆道梗阻者，可出现黄疸。

3. 并发症　肝脓肿向腹腔穿破，可导致急性化脓性腹膜炎；肝右叶脓肿穿破肝包膜形成膈下脓肿，也可突破入右侧胸腔形成脓胸；肝左叶脓肿穿入心包，可导致化脓性心包炎，甚至心脏压塞；肝脓肿穿破血管和胆管壁，可引起大量出血并从胆道排出，表现为上消化道出血。

【辅助检查】

1. 实验室检查　白细胞计数和中性粒细胞百分比明显升高，血清转氨酶升高。

2. 影像学检查　首选腹部超声，诊断符合率可达96%以上；X线检查见肝阴影增大；CT易显示多发小脓肿。

3. 诊断性肝穿刺　在肝区压痛最剧烈处或在超声引导下行诊断性穿刺，抽出脓液即可确诊，脓液送细菌培养明确致病菌。

【处理原则】

细菌性肝脓肿必须早期诊断，积极治疗。

1. 全身支持治疗　给予充分营养支持，纠正水、电解质代谢紊乱和酸碱平衡失调，必要时予多次小量输血。

2. 抗生素治疗　适用于急性期尚未局限的肝脓肿和多发性小脓肿。应大剂量、足疗程、联合应用抗生素。

3. 经皮肝穿刺置管引流术　适用于直径为3~5cm的单个脓肿。在超声引导下行穿刺抽尽脓液并冲洗，也可置管引流。术后可用等渗盐水缓慢冲洗脓腔和注入抗生素药液。待引流管无脓液引出，患者一般情况好转，冲洗液体变清亮，超声检查脓腔直径<2cm，即可拔管。

4. 手术治疗　脓肿切开引流术适用于较大脓肿或经上述治疗后仍较为严重或出现并发症者。

肝叶切除术适用于病程长的慢性局限性厚壁脓肿。

5. 中医中药治疗 多与抗生素和手术治疗配合应用，以清热解毒为主。

【护理措施】

（一）非手术治疗的护理/术前护理

1. 病情观察 监测生命体征，观察腹部、胸部有无相关并发症。

2. 高热护理 观察体温变化，适时采集血培养标本。高热患者可予物理降温和/或药物降温。

3. 用药护理 遵医嘱应用抗生素。长期应用抗生素者，注意观察口腔黏膜及有无腹泻、腹胀等，警惕假膜性肠炎及继发双重感染，必要时进行咽拭子检查等。

4. 营养支持 多食高热量、高蛋白、富含维生素及膳食纤维的食物，保证足够的液体入量。贫血、低蛋白血症者应输注血液制品。营养不良者，给予肠内和/或肠外营养支持。

（二）术后护理

1. 病情观察 观察生命体征、腹部体征，警惕术后肝创面出血、胆汁漏的发生。位置较高的肝脓肿穿刺后注意观察呼吸、胸痛和胸部体征，以防发生气胸、脓胸等并发症。观察发热、肝区疼痛等肝脓肿症状的变化情况，适时复查超声，了解肝脓肿好转情况。

2. 引流管护理 妥善固定，保持通畅，严格无菌，定期更换引流袋。术后早期一般不冲洗脓腔，以免脓液流入腹腔。术后1周左右开始冲洗脓腔，每日用生理盐水或甲硝唑盐水多次或持续冲洗脓腔。观察和记录脓腔引流液的颜色、性状和量，如脓液引流量<10ml/d时，可逐步退出并拔除引流管，适时换药，直至脓腔闭合。

3. 其他 给予吸氧，尤其是肝叶切除的患者，以保证血氧浓度，促进肝创面的愈合。遵医嘱使用抗生素，注意观察有无继发感染。

（三）健康教育

1. 饮食指导 多食高热量、高蛋白、富含维生素和纤维素的食物，多饮水，增强抵抗力。

2. 疾病知识 向患者讲解病因、临床表现等知识，提高其自我护理能力。

3. 复诊指导 遵医嘱服药，不擅自改变剂量或停药。若出现发热、肝区疼痛等症状，及时就诊。

二、阿米巴性肝脓肿

阿米巴性肝脓肿（amebic liver abscess）是肠道阿米巴感染的并发症。多发生于温、热带地区，常见于30~50岁男性，农村发病率高于城市。

【病因与病理】

阿米巴原虫从结肠溃疡处肠壁小静脉经门静脉、淋巴管或直接侵入肝内。进入肝脏的滋养体可被消灭，也可阻塞门静脉小分支末梢引起缺血性肝细胞坏死，还能产生溶组织酶溶解肝组织形成脓肿。常见于肝右叶顶部，多为单发性，容积较大，有时达1 000~2 000ml。

【临床表现】

阿米巴性肝脓肿发病可在阿米巴痢疾发病数周至数年后，起病较缓，如不及时治疗，进入慢性期。病情较细菌性肝脓肿轻，容易误诊，应注意两者的鉴别（表27-2-1）。

▼ 表27-2-1 细菌性肝脓肿与阿米巴性肝脓肿的鉴别

鉴别要点	细菌性肝脓肿	阿米巴性肝脓肿
病史	继发于胆道感染或其他化脓性疾病	继发于阿米巴痢疾
症状	病情急骤严重，全身中毒症状明显，伴寒战、高热，部分患者可有黄疸	起病较缓慢，病程较长，可有高热或不规则发热、盗汗，黄疸少见
血液检查	白细胞计数及中性粒细胞百分比明显增加，血培养可阳性	白细胞计数可增加；若无继发细菌感染，血培养阴性；血清学阿米巴抗体检测阳性
大便检查	无特殊表现	部分患者可找到阿米巴滋养体
脓液	多为黄白色脓液、恶臭，涂片和培养可发现细菌	大多为棕褐色脓液、无臭味，镜检有时可找到阿米巴滋养体；若无混合感染，涂片和培养无细菌
诊断性治疗	抗阿米巴治疗无效	抗阿米巴治疗有效
脓肿	较小，常为多发性	较大，多为单发，多见于肝右叶

【辅助检查】

白细胞计数可增加，血培养阴性。血清学阿米巴抗体检测阳性。部分患者大便检查可找到阿米巴滋养体。肝穿刺脓液大多为棕褐色，无臭味，镜检有时可找到阿米巴滋养体。

【处理原则】

首先考虑非手术治疗，以抗阿米巴药物（首选甲硝唑，以及氯喹、依米丁等）治疗，以及必要时超声引导下穿刺抽脓及全身营养支持疗法为主。对于病情重、脓腔较大或经非手术治疗而脓腔未见缩小者，可行经皮肝穿刺置管引流术，术后严格保持无菌，以免继发细菌感染。严重者宜行切开引流，手术方法同细菌性肝脓肿，术后仍应抗阿米巴治疗。

【护理措施】

1. 饮食护理 进食营养丰富的食物，多饮水。

2. 用药护理 遵医嘱使用抗阿米巴药物。高热经物理降温仍不能控制体温者，遵医嘱给予药物降温。

3. 病情观察 观察病情变化，及时发现继发细菌感染征象。

4. 引流管护理 做好脓腔引流护理，严格无菌操作，防止继发细菌感染。

5. 其他护理措施 参见本节细菌性肝脓肿的护理。

6. 健康教育 预防肠道阿米巴感染。严格粪便管理，养成良好卫生习惯，饭前便后洗手，饮用开水，生食蔬菜瓜果必须洗净。加强身体锻炼，改善饮食结构，增强机体抵抗力。已发现患有阿米巴痢疾者应尽早诊治。

（韩媛）

学习小结

1. 肝癌病因尚未完全明确，肝硬化、病毒性肝炎、黄曲霉毒素、饮水污染、长期酗酒、遗传等可能与肝癌发生有关。早期肝癌缺乏典型的临床表现，肝大或右上腹肿块为中晚期肝癌最常见的体征，也可出现黄疸、腹水等。通常采用早期手术切除为主的综合治疗。术前护理主要包括疼痛护理、预防出血、营养支持、护肝及维持体液平衡、心理护理、术前准备。术后重点在于出血、膈下积液及脓肿、胆汁漏、肝性脑病等并发症的预防及护理。介入治疗应注意预防出血，加强导管护理和栓塞后综合征的护理。

2. 细菌性肝脓肿常在全身细菌性感染，特别是腹腔内感染，细菌侵入肝，患者抵抗力弱时发生，主要表现为反复发作的寒战、高热、肝区疼痛。一般采用抗生素及全身支持治疗，可选择经皮肝穿刺置管引流术、脓肿切开引流术。肠道阿米巴感染可致阿米巴性肝脓肿，表现为高热或不规则发热、盗汗，血清学阿米巴抗体检测阳性，以抗阿米巴药物治疗为主。肝脓肿术前护理重点包括感染控制、营养支持和并发症护理；脓肿引流术后护理重点在于引流和冲洗，并注意观察有无出血和胆汁漏的发生。

复习参考题

一、单项选择题

1. 原发性肝癌最常见的转移方式是
   A. 门静脉系统转移
   B. 肝门淋巴转移
   C. 向邻近脏器直接蔓延
   D. 肝外血行转移
   E. 腹腔种植

2. 经导管肝动脉化疗栓塞后患者适宜的体位是
   A. 可以适度活动
   B. 平卧位
   C. 穿刺侧侧卧位
   D. 任意体位
   E. 半卧位

3. 大多数原发性肝癌患者的首发症状为
   A. 贫血
   B. 发热
   C. 黄疸
   D. 消瘦
   E. 肝区疼痛

4. 对肝癌高危人群的筛查可采用
   A. CT
   B. MRI
   C. AFP检测与超声检查
   D. 肝动脉造影
   E. CEA检测

5. 肝切除术后最严重的并发症是
   A. 出血
   B. 肺部感染
   C. 腹腔感染
   D. 胆汁性腹膜炎
   E. 腹水

参考答案：

1. A 2. B 3. E 4. C 5. A

二、简答题

1. 简述原发性肝癌患者预防术后出血的护理措施。

2. 简述细菌性肝脓肿患者高热的护理措施。

第二十八章　　**门静脉高压症患者的护理**

学习目标

知识目标	1. 掌握门静脉高压症患者的护理。 2. 熟悉门静脉高压症的临床表现、处理原则。 3. 了解门静脉高压症的病因和分类、病理生理特点和辅助检查。
能力目标	能运用护理程序对门静脉高压症患者实施整体护理。
素质目标	具有关心和爱护门静脉高压症患者的态度和行为；具备团队合作精神。

导入情景与思考

患者，男，63岁，因"突发呕血1小时"入院。1小时前，患者因用力排便突发呕血700ml，伴心悸。既往有乙型肝炎25年，肝硬化5年，半年前曾因呕血入院，经保守治疗后痊愈出院。体格检查：肝病面容，贫血貌，疲乏；脾大，左肋缘下可扪及，质硬。生命体征：体温36.8℃，脉搏106次/min，呼吸24次/min，血压84/60mmHg。辅助检查：血红蛋白85g/L。

请思考：

1. 该患者目前的非手术治疗方法有哪些？
2. 患者经非手术治疗2日后出血停止，拟于5日后行分流手术治疗，术前应采取哪些护理措施？术后的护理措施有哪些？

　　门静脉高压症（portal hypertension）是指各种原因导致门静脉血流受阻和/或血流量增加所引起的门静脉系统压力增高，继而引起脾大和脾功能亢进、食管胃底静脉曲张、呕血或黑便、腹水等表现的一组临床综合征。门静脉正常压力为13~24cmH$_2$O，门静脉压力大于25cmH$_2$O即为门静脉高压。

　　【病因与分类】

　　门静脉系统内没有瓣膜，门静脉压力通过流入血流和流出阻力形成并维持。门静脉血流阻力增加是门静脉高压症的始动因素。根据阻力增加的部位不同，将门静脉高压症分为以下三种类型。

　　1. 肝前型门静脉高压症　常见病因有肝外门静脉血栓形成、先天性畸形和外在压迫。

2. 肝内型门静脉高压症 肝内病变所致，根据血流受阻部位又可分为窦前、窦后和窦型。

3. 肝后型门静脉高压症 病因有巴德-基亚里综合征（Budd–Chiari syndrome）、缩窄性心包炎、严重右心衰竭等。

【病理生理】

1. 脾大（splenomegaly）、脾功能亢进（hypersplenism） 门静脉压力升高后，脾静脉血回流受阻，脾窦扩张，脾髓组织增生，脾脏肿大。脾内血流在脾脏内的驻留时间延长，脾巨噬细胞吞噬功能增强，吞噬大量血细胞，导致外周血白细胞、血小板和红细胞减少，称为脾功能亢进。

2. 交通支扩张 正常肝内门静脉通路受阻，门静脉系和腔静脉系之间的四个交通支（图28-0-1）大量开放，并扩张、扭曲形成静脉曲张。其中胃底、食管下段形成的曲张静脉受门静脉高压的影响最早、最有临床意义。直肠上、下静脉丛扩张可引起继发性痔。前腹壁曲张静脉以脐为中心呈放射状分布，称为水母头征（caput medusa sign）。

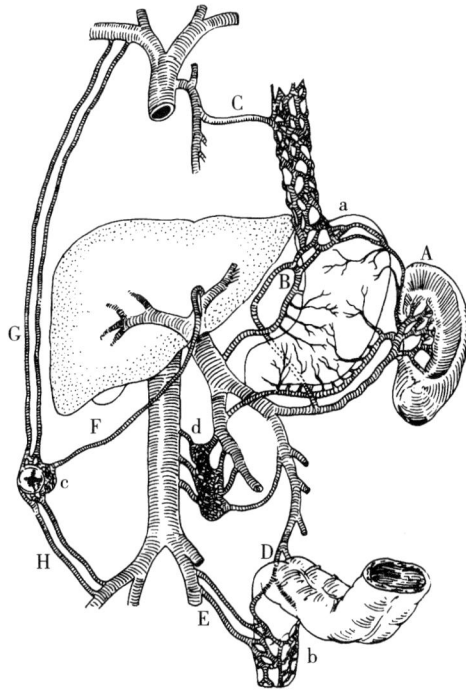

▲ 图28-0-1　门静脉与腔静脉之间的交通支
A. 胃短静脉；B. 胃冠状静脉；C. 奇静脉；D. 直肠上静脉；E. 直肠下静脉、肛管
静脉；F. 脐旁静脉；G. 腹上深静脉；H. 腹下深静脉；a. 胃底、食管下段交通支；
b. 直肠下端、肛管交通支；c. 前腹壁交通支；d. 腹膜后交通支。

3. 腹水（ascites） 门静脉压力升高，使门静脉系统毛细血管床的滤过压增加，肝硬化引起低蛋白血症，血浆胶体渗透压下降和淋巴液生成增多，促使液体从肝表面、肠浆膜面漏入腹腔形成腹水。门静脉高压症时门静脉内血流量增加，有效循环血量减少，继发刺激醛固酮分泌过多，加上慢性肝病时醛固酮、抗利尿激素等在肝内的灭活减少，也可导致钠、水潴留，加剧腹水形成。

【临床表现】

1. 脾大、脾功能亢进 早期即可有脾大，程度不一，在左肋缘下可扪及，巨脾下缘可达脐下、内侧可超过腹中线。脾脏早期肿大时质软、活动，晚期则变硬、活动受限。表现为全血细胞减少，出现贫血、黏膜及皮下出血倾向。

2. 呕血（hematemesis）和/或黑便（melena） 食管胃底曲张静脉破裂出血所致，是门静脉高压症最危险的并发症。肝功能损害导致凝血功能障碍，脾功能亢进使血小板减少，加之曲张静脉压力高，出血不易自行停止。少量出血时出现柏油样便，急性大出血时出现呕血，颜色鲜红，常达500~1 000ml，可引起休克和肝性脑病。

3. 腹水 肝功能严重损害时有腹水表现，大出血后可加剧腹水形成，有些顽固性腹水难以消退，常伴腹胀、食欲减退，可引起脐疝、腹水感染。

4. 非特异性全身表现 疲乏、厌食、无力、肝病面容等。

【辅助检查】

1. 血常规 血细胞计数减少，以白细胞计数降至 3×10^9/L 以下和血小板计数减少至（70~80）× 10^9/L 以下最多见。血红蛋白和血细胞比容下降。

2. 肝功能 常见血浆白蛋白降低而球蛋白增高，白/球蛋白比例倒置，凝血酶原时间延长，血清胆红素增高。

临床上常用蔡尔德–皮尤（Child–Pugh）分级（表28-0-1）评估肝硬化程度和肝储备功能。总分5~6分者为肝功能良好（A级），7~9分者为肝功能中等（B级），10~15分者为肝功能差（C级）。A级手术危险度小，可耐受手术；B级手术危险度中等，经过充分准备可耐受手术；C级手术危险度大，不能耐受手术。

▼ 表28-0-1　蔡尔德–皮尤分级

项目	异常程度得分		
	1分	2分	3分
血清胆红素 /（μmol·L^{-1}）	<34.2	34.2~51.3	>51.3
血浆白蛋白 /（g·L^{-1}）	>35	28~35	<28
凝血酶原延长时间 /s	1~3	4~6	>6
腹水	无	少量，易控制	中等量，难控制
肝性脑病	无	轻度	中度以上

3. 影像学检查

（1）腹部超声：门静脉高压症时门静脉内径≥1.3cm，可显示腹水、肝密度及质地异常、门静脉扩张、血管开放情况、门静脉与肝动脉血流量等。

（2）食管X线钡餐检查：食管在钡剂充盈时，曲张静脉使食管的轮廓呈虫蚀状改变；排空时，曲张静脉表现为蚯蚓样或串珠状负影。

（3）胃镜：确定静脉曲张程度，有无胃黏膜病变或溃疡等。

（4）CT、MRI、磁共振门静脉血管成像（MR portography，MRP）：了解肝硬化程度（包括肝体积）、肝动脉和脾动脉直径、门静脉和脾静脉直径、入肝血流，以及侧支血管的部位、大小及范围。

【处理原则】

预防和控制食管胃底曲张静脉破裂出血，解除或改善脾大伴脾功能亢进，治疗顽固性腹水和原发性肝病。

（一）食管胃底曲张静脉破裂出血的治疗

1. 非手术治疗　适用于一般状况不良，肝功能较差，难以耐受手术者。

（1）补充血容量：立即输液、输血，肝硬化者宜输入新鲜全血。维持血流动力学稳定并使血红蛋白水平维持在80g/L左右，避免过量扩容，防止门静脉压力反跳性增加引起再出血。

（2）药物治疗：① 止血，急性出血时首选血管收缩药［如特利加压素（又称三甘氨酰赖氨酸加压素）］，生长抑素及其类似物（如奥曲肽）能选择性减少内脏血流量，也可有效控制出血；② 预防感染，使用头孢类广谱抗生素；③ 其他，使用质子泵抑制剂抑制胃酸分泌、利尿、预防肝性脑病及护肝治疗等。

（3）内镜治疗：① 内镜下硬化治疗（endoscopic injection sclerotherapy，EIS），经内镜将硬化剂直接注射到曲张静脉腔内或曲张静脉旁的黏膜下组织，使曲张静脉闭塞，以治疗食管静脉曲张出血和预防再出血。② 内镜曲张静脉套扎术（endoscopic variceal ligation，EVL），经内镜将要结扎的曲张静脉吸入结扎器，用橡皮圈套扎在曲张静脉基底部，是控制急性出血的首选方法，与药物治疗联合应用更为有效。两种方法均需要反复多次进行，EIS间隔时间一般为7日，EVL间隔时间一般为10~14日。

（4）三腔二囊管压迫止血：利用气囊分别压迫胃底及食管下段破裂的曲张静脉而起到止血作用，是紧急情况下暂时控制出血的有效方法，但再出血率较高，需要与药物、内镜治疗联合使用。该管有三腔（图28-0-2），一腔通胃囊，充气150~200ml后压迫胃底；一腔通食管囊，充气100~150ml后压迫食管下段；一腔通胃腔，经此腔可吸引、冲洗或注入止血药。牵引重量约为0.25~0.5kg。根据病情8~24小时放气囊1次，气囊放气后观察24小时，若无活动性出血即可拔管。并发症包括吸入性肺炎、气管阻塞及食管、胃底黏膜压迫坏死再出血等。

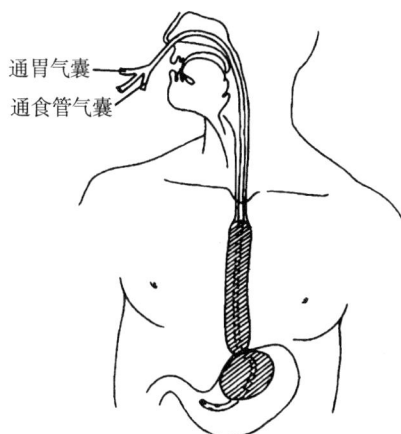

通胃气囊
通食管气囊

▲ 图28-0-2　三腔二囊管

（5）经颈静脉肝内门体静脉分流术（transjugular intrahepatic portosystemic shunt，TIPS）：采用介入治疗方法，经颈静脉途径在肝静脉与门静脉之间的肝实质内建立分流道，置入支架以实现门体分流。TIPS一般可降低门静脉压力至原来的一半，能治疗急性出血和预防再出血。目前主要用于经药物和内镜治疗无效、外科手术后再出血和等待肝移植者。其主要问题是支撑管进行性狭窄、并发肝衰竭（发生率为5%~10%）、肝性脑病（发生率为20%~40%）等。

《肝硬化门静脉高压食管胃静脉曲张出血的防治指南》指出，肝硬化门静脉高压食管胃静脉曲张出血（esophagogastric variceal bleeding，EVB）管理策略包括以下四个方面。

1. 预防首次EVB（一级预防） 目的是治疗原发病、抗纤维化，防止曲张静脉形成和进展，预防中-重度曲张静脉破裂出血，防止并发症，提高生存率。

2. 控制急性食管胃静脉曲张出血。

3. 预防再次EVB（二级预防） 目的是根除或减轻食管胃静脉曲张，降低再出血率及病死率。

4. 改善肝脏功能储备。

2. 手术治疗 包括分流术、断流术、联合手术、肝移植（参见第二十七章肝脏疾病患者的护理）。

（1）非选择性门体分流术：将入肝的门静脉血完全转流入体循环（图28-0-3）。代表术式有门静脉与下腔静脉端侧分流术、门静脉与下腔静脉侧侧分流术、肠系膜上腔静脉与下腔静脉"桥式"分流术、中心性脾-肾静脉分流术。非选择性门体分流术治疗食管胃底曲张静脉破裂出血效果好，但肝性脑病发生率为30%~50%，易引起肝衰竭。如破坏第一肝门结构，则为日后肝移植带来困难。

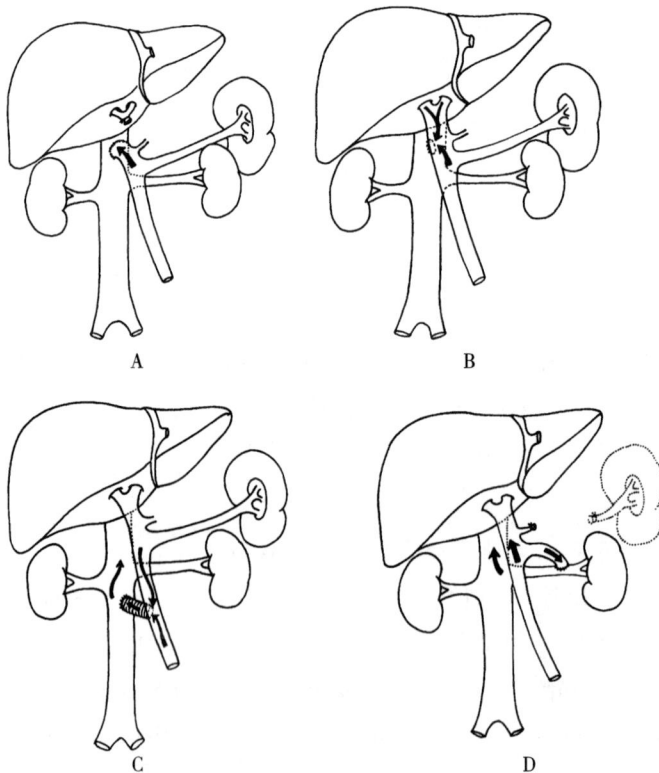

▲ 图28-0-3 非选择性门体分流术

A. 门-腔静脉端侧分流术；B. 门-腔静脉侧侧分流术；C. 肠系膜上-下腔静脉"桥式"分流术；D. 中心性脾-肾静脉分流术。

（2）选择性分流术：保存门静脉入肝血流，同时降低食管胃底曲张静脉压力（图28-0-4）。代表术式有远端脾-肾静脉分流术（Warren手术）、限制性门-腔静脉"桥式"分流术。

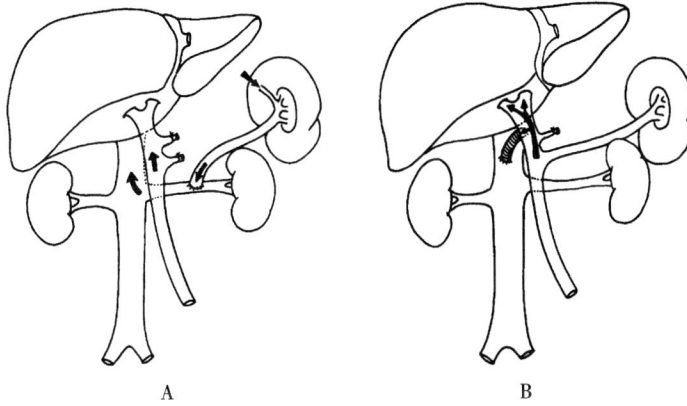

▲ 图28-0-4　选择性门体分流术
A. 远端脾-肾静脉分流术；B. 限制性门-腔静脉"桥式"分流术。

（3）断流术：脾切除加贲门周围血管断离术（图28-0-5）最有效，不仅离断了食管胃底静脉侧支，还保存了门静脉入肝血流。

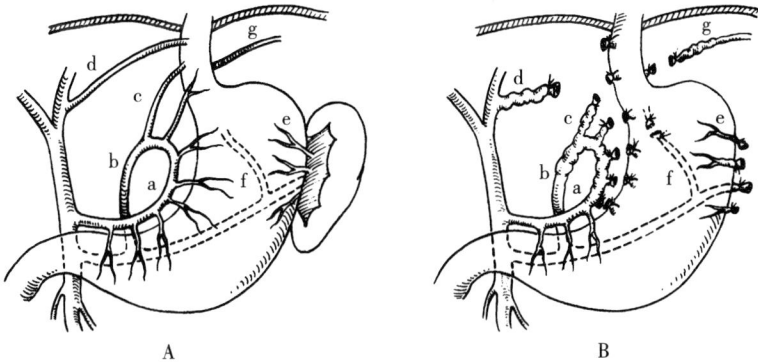

▲ 图28-0-5　贲门周围血管离断术
A. 贲门周围血管局部解剖示意图；B. 贲门周围血管离断术示意图；a. 胃支；b. 食管支；
c. 高位食管支；d. 异位高位食管支；e. 胃短静脉；f. 胃后静脉；g. 左膈下静脉。

（4）联合手术：联合应用分流术与断流术，既保持一定的门静脉压力及门静脉向肝血流，又疏通门静脉系统的高血流状态，起到"断、疏、灌"的作用，但联合手术创伤大和技术难度较大，且对肝功能要求高。

（二）严重脾大，合并明显脾功能亢进的治疗

单纯行脾切除术效果良好，但脾切除术后多因血小板过度升高，血液凝固性增强，易引发脾静脉或门静脉血栓形成。

（三）肝硬化引起的顽固性腹水的治疗

可采用腹腔穿刺外引流、TIPS和腹腔-上腔静脉转流术等。

（四）原发肝病的治疗

抗病毒及护肝治疗应贯穿于整个治疗过程。如肝硬化严重、肝功能差而药物治疗不能改善者，应做肝移植。

【护理措施】

（一）非手术治疗的护理／术前护理

1. **心理护理** 评估心理状态，安抚情绪，使患者能积极配合治疗及护理。

2. **病情观察** 监测生命体征、中心静脉压和尿量，观察呕血和/或黑便的颜色、量和性状。

3. **维持体液平衡** 迅速建立静脉通路，按出血量调节输液种类和速度，及时备血、输血，预防过度扩容，纠正水、电解质代谢紊乱。

4. **食管胃底曲张静脉破裂出血的预防和护理**

（1）预防：① 可输全血，补充维生素K_1及凝血因子，以防术中、术后出血；② 术前一般不放置胃管，必须放置时，应选择细、软胃管，插管时涂大量润滑油，动作轻柔；③ 避免进食坚硬粗糙食物，以及咳嗽、呕吐、用力排便、负重等引起腹内压增高的因素。

（2）护理：① 用冰盐水或冰盐水加血管收缩药行胃内灌洗至回抽液清澈；② 遵医嘱给予止血药；③ 如采用三腔二囊管压迫止血，做好留置三腔二囊管的护理。

5. **控制或减少腹水** ① 注意休息，尽量取平卧位，增加肝、肾血流灌注；② 补充营养，纠正低蛋白血症；③ 限制液体和钠的摄入量，每日钠摄入量限制在500~800mg（氯化钠1.2~2.0g），少食咸肉、酱菜、酱油等含钠高的食物；④ 遵医嘱使用利尿剂，记录24小时出入量，观察有无低钾、低钠血症；⑤ 定期测量腹围和体重。

6. **保护肝功能，预防肝性脑病** ① 肝功能较差者以卧床休息为主，安排少量活动。② 进高能量、高维生素、适量蛋白饮食，可输全血及白蛋白。③ 常规吸氧。④ 遵医嘱给予护肝药物，避免使用对肝脏有损害的药物；分流术前2~3日口服肠道不吸收的抗生素，以减少氨的产生。⑤ 预防和控制上消化道出血，及时处理呕吐和腹泻，避免快速利尿和大量放腹水。⑥ 预防感染。⑦ 保持肠道通畅，及时清除肠道内积血，防止便秘，口服硫酸镁溶液导泻或酸性液，灌肠忌用肥皂水等碱性液。

7. **术前准备** 做好急诊手术术前准备。

（二）术后护理

1. **休息与活动** 断流术和脾切除术毕，麻醉清醒、生命体征平稳后取半卧位。分流术后，为防止血管吻合口破裂出血，取平卧位或15°低坡半卧位，翻身动作宜轻柔，鼓励早期下床活动。

2. **病情观察** 观察神志、生命体征、尿量、引流情况。分流术取自体静脉者，观察局部有无静脉回流障碍；取自颈内静脉者，观察有无头痛、呕吐等颅内压增高表现，必要时遵医嘱快速滴注甘露醇。

3. 改善营养状况　术后禁食期间，给予肠外或肠内营养支持；待肠蠕动恢复后可进流质饮食，再逐步恢复至普食。分流术后，限制蛋白质摄入，避免诱发肝性脑病。

4. 并发症的护理

（1）出血：观察血压、脉率、伤口或消化道有无出血。置引流管者，观察引流液的颜色、量和性状，如1~2小时内引出200ml以上血性液体，应考虑术后出血，遵医嘱予输液、输血、止血。

（2）肝性脑病：分流术后，定时监测肝功能、血氨浓度。如出现神志淡漠、性格改变、定向力减退、嗜睡等，应高度怀疑肝性脑病，须及时处理。

（3）感染：脾切除后膈下血肿继发感染最为常见，高热39℃以上可持续2周左右，遵医嘱使用抗生素，保持膈下引流管通畅，严格无菌操作，观察引流液情况，引流量<10ml/d时可拔管。

（4）静脉血栓：监测血常规和凝血功能；观察有无血栓形成迹象，定时行超声等检查，注意有无门静脉血栓形成；必要时遵医嘱给予阿司匹林等抗凝治疗。

（三）健康教育

1. 生活指导　避免劳累和重体力劳动，注意休息。进高热量、适量蛋白质、维生素丰富的食物，少量多餐。戒烟、戒酒，少喝咖啡和浓茶，避免粗糙、干硬及刺激性食物，避免引起腹内压增高的因素，以免诱发曲张静脉出血。保持情绪稳定，防止外伤。掌握出血的观察和急救方法。

2. 保护肝功能　遵医嘱使用护肝药物，避免使用对肝脏有损害的药物，定期复查肝功能。

3. 复诊指导　定期复诊，如有不适及时就诊。

（韩媛）

学习小结

1. 门静脉高压症的始动因素是门静脉血流阻力增加，主要临床表现包括脾大伴有脾功能亢进、呕血和/或黑便、腹水、非特异性全身表现，治疗原则有预防和控制食管胃底曲张静脉破裂出血、解除或改善脾大伴脾功能亢进、治疗顽固性腹水和原发性肝病。

2. 门静脉高压症的术前护理包括心理护理、病情观察、维持体液平衡、食管胃底曲张静脉破裂出血的预防和护理、控制或减少腹水、保护肝功能、预防肝性脑病、做好急诊手术术前准备。术后护理包括休息与活动、病情观察、改善营养状况，以及做好出血、肝性脑病、感染、静脉血栓等并发症的预防和护理。健康指导包括生活指导、保护肝功能和复诊指导。

一、单项选择题

1. 正常门静脉压力是
   A. 6~12cmH$_2$O
   B. 8~12cmH$_2$O
   C. 13~24cmH$_2$O
   D. 24~30cmH$_2$O
   E. 30~50cmH$_2$O

2. 诊断门静脉高压症最有意义的临床表现是
   A. 肝功能障碍
   B. 腹水
   C. 食管胃底静脉曲张
   D. 呕血、黑便
   E. 脾大、脾功能亢进

3. 门静脉高压症患者分流术后不宜过早下床活动，护士对患者适宜的解释是
   A. 以防血管吻合口破裂出血
   B. 利于消除腹水

   C. 增加肝脏供氧
   D. 避免并发症
   E. 保持体力

4. 门静脉高压症患者分流术前2~3日口服肠道不吸收的抗生素，目的是
   A. 减少氨的产生
   B. 消除肠道感染
   C. 预防术后肠道感染
   D. 减少腹水的形成
   E. 保护肝功能

5. 对门静脉高压症患者，提示肝功能严重损害的表现是
   A. 脾大
   B. 脾功能亢进
   C. 呕血、黑便
   D. 腹水
   E. 腹壁静脉曲张

参考答案：
1. C 2. C 3. A 4. A 5. D

二、简答题

1. 简述预防门静脉高压症患者分流术后肝性脑病的护理措施。

2. 简述预防食管胃底曲张静脉破裂出血的护理措施。

第二十九章

胆道疾病患者的护理

学习目标

知识目标	1. 掌握胆道疾病特殊检查的护理要点及胆石症、胆道感染、胆道肿瘤患者的护理措施。
	2. 熟悉胆石症、胆道感染的临床表现、处理原则，胆石症与胆道感染临床表现的异同。
	3. 了解胆石症、胆道感染的病因、病理生理特点和辅助检查。
	4. 了解胆道肿瘤的临床表现、处理原则。
能力目标	能运用护理程序对胆道疾病患者实施整体护理。
素质目标	具有关心和爱护胆道疾病患者的态度和行为；具备团队合作精神。

第一节　胆道疾病的特殊检查及护理

影像学检查是诊断胆道疾病的主要手段，常用的检查方法及主要护理措施如下。

（一）超声检查及护理

1. **腹部超声**　诊断胆道疾病的首选方法。可用于诊断胆道结石、胆囊炎、先天性胆道畸形、胆囊及胆管肿瘤等。根据胆管有无扩张、扩张部位和程度，判断黄疸的性质及胆道梗阻的部位；还可在超声引导下，行胆囊穿刺置管、经皮经肝胆管造影、引流和取石等。

（1）检查前护理：检查前3日避免进食牛奶、豆制品等产气食物；检查前1日晚饮食宜清淡，当日禁食8小时以上，以保证胆囊、胆管内胆汁充盈，并减少胃肠道内容物和气体的干扰。

（2）检查中护理：常规取仰卧位，左侧卧位有助于胆囊颈和肝外胆管的显示，坐位或站位用于胆囊位置高的患者。

2. **超声内镜检查术（endoscopic ultrasonography，EUS）**　电子内镜和超声结合的直视性腔内超声技术，可显示胆管及十二指肠肠壁的层次结构，对判断壶腹周围病变的性质和累及范围有重要价值。

（1）检查前护理：禁食4~6小时，检查开始前松开衣领和裤带，如有活动性义齿应先取下。

（2）检查中护理：取左侧屈膝卧位，嘱患者咬紧牙垫，保持头部放低稍向后仰，以增大咽喉部的间隙，利于插镜和分泌物流出。出现恶心、呕吐或呛咳时，头偏向一侧，保持呼吸道通畅，防止误吸或窒息。观察患者的呼吸和面色，监测生命体征。

（3）检查后护理：禁食2小时，待咽部局麻药作用消失后方可进食；行细针吸取细胞学检查者需要禁食4~6小时。密切观察生命体征和腹部体征，警惕误吸、出血、消化道穿孔及心血管意外的发生。

（二）放射学检查及护理

1. 经皮经肝胆管造影（percutaneous transhepatic cholangiography，PTC） 在X线或超声引导下，经皮穿刺将导管置入肝内胆管，然后向胆道内注入对比剂，使肝内外胆管迅速显影的方法。PTC可显示肝内外胆管病变部位、范围和程度等，有助于胆道疾病的定性，特别是梗阻性黄疸的诊断和鉴别诊断。常见并发症有胆汁漏、出血及胆道感染。另外，经皮经肝胆管穿刺引流（percutaneous hepatic cholangial drainage，PTCD）可用于术前减轻黄疸，或放置胆管内支架。

（1）检查前护理：评估血常规、肝肾功能、凝血时间；根据病情遵医嘱应用抗生素。做碘过敏试验，术前晚口服缓泻剂或灌肠。检查前禁食4~6小时，遵医嘱注射术前镇静药。

（2）检查中护理：经肋间穿刺时取仰卧位，经腹膜外穿刺时取俯卧位。指导患者保持平稳呼吸，避免屏气和深呼吸。注意观察血压、心率、腹部体征等。

（3）检查后护理：平卧4~6小时，卧床休息24小时，避免增加腹压。严密观察生命体征、腹部体征，及时发现并发症。遵医嘱使用抗生素和止血药物。注意观察引流情况，保持导管通畅。

2. 内镜逆行胰胆管造影（endoscopic retrograde cholangiopancreatography，ERCP） 在纤维十二指肠镜直视下通过十二指肠大乳头将导管插入胆管和/或胰管内，通过逆行性造影显示胆胰管系统的方法。ERCP可直接观察十二指肠及乳头部的情况，对可疑病变可直接取材进行活检；可收集十二指肠液、胆汁、胰液行理化及细胞学检查；通过造影可显示胆道系统和胰腺导管的解剖和病变。ERCP亦可用于治疗，如肝外胆管及胆总管结石可行内镜下奥狄（Oddi）括约肌切开术取石；对不明原因的梗阻性黄疸可经内镜行鼻胆管引流术等。ERCP并发症包括出血、穿孔、胰腺炎、胆管感染等。急性胰腺炎、碘过敏者禁忌该项检查。

（1）检查前护理：评估心肺、凝血和肝肾功能；检查前禁食6~8小时；检查开始前10~20分钟口服咽部局麻药，遵医嘱给予镇静、解痉、镇痛药。

（2）检查中护理：左侧卧位，内镜插入时指导患者放松、深呼吸并配合吞咽动作。观察有无呼吸抑制、血压下降、呛咳、呕吐、躁动等情况，一旦发生应立即终止检查并积极处理。

（3）检查后护理：24小时后可进食。术后应密切观察腹部情况和生命体征，监测血清淀粉酶，及早发现和处理并发症，并遵医嘱预防性应用抗生素。

3. 磁共振胰胆管成像（magnetic resonance cholangiopancreatography，MRCP） 能直观显示胆管分支形态，对胆管狭窄、胆管损伤、肝内外胆管结石、胆道系统变异，以及胆道梗阻的定位均有重要价值。MRCP为非侵入性检查，具有快速、安全、简便、无须对比剂的优势，与ERCP联合在诊断良恶性胆胰疾病中发挥重要作用。大量腹水和体内有金属内置物的患者禁忌该检查。

（1）检查前护理：嘱患者取下金属用物，以免金属伪影影响成像质量，手机、磁卡也不能带入检查室。

（2）检查中护理：平卧位，嘱患者身体制动，指导患者吸气–呼气–闭气。不能配合的患者，可在检查前使用镇静药。

4. 胆管造影　胆道手术时可经胆囊管插管、胆总管穿刺或置管行胆道造影，可了解胆管狭窄、结石残留及胆总管下端通畅情况，有助于确定是否需要行胆总管探查及确定手术方式。术后造影在胆总管T管引流或其他胆管置管引流术后进行，拔管前应常规经T管或置管行胆管造影。

（1）检查前护理：进行碘过敏试验；嘱患者排便，以免影响显影。

（2）检查中护理：仰卧位，左侧躯体抬高15°，经T管逆行注入对比剂后立即摄片。

（3）检查后护理：接引流袋1~2日以排出对比剂。观察患者有无不良反应，必要时遵医嘱使用抗生素。

（三）胆道镜检查及护理

严重心功能不全、胆道感染、有出血倾向者禁忌此检查。

1. 术中胆道镜检查及护理　术中经胆总管或胆囊切口直接插入胆道镜进行检查和治疗，也可通过胆道镜取出结石或行活检。适用于术中怀疑胆管内残余结石、肿瘤及狭窄等。术后加强护理，观察有无胆道出血、胆道感染、胆瘘和腹膜炎等并发症。

2. 术后胆道镜检查及护理　可经T管、胆管空肠吻合术后空肠盲袢或胆囊造瘘术后窦道插入纤维胆道镜行胆管检查和治疗。适用于术中疑有胆道内残余结石、蛔虫、狭窄时，进行检查及取石、取虫及扩张治疗，或用于术后胆道出血的止血。检查前遵医嘱使用镇静药，检查后观察有无发热、恶心、呕吐、腹泻、窦道穿孔、胆道出血等并发症。

第二节　胆石症

导入情景与思考

患者，女，56岁，因"右上腹持续性疼痛不适10小时"入院。体格检查：体温37℃，脉搏80次/min，呼吸20次/min，血压120/80mmHg。神志清楚，右上腹压痛，无反跳痛及肌紧张。辅助检查：超声示胆囊壁增厚，囊腔内可见2.5cm强回声伴声影。

请思考：

1. 缓解该患者疼痛的主要护理措施有哪些？

2. 该患者目前护理观察的重点是什么？

胆石症（cholelithiasis）指发生在胆管和胆囊的结石，是最常见的胆道疾病，胆囊结石的发病率高于胆管结石，胆固醇结石多于胆色素结石。

【胆石的分类】

根据胆石化学成分不同，可分为3类（图29-2-1）。

1. 胆固醇类结石　胆固醇含量超过70%，分为胆固醇结石和混合性结石两类，80%以上的胆囊结石属于此类。

（1）胆固醇结石：胆固醇含量超过90%，外观呈白黄、灰黄或黄色，形状大小不一，呈多面体、圆形或椭圆形。质硬，表面光滑，剖面呈放射性条纹状。X线检查多不显影。

（2）混合性结石：由胆固醇、胆红素、钙盐等多种成分混合而成，根据所含成分比例的不同呈现不同的形状、颜色和剖面结构。

2. 胆色素类结石　胆固醇在胆色素类结石中含量低于40%，分为胆色素钙结石和黑色素结石两类。

（1）胆色素钙结石：质软易碎，呈棕色或褐色，又称棕色胆色素结石。常见于肝内外各级胆管，形状大小不一，呈粒状或长条形，一般为多发。

（2）黑色素结石：不含细菌，质硬，几乎均发生在胆囊内。

3. 其他结石　碳酸钙、磷酸钙或棕榈酸钙为主要成分的结石少见。结石钙盐含量较高时，X线检查可显影。

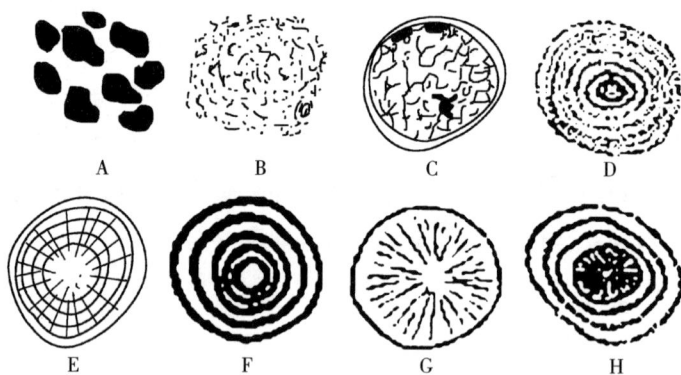

▲ 图29-2-1　胆石剖面分类图

A示黑色素结石；B~D示胆色素类结石；E~H示胆固醇类结石。

【胆石的成因】

胆石成因复杂，与多种因素综合作用有关。

1. 胆汁淤积　是各种胆石形成的首要条件。胆道梗阻可引起胆汁淤积；胆囊功能异常时胆囊收缩减少，胆汁排空延迟，也可引起胆汁淤积。滞留胆汁中的胆色素在细菌作用下分解成非结合性胆色素，继而形成胆色素结石。

2. 代谢异常　胆汁的成分和理化性质发生改变，使胆汁中的胆固醇呈过饱和状态，尤其当胆汁中有颗粒性物质作为核心时，胆固醇结晶便很容易析出形成胆固醇结石。

3. 胆道感染　大肠埃希菌产生的β葡糖醛酸糖苷酶使可溶性结合胆红素水解为难溶性非结合性胆红素。非结合性胆红素与钙离子结合形成胆红素钙，促发胆色素结石形成。

4. 胆道异物　可成为结石的核心，如虫卵或成虫的尸体、手术线结、反流入胆道的食物残渣等。

5. 其他　雌激素、遗传因素均与胆结石的形成有关。

一、胆囊结石

胆囊结石（cholecystolithiasis）主要为胆固醇结石或以胆固醇为主的混合性结石，常与急性胆囊炎并存。主要见于成年人，女性多见。

【病因】

胆囊结石成因复杂，是多种因素综合作用的结果。任何影响胆固醇与胆汁酸、磷脂浓度比例和造成胆汁淤积的因素都能导致结石形成。

【病理生理】

饱餐后胆囊收缩或睡眠中体位变动使胆囊结石移位并嵌顿于胆囊颈，胆汁排出受阻，胆囊内压力升高，胆囊强烈收缩可诱发胆绞痛。结石长期嵌顿或阻塞胆囊管但未合并感染时，胆囊黏膜吸收胆汁中的胆色素，并分泌黏液性物质，导致胆囊积液。积液透明无色，称为白胆汁。结石长期嵌顿、压迫胆囊颈，或排至胆总管并嵌顿，可出现胆囊炎、胆管炎、梗阻性黄疸、胆源性胰腺炎，甚至因结石和炎症反复刺激胆囊黏膜可诱发胆囊癌。

【临床表现】

单纯性胆囊结石无临床症状或者仅有轻微的消化道症状。结石嵌顿后可出现明显的症状和体征。

1. 症状　胆绞痛，位于上腹或右上腹，阵发性发作或持续疼痛阵发性加剧，向肩背部放射，多伴有恶心、呕吐。多数患者表现为消化不良等胃肠道症状，尤其是进食油腻饮食或劳累后，常被误诊为"胃病"。由于胆囊管与肝总管伴行过长或胆囊管与肝总管汇合位置过低，持续嵌顿和压迫胆囊壶腹部和颈部的较大结石，可以引起肝总管狭窄或胆囊肝总管瘘，临床表现为反复发作的胆囊炎、胆管炎、梗阻性黄疸，称为米里齐（Mirizzi）综合征（图29-2-2）。

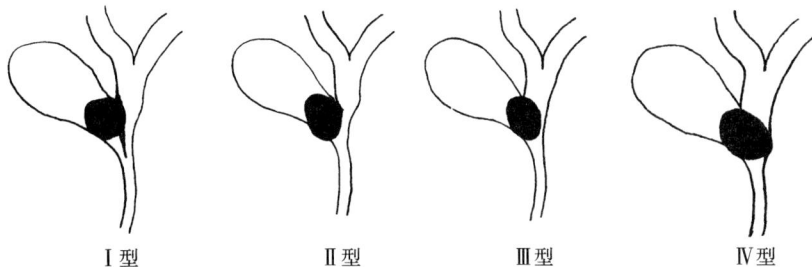

Ⅰ型　　　　Ⅱ型　　　　Ⅲ型　　　　Ⅳ型

▲ 图29-2-2　米里齐综合征

2. 体征　右上腹有时可触及肿大的胆囊。若合并感染，右上腹可有明显压痛、反跳痛或肌紧张。

【辅助检查】

首选腹部超声检查，发现结石即可确诊。CT、MRI不作为常规检查。

【处理原则】

1. 手术治疗　对于有症状和/或并发症的胆囊结石，首选腹腔镜胆囊切除术（laparoscopic cholecystectomy，LC）。LC具有损伤小、恢复快、瘢痕小等优点。病情复杂或没有腹腔镜设备的医院也可做开腹胆囊切除。胆囊切除术时应根据情况确定是否行胆总管探查。同时，术中应争取行胆道造影或胆道镜检查，避免不必要的胆道探查。

无症状的胆囊结石不需要积极手术治疗，可观察和随诊，但有下列情况时应考虑手术治疗：① 伴有慢性胆囊炎；② 结石较多且直径超过 2~3cm；③ 并发瓷化胆囊（胆囊壁因钙化而质硬易碎）；④ 合并 > 1cm 的胆囊息肉。

2. 非手术治疗 包括溶石、体外冲击波碎石、经皮胆囊碎石溶石等，但这些方法危险性大、效果不肯定。

【护理措施】

（一）非手术治疗的护理／术前护理

1. 疼痛护理 嘱患者卧床休息，采取舒适体位。指导患者深呼吸，达到放松和缓解疼痛的目的。结石嵌顿引起胆总管平滑肌及 Oddi 括约肌痉挛是腹痛的主要原因。使用阿托品等解痉药物，或与哌替啶合用可缓解。吗啡类药物会引起 Oddi 括约肌痉挛，不宜使用。

2. 饮食护理 低脂饮食。病情严重时应禁食、胃肠减压，同时静脉补液、营养支持。

3. 病情观察 观察腹痛情况。如腹痛加剧，右上腹出现腹膜刺激征，提示并发急性胆囊炎，应及时告知医生并协助处理，可遵医嘱使用抗生素控制感染，并观察药物疗效和不良反应。

4. 腹腔镜手术准备 指导患者清洗脐部，污垢可用松节油或液体石蜡清洁。LC 注入腹腔的 CO_2 弥散入血，可致高碳酸血症及呼吸抑制。因此患者术前应进行呼吸功能锻炼、避免感冒、戒烟等，以减少呼吸道分泌物。

（二）术后护理

1. 病情观察 观察并记录生命体征；观察腹部体征，了解有无腹痛、腹胀及腹膜刺激征等。

2. 腹腔镜术后护理 术后禁食禁饮 6 小时，24 小时内饮食以无脂流质、半流质饮食为主，逐渐过渡至低脂饮食。取半坐卧位，低流量给氧，鼓励患者深呼吸、有效咳嗽，以利于 CO_2 排出，避免高碳酸血症。患者肩背部酸痛一般无须特殊处理，随着 CO_2 的排出可自行缓解。鼓励并指导患者早期下床活动。

3. 并发症的观察和护理 观察生命体征、腹部情况及引流液情况。如患者有休克表现且腹腔引流管引流出大量血性液体或患者出现发热、腹膜炎表现，腹腔引流见胆汁样液体，提示胆瘘发生，应及时告知医生并协助处理。

（三）健康教育

指导患者进食高蛋白、低脂、高维生素、富含膳食纤维的饮食。非手术患者应坚持服药，定期复查和随诊，以防结石及炎症的长期刺激诱发胆囊癌。

二、胆管结石

胆管结石（calculus of bile duct）分为原发性胆管结石和继发性胆管结石。原发性胆管结石指在胆管内形成的结石，主要是胆色素结石或混合性结石。继发性胆管结石指胆囊结石排至胆总管，主要是胆固醇结石。根据结石所在部位可分为肝外胆管结石和肝内胆管结石。肝外胆管结石多位于胆总管下端，肝内胆管结石多见于肝左外叶和右后叶。

【病理】

胆管结石所致的病理生理改变与结石的部位、大小及病史长短有关。

1. 肝胆管梗阻 结石可引起胆道不同程度的梗阻，梗阻近端胆管扩张、胆汁淤滞、结石积聚，易继发感染。长期梗阻可致梗阻以上肝段或肝叶纤维化和萎缩，最终引起胆汁性肝硬化及门静脉高压。

2. 胆管炎 结石导致胆汁引流不畅，容易引起胆管感染，反复感染可加重胆管炎性狭窄；急性感染还可引起重症胆管炎、肝脓肿、胆道出血及全身脓毒症。

3. 胆源性胰腺炎 胆石嵌顿于胆总管壶腹部时可引起急性胰腺炎和/或慢性胰腺炎。

4. 肝胆管癌 胆管长期受结石、炎症及胆汁中致癌物质的刺激，可发生癌变。

【临床表现】

1. 肝外胆管结石 平时可无症状，结石梗阻并发感染时出现典型的沙尔科（Charcot）三联征：腹痛、寒战高热、黄疸。腹痛位于剑突下及右上腹，多为阵发性绞痛或持续性疼痛阵发性加剧，可向右肩背部放射。细菌和毒素可逆行经毛细胆管入肝窦至肝静脉，再进入体循环引起全身中毒感染症状。胆管梗阻后出现不同程度的黄疸，可见皮肤、巩膜黄染，尿色变深，粪便颜色变浅，甚至呈陶土色，有的患者出现皮肤瘙痒。合并胆管炎时，胆管黏膜与结石的间隙随着炎症的发作及控制，黄疸呈间歇性和波动性。体格检查可有剑突下和右上腹深压痛，胆囊肿大并有触痛，感染严重者有不同范围的腹膜刺激征和肝区叩击痛。

2. 肝内胆管结石 患者可无症状或仅有肝区和胸背部持续性胀痛。如发生梗阻和继发感染时可引起寒战、高热和腹痛，甚至发生急性梗阻性化脓性胆管炎，也易引起胆源性肝脓肿。除合并肝外胆管结石或双侧肝胆管结石外，局限于某肝段、肝叶者可无黄疸。长期梗阻导致肝硬化，表现为黄疸、腹水、门静脉高压和上消化道出血、肝衰竭。体格检查肝区有压痛和叩击痛，少数病例可触及不对称肝大。

【辅助检查】

1. 实验室检查 胆管有梗阻者，血清总胆红素和直接胆红素增高，血清转氨酶和碱性磷酸酶升高，尿胆红素升高，尿胆原降低或消失。并发感染者，白细胞计数和中性粒细胞百分比升高。糖类抗原19-9（CA19-9）或血清癌胚抗原（CEA）明显升高应高度怀疑恶变。

2. 影像学检查 首选腹部超声检查，可明确结石部位、大小。CT、MRI或MRCP分辨率高，可显示肝内外胆管梗阻、扩张的范围和程度及结石的分布，并能发现胆管癌。

【处理原则】

1. 肝外胆管结石 以择期手术治疗为主，可根据病情采用胆总管切开取石加T管引流术（图29-2-3）、胆肠吻合术、Oddi括约肌成形术、内镜下括约肌切开取石术。如合并感染，应先用抗生素等非手术治疗方法控制感染后再行择期手术；若感染不能控制，应及时采取手术治疗。

2. 肝内胆管结石 无症状的肝内胆管结石可不治疗，应定期观察、随访。临床症状反复发作者应手术治疗。手术原则：尽可能取净结石，解除胆道狭窄及梗阻，切除结石部位和感染灶，恢复和建立胆汁引流，防止结石复发。

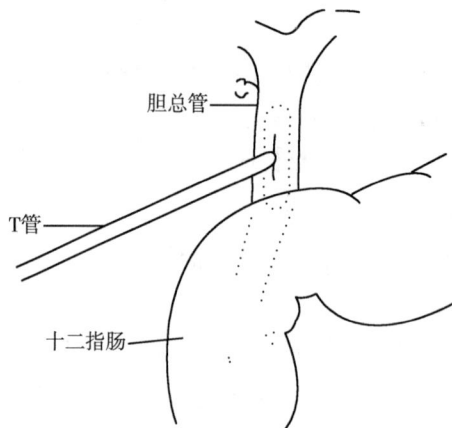

▲ 图29-2-3　T管引流

> **知识拓展** | 肝胆管结石病经皮经肝取石技术要点
>
> 　　经皮经肝取石手术是治疗肝胆管结石的主要方法之一，是近十几年来新开展的一种更有效的微创治疗。术前应仔细评估和规划穿刺路径，尽可能以1~2个通道取尽结石，通道数量一般不超过4个。
>
> 　　技术要点：① 选用硬质胆道镜，由镜鞘、闭孔器、观察器、操作件组成。② 较大较硬的结石可行气压弹道碎石。碎石时先固定鞘管，拿碎石杆轻触结石，注意击打、退杆的节奏，脉冲式碎石。碎石过程中要整体观察，找出结石的最佳受力点。③ 碎石后用取石网篮、取石钳或"冲吸"术（通过冲水和胆道镜在鞘管内来回移动形成的负压将细小的碎石从鞘管中冲出）将结石取出。④ 最后超声检查有无结石残留。

【护理措施】

（一）非手术治疗的护理/术前护理

1. 病情观察　观察腹痛情况，包括疼痛部位、程度、范围、有无放射等。如腹痛加剧，出现右上腹或全腹腹膜刺激征，提示并发急性胆囊炎。若出现血压下降、神志改变，说明并发急性梗阻性化脓性胆管炎，应尽快做好术前准备。黄疸患者，应注意观察黄疸变化，若黄疸加深，肝脏或胆囊肿大，提示胆管结石梗阻。

2. 疼痛护理　参见本节胆囊结石的术前护理。

3. 控制体温　采用物理降温和/或药物降温，患者寒战时予以保暖。遵医嘱使用抗生素，注意观察不良反应及治疗效果。

4. 营养支持　给予低脂、高蛋白、高碳水化合物、高维生素的普通饮食或半流质饮食。禁食或进食不足者，给予肠外营养支持。

5. 改善凝血功能障碍　肝功能受损者肌内注射维生素K_1，纠正凝血功能，预防术后出血。

6. 保护皮肤完整性　胆盐沉积引起皮肤瘙痒，指导患者用温水擦洗皮肤，剪短指甲或戴手套，以防抓破皮肤。瘙痒严重者，遵医嘱使用炉甘石洗剂或抗组胺药。

7. 术前准备　做好各项术前准备，行胆肠吻合术的患者应进行肠道准备。

（二）术后护理

1. 病情观察　密切观察生命体征、黄疸消退情况、大便颜色、腹部体征、腹腔引流液的量、颜色和性状，及时发现胆瘘和胆道出血等并发症。

2. 营养支持　术后禁食禁饮，给予静脉补液和营养支持。胃管拔除后饮食由无脂流质饮食逐渐改为低脂饮食。

3. 胃肠减压护理　术后持续胃肠减压，妥善固定，保持胃管通畅，观察引流液的颜色、量及性状，肛门排气后可拔除胃管。

4. T管引流护理　目的：① 引流胆汁，避免胆瘘及胆汁性腹膜炎；② 引流残余结石，尤其是泥沙样结石；③ 支撑胆道，避免胆总管狭窄；④ 术后造影或胆道镜检查。

（1）妥善固定：术后将T管连接无菌引流袋，并妥善固定，防止体位变动而牵拉引流管，导致滑脱。

（2）保持引流通畅有效，避免感染：患者卧床或下床活动时，引流袋固定的位置应低于腹部切口，避免胆汁逆流。每日倾倒引流液，定期更换引流袋，严格执行无菌操作原则。若术后1周内引流管堵塞，可用细硅胶管插入T管内负压吸引，禁止加压冲洗；1周后则可用生理盐水加庆大霉素低压冲洗。

（3）观察并记录引流液的量、颜色和性状：正常成人每日分泌胆汁800~1 200ml，深绿色或棕色，稠厚、澄清。术后24小时内引流量300~500ml，恢复饮食后可增至每日600~700ml，以后逐渐减少至每日200ml左右。术后应注意观察引流液的量、颜色、性状，及时发现异常情况。若引流量锐减，可能是引流管扭曲受压或堵塞；引流量过多可能是胆总管下端堵塞。若引流液颜色淡而稀薄，提示肝功能不良；若颜色鲜红，提示胆道出血。

（4）适时拔管：T管一般留置10~14日，若体温正常、无腹痛、黄疸消退、大便颜色正常，引流量减少至每日200ml以内，血常规、血清黄疸指数正常，则可考虑拔管。一般先夹管1~2日，如无腹痛、黄疸、发热等症状，大便颜色正常，可经T管逆行造影，证实胆总管下端通畅、无残余结石，开放T管1~2日排尽对比剂，且无不良反应，即可拔管。

5. 并发症的预防和护理

（1）出血：术后应观察引流液颜色、生命体征、腹部情况，及时发现出血征象。腹腔内出血多发生于术后24~48小时，患者腹腔引流血性液体超过100ml/h，持续3小时以上，并出现血压下降、心率增快。与血管结扎线脱落、肝断面渗血、凝血功能障碍有关。胆管内出血与结石、炎症引起血管壁糜烂、溃疡或术中操作不当有关。术后T管引流出血性胆汁，应及时告知医生并协助处理，防止发生低血容量性休克。

（2）胆瘘：术中胆管损伤、胆总管下端梗阻、T管脱出所致。可见胆汁自腹腔引流管或腹壁切口流出，T管引流液体突然减少，患者有发热、腹痛等胆汁性腹膜炎的表现，瘘口周围皮肤疼痛、糜烂。护理措施包括充分引流胆汁；维持水、电解质平衡；及时更换引流管周围敷料；涂氧化锌软膏保护引流管周围皮肤。长期大量胆瘘者，应禁食、胃肠减压，遵医嘱补充液体和营养。

（三）健康教育

1. 饮食指导 少量多餐，进食低脂、高蛋白、高维生素、富含膳食纤维的饮食，忌辛辣、刺激性食物，多食新鲜蔬菜和水果。

2. 留置T管患者的自我护理 指导患者穿宽松柔软的衣服，以防管道受压；避免剧烈活动导致管道脱落；淋浴时用塑料薄膜覆盖T管口周围皮肤，以防感染；T管口周围皮肤涂氧化锌保护，敷料每日更换1次；发现异常或不适随时就诊，遵医嘱复查拔管。

第三节 胆道感染

导入情景与思考

患者，女，64岁，因"右上腹持续性疼痛，伴寒战、高热12小时"入院。体格检查：体温39.1℃，脉搏118次/min，呼吸25次/min，血压80/55mmHg；患者神志淡漠，皮肤巩膜黄染；右上腹压痛，伴反跳痛及肌紧张。辅助检查：白细胞计数20×10^9/L，中性粒细胞百分比85%；超声显示胆总管结石。患者3年前诊断为胆囊结石，曾自行服用中药排石治疗。

请思考：

1. 该患者目前可能是哪种疾病？依据是什么？
2. 目前的主要护理措施有哪些？

胆道感染与胆石症互为因果。胆石症可引起胆道梗阻，导致胆汁淤积、细菌繁殖而致胆道感染，反之，胆道感染反复发生也是胆石形成的重要原因。

一、急性胆囊炎

急性胆囊炎（acute cholecystitis）是胆囊管梗阻和细菌感染引起的胆囊炎症，是一种常见的急腹症。多数为结石性胆囊炎，女性多见。

【病因】

1. 机械性梗阻 大多数为结石嵌顿于胆囊颈或胆囊管，导致胆汁淤积。此外，胆囊管本身扭曲、周围炎症粘连、肿大的淋巴结压迫等均可造成梗阻和胆汁淤积。胆道肌肉、神经功能紊乱，胆囊管括约肌痉挛，也可造成一时性的胆汁淤积。胆囊内长期胆汁淤积和浓缩，可刺激胆囊黏膜，引起炎性病变。

2. 细菌感染 大肠埃希菌最多见，常合并厌氧菌感染。细菌通过胆道逆行进入，或经血液循环、淋巴途径进入胆囊，当胆汁流出不畅时引起感染。

3. 其他 主要见于创伤和胰液反流。创伤可使胆汁黏稠度增加，排空减慢。反流胰液中的胰蛋白酶、磷酸酯酶被激活后的产物可直接作用于胆囊壁，产生损害。

【病理】

急性胆囊炎按病程发展、病理改变分为三种类型。① 急性单纯性胆囊炎：病变局限于胆囊黏膜层，仅有充血、水肿、渗出增加。② 急性化脓性胆囊炎：病变累及胆囊壁全层，囊壁增厚，血管扩张，浆膜面有纤维素和脓性渗出。③ 急性坏疽性胆囊炎：胆囊极度膨胀，胆囊壁内血管受压而出现血运障碍，导致胆囊坏死，穿孔常发生在底部及颈部。

此外，急性胆囊炎反复发作，胆囊壁可呈慢性胆囊炎改变，甚至萎缩。胆囊内的脓液进入胆管和胰管，可以引起胆管炎或胰腺炎。因结石压迫和炎症浸润，可穿破至十二指肠等周围器官形成胆囊胃肠道内瘘。

【临床表现】

1. 症状　右上腹突发阵发性绞痛，可发展为持续性疼痛、阵发性加剧，疼痛可向右肩背部放射，好发于饱食、进食油腻食物后。伴有恶心、呕吐、厌食等消化道症状，常有轻度发热，一般无寒战，若出现寒战、高热或黄疸加重，提示病情严重，存在并发症。

2. 体征　右上腹有不同程度的腹膜刺激征，墨菲征（Murphy征）阳性，有的可触及肿大而有触痛的胆囊，少数患者出现轻度黄疸。化脓性胆囊炎患者有局限性腹膜刺激征，若胆囊坏死、穿孔，则表现为弥漫性腹膜炎。

【辅助检查】

白细胞计数及中性粒细胞百分比升高，部分患者有血清胆红素、转氨酶、碱性磷酸酶、淀粉酶升高。首选腹部超声检查，可显示胆囊增大，囊壁增厚，胆囊内结石光团。

【处理原则】

1. 非手术治疗　大多数患者经非手术治疗后病情能够控制，以后行择期手术。非手术治疗方法包括禁食，输液，纠正水、电解质代谢紊乱和酸碱平衡失调，营养支持，应用广谱抗生素，补充维生素，解痉止痛等对症治疗。非手术治疗方法也可作为术前准备。

2. 手术治疗　急性胆囊炎伴结石的患者最终应采取胆囊切除术，可根据患者的情况采用急诊或择期手术。发生休克或局部炎症水肿、粘连严重、解剖关系不清者，特别是在急症情况下，发病已超过72小时，应行胆囊造瘘术，目的在于引流胆汁、降低胆道压力、消除胆道炎症，3个月后病情稳定时再行胆囊切除术。

【护理措施】

（一）非手术治疗的护理／术前护理

参见本章第二节胆囊结石的术前护理。

（二）术后护理

1. LC术后护理及并发症的观察和护理　参见本章第二节胆囊结石的术后护理。

2. 胆囊造瘘术后护理　患者病情危重，术后应加强监护，做好纠正休克，维持水、电解质及酸碱平衡的护理，遵医嘱应用抗生素、输血。腹腔引流在术后第2日若无胆汁样液体流出即可拔除。胆囊造瘘管应妥善固定并保持有效引流，观察并记录胆汁的量、颜色及性状。5日后遵医嘱定时冲洗，拔管时间及方法同T管。

（三）健康教育

1. 胆囊造瘘出院后护理　指导患者服用消炎利胆药物，做好造瘘管的家庭护理。避免管道扭曲、脱出，保持引流通畅，病情恢复时，可夹管，如出现腹痛、发热、黄疸，应及时开放引流，如无不适，可持续夹管。一般在术后3个月行胆囊切除术。

2. 生活指导　指导患者劳逸结合，避免过度劳累和精神紧张。低脂饮食，少量多餐，禁油腻食物和暴饮暴食。

3. 定期复查　非手术治疗患者，应继续服用消炎利胆药物，定期复查，确定是否需要手术治疗。出现腹痛、发热、黄疸等病情加重症状时，及时就诊。

二、慢性胆囊炎

超过90%的慢性胆囊炎（chronic cholecystitis）患者合并胆囊结石。由于炎症和结石的反复刺激，胆囊壁增厚，与周围形成粘连，病情严重时甚至出现胆囊萎缩并失去功能。胆囊管炎性闭塞时，可形成胆囊积液；若继发感染，可演变为胆囊积脓。

慢性胆囊炎患者症状不典型，多数患者有胆绞痛病史和上腹饱胀、厌油腻、嗳气等消化不良的症状，也可有右上腹和肩背部隐痛。右上腹可有轻压痛或不适，Murphy征可为阴性，也可呈阳性。腹部超声可见胆囊壁增厚，胆囊排空障碍。

慢性胆囊炎的非手术治疗包括限制脂肪饮食、口服胆盐和消炎利胆药物。对临床症状明显、合并胆囊结石者，应行胆囊切除术。

三、急性梗阻性化脓性胆管炎

急性梗阻性化脓性胆管炎（acute obstructive suppurative cholangitis，AOSC）又称急性重症胆管炎（acute cholangitis of severe type，ACST），急性胆管炎与AOSC是同一疾病的两个不同发展阶段。

【病因】

最常见的原因为胆管结石，其次为胆道蛔虫和胆管狭窄。胆道梗阻时胆盐不能进入肠道，易造成细菌移位而发生炎症。致病菌主要为大肠埃希菌、克雷伯菌、变形杆菌、假单胞菌等革兰氏阴性杆菌和肠球菌等革兰氏阳性球菌，常合并厌氧菌感染。

【病理生理】

AOSC基本病理改变是胆管完全性梗阻和胆管内化脓性感染。胆道梗阻不能及时解除，胆管内压持续升高，胆管扩张，管壁增厚，管腔内充满脓性胆汁；高压脓性胆汁逆行入肝，造成多发性胆源性细菌性肝脓肿；大量细菌和毒素经肝窦入血，导致全身化脓性感染，发生休克和多器官功能损害。

【临床表现】

AOSC发病急，进展迅速，除Charcot三联征外，还可出现休克和中枢神经系统抑制表现，称为雷诺五联征（Reynolds五联征）。

1. 症状　患者发病初期即出现畏寒、发热，严重时出现寒战，体温持续升高达39~40℃，呈弛张热。剑突下或右上腹持续腹痛，阵发性加重，可向右肩胛下及腰背部放射，肝内梗阻者腹痛较轻，肝外梗阻者腹痛较重。患者可表现为神志淡漠、嗜睡，甚至昏迷；休克时可有躁动、谵妄等。多数患者伴有恶心、呕吐等消化道症状。如未进行及时有效的治疗，病情恶化可发生多器官功能障碍综合征造成死亡。

2. 体征 剑突下或右上腹部深压痛，可有不同程度的腹膜刺激征，可有肝大和肝区叩击痛，有时可扪及肿大的胆囊。多数患者出现不同程度的黄疸，肝内梗阻者较轻，肝外梗阻者较重。患者可出现休克，表现为口唇发绀、呼吸浅快、脉搏细数、血压下降，可见全身出血点或皮下瘀斑。

【辅助检查】

1. 实验室检查 白细胞计数升高，可超过 20×10^9/L，中性粒细胞百分比明显增加，细胞内见中毒颗粒。血小板计数降低，表示病情严重；肝功能有不同程度的损害，凝血酶原时间延长。动脉血气分析 PaO_2 下降，氧饱和度降低，肾功能损害、代谢性酸中毒、低钠血症也较常见。

2. 影像学检查 首选腹部超声检查，可明确胆道梗阻部位、性质及肝内外胆管扩张等情况。

【处理原则】

AOSC 治疗原则是积极抗休克治疗的同时尽早手术解除梗阻，充分引流，方法力求简单有效。常用术式为胆总管切开取石减压、T 管引流。病情允许时可采用 PTCD、经内镜胆管支架引流或经内镜鼻胆管引流。

非手术治疗既是治疗手段，又是术前准备。包括防治休克，积极支持各器官系统功能并预防多器官功能衰竭；纠正水、电解质代谢紊乱和酸碱平衡失调；联合使用足量有效的广谱抗生素；禁食水、胃肠减压、营养支持；解痉止痛、降温等对症治疗。

【护理措施】

（一）非手术治疗的护理 / 术前护理

1. 病情观察 严密观察生命体征、腹部情况、神志变化，监测血常规、电解质、血气分析、尿量等。观察有无神志淡漠、黄疸加深、少尿或无尿、肝功能异常、PaO_2 下降、代谢性酸中毒、凝血酶原时间延长等多器官功能障碍综合征的表现。

2. 纠正休克 迅速建立静脉通路补液，按感染性休克护理。

3. 维持有效的气体交换 观察患者的呼吸情况，如呼吸频率、节律和幅度。动态监测氧分压和血氧饱和度，了解患者呼吸功能状况。若出现呼吸急促、动脉血氧分压下降、氧饱和度降低，提示呼吸功能受损。根据患者呼吸型态及血气分析结果选择给氧方式和确定氧气流量或浓度，改善缺氧症状。非休克的患者可以采用半卧位，利于呼吸。

4. 营养支持 禁食和胃肠减压期间给予静脉补液、营养支持。必要时给予白蛋白、血浆、新鲜全血。

5. 对症护理 高热者以物理降温为主，必要时采用药物降温。遵医嘱联合应用足量有效的抗生素控制感染。诊断明确时给予解痉镇痛药物缓解疼痛。黄疸患者给予炉甘石洗剂或抗组胺药缓解皮肤瘙痒。肝功能受损者肌内注射维生素 K_1。患者神志不清时做好安全防护措施。

（二）术后护理、健康教育

参见本章第二节胆管结石的术后护理及健康教育。

第四节　胆道蛔虫病

胆道蛔虫病（biliary ascariasis）指由于饥饿、胃酸降低或驱虫不当等因素，蛔虫钻入胆道引起的一系列临床症状。多发生在儿童和青少年，农村发病率高于城市。随着饮食习惯和卫生设施的改善，本病的发病率明显下降。

【病因和病理生理】

蛔虫寄生在人体中下段小肠内，喜碱厌酸，有钻孔习性。当其寄生环境发生变化时，蛔虫可上行至胆道而引起本病。

蛔虫钻入胆道时引起Oddi括约肌痉挛，诱发胆绞痛和急性胰腺炎。同时蛔虫将肠道细菌带入胆道，可引起急性化脓性胆管炎，甚至向上蔓延导致毛细胆管性肝炎或肝脓肿。蛔虫钻入胆囊可引起胆囊穿孔。由于虫体光滑且不断蠕动，胆管阻塞后发生阻塞性黄疸比较少见。蛔虫尸骸和虫卵可以成为结石的核心。

【临床表现】

1.症状　突发性剑突下钻顶样剧烈绞痛，可向右肩背部放射。疼痛发作时患者辗转不安、大汗淋漓，伴有恶心、呕吐，甚至呕出蛔虫。疼痛可突然缓解，也可反复发作，持续时间不一。

2.体征　胆绞痛发作时，仅在剑突下或稍右方有深压痛。症状重、体征轻是胆道蛔虫病的特征。患者体温多不增高，黄疸少见。

【辅助检查】

1.实验室检查　血白细胞计数和嗜酸性粒细胞百分比失调。呕吐物、十二指肠引流液、胆汁或粪便中蛔虫卵检查阳性有助于诊断。

2.影像学检查　腹部超声检查是首选的检查方法。ERCP常可发现胆总管下段的蛔虫。

【治疗原则】

经非手术治疗多可治愈，但对非手术治疗无效或有严重并发症的患者可考虑手术治疗。

1.非手术治疗　治疗原则为解痉止痛、利胆驱虫、防治感染。

（1）解痉止痛：口服33%硫酸镁及解痉药可缓解Oddi括约肌痉挛，疼痛发作时可注射阿托品、山莨菪碱等，必要时可用哌替啶。

（2）利胆驱虫：发作时可服用乌梅汤、食醋、33%硫酸镁等，或经胃管注入氧气，起到驱虫、镇痛的作用。症状缓解期服用驱虫药，直至粪便虫卵转阴，胆管内的蛔虫残骸排出。

（3）抗感染：针对革兰氏阴性杆菌、厌氧菌进行药物治疗。抗菌药物可选用氨基糖苷类或三代头孢菌素类，联合使用甲硝唑静脉滴注。

（4）ERCP取虫：ERCP检查如发现虫体，可用取石钳取出虫体。

2. **手术治疗**　无并发症者可采用胆总管探查取虫及T管引流。有并发症者应根据患者情况选用适当术式。术后仍要进行驱虫治疗，预防复发。

【护理措施】

1. **用药护理**　遵医嘱使用解痉镇痛、抗菌药物，并观察治疗效果、不良反应。

2. **病情观察**　观察腹痛有无好转，有无感染征象。

3. **驱虫治疗**　遵医嘱给予驱虫药物，应于清晨空腹或晚上睡前服用，服药后注意观察排虫情况。

4. **预防**　养成良好的卫生习惯，改善环境卫生，切断传播途径是预防及减少胆道蛔虫病发生的重要措施。

第五节　胆道肿瘤

导入情景与思考

患者，男，66岁，因"皮肤黄染、腹痛"入院。患者主诉体重下降，右上腹疼痛。父亲有肝癌病史，患者担心自己和父亲一样。体格检查：体温36.8℃，脉搏75次/min，呼吸14次/min，血压130/90mmHg。巩膜、皮肤黄染，剑突下轻压痛。影像学检查：腹部超声显示肝外胆管扩张。腹部CT胆管区域可见肿块。实验室检查：血清总胆红素72μmol/L，直接胆红素48μmol/L，均显著升高。CEA、CA19-9均显著升高。

请思考：

1. 该患者主要的护理诊断/问题是什么？

2. 该患者目前的主要护理措施有哪些？

一、胆囊息肉

胆囊息肉（gallbladder polyp）泛指向胆囊腔内突出或隆起的病变。病因尚不清楚，但一般认为该病的发生与胆囊慢性炎症有密切关系。

【病理】

病理上分为非肿瘤性息肉与肿瘤性息肉两大类。非肿瘤性息肉包括胆固醇息肉、炎症性息肉、腺肌增生等。肿瘤性息肉中良性以腺瘤为主，恶性主要为腺癌。由于胆囊息肉术前难以确定性质，统称为"胆囊息肉样病变"。

【临床表现】

患者绝大多数在体检行腹部超声时发现，一般无临床症状。少数患者可有右上腹疼痛，恶心、呕吐，食欲减退。极个别患者可引起梗阻性黄疸、无结石性胆囊炎、胆道出血、胰腺炎等。患者可有右上腹压痛。

【辅助检查】

腹部超声是首选的检查方法，但很难分辨良恶性。

【治疗原则】

无症状者应定期随访，每6个月1次。出现明显症状者宜手术治疗，直径小于2cm的胆囊息肉可行腹腔镜胆囊切除，超过2cm或者高度怀疑恶变者应剖腹手术，以便行根治性手术。无症状患者如有下列情况应予手术：单个息肉直径超过1cm；息肉逐渐增大；基底宽大；合并胆囊结石或胆囊壁增厚，特别是年龄超过50岁，息肉直径超过2cm。

二、胆囊癌

胆囊癌（carcinoma of gallbladder）是胆囊恶性肿瘤中最常见的一种，在胆道疾病中，胆囊癌仅占0.4%~3.8%，在肝外胆道癌中却占25%。90%的患者发病年龄超过50岁，多见于女性。

【病因】

流行病学显示，70%的患者与胆囊结石有关，说明胆囊结石引起胆囊癌是长期物理刺激的结果，可能还有黏膜的慢性炎症、细菌产物中的致癌物质等综合因素参与。此外，胆囊空肠吻合、完全钙化的"瓷化"胆囊、胆囊腺瘤、胆胰管结合部异常、溃疡性结肠炎等因素与胆囊癌的发生也可能有关。

【病理】

胆囊癌多发生在胆囊体部和底部。根据大体形态分型，一般可分为肿块型、浸润型、胶质型和混合型。根据组织学分型可分为腺癌、未分化癌、腺鳞癌和鳞癌，多为腺癌。胆囊癌可经淋巴、静脉、神经或胆管腔转移，癌细胞脱落可在腹腔内种植转移，也可直接侵犯邻近器官。肝脏是最常受胆囊癌直接侵犯的器官。

【临床表现】

早期无特异性症状，常表现为患者已有的胆囊或肝脏疾病，甚至是胃病的临床特点。晚期肿瘤侵犯至浆膜或胆囊床，则出现定位症状，如右上腹痛，可放射至肩背部，胆囊管梗阻时可触及肿大的胆囊。常伴有腹胀、食欲差、体重减轻或消瘦、贫血、肝大，甚至出现黄疸、腹水、全身衰竭。少数肿瘤穿透浆膜，发生胆囊急性穿孔、腹膜炎，或慢性穿透至其他脏器形成内瘘；还可引起胆道出血、肝弥漫性转移，引起肝衰竭等。

【辅助检查】

CEA、CA19-9、糖类抗原125（CA125）升高，但无特异性。腹部超声检查、CT可见胆囊壁不同程度增厚或显示胆囊内新生物，亦可发现肝转移或淋巴结肿大；CT增强扫描或MRI可显示肿瘤的血供情况；腹部超声引导下细针吸取细胞学检查，可帮助明确诊断。

【治疗原则】

首选手术治疗，化疗和放疗效果均不理想。

1. 单纯胆囊切除术 适用于癌肿仅限于胆囊黏膜层者，此种情况多因胆囊良性病变而行胆囊切除，术中或术后病理检查时发现为胆囊癌。

2. 胆囊癌根治性切除或扩大根治术 适用于肿瘤侵及胆囊肌层或全层，伴区域性淋巴结转移者。根治术切除范围包括胆囊、胆囊床外2cm肝组织及胆囊引流区淋巴结清扫。

3. 姑息性手术 适用于癌肿不能被切除，或已有远处转移者。可缓解症状，采用内镜或介入方法解除梗阻性黄疸。

三、胆管癌

胆管癌（carcinoma of bile duct）是指发生在肝外胆管，即左、右肝管至胆总管下端的恶性肿瘤。多发于50~70岁，男女比例约为1.4:1。

【病因】

病因尚不明确，可能与肝胆管结石、原发性硬化性胆管炎、先天性胆管囊性扩张症、胆管空肠吻合术后、肝吸虫感染、慢性伤寒带菌者、溃疡性结肠炎等危险因素有关。

【病理】

大体形态为乳头状癌、结节状癌、弥漫型癌。组织学类型95%以上为腺癌，主要为高分化腺癌，低分化、未分化癌较少见。肿瘤多为小病灶，呈扁平纤维样硬化、同心圆生长，引起胆管梗阻，并直接浸润相邻组织；沿肝内、外胆管及其淋巴分布和流向转移，并沿肝十二指肠韧带内神经鞘浸润是其转移的特点；还可通过腹腔种植的方式进行转移。淋巴转移是胆管癌最常见的转移途径。

【临床表现】

胆管癌的临床表现因其位置及病程的不同而不尽相同。进行性黄疸是胆管癌的主要症状。病变在胆管中、下段时可触及肿大的胆囊，病变在上段胆管时胆囊常缩小且不能触及。合并感染时出现急性胆管炎的表现。位于胆总管末端壶腹部的癌肿，以胆总管及胰管的阻塞为突出症状。其他症状有腹痛、恶心、厌食、消瘦、乏力、贫血等。部分患者出现肝大、质硬，有触痛或叩痛。

【辅助检查】

1. 实验室检查 血清总胆红素、结合胆红素、碱性磷酸酶显著升高，CA19-9也可升高。

2. 影像学检查 ① 首选超声检查，可见肝内胆管扩张或胆管内肿物；彩色多普勒超声检查可了解门静脉及肝动脉有无受侵犯；超声内镜探头频率高且能避免肠道气体的干扰。在超声引导下还可行PTC检查，穿刺抽取胆汁进行CEA测定、CA19-9测定、胆汁细胞学检查和直接穿刺肿瘤活检。② ERCP对下段胆管癌诊断帮助较大，可同时放置内支架引流，减轻黄疸，用于术前准备。③ CT、MRI、胆道成像能显示胆道梗阻的部位、病变性质等。

【治疗原则】

胆管癌化疗和放疗效果不肯定，以手术治疗为主，根据癌肿部位采用不同的手术方法。根据病变部位，可采用肝门胆管癌根治切除术、胆管/肝总管–空肠吻合术（图29-5-1）、胰十二指肠切除术等。肿瘤晚期无法手术切除者，应控制胆道感染、改善肝功能。为解除胆道梗阻，可选择PTCD或放置内支架、经内镜鼻胆管引流或放置内支架；为解除消化道梗阻，可行胃空肠吻合术，改善患者生存质量。

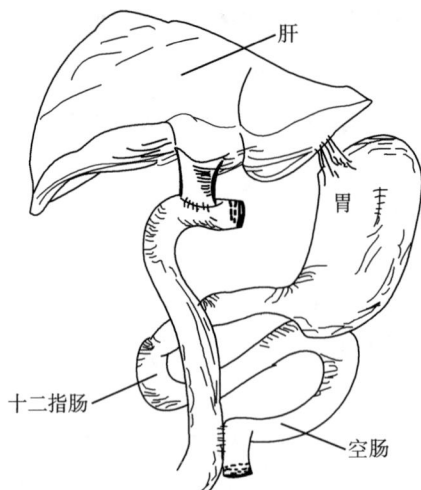

▲ 图 29-5-1　胆管-空肠Roux-en-Y吻合术

【护理评估】

（一）术前评估

1. 健康史

（1）一般情况：年龄、性别、婚姻、职业、饮食习惯、劳动强度、有无吸烟史及妊娠史等。

（2）既往史：胆囊炎、胆管炎和黄疸病史；有无胆绞痛、过敏史及其他腹部手术史。

（3）家族史：家族中有无胆道肿瘤或其他瘤患者。

2. 身体状况

（1）症状与体征：黄疸的严重程度、胆囊的大小，是否出现肝大、质硬，有无触痛或叩痛；有无急性胆管炎的表现；有无腹痛、恶心、厌食、消瘦、乏力、贫血等。

（2）辅助检查：实验室检查（血清总胆红素、结合胆红素、碱性磷酸酶、CA19-9）、腹部超声检查、其他影像学检查等检查结果。

3. 心理-社会状况　患者对疾病的认知程度，对手术的顾虑和思想负担；家属对患者的关心、支持程度，家庭对手术的经济承受能力。

（二）术后评估

1. 术中情况　手术及麻醉方式，术中病理检查结果、术中出血及补液情况，引流管名称及放置目的，术后诊断等。

2. 身体状况　神志、生命体征、末梢循环、呼吸状态等，伤口有无渗血、渗液，引流是否通畅，引流液的颜色、性状和量等。

3. 心理-社会状况　患者有无焦虑；康复训练和早期活动是否配合；是否了解出院后的继续治疗。

【常见护理诊断/问题】

1. 急性疼痛　与肿瘤引起胆道梗阻有关。

2. 营养失调：低于机体需要量 与肿瘤消耗有关。

3. 焦虑 与担心疾病的预后有关。

4. 知识缺乏：缺乏胆管癌手术的相关知识。

【护理目标】

1. 患者疼痛缓解或消失。

2. 患者营养状况得到改善，体重维持正常。

3. 患者焦虑得到缓解或控制。

4. 患者知晓胆管癌手术及术后康复的相关知识。

【护理措施】

1. 缓解疼痛 根据疼痛程度采用非药物或药物方法止痛。

2. 营养支持 合理控制疼痛、恶心、呕吐，减轻这些症状对患者进食的影响。给予清淡饮食增进患者食欲。必要时，给予肠内、肠外营养支持。

3. 减轻焦虑 根据患者的心理特点给予心理支持。

4. 术前准备 纠正凝血功能障碍，肌内注射维生素 K_1。对于病程较长，黄疸严重，尤其是可能采用大范围肝、胆、胰切除手术方式的患者，应加强肝功能的保护。可以使用药物降低转氨酶、补充能量、增加营养，如高渗葡萄糖、人白蛋白、支链氨基酸等。此外，还要注意避免使用对肝脏有损害的药物。

5. 术后护理 参见本章第二节胆石症和第三节胆道感染。

【护理评价】

1. 患者疼痛是否缓解或消失。

2. 患者营养状况是否改善，体重维持正常。

3. 患者焦虑是否缓解。

4. 患者是否知晓胆管癌手术及术后康复的相关知识。

（薛晓燕）

学习小结

1. 腹部超声是诊断胆道疾病的首选方法。PTC 常见并发症有胆汁漏、出血及胆道感染。ERCP 并发症包括出血、穿孔、胰腺炎、胆管感染等。

2. 胆汁淤积是各种胆石形成的首要条件。胆囊结石嵌顿于胆囊颈可诱发胆绞痛。胆管炎表现为 Charcot 三联征：腹痛、寒战高热、黄疸。AOSC 最常见的原因是胆管结石引起的胆道梗阻，除 Charcot 三联征外，还可出现休克和中枢神经系统抑制表现，称为 Reynolds 五联征。治疗原则是积极抗休克治疗的同时尽早手术解除梗阻，充分引流，加强 T 管引流的护理。

3. 胆道蛔虫病典型表现是突发性剑突下钻顶样剧烈绞痛，特点是症状重而体征轻。

4. 胆囊息肉分为非肿瘤性息肉与肿瘤性息肉两大类。无症状的患者应定期随访，每6个月1次，症状明显者手术治疗。

5. 胆囊癌多发生在胆囊体部和底部，常直接侵犯肝脏。早期无特异性症状，触及肿大的胆囊时多已晚期，首选手术治疗。胆管癌的主要症状是进行性黄疸，以手术治疗为主。

复习参考题

一、单项选择题

1. 可诱发急性胰腺炎的检查是
   A. X线检查
   B. 超声内镜
   C. ERCP
   D. PTC
   E. MRCP

2. 胆石症首选的检查方法是
   A. CT
   B. MRI
   C. ERCP
   D. 腹部超声
   E. 超声内镜

3. 急性梗阻性化脓性胆管炎的治疗原则，最主要的是
   A. 纠正水、电解质代谢紊乱
   B. 使用足量有效的广谱抗生素
   C. 使用镇痛药缓解疼痛
   D. 改善和维持主要脏器功能
   E. 紧急手术解除胆道压力

4. 胆总管引流术后，T管引流胆汁过多常提示
   A. 肝细胞分泌亢进
   B. 胆管分泌胆汁过多
   C. 胆囊浓缩功能减退
   D. 胆道下端梗阻
   E. 十二指肠反流

5. 提示胆石症患者发生急性重症胆管炎，主要因为患者出现了
   A. 血压下降，伴意识不清
   B. 上腹绞痛
   C. 寒战、高热
   D. 黄疸明显
   E. 尿液颜色加深，粪便颜色变浅

参考答案：
1. C 2. D 3. E 4. D 5. A

二、简答题

1. 简述胆道感染患者病情观察的要点。
2. 简述T管引流的护理措施。

第三十章　　胰腺疾病患者的护理

学习目标

知识目标	1. 掌握胰腺炎、胰腺肿瘤及壶腹周围癌患者的护理措施。
	2. 熟悉胰腺炎、胰腺肿瘤及壶腹周围癌的临床表现、处理原则。
	3. 了解胰腺炎、胰腺肿瘤及壶腹周围癌的病因、病理生理特点和辅助检查。
能力目标	能运用护理程序对胰腺疾病患者实施整体护理。
素质目标	具有关心和爱护胰腺疾病患者的态度和行为；具备团队合作精神。

第一节　胰腺炎

导入情景与思考

患者，男，36岁，因"上腹痛伴恶心呕吐12小时"急诊入院。患者餐后1小时出现上腹正中隐痛，逐渐加重，呈持续性刀割样疼痛并向腰背部放射，伴低热、频繁呕吐，呕吐后腹痛无明显缓解。体格检查：体温39℃，脉搏124次/min，呼吸24次/min，血压130/80mmHg；急性病容，侧卧蜷曲位，腹膨隆，上腹部压痛、反跳痛、轻度肌紧张。辅助检查：血白细胞计数22×10⁹/L、血清淀粉酶1 120U/dl（Somogyi法）、尿淀粉酶320U/dl（Somogyi法），均增高。患者既往患胆石症多年。

请思考：

1. 该患者目前主要的护理诊断/问题是什么？
2. 该患者目前的主要护理措施有哪些？

常见的胰腺疾病有炎症性疾病和肿瘤。胰腺疾病病情复杂，术后并发症较多，术前改善营养、控制疼痛，术后预防和处理出血、胰瘘等并发症是促进患者康复的关键。

一、急性胰腺炎

急性胰腺炎（acute pancreatitis）指胰腺分泌的胰酶在胰腺内被异常激活，对胰腺自身及周围脏器产生消化作用而引起的炎症性疾病，是一种常见的急腹症，病情复杂多变，程度轻重不等。

轻者表现为胰腺水肿，常呈自限性，预后良好。重者胰腺坏死，并发腹膜炎、休克，继发全身多器官功能衰竭，病死率高。

【病因】

1. 胆道疾病 是最常见的病因。各种原因导致胆总管下端梗阻，均可引起胆汁逆流进入胰管，激活胰酶，诱发急性胰腺炎。

2. 高脂血症 随着人民生活水平的提高和饮食结构的变化，高脂血症已成为常见病因之一。可能的原因是甘油三酯在胰脂肪酶作用下生成游离脂肪酸对胰腺腺泡产生直接损伤；高脂血症引起血液黏稠度升高也可能加重胰腺病变。

3. 饮酒 乙醇可直接损伤胰腺，同时还可刺激胰液分泌、引起Oddi括约肌痉挛，导致胰管压力升高，胰液外渗，诱发急性胰腺炎。

4. 十二指肠液反流 当十二指肠内压力增高时，十二指肠液逆流入胰管，激活胰蛋白酶原，导致胰腺组织自身消化。

5. 创伤 腹部损伤、手术创伤、ERCP等，都可能损伤胰腺组织引起急性胰腺炎。

6. 其他因素 如暴饮暴食、胰腺血液循环障碍、感染、内分泌和代谢因素、药物、遗传和自身免疫病、肿瘤等。

【病理】

1. 急性水肿性胰腺炎 局限在体尾部，以间质水肿、炎症反应为特征。肉眼可见胰腺水肿、肿胀。镜下可见腺泡及间质充血、水肿并有炎症细胞浸润，偶有轻度出血或发生局限性脂肪坏死。

2. 急性出血坏死性胰腺炎 以胰腺实质出血、坏死为特征。胰腺肿胀，呈暗紫色，严重者整个胰腺变黑。腹腔内可见皂化斑和脂肪坏死灶，腹膜后可出现广泛组织坏死。腹腔内有大量含胰淀粉酶的血性渗液，大量腹腔渗液可引起低容量性休克。

【临床表现】

1. 症状

（1）腹痛：是最突出的症状，常于饱餐或饮酒后突发剧烈腹痛，多位于左上腹，严重时放射至两侧腰背部。胆源性胰腺炎腹痛始发于右上腹，逐渐向左侧转移。

（2）腹胀：是腹腔神经丛受刺激引起肠麻痹的结果，早期为反射性，继发感染后则由腹膜后的炎症刺激所致。腹内压增高可导致腹腔间室综合征。

（3）恶心、呕吐：早期即可出现，呕吐往往剧烈而频繁，呕吐物为胃、十二指肠内容物，呕吐后腹痛并不缓解。

（4）发热：早期可有低热，合并胆道感染时常伴寒战、高热。胰腺坏死伴感染时，持续高热为主要症状之一。

（5）休克和脏器功能障碍：早期以低血容量性休克为主，后期合并感染性休克。严重者可伴脏器功能障碍，最先累及肺，引起呼吸衰竭，表现为呼吸困难和发绀；有胰性脑病者可引起中枢神经系统症状，如感觉迟钝，意识模糊，甚至昏迷。

2. 体征

（1）腹膜炎体征：轻型急性胰腺炎压痛多局限于中上腹，常无明显肌紧张；病情严重者压痛明显，并有肌紧张和反跳痛。移动性浊音多为阳性；肠鸣音减弱或消失。

（2）皮下出血：少数严重急性坏死性胰腺炎患者，胰液外溢至皮下组织间隙，溶解皮下脂肪，使毛细血管破裂出血，腰部、季肋部和下腹部皮肤出现大片青紫色瘀斑［格雷－特纳征（Grey-Turner征）］或脐周围出现蓝色改变［卡伦征（Cullen征）］。

（3）黄疸：胆源性胰腺炎时发生，程度一般较轻。

【辅助检查】

1. 实验室检查

（1）胰酶测定：血清、尿淀粉酶测定是主要的诊断方法。血清淀粉酶在发病数小时内升高，24小时达高峰，4~5日后逐渐降至正常；尿淀粉酶在发病24小时才开始上升，48小时达高峰，1~2周后恢复正常。不同检测方法的诊断参考值不同，淀粉酶值越高诊断符合率也越高，但升高幅度和病变严重程度不成正比。血清脂肪酶明显升高也是客观的诊断指标。

（2）其他：可出现血糖、白细胞计数增高，血钙降低，肝功能、血气分析指标异常等；C反应蛋白（CRP）增高提示病情严重。

2. 影像学检查

（1）腹部超声：可发现胰腺肿大和胰周液体积聚。如发现胆道结石、胆管扩张，胆源性胰腺炎可能性大。

（2）CT：最具诊断价值的影像学检查。不仅能诊断急性胰腺炎，而且能鉴别是否合并胰腺组织坏死。

（3）MRI：可提供与CT类似的诊断信息。MRCP能清晰地显示胆管及胰管，对诊断胆道结石、胆胰管解剖异常等引起的胰腺炎有重要作用。

【处理原则】

1. 非手术治疗 急性胰腺炎必需的基础治疗。包括禁食、胃肠减压；补充水、电解质，纠正体液失衡及微循环障碍，防治休克；解痉、镇痛；抑制胃酸、胰液分泌；营养支持；抗生素治疗；中医中药治疗。

2. 手术治疗

（1）适应证：不能排除其他急腹症；胰腺和胰周坏死组织继发感染；合并胆总管下端梗阻或胆道感染；合并肠穿孔、大出血或胰腺假性囊肿。

（2）手术方式：胆源性胰腺炎原则上应及早手术，解除胰管的梗阻。腹腔坏死组织多，病情严重时可以行胰腺及胰周坏死组织清除引流术。术后胃造瘘可引流胃液，减少胰腺分泌；病情重、病程长的患者，待肠道功能恢复后行空肠造瘘，提供肠内营养支持。

【护理措施】

（一）非手术治疗的护理／术前护理

1. 疼痛护理 禁食禁饮、胃肠减压、应用生长抑素抑制胰腺分泌，以减少胰液对腹腔组织的刺激；遵医嘱给予抗胰酶药、解痉药或镇痛药，禁用吗啡止痛，以免引起Oddi括约肌痉挛；协助患者取舒适体位，按摩背部，增加舒适感。

2. 维持电解质、体液平衡 补液过程中应密切观察患者生命体征，特别是血压和脉搏；密切观察患者意识状态、皮肤黏膜温度和色泽等，监测电解质、酸碱平衡；准确记录24小时出入量；休克时，迅速补充血容量，遵循"先晶后胶，先快后慢"的原则，必要时监测中心静脉压及尿量。重症急性胰腺炎患者应禁食、胃肠减压，补充电解质、维持酸碱平衡、防治休克、镇痛、解痉。

3. 维持营养平衡 观察患者营养状况；禁食禁饮期间，遵医嘱给予肠外营养；若病情允许，可通过空肠营养管给予肠内营养；若患者病情恢复，可经口进食，从无脂低蛋白流食开始，逐步过渡到低脂饮食。

4. 体温过高的护理 监测体温变化，高热时遵医嘱降温。必要时遵医嘱使用能通过血胰屏障的抗生素控制感染。

5. 心理护理 由于起病急、发展快、病情凶险，病程长等，患者可能产生恐惧、悲观情绪。鼓励患者表达情绪，了解其感受，安慰、鼓励患者并讲解疾病知识，为患者提供安全舒适的环境。

（二）术后护理

主要介绍行胰腺和胰周坏死组织清除引流术后的护理。

1. 引流管护理 患者术后通常留置胃管、腹腔双套管、胰周引流管、胃造瘘管、空肠造瘘管及导尿管等。在引流管上标注管道名称和放置时间，明确引流管放置部位及作用；将引流管与相应的引流装置正确连接并妥善固定，保持引流通畅，定期更换引流装置，观察和记录各引流液的颜色、性状和量。

（1）腹腔双套管灌洗引流护理：① 持续腹腔灌洗，用生理盐水或复方氯化钠溶液（可加抗菌药物）灌洗，现配现用，冲洗速度为20~30滴/min。② 保持引流通畅，持续负压吸引；避免引流管受压、扭曲，经常挤捏引流管，避免脓液及血凝块等堵塞。③ 观察及记录引流液的颜色、量和性状，2~3日后引流液颜色渐淡、清亮，若颜色转为鲜红、坏死组织增多，应及时告知医生并做急诊手术准备。④ 维持出入量平衡，准确记录冲洗液量及引流液量，保持平衡。⑤ 拔管指征，患者体温正常10日左右，白细胞计数正常，腹腔引流液少于5ml/d，引流液淀粉酶测定正常后可考虑拔管，拔管后要注意拔管处伤口有无渗漏。

（2）腹腔造瘘的护理：① 胃造瘘，保持管道的通畅，观察并记录引流液的量和性状，并注意造瘘口皮肤的清洁。② 空肠造瘘，提供营养的重要途径。造瘘管应妥善固定，保持管道通畅。营养液要现配现用，使用时间不超过24小时；注意输注速度、营养液的浓度和温度；观察有无腹胀、腹泻等并发症。

2. 并发症的观察与护理

（1）出血：密切观察患者的生命体征，观察有无血性液体从胃管、腹腔引流管或手术切口流出，有无呕血、黑便或血便。如有出血的征象，应立即告知医生，并做好止血、抗休克及急诊手术的准备。

（2）胰瘘、胆瘘或肠瘘：患者出现腹痛，持续腹胀，发热，腹腔引流管或伤口流出无色清亮液体、胆汁样或混浊粪样液体时，警惕发生胰瘘、胆瘘或肠瘘。护理措施：① 取半坐卧位，保持引流通畅；② 根据胰瘘程度，采取禁食、胃肠减压，静脉泵入生长抑素等措施，必要时腹腔灌洗；③ 观察并记录引流液的特征；④ 保护腹壁瘘口周围皮肤，用凡士林纱布覆盖或涂抹氧化锌软膏。

（三）健康教育

1. **减少诱因** 治疗胆道疾病、高脂血症，戒烟，预防感染等。

2. **合理饮食** 少量多餐，进低脂、高热量、高蛋白、高维生素饮食，忌食刺激、辛辣及油腻食物。

3. **控制血糖** 监测血糖，控制体重，必要时使用药物控制。

4. **休息与活动** 劳逸结合，保持良好心情。

5. **复诊指导** 定期复诊，出现胰腺假性囊肿、胰腺脓肿、胃肠道瘘等并发症时及时就诊。

二、慢性胰腺炎

慢性胰腺炎（chronic pancreatitis）是多种原因引起的胰腺实质和胰管不可逆的慢性炎症损害，特征是反复发作的上腹部疼痛伴进行性胰腺内、外分泌功能减退或丧失。

【病因】

长期大量饮酒和吸烟是最常见的病因。此外，遗传、自身免疫、各种原因造成的胰管梗阻均与本病发生有关。

【病理】

典型的病变是胰腺腺体萎缩和纤维化，呈不规则结节样硬化。显微镜下见大量纤维组织增生，腺泡细胞缺失，胞体皱缩，钙化和导管狭窄，致密的胶原和成纤维细胞增生并将胰岛细胞分隔。

【临床表现】

腹痛最常见，位于上腹部，常放射到腰背部，持续时间较长。可有食欲减退和体重下降，部分患者有胰岛素依赖性糖尿病和脂肪泻。临床常将腹痛、体重下降、血糖增高和脂肪泻称为慢性胰腺炎"四联症"。少数患者可因胰头纤维增生压迫胆总管而出现黄疸。

【辅助检查】

1. **实验室检查** 早期患者的血、尿淀粉酶可增高；部分患者尿糖和糖耐量试验阳性；粪便镜检可见脂肪滴。

2. **影像学检查** 腹部超声可显示胰腺体积、胰管结石、胰腺囊肿等；腹部X线片可显示胰腺钙化点或结石影；CT可清晰显示胰腺钙化点、囊肿形成或胰管扩张等。

【处理原则】

1. **非手术治疗** 包括病因治疗、镇痛、控制饮食、补充胰酶、控制糖尿病、营养支持。

2. **手术治疗** 目的在于减轻疼痛、延缓疾病进展。① 胆道手术：并发胆石症的患者，应手术取石，去除病因。② 胰管引流术：严重胰管狭窄者行十二指肠Oddi括约肌切开术或胰管空肠吻合术。③ 胰腺切除术：适用于胰腺纤维化严重但胰管未扩张者。包括胰十二指肠切除术、胰体尾切除术、胰腺次全切除术和全胰切除术。④ 其他：内脏神经节周围注射无水乙醇或胰头神经丛切断术及腹腔神经丛切断术，用于其他方法不能缓解的顽固性疼痛。

【护理措施】

参见本节急性胰腺炎的护理。

第二节　胰腺肿瘤和壶腹周围癌

导入情景与思考

患者，女，60岁，2个月前出现中上腹不适，逐渐加重伴背部持续性疼痛。1个月前皮肤黄染，起病以来精神、食欲欠佳，小便深黄，大便陶土色，体重下降。体格检查：体温36.8℃，脉搏80/min，呼吸12次/min，血压120/80mmHg；全身皮肤、巩膜黄染。肝肋下5cm，边缘钝，无结节、无触痛，胆囊及脾均未触及，移动性浊音阴性。辅助检查：腹部超声见胰头区一低回声区，边界模糊，形态不规则；肝内、外胆管扩张，胆囊增大，主胰管扩张。

请思考：

1. 患者出现黄疸的原因是什么？

2. 患者行胰十二指肠切除术，术后48小时内最常见的并发症是什么？如何护理？

一、胰腺癌

胰腺癌（pancreatic cancer）是一种治疗效果及预后极差的消化道肿瘤。40岁以上人群好发，男性略多于女性。多发生在胰头部，其次为胰体尾部。

【病因】

吸烟是公认的胰腺癌危险因素。近年来研究显示，肥胖、酗酒、慢性胰腺炎、糖尿病、苯胺及苯类化合物接触史也是胰腺癌的危险因素，少数胰腺癌患者有家族遗传史。

【病理生理】

胰腺癌主要为导管腺癌，主要的转移和扩散途径是局部浸润、沿神经丛和淋巴转移，晚期也可经血行转移。

【临床表现】

患者早期无特殊症状，仅有上腹饱胀不适、食欲下降等消化不良症状，易被忽视而延误诊断治疗。

1. 症状

（1）上腹痛：早期肿块压迫导致胰管出现不同程度的梗阻及压力增高，患者可出现上腹部不适、隐痛或胀痛。中晚期癌肿侵及腹膜后神经丛，则出现持续性剧烈疼痛，向腰背部放射。

（2）黄疸：是胰头癌最主要的症状，呈进行性加重。癌肿距胆总管区越近，黄疸出现越早；胆道梗阻越完全，黄疸越深。可伴皮肤瘙痒、小便深黄、大便呈陶土色。

（3）消化道症状：患者常有食欲缺乏、上腹饱胀、消化不良、腹泻或便秘等症状。晚期可出现上消化道梗阻症状或消化道出血。

（4）消瘦和乏力：患者因饮食减少、消化不良、睡眠不足和癌肿消耗等出现消瘦、乏力、体重下降，同时可伴有贫血、低蛋白血症等。

（5）其他：可出现发热、胰腺炎发作、糖尿病、脾功能亢进及血栓性静脉炎等。

2. 体征 肝大，胆囊肿大，腹部肿块，在左上腹或脐周可闻及血管杂音，晚期可出现腹水或扪及左锁骨上淋巴结肿大。

【辅助检查】

1. 实验室检查

（1）血清生化检查：继发胆道梗阻或出现肝转移时，血清总胆红素和直接胆红素、碱性磷酸酶升高，转氨酶可轻度升高。少数患者空腹或餐后血糖升高。血、尿淀粉酶可有一过性升高；尿胆红素阳性。

（2）免疫学检查：CEA、CA19-9、胰腺癌胚抗原（POA）等血清学肿瘤标志物水平可升高，其中CA19-9是最常用的辅助诊断和随访项目。

2. 影像学检查 胰腺癌的定位和定性诊断，以及确定有无淋巴结转移和远处转移的重要手段。首选增强三维动态CT薄层扫描，在术前对胰腺肿瘤可切除性评估具有重要意义。单纯MRI诊断并不优于CT，MRCP能显示胰、胆管梗阻的部位和扩张程度。超声内镜可发现小于1cm的肿瘤，必要时可行超声内镜引导下的穿刺活检，鉴别肿物的良恶性。腹部超声用于常规检查，对胰胆管扩张比较敏感，但常对胰腺显示不清。正电子发射断层成像（PET）用于鉴别诊断，评估有无转移，以及判断术后肿瘤有无复发。

【处理原则】

胰十二指肠切除术［又称惠普尔手术（Whipple手术）］是治疗本病的外科方法，切除范围包括胰头（含钩突）、远端胃、十二指肠、空肠上段、胆囊和胆总管（图30-2-1），同时清扫相应区域的淋巴结，再将胰腺、肝管和胃与空肠进行吻合，重建消化道。对于合并胆道或十二指肠梗阻的不可切除胰腺癌，可采用介入治疗或胆肠、胃肠吻合解除梗阻。对于可能切除的胰腺癌，可先行新辅助治疗，然后再评估可否手术切除。

对于不可切除胰腺癌，可采用化疗、放疗和免疫治疗等综合治疗手段。常用的化疗药物有吉西他滨、氟尿嘧啶类和白蛋白结合型紫杉醇等。对于不耐受放化疗者，可采用营养支持、镇痛等支持治疗。

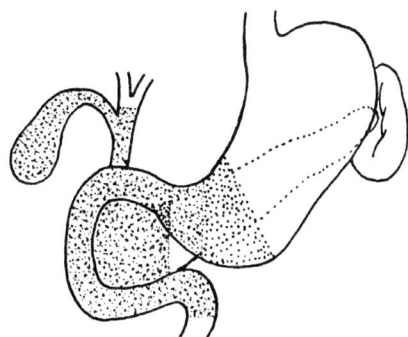

▲ 图30-2-1　胰十二指肠切除术切除范围

【护理评估】

（一）术前评估

1. 健康史 饮食生活习惯，吸烟、饮酒史；职业及生活环境，接触污染物或毒物经历；家族中类似病例，糖尿病、胰腺或胆道疾病史者。

2. 身体状况 腹痛的时间、部位及性质，有无恶心、呕吐、食欲减退、发热等伴随症状；黄疸出现的时间、程度，有无皮肤瘙痒及程度，大小便颜色；实验室检查和影像学检查的结果。

3. 心理-社会状况 患者及家属对疾病及手术相关知识的了解程度；对治疗及预后的态度；家庭对治疗的经济承受能力及社会支持系统情况。

（二）术后评估

1. 术中情况 麻醉方式、手术名称，手术是否顺利、术中出血及补液情况，引流管的位置及种类。

2. 术后情况 生命体征及引流情况，伤口疼痛及愈合情况；有无出血、感染、胆瘘、胰瘘等并发症。

3. 心理-社会状况 是否存在知识缺乏、焦虑等负性情绪。

【常见护理诊断/问题】

1. 慢性疼痛 与胰胆管梗阻、癌肿侵犯腹膜后神经丛及手术有关。

2. 营养失调：低于机体需要量 与食欲减退、呕吐及癌肿消耗有关。

3. 潜在并发症：出血、感染、胆瘘、胰瘘、血糖异常等。

【护理目标】

1. 患者疼痛缓解或消失。

2. 患者营养状况得到改善。

3. 患者未发生并发症，或并发症得到及时发现和处理。

【护理措施】

（一）非手术治疗的护理/术前护理

1. 心理护理 多数患者就诊时已处于中晚期，得知诊断后常出现悲伤、恐惧、愤怒等心理反应。护士应理解、同情患者，了解其真实感受。根据患者对疾病知识的掌握程度，有针对性地进行健康指导。

2. 疼痛护理 观察患者腹痛的部位、范围、规律及持续时间，进行疼痛评估，合理使用镇痛药。持续疼痛者给予芬太尼透皮贴剂，并评估用药效果。

3. 改善营养状态 提供高蛋白、高热量、低脂和富含维生素的饮食及肠内、外营养等。

4. 肠道准备 术前3日开始口服抗生素抑制肠道细菌，预防术后感染；术前2日予流质饮食，术前晚清洁灌肠。

5. 其他措施 改善肝功能；合并高血糖者，监测血糖变化。有胆道梗阻并继发感染者，遵医嘱给予抗生素；黄疸伴皮肤瘙痒者，做好皮肤护理。做好术前一般护理措施。

（二）术后护理

1. 病情观察 密切监测生命体征、伤口及引流情况，准确记录24小时出入量。

2. 营养支持 禁食期间，静脉补充营养。严重低蛋白血症和贫血的患者，给予胃肠外营养。待肠功能恢复拔除胃管后，先给予易消化、营养丰富的流质饮食，再逐步过渡到半流质及正常饮食。

3. 引流管护理 包括胃肠减压管、T管、胰管引流管、腹腔引流管、导尿管等，应妥善固定各种管道并做好标记，保持引流通畅，观察并记录引流液的特征。

4. 常见并发症的预防与护理

（1）感染：术后严密观察患者有无高热、腹痛和腹胀等症状。合理使用抗生素，加强全身支持治疗。

（2）出血：常见于术后48小时内，表现为腹痛、呕血、黑便及脉速、血压下降等。密切观察出血征象，量少者可给予止血药、输血等治疗；量大者应做好手术止血的准备。

（3）胰瘘：是术后最常见的并发症和主要死亡原因，表现为腹痛、腹胀、发热、腹腔引流液淀粉酶增高。术前黄疸持续时间长、营养状况差、术中出血量大是术后胰瘘发生的危险因素。一经证实应积极处理，大多数胰瘘可在2~4周得到控制并自行愈合。护理措施参见本章第一节胰腺炎。

（4）血糖异常：动态监测血糖，调节饮食并根据医嘱合理应用胰岛素。若有低血糖表现，适当补充葡萄糖。

（三）健康教育

1. 饮食指导 少量多餐、高蛋白、高热量、低脂肪饮食，补充脂溶性维生素。

2. 监测血常规 放疗、化疗期间定期复查血常规，一旦出现白细胞计数$<4\times10^9$/L，应暂停化疗。

3. 自我监测 40岁以上，短期内出现持续性上腹部疼痛、食欲明显减退、消瘦者，应对胰腺做进一步检查。

4. 定期复查 定期监测血糖、尿糖，糖尿病者给予药物治疗和饮食控制。定期复查，每3~6个月复查1次，若出现进行性消瘦、贫血、乏力、发热等症状，应及时就诊。

5. 戒烟 吸烟者主动戒烟，不吸烟者主动避开二手烟、三手烟环境。

【护理评价】

1. 患者疼痛是否缓解。

2. 患者营养状况是否改善，体重是否维持正常。

3. 患者是否发生并发症，或并发症是否被及时发现和处理。

二、壶腹周围癌

壶腹周围癌（periampullary adenocarcinoma）指发生于胆总管末端、肝胰壶腹（又称Vater壶腹）及十二指肠乳头附近的恶性肿瘤，主要包括壶腹癌、胆总管下端癌和十二指肠癌。因壶腹周围癌临床症状出现较早，较易发现和早期诊断，其恶性程度低于胰头癌。

【病因与病理】

吸烟是被证实的致病因素。其他可能的致病因素包括脂肪和蛋白摄入过多，大量饮用浓咖啡、饮酒、糖尿病、慢性胰腺炎等。腺癌最多见，其次为乳头状癌、黏液癌等。淋巴转移发生较胰头癌晚，远处转移多至肝脏。

【临床表现】

常见临床症状为黄疸、消瘦和腹痛。黄疸出现早，可呈波动性，与肿瘤组织坏死脱落有关。

【辅助检查】

实验室检查和影像学检查同胰腺癌，CT和MRI是壶腹周围癌的首选检查方法，MRCP具有重要诊断价值。

【处理原则】

手术切除是壶腹周围癌的首选治疗方法，可行胰十二指肠切除术，5年生存率可达40%~60%。高龄、已有肝转移、瘤体已不能切除或合并明显心肺功能障碍不能耐受手术的患者，可行姑息性手术解除胆道和十二指肠的梗阻。

【护理措施】

参见本节胰腺癌的护理。

知识拓展 | **胰腺癌的随访**

胰腺癌的随访是为了更早地发现尚可以根治为目的进行治疗的肿瘤复发或第二原发癌，并及时干预处理，以提高患者的总生存期，改善生命质量。

胰腺癌术后患者，术后第1年，建议每3个月随访1次；第2~3年，每3~6个月随访1次；之后每6个月随访1次。随访项目包括血常规，生化检查，CA19-9、CA125、CEA等血清肿瘤标志物筛查，超声、X线、胸部薄层CT扫描、上腹部增强CT等，必要时复查PET/CT。随访时间至少5年。怀疑肝转移或骨转移的患者，加行肝脏MRI和骨扫描。晚期或合并远处转移的胰腺癌患者，应至少每2~3个月随访1次。随访目的是综合评估患者的营养状态和肿瘤进展情况等，及时调整综合治疗方案。

（薛晓燕）

学习小结

1.胰腺炎最常见的病因是胆道疾病，典型临床表现包括突发剧烈的腹痛、腹胀，明显的腹膜刺激征，辅助检查可见血、尿淀粉酶升高，腹部超声检查发现胰腺水肿，胰管扩张。胆源性胰腺炎原则上应早期手术，解除梗阻。术前护理措施包括止痛、维持体液平衡、营养支持、降温处理等。术后加强引流管护理、并发症观察和处理。健康教育的重点是去除诱发因素，少量多餐，忌食刺激、辛辣及油腻食物。

2. 吸烟是公认的胰腺癌危险因素。早期临床表现无特异性,典型症状和体征为进行性加重的上腹痛及黄疸,消瘦和乏力。首选CT检查。手术切除是最有效的治疗方法。胰十二指肠切除术创伤大,时间长,术后并发症多,应注意感染、出血、胰瘘、血糖异常等并发症的观察和护理,加强管道护理和营养支持。

复习参考题

一、单项选择题

1. 引起急性胰腺炎最常见的原因是
    A. 胆道疾病
    B. 高脂血症
    C. 创伤
    D. 过量饮酒
    E. 应激状态

2. 急性胰腺炎患者血清淀粉酶高低与病变严重程度的关系是
    A. 急性出血坏死性胰腺炎发病24小时内血清淀粉酶不升高
    B. 严重出血坏死性胰腺炎时血清淀粉酶可不升高
    C. 血清淀粉酶高提示胰腺严重破坏
    D. 血清淀粉酶高低与胰腺病变严重程度成正比
    E. 急性水肿性胰腺炎时淀粉酶多数不高

3. 对急性胰腺炎的描述正确的是
    A. 我国主要的发病原因是高脂血症
    B. 血清淀粉酶升高幅度与病变严
    重程度呈正相关
    C. 腹痛为主要症状,一般无腹胀和黄疸
    D. 出现休克和多器官功能障碍提示病情严重
    E. 血清脂肪酶升高不具有特异性

4. 胰头癌最主要的临床表现是
    A. 腹痛、腹胀
    B. 进行性加重的黄疸
    C. 食欲缺乏
    D. 消化不良
    E. 乏力、消瘦

5. 胰腺癌好发的部位是
    A. 胰腺头部
    B. 胰腺体部
    C. 胰腺尾部
    D. 全胰腺
    E. 异位胰腺

参考答案:

1. A 2. B 3. D 4. B 5. A

二、简答题

1. 简述急性胰腺炎常见的病因。

2. 简述胰十二指肠切除术后常见的并发症及护理措施。

第三十一章　周围血管疾病患者的护理

学习目标

知识目标	1. 掌握动脉硬化性闭塞症、血栓闭塞性脉管炎、原发性下肢静脉曲张和深静脉血栓的临床表现、处理原则及护理措施。 2. 熟悉动脉硬化性闭塞症、血栓闭塞性脉管炎、原发性下肢静脉曲张和深静脉血栓形成的病因、病理及辅助检查。 3. 了解动脉硬化性闭塞症、血栓闭塞性脉管炎、原发性下肢静脉曲张、深静脉血栓的概念。
能力目标	能运用护理程序对常见周围血管疾病的患者实施整体护理。
素质目标	具有关心和爱护周围血管疾病患者的态度和行为；具备团队合作精神。

第一节　动脉硬化性闭塞症

导入情景与思考

患者，男，48岁，建筑工程师，吸烟20年，3包/d。近1个月出现右下肢麻木、刺痛，休息后缓解，近日来疼痛加重，双股动脉搏动正常。诊断为"右下肢动脉硬化性闭塞症"，拟在局麻下行经皮腔内血管成形术。

请思考：

1. 该患者目前主要的护理诊断/问题有哪些？
2. 针对上述护理诊断/问题，可采取哪些护理措施？

　　动脉硬化性闭塞症（arteriosclerosis obliterans，ASO）是一种全身性疾病，表现为动脉内膜增厚、钙化、继发血栓形成等，是导致动脉狭窄甚至闭塞的一组慢性缺血性疾病，多见于45岁以上的中老年男性。

【病因】

本症与高脂血症、高血压、高血糖密切相关。此外，吸烟、肥胖、高龄、缺乏锻炼、家族史和血流动力学因素等也是动脉硬化的危险因素。

【病理】

主要累及大、中动脉。起病初期，动脉内膜层发生斑纹状或块状隆起并逐步增大而互相融合，形成动脉粥样斑块。硬化斑块逐渐向管腔突出形成不同程度狭窄。斑块发生溃疡或出血后可导致远侧动脉栓塞和血栓形成，最终使管腔阻塞。动脉中层的弹力纤维亦可发生退行性变，使管壁变薄，逐渐失去弹性而继发动脉瘤。

【临床表现】

1. Ⅰ期（症状轻微期） 可出现患肢麻木，发凉，行走易疲劳，患肢皮温较低，颜色苍白，足趾有针刺样感；踝肱指数<0.9。

2. Ⅱ期（间歇性跛行期） 随着动脉狭窄范围与程度的进一步加重，出现行走一段路程后，患肢足部或小腿肌痉挛、疼痛及疲乏无力，无法行走，休息片刻后即可缓解，症状反复出现。

3. Ⅲ期（静息痛期） 患肢无法得到最基本的血液供应，因组织缺血或缺血性神经炎，将出现持续剧烈性疼痛，夜间更甚。疼痛时迫使患者屈膝护足而坐，使患者无法入睡，即使肢体处于休息状态时疼痛仍不止，称为静息痛；可在肢体抬高时加重，肢体下垂时减轻。

4. Ⅳ期（溃疡和坏死期） 足趾颜色开始变成暗红色，足趾发黑、干瘪、溃疡和坏死。

【辅助检查】

1. 特殊检查 主要有肢体抬高试验（Buerger试验），患者平卧，抬高患肢45°以上，维持2~3分钟，然后坐起来，自然下垂双足。若抬高后足趾和足底皮肤呈苍白或蜡黄色，下垂后足部皮肤为潮红或出现斑块状发绀时，提示患肢有严重供血障碍。

2. 多普勒超声检查 能显示血管形态、内膜斑块的位置和厚度等。

3. 踝肱指数（ankle/brachial index，ABI） 指踝部动脉压与肱动脉压之间的比值，正常值为0.9~1.3。若ABI<0.9提示动脉缺血；ABI<0.4提示严重缺血。踝部动脉收缩压在30mmHg以下时，患者会很快出现静息痛、溃疡或坏疽。

4. 计算机体层血管成像（CTA）或磁共振血管成像（MRA） 可得到动脉的立体三维图像，能更好地了解血管病变情况。

5. 数字减影血管造影 是诊断动脉硬化性闭塞症的金标准，表现为受累血管钙化，血管伸长、扭曲，管腔弥漫性不规则"虫蚀状"狭窄或阶段性闭塞。

【处理原则】

1. 非手术治疗 严格戒烟、控制血糖、适当步行锻炼、改善高凝状态、促进侧支循环建立、避免损伤足部等。

2. 手术治疗 常见手术方式为动脉旁路术，包括血管支架置入、斑块旋切术、切割球囊、药物涂层球囊（drug-coated balloon，DCB）及药物溶栓治疗或血栓切除。

【护理措施】

（一）非手术治疗的护理/术前护理

1. 饮食护理 以低热量、低糖及低脂食物为主，多进食新鲜蔬菜、水果等富含纤维素食物。

2. 疼痛护理 ① 体位：睡觉或休息时取头高足低位，避免久站、久坐或双膝交叉。② 戒烟：消除烟碱对血管的收缩作用。③ 改善循环：遵医嘱应用血管扩张药，解除血管痉挛，改善肢体血供。④ 镇痛：对患者的疼痛部位、程度、性质等进行评估，疼痛剧烈者，遵医嘱应用镇痛药。

3. 患肢护理 ① 保暖：注意足部保暖，但要避免局部热疗。② 清洁：保持足部的清洁、干燥，皮肤瘙痒时要避免用手抓痒使皮肤受伤。③ 运动：发生坏疽、溃疡时应卧床休息避免运动加重局部的缺血、缺氧。④ 抗感染：如有感染应遵医嘱使用抗生素，注重创面的换药。

4. 功能锻炼 鼓励患者每日适当步行，指导患者进行Buerger运动：平卧，抬高患肢45°以上，维持2~3分钟，然后坐起来，双足自然下垂2~5分钟，并做足背的伸屈及旋转运动；然后将患肢放平，休息5分钟，以上动作练习5次为1组，每日可进行数组。若腿部发生溃疡及坏死，有动脉或静脉血栓形成时，不宜做此运动。

5. 心理护理 关心体贴患者，给予情感支持，减轻患者的焦虑、恐惧心理，帮助其更好地配合治疗、树立战胜疾病的信心。

（二）术后护理

1. 体位

（1）传统手术：术后取平卧位，患肢安置于水平位，避免关节过屈挤压、扭曲血管。卧床制动2周。

（2）介入手术：术后髋关节穿刺处需要加压包扎弹力绷带，髋关节禁弯，穿刺侧肢体自然伸直制动24小时后下床活动。

2. 病情观察

（1）一般状况：密切观察患者生命体征、意识及尿量。

（2）患肢血运：观察患肢远端皮温、皮肤颜色和血管搏动情况。避免肢体暴露于寒冷环境中。

3. 引流管护理 行介入手术者术后无须放置引流管，行传统手术者则需要放置引流管，注意观察引流液的量、颜色及性质，保持引流通畅，并准确记录。

4. 功能锻炼 传统手术后7~14日床上活动，2周后进行床边活动，3周内避免剧烈运动；介入手术后鼓励早期锻炼，在术后6小时可以进行床上锻炼，术后24小时可以适当在床旁运动，可适量地做有氧运动。

5. 并发症的护理

（1）出血：严密观察切口敷料有无渗血、渗液，引流液的颜色、量、性状。若术后血压急剧下降，敷料大量渗血，须警惕吻合口大出血，立即告知医生并做好再次手术准备。

（2）远端血管栓塞、移植血管闭塞、夹层：观察肢体远端血供情况，如皮温、皮肤颜色，若出现皮温下降，皮肤发绀等情况，及时告知医生并给予相应处理。

（3）感染：观察切口有无渗液，红、肿、热、痛等感染征象，有无畏寒、发热等全身感染征象，发现异常应及时告知医生。

（4）吻合口假性动脉瘤：表现为局部疼痛，位置表浅者可触及动脉性搏动，造影显示动脉侧壁局限性突出于血管腔外的囊状瘤腔，一经确诊，及时手术治疗。

（5）其他：缺血再灌注损伤、骨筋膜室综合征、对比剂的肾损害等。

（三）健康教育

1. 保护患肢 严格戒烟；保护肢体，选择宽松的棉质鞋袜并勤更换，避免外伤，注意患肢保暖；旁路术后6个月内避免吻合口附近关节过屈、过伸和扭曲。

2. 饮食指导 以低糖、低胆固醇及低脂食物为主，忌辛辣刺激食物。

3. 药物指导 旁路术后患者应遵医嘱服用抗血小板聚集、抗凝、降血脂及抗高血压药。

4. 定期复诊 术后1个月、3个月、6个月、12个月分别到门诊复查ABI和彩色多普勒超声检查，以了解血管通畅情况。第2年开始6个月随访1次。

第二节　血栓闭塞性脉管炎

血栓闭塞性脉管炎（thromboangiitis obliterans，TAO）又称Buerger病，是一种累及血管的炎症性、节段性和周期性发作的慢性闭塞性疾病。多侵袭四肢中小动、静脉，以下肢血管多见，好发于男性青壮年。

【病因】

1. 外在因素 与吸烟、居住于寒冷潮湿地区、慢性损伤及感染有关。

2. 内在因素 与精神紧张、营养不均衡、家族遗传、自身免疫功能紊乱、性激素等多种因素有关。

【病理生理】

1. 初期 常起自于动脉，后累及静脉，由远端向近端发展，病变呈节段性分布。

2. 活动期 受累动静脉管壁为全层非化脓性炎症，有内皮细胞和成纤维细胞增生、淋巴细胞浸润、管腔狭窄和血栓形成。

3. 后期 炎症消退，血栓机化，新生毛细血管形成，动脉周围有广泛纤维组织形成，闭塞血管远端的组织可出现缺血性改变，甚至坏死。

【临床表现】

1. 局部缺血期 以感觉和皮肤色泽改变为主，可出现动脉硬化性闭塞症Ⅰ期及间歇性跛行的临床表现。

2. 营养障碍期 以疼痛和营养障碍为主，可出现静息痛。

3. 组织坏死期 以溃疡和坏疽为主，可出现动脉硬化性闭塞症Ⅳ期的临床表现。

【辅助检查】

1. 多普勒超声 能评价缺血程度，动静脉是否狭窄或闭塞，还可利用多普勒血流射频显示血流的流速、方向和阻力等。

2. CTA 可得到动脉的立体图像，显示患肢血管的病变节段及狭窄程度。

3. DSA 主要表现为肢体远端动脉的节段性受累，有时可伴有近端动脉的节段性病变。

【处理原则】

1. 非手术治疗

（1）一般疗法：严格戒烟是关键。防止患肢受伤，注意保暖、防潮，适当使用镇静、镇痛药。

（2）药物治疗：应用扩张血管、抑制血小板聚集的药物改善血液循环，有溃疡并发感染者，还应给予抗生素。

（3）高压氧疗法：以此改善组织缺氧状况，减轻患肢疼痛，促进溃疡愈合。

（4）创面处理：干性坏疽应局部消毒包扎，湿性坏疽容易感染，给予及时换药的同时应用抗生素预防或控制感染。

2. 手术治疗

（1）腔内治疗：主要有经皮腔内血管成形术（percutaneous transluminal angioplasty，PTA）、血管内支架、置管溶栓术。

（2）腰交感神经切除术：适用于早期发病的患者。

（3）自体大隐静脉或人工血管旁路移植术：适用于主干动脉节段性闭塞，远端存在流出道者。

（4）动、静脉转流术：可缓解静息痛，但并不降低截肢率。

（5）截肢术：适用于肢体远端已有明确坏死界限，溃疡无法愈合、坏疽无法控制者。

【护理措施】

静脉手术后患肢抬高30°，制动1周；动脉手术后患肢平放，制动2周；自体血管移植术后愈合较好者，卧床制动时间可适当缩短。患者卧床期间应适当做足背屈伸运动，以促进局部血液循环。其他护理参见本章第一节动脉硬化性闭塞症。

第三节 原发性下肢静脉曲张

导入情景与思考

患者，女，45岁，因"双小腿内侧条索状包块4年"，门诊以"双侧大隐静脉曲张"收入院。4年前患者无明显诱因出现双小腿内侧条索状包块，平卧消失，直立出现，未予处理，后包块渐渐增多增粗，延及大腿内侧，3个月前出现双小腿内侧瘙痒。入院以来精神食欲尚可，大小便正常。体格检查：双下肢内侧可见迂曲成团静脉曲张，以小腿内侧居多，深静脉通畅试验阴性，Homans征阴性。

请思考：

1. 促进该患者下肢静脉回流的措施有哪些？

2. 患者入院后行"曲张静脉剥脱术"，如何指导其术后早期活动？

原发性下肢静脉曲张（primary lower extremity varicose veins）是指下肢浅静脉瓣膜关闭不全，静脉内血液倒流，远端静脉淤滞，继而病变静脉壁伸长、迂曲，呈曲张表现的一种状态。多见于久站、久坐少动者或体力活动强度高者。

【病因】

1. 先天因素 主要有静脉瓣膜缺陷与静脉壁薄弱，与遗传因素有关。

2. 后天因素 重体力劳动、长时间站立、妊娠、肥胖、慢性咳嗽和习惯性便秘等使下肢静脉瓣膜承受过度压力。

【病理】

当下肢静脉瓣膜病变，血液淤滞，主干静脉和毛细血管压力增高时，皮肤微循环障碍，毛细血管扩大、毛细血管通透性增加，纤维蛋白原、红细胞等渗入组织间隙及血管内微血栓形成。由于纤溶活性降低，渗出的纤维蛋白积聚、沉积于毛细血管周围，造成局部代谢障碍，导致皮肤色素沉着、纤维化、皮下脂质硬化甚至皮肤萎缩，静脉溃疡。此外，纤维蛋白渗出和毛细血管周围纤维组织沉积，引起再吸收障碍、淋巴超负荷，导致下肢水肿。

【临床表现】

早期表现为下肢沉重、酸胀、乏力和疼痛。后期表现为下肢静脉曲张，血管隆起，蜿蜒成团，肢体色素沉着，溃疡，湿疹样改变。常见并发症有血栓性静脉炎、溃疡形成及曲张静脉破裂出血。

【辅助检查】

1. 特殊检查 ① 大隐静脉瓣功能试验（Brodie–Trendelenburg test）：患者仰卧，抬高下肢使静脉排空，于腹股沟下方扎止血带压迫大隐静脉卵圆窝处或者腘窝处，嘱患者站立，解除止血带后立即出现自上而下的静脉充盈，则表示大隐静脉瓣或小隐静脉功能不全。② 深静脉通畅试验（Perthes test）：患者取站立位，于腹股沟下方扎止血带压迫大隐静脉，待静脉充盈后，嘱患者连续做下蹲活动10余次，若曲张静脉加重，则表明深静脉阻塞。③ 交通静脉瓣功能试验（Pratt test）：患者仰卧，抬高下肢，使充盈浅静脉排空，在腹股沟下方扎止血带，先从足趾向上至腘窝缠第1根弹力绷带，再从止血带处向下缠第2根弹力绷带。嘱患者站立，一边向下解开第1根绷带，一边继续向下缠第2根绷带，如果在两根绷带之间的间隙出现曲张静脉，则提示该处有功能不全的交通静脉。

2. 多普勒超声 提供可视的管腔变化，测定血流变化。

3. 下肢静脉造影 可了解病变的性质、范围和程度，为确诊的金标准。

【处理原则】

1. 非手术治疗 ① 弹力治疗：指穿弹力袜或使用弹力绷带外部加压。② 药物治疗：黄酮类和七叶皂苷类药物可缓解肢体酸胀、水肿等症状。③ 注射硬化剂：将硬化剂注入曲张静脉后引起炎症反应使之闭塞，适用于处理残留的曲张静脉。④ 处理并发症：血栓性静脉炎者，给予抗生素及局部热敷治疗，抗凝治疗至少6周；湿疹和溃疡者，抬高患肢并给予创面湿敷；曲张静脉破裂出血者，抬高患肢和局部加压包扎止血，必要时予以缝扎止血。

2. 手术治疗　传统方法是大隐静脉或小隐静脉高位结扎和曲张静脉剥脱术，其他方法包括旋切刨吸术、激光治疗、血管内曲张静脉电凝治疗或冷冻治疗、硬化剂及射频消融等。

知识拓展 ｜　　　　　**间歇充气加压治疗下肢静脉曲张应用现状**

间歇充气加压（intermittent pneumatic compression，IPC）治疗是采用阶梯式压力挤压肢体，促进组织液回流的方法。

国内外有研究认为，IPC可作为弹力绷带及弹性压缩袜等标准治疗的辅助治疗方式。血管外科学会指南建议，当没有其他压力治疗方案、无法使用或在长期压力治疗后未能帮助腿部静脉溃疡愈合时可进行IPC治疗。欧洲血管外科学会指南建议对于慢性静脉疾病和水肿患者及患有慢性静脉疾病和脂肪性皮肤硬化和/或白斑萎缩的患者，采用加压治疗在脚踝处施加20~40mmHg的压力以减轻水肿和减少皮肤硬结；对于有活动性腿部静脉溃疡的患者，应考虑使用叠加弹性压力袜或可调节压缩装置以治疗小溃疡和近期发作的溃疡。

但由于产品本身的差异、与药物联合或者多种压力治疗形式联合使用时药物剂量把握、治疗时间、治疗频次和压力设置等问题，IPC治疗下肢静脉曲张需要进一步研究。

【护理措施】

（一）非手术治疗的护理/术前护理

1. 病情观察　注意肢体活动状况，局部皮肤有无色素沉着、溃疡、湿疹样改变等及局部血管隆起情况。

2. 促进下肢静脉回流

（1）穿弹性绷带、弹力袜：弹力袜或弹力绷带的压力梯度循序降低，足踝部高，向近侧逐渐减低，通过压力变化以减少浅静脉内血液淤积，改善活动时腓肠肌血液回流。

（2）体位与活动：卧床休息或睡觉时抬高患肢30°~40°，避免久坐或久站，使血流缓慢引起血栓形成。坐时双膝勿交叉或盘腿，以免压迫腘窝静脉。一旦发生血栓应卧床休息，抬高患肢，局部热敷，严禁按摩。

（3）避免腹内压增高：多吃高纤维、低脂肪的饮食，保持大便通畅，防止便秘；肥胖患者应有计划地进行减肥；避免穿过于紧身的衣服。

3. 保护患肢　告知患者勤剪指甲，勿搔抓皮肤，避免肢体外伤，以免造成曲张静脉出血。

（二）术后护理

1. 病情观察　观察患肢伤口情况及皮下渗血，发现异常及时告知医生。

2. 早期活动　卧床期间指导患者行踝泵运动，但应避免过于劳累使曲张的静脉破裂出血。鼓励患者早期下床行走，但3个月内禁止剧烈运动。

3. 保护患肢　告知患者勤剪指甲，避免外伤造成皮肤破损，如肢体有湿疹、溃疡等，还要注意治疗与换药，促进创面愈合。

（三）健康教育

1. 去除影响下肢静脉回流的因素 避免穿过紧的衣物；有计划地进行减肥；保持良好姿势，避免久站、久坐及双腿交叉。

2. 促进静脉回流 休息时适当抬高患肢；指导患者进行适当运动，增强血管壁弹性。

3. 坚持弹力治疗 非手术治疗患者坚持长期使用弹力袜或弹力绷带；术后患者也应每日坚持穿着12小时，坚持使用半年以上。

第四节 深静脉血栓

导入情景与思考

患者，男，47岁，吸烟29年，2包/d。3周前因双侧坐骨、耻骨骨折伴分离移位及左髂骨骨折在硬膜外阻滞下行骨盆切开内固定术，卧床休息并制动3周，今晨突感左侧小腿肿胀、疼痛，按之凹陷。静脉造影检查考虑左下肢深静脉血栓形成。

请思考：

1. 该患者出现深静脉血栓的原因有哪些？
2. 该患者非手术治疗的护理措施有哪些？

深静脉血栓（deep venous thrombosis，DVT）是指血液在深静脉内不正常凝固，阻塞管腔，导致静脉回流障碍。全身主干静脉均可发病，尤其多见于下肢。

【病因】

1. 静脉壁损伤 可因静脉炎、血管损伤等，启动内源性凝血系统，导致血栓形成。

2. 血流缓慢 常见于手术、肢体制动、长期卧床或久坐者。

3. 血液高凝状态 主要见于肿瘤、产后、长期服用避孕药、创伤者。

【病理生理】

静脉血栓形成初期，血栓与管壁一般仅有轻度粘连，容易脱落，可引起肺栓塞。激发炎症反应后，血栓与血管壁粘连可较紧密。

【临床表现】

1. 上肢深静脉血栓形成 前臂和手部肿胀、胀痛，上肢下垂时症状加重。

2. 上、下腔静脉血栓形成

（1）上腔静脉血栓：除有上肢静脉回流障碍表现外，还有面颈部肿胀，球结膜充血水肿、眼睑肿胀，胸背以上浅静脉广泛扩张，胸壁的扩张静脉血流方向向下。

（2）下腔静脉血栓：常为下肢深静脉血栓向上蔓延所致。其临床特征为下肢深静脉回流障碍，躯干浅静脉扩张，血流方向向头端。

3. 下肢深静脉血栓形成

（1）小腿肌肉静脉丛血栓形成（周围型）：为术后深静脉血栓形成的好发部位。因病变范围较小，所激发的炎症反应程度较轻，临床症状不明显。通常可感觉小腿部疼痛或肿胀感，腓肠肌有压痛，足踝部轻度肿胀。若在膝关节伸直位，将足急剧背屈，使腓肠肌与比目鱼肌伸长，可以激发血栓所引起炎症性疼痛，而出现腓肠肌部疼痛，称为Homans征阳性。

（2）髂股静脉血栓形成（中央型）：左侧多见，起病骤急；局部疼痛，压痛；腹股沟韧带以下患肢肿胀明显；浅静脉扩张，尤以腹股沟部和下腹壁明显；在股三角区，可扪及股静脉充满血栓所形成的条索状物；伴有发热，但一般不超过38.5℃。

（3）全下肢深静脉血栓形成（混合型）：临床上最常见，可为前两者表现的相加。临床表现为全下肢明显肿胀、剧痛，股三角区、腘窝、小腿肌层都可有压痛，常伴有体温升高和脉率加速，称为股白肿。若病程继续发展，使患肢整个静脉系统几乎全部处于阻塞状态，同时引起动脉强烈痉挛者，疼痛剧烈，整个肢体明显肿胀，皮肤紧张、发亮、发绀，称为股青肿。有的可发生水疱或血疱，皮温明显降低，动脉搏动消失。全身反应明显，体温常达39℃以上，神志淡漠，有时有休克表现（图31-4-1）。

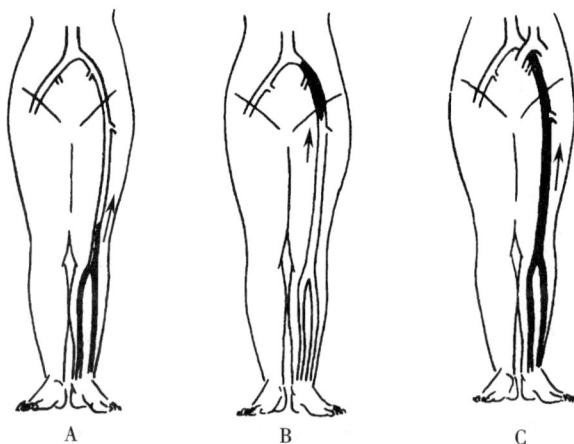

▲ 图31-4-1 下肢深静脉血栓形成的类型
A. 周围型；B. 中央型；C. 混合型。

【辅助检查】

1. 放射性同位素检查 应用放射性标记形成的放射性浓聚现象，在肢体进行扫描，即能判断有无血栓形成。

2. 多普勒超声检查 将探头置于较大静脉的体表，可闻及或描记静脉血流音。

3. 静脉造影 为最准确的检查方法，能使静脉直接显像，有效地判断有无血栓，确定血栓的大小、位置、形态及侧支循环情况。

4. 血液检查 下肢深静脉血栓形成的同时纤溶系统也被激活，血液中纤维蛋白复合物溶解时产生的降解产物D-二聚体浓度上升。

【处理原则】

1. 非手术治疗 适用于周围型及超过 3 日的中央型和混合型。

（1）一般处理：卧床休息、抬高患肢。急性期绝对卧床休息 1~2 周；病情缓解后可进行轻便活动，起床活动时使用医用弹力袜或弹力绷带。

（2）药物治疗：包括利尿、溶栓、抗凝、祛聚及中医中药治疗等。

2. 手术治疗 静脉导管取栓术适用于病期在 48 小时以内的中央型和混合型。中央型可以考虑行腔内置管溶栓、球囊扩张、支架植入术。混合型出现股青肿者应切开静脉壁直接取栓，术后辅以抗凝、祛聚治疗。

知识拓展 | **神经肌肉电刺激疗法在预防下肢深静脉血栓中的应用**

神经肌肉电刺激疗法（neuromuscular electrical stimulation，NMES）是一项应用 20~50Hz 低频脉冲电流通过电极刺激特定肌肉群使其抽搐或者收缩，继而促进神经肌肉功能恢复的技术。其工作原理是利用神经细胞的电兴奋性，通过脉冲电流刺激支配肌肉的神经使肌肉收缩，可用于术后肢体的功能锻炼。

有研究证明小腿肌肉电刺激可改善静脉回心血量，NMES 可增加静脉流量及静脉血流速度，且比间歇充气加压治疗在平均时间最大流速和最大静脉流速上有所增加，在下肢深静脉血栓的预防与护理中有一定效果。但由于 NMES 最佳参数尚不清楚，脉冲宽度、刺激频率、强度和波形、治疗时间等参数和电刺激治疗静脉疾病的长期效果仍需要随机临床试验进一步研究。

【护理措施】

（一）非手术治疗的护理 / 术前护理

1. 病情观察 密切观察患肢疼痛的部位、持续时间、性质、程度，皮温、皮肤颜色、动脉搏动及肢体感觉等。

2. 体位与活动 ① 卧床休息 1~2 周，为防止栓子脱落，禁热敷、按摩，避免活动幅度过大，避免用力排便；② 休息时患肢高于心脏平面 20~30cm，改善静脉回流，减轻水肿和疼痛；③ 下床活动时，穿医用弹力袜或用弹力绷带，周围型血栓形成使用 1~2 周，中央型血栓形成，可用 3~6 个月。

3. 饮食护理 宜进食低脂、高纤维食物，多饮水，保持大便通畅，避免因用力排便引起腹内压增高而影响下肢静脉回流。

4. 缓解疼痛 采用各种非药物手段缓解疼痛，必要时遵医嘱给予镇痛药物。

5. 用药护理 遵医嘱应用抗凝、溶栓、祛聚等药物。用药期间避免碰撞及跌倒，用软毛牙刷刷牙。

6. 并发症的护理

（1）出血：主要由溶栓、抗凝治疗期间，抗凝药物使用不当造成。应注意观察患者有无伤口渗血或血肿，有无牙龈、消化道或泌尿道出血等情况，发现异常立即告知医生，除停药外，可用鱼精蛋白对抗肝素，维生素K_1对抗华法林，使用6-氨基己酸、纤维蛋白原制剂或输新鲜血对抗溶栓治疗引起的出血。

（2）肺栓塞：观察患者有无胸痛、呼吸困难、咯血、血压下降甚至晕厥等表现。如出现肺栓塞，应立即嘱患者平卧，避免深呼吸、咳嗽、剧烈或突然翻身，同时给予高浓度氧气吸入，并立即告知医生，配合抢救。

（二）术后护理

1. 病情观察 观察患者生命体征；切口敷料有无渗血、渗液；皮温、皮肤颜色、动脉搏动、肢体感觉等。

2. 体位与活动 休息时抬高患肢至高于心脏平面20~30cm，膝关节微屈，适当进行足背屈伸运动。

3. 饮食护理、用药护理及并发症的护理 同术前护理。

（三）健康教育

1. 保护患肢 指导患者正确使用弹力袜、弹力绷带，保持良好体位、适当运动。绝对戒烟，防止烟草中烟碱（又称尼古丁）刺激引起血管收缩。

2. 饮食指导 进食低脂、含丰富纤维素的食物，保持大便通畅，避免因腹内压增加影响下肢静脉回流。

3. 用药指导 强调抗凝药物的重要性，切不可随便停药，在使用抗凝药物期间，按时监测凝血时间，注意观察有无牙龈、鼻腔等出血倾向。

4. 复诊指导 出院3~6个月后门诊复查，若出现下肢肿胀疼痛，平卧或抬高患肢仍不缓解时，及时就诊。

（刘敦）

学习小结

1. 动脉硬化性闭塞症和血栓闭塞性脉管炎常见于高血压、糖尿病等，以间歇性跛行和静息痛为主要临床表现，同时有足部动脉搏动减弱或消失，皮温降低，趾端发黑坏死。通常使用扩张血管、改善循环的药物治疗，主要护理措施包括戒烟、疼痛护理、患肢保护等。

2. 原发性下肢静脉曲张的发生与下肢血管解剖特点、久坐、久站有关，典型临床表现有下肢肿胀、乏力，静脉迂曲成团；处理包括穿弹力袜、使用弹力绷带，行大隐静脉高位结扎术；护理患者时要注意抬高患肢，促进静脉回流等。

3. 深静脉血栓的形成与血管壁损伤、血流缓慢和高凝状态有关，主要临床表现为下肢肿胀、疼痛，严重者发生肢体坏死。溶栓、祛聚和抗凝是主要的处理原则，主要的护理措施包括抬高患肢、严禁按摩，观察患肢情况等。

复习参考题

一、单项选择题

1. 患者平卧抬高下肢，排空静脉血，在大腿根部扎止血带阻断大隐静脉，然后让患者站立，10秒钟内放开止血带，若出现自上而下的静脉逆向充盈，提示
   - A. 交通静脉瓣膜功能异常
   - B. 下肢深静脉通畅
   - C. 小隐静脉瓣功能不全
   - D. 大隐静脉瓣功能不全
   - E. 下肢浅静脉通畅

2. 血栓闭塞性脉管炎患者动脉手术后护理措施正确的是
   - A. 做好患肢足部的加温保暖
   - B. 及时应用镇痛药缓解疼痛
   - C. 患肢平放，制动2周
   - D. 患肢抬高30°，制动1周
   - E. 术后尽早进行Buerger运动

3. 患者平卧患肢抬高70°~80°，持续60秒，若出现麻木、疼痛、苍白或蜡黄色者，提示
   - A. Pratt试验阳性
   - B. Buerger试验阳性
   - C. Perthes试验阳性
   - D. Brodie–Trendelenburg试验阳性
   - E. 腰交感神经阻滞试验阳性

4. 深静脉血栓患者急性期禁止按摩患肢的目的是
   - A. 预防出血
   - B. 缓解疼痛
   - C. 促进静脉回流
   - D. 防止血栓脱落
   - E. 防止再次血栓形成

5. 深静脉血栓患者抗凝治疗期间最严重的并发症是
   - A. 出血
   - B. 动脉痉挛
   - C. 形成再通静脉
   - D. 继发性深静脉瓣膜功能不全
   - E. 血栓与静脉壁粘连并逐渐机化

参考答案：
1. D 2. C 3. C 4. D 5. A

二、简答题

1. 简述动脉硬化性闭塞症患者进行肢体抬高试验（Buerger试验）的方法及临床意义。

2. 简述下肢深静脉血栓患者并发肺栓塞的护理措施。

第三十二章

泌尿系统损伤患者的护理

学习目标

知识目标	1. 掌握泌尿系统损伤患者的护理措施。
	2. 熟悉泌尿系统损伤的临床表现和处理原则。
	3. 了解泌尿系统损伤的病因、病理生理特点和辅助检查。
能力目标	能运用护理程序对泌尿系统损伤的患者实施整体护理。
素质目标	具有关心和爱护泌尿系统损伤患者的态度和行为；具备团队合作精神。

泌尿系统损伤是指发生在肾脏、输尿管、膀胱和尿道的损伤，大多是胸、腹、腰部或骨盆严重损伤时的合并伤，以男性尿道损伤最多见，肾、膀胱次之，输尿管损伤最少见。泌尿系统损伤的主要表现为出血和尿外渗。大量出血可引起失血性休克；尿外渗可继发感染，严重时可导致脓毒血症、肾周围脓肿、尿瘘等并发症。正确评估泌尿系统损伤患者，尽早发现护理问题并及时处理，对泌尿系统损伤患者的预后极为重要。

第一节 肾损伤

导入情景与思考

患者，男，27岁，不慎从3m高处坠落，伤及右后腰肋处，伤后自觉腰腹疼痛，急诊就医。体格检查：体温38.2℃，脉搏110次/min，呼吸26次/min，血压80/50mmHg，面色苍白，右侧上腹部略隆起，有压痛，轻度肌紧张，无反跳痛。辅助检查：血常规示血红蛋白105g/L；尿常规示红细胞（+++）；超声检查示右肾轮廓不清，右肾周中度积液。

请思考：

1. 该患者的病情观察应重点包括哪些内容？
2. 针对该患者应采取哪些护理措施？

肾深埋于肾窝，受肋骨、腰肌、脊椎、腹壁、腹腔内脏器、膈肌的保护，故不易受损。但肾质地脆，包膜薄，受暴力打击易引起肾损伤。肾损伤（injury of kidney）常是胸、腹部多脏器损伤复合伤的一部分。

【病因】

1. 开放性损伤　弹片、枪弹、刀刃等锐器所致损伤，常伴有胸腹部等其他脏器损伤，病情复杂而严重。

2. 闭合性损伤　直接暴力（如撞击、跌倒、挤压、肋骨骨折等）或间接暴力（如对冲伤、突然暴力扭转等）所致损伤，临床上最多见。直接暴力时，上腹部或腰背部受外力撞击或挤压是肾损伤最常见的原因。

【病理与分类】

临床上闭合性肾损伤最为多见。根据其损伤程度，可分为4种病理类型（图32-1-1）。

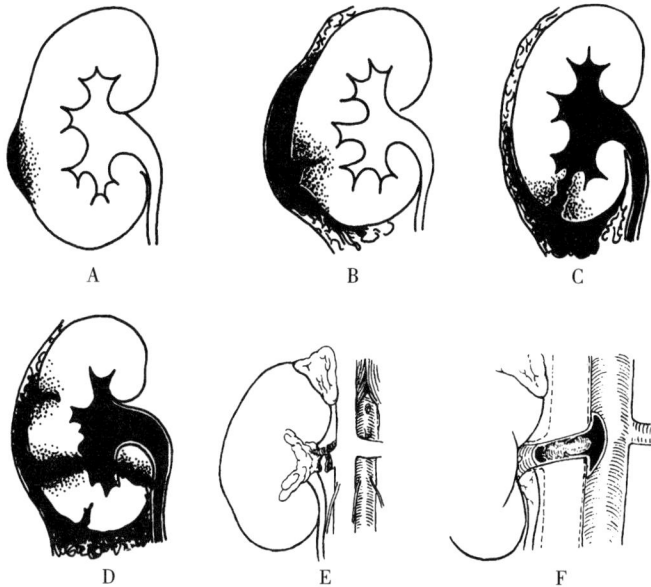

▲ 图32-1-1　肾损伤的类型

A. 肾瘀斑及包膜下血肿；B. 表浅肾皮质裂伤及肾周围血肿；C. 肾实质全层裂伤、血肿及尿外渗；D. 肾横断；E. 肾蒂血管断裂；F. 肾动脉内膜断裂及血栓形成。

1. 肾挫伤　损伤仅局限于部分肾实质，形成肾瘀斑和/或包膜下血肿，肾包膜及肾盂黏膜均完整。大多数患者的肾损伤属此类。

2. 肾部分裂伤　肾实质部分裂伤伴有肾包膜破裂，可致肾周血肿。如肾盂肾盏黏膜破裂，则可有明显的血尿。

3. 肾全层裂伤　肾实质深度裂伤，外及肾包膜，内达肾盂肾盏黏膜，常引起广泛的肾周血肿、严重的血尿和尿外渗。

4. 肾蒂损伤　肾蒂血管损伤比较少见。肾蒂血管部分或全部撕裂时可引起大出血、休克，患者常来不及诊治就已死亡。突然减速运动，如车祸、从高处坠落，可引起肾急剧移位、肾动脉突然被牵拉，导致弹性差的内膜破裂，形成血栓可致肾动脉闭塞。若未能及时发现和处理，可造成肾功能的完全丧失。

【临床表现】

肾损伤的临床表现因损伤程度不同，差异很大，在合并其他器官损伤时，轻度的肾损伤症状常被忽视。

1. **休克**　重度肾损伤或合并其他脏器损伤时，因严重失血常发生休克，可危及生命。

2. **血尿**　肾损伤患者大多有血尿，但血尿与损伤程度并不一致。肾部分裂伤可引起明显肉眼血尿；而肾血管断裂、输尿管断裂或血块堵塞输尿管，可能表现为轻微血尿，甚至无血尿。

3. **疼痛**　肾包膜下血肿、肾周围软组织损伤、出血或尿外渗等可引起患侧腰、腹部疼痛；血液、尿液进入腹腔或合并腹腔内器官损伤时，可出现腹膜刺激征、腹痛等；血块通过输尿管时，可引起同侧肾绞痛。

4. **肿块**　出血及尿外渗可使肾周围组织肿胀，形成腰部肿块，腰腹部可有明显触痛。

5. **发热**　血肿及尿外渗易继发感染并导致发热，但多为低热；若继发肾周围脓肿或化脓性腹膜炎，可出现寒战、高热，并伴有全身中毒症状；严重者可并发感染性休克。

【辅助检查】

1. **实验室检查**　尿常规可见多量红细胞。血常规检查时，血红蛋白、血细胞比容持续降低，提示有活动性出血；血中白细胞增多，常提示为感染。

2. **影像学检查**

（1）超声：能提示肾损伤的部位和程度，有无包膜下和肾周血肿、尿外渗，其他器官损伤，还可了解对侧肾情况。

（2）CT、MRI：CT可清晰显示肾实质裂伤程度、尿外渗和血肿范围，并可了解与其他脏器的关系，可作为肾损伤的首选检查。MRI与CT作用相似，但对血肿的显示比CT更具有特征性。

（3）其他：传统的静脉尿路造影、肾动脉造影等检查也可发现肾有无损伤、肾损伤范围与程度，临床上一般不作为首选。

【处理原则】

1. **紧急处理**　大出血、休克者，应迅速给予输液、输血和积极复苏处理。一旦病情稳定，尽快进行必要的检查，以确定肾损伤的范围、程度及有无合并其他器官损伤，同时做好急诊手术探查的准备。

2. **非手术治疗**　适用于轻度肾损伤且无合并胸腹部脏器损伤者。主要措施包括绝对卧床休息2~4周；早期合理应用广谱抗生素以预防感染；补充血容量，给予输液、输血等支持治疗；合理运用镇痛、镇静和止血药物。

3. **手术治疗**

（1）开放性肾损伤：应进行清创、缝合及引流，对于枪伤或锐器伤者，应注意探查有无其他腹部脏器损伤。

（2）闭合性肾损伤：若明确为严重肾裂伤、肾破裂、肾盂破裂或肾蒂伤，则需尽早手术。若肾损伤患者在保守治疗期间发生以下情况，也需手术探查。① 经积极抗休克后生命体征仍未见改善，提示有活动性内出血；② 血尿逐渐加重，血红蛋白、血细胞比容继续降低；③ 腰、腹部肿块明显增大；④ 怀疑有腹腔其他脏器损伤。

手术方法可根据肾损伤具体情况选择，如行肾修补术、肾部分切除术、肾切除术或选择性肾动脉栓塞术。

【护理评估】

（一）术前评估

1. 健康史

（1）一般情况：年龄、性别、职业及运动爱好等。

（2）受伤史：受伤的原因、时间、地点、部位，暴力性质、强度和作用部位，受伤至就诊期间的病情变化及就诊前采取的急救措施等。

2. 身体状况

（1）主要症状与体征：有无腰腹部疼痛、肿块和血尿等；有无腹膜炎的症状与体征；患者的血压、脉搏、呼吸、体温、尿量及尿色的变化情况；有无休克、感染等征象。

（2）辅助检查：血、尿常规检查结果的动态变化，影像学检查有无异常发现。

3. 心理-社会状况 患者是否存在焦虑与恐惧；患者及家属对肾损伤伤情与治疗的了解程度，能否配合治疗。

（二）术后评估

1. 术中情况 手术、麻醉方式与效果，术中出血、补液、输血情况。

2. 身体状况 生命体征是否平稳，是否清醒；伤口是否干燥，有无渗液、渗血；肾周引流管是否通畅，引流液的量、颜色与性状等。

3. 并发症 有无出血、尿外渗、感染等并发症的发生。

【常见护理诊断/问题】

1. 焦虑/恐惧 与外伤打击、害怕手术和担心预后不良等有关。

2. 组织灌注量改变 与肾裂伤、肾蒂裂伤或其他脏器损伤引起的大出血有关。

3. 潜在并发症：休克、感染。

【护理目标】

1. 患者恐惧/焦虑程度减轻，情绪稳定。

2. 患者的组织灌注量可得到有效维持。

3. 患者未发生并发症，或并发症被及时发现和处理。

【护理措施】

（一）非手术治疗的护理/术前护理

1. 休息 绝对卧床休息2~4周，待病情稳定、血尿消失后患者可离床活动。肾损伤后需经4~6周才趋于愈合，下床活动过早、过多，有可能再度出血。

2. 维持体液平衡、保证组织有效灌注量　建立静脉通道，遵医嘱及时输液，必要时输血，以维持有效循环血量。合理安排输液种类，及时输入液体和电解质，以维持水、电解质及酸碱平衡。

3. 病情观察

（1）有无活动性出血：① 密切观察血压、脉搏、呼吸、体温情况，观察有无休克征象；② 每30分钟至2小时留取尿液于编号的试管内，观察尿色深浅变化，若颜色加深，说明有活动性出血；③ 观察腰、腹部肿块范围的大小变化；④ 动态监测血红蛋白和血细胞比容变化，以判断出血情况。

（2）及早发现感染征象：若患者体温升高、伤口疼痛并伴有白细胞计数和中性粒细胞百分比升高、尿常规示有白细胞，多提示有感染。

4. 感染的预防与护理

（1）保持伤口的清洁、干燥，敷料渗湿时应及时更换。

（2）遵医嘱应用抗生素，并鼓励患者多饮水。

5. 心理护理　主动关心、安慰患者及家属，稳定其情绪，减轻焦虑与恐惧。解释肾损伤的病情发展情况、治疗和护理措施，鼓励患者及家属积极配合。

（二）术后护理

1. 肾部分切除术后患者绝对卧床休息1~2周，以防继发性出血。

2. 病情观察　观察患者生命体征，引流液的量、颜色及性状；准确记录24小时尿量。

3. 调节输液速度，避免加重健侧肾脏负担。

4. 肾周引流管护理　肾脏手术后常留置肾周引流管，起到引流渗血、渗液作用。应妥善固定管道，保持引流管通畅，观察并记录引流液的颜色、性状与量，一般于术后2~3日、引流量减少时拔除引流管。

（三）健康教育

1. 预防出血　出院后3个月内不宜从事体力劳动或竞技运动，防止继发性损伤。

2. 用药指导　肾切除术后患者应注意保护健侧肾脏，慎用对肾功能有损害的药物，如氨基糖苷类抗菌药等。

【护理评价】

1. 患者的焦虑/恐惧是否减轻，情绪是否稳定。

2. 患者的肾脏灌注量是否恢复正常，生命体征是否维持平稳。

3. 患者是否发生并发症，或并发症是否被及时发现和处理。

第二节　膀胱损伤

膀胱损伤（injury of bladder）是指膀胱壁在受到外力的作用时发生膀胱浆膜层、肌层、黏膜层的破裂，引起膀胱完整性破坏、血尿外渗。膀胱为腹膜外器官，空虚时位于骨盆深处，受周围筋膜、肌肉、骨盆及其他软组织的保护，很少为外界暴力所损伤。当骨盆骨折或膀胱充盈伸展超出耻骨联合至下腹部时，易遭受损伤。

【病因】

1. 开放性损伤 膀胱损伤处与体表相通，多见于战伤。由弹片、子弹或锐器贯通所致，常合并其他脏器（如阴道、直肠）损伤，可形成腹壁尿瘘、膀胱直肠瘘或膀胱阴道瘘等。

2. 闭合性损伤 膀胱充盈状态下，下腹部遭撞击、挤压易发生膀胱损伤。有时骨盆骨折会刺破膀胱壁致膀胱损伤。

3. 医源性损伤 膀胱镜检查、膀胱镜碎石术、经尿道膀胱肿瘤电切除术等可造成膀胱损伤或穿孔。

【病理】

1. 膀胱挫伤 仅伤及膀胱黏膜或肌层，未穿破膀胱壁，局部有出血或形成血肿，无尿外渗，可出现血尿。

2. 膀胱破裂 严重损伤者可发生膀胱破裂，分为腹膜内型、腹膜外型两种（图32-2-1）。

（1）腹膜内型：膀胱壁破裂伴腹膜破裂，裂口与腹腔相通，尿液流入腹腔。多见于膀胱后壁和顶部损伤。

（2）腹膜外型：膀胱壁破裂但腹膜完整，尿外渗至盆腔内膀胱周围间隙。大多由膀胱前壁的损伤引起，常伴骨盆骨折。

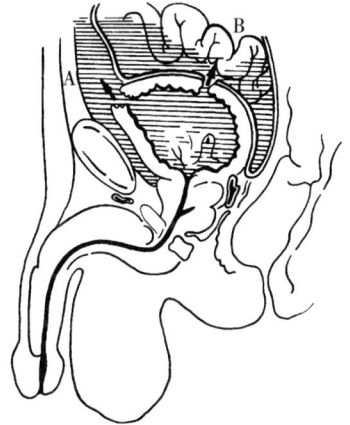

▲ 图32-2-1 膀胱损伤
A. 腹膜外型；B. 腹膜内型。

【临床表现】

1. 休克 骨盆骨折所致剧痛、大出血可导致休克。

2. 血尿和排尿困难 膀胱壁轻度挫伤者可仅有少量血尿，而膀胱壁全层破裂时由于尿外渗到膀胱周围或腹腔内，患者可有尿意，但不能排尿或仅排出少量血尿。

3. 腹痛 腹膜内型膀胱破裂时，尿液流入腹腔而引起急性腹膜炎症状，如渗液较多可出现移动性浊音。腹膜外型膀胱破裂时，外渗的尿液及血液流入盆腔及腹膜后间隙引起下腹部疼痛，可有压痛及腹肌紧张，直肠指检有触痛及饱满感。

4. 局部肿胀、皮肤瘀斑 闭合性损伤时，体表皮肤常有肿胀、血肿和瘀斑。

5. 尿瘘 开放性损伤时，因体表伤口与膀胱相通而有漏尿。若与直肠、阴道相通，则经肛门、阴道漏尿。闭合性损伤时，尿外渗继发感染后可破溃而形成尿瘘。

【辅助检查】

1. 导尿试验 导尿管插入膀胱后，如引流出300ml以上的清亮尿液，基本上可排除膀胱破裂；如顺利插入膀胱但不能导出尿液或仅导出少量血尿，则膀胱破裂的可能性大。此时可经导尿管注入无菌生理盐水200~300ml至膀胱，片刻后吸出。液体外漏时，吸出量会减少；腹腔液体回流时，吸出量会增多。若引流出的液体量明显少于或多于注入量，提示膀胱破裂。

2. 影像学检查

（1）X线检查：可显示骨盆骨折或其他骨折。膀胱造影是诊断膀胱破裂最可靠的方法，自导尿管注入15%泛影葡胺300ml后摄片，可发现对比剂外漏至膀胱外。

（2）CT：可发现膀胱周围血肿，增强后延迟扫描也可发现对比剂外渗现象。

【处理原则】

1. **紧急处理** 积极抗休克治疗，如输血、输液、镇痛等，并尽早使用广谱抗生素以预防感染。

2. **非手术治疗** 膀胱轻度损伤，如挫伤或膀胱造影仅见少量外渗尿液、症状较轻者，可从尿道插入导尿管，持续引流尿液7~10日；合理使用抗生素预防感染。

3. **手术治疗** 膀胱破裂者应尽早施行手术闭合膀胱壁伤口。若为腹膜内型膀胱破裂，应行剖腹探查，同时处理腹腔内其他脏器损伤，修补腹膜与膀胱壁，并做腹膜外耻骨上膀胱造瘘术（suprapubic cystostomy）。若为腹膜外型膀胱破裂，手术时清除外渗尿液，修补膀胱穿孔，并行膀胱造瘘。

4. **并发症处理** 盆腔血肿应尽量避免切开，以免再次引发大出血。出血难以控制时，可行选择性盆腔血管栓塞术。

【护理措施】

（一）**非手术治疗的护理/术前护理**

1. **心理护理** 主动关心、安慰患者及家属，稳定其情绪，减轻焦虑与恐惧。解释膀胱损伤的病情发展、主要治疗和护理措施，鼓励患者及家属积极配合。

2. **维持体液平衡、保证组织有效灌流量。**

（1）密切观察病情：观察患者的生命体征，尿液颜色及尿量。

（2）输液护理：遵医嘱及时输液，必要时输血，以维持有效循环血量和水、电解质及酸碱平衡；注意保持输液管路通畅；观察有无输液反应。

3. **感染的预防与护理**

（1）伤口护理：保持伤口的清洁、干燥，敷料浸湿时应及时更换。

（2）导尿管护理：保持导尿管引流通畅，观察引流尿液的量、颜色和性状，保持尿道口周围的清洁、干燥。

（3）遵医嘱应用抗生素，鼓励患者多饮水，每日饮水2 500~3 000ml，起到生理性冲洗膀胱的作用。

（4）早期发现感染征象：若患者体温升高、伤口处疼痛并伴有白细胞计数和中性粒细胞百分比升高、尿常规示有白细胞，多提示有感染，应及时告知医生并协助处理。

（二）**术后护理**

1. **严密观察病情** 及早发现出血、感染等并发症。

2. **膀胱造瘘管护理** 保持引流管通畅，防止逆行感染；注意观察引流液的量、颜色、性状及气味；保持造瘘口周围清洁、干燥，定期换药。膀胱造瘘管一般留置14日左右拔除，但拔管前需间断夹闭以锻炼膀胱功能，待患者的排尿情况良好后再行拔管，拔管后用纱布堵塞并覆盖造瘘口。

（三）**健康教育**

1. **膀胱造瘘管的自我护理** 部分患者带膀胱造瘘管出院，需做好患者的自我护理指导：引流管和引流袋的位置切勿高于膀胱区；间断轻柔挤压引流管以促进沉淀物的排出，发现阻塞时不可自行冲洗，应随时就诊；如出现无法缓解的膀胱刺激征、尿中有血块、发热等症状，也应及时就诊。

2. 用药指导 遵医嘱服药，详细告知患者药物的不良反应及注意事项。

第三节 尿道损伤

尿道损伤（urethral injury）是泌尿系统最常见的损伤，多见于男性。男性尿道以尿生殖膈为界，分为前、后两段。前尿道包括球部和阴茎体部，后尿道包括前列腺部和膜部。男性尿道损伤是泌尿外科常见的急症，早期处理不当，会产生尿道狭窄、尿瘘等并发症。

一、前尿道损伤

【病因和病理】

1. 病因 男性前尿道损伤多发生于球部，最常见的原因是骑跨所致的会阴部闭合性损伤。高处跌下或摔倒时，会阴部骑跨于硬物上，将尿道挤压于硬物与耻骨联合下方之间，引起尿道球部损伤。

2. 病理 根据尿道损伤程度可分为尿道挫伤、尿道裂伤和尿道断裂。

（1）尿道挫伤：尿道内层损伤，阴茎和筋膜完整，仅有水肿和出血，可以自愈。

（2）尿道裂伤：尿道壁部分断裂，引起尿道周围血肿和尿外渗，愈合后可引起瘢痕性尿道狭窄。

（3）尿道断裂：尿道完全离断，断端退缩、分离，尿道周围血肿和尿外渗明显，血液及尿液渗入会阴浅筋膜包绕的会阴袋，引起会阴、阴茎、阴囊肿胀，有时向上扩展至下腹壁。

【临床表现】

1. 尿道出血 前尿道损伤时，可见鲜血自尿道外口滴出或溢出。

2. 局部血肿及瘀斑 尿道骑跨伤可引起会阴部血肿及瘀斑，引起阴囊及会阴部肿胀。

3. 疼痛 局部常有疼痛及压痛；常见排尿痛，并向阴茎头及会阴部放射。

4. 排尿困难 严重尿道损伤致尿道破裂或断裂时，可引起排尿困难或尿潴留；疼痛所致括约肌痉挛也可引起排尿困难。

5. 尿外渗及血肿 尿道损伤后，用力排尿时尿液可从裂口处渗入周围组织。如不及时处理，可发生广泛皮肤及皮下组织坏死、感染及脓毒血症。

【辅助检查】

1. 诊断性导尿 导尿可检查尿道是否连续、完整。严格无菌下轻缓插入导尿管，若一次试插成功，说明尿道连续而完整，可保留导尿管引流尿液并支撑尿道。若一次插入困难，不应勉强反复试插，以免加重局部损伤和导致感染。

2. X线检查 逆行尿道造影可显示尿道损伤部位及程度，尿道断裂者可有对比剂外漏，而尿道挫伤则无外渗征象。

【处理原则】

1. 紧急处理 损伤严重伴大出血可致休克，须积极进行抗休克治疗，尽早施行手术治疗。

2. 非手术治疗 止血、止痛、应用抗生素预防感染。排尿困难者，可试行插入导尿管，插入导尿管成功者应留置导尿管2周左右。如导尿失败、尿潴留者，可行耻骨上膀胱穿刺或造瘘术，及时引流出膀胱内尿液。

3. 手术治疗 尿道完全断裂者，清除血肿，经会阴行尿道修补或断端吻合术，并留置导尿管2~3周。

4. 并发症处理

（1）尿外渗：在尿外渗区做多处切口，放置多孔引流管进行皮下引流，彻底引流外渗尿液。

（2）尿道狭窄：尿道损伤后常并发尿道狭窄，狭窄轻者可定期做尿道扩张术（urethral dilation），狭窄严重者可行内镜下尿道内冷刀切开狭窄部位、切除瘢痕组织；必要时可经会阴切除瘢痕狭窄段，行尿道端端吻合术。

【护理措施】

（一）非手术治疗的护理／术前护理

1. 心理护理 主动关心、安慰患者与家属，稳定其情绪，减轻焦虑与恐惧。解释尿道损伤的病情发展、主要的治疗与护理措施，鼓励患者及家属积极配合。

2. 密切观察病情 监测患者的体温、尿量、尿外渗等情况，并详细记录。

3. 感染的预防与护理 遵医嘱应用抗生素，并鼓励患者多饮水，以起到自然冲洗尿路的作用。保持伤口的清洁、干燥及局部引流通畅，敷料渗湿时应及时更换。嘱患者勿用力排尿，避免尿外渗而导致周围组织的继发感染。尿道断裂后，尿外渗易导致感染。若患者体温升高、伤处肿胀疼痛，多提示有感染，应及时通知并协助医生处理。

（二）手术治疗的护理

1. 膀胱造瘘管 按引流管护理常规做好相应的护理，膀胱造瘘管留置14日左右拔除。

2. 尿外渗区切开引流的护理 保持引流通畅；定时更换伤口浸湿敷料；抬高阴囊，利于外渗尿液的吸收，促进肿胀消退。

二、后尿道损伤

【病因和病理】

后尿道损伤最常发生于尿道膜部，最常见于交通事故，多数患者合并有骨盆骨折。骨盆骨折导致骨盆变形，骨盆底前列腺附着处受急剧牵拉而被撕裂，使前列腺突然向上后方移位，尿道前列腺部与膜部交界处撕裂；骨盆骨折时，附着于耻骨下支的尿生殖膈突然移位，产生剪切样暴力，使薄弱的尿道膜部撕裂，由于骨盆骨折及盆腔血管丛损伤引起大量出血，在前列腺和膀胱周围形成大血肿。

【临床表现】

1. 休克　骨盆骨折所致后尿道损伤，常可引起损伤后失血性休克。

2. 尿道出血　尿道外口无流血或仅有少量血液流出。

3. 排尿困难　严重尿道损伤可致排尿困难和尿潴留。

4. 疼痛　出现下腹部疼痛，局部肌紧张并有压痛。伴骨盆骨折者，移动时疼痛加剧。

5. 尿外渗及血肿　后尿道外伤尿外渗一般进入耻骨后间隙和膀胱周围，尿生殖膈断裂时会阴、阴囊部可出现尿外渗及血肿。

6. 体征　后尿道断裂时，可触及直肠前方有柔软、压痛的血肿，前列腺向上移位，有浮球感。

【辅助检查】

骨盆前后位X线片可了解骨盆情况。

【处理原则】

1. 紧急处理　骨盆骨折患者须平卧，勿随意搬动，以免加重外伤。损伤严重伴大出血可致休克，须积极进行抗休克治疗。

2. 非手术治疗　对外伤轻，后尿道破口较小或仅有部分破裂的患者，可以试插导尿管，如顺利进入膀胱，可留置导尿管2周左右。如试插导尿管失败、膀胱充盈者，可行耻骨上膀胱穿刺或造瘘术，及时引流出膀胱内尿液。

3. 手术治疗　部分后尿道损伤的患者应早期行尿道会师术（urethral realignment）。若患者一般情况差，或尿道会师术不成功，可做膀胱高位造瘘，二期再行手术恢复尿道的连续性。

（1）尿道会师术：借牵引力使尿道两断端复位对合，术后留置导尿管3~4周。尿道愈合后注意观察有无尿道狭窄。

（2）分期处理：高位膀胱造瘘者，3个月后若不能恢复排尿，行二期手术，即施行尿道瘢痕切除及尿道端端吻合术。

4. 并发症处理

（1）尿道狭窄：尿道损伤后常并发尿道狭窄，尤其是后尿道损伤。狭窄轻者可定期做尿道扩张术。狭窄严重者，可行内镜下尿道内冷刀切开狭窄部位、切除瘢痕组织；必要时可经会阴切除瘢痕狭窄段，行尿道端端吻合术。

（2）尿瘘：后尿道合并直肠损伤时应立即修补，并做暂时性结肠造瘘。若并发尿道直肠瘘，应等待3~6个月后再施行修补手术。

知识拓展 | 尿道扩张术

尿道扩张术主要应用于尿道狭窄的患者，是将金属探条由细到粗依次插入尿道内，逐渐扩张尿道，使其狭窄段变粗，达到排尿通畅的目的。

方法：患者排空膀胱，取仰卧位或截石位。消毒尿道外口，行局麻后，向尿道内注入无菌液体石蜡5~10ml。取16F金属尿道探条，探条涂上液体石蜡。右手持金属尿道探条柄，左手扶持患者的阴茎，将其向上拉直，将探条缓慢插入尿道内，当探子进入膀胱后，即可在尿道及膀胱中左右拧动，尿道扩张完成，留置5~10分钟后再缓慢取出。扩张成功后根据排尿情况选择尿道扩张周期，可从每1~2周1次到每月1次或更长时间，直至可通过24F金属尿道探条。尿道扩张术后嘱患者多饮水，并密切观察尿线、射程及排尿困难的改善情况。

【护理措施】

1. 心理护理　关爱患者，减轻其焦虑与恐惧，向伤者及家属解释尿道损伤的病情发展、主要的治疗和护理措施，鼓励患者及家属积极配合。

2. 迅速建立两条静脉通路　骨盆骨折患者易出血，短时间内可出现失血性休克，遵医嘱快速输液、输血。

3. 密切观察病情　监测患者的体温、尿量、血压、神志等情况，并详细记录。

4. 骨盆骨折者须卧硬板床，勿随意搬动，以免加重损伤。

5. 管道护理

（1）导尿管：尿道吻合术与尿道会师术后均留置导尿管，引流尿液。① 妥善固定：导尿管一旦滑脱均无法直接插入，须再行手术放置，因此，妥善固定导尿管非常重要。② 有效牵引导尿管：尿道会师术后行导尿管牵引，有利于促进分离的尿道断面愈合。③ 保持导尿管引流通畅：血块堵塞是导尿管堵塞的常见原因，需要及时清除。可在无菌操作下，用注射器吸取无菌生理盐水冲洗、抽吸血块。④ 预防感染：严格无菌操作，定期更换引流袋。留置导尿管期间，每日清洁尿道口。⑤ 拔管：尿道会师术手术后，2周左右松开牵引，继续留置导尿管1~2周，创伤严重者可酌情延长留置时间。

（2）膀胱造瘘管：按引流管护理常规做好相应的护理。膀胱造瘘管留置14日左右拔除。

6. 健康教育

（1）定期行尿道扩张术者：向患者说明该治疗的意义，鼓励患者定期回院行尿道扩张术。避免因尿道狭窄而需再次手术治疗。

（2）自我观察：若发现有排尿不畅、尿线变细、滴沥、尿液混浊等症状，可能为尿道狭窄，应及时来医院诊治。

（来卫东）

学习小结

1. 泌尿系统损伤以男性尿道损伤最为常见，主要的表现为血尿、休克、疼痛、尿外渗等。

2. 肾损伤以肾挫伤最多见，CT常作为首选检查方法，以非手术治疗为主，主要措施为绝对卧床休息2~4周。

3. 膀胱损伤主要包括膀胱挫伤和膀胱破裂，可以出现血尿、排尿困难、移动性浊音等表现，常用检查为导尿试验和膀胱造影，根据情况行手术治疗和非手术治疗。

4.男性尿道损伤最多见,前尿道损伤多为骑跨伤引起球部损伤,后尿道损伤多为骨盆骨折导致的膜部损伤,根据损伤的程度采取手术治疗和非手术治疗,男性尿道损伤后,容易出现尿道狭窄,需要定期做尿道扩张术。

复习 参考题

一、单项选择题

1. 男性泌尿系统损伤最常见的部位是
   A. 肾
   B. 输尿管
   C. 膀胱
   D. 尿道
   E. 前列腺

2. 后尿道断裂血尿外渗的范围是
   A. 腹腔内
   B. 会阴部皮下
   C. 会阴浅袋
   D. 盆腔腹膜外膀胱周围
   E. 阴囊内

3. 后尿道损伤患者出现组织灌注量改变的最主要因素是
   A. 恐惧
   B. 焦虑
   C. 骨盆骨折出血
   D. 组织坏死

   E. 感染

4. 患者车祸后出现小腹隐痛伴排尿困难,试插导尿管可以顺利进入膀胱,注入200ml生理盐水后抽出不足50ml。此种情况应首先考虑
   A. 后尿道断裂
   B. 前尿道断裂
   C. 输尿管损伤
   D. 膀胱损伤合并尿道损伤
   E. 膀胱破裂

5. 肾裂伤患者非手术治疗期间,通常须卧床休息
   A. 3日
   B. 1周
   C. 2~4周
   D. 5~6周
   E. 7~8周

参考答案:
1. D 2. D 3. C 4. E 5. C

二、简答题

1. 简述闭合性肾损伤患者非手术治疗的护理措施。

2. 简述前尿道损伤患者的临床表现及主要护理措施。

第三十三章　泌尿、男性生殖系统结核患者的护理

学习目标

知识目标	1. 掌握泌尿、男性生殖系统结核患者的护理措施。 2. 熟悉泌尿、男性生殖系统结核的临床表现和处理原则。 3. 了解泌尿系统结核的病因、病理生理特点和辅助检查。
能力目标	能运用护理程序对泌尿、男性生殖系统结核患者实施整体护理。
素质目标	具有关心和爱护泌尿、男性生殖系统结核患者的态度和行为；具备团队合作精神。

　　泌尿生殖系统结核（genitourinary tuberculosis）是结核分枝杆菌侵犯泌尿生殖器官引起的慢性特异性感染。大多继发于肺结核，少数继发于骨结核、关节结核或消化道结核，以肾结核（renal tuberculosis）最常见。男性生殖系统结核是由于含有结核分枝杆菌的尿液通过前列腺导管、射精管进入生殖系统，引起前列腺、精囊、输精管、附睾和睾丸结核，也可以经血行播散引起，以附睾结核多见。

第一节　肾结核

导入情景与思考

患者，男，36岁，以"左肾结核，血尿"入院。患者3年前因"肺结核"接受抗结核治疗1年后停药，2年前复查超声示左肾轻度积水。自觉无发热、尿频、尿急、尿痛、血尿、脓尿等不适，医生建议其观察，每3个月复查1次。1年前出现尿频、尿急、尿痛、终末血尿，多次就诊，治疗效果不佳，2周前加重。体格检查：左肾区叩击痛。辅助检查：尿液检查见红细胞（+++）、白细胞（+++）；红细胞沉降率28mmol/L；静脉肾盂造影示左肾及左输尿管未显影；CT示左肾皮质空洞及钙化灶，膀胱壁粗糙增厚、缩小。

肾结核常发生于20~40岁的青壮年，男女之比2∶1。儿童和老人发病较少，儿童发病多在10岁以上，婴幼儿罕见。约90%为单侧。

【病理】

结核分枝杆菌经血行感染进入肾脏后，主要在双侧肾皮质的肾小球周围毛细血管丛内形成多发性微小结核病灶。当感染结核分枝杆菌的数量少或毒力较小，患者免疫状况良好时，早期微小结核病变可以全部自行愈合，临床常不出现症状，称为病理肾结核。此期肾结核双侧性多见，可在尿中查到结核分枝杆菌。如果患者免疫能力低下，细菌数量多或毒力较强，部分病灶不能自行愈合，肾皮质内的结核分枝杆菌经肾小球过滤后进入肾髓质，形成干酪样坏死并向肾盏、肾盂发展，出现临床症状及影像学改变，称为临床肾结核，以单侧性占多数。

结核分枝杆菌侵入肾髓质后，结核结节相互融合，形成干酪样脓肿，在肾盏、肾盂形成空洞性溃疡，逐渐扩大蔓延累及全肾。肾盏颈或肾盂出口因纤维化发生狭窄，可形成局限的闭合性脓肿或结核性肾脓肿。晚期肾结核可发生钙化，可为散在的钙化斑块，也可为弥漫的全肾钙化。少数患者全肾广泛钙化时，其内混有干酪样物质，肾功能完全丧失，输尿管常完全闭塞，含有结核分枝杆菌的尿液不能流入膀胱，膀胱继发性结核病变逐渐好转和愈合，膀胱刺激症状也逐渐缓解甚至消失，尿液检查趋于正常，此情况称为"肾自截（autonephrectomy）"，但仍有大量活的结核分枝杆菌在患肾内。

当结核分枝杆菌随尿流途经输尿管时，会侵蚀输尿管，逐渐引起输尿管壁纤维化，形成输尿管狭窄。当结核分枝杆菌随尿流储存在膀胱时，会逐渐侵蚀膀胱，常从患侧输尿管口周围开始扩散。起初引起膀胱黏膜充血、水肿，散在结核结节形成，随后发生溃疡、肉芽肿、膀胱壁广泛纤维化和瘢痕性收缩，使膀胱壁失去伸张能力，膀胱容量显著减少（不足50ml），称为膀胱挛缩（contracture of bladder）。膀胱结核病变及膀胱挛缩常可致健侧输尿管口狭窄或闭合不全，膀胱内压升高，引起对侧肾积水。膀胱挛缩和对侧肾积水都是肾结核常见的晚期并发症。膀胱壁结核溃疡向深层侵及，偶可穿透膀胱壁与邻近器官形成瘘，如结核性膀胱阴道瘘或膀胱直肠瘘。

【临床表现】

肾结核症状取决于肾病变范围及输尿管、膀胱继发结核病变的严重程度。肾结核早期常无明显症状及影像学改变，随着病情的发展，可出现下列典型的临床表现。

1. 膀胱刺激征　尿频、尿急、尿痛是肾结核典型症状之一，尿频是最早出现的症状。最初是由含有结核分枝杆菌的脓尿刺激膀胱黏膜引起，当结核病变侵及膀胱壁，发生膀胱结核（又称结核性膀胱炎）及溃疡时，尿频加剧，并伴有尿急、尿痛。晚期膀胱发生挛缩，容量显著缩小，尿频更加严重。

2. 血尿　肾结核的另一个重要症状，常为终末血尿。由于膀胱结核及溃疡，在排尿终末膀胱收缩时出血，因此常在尿频、尿急、尿痛症状发生以后出现。少数肾结核因病变侵及血管，以血尿为初发症状或全程肉眼血尿。

3.脓尿 肾结核常见的症状。患者有不同程度的脓尿，显微镜下可见大量脓细胞，尿液混浊不清，严重者尿液呈洗米水样，尿内混有干酪样物质或絮状物，也可出现脓血尿。

4.肾区疼痛和肿块 肾结核主要病变在肾，但一般无明显腰痛。少数患者输尿管被血块、干酪样物质堵塞时，可引起腰部钝痛或绞痛。当合并结核性肾脓肿或肾积水时，肾区有时可触及肿块。

5.全身表现 晚期或合并其他器官结核时可有食欲减退、消瘦、乏力、盗汗、低热、贫血、恶心、呕吐和红细胞沉降率偏高等典型结核表现。

6.其他 肾结核晚期常伴有其他并发症，如膀胱挛缩、对侧肾积水、膀胱自发性破裂、结核性膀胱阴道瘘或膀胱直肠瘘等。

【辅助检查】

1.实验室检查

（1）尿常规：尿液一般呈酸性，镜下脓尿和血尿最为常见，伴少量尿蛋白质。尿常规检查是早期筛选肾结核的重要方法。

（2）尿沉渣涂片抗酸染色：检查前1周停抗结核药及抗生素，留取24小时尿液或晨间第1次尿液送检，连查3~5次，50%~70%的患者可查到抗酸杆菌。

（3）尿结核分枝杆菌培养：是诊断肾结核的重要依据，并可进行细菌耐药性监测。一般认为晨尿标本优于24小时尿液标本，因为晨尿易于收集且污染机会较少。在应用抗结核治疗前至少留3~5日晨尿连续做结核分枝杆菌培养，其阳性率可达80%~90%。

（4）尿结核分枝杆菌DNA检测：具有较高特异度及灵敏度。

2.影像学检查

（1）超声：简单易行，对于中晚期病例可初步确定病变部位，常显示患肾结构紊乱，有钙化则显示强回声，超声也较容易发现对侧肾积水及膀胱有无挛缩。

（2）X线检查：泌尿系统X线片可见到患肾局灶或斑点状钙化影或全肾广泛钙化。静脉尿路造影（intravenous urography，IVU）可以了解分侧肾脏功能、病变程度与范围。早期表现为肾盏边缘不光滑如虫蛀状，随着病变进展，肾盏失去杯形，模糊变形或不规则扩大。当肾盏颈纤维化狭窄或完全闭塞时，可见空洞充盈不全或完全不显影。肾结核广泛破坏致肾功能丧失时，则不能显示出典型的结核破坏性病变。逆行尿路造影可以显示患肾空洞性破坏、输尿管僵硬、管腔节段性狭窄且边缘不整。

（3）CT和MRI：CT对中晚期肾结核能清楚地显示扩大的肾盏肾盂、皮质空洞及钙化灶，三维成像还可以显示输尿管全长病变。MRI水成像对诊断肾结核对侧肾积水有一定优势。

3.膀胱镜检查 可见膀胱黏膜充血、水肿、浅黄色结核结节、结核性溃疡、肉芽肿及瘢痕等病变，以膀胱三角区和患侧输尿管口周围较为明显。膀胱挛缩容量小于50ml或有急性膀胱炎时，不宜做膀胱镜检查。

4. 结核菌素试验 结核菌素反应属迟发型变态反应（又称IV型超敏反应），对泌尿生殖系统结核的诊断有一定指导价值。

> **知识拓展** | **延误肾结核诊断的常见原因**
>
> 慢性膀胱炎症状是诊断肾结核的主要线索，即进行性加重的尿频、尿痛或伴有血尿。结核病的全身中毒症状如发热、盗汗、消瘦等或肾区疼痛在肾结核中并不明显。当仅有膀胱刺激征而无泌尿系统结核中毒症状时，常常认为非特异性泌尿系统感染，这是临床工作中误诊的常见现象。肾结核典型的临床表现在"膀胱"而非"肾脏"。另外，发现了男性生殖系统结核，尤其是附睾结核，而不了解男性生殖系统结核常与肾结核同时存在，未做尿液检查等相关的辅助检查，也容易导致肾结核的误诊。

【处理原则】

肾结核是全身结核病的一部分，应以全身治疗结合局部治疗为主，坚持抗结核用药原则：早期、联合、规律、适量、全程。

1. 非手术治疗 药物治疗为主。对于确诊为肾结核的患者，无论其病变程度如何、是否需要行外科手术，抗结核药物必须按一定方案服用。目前常用的一线抗结核药有异烟肼、利福平、吡嗪酰胺、乙胺丁醇、链霉素等，最好3种抗结核药联合应用。

2. 手术治疗 用于正规药物治疗6~9个月无效、肾结核破坏严重者，可行手术治疗。肾切除前抗结核治疗不应少于2周，保留肾手术则应用药6周以上。主要手术方法包括全肾切除术、解除输尿管狭窄手术、膀胱挛缩的手术治疗（膀胱扩大术、尿流改道术）等。

【护理措施】

（一）非手术患者治疗护理／术前护理

1. 心理护理 结核病患者由于病程较长，担心预后；抗结核药物的不良反应易使患者感到紧张和焦虑。主动向患者解释病情和治疗效果，指导如何配合治疗，树立患者的信心。

2. 休息与运动 患者症状明显时，应卧床休息；恢复期的患者可适当增加户外活动，加强体质锻炼，增进机体免疫功能；轻症患者在治疗的同时，可进行正常工作，但应避免劳累和重体力劳动，保证充足的睡眠，做到劳逸结合。

3. 饮食指导 监测患者营养指标，指导患者进食高热量、高蛋白、高维生素和易消化饮食，必要时可行肠外营养支持，改善营养状况。多饮水、勤排尿，以达到不断冲洗尿路、减少细菌在尿路停留时间的目的，保证每日尿量在2 000ml以上。

4. 用药护理 ① 指导患者长期用药：抗结核药物治疗须长期有计划地进行，护士应该指导患者规范用药。② 观察用药期间的副作用：应定期检查肝功能，并防止听神经损害、周围神经炎等毒副作用。勿用或慎用对肾脏有毒性的药物。

5. 皮肤护理 附睾结核形成脓肿或者阴囊皮肤形成窦道时，注意局部卫生，保持干燥，避免穿过紧的内裤。

6. 术前准备　完善术前检查，如尿常规、静脉尿路造影检查等；术前1日备皮、配血，术前晚行肠道准备；对于肾积水的患者，根据患者自身情况做经皮留置引流管处理肾积水，待肾功能好转后再行手术治疗。

（二）术后护理

1. 活动与休息　术后生命体征平稳后，可进行床上翻身及肢体主动运动，如无异常，全肾切除术后鼓励患者早期下床活动；部分肾切除术者则需要卧床休息3~7日，避免过早活动致继发性出血。

2. 预防感染　密切观察体温、白细胞计数、手术切口及敷料情况；遵医嘱使用抗菌药物；保持切口敷料清洁、干燥。

3. 饮食护理　肠道恢复蠕动后即可进食清淡、易消化、营养丰富的食物。若行肠代膀胱扩大术则需要行肠外营养替代疗法。

4. 双J管的护理　解除输尿管狭窄术一般会置入双J管，双J管可以预防输尿管狭窄并引流尿液，减轻或者避免肾积水，一般需要留置1~2个月。保持双J管及导尿管引流通畅，指导患者多饮水、勤排尿、适当活动，注意避免剧烈活动、过度弯腰、突然下蹲、咳嗽、便秘等使腹内压增高的动作，以防引起双J管滑脱或移位。

5. 并发症的观察与护理

（1）出血：术后注意观察伤口敷料及伤口引流管引流液的颜色及量，观察尿液情况，以观察有无活动性出血。

（2）尿瘘：若导尿管尿量减少、切口疼痛、渗液、触及皮下波动感等，提示可能发生尿瘘，应及时告知医生协助处理。

（3）肾功能不全：术后准确记录24小时尿量，定期查血肌酐及电解质。若出现尿量少、肌酐升高等肾功能不全表现，应及时控制入量及指导合理饮食，并告知医生处理。

（三）健康教育

1. 生活指导　营养支持，注意休息，适当锻炼，增强体质。

2. 用药指导　术后坚持联合、全程、规律用药：① 为防止结核复发，术后继续抗结核治疗6个月以上；② 为防止对药物产生耐药性而影响治疗效果，治疗期间不可随意间断、减量或停药；③ 对肾脏有损害的药物应慎用或禁用；④ 用药期间定期复查肝功能、肾功能、听力、视力等，及时发现药物副作用，及时就诊。

3. 定期复查　定期复查肝、肾功能。每月检查尿常规和尿抗酸杆菌，连续半年尿中未找见结核分枝杆菌为稳定转阴。5年不复发即可认为治愈。但如果伴有明显膀胱结核或伴有其他器官结核，随诊时间延长10~20年或者更长。

第二节　男性生殖系统结核

男性生殖系统结核大多数继发于肾结核，先在前列腺、精囊中引起病变，以后再经输精管蔓延到附睾和睾丸。单纯前列腺、精囊结核因部位隐蔽，临床症状常不明显，不易被发现。附睾结核（epididymal tuberculosis）临床症状较明显，易被发现。

【病理】

男性生殖系统结核的病理改变主要为结核结节、干酪坏死、空洞形成和纤维化等，钙化极少见。前列腺结核病变在靠近前列腺导管口或射精管开口，也可在黏膜下血管附近开始，结核结节融合发展成干酪样变导致空洞和纤维化，最后波及整个前列腺与精囊，纤维化以后则形成坚硬块状物。前列腺结核脓肿向尿道破溃，可使后尿道呈空洞状。输精管结核常可导致管腔堵塞，输精管变粗硬，呈串珠状。附睾结核病变常从附睾尾开始，呈干酪样变、脓肿及纤维化，可累及整个附睾。附睾结核常侵及鞘膜和阴囊壁，脓肿破溃后可形成经久不愈的窦道。睾丸结核常是附睾结核直接扩展蔓延所致。

【临床表现】

男性生殖系统结核多见于20~40岁的青壮年。前列腺、精囊结核的临床症状多不明显，偶感会阴部、直肠区不适，病变侵犯精囊时可出现血精、精液量减少、性功能障碍，如病变致双侧输精管梗阻，可影响生育能力。少数严重的前列腺结核可形成空洞并于会阴部破溃，形成窦道。直肠指诊可触及前列腺、精囊硬结。

附睾结核一般发病缓慢，主要表现为附睾逐渐肿大，阴囊部肿胀不适，附睾尾或整个附睾呈硬结状，疼痛不明显。肿大的附睾可与阴囊粘连形成寒性脓肿，如继发感染，阴囊局部出现红肿、疼痛，脓肿破溃后可形成经久不愈的窦道。双侧病变则失去生育能力。

【辅助检查】

1. 实验室检查　尿液检查可以找到抗酸杆菌；结核菌素试验可表现为阳性；精液检查有时可发现精子计数减少、活力下降等。

2. 影像学检查　超声是常用的检查方法，可发现附睾肿大或结节，也可发现前列腺内脓肿或空洞；尿道造影可显示前列腺部尿道狭窄、僵直、不规则，对比剂可进入前列腺空洞内。

【处理原则】

治疗原则与肾结核相同，同时要注意排除及治疗男性生殖系统以外的结核。

1. 前列腺结核及精囊结核　采取全身支持治疗和抗结核药物治疗。

2. 附睾结核　应用抗结核药物多数可以治愈。如病情较重，抗结核治疗无效或寒性脓肿破溃形成慢性窦道者，可行附睾和睾丸切除术，术中尽量保留睾丸组织。

【护理措施】

1. 局部护理　对附睾结核形成窦道者，加强局部护理，及时更换敷料，保持局部清洁干燥。

2. 心理护理　理解和关心患者，告知患者结核病是可治愈的，减轻其恐惧及焦虑情绪，使其积极配合治疗。

3. 健康教育　强调早期、规律、全程、适量、联合抗结核药物治疗的重要性，提高服药依从性；定期复查。

（来卫东）

学习小结

1. 泌尿系统结核 多数继发于肺结核，临床上以肾结核最为多见，肾结核主要表现为尿频、尿急、尿痛、血尿、脓尿等，可合并男性生殖系统结核，泌尿系统结核主要靠尿液检查和影像学检查而确诊，以非手术治疗为主。

2. 男性生殖系统结核 多数继发于肾结核，附睾结核和前列腺结核比较常见，以非手术治疗为主。泌尿、男性生殖系统结核的非手术治疗的基本原则是早期、规律、全程、适量、联合的抗结核治疗。

复习参考题

一、单项选择题

1. "病变主要在肾脏，临床表现主要在膀胱"的疾病是
   - A. 肾肿瘤
   - B. 肾结石
   - C. 多囊肾
   - D. 肾结核
   - E. 急性肾盂肾炎

2. 肾结核主要继发于
   - A. 肺结核
   - B. 骨结核
   - C. 肠结核
   - D. 关节结核
   - E. HIV感染

3. 肾结核的典型症状是
   - A. 膀胱刺激征
   - B. 初始血尿
   - C. 排尿困难
   - D. 充溢性尿失禁
   - E. 高热

4. 肾结核的血尿多为
   - A. 全血尿
   - B. 间歇性无痛血尿
   - C. 初期血尿
   - D. 终末血尿
   - E. 镜下血尿

5. 下列关于附睾结核的叙述，**错误**的是
   - A. 60岁以上男性多见
   - B. 结核菌素试验阳性
   - C. 精子活力下降
   - D. 红细胞沉降率增快
   - E. 尿结核分枝杆菌培养阳性

参考答案：

1. D 2. A 3. A 4. D 5. A

二、简答题

1. 简述肾结核的临床表现及术后常见并发症的护理。

2. 简述附睾结核的处理原则。

第三十四章 泌尿系统梗阻患者的护理

34章

学习目标

知识目标	1. 掌握肾积水、良性前列腺增生患者手术前后的护理措施。 2. 熟悉肾积水、良性前列腺增生的临床表现、处理原则。 3. 了解肾积水、良性前列腺增生的病因、病理特点、辅助检查。
能力目标	能运用护理程序对泌尿系统梗阻患者实施整体护理。
素质目标	具有关心和爱护泌尿系统梗阻患者的态度和行为；具备团队合作精神。

第一节 肾积水

尿液从肾盂排出受阻，蓄积后使肾内压力升高、肾盏肾盂扩张、肾实质萎缩，造成尿液积聚在肾内，称为肾积水（hydronephrosis）。成人肾积水量超过1 000ml、小儿肾积水量超过24小时正常尿量，称为巨大肾积水。

【病因】

肾积水多由上尿路梗阻性疾病所致，常见原因为肾盂输尿管连接部狭窄、结石等，长期的下尿路梗阻性疾病也可导致肾积水，如良性前列腺增生、神经源性膀胱等。

【临床表现】

泌尿系统梗阻由于原发病因，梗阻的部位、程度和时间长短不同，肾积水的临床表现亦不同。

1. 腰部隐痛 一些先天性病变，如先天性肾盂输尿管连接部狭窄、肾下极异位血管或纤维束压迫输尿管等引起的肾积水，发展常较缓慢，症状不明显或仅有腰部隐痛不适。

2. 腹部包块 当肾积水达到严重程度时，腹部可出现包块。

3. 发作期症状 部分患者肾积水呈间歇性发作。发作时患侧腰腹部剧烈绞痛，伴恶心、呕吐、尿量减少，患侧腰部可扪及肿块；经一定时间后，梗阻自行缓解，排出大量尿液，疼痛可缓解，腰部肿块明显缩小或消失。

4. 原发病症状 泌尿系统结石、肿瘤、炎症或结核引起的继发性肾积水，多表现为原发病变的症状和体征，很少呈现肾积水的征象。上尿路结石致急性梗阻时，可出现肾绞痛、恶心、呕吐、血尿及肾区叩击痛等；下尿路梗阻时，主要表现为排尿困难和膀胱不能排空，甚至出现尿潴留。

5.并发症　肾积水如并发感染，表现为急性肾盂肾炎症状，如寒战、高热、腰痛及膀胱刺激症状等。如梗阻不解除，感染的肾积水很难治愈，可发展为肾积脓，患者常有低热及消瘦等。尿路梗阻引起的肾积水如梗阻长时间得不到解决，最终可导致肾功能减退甚至肾衰竭。双侧肾或孤立肾完全梗阻时，可出现无尿、急性肾衰竭表现。

【辅助检查】

1.实验室检查

（1）尿液检查：尿常规、尿液培养、尿结核分枝杆菌及脱落细胞检查。

（2）血液检查：血常规和生化检查，了解有无感染、氮质血症、酸中毒等。

2.影像学检查

（1）超声：简便易行，是首选的检查方法。可明确判断增大的肾是实性肿块还是肾积水，并可确定肾积水的程度和肾实质萎缩情况。

（2）X线检查：X线片可见到积水增大的肾轮廓及尿路结石影；静脉尿路造影可见肾盂、肾盏扩张、积水，肾盏杯口消失；肾功能减退时，肾实质显影时间延长。必要时行逆行肾盂造影或超声引导下经皮肾穿刺造影。

（3）CT、MRI：CT能清楚地显示肾积水程度和肾实质萎缩情况；MRI水成像可了解肾积水的形态学改变，可替代逆行肾盂造影或肾穿刺造影。

3.放射性核素检查　肾图，尤其是利尿肾图，对判定上尿路有无机械性梗阻及梗阻的程度有一定帮助。

【处理原则】

去除病因、恢复患肾功能是主要的治疗目的。

1.病因治疗　根据病因的性质不同采取相应的治疗方法。先天性肾盂输尿管连接部狭窄者应行离断成形术，尿路结石者可行碎石或取石术。

2.肾造瘘术　若肾积水合并感染，肾功能损害较严重、不允许手术者，可在超声引导下行经皮肾穿刺造瘘术，将尿液直接引流出来，以利于感染的控制和肾功能的恢复。待感染控制、肾功能改善后，再针对病因治疗。

3.血液透析　双侧上尿路梗阻导致氮质血症或尿毒症，如患者无生命危险，则应优先选择解除梗阻、引流尿液；若引流尿液后肌酐不下降或有明显高钾血症，则行血液透析。

4.置双J管　对于输尿管难以修复的狭窄、晚期肿瘤压迫或侵犯等梗阻引起的肾积水，可放置双J管引流尿液。

5.肾切除术　严重肾积水、肾功能丧失或肾积脓时，若健肾功能良好，可切除患肾。

【护理措施】

1.缓解疼痛　观察疼痛的部位、性质和程度等，遵医嘱应用解痉镇痛药。

2.排尿障碍的护理　通过排尿日记、问卷评分、尿流动力学检查等，评估排尿障碍的严重程度，根据具体情况对症处理。

3. 感染的观察与预防

（1）密切观察患者的体温、肾功能、腹部肿块大小的变化和膀胱刺激症状，及时发现肾积水并发感染的征象。

（2）预防伤口感染：观察伤口渗血、渗液情况，保持伤口敷料清洁、干燥。

（3）遵医嘱应用抗生素。

（4）做好各引流管护理：肾造瘘术后留置肾造瘘管，目的是引流积聚于肾盂内的尿液、减轻肾盂压力、恢复肾功能。肾盂成形术后留置输尿管支架管、肾周引流管。输尿管支架管支撑在肾盂和输尿管吻合处，防止吻合口处狭窄，并引流尿液；肾周引流管主要引流手术后肾周的渗血、渗液。

护理措施：应妥善固定引流管，保持引流通畅，观察并记录引流液的量、颜色、性质，伤口有无出血、渗漏，并做好记录。

4. 肾衰竭的观察与预防　严密观察病情，及时发现肾衰竭的征象；严格限制液体入量，记录24小时出入量；一旦发生肾衰竭，应及时遵医嘱对症处理。

5. 健康教育

（1）自我监测：教会患者自我监测尿量，观察颜面、四肢有无水肿。

（2）复查：定期复查肾功能、尿常规、超声；原发病随诊。若出现肾区疼痛、尿量减少、排尿困难等表现，及时就诊。

第二节　良性前列腺增生

导入情景与思考

患者，男，72岁。因"进行性排尿困难2年余"来院就诊。2年前无明显诱因出现排尿困难，有排尿踌躇，尿线细，尿分叉，尿不尽感，尿后滴沥。直肠指检：前列腺Ⅱ度肿大，质地韧，表面光滑，未触及明显结节，无触痛，中央沟变浅。超声检查：前列腺增生。完善各项检查后，患者在全身麻醉下行"经尿道前列腺电切术"，术后安全返回病房。

请思考：

1. 该患者的术后护理评估应重点关注哪些问题？

2. 针对术后护理评估的重点问题，采取哪些主要护理措施？

良性前列腺增生（benign prostatic hyperplasia，BPH）是引起男性老年人排尿障碍最为常见的一种良性疾病；主要表现为组织学上的前列腺间质和腺体成分的增生、解剖学上的前列腺肥大、尿流动力学上的膀胱出口梗阻。

【病因】

病因尚未完全清楚。目前公认老龄和有功能的睾丸是前列腺增生发病的两个重要因素，两者缺一不可。相关因素有雄激素及其与雌激素的相互作用、前列腺间质–腺上皮细胞的相互作用、生长因子、炎症细胞、神经递质及遗传因素等。

【病理生理】

前列腺腺体由移行带（占5%）、中央带和外周带组成（共占95%）。前列腺增生主要发生于前列腺尿道周围移行带。增生的腺体将外围的腺体挤压萎缩成前列腺外科包膜，与增生的腺体有明显界限，易于分离。增大的腺体压迫尿道使之弯曲、伸长、变窄，尿道阻力增加，从而引起排尿困难。此外，前列腺内尤其是围绕膀胱颈部的平滑肌内含丰富的α肾上腺素受体，这些受体的激活使该处平滑肌收缩，可明显增加前列腺尿道的阻力。

为了克服排尿阻力，逼尿肌增强其收缩力，代偿性肥大，加之长期膀胱内高压，膀胱壁黏膜面出现小梁、小室或假性憩室。如膀胱容量较小，逼尿肌退变，顺应性变差，出现逼尿肌不稳定收缩，患者有明显尿频、尿急和急迫性尿失禁。如梗阻长期未能解除，逼尿肌萎缩，收缩力减弱，导致膀胱不能排空而出现残余尿。随着残余尿量增加，膀胱无张力扩大，可出现充溢性尿失禁，尿液反流引起上尿路积水及肾功能损害。梗阻引起膀胱尿潴留，易继发感染和膀胱结石。

【临床表现】

前列腺增生一般发生在40岁以后。症状取决于梗阻的程度、病变发展速度，以及是否合并感染和结石，与前列腺体积大小不完全成比例。

良性前列腺增生患者主要表现为下尿路症状。① 储尿期症状：包括尿频、尿急、尿失禁及夜尿增多等。② 排尿期症状：包括排尿踌躇、排尿困难及排尿间断等。③ 排尿后症状：包括排尿不尽感、尿后滴沥。

反复血尿、反复尿路感染、膀胱结石、急性尿潴留、肾功能损害是良性前列腺增生进展期的表现。

【辅助检查】

1. 直肠指检（digital rectal examination，DRE） 是重要的检查方法。可扪及腺体增大，边缘清楚，表面光滑，中央沟变浅或消失，质地柔韧而有弹性。

2. 超声检查 可经腹壁或直肠，测量前列腺体积、增生腺体是否突入膀胱，还可测定膀胱残余尿量。经直肠超声检查更为精确。

3. 尿流率检查 可确定前列腺增生患者排尿的梗阻程度。检查时要求排尿量在150~200ml，如最大尿流率<15ml/s表示排尿不畅；如<10ml/s则提示梗阻严重，常为手术指征之一。如需要进一步评估逼尿肌功能，应行尿流动力学检查。

4. 血清前列腺特异性抗原（prostate specific antigen，PSA）测定 对排除前列腺癌，尤其是前列腺有结节或质地较硬时十分必要。血清PSA正常值为0~4μg/L。

【处理原则】

1. 非手术治疗

（1）观察随访：若症状较轻，不影响生活与睡眠，一般无须治疗，可观察等待。但需要门诊随访，改变不良生活方式，一旦症状加重，应进行治疗。

（2）药物治疗：适用于梗阻症状轻、残余尿<50ml者。常用药物包括α受体阻滞剂、5α-还原酶抑制剂。① α_1受体阻滞剂：能有效降低膀胱颈及前列腺平滑肌张力，减少尿道阻力，改善排尿功能。常用药物有特拉唑嗪、阿夫唑嗪、坦索罗辛等。② 5α-还原酶抑制剂：在前列腺内阻止睾酮转变为有活性的双氢睾酮，进而使前列腺体积缩小，改善排尿症状。一般在服药3~6个月左右见效，停药后症状易复发，需要长期服用；对体积较大的前列腺增生者与α受体阻滞剂联合应用疗效更佳。常用药物有非那雄胺、度他雄胺、依立雄胺等。

2. 手术治疗 具有中重度下尿路症状并已明显影响生活质量的良性前列腺增生患者可选择外科治疗，尤其是药物治疗效果不佳或拒绝接受药物治疗的患者。经尿道前列腺切除术（transurethral resection of prostate，TURP）是目前最常用的手术方式。近年来，经尿道前列腺剜除术和经尿道前列腺激光手术也得到广泛应用。开放手术仅对巨大的前列腺或合并巨大膀胱结石者选用，多采用耻骨上经膀胱或耻骨后前列腺切除术。

【护理评估】

（一）术前评估

1. 健康史

（1）一般情况：患者的年龄、生活习惯、性生活情况、烟酒嗜好、饮水习惯、排尿习惯、睡眠情况、饮食和营养状况等。

（2）既往史：有无尿潴留、尿失禁，有无并发腹股沟疝、内痔或脱肛。患者有无性传播疾病、糖尿病、神经系统疾病、可能与夜尿有关的心脏疾病史。既往手术史、外伤史；尤其是盆腔手术或外伤史。

（3）用药史：有无服用性激素类药物，有无使用治疗良性前列腺增生的药物等，近期是否服用影响膀胱出口功能或导致下尿路症状的药物。

2. 身体状况

（1）主要症状与体征：下尿路症状的特点、持续时间及伴随症状；国际前列腺症状评分、生活质量评分、国际勃起功能指数等。

（2）辅助检查：直肠指检、尿流率检查、前列腺超声等检查结果。

3. 心理-社会状况 患者是否因夜尿、排尿困难、尿潴留感到焦虑及生活不便，患者与家属是否知晓良性前列腺增生的相关知识。

（二）术后评估

1. 术中情况 手术、麻醉方式，术中出血、补液、输血情况。

2. 术后情况 生命体征、意识状况，水、电解质平衡情况；伤口与引流管情况，膀胱冲洗是否通畅，血尿程度及持续时间。

3. 心理-社会状况 患者情绪是否稳定；康复训练是否配合；对出院后的继续治疗是否清楚。

【常见护理诊断/问题】

1. 排尿型态改变 与膀胱出口梗阻有关。

2. 急性疼痛 与膀胱逼尿肌功能不稳定、导尿管刺激、膀胱痉挛等有关。

3. 潜在并发症：术后出血、经尿道电切综合征、尿失禁等。

【护理目标】

1. 患者排尿恢复正常，排尿通畅。

2. 患者主诉疼痛减轻或消失。

3. 患者未发生并发症，或并发症被及时发现和处理。

【护理措施】

（一）非手术治疗的护理 / 术前护理

1. 急性尿潴留的护理 ① 预防：避免急性尿潴留的诱发因素，如受凉、过度劳累、饮酒、便秘、久坐。② 护理：当发生急性尿潴留时，首选置入导尿管，置入失败者可行耻骨上膀胱造瘘术；一般留置导尿管3~7日，如同时服用α受体阻滞剂3~7日，可提高拔管成功率。拔管后再次发生尿潴留者，应评估后决定是否择期进行外科治疗。

2. 用药护理

（1）α_1受体阻滞剂：主要副作用为头痛、头晕、乏力、困倦、体位性低血压等，患者改变体位时应预防跌倒；睡前服用可有效预防副作用。

（2）5α-还原酶抑制剂：主要副作用为勃起功能障碍、性欲低下、男性乳房女性化等，必要时遵医嘱用药。

（二）术后护理

1. 膀胱冲洗的护理 术后用生理盐水持续冲洗膀胱1~3日，以防血凝块形成致尿管堵塞。

护理措施：① 冲洗液温度，建议与体温接近，避免过冷或过热。② 冲洗速度，可根据尿色而定，色深则快、色浅则慢。③ 确保通畅，若血凝块堵塞管道致引流不畅，可采取挤捏尿管、加快冲洗速度、调整导管位置等方法；如无效，可用注射器吸取无菌生理盐水进行反复抽吸冲洗，直至引流通畅。④ 观察并记录，准确记录尿量、冲洗量和排出量，尿量=排出量-冲洗量，同时观察并记录引流液的颜色和性状；术后可有不同程度的肉眼血尿，随冲洗持续时间延长，血尿颜色逐渐变浅，若尿液颜色逐渐加深，应警惕有活动性出血，及时告知医生处理。

2. 并发症的护理

（1）出血：可分为手术当日出血和继发性出血。① 手术当日出血，一般是术中止血不完善或静脉窦开放所致。术后患者制动、持续牵拉导尿管、保持冲洗液通畅、防止膀胱痉挛，遵医嘱补液输血等措施多可缓解；如经积极治疗出血不减轻，或有休克征象，需要再次手术止血。② 继发性出血，多发生在术后1~4周。多由创面焦痂脱落、饮酒、骑车、便秘用力排便引起。如出血伴尿潴留，应延长导尿管留置时间，必要时遵医嘱予以膀胱冲洗、抗炎止血治疗可缓解；如患者术后反复血尿，需要警惕残留腺体较多，继发感染，必要时需要再次电切治疗。

（2）经尿道电切综合征：是经尿道前列腺切除术病情最为凶险的并发症，多因术中冲洗液大量吸收引起血容量过多和稀释性低钠血症为主要特征。前列腺静脉窦开放、前列腺被膜穿孔、冲洗液压力高、手术时间长（>90分钟）、使用低渗冲洗液（如蒸馏水）是经尿道电切综合征的危险因素。

临床表现：① 循环系统，血压先升高心率快，而后变为血压下降，心动过缓；② 呼吸系统，出现肺水肿，表现为呼吸困难、呼吸急促、喘息；③ 神经系统，出现脑水肿，表现为头痛、烦躁不安、意识障碍；④ 泌尿系统，出现肾水肿，表现无尿或少尿等。

护理措施：加强病情观察，如发现患者有上述临床表现，应立即遵医嘱处置。① 急查血清电解质，了解钠离子水平。② 纠正低渗透压、低钠血症，缓慢静脉滴注3%~5%高渗氯化钠溶液250~500ml，同时密切监测肺水肿情况，根据血清钠离子复查结果和肺水肿改善情况调整剂量。③ 吸氧，应用面罩加压给氧，改善肺水肿及缺氧状态。④ 抗心力衰竭，血容量增加引起心脏负荷过大，如发生充血性心力衰竭，可酌情应用洋地黄类药物，增加心肌收缩力；静脉注射利尿剂，以促使水分排泄，恢复正常血容量。⑤ 有脑水肿征象时，应进行脱水治疗并静脉滴注地塞米松，有助于降低颅内压及减轻脑水肿。⑥ 抗感染，应用对肾功能无明显损害的抗生素预防感染。

（3）尿失禁：① 暂时性尿失禁，主要原因包括前列腺窝局部炎性水肿，刺激外括约肌关闭失灵；术前存在不稳定膀胱；术中外括约肌轻度损伤；气囊导尿管误放置在前列腺窝内、压迫外括约肌等。一般可逐渐恢复，膀胱刺激症状明显的患者，遵医嘱口服托特罗定治疗；加强盆底肌锻炼，以利恢复正常排尿。② 永久性尿失禁，由切割过深损伤尿道外括约肌引起，表现为术后不能控制排尿，尤其是站立位时，尿液不自主流出。经过1年治疗、盆底肌功能锻炼仍不能恢复，可基本确诊。姑息性治疗一般以用集尿袋或阴茎夹为主。

（三）健康教育

1. 非手术患者

（1）疾病相关知识教育：对接受观察等待的患者提供良性前列腺增生疾病相关知识，包括下尿路症状和良性前列腺增生的临床进展，特别应让患者了解观察等待的效果和预后；同时还应提供前列腺癌相关知识。

（2）生活方式指导：① 体育锻炼、戒烟可改善下尿路症状；肥胖患者减轻体重可减轻尿失禁症状。② 饮食调整。改变生活嗜好，避免或减少咖啡因、酒、辛辣食物的摄入。适当限制饮水可以缓解尿频症状，注意液体摄入时间，例如夜间和出席公共社交场合前限水。有尿频症状者可以适当憋尿，以增加膀胱容量和延长排尿间歇时间。③ 优化排尿习惯。伴有尿不尽症状者可以采用放松排尿、二次排尿和尿后尿道挤压等方法。④ 精神放松训练。伴有尿急症状者可以采用分散尿意的方法，把注意力从排尿的欲望中转移开，如挤捏阴茎、呼吸练习、会阴加压等，从而改善储尿期症状。⑤ 功能训练。盆底肌功能训练可改善储尿期症状。

（3）合理用药指导：良性前列腺增生患者多为老年人，常因合并其他内科疾病而同时服用多种药物，应告知患者严格遵医嘱用药。血管扩张药可使前列腺充血，增加尿道阻力；抗组胺药可阻滞乙酰胆碱活性，使膀胱逼尿肌松弛，收缩力减弱，加重排尿困难；一些抗精神病药、平喘药、胃肠解痉镇痛类药物等，也可引起排尿困难。

2. 手术患者

（1）活动指导：前列腺切除术后1个月内避免剧烈活动，如跑步、骑自行车等，防止继发性出血。

（2）康复指导：① 肛提肌训练。若有溢尿现象，指导患者继续做肛提肌训练，以尽快恢复尿道括约肌功能。② 自我观察。术后若尿线逐渐变细，甚至出现排尿困难者，应警惕尿道狭窄，及时到医院复查。

3. 性生活指导　经尿道前列腺切除术后1个月、耻骨上经膀胱前列腺切除术后2个月，原则上可恢复性生活。前列腺切除术后可出现逆行射精、不射精、性欲低下等改变。可先采取心理治疗，同时查明原因，再进行针对性治疗。

【护理评价】

1. 患者排尿是否恢复正常，排尿是否通畅。

2. 患者的疼痛程度是否减轻。

3. 患者是否发生并发症，或并发症是否被及时发现和处理。

知识拓展 | **良性前列腺增生术后随访管理**

良性前列腺增生术后的随访内容与时间主要根据患者的手术方式确定。

患者治疗方式如为日间手术，应于患者出院1周内进行电话或网络监测及随访，内容包括询问术后一般情况，有无特殊不适，询问排尿情况，有无排尿不畅、尿频、尿急、尿痛、血尿、尿失禁等。

如为住院手术，首次随访时间应在术后1个月或拔除导尿管后4~6周，主要了解术后总体恢复情况及术后早期可能出现的相关症状，包括术后早期有无出现排尿症状，如尿频、尿急、尿痛、排尿困难、尿失禁、肉眼血尿等，以及术后恢复状况。可进行生活质量评分、国际前列腺症状评分、尿流率和膀胱残余尿的测定、国际勃起功能指数等。术后建议每半年或1年复查PSA，对于术前PSA异常且病理为良性的患者，建议术后3个月复查，如PSA正常，则每半年或1年复查PSA，如术后3个月复查PSA仍异常，建议每3个月随访PSA，密切监视指标变化，如PSA指标持续上升，建议行MRI检查或前列腺穿刺活检。

（李领）

学习小结

1. 肾积水通常由上尿路梗阻性疾病导致，腰部疼痛、腹部包块为常见的临床表现。去除病因、恢复患肾功能为主要的治疗原则。护理工作中需加强感染的防控、肾衰竭的病情观察与预防措施。

2. 良性前列腺增生为老年男性常见疾病，早期可出现尿频，进行性排尿困难为中晚期典型的临床表现。观察等待、药物治疗为常见的非手术治疗方式，经尿道前列腺切除术是目前最常用的手术方式。观察等待期间须注意疾病知识的教育、生活方式的指导；药物治疗须注意并发症的防控；手术治疗须注意膀胱冲洗的护理、术后出血的管理、定期复查。

复习参考题

一、单项选择题

1. 度他雄胺治疗良性前列腺增生的作用机制是
   - A. 前列腺平滑肌张力
   - B. 抑制睾酮转变为双氢睾酮
   - C. 预防尿失禁
   - D. 预防尿潴留
   - E. 减少尿道阻力

2. 坦索罗辛治疗良性前列腺增生常见的不良反应是
   - A. 体位性低血压
   - B. 恶心呕吐
   - C. 消化道出血
   - D. 头晕
   - E. 便秘

3. 良性前列腺增生患者因着凉突发尿潴留，处置措施正确的是
   - A. 按摩腹部
   - B. 插导尿管
   - C. 针刺诱导
   - D. 听流水声
   - E. 膀胱造瘘

4. 良性前列腺增生早期最常见的临床表现是
   - A. 肉眼血尿
   - B. 尿痛
   - C. 排尿困难
   - D. 尿频
   - E. 尿失禁

5. 良性前列腺增生术后膀胱冲洗的主要目的是
   - A. 预防血凝块堵塞
   - B. 预防尿失禁
   - C. 预防脱肛
   - D. 减轻疼痛
   - E. 减少结石形成

参考答案：
1. B　2. A　3. B　4. D　5. A

二、简答题

1. 简述良性前列腺增生非手术患者健康教育的内容。

2. 简述良性前列腺增生经尿道前列腺切除术后常见并发症的观察与护理。

泌尿系统结石患者的护理

学习目标

知识目标	1. 掌握泌尿系统结石的预防及护理措施。 2. 熟悉泌尿系统结石的病因、临床表现、处理原则。 3. 了解泌尿系统结石的病理生理特点和临床检查。
能力目标	能运用护理程序对泌尿系统结石患者实施整体护理。
素质目标	具有关心和爱护泌尿系统结石患者的态度和行为；具备团队合作精神。

第一节 概述

【流行病学】

泌尿系统结石好发于30~60岁人群，男性发病率高于女性，体力劳动者高于脑力劳动者，南方高于北方。同时，泌尿系统结石的形成还受环境气候、地域、饮食习惯、遗传等诸多因素的影响。

【病因】

泌尿系统结石的形成机制复杂，有多种学说。目前认为，机体代谢异常、药物使用与尿路梗阻、感染、异物等是泌尿系统结石形成的常见病因。

1. **代谢因素** 饮食导致的代谢异常对结石的形成有重要影响，如尿液pH改变、高钙血症、高钙尿症、高草酸尿症、高尿酸尿症、胱氨酸尿症、低镁尿症等。

2. **局部解剖因素** 尿路畸形、尿路梗阻、感染、尿路中存在异物是诱发结石形成的重要局部因素。如梗阻、异物可导致感染，共同促进结石形成，而结石本身也是尿路中的异物，可加重梗阻与感染的程度。

3. **药物相关因素** 药物可直接由药物本身或代谢产物在尿液中形成结晶，也可通过改变尿液环境促进结石形成。氨苯蝶啶、HIV感染治疗药物、头孢曲松钠、硅酸镁、磺胺类等药物可作为结石的成分；碳酸酐酶抑制剂（如乙酰唑胺）、钙补充剂及维生素D、糖皮质激素、别嘌醇等药物，可在代谢过程中影响尿液pH及尿钙浓度、尿枸橼酸浓度、尿次黄嘌呤浓度等生化特性，促进结石形成。

【病理生理】

泌尿系统结石在肾和膀胱内形成，绝大多数在排出过程中停留在输尿管和尿道。输尿管结石常停留或嵌顿于3个生理狭窄处：① 上狭窄位于肾盂输尿管移行处；② 中狭窄位于小骨盆上口，即输尿管跨过髂血管处；③ 下狭窄位于输尿管膀胱壁段。

泌尿系统结石所致的病理生理改变与结石部位、大小、数目、是否有继发性炎症和梗阻的程度等因素有关。位于肾盏的结石可使肾盏颈部梗阻，引起局部积液或积脓，进一步导致肾实质萎缩，甚至发展为肾周感染。肾盏结石进入肾盂或输尿管后可自然排出，或停留在泌尿道任何部位。当结石堵塞肾盂输尿管连接处或输尿管时，可引起完全性或不完全性尿路梗阻。结石引起的完全性尿路梗阻往往导致肾积水，使肾实质受损、肾功能不全。结石可引起局部损伤、梗阻、感染，梗阻与感染也可使结石增大，三者互为因果加重泌尿系统损害。

第二节　上尿路结石

导入情景与思考

患者，男，68岁，以"左腰部疼痛半年余"为主诉入院治疗。半年前无明显诱因出现左腰部疼痛，剧烈活动后或劳累时疼痛可加重，休息可缓解。腹部体检：左肾区有压痛及叩击痛。超声、CT：左肾结石。完善各项检查后，患者在全身麻醉下行"左侧经皮肾镜取石术"，术后安全返回病房。患者诉左腰部疼痛；尿管及左肾造瘘管引流通畅，尿管引流出淡红色尿液20~60ml，左肾造瘘管引流出淡红色液体550ml。

请思考：

1. 该患者目前主要的护理诊断/问题是什么？

2. 针对上述问题，有哪些护理措施？

上尿路结石是指肾结石（renal calculus）和输尿管结石（ureteral calculus）。以单侧多见，双侧约占10%。

【临床表现】

1. 症状

（1）疼痛：肾结石可引起肾区疼痛伴肋脊角叩击痛。肾盂内大结石及肾盏结石可无明显临床症状，或活动后出现上腹或腰部钝痛。输尿管结石可引起肾绞痛或输尿管绞痛，典型表现为突发性严重疼痛，多在深夜至凌晨发作，可使患者从熟睡中痛醒，剧烈难忍。疼痛位于腰部或上腹部，沿输尿管放射至同侧腹股沟，甚至涉及同侧睾丸或阴唇。疼痛持续数分钟至数小时不等。发作时患者精神恐惧，面色苍白、冷汗，坐卧不安，可伴恶心、呕吐等情况。常见于结石活动并引起输尿管梗阻的情况。

（2）血尿：多为镜下血尿，少数为肉眼血尿。有时活动后出现镜下血尿是上尿路结石的唯一症状。

（3）排石：少数患者可自行排出细小结石，是尿石症的有力证据。

（4）恶心、呕吐：输尿管结石引起尿路梗阻时，输尿管管腔内压力增高，管壁局部扩张、痉挛和缺血。输尿管和肠道有共同的神经支配而导致恶心、呕吐，常与肾绞痛伴发。

（5）感染：结石继发急性肾盂肾炎（acute pyelonephritis）或肾积脓（pyonephrosis）时，可有发热、畏寒等全身症状。双侧上尿路完全性梗阻时可导致无尿，甚至出现尿毒症。小儿上尿路结石以尿路感染为主要表现。

2. 体征 患侧肾区可有轻度叩击痛。结石所致梗阻引起肾积水时，可在上腹部触到增大的肾脏。

【辅助检查】

1. 实验室检查

（1）尿液分析：常能见到肉眼血尿或镜下血尿；伴感染时有脓尿；还可检测尿pH，持续性酸性尿（尿pH<6）提示尿酸结石，持续性碱性尿（尿pH>7.2）提示磷酸铵镁结石；还可测定尿中钙、钠、镁、磷、尿酸、草酸盐、胱氨酸等的水平。

（2）血液分析：检测血钙、白蛋白、肌酐、尿酸、电解质等的水平；代谢异常者应行相关检查。

（3）结石成分分析：可确定结石性质，也是制订结石预防措施和选用溶石疗法的重要依据。

2. 影像学检查

（1）超声：具有简便、经济、无创伤的特点，可作为泌尿系统结石的常规检查方法，可发现2mm以上的结石。由于受肠道内容物影响，其诊断输尿管中下段结石的灵敏度较低。

（2）尿路X线片：可发现约90%的X线阳性结石，能够大致确定结石的位置、形态、大小和数量。

（3）静脉尿路造影：可了解尿路的解剖，确定结石在尿路的位置，发现尿路X线片上不能显示的X线阴性结石；同时，可了解分侧肾脏功能，确定肾积水程度。

（4）非增强CT扫描：可发现1mm的结石，预测结石的密度。

【处理原则】

（一）药物治疗

1. 排石治疗 直径<6mm表面光滑的结石、结石无明显梗阻、结石以下尿路无梗阻时可采用药物排石治疗。在药物治疗过程中大量饮水，可增加尿量、促进结石排出。α受体阻滞剂、钙通道阻滞剂可松弛输尿管平滑肌，促进排石。

（1）尿酸结石：用枸橼酸氢钾钠、碳酸氢钠碱化尿液，口服别嘌醇及饮食调节等方法治疗。

（2）胱氨酸结石：碱化尿液，使pH>7.8，卡托普利可预防胱氨酸结石形成。

（3）感染性结石：控制感染；口服氯化铵酸化尿液；应用解脲酶抑制剂，有控制结石长大的作用。

2. 肾绞痛药物治疗 肾绞痛属于外科急腹症，需要紧急处理。常用药物有非甾体抗炎药，如双氯芬酸钠、吲哚美辛；阿片类镇痛药，如氢吗啡酮、布桂嗪、曲马多；解痉药，如硫酸阿托品、山莨菪碱等。首先从非甾体抗炎镇痛药开始，与阿托品等解痉药联合使用。当疼痛不能被药物缓解或结石直径>6mm时，应考虑外科治疗。

（二）体外冲击波碎石术

通过X线或超声对结石进行定位，利用高能冲击波聚焦后作用于结石，使之裂解、粉碎成细砂，随尿流排出体外，主要适用于直径≤2cm的肾结石及输尿管上段结石。建议体外冲击波碎石术（extracorporeal shock wave lithotripsy，ESWL）治疗的次数不超过3次，间隔时间至少14日。常见并发症包括：

1. 碎石相关并发症 ① "石街"形成，主要是由ESWL和腔内手术治疗肾或输尿管结石后，结石碎片堆积于输尿管形成；② 残石再生长；③ 肾绞痛。

2. 感染相关并发症 泌尿系统感染、败血症、感染性休克。

3. 冲击波损伤等并发症 肾损伤、心血管不良事件等。

（三）内镜取石或碎石术

1. 经皮肾镜取石术（percutaneous nephrolithotomy，PCNL） 利用超声或X线检查定位，经腰背部细针穿刺直达肾盏或肾盂，扩张并建立皮肤至肾内的通道，置入肾镜，直视下取石或碎石。取石后酌情放置双J管和肾造瘘管。适用于直径≥2cm的肾结石、有症状的肾盏结石、体外冲击波治疗失败的结石。术中、术后出血是经皮肾镜取石术最常见及危险的并发症。

2. 输尿管镜取石或碎石术（ureteroscopic lithotomy or lithotripsy，URL） 经尿道置入输尿管镜至膀胱，经膀胱输尿管口进入输尿管，直视找到结石，进行套石或取石。若结石较大，可用超声、液电、激光或气压弹道碎石。此法适用于直径<2cm的中、下段输尿管结石，因肥胖、结石硬、停留时间长而用ESWL困难者，亦可用于ESWL治疗后所致的"石街"处理。常见并发症主要有感染、黏膜下损伤、穿孔、撕裂等。

【护理评估】

（一）术前评估

1. 健康史

（1）一般情况：年龄、性别、职业、居住地、饮食及饮水习惯等。

（2）既往史：结石病史，代谢和遗传性疾病史，有无泌尿系统感染、梗阻性疾病，有无甲状旁腺功能亢进、痛风、肾小管酸中毒、长期卧床病史等。

2. 身体状况

（1）主要症状与体征：疼痛的部位、性质与程度，肾绞痛的发作情况；血尿的特点，有无活动后血尿；尿石排出情况；是否并发尿路感染、肾积水、肾功能损害。体格检查肾区是否有叩击痛。

（2）辅助检查：血液分析、尿液分析等实验室检查；超声检查、尿路X线片、静脉尿路造影、CT扫描等影像学检查是否有异常发现。

3. 心理-社会状况 患者是否了解泌尿系统结石的治疗方法；是否担心疾病的预后；是否知晓疾病预防方法。

（二）术后评估

1. 术中情况 手术、麻醉方式与效果，术中出血、补液、输血情况。

2. 生命体征 是否平稳，患者是否清醒。

3. 伤口与引流管情况 伤口是否干燥，有无渗液、渗血；肾造瘘管、导尿管等引流管是否通畅，引流液的量、颜色与性状等。

4. 心理-社会状况 患者的情绪是否稳定；术后康复措施是否配合；是否了解出院后的继续治疗。

【常见护理诊断/问题】

1. 急性疼痛 与结石刺激引起的炎症、损伤、平滑肌痉挛等有关。

2. 潜在并发症：感染、"石街"形成、出血。

3. 知识缺乏：缺乏预防泌尿系统结石的知识。

【护理目标】

1. 患者自诉疼痛减轻，舒适感增强。

2. 患者未发生并发症，或并发症被及时发现和处理。

3. 患者能叙述泌尿系统结石的预防知识。

【护理措施】

（一）非手术治疗的护理/术前护理

1. 缓解疼痛 嘱患者卧床休息，局部热敷，指导患者做深呼吸、放松，以减轻疼痛。遵医嘱应用解痉镇痛药物，观察疼痛的缓解情况。

2. 饮水与活动 大量饮水可稀释尿液、预防感染、促进排石。在病情允许的情况下，适当做一些跳跃运动或经常改变体位，有助于结石的排出。

3. 病情观察 观察体温、尿液的颜色与性状、尿中白细胞数，及早发现感染征象。观察结石排出情况，可对排出结石做成分分析，以指导结石治疗与预防。

（二）ESWL的护理

1. 术前护理

（1）心理护理：向患者及家属解释ESWL的方法、碎石效果及配合要求，解除患者的顾虑；嘱患者术中配合做好体位固定，不能随意变换体位，以确保碎石定位的准确性。

（2）术前准备：术前忌进食产气食物，术日晨行腹部X线片复查，了解结石是否移位或排出。

2. 术后护理

（1）鼓励患者多饮水：每日饮水 2 500~3 000ml，可根据出汗量适当增减饮水量，促进排石。

（2）采取有效体位、促进排石：若患者无全身反应及明显疼痛，可适当活动、变换体位，可增加输尿管蠕动、促进碎石排出。

（3）病情观察：严密观察和记录碎石后排尿及排石情况。可用纱布过滤尿液，收集结石碎渣做成分分析；定时行尿路X线片观察结石排出情况。若需再次治疗，间隔时间至少为14日。

（4）并发症的观察与护理：① 血尿，ESWL可导致血尿、肾周血肿、肾包膜下血肿甚至肾破裂。大多数患者术后即刻或24小时内出现肉眼血尿，按照肾脏损伤原则进一步治疗，嘱患者多饮水、勤排尿。② 发热，感染性结石患者，由于结石内细菌播散而引起尿路感染，可引起发热。遵医嘱应用抗菌药物，予以对症处理。③ 疼痛，结石碎片或颗粒排出可引起肾绞痛，遵医嘱予以对症处理。④ "石街"形成，ESWL治疗后碎石堆积于输尿管，可形成"石街"。遵医嘱使用α受体阻滞剂有一定的预防作用；如无效，则采用ESWL、输尿管镜手术或经皮肾镜取石术治疗。

（三）手术治疗的护理

1. 术前护理　按泌尿外科手术护理常规予以护理；遵医嘱使用抗菌药物，以预防感染并发症，尤其是尿源性脓毒症。

2. 术后护理

（1）病情观察：观察患者生命体征、尿液的颜色和性状。

（2）做好各引流管护理

1）肾造瘘管：经皮肾镜取石术后常规留置肾造瘘管，目的是引流尿液及残余碎石渣。

护理措施：① 妥善固定，搬运、翻身、活动时勿牵拉造瘘管，以防造瘘管脱出。② 位置，引流管的位置不得高于肾造瘘口，以防引流液逆流引起感染。③ 保持导管通畅，勿压迫、冲洗、折叠导管；定期挤捏导管，防止导管堵塞。④ 观察引流液的量、颜色和性状，并做好记录。⑤ 术后3~5日若引流尿液转清、体温正常，可考虑拔管。拔管前先夹闭24~48小时，观察患者有无排尿困难、腰腹痛、发热等不良反应，如无不适则可拔除。

2）双J管：碎石术后于输尿管内放置双J管，可起到内引流、内支架的作用，还可扩张输尿管，有助于小结石的排出，防止输尿管内"石街"形成。

护理措施：① 术后指导患者尽早取半卧位，多饮水、勤排尿，勿使膀胱过度充盈引起尿液反流；② 鼓励患者早期下床活动，但应避免剧烈活动、过度弯腰、突然下蹲、咳嗽、便秘等使腹内压增加的动作，以防引起双J管滑脱或上下移位；③ 双J管一般留置4~6周，经复查超声或腹部摄片确定无结石残留后，在膀胱镜下取出双J管。

（3）并发症的观察与护理：① 出血，是经皮肾镜取石术后常见并发症。术后肾造瘘管引流出血性尿液，一般1~3日内尿液颜色转清，不需要特殊处理。若术后短时间内造瘘管引出大量鲜红色血性液，须警惕术后出血。静脉性出血可夹闭肾造瘘管观察，但持续的大量出血多由动脉损伤所致，须尽早行肾动脉造影、栓塞治疗。② 感染，感染性并发症尤其是尿源性脓毒症，是结石腔内手术后最危险的并发症，与患者术后死亡密切相关；术中结石释放的细菌是术后感染的主要原因。护理时应密切观察患者体温变化，遵医嘱应用抗菌药物。③ 其他，如"石街"、周围组织损伤、输尿管狭窄等。护理时应密切观察病情，注意患者生命体征、出入量情况。

知识拓展 ｜ 尿源性脓毒症危险因素评估

泌尿道或男性生殖器官感染所致的脓毒症称为尿源性脓毒症，而结石相关尿源性脓毒症由尿路结石或结石相关的尿路梗阻及结石腔内手术等因素引起，术中结石释放的细菌是术后感染的主要原因；与患者术后死亡密切相关。

术前尿液细菌培养阳性、术中肾盂内压 > 30mmHg 是已经明确的两个危险因素；其他高危因素包括高龄，糖尿病，免疫抑制状态如移植术后、化疗或激素治疗等全身因素；以及尿路结石或其他原因引起的梗阻，尿路感染，先天性尿路畸形，神经源性膀胱，内镜手术等局部因素。对于尿液培养及尿常规均阴性的患者，推荐术前给予单剂量抗菌药物；对于尿液培养阴性但患者存在临床上与感染发生相关的高危因素，如尿常规亚硝酸盐或白细胞阳性、长期留置输尿管内支架或肾造瘘管，推荐术前给予 3~7 日抗菌药物。

（四）健康教育

1. 大量饮水 增加液体摄入能增加尿量，从而降低尿液中各种结石成分的过饱和状态。推荐每日的液体摄入量保持在 2 500ml 以上。

2. 饮食调节 维持饮食均衡对预防泌尿系统结石复发至关重要，患者应适当增加蔬菜、水果、粗粮及纤维素饮食的摄入。正常范围或适当程度的高钙饮食对预防尿路含钙结石的复发具有一定作用，推荐成人每日钙的摄入量应为 1.0~1.2g。草酸钙结石及合并高草酸尿症患者应避免摄入富含草酸食物，且每日氯化钠摄入量应少于 5g，动物蛋白摄入量应限制在 0.8~1.0g/kg。高尿酸性草酸钙结石和尿酸结石患者应限制摄入富含嘌呤的食物，如海鲜、啤酒等。

3. 生活习惯 养成良好的生活习惯，适当运动，有效防控肥胖、高血压、痛风等代谢疾病。

【护理评价】

1. 患者的疼痛程度是否减轻。

2. 患者是否发生并发症，或并发症是否被及时发现和处理。

3. 患者能否叙述泌尿系统结石的预防知识。

第三节 下尿路结石

下尿路结石包括膀胱结石（vesical calculus）和尿道结石（urethral calculus）。

一、膀胱结石

膀胱结石仅占尿路结石的 5% 以下。原发性膀胱结石较少见，多发于男童，与营养不良、低蛋白饮食有关。继发性膀胱结石的病因多为膀胱出口梗阻，如良性前列腺增生、尿道狭窄、神经源性膀胱或肾、输尿管结石下排至膀胱。

【临床表现】

膀胱结石的典型症状为排尿突然中断，疼痛放射至远端尿道和阴茎头部，伴排尿困难和膀胱刺激症状。小儿常用手搓拉阴茎，跳绳或改变排尿姿势后，能使疼痛缓解，继续排尿。

【辅助检查】

超声能发现膀胱区的强光团及声影；X线片能显示绝大多数结石；膀胱镜检查能直视结石，并可发现膀胱病变。

【处理原则】

1. 非手术治疗

（1）适应证：① 直径<6mm的膀胱结石，特别是从肾或输尿管下排至膀胱的继发性膀胱结石，可首选非手术治疗。② 直径6~10mm的膀胱结石，如无明显症状、排尿功能正常且无膀胱出口梗阻，可在密切监测下选用非手术治疗。

（2）治疗措施：① 原发性膀胱结石，应增加动物蛋白饮食，纠正营养不良；② 大量饮水，每日2 500~3 000ml；③ 适度运动；④ 必要时，应用镇痛药物缓解疼痛症状；⑤ 定期检查结石位置及尿路感染等情况；⑥ 1个月内，如出现反复的疼痛或尿路感染、排石或排尿困难，则需要进行外科干预治疗。

2. 药物治疗　通过尿液pH、X线及CT检查，可大致判断膀胱结石成分，对尿酸结石等可进行溶石治疗。推荐口服枸橼酸氢钾钠等碱性枸橼酸盐或碳酸氢钠使尿液碱化。治疗期间，要定期检测尿液pH，使其维持在7.0~7.2。

3. 手术治疗　经尿道膀胱结石碎石术是目前治疗膀胱结石的首选方法。对于尿道细小、狭窄或经尿道途径困难，如小儿、膀胱重建术后及负荷大的膀胱结石等患者，可选择经皮膀胱结石碎石术。耻骨上膀胱切开取石术仅适用于腔内手术处理困难或需要同时处理膀胱内其他病变的病例。

二、尿道结石

尿道结石绝大多数来自肾和膀胱，有尿道狭窄、尿道憩室及异物存在时亦可致尿道结石。

【临床表现与辅助检查】

尿道结石多见于男性，位于前尿道。典型症状为排尿困难、点滴状排尿及尿痛，甚至造成急性尿潴留。前尿道结石可沿尿道扪及，后尿道结石经直肠指检可触及。超声、X线检查有助于明确诊断。

【处理原则】

1. 非手术治疗

（1）对位于前尿道、直径小、光滑的结石，可行非手术排石治疗。

（2）对于排石困难、不伴有尿道狭窄或憩室等病变的、位于前尿道小而光滑的结石，可用手将结石轻轻挤出尿道外口，或者用血管钳经尿道外口伸入将结石取出，切忌使用暴力，以免损伤尿道。

（3）对于后尿道结石及无法从尿道外口取出的结石，可以将结石轻轻推入膀胱，再按膀胱结石处理。

2. 药物治疗

（1）应用镇痛药物缓解疼痛症状。

（2）对于合并尿路感染者，应用敏感抗生素行抗感染治疗。

3. 手术治疗

（1）对经尿道外口取石困难及无法将结石推入膀胱的患者，尽量不做尿道切开取石，以免尿道狭窄。可应用膀胱镜或短输尿管镜在尿道内原位碎石，碎石工具可选择激光、超声及气压弹道等。

（2）对于推入膀胱的尿道结石，按膀胱结石进行处理。

（3）采用开放手术治疗尿道结石的情况越来越少，仅适用于伴有尿道憩室需要同时切除憩室的尿道结石患者。

（李领）

学习小结

1. 泌尿系统结石分为上尿路结石、下尿路结石，形成机制有待进一步明确。

2. 上尿路结石主要表现为疼痛、血尿，其中结石嵌顿引起的肾绞痛属于急腹症。目前建议 ESWL 治疗的次数不超过3次，间隔时间至少14日，术后注意"石街"的形成；经皮肾镜取石、经输尿管镜碎石术后注意出血的观察与护理、感染的识别与防控。

3. 下尿路结石常来源于上尿路结石，所占比例较小。泌尿系统结石重在防控，大量饮水、营养均衡、适当运动，肥胖、高血压等慢性病管理是防控的重要内容。

复习参考题

一、单项选择题

1. 对于直径≥2cm的肾结石，最适宜的治疗方法是
   A. 运动排石
   B. 药物溶石
   C. 观察等待
   D. 经皮肾镜取石术
   E. 中药排石

2. 关于肾绞痛的处理措施，正确的是
   A. 静脉输液
   B. 针灸止痛
   C. 解痉、镇痛
   D. 溶石治疗
   E. 抗感染治疗

3. 关于双J管的护理，**错误**的是
   A. 可起到内引流、内支架的作用
   B. 可防止"石街"形成

C. 可出现上尿路症状

D. 术后严格卧床休息

E. 一般留置4~6周

4. 体外冲击波碎石术两次碎石间隔时间不得少于

A. 24小时

B. 48小时

C. 72小时

D. 1周

E. 2周

5. 关于防控尿路结石的健康教育，正确的是

A. 控制感染

B. 高蛋白饮食

C. 药物预防

D. 大量饮水

E. 调整尿液pH

参考答案：

1. D 2. C 3. D 4. E 5. D

二、简答题

1. 简述经皮肾镜取石术后常见并发症的观察与护理。

2. 简述体外冲击波碎石术后并发症的观察与护理。

第三十六章

泌尿、男性生殖系统肿瘤患者的护理

学习目标

知识目标	1. 掌握膀胱癌、肾癌、前列腺癌患者的护理。 2. 熟悉膀胱癌、肾癌、前列腺癌的临床表现、处理原则。 3. 了解膀胱癌、肾癌、前列腺癌的病因、病理生理特点、辅助检查。
能力目标	能运用护理程序对泌尿、男性生殖系统肿瘤患者实施整体护理。
素质目标	具有关心和爱护泌尿、男性生殖系统肿瘤患者的态度和行为；具备团队合作精神。

第一节　膀胱癌

导入情景与思考

患者，男，68岁。以"间歇性无痛性肉眼血尿2个月"为主诉就诊。2个月前无明显诱因出现肉眼血尿，呈间断性、全程肉眼血尿，伴夜尿增多，每晚约5~6次，每次尿量约50ml。膀胱镜检示低级别乳头状尿路上皮癌；分期为膀胱癌（$T_aN_0M_0$）。完善各项检查后，在连续硬膜外阻滞下行经尿道膀胱肿瘤切除术，术后安全返回病房，拟行膀胱灌注化疗。

请思考：

1. 该患者膀胱灌注化疗的护理措施有哪些？

2. 该患者经积极治疗后出院，复查指导的具体内容有哪些？

在世界范围内，膀胱癌发病率居恶性肿瘤第9位；在我国，其发病率与死亡率整体特点为男性高于女性、城市高于农村、东部地区高于西部地区。

【病因】

1. 吸烟　是目前最为肯定的膀胱癌致病危险因素，约50%的膀胱癌与吸烟有关，危险程度与吸烟强度和时间成正比。

2. 化工产品暴露　长期接触工业化学产品是膀胱癌重要的致病因素，如染料、纺织、皮革、橡胶、塑料、油漆、印刷等职业接触。

3. 其他因素　膀胱癌的发病与慢性感染［细菌、血吸虫、人乳头状瘤病毒（HPV）感染］、应用化疗药物环磷酰胺、糖尿病药物吡格列酮、盆腔放疗史有密切关系；此外，大量摄入脂肪、胆固醇、油煎食物、红肉等可增加膀胱癌患病风险。

【病理】

1. 组织类型　90%以上的膀胱癌为尿路上皮癌，鳞癌、腺癌次之。

2. 分化类型　WHO 2004分级法将尿路上皮肿瘤分为：低度恶性潜能尿路上皮乳头状瘤；乳头状尿路上皮癌，低级别；乳头状尿路上皮癌，高级别。

3. 生长方式　分为原位癌、乳头状癌、浸润性癌。原位癌局限在黏膜内，无乳头亦无浸润基底膜现象。尿路上皮癌多为乳头状，高级别者常有浸润。不同生长方式可单独或同时存在。

4. 浸润深度　是肿瘤临床（T）和病理（P）分期的依据，多采用TNM分期法。T_{is}原位癌；T_a非浸润性乳头状癌；T_1浸润上皮下结缔组织；T_{2a}浸润浅部肌层，T_{2b}浸润深部肌层；T_3浸润膀胱周围组织；T_4浸润前列腺、子宫、阴道、盆壁、腹壁等邻近器官。临床上习惯将T_{is}、T_a、T_1期肿瘤称为非肌层浸润性膀胱癌（non-muscle-invasive bladder cancer，NMIBC）；T_2期以上称为肌层浸润性膀胱癌（muscle-invasive bladder cancer，MIBC）。虽然原位癌属于NMIBC，但一般分化差，向MIBC进展的概率较高，属于高度恶性肿瘤。

【临床表现】

1. 血尿　是膀胱癌最常见的症状。常表现为无痛性、间歇性、全程肉眼血尿，可自行减轻或停止。出血量多少与肿瘤大小、数目及恶性程度不成比例。

2. 膀胱刺激征　尿频、尿急、尿痛为另一类常见的症状，常由肿瘤坏死、溃疡或并发感染所致。

3. 其他　输尿管梗阻可导致腰部疼痛，膀胱出口梗阻可导致尿潴留。早期膀胱癌患者常无明显体征，当肿瘤增大到一定程度时，下腹部可触及盆腔包块；并随病情进展出现癌转移表现及消瘦、贫血等全身表现。

【辅助检查】

1. 实验室检查　尿常规检查可见血尿或脓尿；尿脱落细胞学检查是膀胱癌筛查的主要方法之一；近年开展的尿膀胱癌肿瘤标志物检查，可有助于提高膀胱癌的检出率。

2. 影像学检查

（1）超声：筛查膀胱癌最常用、最基本的检查项目，在膀胱充盈情况下可以清楚地看到肿瘤大小、位置、数量、形态等。

（2）CT、MRI：除能观察到肿瘤的大小、位置外，还能有效地观察到肿瘤与膀胱壁的关系，显示病变对邻近器官的侵犯及有无淋巴结和远处转移。近年来开展的多参数磁共振成像对于评估膀胱癌是否侵犯肌层具有重要价值。

3. 膀胱镜检查和活检　能清楚显示肿瘤的数目、大小、外观、位置等，同时可以对肿瘤和可疑病变进行活检以明确病理诊断。

【处理原则】

以手术治疗为主。根据肿瘤的分化程度、临床分期并结合患者全身情况，选择合适的手术方式。NMIBC常采用经尿道膀胱肿瘤切除术（transurethral resection of bladder tumor，TURBT），术后辅助膀胱腔内治疗；MIBC常采用根治性膀胱切除术。

（一）手术治疗

1. 经尿道膀胱肿瘤切除术 既是NMIBC的重要诊断方法，同时也是主要的治疗手段，具有创伤小、恢复快的特点。

2. 根治性膀胱切除术 对于无远处转移、局部可切除的MIBC，新辅助化疗后行根治性膀胱切除术及盆腔淋巴结清扫术，是目前的标准治疗方案。手术范围包括膀胱及周围脂肪组织、输尿管远端，同时行盆腔淋巴结清扫术；男性应包括前列腺、精囊，女性应包括子宫、附件及阴道前壁；必要时行全尿道切除。术后需要行尿流改道术，主要包括原位新膀胱术、回肠通道术、输尿管皮肤造口术。

（二）膀胱腔内治疗

1. 膀胱灌注化疗 术后即刻膀胱灌注化疗能够杀灭播散的肿瘤细胞和创面残留的肿瘤细胞；对于中、高危NMIBC，建议术后早期和维持膀胱灌注化疗以降低复发率。常用的灌注药物有吡柔比星、表柔比星、多柔比星、羟喜树碱、丝裂霉素、吉西他滨。

2. 膀胱灌注免疫治疗 主要使用的药物为卡介苗，一般在术后2周使用，适用于中、高危NMIBC和膀胱原位癌。

【护理评估】

（一）术前评估

1. 健康史

（1）一般情况：年龄、性别、吸烟史、职业、饮食习惯等。

（2）既往史：膀胱手术史、盆腔放疗史等。有无应用化疗药物环磷酰胺、糖尿病药物吡格列酮等药物。

（3）家族史：有无肿瘤家族史等。

2. 身体状况

（1）主要症状与体征：有无血尿，血尿为间歇性还是持续性；有无膀胱刺激征和/或排尿困难等症状。

（2）辅助检查：尿液检查、超声、CT、MRI、膀胱镜检查结果。

3. 心理-社会状况 患者是否知晓病情，对手术方式、尿流改道、手术并发症的认知程度与接受情况，家庭和社会支持情况。

（二）术后评估

1. 术中情况 手术方式、麻醉方式、病变组织切除情况、术中用药、出血、补液、输血等。

2. 生命体征 神志是否清醒；体温、脉搏、呼吸、血压是否平稳。

3. **伤口与引流管情况**　伤口是否干燥，有无渗血、渗液；引流管的数量、名称、位置，是否标记清楚、固定良好、引流通畅，引流液的颜色、性状、量等。

4. **心理-社会状况**　评估患者情绪和心理状态；康复训练和早期活动是否配合；是否知晓出院后的继续治疗。

【常见护理诊断/问题】

1. **焦虑/恐惧**　与对疾病认知不足、担忧疾病预后有关。

2. **体象紊乱**　与尿流改道术后留有造口，化疗导致脱发等有关。

3. **潜在并发症**：膀胱穿孔、尿失禁、尿潴留、尿瘘、代谢异常等。

【护理目标】

1. 患者情绪稳定，焦虑/恐惧减轻或消失。

2. 患者能接受自我形象的改变，适应排尿方式变化。

3. 患者未发生并发症，或并发症被及时发现和处理。

【护理措施】

（一）非手术治疗的护理/术前护理

1. **心理护理**　术前宣教与沟通，让患者及家庭成员充分认识可供选择的尿流改道方式，不同术式相应的风险与受益，以及功能、生存质量的改变。

2. **肠道准备**　根治性膀胱切除术前须进行肠道准备。传统肠道准备要求术前3日口服不经肠道吸收的抗生素，如甲硝唑、庆大霉素等，这可能导致菌群失调和维生素K缺乏、破坏肠道自身免疫功能，因此不建议常规使用。目前推荐行膀胱切除尿流改道的患者在术前1日服用泻药，如复方聚乙二醇电解质、磷酸钠盐口服液等，不行清洁灌肠，不使用肠道抗生素。但对于严重便秘的患者，建议术前给予充分的机械性肠道准备，并联合口服抗生素。

（二）术后护理

1. **引流管护理**　标记引流管，妥善固定，保持引流通畅，观察并记录引流管、支架管、尿管、胃管、膀胱造瘘管引流液的颜色、性状、量，发现异常及时告知医生，并协助处理。

2. **经尿道膀胱肿瘤切除术后护理**

（1）膀胱穿孔：为经尿道膀胱肿瘤切除术后常见并发症，常由膀胱过度膨胀、膀胱壁变薄时切割、闭孔反射等因素引起；一般为腹膜外穿孔，经适当延长导尿管留置时间，大多可自行愈合。

（2）膀胱灌注化疗的护理：① 膀胱灌注药物前避免大量饮水，灌注前排空膀胱，以便使膀胱内药液达到治疗药物浓度。② 膀胱内药液保留0.5~2小时，经常变换体位，使药液均匀地与膀胱壁接触。③ 灌注后，嘱患者大量饮水，稀释尿液以降低药物浓度，减少对尿道黏膜的刺激。④ 如有化学性膀胱炎、血尿等症状，遵医嘱延长灌注时间间隔、减少剂量、使用抗生素等，特别严重者暂停膀胱灌注。

3. **根治性膀胱全切除术后护理**

（1）造口护理：回肠通道术后留置腹壁造口，患者需要终身佩戴造口集尿袋。应检查并记录造口颜色、形状、大小，注意有无缺血坏死、造口回缩、造口狭窄、造口周围皮肤异常等情况；

注意对患者进行心理护理。

（2）新膀胱冲洗：术后早期对新膀胱进行低压冲洗、灌流，可以有效预防膀胱内肠道黏液或血块堵塞。冲洗可通过尿管、膀胱造瘘管进行；常用冲洗液为生理盐水、碳酸氢钠溶液；可以是持续低压，或是间断6~8小时1次，或视冲洗液性状有所增减，直至冲洗液澄清为止；注意冲洗液温度要与体温接近。

（3）尿瘘：包括新膀胱与尿道吻合口瘘、新膀胱与输尿管吻合口瘘、新膀胱自身裂开。

1）原因：吻合口瘘可能的原因包括缝合欠佳，吻合口血供不佳；新膀胱裂开多数是由新膀胱自身尿管、造瘘管引流不畅，内部压力升高引起的。

2）表现：当患者术后出现伤口引流量明显增多，而尿管或膀胱造瘘管引流量减少时，应注意尿瘘可能。引流液肌酐测定可以明确其中是否有尿液成分，CT尿路造影或膀胱造影有助于指示尿瘘部位。

3）护理：① 预防，指导患者养成定时排尿、及时排尿习惯，避免长时间憋尿，以预防新膀胱自发破裂；② 处理，若发生尿瘘，应加强引流，换用非负压持续引流管，保持引流通畅。

（4）代谢异常

1）原因：与肠道黏膜对尿液成分的吸收和使用肠道替代后，肠道功能变化有关。

2）表现：① 水、电解质代谢紊乱和酸碱平衡失调，术后肠道黏膜将尿液中铵根离子（NH_4^+）、氢离子（H^+）、氯离子（Cl^-）、钾离子（K^+）吸收入血，同时分泌碳酸氢钠（$NaHCO_3$）进入尿液，导致高氯性代谢性酸中毒、低钠高钾血症。② 营养失调，切除部分末段回肠可致胆汁酸吸收减少，影响脂肪的吸收，进而导致脂溶性维生素缺乏；维生素B_{12}缺乏。③ 膀胱结石，碱性尿液、持续合并感染可促进新膀胱结石形成。

3）护理：① 定期行血气分析监测患者血液pH及电解质水平；② 注意患者有无疲劳、耐力下降等相应表现，遵医嘱补充维生素；③ 术后规律排空膀胱、规律冲洗，以降低结石发生率。

（5）尿失禁：是新膀胱术后不良后果之一，症状在夜间较重。

1）分类：根据患者主诉及尿流动力学情况，可将原位新膀胱尿失禁分为以下五类。① 新膀胱储尿障碍性尿失禁。由于新膀胱使用肠道材料构建，一般都存在着不同强弱和节律的自发性收缩，当这种收缩产生的压力超过尿道阻力时，即会引起尿失禁发生。此外，可能同时还合并新膀胱顺应性降低，导致储尿期高压，这也是尿失禁的危险因素。② 新膀胱排空障碍性尿失禁。新膀胱由肠道自主神经支配，其尿液充盈感可能滞后或者消失，亦不能自主、协调地收缩排尿，进而导致新膀胱排空障碍、残余尿增多及过度充盈，引发尿失禁。③ 尿道源性尿失禁。是指盆底肌松弛、尿道括约肌及其支配神经功能不全而导致的控尿能力下降，患者可表现为类似于压力性尿失禁的症状。④ 夜间尿失禁。主要原因包括睡眠状态下意识支配的尿道外括约肌紧张度降低，使尿道关闭能力下降；新膀胱所具有的重吸收功能使水、电解质代谢改变；新膀胱不具有充盈后产生尿意并唤醒排尿的功能，可导致出现类似夜间遗尿的症状。⑤ 尿瘘，即尿液不经尿道外口漏出的现象，常见的为新膀胱阴道瘘。

2）护理：① 评估尿失禁类型。注意尿失禁发生时机、加重及缓解的因素、昼夜分布、夜尿次数等。② 指导患者通过排尿日记、尿垫监测尿失禁程度。③ 盆底肌训练，锻炼尿道外括约肌和盆底肌肉，提高控尿能力，减少尿失禁发生，适用于尿道外括约肌功能不全或盆底肌松弛所致的尿失禁。④ 膀胱训练，根据患者尿失禁类型不同，可选择延时排尿或定时排尿两种训练模式。延时排尿通过训练逐渐延长排尿间隔时间，力争达到2~3小时1次的排尿间隔，以逐渐增加新膀胱容量，减少尿失禁，适用于膀胱容量小、膀胱压力增加所致的尿失禁。定时排尿是指每2~3小时定时排尿1次，并控制每次排尿量在合理范围，在夜间可用闹钟唤醒排尿，以防止新膀胱被尿液过度充溢所导致的器官功能受损和尿失禁，适用于新膀胱感觉功能差、容量过大、充溢性尿失禁及夜间多尿者。

（三）健康教育

1. 原位新膀胱患者　教会患者掌握有效排空新膀胱的技巧，通过锻炼逐渐扩大新膀胱容量，增强排尿可控性，并充分理解及处理一些并发症。

（1）休息与活动：术后6~12周，应避免久坐、重体力劳动、性生活等，多参与日常活动及进行轻度、可耐受的锻炼。

（2）饮食护理：适当加强营养、多食用纤维食物，必要时遵医嘱服用缓泻剂，以软化粪便，防止便秘影响新膀胱功能。每日饮水2 000~3 000ml，同时增加饮食中盐的摄取，以预防新膀胱引起的低盐综合征。

（3）定时排尿：白天约2小时排尿1次，晚上设闹钟3小时1次。血气分析结果显示机体代偿良好，可以逐渐延长排尿间隔，最终达到每日自主排尿4~6次，膀胱容积400~500ml的理想容量。

（4）排尿姿势：患者自行排尿早期可采用蹲位或者坐位排尿，男性患者如排尿通畅，试行站立排尿。注意排尿时主动舒张括约肌及盆底肌，同时采用瓦尔萨尔瓦动作（Valsalva动作）协助膀胱排空。

（5）并发症识别：由于肠道分泌黏液，新膀胱术后患者尿液中会有一定量的絮状物，随着时间的延长黏液量会逐渐减少。

2. 腹壁造口患者

（1）饮食宣教：多饮水、建议多食新鲜蔬菜水果、均衡饮食。

（2）运动教育：原则上不进行剧烈运动及对造口有碰撞风险的运动，术后3个月内开始进行腹部肌肉锻炼，并持续至少1年，以增强造口周围腹壁肌肉强度，避免造口旁疝的发生。

（3）日常生活：可以淋浴，不能泡澡或泡温泉；建议穿着柔软、舒适、宽松的衣物；手术切口愈合、体力恢复后，可正常工作与活动，避免重体力劳动。

3. 复诊指导　保留膀胱术后，每3个月进行1次膀胱镜检查，2年后无复发者每半年复查1次；新膀胱术后定期复查电解质、泌尿系统超声、残余尿量；终身随访。

【护理评价】

1. 患者是否情绪稳定，是否积极参与配合治疗。

2. 患者是否接受自我形象的概念、是否适应排尿方式的变化。

3. 患者是否发生并发症，或并发症是否被及时发现和处理。

第二节　肾癌

导入情景与思考

患者，女，39岁。因"体检发现右肾肿瘤2日"入院治疗。2日前体检腹部超声示右肾占位性病变。体格检查：右上腹可扪及肿物，质韧，活动度差，无明显触压痛。CT示右肾癌。完善各项检查后，患者在全身麻醉下经腹行根治性右肾切除术，术后安全返回病房。

请思考：

1. 该患者术后可能的并发症有哪些？

2. 针对上述可能的并发症，有哪些护理措施？

肾癌（renal carcinoma）通常指肾细胞癌，多起源于肾实质肾小管上皮系统，占成人恶性肿瘤的3%~5%。常见于60~70岁人群，男女之比约为1.6∶1。

【病因】

肾癌的病因目前尚不清楚，吸烟、肥胖、高血压病是目前公认的危险因素。

【病理】

肾癌常累及一侧肾，多单发，双侧先后或同时发病者仅占2%左右。

1. 组织学分类　肾癌主要有三种组织学分类：肾透明细胞癌，占70%~80%；乳头状肾细胞癌，占10%~15%；肾嫌色细胞癌，约占5%。

2. 转移途径　肾癌可蔓延至肾盏、肾盂、输尿管，并常侵犯肾静脉。静脉内柱状的癌栓可延伸至下腔静脉，甚至右心。远处转移最常见的部位是肺、骨骼、肝、肾上腺等。

【临床表现】

1. 肾癌三联征　血尿、腹部肿块、腰痛被称为肾癌三联征。出现此三联征者，多为肾癌晚期。

2. 副瘤综合征　有10%~40%的肾癌患者会出现副瘤综合征，如发热、高血压、红细胞沉降率增快、消瘦、贫血、红细胞增多症、肝功能异常、高血钙等。

3. 转移症状　可有病理性骨折、咳嗽、咯血、神经麻痹及转移部位出现疼痛等。临床上有25%~30%的患者因转移症状就医。如同侧阴囊内精索静脉曲张且平卧位不消失，提示肾静脉或下腔静脉癌栓可能。

【辅助检查】

1. 超声　是目前普查肾肿瘤最简便和常用的方法，典型的肾癌常表现为不均匀的中低回声实质肿块。

2. CT和MRI　CT检查能够明确肿瘤部位、肾周围组织与肿瘤的关系、局部淋巴结情况等，是诊断肾癌最可靠的影像学检查方法，对肿瘤的分期及手术方式的确定有重要意义。MRI对肾癌诊断的准确性与CT相仿，在显示邻近器官有无受侵犯、肾静脉或下腔静脉内有无癌栓方面则优于CT。

肾肿物类型众多，可由炎症、不同来源的良恶性肿瘤导致。肾肿物穿刺不作为常规诊断手段，但在肾肿物性质诊断困难时用于鉴别诊断，对患者后续的治疗策略选择具有重要意义；还可为药物治疗或介入治疗提供组织学证据。

肾肿物穿刺活检的适应证主要包括：① 非典型性肾肿物，无法排除炎症肿块、乏脂性血管平滑肌脂肪瘤或嗜酸细胞瘤。② 无法进行外科手术切除/广泛转移的晚期肾细胞癌，需要明确病理进行后续系统治疗。③ 腹膜后肿物与肾脏关系不清或来源不明。④ 需要根据病理性质决定是否进行肾部分切除术或根治性肾切除术。⑤ 为选择主动监测的病例提供病理信息。⑥ 介入消融治疗前获取病理信息。

【处理原则】

1. 手术治疗 外科手术是局限性肾细胞癌首选的治疗方法。

（1）肾部分切除术（partial nephrectomy，PN）：适用于 T_1 期、位于肾脏表面、便于手术操作的肾细胞癌。

（2）根治性肾切除术（radical nephrectomy，RN）：肾癌最主要的治疗方法。对于不适合行肾部分切除术的 T_1 期肾细胞癌患者，以及临床分期 T_2 期的肾细胞癌患者，根治性肾切除术仍是首选的治疗方式。手术方式包括开放性手术、腹腔镜手术、机器人辅助腹腔镜手术等。

2. 消融治疗 包括射频消融、冷冻消融、高强度聚焦超声，适用于不适合手术的小肾癌治疗。

3. 其他 肾癌具有多药物耐药基因，对放射治疗、化疗不敏感。免疫治疗如干扰素α（INF-α）、白细胞介素-2（IL-2），对转移性肾癌有一定的疗效。

【护理措施】

1. 卧床与休息 对于行肾切除术者，术后6小时指导患者床上适当活动，术后第1日鼓励患者下床活动，注意循序渐进；行肾部分切除术者常需要卧床休息3~5日。具体需要结合患者手术情况、术后身体状况等因素综合考虑。

2. 并发症的观察与护理

（1）出血：术中和术后出血是肾癌根治术最主要的并发症。护理时应密切关注患者生命体征的变化，若患者引流液较多、色鲜红且很快凝固，同时伴有血压下降、脉搏增快等低血容量性休克表现，常提示活动性出血，应及时告知医生，必要时行介入治疗栓塞出血动脉。

（2）尿瘘：可能由术中误伤输尿管、破损的肾集合系统缝合欠佳或局部肾组织坏死等引起。护理时应密切观察尿量变化；大多数尿性囊肿可行经皮置管引流和/或留置输尿管内支架管解决。

【健康教育】

1. 日常生活 低脂饮食，戒烟减肥，坚持运动，避免感冒。

2. 定期复查 复查项目包括超声、CT、实验室检查等，及时发现病情变化，如有不适随时就诊。

第三节　前列腺癌

前列腺癌（prostate cancer）是男性泌尿生殖系统最常见的恶性肿瘤。

【病因】

前列腺癌的确切病因至今尚未明确，目前认为与种族、年龄、睾酮及雌激素水平紊乱、炎症、糖尿病、胆固醇代谢异常、肥胖等代谢综合征密切相关。

【病理】

1. 分级　前列腺癌格利森（Gleason）评分系统是将腺体分化程度及肿瘤在间质中的生长方式作为分级标准，以此评价肿瘤的恶性程度，广泛应用于临床。该评分系统把前列腺癌组织分为主要分级区和次要分级区，每区按5级评分，1级分化最好，5级分化最差。Gleason评分为同一标本中主要和次要肿瘤区的分级之和，范围为2~10分。评分越高，预后越差。

2. 分期　多采用TNM分期系统。根据肿瘤侵犯范围不同，分为1~4期。1期和2期，肿瘤位于前列腺内；3期和4期肿瘤已经侵犯前列腺以外部位。区域淋巴结可以分为X、0、1期。X表示区域淋巴结无法评估，0表示无区域淋巴结转移，1表示有区域淋巴结转移。同样，远处转移也可分为X、0、1期。

【临床表现】

早期前列腺癌通常没有典型症状，当肿瘤阻塞尿道或侵犯膀胱颈时会产生下尿路症状，严重者可出现急性尿潴留、血尿、尿失禁等。骨转移时可引起骨骼疼痛、病理性骨折、贫血、脊髓压迫等。

【辅助检查】

1. 直肠指检　可触及前列腺硬结、质地坚硬。

2. 实验室检查　血清前列腺特异性抗原（prostate-specific antigen，PSA）是前列腺癌的特异性肿瘤标志物，可作为前列腺癌的筛查指标。健康男性血清PSA值为0~4μg/L。其检测结果易受导尿、直肠指检、灌肠、前列腺按摩、穿刺等操作影响。

3. 影像学检查　① 经直肠超声（transrectal of ultrasound，TRUS）：可帮助寻找可疑病灶，初步判断肿瘤大小，引导行穿刺活检。② MRI、CT：MRI可显示前列腺包膜的完整性、肿瘤是否侵犯前列腺周围组织及器官、盆腔淋巴结受侵犯情况及骨转移的病灶。CT对早期前列腺癌的诊断敏感性明显低于MRI，主要是协助进行肿瘤临床分期。③ 全身核素骨显像检查（emission computed tomography，ECT）：可比常规X线片提前3~6个月发现骨转移灶。

4. 前列腺穿刺活检　是诊断前列腺癌最可靠的检查，目前有超声引导下经直肠或会阴穿刺活检及MRI靶向穿刺技术。

【处理原则】

根据肿瘤分级和分期、患者预期寿命、治疗后无病生存的可能性、治疗并发症、患者意愿等综合考虑。

1. 观察和主动监测　前列腺癌的发病率高，但死亡率低，而且发病年龄大，有相当数量的局限性前列腺癌是属于不需治疗的隐匿癌，或预后良好、进展缓慢的早期癌。为预防前列腺癌过度治疗，在充分尊重患者意愿的基础上，学术界提出观察和主动监测两种方法。

2. 根治性前列腺切除术 是治疗器官局限性及局部进展期前列腺癌最有效的方法之一。手术完整地去除前列腺及精囊腺；同时也应在不影响肿瘤切除的情况下，尽量保护患者的控尿及勃起功能。

3. 根治性放射治疗 主要包括外放射治疗和近距离放射治疗，是局限性及局部进展期前列腺癌的根治治疗方式；需根据患者病情选择个体化治疗。

（1）外放射治疗：放射治疗靶区主要包括前列腺、精囊腺、盆腔淋巴引流区，包括容积旋转调强放射治疗、图像引导放射治疗、立体定向放射治疗、三维适形放射治疗等。

（2）近距离放射治疗：包括持续低剂量率近距离放射治疗、高剂量率近距离放射治疗。前者指将放射性粒子永久性植入前列腺内，后者指将放射源短暂植入前列腺内实施放射治疗。

4. 其他治疗 包括前列腺癌冷冻消融、前列腺癌高能聚焦超声治疗、前列腺癌内分泌治疗等。

【护理措施】

1. 手术治疗的护理

（1）尿失禁：主要由括约肌功能不全、逼尿肌功能不稳定和顺应性下降引起，通常在术后1年内得到改善。应鼓励患者坚持盆底肌锻炼，配合电刺激和生物反馈治疗等措施进行改善。

（2）勃起功能障碍：术中损伤血管、神经，继而诱发缺氧，导致勃起组织纤维化，出现勃起功能障碍。应注意对患者进行心理护理，遵医嘱行相应治疗。

2. 放射治疗的护理

（1）前列腺外放射治疗的护理：① 急性期常见副作用包括下尿路症状如尿频、尿急、夜尿增多、血尿、尿潴留；肠道并发症如肠道功能紊乱、直肠炎、便血、肛周皮肤糜烂等。一般于放射治疗结束数周后即可消失。② 晚期毒副作用最明显的是直肠出血，但严重影响生活、需外科治疗的便血发生率不足1%。

（2）前列腺癌近距离放射治疗的护理：① 短期并发症如尿频、尿急、尿痛等尿路刺激症状，排尿困难和夜尿增多；大便次数增多、里急后重等直肠刺激症状，直肠炎（轻度便血、肠溃疡）等。② 长期并发症如慢性尿潴留、尿道狭窄、尿失禁等，需针对性干预。

（李领）

学习小结

1. 膀胱癌常见的致病因素是吸烟、化工产品暴露等，间歇性无痛性肉眼血尿是常见的症状。NMIBC常采用经尿道膀胱肿瘤切除术，术后辅助膀胱腔内治疗；MIBC常采用根治性膀胱切除术，术后永久性尿流改道。前者术后需要注意膀胱腔内治疗的护理；后者需要注意回肠造口的护理、尿瘘的识别、新膀胱冲洗的护理、尿失禁的护理干预等内容。

2. 目前认为肾癌与吸烟、肥胖、高血压与抗高血压治疗有着密切的关系，典型的肾癌三联征（血尿、腹部肿块、腰痛）已不多见，外科手术是局限性肾癌首选的治疗方法，术后建议早期下床活动。

3. 前列腺癌病因未明，肿瘤阻塞尿道或侵犯膀胱颈时会产生下尿路症状，观察和主动监测、根治性前列腺切除术、根治性放射治疗为目前主流的治疗方式，护理时需要注意对患者的健康宣教，术后尤其要注意尿失禁的观察与护理，放疗要注意下尿路症状、肠道并发症的识别与护理。

复习参考题

一、单项选择题

1. 膀胱癌确诊的最可靠的检查方法是
   A. 尿脱落细胞学检查
   B. 膀胱镜检查+活检
   C. 膀胱造影
   D. 超声检查
   E. 直肠指诊

2. 关于膀胱冲洗的描述正确的是
   A. 术后常规冲洗7日
   B. 每日冲洗液量为1 000~2 000ml
   C. 冲洗液应保持在0~5℃
   D. 密切观察冲洗液的颜色
   E. 常用的冲洗液为5%葡萄糖

3. 肾癌患者行肾部分切除术后，严格卧床休息，主要目的是
   A. 保护肾功能
   B. 防止泌尿系统感染
   C. 防止肿瘤扩散
   D. 预防深静脉血栓
   E. 防止术后继发性出血

4. **不属于**前列腺癌常用治疗方式的是
   A. 观察等待
   B. 免疫治疗
   C. 根治性前列腺切除术
   D. 放射治疗
   E. 抗雄治疗

5. 肾癌常见的危险因素**不包括**
   A. 遗传
   B. 吸烟
   C. 肥胖
   D. 高血压
   E. 肾结核

参考答案：
1. B 2. D 3. E 4. B 5. E

二、简答题

1. 简述膀胱癌回肠造口的健康教育。

2. 简述前列腺癌外放射治疗的护理。

第三十七章

肾上腺疾病患者的护理

学习目标

知识目标	1. 掌握肾上腺疾病的临床表现和护理措施。
	2. 熟悉肾上腺疾病的病因、病理生理和处理原则。
	3. 了解肾上腺疾病的辅助检查。
能力目标	能运用护理程序对肾上腺疾病患者实施整体护理。
素质目标	具有关心和爱护肾上腺疾病患者的态度和行为；具备团队合作精神。

第一节 皮质醇增多症

导入情景与思考

患者，女，25岁，因"面部、腹部肥胖6个月"入院。体格检查：体温36.4℃，脉搏96次/min，呼吸18次/min，血压165/100mmHg，神志清楚，满月脸，面部痤疮，背部及腹部肥胖，体毛多。辅助检查：CT示"右肾上腺腺瘤"。拟择日行肾上腺腺瘤切除术。

请思考：

1. 该患者手术后如何加强皮肤护理？

2. 术后第1日，该患者突然出现呼吸困难、心率加快、血压下降等表现，最可能发生了什么情况？如何进行护理？

皮质醇增多症（hypercortisolism）又称库欣综合征（Cushing syndrome，CS），是最常见的肾上腺皮质疾病，系肾上腺皮质长期分泌过量糖皮质激素所引起的一系列临床综合征。本病以女性多见，发病年龄多在20~40岁。

【病因与分类】

皮质醇增多症的病因包括：① 肾上腺肿瘤自主分泌大量皮质醇；② 垂体分泌促肾上腺皮质激素（adrenocorticotropic hormone，ACTH）使双侧肾上腺皮质增生并分泌过量皮质醇；③ 异位ACTH综合征，垂体以外的肿瘤分泌过量ACTH使双侧肾上腺皮质增生和分泌过量皮质醇。

皮质醇增多症可分为ACTH依赖性皮质醇症和ACTH非依赖性皮质醇症两大类。ACTH依赖性皮质醇症包括库欣病和异位ACTH综合征；ACTH非依赖性皮质醇症包括肾上腺皮质腺瘤和腺癌。

【临床表现】

皮质醇增多症的典型临床表现主要与糖皮质激素分泌增多有关，导致糖、蛋白质和脂肪代谢异常。

1. 向心性肥胖 是由皮质醇分泌过量引起的脂肪代谢异常和脂肪分布异常。典型表现为满月脸、水牛背、悬垂腹和锁骨上窝脂肪垫，多数伴有体重增加。

2. 高血压和低钾血症 皮质醇具有明显的潴钠排钾作用，导致水钠潴留，血容量上升，血压升高，由于尿钾排出增加，可以出现低钾血症及轻度碱中毒。

3. 负氮平衡引起的临床表现 皮质醇增多症患者蛋白质合成代谢下降，分解代谢加速，机体长期处于负氮平衡状态，易出现以下临床表现：皮肤菲薄、宽大紫纹、毛细血管脆，易出现瘀斑，肌肉萎缩无力，严重骨质疏松致病理性骨折、伤口不易愈合等。

4. 糖尿病及糖耐量减低 过多的糖皮质激素促进糖原异生，同时又抑制组织细胞利用葡萄糖，导致血糖升高，甚至出现糖尿病。

5. 生长发育障碍 过量皮质醇会抑制垂体生长激素的分泌。少儿期患皮质醇增多症，会导致生长发育停滞，青春期延迟。

6. 性功能紊乱 皮质醇增多症不仅直接影响性腺的功能，还可抑制下丘脑促性腺激素释放激素的分泌。多数女性可有月经紊乱、继发性闭经、出现男性化特征的表现；男性则出现阳痿或性功能低下等表现。

7. 精神症状 多数患者伴有不同程度的精神异常，但一般比较轻微，如失眠、注意力不能集中、记忆力减退等，只有少数严重者出现类似忧郁症或精神分裂症的表现。

【辅助检查】

1. 实验室检查

（1）血浆游离皮质醇测定：8:00、16:00和24:00三个时间点分别抽血测定，血浆皮质醇多增高且昼夜分泌节律消失。

（2）24小时尿游离皮质醇及其代谢物测定：24小时尿游离皮质醇含量升高或测定24小时尿17-酮类固醇（17-KS）和尿17-羟皮质类固醇（17-OHCS）含量升高。

（3）血浆ACTH测定：对病因鉴别有参考意义。如持续ACTH>3.3pmol/L，提示ACTH依赖性皮质醇症；如2次ACTH浓度<1.1pmol/L，则提示ACTH非依赖性皮质醇症。

（4）血糖及尿糖测定：部分患者血糖及尿糖升高。

2. 影像学检查

（1）超声：直径大于1cm的肾上腺肿瘤检出率达90%以上。

（2）CT、MRI：对肾上腺疾病定位准确，能发现肾上腺肿瘤，也可发现垂体肿瘤。

3. 试验检查

（1）小剂量地塞米松抑制试验：23:00—24:00口服地塞米松1mg，服药日晨及次日晨8:00抽血查血浆皮质醇。与试验前相比，血皮质醇下降（或抑制）超过50%，是单纯性肥胖症和正常人的表现，而试验后血皮质醇下降不明显，提示皮质醇增多症。

（2）大剂量地塞米松抑制试验：用于判断皮质醇增多症的病因。23:30—24:00口服地塞米松8mg，服药日晨及次日晨8:00抽血查血浆皮质醇。与实验前相比，血皮质醇下降（或抑制）超过50%，提示库欣病，而肾上腺皮质肿瘤或异位ACTH综合征则不被抑制。

【处理原则】

1. 药物治疗　可作为术前准备、预防术后复发或其他治疗效果不佳时的辅助治疗。包括皮质醇生物合成抑制剂和直接作用于下丘脑–垂体水平的药物，常用药物有米托坦、氨鲁米特等。

2. 手术治疗　① 库欣病，应行垂体瘤切除术；② 肾上腺肿瘤、肾上腺癌、结节性肾上腺皮质增生，行肾上腺（肾上腺瘤）切除术；③ 异位ACTH综合征，可切除定位清楚的肿瘤，肿瘤定位不清楚或无法切除的患者，可施行双侧肾上腺全切或一侧全切一侧大部分切除，以减轻症状。目前多采用腹腔镜行肿瘤或肾上腺切除术。

【护理措施】

（一）非手术治疗的护理／术前护理

1. 心理护理　关心患者，向其讲解疾病相关知识，告知患者出现面部和体态等形象改变的原因是糖皮质激素升高，只要配合治疗，根除疾病后自身形象会逐渐改善。

2. 控制血压　遵医嘱按时用药控制血压，告知患者患病期间情绪波动及过度活动都会造成血压骤升。

3. 监测血糖　高血糖患者要监测血糖变化，配合医嘱用药，将血糖控制在正常范围内，以免影响术后伤口愈合。

4. 糖皮质激素替代疗法的护理　由于大量皮质醇激素的长期作用，下丘脑–垂体–肾上腺轴的功能被抑制，为预防术后发生肾上腺危象，患者术前、术中、术后均应补充糖皮质激素，并观察药物的不良反应。遵医嘱术前酌情给予地塞米松或醋酸可的松肌内注射，备好术中用氢化可的松并带入手术室备用。

5. 安全管理　本病常引起骨质疏松、皮肤菲薄、低钾血症、高血压，患者有发生跌倒、坠床、病理性骨折、皮肤受损等的危险，应避免碰撞硬物、摔倒等；并加强皮肤护理，沐浴或擦澡时注意动作要轻柔，避免破损感染。

（二）术后护理

1. 严密监测血压、脉搏、呼吸、体温、疼痛及神志的变化。

2. 饮食与活动　术后肠蠕动恢复后即可进食；身体状况可，术后1~2日可下床活动。

3. 糖皮质激素的应用　一般术中静脉滴注氢化可的松，以免术后出现急性肾上腺危象。术后糖皮质激素的剂量常根据病程的长短和对侧肾上腺的功能而定。用药过程中，严密观察病情，根据病情调整糖皮质激素的剂量至关重要。如患者出现血压下降、头晕、心悸、大汗等症状，遵医嘱立即给予氢化可的松100mg加入5%葡萄糖溶液中静脉滴注。如果症状不缓解，应联合升压药静脉滴注至病情平稳为止。

4. 预防感染　术后遵医嘱给予有效防治感染的抗生素，避免感染的发生。

5. 皮肤护理　由于患者肥胖、皮质薄、抵抗力差，加之手术切口导致的活动受限，易发生压力性损伤。须做好连续评估并设警示标记；保持床单位整洁、平整，皮肤清洁；采取减压敷贴、水垫、气垫床等减压措施。

（三）健康教育

1. 坚持服药　肾上腺部分切除或肾上腺肿瘤切除后，多数患者会出现一段时期的肾上腺皮质功能减退，因此出院后应继续口服小剂量泼尼松片，持续6~12个月。应嘱患者在医生指导下逐步减小剂量，切不可自行停药，以免发生肾上腺危象。

2. 定期复诊　术后10~14日复查血生化及激素指标，糖皮质激素服用期间每3个月复查激素水平，停药后6~12个月复查1次。库欣病10年以上、肾上腺腺瘤5年以上、异位ACTH综合征需终身随访。

第二节　原发性醛固酮增多症

原发性醛固酮增多症（primary hyperaldosteronism，PHA）简称原醛症，是由肾上腺皮质球状带分泌过量醛固酮所致，典型表现为高血压、低钾血症、高醛固酮、低血浆肾素活性、碱中毒、肌无力或周期性瘫痪等，又称康恩综合征（Conn综合征）。

【病因】

病因尚不明确，可能与遗传有关。

【分类与病理】

以特发性醛固酮增多症和醛固酮腺瘤最常见。

1. 特发性醛固酮增多症（idiopathic hyperaldosteronism，IHA）　与垂体产生的醛固酮刺激因子有关，症状多不典型，病理表现为双侧肾上腺球状带增生。

2. 醛固酮腺瘤（aldosterone-producing adenomas，APA）　以单侧肾上腺单个肿瘤多见，临床表现典型，醛固酮的分泌不受肾素及血管紧张素的影响。

3. 单侧肾上腺增生（unilateral adrenal hyperplasia，UNAH）　较少见，多为单侧或以一侧肾上腺结节性增生为主。

4. 肾上腺醛固酮腺癌（aldosterone-producing adrenocortical carcinoma，APAC）　罕见，肿瘤直径常>5cm，形态不规则。进展快，手术、药物和放疗疗效均不理想。

5. 家族性醛固酮增多症（familial hyperaldosteronism，FH）　临床罕见，病因未明，是一种常染色体显性遗传病。

6. 分泌醛固酮的异位肿瘤　极罕见，仅见于少数肾癌和卵巢癌的报告。

【临床表现】

1. 高血压　是原醛症最早出现的症状之一，以舒张压升高为主，且对一般降压药物治疗效果不佳。

2. 低钾血症 疾病早期，由于细胞内钾外移使血钾水平能维持在正常低限，随着病程进展，会出现不同程度的持续性低钾血症，并出现肌肉软弱无力、周期性瘫痪、循环系统症状等相关表现。

3. 失钾性肾脏表现 慢性失钾可导致肾小管上皮细胞空泡变性，肾脏浓缩功能下降，表现为多尿、夜尿增加、尿比重下降等。

【辅助检查】

1. 实验室检查 ① 血生化：低血钾、高血钠、碱中毒。② 尿钾检查：检查24小时尿钾排出量，若超过25~30mmol/L，有临床诊断意义。③ 血、尿醛固酮含量升高。④ 血浆肾素活性降低，激发试验往往无反应。

2. 特殊检查 ① 螺内酯试验：口服螺内酯80~100mg/次，每日3次，2~3周后患者血压下降，血钾升高，尿钾下降，血钠降低，尿钠升高，CO_2 结合力恢复正常，尿pH呈酸性。② 体位试验：站立位肾素和醛固酮分泌增高。③ 钠钾平衡试验：仅适用于诊断有困难者，患者普食情况下钾负平衡，钠平衡；低钠饮食情况下血钾升高，尿钠排出减少。

3. 影像学检查 ① 超声检查：能显示直径>1cm的肾上腺肿瘤。② CT：为肾上腺肿瘤首选检查手段。肾上腺CT平扫加增强可检出直径>5mm的肾上腺肿瘤。

【处理原则】

1. 药物治疗 适用于：① 特发性醛固酮增多症；② 糖皮质激素可控制的原醛症；③ 不能耐受手术或不愿手术的原醛症治疗。常用药物类型：盐皮质激素受体拮抗剂、钙通道阻滞剂、醛固酮合成抑制剂、血管紧张素转换酶抑制药（ACEI）。常用药物：螺内酯、依普利酮、阿米洛利、硝苯地平、氨氯地平、尼卡地平、卡托普利、依那普利、地塞米松等。

2. 手术治疗 醛固酮腺瘤、单侧肾上腺增生、肾上腺醛固酮腺癌、分泌醛固酮的异位肿瘤、由于药物副作用不能耐受药物治疗的特发性醛固酮增多症宜选用手术治疗。目前多采用腹腔镜行肿瘤或肾上腺切除术。

【护理措施】

（一）非手术治疗的护理 / 术前护理

1. 用药护理 遵医嘱使用排钠保钾药物及抗高血压药，如螺内酯、阿米洛利、氨苯蝶啶、卡托普利、硝苯地平等，促使水钠排出，控制高血压，纠正低血钾，并监控血压与血清钾、钠、pH的变化情况。

2. 遵医嘱补充液体，纠正水、电解质代谢紊乱和酸碱平衡失调，口服或静脉补钾。

3. 预防跌倒 由于低钾血症造成的肌无力、周期性瘫痪及抗高血压药引起的体位性低血压，需要预防患者跌倒，做好活动指导，加强防护。

4. 心理护理 为患者讲解相关疾病知识，耐心解释治疗及护理方案，强调情绪激动、焦虑等负性心理对疾病的影响。

（二）术后护理

手术治疗后，应遵医嘱补充液体，控制血压，维持水、电解质平衡，密切监测血压、尿量、血生化等。

（三）健康教育

1. 饮食指导　药物治疗患者应进高蛋白、高热量、高钾、低钠饮食。行手术治疗的患者术后1个月内宜进钠盐丰富食物。

2. 用药指导　手术后需肾上腺皮质激素替代治疗者应坚持遵医嘱服药，在肾上腺功能恢复的基础上，逐渐减量，切勿自行加减药量。

3. 随访指导　定期复查血压、血清电解质、肝肾功能、肾素水平和血醛固酮等，观察其变化，出现不适及时就诊。

第三节　儿茶酚胺增多症

儿茶酚胺增多症（hypercatecholaminemia）是指各种原因引起的血浆儿茶酚胺（包括肾上腺素、去甲肾上腺素和多巴胺）水平异常增高，并由此产生相应临床表现的疾病，常见于肾上腺髓质的嗜铬细胞瘤。

【临床表现】

1. 高血压　是本病的典型症状，常在体位突然变化、持重物、咳嗽、排泄等诱因作用下出现血压突然升高或在持续高血压的基础上血压突然再升高（收缩压可达200~300mmHg，舒张压可达130~180mmHg）。患者常表现为剧烈头痛、心动过速、紧张焦虑、面色苍白、四肢厥冷、恶心、呕吐、腹痛、呼吸困难、头晕、视力模糊等。部分患者还会出现心律失常、心肌缺血的表现。

2. 代谢紊乱　可出现基础代谢率增高、血糖升高、胆固醇升高、低钾血症等。

3. 儿茶酚胺心肌病　是较为严重而特殊的并发症。肿瘤向血液中持续或间断释放大量儿茶酚胺，造成以左心结构和功能受损为主的心肌损害，常以急性心力衰竭、肺水肿为主要临床表现。

【辅助检查】

1. 实验室检查

（1）血儿茶酚胺测定：在高血压发作时测定有重要意义。正常值范围依采用的实验方法而确定。

（2）尿儿茶酚胺、香草扁桃酸（VMA）测定：测定前停用所有药物，再收集尿标本。若患者上述指标出现单项升高，嗜铬细胞瘤诊断符合率达70%，两者均升高，诊断符合率达80%~90%。

2. 影像学检查

（1）超声：多用于普查，肾上腺嗜铬细胞瘤一般直径大于3cm检出率较高。

（2）CT与MRI：诊断符合率可高达90%以上，是目前诊断肾上腺疾病的首选方法。

【处理原则】

主要为手术治疗。单侧肾上腺嗜铬细胞瘤可行患侧肾上腺切除术；双侧肾上腺嗜铬细胞瘤可行双侧肾上腺肿瘤剜除术，或一侧肾上腺全切术，另一侧肿瘤较小者行次全切除术。肾上腺髓质增生属于双侧性病变，可行增生明显一侧肾上腺全切，若效果不佳，可再行对侧肾上腺部分切除。目前多采用腹腔镜行肿瘤或肾上腺切除术。

【护理措施】

（一）非手术治疗的护理/术前护理

由于肾上腺嗜铬细胞瘤患者血液中的儿茶酚胺含量增高，周围血管长期处于收缩状态，血容量低；切除肿瘤后儿茶酚胺减少，血管舒张，导致血压急剧下降，术中、术后出现难以纠正的低血容量性休克，甚至危及生命，因此术前扩容降低心率很有必要。

1. 控制高血压　遵医嘱给予患者抑制儿茶酚胺作用的药物（如酚苄明等），达到降低血压作用。

2. 控制心率　对心动过速者应用β受体阻滞剂，如美托洛尔等。

3. 扩充血容量　术前输液扩容，常用低分子右旋糖酐500ml/d静脉滴注。

4. 避免不良刺激　当肿瘤受按摩或挤压等刺激时，储存于瘤体内的儿茶酚胺会大量释放，导致血压骤升。在进行各种检查操作时，应避免刺激肿瘤区；告知患者避免剧烈运动，变换体位时动作应缓慢，以防血压骤升；避免情绪激动。

（二）术后护理

1. 控制血压　切除肿瘤后，由于血浆中的儿茶酚胺相对不足，血管因张力减低而容积增大，致使血容量相对不足，易出现低血压、心动过速等休克症状。因此术后应密切监测血压、脉搏和心率的变化，及时补充血容量。若肿瘤未切除完全、有原发性高血压或长期高血压使血管壁弹性减弱等，术后仍然可能出现高血压，应密切观察并及时控制血压。

2. 术后严密观察有无肾上腺皮质功能不全的现象　如恶心、呕吐、腹泻、全身酸痛、休克等症状。

（三）健康教育

1. 用药指导　肾上腺皮质激素替代治疗者应遵医嘱坚持服药，在肾上腺功能恢复的基础上，逐渐减量，切忌自行减量；术后血压仍高者，应密切观察血压变化，出现高血压或血压不稳定时，应及时就医。

2. 定期复查　定期复查血儿茶酚胺、血生化等指标，以及时了解病情变化。

（来卫东）

学习小结

1. 皮质醇增多症常表现为向心性肥胖、高血压、低钾血症等，以手术治疗为主，护理重点是术前注意控制血压、血糖，补充糖皮质激素，术后做好用药护理和随访指导。

2. 原醛症主要临床表现为高血压、低钾血症、碱中毒，治疗以手术切除肿瘤或肾上腺为主，术前须监测和控制血压，纠正水钠潴留及低钾血症。

3. 儿茶酚胺增多症主要临床表现是高血压、代谢紊乱、儿茶酚胺心肌病，主要采用肿瘤或肾上腺切除，术前降压、扩充血容量、降低心率，术后严密控制血压、观察有无肾上腺皮质功能不全的表现，做好自我护理及用药、随访指导。

一、单项选择题

1. 嗜铬细胞瘤多发生于
   A. 肾上腺皮质球状带
   B. 肾上腺皮质束状带
   C. 肾上腺皮质网状带
   D. 肾上腺髓质
   E. 周围交感神经节
2. 原醛症出现的代谢紊乱是
   A. 高血钾
   B. 低尿钾
   C. 尿钾排出增加
   D. 血醛固酮水平降低
   E. 血浆肾素水平增高
3. 皮质醇增多症是指
   A. 血糖皮质激素增加
   B. 血 ACTH 增加
   C. 血醛固酮增加
   D. 血糖增加
   E. 血肾素增加
4. 原醛症一般不出现

A. 夜尿增多
B. 头痛、疲乏、视物模糊
C. 高血钾
D. 周期性麻痹
E. 高血压

5. 肾上腺疾病患者的术前护理措施错误的是
   A. 加强心理护理，消除患者焦虑情绪
   B. 做好各项检查，全面提高患者对手术的耐受力
   C. 限制患者活动，防止意外损伤的发生
   D. 儿茶酚胺增多症患者术前无须降压，防止术后低血压
   E. 术前积极纠正水电解质紊乱及血压、血糖等

参考答案：

1. D 2. C 3. A 4. C 5. D

二、简答题

1. 简述原发性醛固酮增多症的临床表现。

2. 简述儿茶酚胺增多症患者的护理措施。

骨折患者的护理

学习目标

知识目标	1. 掌握骨折的现场急救方法；骨折患者的护理措施。 2. 熟悉影响骨折愈合的因素；骨折的常见并发症；常见四肢骨折、脊柱骨折与脊髓损伤、骨盆骨折的临床表现和处理原则。 3. 了解常见四肢骨折、脊柱骨折与脊髓损伤、骨盆骨折的定义、病因、分类和辅助检查。
能力目标	能运用护理程序对骨折患者实施整体护理。
素质目标	具有关心和爱护骨折患者的态度和行为；具备团队合作精神。

第一节　概述

导入情景与思考

患者，女，70岁，因"摔伤后右髋部疼痛伴活动受限1小时"，以"右股骨颈骨折"急诊入院。体格检查：体温36.8℃，脉搏80次/min，呼吸24次/min，血压120/80mmHg；意识清醒、痛苦面容；右髋部压痛，叩击足跟时髋部疼痛加重，右下肢外旋、缩短畸形。辅助检查：X线检查示右股骨颈骨折。患者右下肢行皮牵引术，拟择期行全髋关节置换术。患者十分紧张，担心疾病预后。

请思考：

1. 如何保持该患者右下肢皮牵引的有效牵引？
2. 该患者目前的病情观察主要包括哪些内容？

骨折（fracture）是指骨的完整性和连续性中断。

【病因】

骨折可由创伤和骨骼疾病所致，临床上以创伤性骨折多见。骨髓炎、骨肿瘤等疾病所致骨质破坏，受轻微外力即可发生的骨折，称为病理性骨折。

1. 直接暴力　暴力直接作用于受伤部位造成骨折。如小腿受撞击，于撞击处发生胫腓骨干骨折（图38-1-1）。

2. 间接暴力 力量通过传导、杠杆、旋转和肌肉收缩使肢体远端因作用力和反作用力的关系发生骨折。如跌倒时以手掌撑地，由于上肢与地面的角度不同，暴力向上传导，可致桡骨远端骨折（图38-1-2）。骤然跪倒时，股四头肌猛然收缩，可致髌骨骨折（图38-1-3）。

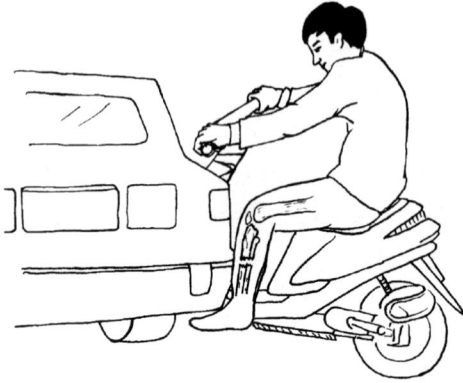

▲ 图38-1-1 直接暴力致小腿发生胫腓骨干骨折

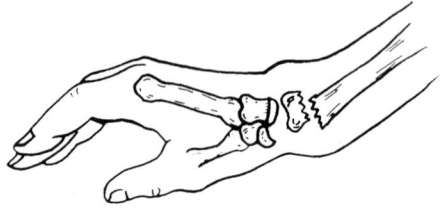

▲ 图38-1-2 间接暴力致桡骨远端骨折

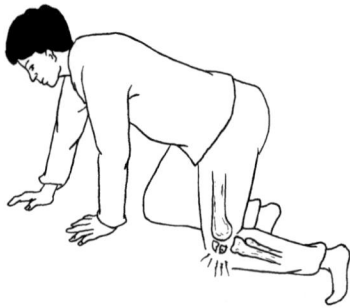

▲ 图38-1-3 间接暴力致髌骨骨折

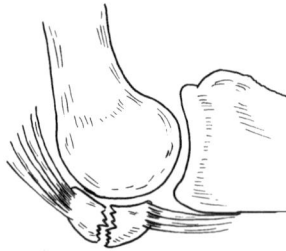

3. 积累应力 长期、反复、轻微的直接或间接损伤可致肢体某一特定部位骨折，如远距离行军易致第2、3跖骨及腓骨下1/3骨干骨折。

【分类】

（一）根据骨折处皮肤、筋膜或骨膜的完整性分类

1. 开放性骨折（open fracture） 骨折处皮肤或黏膜破裂，骨折端与外界相通。如刀枪伤造成骨折处有开放性伤口，尾骨骨折致直肠破裂均属开放性骨折。

2. 闭合性骨折（closed fracture） 骨折处皮肤或黏膜完整，骨折端不与外界相通。

（二）根据骨折的程度和形态分类

按骨折线的方向及形态可分为（图38-1-4）：

1. 横形骨折 骨折线与骨干纵轴接近垂直。

2. 斜形骨折 骨折线与骨干纵轴呈一定角度。

3. 螺旋形骨折　骨折线呈螺旋状。

4. 粉碎性骨折　骨质碎裂成3块以上。

5. 青枝骨折　发生在儿童的长骨，受到外力时，骨干变弯，但无明显的断裂和移位。

6. 嵌插骨折　骨折端相互嵌插，多见于股骨颈骨折，即骨干的密质骨嵌插入骨骺端的松质骨内。

7. 压缩性骨折　松质骨因外力压缩而变形，多见于脊椎骨的椎体部分。

8. 骨骺损伤　骨折线经过骨骺，且断面可带有数量不等的骨组织。

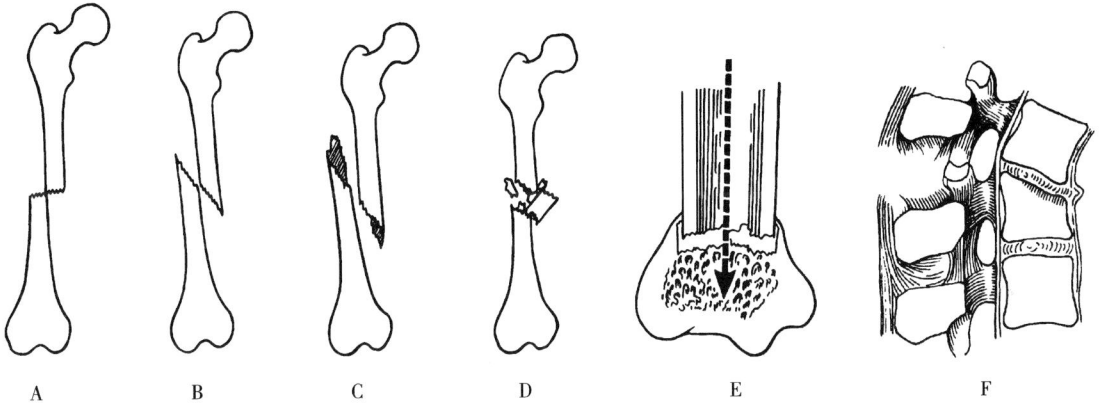

▲ 图38-1-4　骨折分类示意图

A. 横形骨折；B. 斜形骨折；C. 螺旋形骨折；D. 粉碎性骨折；E. 嵌插骨折；F. 压缩性骨折。

（三）根据骨折端的稳定程度分类

1. 稳定性骨折（stable fracture）　骨折端不易发生移位的骨折，如裂缝骨折、青枝骨折、横形骨折、压缩性骨折、嵌插骨折等。

2. 不稳定性骨折（unstable fracture）　骨折端易发生移位的骨折，如斜形骨折、螺旋形骨折、粉碎性骨折等。

【骨折移位】

大多数骨折均有不同程度的移位，常见有以下五种（图38-1-5）。造成各种移位的影响因素主要和外界直接暴力的作用方向有关，不同部位的骨折也可因肌肉牵拉、不恰当搬运而发生移位。

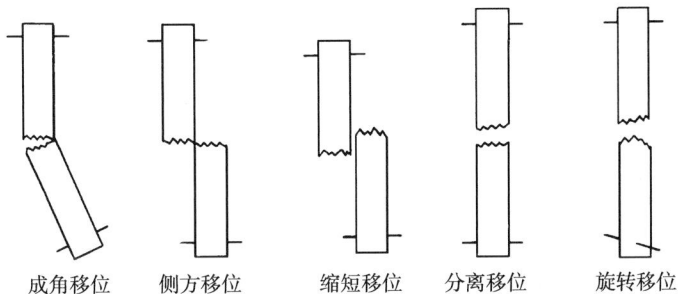

成角移位　　侧方移位　　缩短移位　　分离移位　　旋转移位

▲ 图38-1-5　骨折端不同的移位

【骨折愈合】

（一）骨折愈合过程

根据组织学和细胞学的变化，可将骨折后的愈合过程分为以下三个相互交织、逐渐演进的阶段。

1. 血肿炎症机化期 骨折导致骨髓腔、骨膜下和周围组织血管破裂出血。伤后6~8小时，骨折断端及其周围形成的血肿凝结成血块。严重的损伤和血管断裂可致部分软组织和骨组织坏死，在骨折处引起无菌性炎症反应。新生的毛细血管、吞噬细胞、成纤维细胞侵入血肿，逐渐形成肉芽组织。肉芽组织内成纤维细胞合成和分泌大量胶原纤维，转化成纤维结缔组织，连接骨折两端，称为纤维连接，此过程约需2周。同时，骨折端附近骨外膜的成骨细胞在伤后不久即活跃增生，1周后开始形成与骨干平行的骨样组织，并逐渐延伸增厚。骨内膜在稍晚时也发生同样变化。

2. 原始骨痂形成期 成人一般需3~6个月。骨内、外膜增生，新生血管长入，成骨细胞大量增生，合成并分泌骨基质，使骨折端附近内、外形成的骨样组织逐渐骨化，形成新骨，即膜内成骨。由骨内、外膜紧贴骨皮质内、外形成的新骨，分别称为内骨痂和外骨痂。填充于骨折断端间和髓腔内的纤维组织逐渐转化为软骨组织，软骨组织经钙化而成骨，即软骨内成骨，形成环状骨痂和髓腔内骨痂，即为连接骨痂。连接骨痂与内、外骨痂相连，形成桥梁骨痂，标志着原始骨痂形成。这些骨痂不断钙化加强，当达到足以抵抗肌肉收缩及剪力和旋转力时，骨折达到临床愈合。此时X线片上可见骨折处有梭形骨痂阴影，但骨折线仍隐约可见。

3. 骨痂改造塑形期 这一过程需1~2年。原始骨痂中新生骨小梁逐渐增粗，排列逐渐规则和致密。骨折端的坏死骨经破骨和成骨细胞的侵入，完成死骨清除和新骨形成的爬行替代过程。原始骨痂被板层骨替代，使骨折部位形成坚强的骨性连接，随着肢体活动和负重，根据沃尔夫定律（Wolff定律），骨的机械强度取决于骨的结构，在应力轴线上成骨细胞相对活跃，有更多的新骨生成并形成坚强的板层骨；在应力轴线以外，破骨细胞相对活跃，吸收和清除多余的骨痂。最终髓腔重新沟通，骨折处恢复正常骨结构，在组织学和放射学上不留痕迹。

（二）骨折临床愈合标准

1. 局部无压痛及纵向叩击痛。

2. 局部无异常活动。

3. X线片显示骨折处有连续性骨痂，骨折线模糊。

（三）影响骨折愈合的因素

1. 全身因素 如年龄、营养和健康状况。

2. 局部因素 如骨折的类型、骨折部位的血液供应、软组织损伤程度、软组织嵌入、感染等。

3. 治疗方法 反复多次的手法复位、切开复位时软组织和骨膜剥离过多、开放性骨折清创时过多地摘除碎骨片、持续骨牵引力过大、骨折固定不牢固、过早或不恰当的功能锻炼等。

【临床表现】

（一）全身表现

1. 休克 特别是骨盆骨折、股骨骨折和多发性骨折，其出血量大者可达2 000ml以上。严重开放性骨折或并发重要内脏器官损伤时也可导致休克甚至死亡。

2. 发热 骨折后体温一般正常，出血量较大的骨折可出现低热，但一般不超过38℃。开放性骨折出现高热时，应考虑感染的可能。

（二）局部表现

1. 骨折的一般表现

（1）疼痛和压痛：骨折局部出现剧烈疼痛，移动患肢时加剧，伴明显压痛。

（2）肿胀和瘀斑：骨折时，骨髓、骨膜及周围组织血管破裂出血形成血肿，以及软组织损伤所致水肿，都可使患肢严重肿胀，甚至出现张力性水疱和皮下瘀斑。由于血红蛋白分解，皮肤呈紫色、青色或黄色。

（3）功能障碍：局部肿胀和疼痛使患肢活动受限，完全性骨折可使受伤肢体活动功能完全丧失。

2. 骨折的专有体征

（1）畸形：骨折端移位可使患肢外形发生改变，多表现为缩短、成角或旋转畸形。

（2）反常活动：正常情况下肢体不能活动的部位，骨折后出现异常活动。

（3）骨擦音或骨擦感：骨折后，两骨折端相互摩擦时，可产生骨擦音或骨擦感。

具有以上三个专有体征之一者，即可诊断为骨折。但三者都不出现亦不能排除骨折，如裂缝骨折、嵌插骨折、脊柱骨折及骨盆骨折。

（三）骨折的并发症

1. 早期并发症

（1）休克：严重创伤、骨折引起大出血或重要器官损伤所致。

（2）脂肪栓塞综合征（fat embolism syndrome）：成人多见，由于骨折处髓腔内血肿张力过大，骨髓被破坏，脂肪滴经破裂的静脉窦进入血液循环，从而引起肺、脑、肾等器官脂肪栓塞。通常发生在骨折后48小时内，多发生于粗大的骨干骨折。患者可出现呼吸功能不全、发绀，胸部摄片有广泛性肺实变，缺氧可致烦躁不安、嗜睡，严重者甚至昏迷和死亡。

（3）重要脏器损伤：骨折可导致肝、脾、肺、膀胱、尿道及直肠等损伤，出现相应部位损伤的临床表现。

（4）重要周围组织损伤：骨折导致重要血管、周围神经及脊髓等损伤。

（5）骨筋膜室综合征（osteofascial compartment syndrome）：由骨、骨间膜、肌间隔和深筋膜形成的骨筋膜室内肌肉和神经因急性缺血而产生的一系列早期综合征，好发于前臂掌侧和小腿。多由创伤性骨折后血肿和组织水肿使骨筋膜室内内容物体积增加，或包扎过紧、局部压迫使骨筋膜室容积减小而导致骨筋膜室内压力增高所致。骨筋膜室综合征有5个特有的症状体征，简称5P征：疼痛（pain）、苍白（pallor）、感觉异常（paresthesia）、麻痹（paralysis）及脉搏消失（pulselessness），未及时发现及处理可导致濒临缺血性肌挛缩、缺血性肌挛缩，甚至坏疽。

2. 晚期并发症

（1）坠积性肺炎：多发生于因骨折而长期卧床不起的患者，特别是老年、体弱和伴有慢性病的患者，有时甚至可危及患者生命。

（2）压力性损伤：骨突处受压时，局部血液循环障碍易形成压力性损伤。常见部位有骶骨部、髋部、足跟部等。截瘫患者由于肢体失去神经支配，局部缺乏感觉且血液循环更差，压力性损伤更易发生且更难治愈。

（3）下肢深静脉血栓形成：多见于骨盆骨折或下肢骨折患者。

（4）感染：常见于开放性骨折，若处理不当可致化脓性骨髓炎，是可在开放性骨折早期出现的并发症。

（5）创伤性关节炎：关节内骨折未能准确复位，骨折愈合后使关节面不平整，长期磨损易引起创伤性关节炎，致使关节活动时出现疼痛。

（6）关节僵硬：患肢长时间固定，静脉和淋巴回流不畅，关节周围组织发生纤维粘连，并伴有关节囊和周围肌挛缩，致使关节活动障碍。

（7）损伤性骨化：又称骨化性肌炎。由于关节扭伤、脱位或关节附近骨折，骨膜剥离形成骨膜下血肿；若血肿较大或处理不当，血肿扩大、机化并在关节附近的软组织内广泛骨化，造成严重关节活动功能障碍，多见于肘关节周围损伤。

（8）急性骨萎缩：即损伤所致关节附近的疼痛性骨质疏松，又称为反射性交感神经性骨营养不良。好发于手、足骨折后，典型症状是疼痛和血管舒缩紊乱。疼痛与损伤程度不一致，随邻近关节活动而加剧。血管舒缩紊乱可使骨折早期皮温升高、水肿、汗毛及指甲生长加快，随之皮温低、多汗、皮肤光滑、汗毛脱落、手或足肿胀、僵硬、寒冷、略呈青紫，可达数月之久。

（9）缺血性骨坏死：骨折端的血液供应被破坏，发生该骨折端的缺血性坏死。如腕舟状骨骨折后近侧骨折端缺血性坏死、股骨颈骨折后股骨头缺血性坏死。

（10）缺血性肌挛缩：是骨折最严重并发症之一，是骨筋膜室综合征处理不当的严重后果。可由骨折和软组织损伤直接引起，更常见的原因是骨折处理不当，特别是外固定过紧，一旦发生则难以治疗，常致严重残疾。典型的畸形是爪形手（图38-1-6）或爪形足。

▲ 图38-1-6 前臂缺血性肌挛缩后的典型畸形——爪形手

【辅助检查】

1. X线检查　首选且常规的检查方法。可以了解骨折的类型和骨折端移位情况，对于骨折的治疗具有重要指导意义。X线检查应拍摄包括邻近一个关节在内的正、侧位片，必要时应拍摄特殊位置的X线片。

2. CT和MRI　可发现结构复杂的骨折及其邻近组织的损伤情况。

【处理原则】

严重的骨折，首先应进行骨折急救。骨折急救的目的是用最简单而有效的方法抢救生命、保护患肢并迅速转运。

骨折的治疗有三大原则，即复位、固定和功能锻炼。

（一）复位

骨折的复位是将移位的骨折段恢复正常或接近正常的解剖关系，重建骨的支架作用。

1. 复位标准

（1）解剖复位：骨折段恢复了正常的解剖关系，对位和对线完全良好。

（2）功能复位：骨折段虽未恢复正常的解剖关系，但骨折愈合后对肢体功能无明显影响。

2. 复位方法

（1）手法复位：又称闭合复位，适用于大多数骨折。其步骤包括解除疼痛、松弛肌肉、对准方向和拔伸牵引。

（2）切开复位：指手术切开骨折部位的软组织，暴露骨折端，在直视下将骨折复位。

（二）固定

将骨折断端维持在复位后的位置，使其在良好对位情况下达到牢固愈合。常用方法有外固定和内固定两类。

1. 外固定（external fixation） 常用的外固定有夹板、持续牵引、石膏绷带、支具和骨外固定器等。

（1）夹板：适用于四肢闭合性、无移位、稳定性骨折。

（2）持续牵引：既有复位作用，也是外固定。常用方法有3种：① 皮牵引，又称间接牵引，是利用包压于患肢皮肤上的海绵带与皮肤的摩擦力，通过滑轮装置及肌肉在骨骼上的附着点，将牵引力传递到骨骼；例如股骨颈骨折行下肢海绵带牵引（图38-1-7）。② 骨牵引，又称直接牵引，是将不锈钢针穿入骨骼的坚硬部位，通过牵引钢针直接牵引骨骼；例如颈椎骨折脱位行颅骨牵引（图38-1-8），股骨骨折行股骨髁上或胫骨结节骨牵引（图38-1-9），胫骨骨折行跟骨牵引（图38-1-10）。③ 兜带牵引，利用布带或海绵兜带兜住身体突出部位施加牵引力，例如颈椎骨折脱位行枕颌带牵引（图38-1-11），骨盆骨折行骨盆悬吊牵引（图38-1-12）。应根据患者的年龄、骨折部位、肌肉发达程度和软组织的损伤情况等来选择牵引的方法和牵引重量。

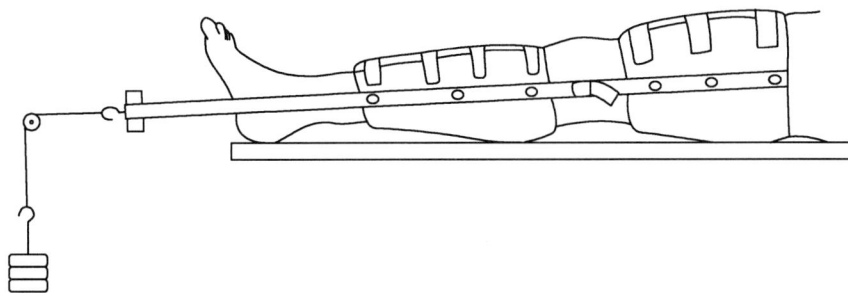

▲ 图38-1-7　下肢海绵带牵引

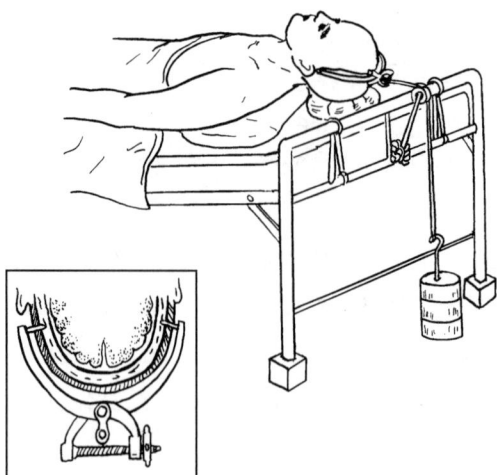

▲ 图38-1-8 颅骨牵引

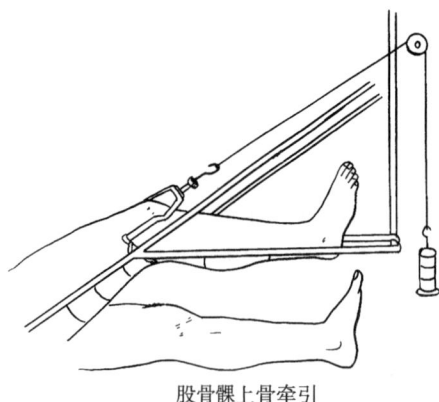

股骨髁上骨牵引 · 胫骨结节骨牵引

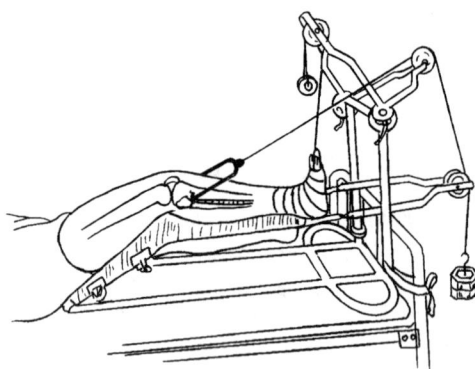

▲ 图38-1-9 股骨骨折骨牵引

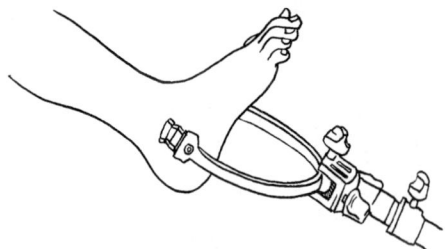

▲ 图38-1-10 跟骨牵引

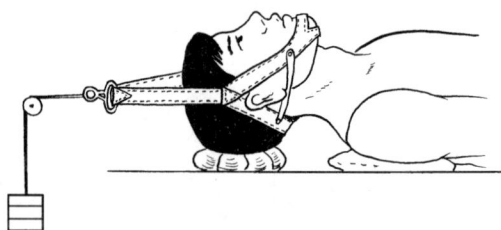

▲ 图38-1-11 枕颌带牵引

（3）石膏绷带（plaster bandage）：适用于骨关节损伤及术后固定（图38-1-13）。

（4）头颈及外展支具固定：前者主要用于颈椎损伤，后者用于肩关节周围骨折、肱骨骨折及臂丛神经损伤等。

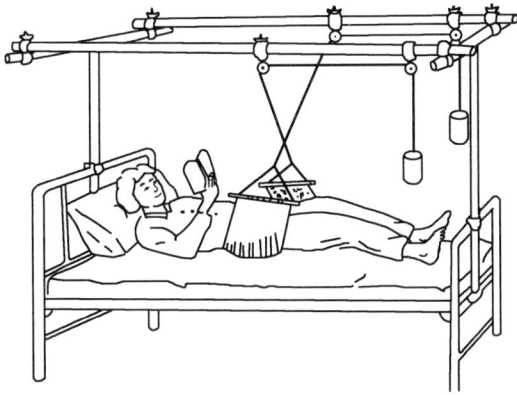

▲ 图38-1-12 骨盆悬吊牵引

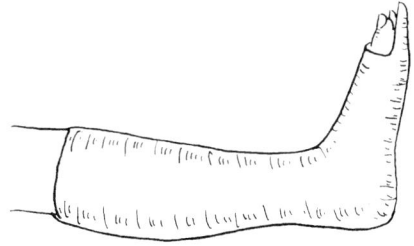

▲ 图38-1-13 小腿石膏绷带固定

（5）骨科固定支具：适用于四肢闭合性的稳定性骨折，尤其是四肢稳定性骨折、青枝骨折及关节软组织损伤。

（6）骨外固定器（图38-1-14）：适用于开放性骨折、闭合性骨折伴广泛软组织损伤、骨折合并感染或骨折不愈合、截骨矫形或关节融合术后。

2. 内固定 主要用于切开复位后，采用金属内固定物，如接骨板、螺丝钉、带锁髓内钉或加压钢板等（图38-1-15），将已复位的骨折段予以固定。

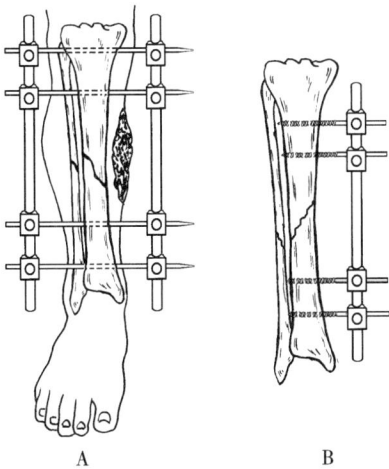

▲ 图38-1-14 骨外固定器
A. 双边外固定器；B. 单边外固定器。

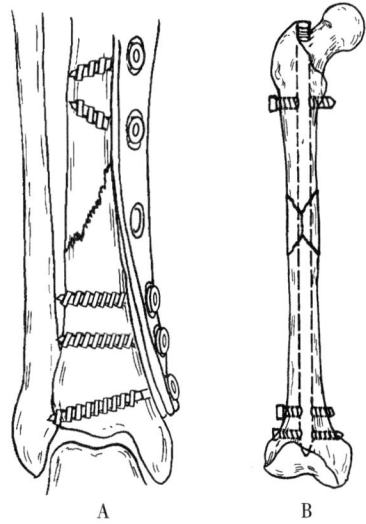

▲ 图38-1-15 骨折内固定
A. 金属接骨板内固定；B. 带锁髓内钉内固定。

（三）功能锻炼

在不影响固定的情况下，患者应在医务人员指导下尽快开展合理的功能锻炼。

1. 早期阶段 骨折后1~2周，促进患肢血液循环，消除肿胀，防止废用综合征。以肌肉等长收缩运动锻炼为主。

2. 中期阶段　骨折2周以后，逐渐增加患肢的运动范围和运动强度。在助行器的帮助下进行功能锻炼。

3. 晚期阶段　骨折已达临床愈合标准，外固定支具已拆除，应加强关节活动范围和肌力的锻炼。

知识拓展　|　骨筋膜室综合征的治疗

骨筋膜室综合征的早期处理：去除各种可能导致骨筋膜室压力升高的诱因，使用相关药物消肿（如甘露醇、地塞米松等）；镇痛和低流量给氧；30分钟内重新评估病情，一旦病情进展，立即行骨筋膜室切开减压。

手术处理：所有骨筋膜室都必须彻底减压，一旦确诊，6~8小时内必须手术切开减压。小腿骨筋膜室综合征的最佳处理方法是胫骨双侧长切口，清除所有坏死组织，术后伤口关闭可选择敷料覆盖、植皮，或肿胀消退后二期直接缝合。

预后：骨筋膜室综合征晚期一旦肌肉坏死、溶解，隔室释放坏死物质导致感染风险增加，可能需要彻底切除隔室内坏死组织，病情严重、危及生命时可考虑截肢，同时密切关注脏器功能，全身辅助治疗。

【护理评估】

（一）术前评估

1. 健康史

（1）一般情况：年龄、性别、婚姻、职业和运动爱好等。

（2）外伤史：受伤的时间、原因和部位，受伤时的体位、症状和体征，搬运方式、急救情况，有无昏迷史和其他部位复合伤等。

（3）既往史：有无骨质疏松、骨折、骨肿瘤病史或手术史。

（4）家族史：家族中是否有相关遗传疾病的病史。

2. 身体状况

（1）症状与体征：骨折的一般表现和体征；皮肤完整性，开放损伤的范围、程度和污染情况；有无其他合并伤，如神经、血管或脊髓损伤；有无骨折后并发症；神志、生命体征等。

（2）辅助检查：X线、CT、MRI及其他有关手术耐受性检查（如心电图、肺功能检查等）结果。

3. 心理–社会状况　患者对疾病的认知程度，对治疗方案和疾病预后的顾虑和思想负担；家属对患者的关心、支持程度；家庭对手术的经济承受能力。

（二）术后评估

1. 术中情况　手术和麻醉的方式与效果、骨折修复情况、术中出血、补液、输血情况和术后诊断。

2. 身体状况　外固定是否维持有效；肢体功能情况；是否出现术后并发症。

3. 心理-社会状况　患者有无焦虑、抑郁、自暴自弃等负性情绪；康复训练和早期活动是否配合；是否知晓出院后的继续治疗。

【常见护理诊断/问题】

1. 急性疼痛　与骨折部位神经损伤、软组织损伤、肌肉痉挛和水肿有关。

2. 有外周神经血管功能障碍的危险　与骨和软组织损伤、外固定不当有关。

3. 躯体移动障碍　与骨折、牵引或石膏固定有关。

4. 潜在并发症：休克、脂肪栓塞综合征、骨筋膜室综合征、静脉血栓栓塞症、关节僵硬、肌肉萎缩等。

【护理目标】

1. 患者疼痛减轻或消失。

2. 患肢末端皮肤温度和颜色正常，末梢动脉搏动有力，感觉正常。

3. 患者能够在不影响外固定情况下有效移动。

4. 患者未出现并发症，或并发症得到及时发现和处理。

【护理措施】

（一）现场急救

1. 抢救生命　严重骨折者，常合并其他组织和器官的损伤。应评估患者全身情况，优先处理休克、昏迷、呼吸困难、窒息或大出血等威胁生命的紧急情况。

2. 包扎止血　绝大多数伤口出血可加压包扎止血，大血管出血时可用止血带止血，最好使用充气式止血带止血，并记录所用压力和时间。伤口用无菌敷料或清洁布类包扎，减少再污染。若骨折端已戳出伤口并已污染，不应将其现场复位，以免将污物带入伤口深处。若在包扎时，骨折端自行滑入伤口内，应做好记录，以便在清创时进一步处理。

3. 妥善固定　固定是骨折急救的重要措施。凡疑有骨折者均应按骨折处理，避免过多搬动。患肢肿胀严重时可用剪刀将患肢衣物剪开。骨折有明显畸形，并穿破软组织或损伤附近重要血管、神经时，可适当牵引患肢，待稳定后再行固定。固定物可用特制的夹板，或就地取材，如木板、木棍、树枝等。若无任何可利用的材料，上肢骨折时可将患肢固定于胸部，下肢骨折时可将患肢与对侧健肢捆绑固定。对疑有脊柱骨折者应尽量避免移动，可采用平托法或滚动法移动患者。

4. 迅速转运　现场初步处理后，迅速转往就近医院进行后续治疗。

（二）非手术治疗的护理/术前护理

1. 病情观察　观察患者意识、生命体征、患肢固定和愈合情况，患肢肢端颜色、皮温、动脉搏动、感觉和运动等。若发现患肢发绀、肿胀、疼痛、麻木、动脉搏动减弱或消失，患肢和健肢的皮肤感觉、运动不同时，应立刻告知医生处理。对牵引和石膏固定患者，还应密切观察牵引重量是否过大、局部包扎有无过紧等。

2. 疼痛护理　评估患者疼痛的部位、程度、性质、持续时间等。疼痛较轻时可以鼓励患者分散注意力以缓解疼痛，也可用局部冷敷法或抬高患肢的方法来减轻水肿以缓解疼痛。热疗和按摩可减轻肌肉痉挛引起的疼痛。疼痛严重时可遵医嘱给予镇痛药。护理操作时动作应轻柔准确，严禁粗暴搬动骨折部位。对于伤口感染引起的疼痛，应及时清创并应用抗生素等进行治疗。

3. 体位与功能锻炼　骨折复位后，应遵医嘱将患肢维持于固定体位，循序渐进地进行患肢功能锻炼，其他未固定的肢体可正常活动。

4. 加强营养　指导患者进高热量、高蛋白、高维生素、高钙饮食，多饮水。阳光充足时，适当增加室外活动以促进钙的吸收。对不能到户外晒太阳者，注意增加鱼肝油滴剂、维生素D等的摄入。

5. 心理护理　向患者及家属解释骨折的愈合是一个循序渐进的过程，有效固定和正确的功能锻炼对骨折愈合和肢体功能恢复非常重要。对有骨折后遗症者，应加强沟通，尽量减轻患者和家属的心理负担。

（三）牵引期间的护理

1. 病情观察　观察患者生命体征、穿刺点渗血渗液、肢体感觉和运动、血液循环及皮肤完整性等情况。颅骨牵引术后还应关注患者的意识和神经系统症状；枕颌带牵引时，应关注是否因牵引带压迫而出现呼吸困难、窒息；下肢皮牵引时，应关注是否因腓总神经损伤导致足下垂畸形。

2. 保持有效牵引

（1）防止牵引带或牵引弓松脱：皮牵引时，检查牵引带有无松脱；颅骨牵引时，定期检查牵引弓螺母是否拧紧，防止其脱落。

（2）牵引重锤保持悬空：牵引期间，牵引方向与被牵引肢体长轴应成直线，不可随意放松牵引绳，不能擅自改变体位，不可随意增减牵引重量。

（3）保持反牵引力：颅骨牵引时，应抬高床头；下肢牵引时，抬高床尾15~30cm；若身体移位，抵住床头或床尾，及时调整。

（4）避免过度牵引：每日测量被牵引肢体长度，并与健侧进行对比；也可通过X线检查了解骨折对位情况，及时调整牵引重量。皮牵引一般不超过5kg；骨牵引重量根据患者病情、部位和体重确定，下肢牵引重量一般是体重的1/10~1/7，颅骨牵引重量一般为6~8kg，不超过15kg。

3. 并发症的观察及预防

（1）血管和神经损伤：皮牵引时，牵引带包裹的松紧度以能伸进1~2个手指为宜。下肢皮牵引时，在膝外侧垫棉垫，定时观察患肢背伸、趾屈功能，防止因腓总神经受压而引起足下垂。

（2）牵引针眼感染：牵引针安置成功后，使用无菌敷料保护针眼。如出现渗血、渗液应及时换药，无菌敷料覆盖。若在此期间无渗血、渗液，3日后去除无菌敷料。若针眼处有红肿、疼痛、大量渗液或感染，则采用外科换药，直至针眼处干燥、无红肿。感染严重时须拔除钢针，改变牵引位置。骨牵引针两端套上软木塞或胶盖小瓶。牵引针若向一侧偏移，则需消毒后调整。

（3）压力性损伤：定时翻身，在可能发生压力性损伤的部位放置软垫或减压贴。

（4）足下垂畸形：主要与腓总神经受压、踝关节未置于功能位及患肢缺乏功能锻炼有关。行下肢牵引时，注意不能压迫腓骨小头，以免压迫腓总神经。可用防垂足托、防垂足鞋、防垂足板等将踝关节置于功能位，在病情允许时，定时做踝关节活动。

（5）过牵综合征：过度牵引导致骨折段断端分离，从而发生骨折延迟愈合或不愈合，如出现，需要及时调整牵引重量。

（6）长期卧床患者还可能出现坠积性肺炎、下肢深静脉血栓、关节僵硬等并发症，应注意卧床时进行深呼吸、有效咳嗽，加强肢体功能锻炼。

（四）石膏绷带固定护理

1. 石膏干固前

（1）加快干固：石膏自然风干需24~72小时。可选择开窗通风，用烤灯、红外线照射等烘干，以及用热风机吹干等方法加快石膏干固。

（2）搬运：用手掌平托石膏固定的肢体，切忌用手指抓捏石膏。

（3）体位：抬高患肢20~30cm，以防肢体肿胀及出血，下肢石膏应防足下垂及足外旋。

（4）保暖：寒冷季节注意患肢保暖，未干固的石膏需要覆盖毛毯时应用支架托起。

2. 石膏干固后

（1）病情观察：密切观察石膏固定肢体的肢端是否有血液循环受阻或神经受压征象。若因患肢肿胀或石膏包扎过紧，出现肢体血液循环受阻现象，应立即放平肢体，并告知医生全层剪开固定的石膏，严重者须拆除石膏，甚至行肢体切开减压术。

（2）保持石膏清洁、干燥：石膏污染后用布蘸少量洗涤剂擦拭，清洁后立即擦干。断裂、变形和严重污染的石膏应及时更换。

（3）体位：四肢包扎石膏时应抬高患肢，适当支托。下肢石膏固定应防足下垂及足外旋。

（4）保持有效固定：肢体肿胀消退或肌肉萎缩可导致原石膏失去固定作用，必要时应重新更换。

（5）皮肤护理：协助石膏固定术后患者翻身时，需双手平托石膏固定处，患肢以软枕垫高，一般高于心脏15~30cm，每次翻身均应检查皮肤情况。

3. 并发症的护理

（1）骨筋膜室综合征：参见本节骨筋膜室综合征内容。

（2）化脓性皮炎：① 原因，多由石膏塑形不佳，石膏未干固时搬运或放置不当等导致石膏凹凸不平引起；部分患者可能用异物搔抓石膏内皮肤，导致局部皮肤受损。② 表现，局部持续性疼痛、形成溃疡、有恶臭及脓性分泌物流出或渗出石膏。③ 处理，一旦发生应及时开窗检查及处理。

（3）石膏综合征：① 原因，躯干石膏包裹过紧，影响患者呼吸及进食；手术刺激神经及后腹膜致神经反射性急性胃扩张；过度寒冷、潮湿等导致胃肠功能紊乱。② 表现，躯干石膏固定者出现反复呕吐、腹痛，甚至呼吸窘迫、面色苍白、发绀、血压下降等。③ 预防，缠绕石膏绷带时不可过紧，上腹部应充分开窗；调整室内温度在25℃左右、湿度为50%~60%；嘱患者少量多餐，避免过快过饱及进食产气多的食物等。④ 处理，调整饮食、充分开窗等；严重者应立即拆除石膏，给予禁食、胃肠减压及静脉补液等处理。

（4）废用综合征：骨质疏松、关节僵硬、肌肉萎缩等，石膏固定期间应加强未固定肢体的功能锻炼。

（5）出血：创面出血时，血液或渗出液可能渗出石膏外，应用记号笔标记渗出范围、日期，并详细记录。如血迹不断扩大须及时告知医生，必要时协助医生开窗以彻底检查。

（6）其他：长期卧床患者还可能出现压力性损伤、坠积性肺炎、便秘和泌尿系统感染等并发症，应加强观察并及时处理。

4. 石膏拆除 拆除石膏前向患者解释，使用石膏锯时可有振动、压迫及热感，但无痛感，不会切到皮肤。石膏拆除后，可能有肢体减负的感觉。石膏下的皮肤可有一层黄褐色的痂皮或死皮、油脂等，其下的新生皮肤较为敏感，应避免搔抓。可用温水清洗后，涂一些润肤霜保护皮肤，每日局部按摩。

知识拓展 | **骨科围手术期疼痛管理的原则**

1. 按时给药、定时疼痛评估、实时药物调整 可采用数字分级评分法（NRS）或视觉模拟评分法（VAS）评估骨科患者围手术期疼痛，VAS分数为0~3分时可维持用药方案，4~6分时需要调整镇痛药物或增加其他镇痛途径。

2. 术前宣教 缓解患者紧张情绪，促使患者遵医嘱按时服药，配合围手术期疼痛的控制。

3. 关注睡眠和情绪变化 睡眠障碍、抑郁、焦虑等情绪变化放大了患者的疼痛信号，疼痛又会加重患者的睡眠及情绪障碍，有效的睡眠及情绪调节有助于缓解围手术期疼痛。

4. 减少伤害性刺激 术中贯穿微创理念，提高操作的精准性，缩短手术时间，减少对手术部位邻近组织的牵拉和干扰，减少组织损伤引起的刺激与炎症反应，有助于减轻术后疼痛。

5. 抑制炎症反应 围手术期限时、限量应用纤溶抑制剂和/或糖皮质激素可有效抑制炎症反应，减轻疼痛。

6. 预防性镇痛 在疼痛发生之前采取有效的预防措施，预防和抑制中枢疼痛敏化，提高疼痛阈值，打断疼痛链，减轻术后疼痛；同时有助于患者保持良好的睡眠和情绪，预防、避免急性疼痛转为慢性疼痛。

7. 多模式与个体化镇痛 将不同作用机制的药物和镇痛方法组合在一起，提高镇痛效果，降低单一用药的用药剂量，减少药物不良反应。实施个体化镇痛方案，因人而异进行疼痛管理。

8. 控制运动疼痛 骨科患者术后需要尽早进行功能锻炼，术后镇痛需要重点关注运动疼痛，VAS分数控制在3分左右不影响功能锻炼。

（五）术后护理

术后鼓励患者积极进行功能锻炼，早期下床活动。

（六）健康教育

1. 安全指导 指导患者及家属评估家庭环境的安全性，去除可能影响患者活动的障碍物，教会患者使用助行器。患者行走练习时需要专人陪护，防止跌倒。

2. 功能锻炼 向患者及家属讲解坚持功能锻炼的重要性和锻炼方法。

3. 复查 告知患者复查的时间，如出现疼痛明显加剧、肢体末端血运障碍、外固定松动等应立即复诊。

【护理评价】

1. 患者疼痛是否减轻或消失。

2. 患肢肢端皮肤温度、颜色、感觉和活动是否正常，末梢动脉搏动是否有力。

3. 患者能否在不影响外固定情况下有效移动。

4. 患者是否发生并发症，或并发症是否被及时发现和处理。

第二节 常见四肢骨折

导入情景与思考

患者，女，58岁，因"跌倒后左手腕部疼痛伴活动受限2小时"，以"左桡骨远端骨折"急诊入院。患者2小时前因路滑跌倒，左手掌撑地后手腕部剧烈疼痛，活动受限。体格检查：体温36.5℃，脉搏86次/min，呼吸20次/min，血压118/70mmHg；左手腕部明显肿胀和畸形。辅助检查：X线检查示左桡骨远端向背侧和桡侧移位。

请思考：

1. 该患者桡骨远端向背侧和桡侧移位时，可出现哪种典型畸形？

2. 患者拟行手腕部骨折切开复位内固定及石膏绷带固定，术后如何指导患者进行功能锻炼？

一、肱骨干骨折

肱骨干骨折（fracture of shaft of humerus）是发生在肱骨外科颈下1~2cm至肱骨髁上2cm范围内的骨折。在肱骨干中下1/3段后外侧有桡神经沟，故此处骨折容易发生桡神经损伤。

【病因】

可由直接暴力或间接暴力引起。直接暴力常由外侧打击肱骨干中部，致横形或粉碎性骨折。间接暴力常由手部或肘部着地，外力向上传导，加之身体倾倒所产生的剪应力，导致中下1/3骨折。有时投掷运动或"掰腕"也可引起中下1/3骨折，多为斜形或螺旋形骨折。骨折端多有移位。

【临床表现】

1. 症状 患侧上臂疼痛、肿胀、皮下瘀斑，上肢活动障碍。

2. 体征 患侧上臂可见畸形、假关节活动、骨擦感/骨擦音。合并桡神经损伤时，可出现垂腕畸形，各手指掌指关节不能背伸，拇指不能伸直，前臂旋后障碍，手背桡侧皮肤感觉减退或消失。

【辅助检查】

X线检查可确定骨折类型和移位方向。

【处理原则】

1. 手法复位外固定 复位后比较稳定的骨折，可用U形石膏固定；中、下端长斜形或长螺旋形骨折，手法复位后不稳定，可采用轻质上肢悬垂石膏固定，以免重量太大，导致骨折端分离，在固定期间应严密观察骨折对位对线情况。

2. 切开复位内固定 在切开直视下尽可能达到解剖复位。用外固定架、加压钢板螺钉或带锁髓内钉内固定，术后可早期进行功能锻炼。

【护理措施】

1. 病情观察 观察患肢感觉、运动功能，观察石膏绷带或夹板固定的松紧度。评估患者疼痛。

2. 局部制动 用吊带或三角巾将患肢托起，以利于静脉回流。

3. 功能锻炼 复位术后早期进行功能锻炼。抬高患肢，主动练习手指屈伸活动，并进行上臂肌肉的主动舒缩运动，但禁止做上臂旋转运动。2~3周后，开始进行腕、肘关节屈伸活动和肩关节的外展、内收活动，但活动量不宜过大，逐渐增加活动量和活动频率；6~8周后加大活动量，并做肩关节旋转活动。

二、肱骨髁上骨折

肱骨髁上骨折（supracondylar humeral fracture）指肱骨干与肱骨髁交界处发生的骨折。在肱骨髁内、前方有肱动脉和正中神经经过，肱骨髁的内侧和外侧有尺神经和桡神经，骨折断端向前或侧方移位时可损伤相应神经血管。肱骨髁上骨折多发生于10岁以下儿童，儿童期肱骨下端有骨骺，若骨折线穿过骺板，则可能影响骨骺发育，导致肘内翻或外翻畸形。

【病因与分类】

肱骨髁上骨折多为间接暴力引起。根据暴力类型和骨折移位方向，可分为伸直型和屈曲型（图38-2-1），其中伸直型占97%。

1. 伸直型 跌倒时手掌着地，肘关节处于半屈曲或伸直位，暴力经前臂向上传递，同时身体前倾，自上而下产生剪应力，使肱骨干与肱骨髁交界处发生骨折。通常骨折近端向前下方移位，远端向后上方移位。如果跌倒的同时遭受侧方暴力，可发生尺侧或桡侧移位。

2. 屈曲型 跌倒时肘后方着地，肘关节处于屈曲位，暴力传导至肱骨下端，导致骨折。通常骨折近端向后下方移位，远端向前上方移位，很少并发神经和血管损伤。

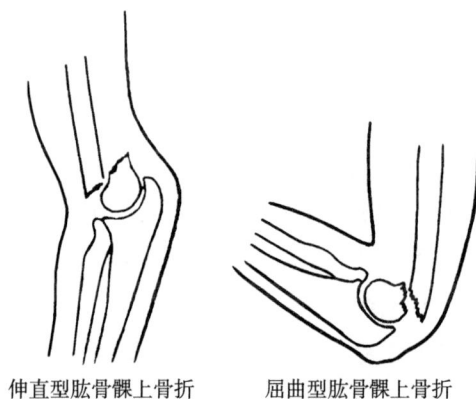

伸直型肱骨髁上骨折 　　　 屈曲型肱骨髁上骨折

▲ 图38-2-1　肱骨髁上骨折典型移位

【临床表现】

1. 症状 儿童有手着地受伤史，肘部肿胀、疼痛、皮下瘀斑、功能障碍，肘后凸起，患肢处于半屈曲位。

2. 体征 局部明显压痛和肿胀，有骨擦音及异常活动，肘部可扪及骨折断端，肘后三角关系正常。若正中神经、尺神经或桡神经受损，可有手臂感觉、运动功能异常。若合并肱动脉损伤，可有前臂缺血表现。屈曲型肱骨髁上骨折时，由于肘后方软组织较少，骨折端锐利，可刺破皮肤形成开放性骨折。

【辅助检查】

肘部正、侧位X线检查能够确定骨折的类型，并判断骨折移位情况。

【处理原则】

1. 手法复位外固定　受伤时间短，局部肿胀轻，没有血液循环障碍者，可进行手法复位外固定。复位后用后侧石膏托在屈肘位固定4~5周。

2. 切开复位内固定　手法复位困难、复位失败，小的开放伤口、污染不重，或有神经血管损伤者，可在切开直视下复位后用交叉克氏针内固定。

3. 并发症处理　若发现患肢存在骨筋膜室高压，应紧急处理，防止前臂缺血性肌挛缩的发生。儿童骨折复位时，若桡侧或尺侧移位未被纠正，或并发骨骺损伤，则骨折愈合后可出现肘内翻或外翻畸形。不严重的畸形可在儿童生长发育过程中逐渐得到纠正。若畸形有加重的趋势，合并有功能障碍者，可在12~14岁时行肱骨下端截骨矫正术。

【护理措施】

1. 病情观察　观察石膏绷带或夹板固定的松紧度，必要时予以调整；观察前臂血液循环、肿胀程度、桡动脉搏动情况及手的感觉、运动情况。

2. 局部制动　抬高患肢，用吊带或三角巾将患肢托起。

3. 功能锻炼　复位固定后尽早开始手指及腕关节屈伸活动，并进行上臂肌肉的主动舒缩运动，如握拳和手指活动。4~6周外固定解除后，开始进行肘关节屈伸活动。手术切开复位且内固定稳定的患者，术后2周即可开始肘关节活动。

三、前臂双骨折

尺桡骨双骨折（fracture of radius and ulna）较多见，以青少年多见。因骨折后常伴复杂的移位，复位十分困难，易发生骨筋膜室综合征。

【病因与分类】

可由直接暴力、间接暴力和扭转暴力导致。有时暴力因素复杂，难以分析确切因素（图38-2-2）。

1. 直接暴力　多由重物直接打击、机器或车轮的直接挤压或刀砍伤，引起同一平面的横形或粉碎性骨折，多伴有不同程度的软组织损伤，包括肌肉、肌腱断裂、神经血管损伤等。

2. 间接暴力　常为跌倒时手掌着地，引起低位尺骨斜形骨折。

3. 扭转暴力　跌倒时手掌着地，同时前臂发生旋转，导致不同平面的尺骨和桡骨螺旋形或斜形骨折。多为高位尺骨骨折和低位桡骨骨折。

【临床表现】

1. 症状　受伤后，患侧前臂出现疼痛、肿胀、畸形及功能障碍。

2. 体征　反常活动、骨擦音或骨擦感。尺骨上1/3骨干骨折可合并桡骨头脱位，称为蒙泰贾（Monteggia）骨折。桡骨干下1/3骨折合并尺骨小头脱位，称为加莱亚齐（Galeazzi）骨折。

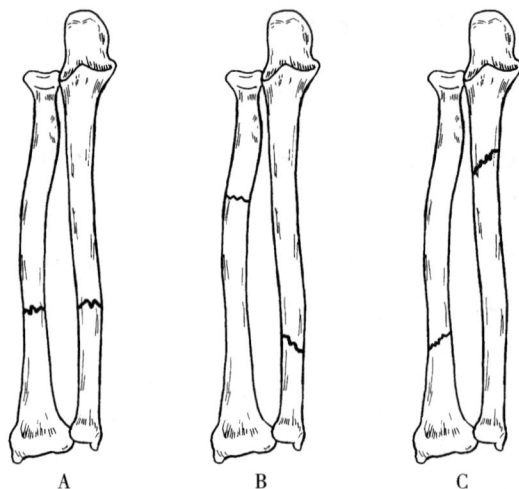

▲ 图38-2-2　尺桡骨双骨折的类型

A. 由直接暴力引起的骨折；B. 由间接暴力引起的骨折；C. 由扭转暴力引起的骨折。

【辅助检查】

X线检查应包括肘关节或腕关节，可发现骨折的部位、类型、移位方向，以及是否合并有桡骨头脱位或尺骨小头脱位。

【处理原则】

1. 手法复位外固定　除要达到良好的对位、对线外，应特别注意防止畸形和旋转。复位成功后可采用上肢前、后石膏夹板固定，待肿胀消退后改为上肢石膏管型固定，一般8~12周可以达到骨性愈合。也可采用夹板固定，再用三角巾悬吊患肢。

2. 切开复位内固定　在直视下准确对位，用加压钢板螺钉固定或髓内钉固定。

【护理措施】

1. 病情观察　注意观察患肢肢端皮肤的颜色、温度、肿胀程度、感觉、运动功能及桡动脉搏动情况，警惕骨筋膜室综合征的发生。定时检查外固定松紧度是否合适。

2. 局部制动　支持并保护患肢在复位后体位，防止腕关节旋前或旋后。

3. 功能锻炼　复位固定后尽早开始手指屈伸活动、上臂和前臂肌肉的主动收缩运动。2周后开始练习腕关节活动，4周以后进行肘关节、肩关节活动，8~10周后X线检查证实骨折已愈合，方可行前臂旋转活动。

四、桡骨远端骨折

桡骨远端骨折（distal fracture of radius）是指距桡骨远端关节面3cm以内的骨折，好发于有骨质疏松的中老年女性。

【病因与分类】

多由间接暴力引起。因跌倒时手部着地，暴力向上传导，发生桡骨远端骨折。根据受伤的机制不同，可分为伸直型桡骨远端骨折、屈曲型桡骨远端骨折、桡骨远端关节面骨折伴腕关节脱位。

1. 伸直型桡骨远端骨折〔科利斯（Colles）骨折〕　最多见，多因跌倒时手掌着地、腕关节背伸、前臂旋前受伤。

2. 屈曲型桡骨远端骨折〔史密斯（Smith）骨折〕　常由跌倒时腕关节屈曲、手背着地受伤所致，也可由腕背部受直接暴力打击所致，也称为反Colles骨折。

3. 桡骨远端关节面骨折伴腕关节脱位〔巴顿（Barton）骨折〕　是桡骨远端骨折的一种特殊类型，在腕背伸、前臂旋前位跌倒，桡骨关节背侧骨折，腕关节背侧移位；当跌倒时，腕关节屈曲、手背着地受伤，可发生桡骨远端掌侧关节面骨折及腕骨向掌侧移位。

【临床表现】

1. 症状　腕关节局部疼痛、肿胀、皮下瘀斑、功能障碍。

2. 体征　患侧腕部压痛明显，腕关节活动障碍。伸直型桡骨远端骨折由于骨折远端向背侧移位，从侧面看呈"银叉"畸形；又由于骨折远端向桡侧移位，从正面看呈"枪刺样"畸形（图38-2-3）。屈曲型桡骨远端骨折者受伤后腕部出现下垂畸形。桡骨远端背侧关节面骨折、腕关节向背侧移位者表现为与伸直型桡骨远端骨折相似的"银叉"畸形及相应的体征。

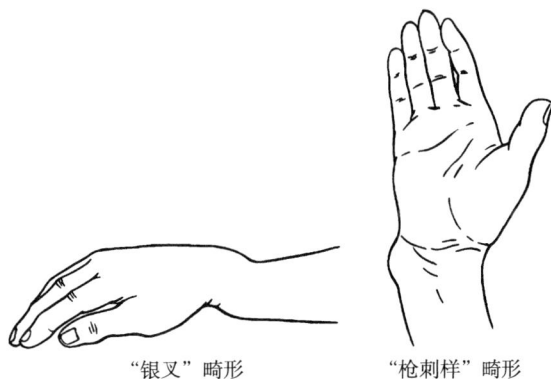

"银叉"畸形　　　　"枪刺样"畸形

▲ 图38-2-3　伸直型桡骨远端骨折后典型畸形

【辅助检查】

X线检查可见典型移位。伸直型桡骨远端骨折者可见骨折远端向背侧和桡侧移位，近端向掌侧移位。屈曲型桡骨远端骨折者可见骨折远端向掌侧和桡侧移位，骨折近端向背侧移位；骨折还可合并下尺桡关节损伤、尺骨茎突骨折和三角纤维软骨损伤。

【处理原则】

1. 手法复位外固定　对伸直型桡骨远端骨折者，手法复位后在旋前、屈腕、尺偏位用石膏绷带固定2周，水肿消退后，在腕关节中立位更换石膏托或前臂石膏管型固定。屈曲型桡骨远端骨折复位手法与伸直型桡骨远端骨折相反，基本原则相同。

2. 切开复位内固定　严重粉碎性骨折移位明显，桡骨远端关节面破坏、手法复位失败，或复位后外固定不能维持复位者，可行切开复位，用松质骨螺钉、T形钢板或交叉克氏针内固定，用外固定架维持复位和固定，6~8周后可去除外固定架。

【护理措施】

1. 病情观察 观察前臂血液循环、肿胀程度、感觉和运动功能，以及桡动脉搏动情况，警惕骨筋膜室综合征的发生。定时检查外固定松紧度是否合适。

2. 局部制动 支持并保持患肢于复位后体位，防止腕关节旋前或旋后。

3. 功能锻炼 复位固定后尽早进行手指伸屈和握拳活动，并进行前臂肌肉收缩运动。4~6周去除外固定后，逐渐开始腕关节活动。

五、股骨颈骨折

股骨颈骨折（fracture of the femoral neck）占成人骨折的3.6%，多发生在中老年人，以女性多见。常出现骨折不愈合和股骨头缺血性坏死。

【病因】

股骨颈骨折的发生常与骨质疏松导致的骨量下降有关，当遭受轻微扭转暴力时即发生骨折。患者多在走路时滑倒，身体发生扭转倒地，间接暴力传导致股骨颈发生骨折。

【分类】

1. 按骨折线部位分类（图38-2-4） 分为股骨头下骨折、股骨颈骨折、股骨颈基底骨折。

2. 按骨折线方向分类（图38-2-5） 分为内收型骨折、外展型骨折。

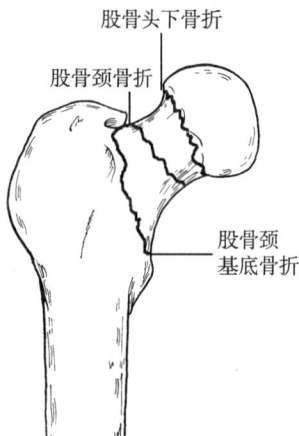

▲ 图38-2-4 股骨颈骨折按骨折线部位的分类

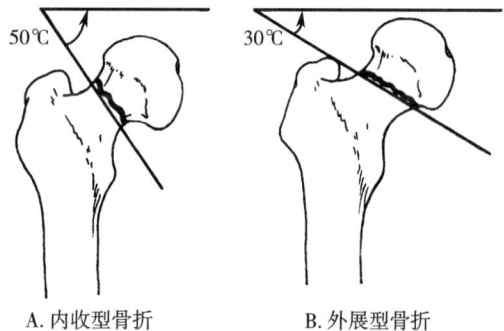

▲ 图38-2-5 股骨颈骨折按骨折线方向的分类

3. 按移位程度分类 常采用Garden分型，根据股骨近端正位X线片上骨折移位程度分为4种类型（图38-2-6）。

【临床表现】

1. 症状 中老年人有摔倒受伤史，伤后髋部疼痛，下肢活动受限，不能站立和行走，应怀疑股骨颈骨折。部分外展型嵌插骨折患者伤后并不立即出现活动障碍，仍能行走，但数日后，髋部疼痛加重，逐渐出现活动后疼痛加重，甚至完全不能行走，提示可能由受伤时的稳定性骨折发展为不稳定性骨折。

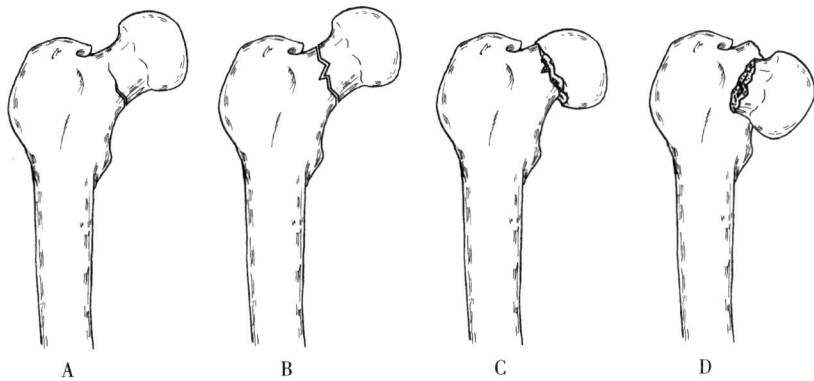

▲ 图38-2-6 股骨颈骨折按移位程度分类——Garden分型

A. Ⅰ型：不完全骨折；B. Ⅱ型：完全骨折但不移位；C. Ⅲ型：完全骨折伴部分移位；

D. Ⅳ型：完全移位的骨折。

2. 体征 局部有压痛和轴向叩击痛；患肢短缩；外旋畸形一般在45°~60°（图38-2-7），若外旋畸形达到90°，应怀疑有转子间骨折。髋部肿胀和瘀斑少见。

【辅助检查】

髋部正、侧位X线检查可明确骨折的部位、类型和移位情况。

【处理原则】

1. 非手术治疗 适用于年龄过大，全身情况差，合并有严重心、肺、肝、肾等功能障碍不能耐受手术者。应尽早预防和治疗全身并发症，待全身情况允许后尽快手术治疗。在等待手术期间，24小时内能完成手术者可以穿防旋鞋，24小时内不能完成手术者要给予下肢外展中立位皮牵引或胫骨结节牵引，牵引重量为体重的1/10~1/7，皮牵引重量不超过5kg。

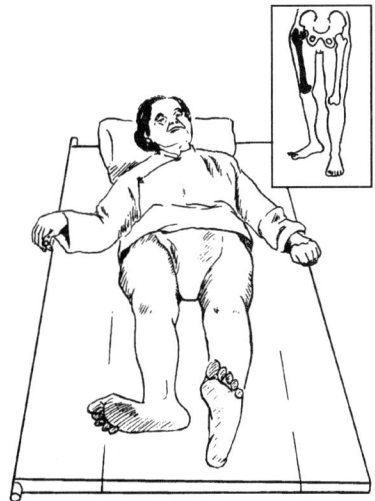

▲ 图38-2-7 股骨颈骨折患肢外旋畸形

2. 手术治疗

（1）手法复位内固定：股骨颈骨折患者均可进行手法复位内固定。手法复位成功后，在股骨外侧置入空心拉力螺钉或动力髋螺钉内固定。

（2）切开复位内固定：手法复位失败，或固定不可靠，或青壮年的陈旧骨折不愈合，宜采用切开复位内固定。

（3）人工关节置换术：对全身情况尚好，预期寿命比较长的Garden Ⅲ型、Ⅳ型股骨颈骨折的老年患者，选择全髋关节置换术；对全身情况差，合并症多，预期寿命比较短的老年患者选择半髋关节置换术。

【护理措施】

（一）非手术治疗的护理/术前护理

1. 搬运 尽量避免搬运或移动患者。搬运时将髋关节与患肢整个平托起。

2. 体位 保持患肢外展中立位，即平卧时两腿间放置枕头，保持患肢外展30°，脚尖向上或穿丁字鞋。卧床期间不可侧卧，患肢不可内收，坐起时不能交叉盘腿，以免发生骨折移位。

3. 牵引护理 病情观察、保持牵引的有效性、皮肤护理、牵引并发症的预防等。一般6~8周后复查X线检查，若无异常，去除牵引后可在床上坐起。3个月后骨折基本愈合，可先扶双拐，患肢不负重活动，后逐渐改为单拐部分负重活动。6个月后复查X线检查，若显示骨折愈合牢固，可完全负重行走。

4. 功能锻炼 指导患肢足趾活动，踝关节背伸、跖屈及旋转运动，股四头肌等长收缩，每日练习3次，每次15~20分钟。进行双上肢及健侧下肢全范围关节活动和功能锻炼。在病情允许的情况下，指导患者借助吊架和床栏更换体位、坐起、转移到轮椅上，以及使用助行器的方法。

（二）术后护理

1. 一般护理 观察患者意识状态，做好生命体征监测、引流管护理、术后并发症的预防及护理等。

2. 体位与活动

（1）内固定术后：空心拉力螺钉内固定手术后，骨量正常，达到解剖复位，固定效果好的可在床上坐起，主动活动膝、踝关节，但不能侧卧、盘腿，可在医护人员协助下变换体位。术后6周扶双拐下地，逐渐部分负重行走。X线检查骨折愈合后，可弃拐负重行走。

（2）人工关节置换术后：① 体位管理，两腿间放置枕头保持患肢外展30°中立位；可摇高床头坐起，但不要超过90°；翻身时需向健侧翻身，且两腿间夹软枕使患肢保持外展位。② 下地活动，术后引流管拔除后，复查X线检查无问题者，在医护人员协助下可床边坐起、站立及扶双拐行走练习，练习强度因人而异，以活动后不感到关节持续疼痛或肿胀为宜。③ 功能锻炼，术后即可行患肢足趾活动、踝泵运动、股四头肌等长收缩、髋关节屈伸练习等。

（三）健康教育

1. 坚持功能锻炼 告知患者股骨颈骨折愈合时间较长，无论是否接受手术治疗，都需要长期、循序渐进地进行患肢功能锻炼。

2. 避免有损人工关节的活动 尽量不做或少做有损人工关节的活动，如爬楼梯、爬山和跑步等；避免在负重状态下反复做髋关节伸屈动作，或剧烈跳跃和急停急转运动；肥胖患者应控制体重，预防骨质疏松。若出现关节松动或磨损，可表现为活动时关节疼痛、跛行、髋关节功能减退，应尽快就诊。

3. 预防关节脱位 应尽量避免屈髋大于90°和下肢内收超过身体中线的动作。注意：① 避免下蹲、盘腿坐、交叉腿、跷二郎腿或过度弯腰拾物，避免坐沙发、坐矮凳、跪姿、过度内收或外旋；② 侧卧时应健肢在下，患肢在上，两腿间夹软枕；③ 可以坐高椅，排便时应使用坐便器，上楼时健肢先上、下楼时患肢先下。

4.定期复查　一般术后2周伤口拆线，术后3个月、6个月、1年来院复查，之后每年复查1次。在此期间，若置换关节部位红肿热痛、切口异常渗液，警惕假体感染。若发现患肢疼痛、缩短、活动受限，要警惕发生关节脱位，应尽快就诊。

六、股骨干骨折

股骨干骨折（fracture of shaft of femur）指股骨转子以下、股骨髁以上部位的骨折。股骨干是人体最粗、最长、承受应力最大的管状骨，血运丰富，一旦骨折常伴失血性休克的表现。由于股骨干部肌肉为膝关节屈伸活动的重要结构，股骨干骨折后可导致膝关节活动受限。

【病因与分类】

直接暴力如重物直接打击、车轮碾压、火器伤等作用于股骨，引起股骨干的横形或粉碎性骨折，可伴有广泛软组织损伤；间接暴力如高处坠落、机器扭转等，常导致股骨干斜形或螺旋形骨折，周围软组织损伤较轻。股骨干骨折可分为股骨干上1/3骨折、股骨干中1/3骨折和股骨干下1/3骨折。各部位由于所附着肌起止点的牵拉而出现典型移位（图38-2-8）。

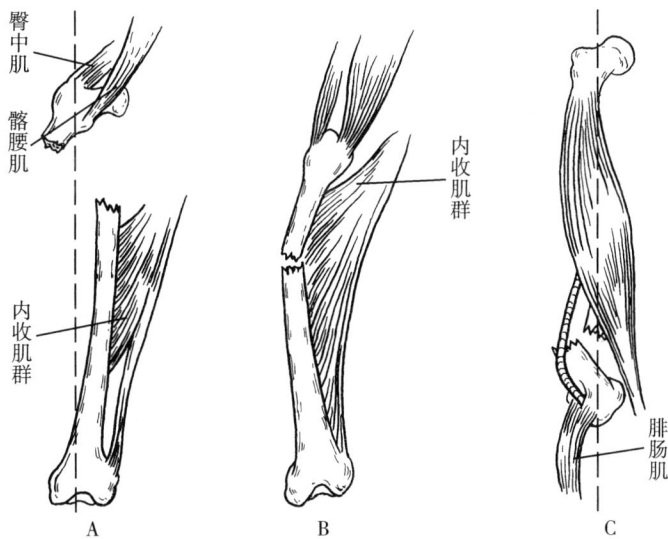

▲ 图38-2-8　股骨干不同部位骨折移位方向
A.股骨干上1/3骨折；B.股骨干中1/3骨折；C.股骨干下1/3骨折。

【临床表现】

1.症状　患肢疼痛、肿胀，远端肢体异常扭曲，不能站立和行走。

2.体征　患肢明显畸形，可出现反常活动、骨擦音。单一股骨干骨折因失血量较多，可能出现休克前期临床表现；若合并多处骨折，或双侧股骨干骨折，甚至可以出现休克表现。股骨下1/3骨折时远折端向后移位，可损伤腘动脉、腘静脉、胫神经或腓总神经，可出现远端肢体相应的血液循环、感觉和运动功能障碍。

【辅助检查】

正、侧位X线检查可明确骨折的准确部位、类型和移位情况。

【处理原则】

1. 非手术治疗 3岁以下儿童采用垂直悬吊皮牵引（图38-2-9）。成人和3岁以上儿童多采用手术内固定治疗。对于存在手术禁忌证者，可手法复位后行持续牵引8~10周。床旁X线检查骨折愈合后，可逐渐下地活动。

2. 手术治疗 成人多采用钢板、带锁髓内钉固定，儿童多采用弹性钉内固定（图38-2-10）。严重的开放性骨折可用外固定架治疗。

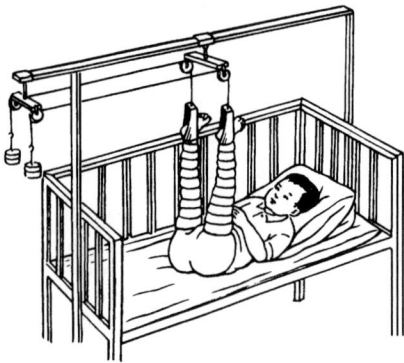

▲ 图38-2-9　儿童垂直悬吊皮牵引

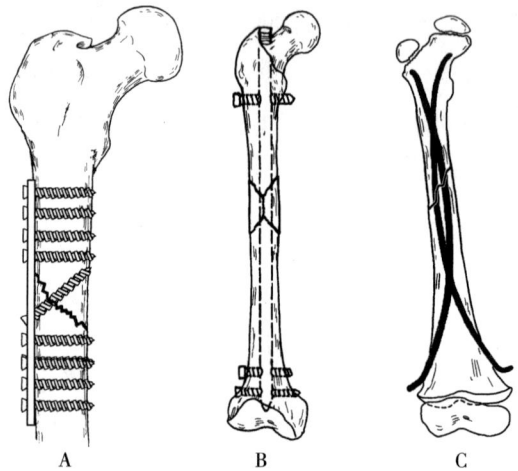

▲ 图38-2-10　股骨干骨折内固定方法
A. 钢板固定；B. 带锁髓内钉固定；C. 弹性钉内固定。

【护理措施】

1. 并发症的观察 ① 休克，观察患者有无脉搏增快、皮肤湿冷、血压下降、尿量减少等低血容量性休克表现；② 血管、神经损伤，观察患肢的血液供应，如足背动脉搏动和毛细血管充盈情况，并与健肢比较，同时观察患肢感觉、运动功能情况等。

2. 牵引护理 参考本章第一节牵引期间的护理。

3. 功能锻炼 卧床期间需加强肌肉收缩训练，进行患肢足趾活动，踝关节背伸、跖屈及旋转运动，股四头肌等长收缩。在X线检查证实骨折完全愈合、去除牵引后，可进行较大范围的运动，逐渐下床活动。有条件者，也可在牵引8~10周后，改用外固定架保护，早期避免负重活动，逐渐增加负重。

七、胫腓骨干骨折

胫腓骨干骨折（fracture of the tibia and fibula）以青壮年和儿童居多。它是指胫骨平面以下至踝以上部分发生的骨折。胫腓骨是长骨中最易发生骨折的部位。

【病因与分类】

1. **病因** 直接暴力如重物撞击、车轮碾轧等，间接暴力如高处坠落伤足跟着地，可引起胫骨、腓骨螺旋形或斜形骨折。儿童胫腓骨干骨折常为青枝骨折。

2. **分类** 胫腓骨干骨折可分为三种类型：① 胫腓骨干双骨折，最多见；② 单纯胫骨干骨折，少见，多由比较轻的直接暴力引起；③ 单纯腓骨干骨折，少见，常由小腿外侧的直接暴力引起，如足球运动时被踢伤。

【临床表现】

1. **症状** 患肢局部疼痛、肿胀、不敢站立和行走。

2. **体征** 患肢可有明显畸形和异常活动。由于胫腓骨表浅，骨折后易形成开放性骨折，出现骨折端外露。若骨折对位对线不良，使关节面失去平行关系，改变了关节的受力面，易发生创伤性关节炎。胫骨上1/3骨折，可致胫后动脉损伤，引起下肢血液循环障碍，甚至缺血坏死。胫骨中1/3骨折可引起骨筋膜室综合征。胫骨下1/3骨折时，由于此处血运差，软组织覆盖少，容易引起骨折延迟愈合或不愈合。腓骨颈有移位的骨折可引起腓总神经损伤。小儿青枝骨折表现为不敢负重和局部压痛。

【辅助检查】

X线检查应包括膝关节和踝关节，可确定骨折的部位、类型和移位程度。

【处理原则】

胫腓骨干骨折的治疗目的是矫正成角、旋转畸形，恢复胫骨上、下关节平面的平行关系，恢复肢体长度。

1. **非手术治疗** 无移位的胫腓骨干骨折采用石膏固定，有移位的横形或短斜形骨折采用手法复位，石膏固定；10~12周后可扶拐部分负重行走。单纯胫骨干骨折由于有完整腓骨的支撑，多不发生明显移位，用石膏固定10~12周后可下地活动。单纯腓骨干骨折若不伴有胫腓上、下关节分离，亦无须特殊治疗，为减轻下地活动时的疼痛，可用石膏固定3~4周。

2. **手术治疗** 不稳定的胫腓骨干双骨折采用微创或切开复位，可选择钢板螺钉或髓内钉固定。若固定牢固，4~6周后可扶双拐下地部分负重行走。软组织损伤严重的开放性胫腓骨干骨折，彻底清创术后，选用髓内钉或外固定架固定。

【护理措施】

1. **病情观察** 观察患者意识和生命体征，患肢固定和愈合情况，患肢远端皮肤的颜色、温度、肿胀程度、感觉和运动功能，以及足背动脉搏动情况，警惕骨筋膜室综合征的发生。定期检查外固定松紧度是否合适。

2. **功能锻炼** 复位固定后尽早开始足趾活动、踝关节的背伸、跖屈及旋转运动，做股四头肌等长收缩运动。去除外固定后，可行踝关节和膝关节的屈伸练习和髋关节各种运动，逐渐下地行走。

第三节 脊柱骨折与脊髓损伤

导入情景与思考

患者，男，45岁，因"高空跌落后颈部剧烈疼痛4小时"急诊入院，诊断为"C_4椎体骨折"。患者意识清醒，体格检查：体温38.9℃，脉搏72次/min，呼吸30次/min，血压130/80mmHg，SpO_2 94%；颈椎棘突压痛阳性，叩击痛阳性，屈伸活动受限，四肢温度觉、痛觉障碍，肌力0级。尿潴留，留置导尿管，未解大便。辅助检查：CT示C_4椎体骨折，骨折块突入椎管，硬脊膜受压迫。患者自诉咳痰无力，可咳出少量白色黏痰。

请思考：

1. 该患者目前的主要护理诊断/问题是什么？

2. 针对该患者首要的护理诊断/问题，应采取哪些护理措施？

一、脊柱骨折

脊柱骨折（fracture of the spine）包括颈椎、胸椎、胸腰段及腰椎的骨折，约占全身骨折的5%~6%，其中以胸腰段骨折最多见。脊柱骨折可以并发脊髓或马尾神经损伤，特别是颈椎骨折脱位合并脊髓损伤可高达70%，能严重致残甚至危及生命。

【病因】

脊柱骨折多数由间接暴力引起。间接暴力多见于从高处坠落后头、肩、臀或足部着地，由于地面对身体的阻挡，暴力传导至脊柱造成骨折。直接暴力导致的脊柱骨折多见于战伤、爆炸伤、直接撞伤等。

【分类】

1. 颈椎骨折的分类 按照患者受伤时颈椎所处的位置（前屈、直立和后伸）分为以下四种类型。

（1）屈曲型损伤：颈椎在屈曲位时受到暴力作用，造成前柱压缩、后柱牵张损伤。临床常见压缩性骨折和骨折脱位。

（2）垂直压缩型损伤：颈椎处于直立位时受到垂直应力打击所致，多见于高空坠落或高台跳水者。

（3）过伸型损伤：① 无骨折脱位，常由患者跌倒时额面部着地，颈部过伸所致，也可发生于高速驾驶急刹车或撞车时（也称为"挥鞭伤"或whiplash损伤）。② 枢椎椎弓骨折，来自颏部的暴力使颈椎过度仰伸，在枢椎后半部形成强大的剪切力，使枢椎的椎弓根无法承受而发生垂直状骨折。以往多见于被缢死者，故又名缢死者骨折（hangman's fracture）。目前多发生于高速公路上的交通事故。

（4）齿状突骨折：受伤机制还不清楚，暴力可能来自水平方向，从前至后经颅骨而至齿状突。

2. 胸腰椎骨折的分类

（1）依据骨折的稳定性分类：① 稳定性骨折，包括后柱完整的轻、中度椎体压缩性骨折，以及单纯横突、棘突和椎板等附件骨折；② 不稳定性骨折，三柱中有两柱骨折、爆裂骨折、累及三柱的骨折脱位。

（2）依据骨折的形态分类：① 压缩性骨折，多由高处坠落时身体猛烈向前屈曲引起，椎体通常呈楔形，脊柱仍保持稳定。骨质疏松症患者在轻微外力作用下即可发生胸腰椎压缩性骨折。② 爆裂骨折，椎体呈粉碎骨折，骨折块向四周移位，向后移位可压迫脊髓、神经。③ Chance骨折，为椎体水平状撕裂性损伤，属于不稳定性骨折。④ 骨折脱位，脊柱的三柱骨折，可以是椎体向前、向后或横向移位，可伴有关节突关节脱位或骨折。

【临床表现】

1. 症状

（1）局部疼痛：颈椎骨折者可有头颈部疼痛，不能活动。胸腰椎损伤后，因腰背部肌肉痉挛、局部疼痛，患者站立及翻身困难，或站立时腰背部无力，疼痛加重。

（2）腹膜后血肿刺激腹腔神经节，使肠蠕动减慢，常出现腹痛、腹胀，甚至肠麻痹。

（3）其他：伴有脊髓损伤者可有四肢或双下肢感觉和运动障碍。患者还可伴有颅脑、胸、腹部和盆腔脏器等损伤，出现相应的症状。

2. 体征

（1）活动受限：颈、胸、腰段骨折患者常有活动受限，强迫体位。

（2）局部压痛和肿胀。

（3）畸形：胸腰段骨折时常可摸到后凸畸形。

【辅助检查】

1. X线检查　有助于明确骨折的部位、类型和移位情况。

2. CT　可以显示出椎体的骨折情况、椎管内有无出血和碎骨片。

3. MRI　疑有脊髓、神经损伤或椎间盘损伤时应做脊柱相应部位的磁共振检查。

4. 其他　如超声检查腹膜后血肿的情况，电生理检查双下肢神经情况等。

【处理原则】

1. 急救处理　脊柱骨折患者伴有颅脑、胸、腹腔脏器损伤或并发休克时，首先处理首要问题，抢救生命。待病情稳定后再处理脊柱骨折。

2. 治疗

（1）颈椎损伤：对于稳定性颈椎骨折脱位、压缩或移位较轻者，应卧床休息，并采用颅骨牵引、Halo架固定等非手术治疗。对有神经症状、骨折块挤入椎管内及不稳定性骨折等损伤严重者须手术治疗。

（2）胸腰椎损伤：Vaccaro等根据胸腰椎损伤分型与严重程度，提出了TLICS（the thoraco-lumbar injury classification and severity score，TLICS）评分系统，针对骨折3个方面的特点分别赋分：① 损伤形态，压缩1分，爆裂2分，平移/旋转3分，分离4分。② 后方韧带复合体完整性，无损伤0分，可疑/不确定2分，损伤3分。③ 神经损伤情况，无损伤0分，神经根损伤2分，完全性脊髓/圆锥损伤2分，不完全性脊髓/圆锥损伤3分，马尾神经损伤3分。所有项目得分相加即为TLICS评分。TLICS评分≥5分者建议手术治疗，4分者可以手术或非手术治疗，≤3分者建议非手术治疗。另外，高龄骨质疏松患者轻微外伤引起的骨质疏松性压缩性骨折，临床上多选择微创手术治疗。

【护理措施】

1. 急救及搬运 对疑有脊柱骨折者应尽量避免移动，采用平托法或滚动法（图38-3-1），移至脊柱板、担架或木板上。平托法是先将患者平托至脊柱板或担架上。滚动法是使伤者身体保持平直状态，整体滚动至脊柱板或担架上。在进行体位移动或搬运时，都应让患者保持脊柱中立位。严禁1人抬头1人抬脚或搂抱的搬运方法，以免增加脊柱的弯曲，从而将碎骨片向后挤入椎管内，加重脊髓损伤（图38-3-2）。颈椎骨折患者搬运，搬运前先应用颈托、颈围或有效牵引固定患者颈部，并由专人托扶头部并沿纵轴向上略加牵引，搬运后颈部两侧放置头部固定器或沙袋以固定头部。

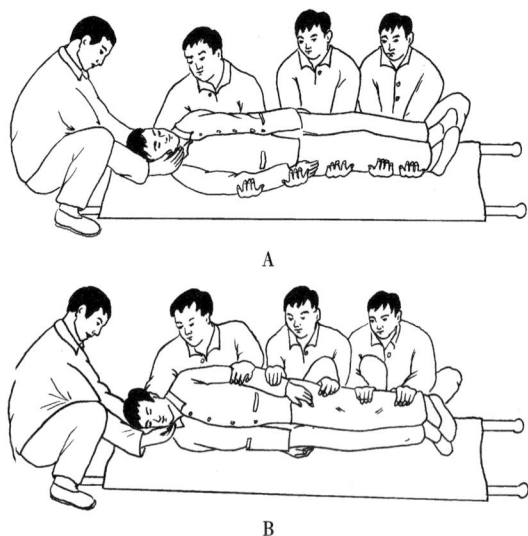

▲ 图38-3-1 脊柱骨折患者正确搬运法
A. 平托法；B. 滚动法。

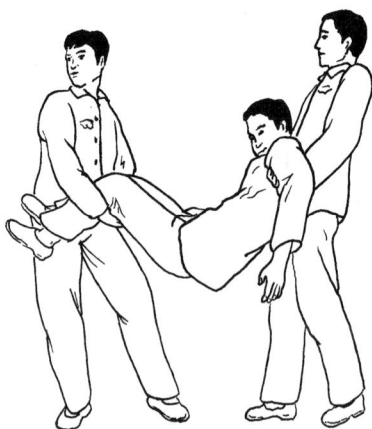

▲ 图38-3-2 脊柱骨折患者不正确搬运法

2. 病情观察 严密观察患者生命体征、神经系统症状、伤口引流等变化情况。若患者受伤平面以下肢体感觉、运动、反射和括约肌功能部分或全部丧失，可能发生了脊髓损伤，及时告知医生处理。若引流液异常增多，或引流出血性液，可能发生了脑脊液漏或活动性出血。颈椎前路手术患者若颈部增粗、呼吸困难甚至窒息，可能发生了颈深部血肿。

3. 体位与翻身 每2~3小时行轴线翻身法翻身，即患者头部、肩部、背部和臀部在一条直线上，保持脊柱中立位。胸腰段骨折者双臂交叉放于胸前，两护士分别托扶患者肩背部和腰腿部翻至侧卧位；颈段骨折者还需1人托扶头部，使头部与肩部同时翻动。侧卧时，患者背后从肩到臀用枕头抵住，以免胸腰部脊柱扭转，上腿弯曲下腿伸直，两腿间垫软枕。颈椎骨折患者卧床时头部两侧放置沙袋以保持头部制动。

4. 功能锻炼 卧床期间主动进行扩胸运动、肘及腕关节活动，下肢进行踝关节的跖屈、背伸、旋转活动、股四头肌等长收缩、直腿抬高运动、屈膝屈髋活动。脊髓损伤患者进行全身各个关节被动活动。腰背部肌肉锻炼开始的时机及方法需要遵医嘱进行，包括低桥式训练、五点支撑法、四点支撑法、三点支撑法、飞燕式等。

二、脊髓损伤

脊髓损伤（spinal cord injury，SCI）是脊柱骨折的严重并发症，由于椎体的移位或碎骨片突入椎管内，脊髓或马尾神经产生不同程度的损伤。多发生于颈椎下段和胸腰段。

【病理】

根据脊髓损伤的部位和程度，可出现不同的病理变化。

1. 脊髓震荡 脊髓遭受强烈震荡后立即发生超限抑制，脊髓功能处于生理停滞状态。脊髓神经细胞结构正常，无形态学改变。

2. 不完全性脊髓损伤 脊髓损伤轻者仅有脊髓中心小坏死灶，保留大部分神经纤维。损伤严重者的脊髓中心可出现坏死软化灶，并由胶质或瘢痕代替，只保留小部分神经纤维。

3. 完全性脊髓损伤 脊髓内的病变呈进行性加重，从中心出血至全脊髓水肿，从中心坏死到大范围脊髓坏死。晚期脊髓为胶质组织所代替，也可为脊髓完全断裂。

【临床表现】

1. 脊髓震荡 表现为损伤平面以下感觉、运动及反射完全消失或大部分消失。一般经过数小时至数日，感觉和运动开始恢复，不留任何神经系统后遗症。

2. 不完全性脊髓损伤 损伤平面以下保留某些感觉和运动功能，包括以下四种类型。

（1）前脊髓综合征：颈脊髓前方受压严重，可引起脊髓前中央动脉闭塞，出现四肢瘫，下肢重于上肢，但下肢和会阴部仍保持位置觉和深感觉，有时甚至还保留浅感觉。预后为不完全性脊髓损伤中最差者。

（2）后脊髓综合征：脊髓受损平面以下运动功能和痛觉、温度觉、触觉存在，但深感觉全部或部分消失。

（3）脊髓中央管周围综合征：表现为损伤平面以下的四肢瘫，上肢重于下肢，没有感觉分离。多发生于颈椎过伸型损伤。

（4）脊髓半切综合征：又名布朗-塞卡（Brown-Sequard）综合征。损伤平面以下同侧肢体的运动及深感觉消失，对侧肢体痛觉和温度觉消失。

3. 完全性脊髓损伤 脊髓实质完全性横贯性损害，损伤平面以下的最低位骶段感觉、运动功能完全丧失，包括肛门周围的感觉和肛门括约肌的收缩运动丧失，称为脊髓休克（spinal shock）。2~4周后逐渐演变成痉挛性瘫痪，表现为肌张力增高，腱反射亢进，并出现病理性锥体束征。胸腰段脊髓损伤表现为截瘫，颈段脊髓损伤则表现为四肢瘫。上颈椎损伤的四肢瘫均为痉挛性瘫痪；下颈椎损伤的四肢瘫由于脊髓颈膨大部位和神经根的毁损，上肢表现为弛缓性瘫痪，下肢仍为痉挛性瘫痪。

4. 脊髓圆锥损伤 T_{12} 和 L_1 骨折可发生脊髓圆锥损伤，表现为会阴部（鞍区）皮肤感觉缺失，括约肌功能丧失致大小便失禁和性功能障碍，双下肢的感觉和运动仍正常。

5. 马尾神经损伤 马尾神经起自 L_2 的骶脊髓，一般终止于 S_1 下缘。马尾神经损伤很少为完全性的，表现为损伤平面以下弛缓性瘫痪，有感觉、运动功能障碍及括约肌功能丧失，肌张力降低，腱反射消失，没有病理性锥体束征。

【脊髓损伤程度评估】

脊髓损伤严重度分级可作为脊髓损伤的自然转归和治疗前后对照的观察指标。依据脊髓损伤的临床表现进行分级，目前较常用的是美国脊髓损伤学会（ASIA）分级（表38-3-1）。

▼ 表38-3-1 美国脊髓损伤学会分级

级别	损伤程度	功能
A	完全损伤	损伤平面以下无任何感觉、运动功能保留
B	不完全损伤	损伤平面以下，包括腰骶段感觉存在，但无运动功能
C	不完全损伤	损伤平面以下有运动功能，一半以上关键肌肉肌力小于3级
D	不完全损伤	损伤平面以下有运动功能，一半以上关键肌肉肌力大于或等于3级
E	正常	感觉和运动功能正常

【辅助检查】

1. X线和CT 是最常规的影像学检查手段，可发现损伤部位的脊柱骨折或脱位。椎间盘和韧带结构的损伤若病变不明显，可能无法被这两项检查发现，称为无放射线检查异常的脊髓损伤（spinal cord injury without radiographic abnormality，SCIWORA），多见于颈椎外伤。

2. MRI 可以观察脊髓损害变化，了解脊髓受压程度和脊髓萎缩情况等。

3. 电生理检查 体感诱发电位（somatosensory evoked potential，SEP）（又称躯体感觉诱发电位）检查和运动诱发电位（motor evoked potential，MEP）检查可了解脊髓的功能状况。体感诱发电位检查测定脊髓感觉通道的功能，运动诱发电位检查测定锥体束运动通道的功能，两者均不能引出者为完全性截瘫。

【处理原则】

1. 非手术治疗 伤后6小时内是关键时期，24小时内为急性期，应尽早治疗。

（1）固定和制动：颈椎损伤一般先采用枕颌带牵引或持续颅骨牵引，以防损伤部位移位而使脊髓再损伤。

（2）甲泼尼龙冲击疗法：只适用于受伤8小时以内者。按30mg/kg剂量1次给药，15分钟静脉注射完毕，休息45分钟，在以后23小时内以5.4mg/（kg·h）持续静脉滴注。其作用机制为大剂量甲泼尼龙能阻止类脂化合物的过氧化反应和稳定细胞膜，从而减轻外伤后神经细胞变性，降低组织水肿，改善脊髓血流量，预防损伤后脊髓缺血进一步加重，促进新陈代谢和预防神经纤维变性。

（3）高压氧治疗：一般伤后4~6小时开始应用。用0.2MPa氧压，每次1.5小时，10次为1个疗程。

2. 手术治疗　手术只能解除对脊髓的压迫和恢复脊柱的稳定性，目前还无法使损伤的脊髓恢复功能。手术途径和方式视骨折的类型和致压物的部位而定。

【护理评估】

（一）术前评估

1. 健康史

（1）一般情况：年龄、性别、婚姻和职业等。

（2）外伤史：受伤的时间、原因和部位，受伤时的体位、症状和体征，搬运方式、急救情况，有无昏迷史和其他部位复合伤等。

（3）既往史与服药史：既往健康状况，有无脊柱受伤或手术史，近期是否因其他疾病而服用激素类药物，以及服用的剂量、时间和疗程。

2. 身体状况

（1）症状与体征：① 生命体征与意识，评估患者的呼吸、血压、脉搏、体温和意识情况。② 排尿和排便，有无尿潴留或充盈性尿失禁；尿液颜色、量和比重变化；有无便秘或大便失禁。③ 皮肤组织损伤，受伤部位有无皮肤组织破损，有无肤色和皮温改变，有无活动性出血及其他复合型损伤的迹象。④ 腹部体征，有无腹胀和麻痹性肠梗阻征象。⑤ 神经系统功能，躯体痛觉、温度觉、触觉及位置觉的丧失平面及程度，肢体运动、反射和括约肌功能损伤情况。

（2）辅助检查：X线、CT、MRI及其他有关手术耐受性检查（心电图、肺功能检查）等的结果。

3. 心理–社会状况　患者对疾病的认知程度，对手术和疾病预后的认识；家属及亲友的关心、支持程度；家庭对手术的经济承受能力。

（二）术后评估

1. 术中情况　手术和麻醉的方式与效果，病变组织修复情况，术中出血、补液、输血情况和术后诊断。

2. 身体状况　生命体征、意识；躯体感觉、运动和各项生理功能恢复情况；有无呼吸系统或泌尿系统功能障碍、压力性损伤等并发症发生。

3. 心理–社会状况　患者的情绪状态，有无负性情绪；康复训练和早期活动是否配合；是否知晓出院后的继续治疗。

【常见护理诊断/问题】

1. 低效性呼吸型态　与脊髓损伤、呼吸肌无力、呼吸道分泌物排出不畅有关。

2. 体温过高或体温过低　与脊髓损伤、自主神经系统功能紊乱有关。

3. 尿潴留或尿失禁　与脊髓损伤有关。

4. 便秘或大便失禁　与脊髓神经损伤、液体摄入量、饮食和活动受限有关。

5. 有皮肤完整性受损的危险　与肢体感觉及活动障碍有关。

6. 体象紊乱 与受伤后躯体运动障碍或肢体萎缩变形有关。

【护理目标】

1. 患者呼吸道通畅，能够维持正常呼吸功能。

2. 患者体温保持在正常范围。

3. 患者能有效排尿或建立膀胱的反射性排尿功能。

4. 患者能有效排便。

5. 患者皮肤清洁完整，未发生压力性损伤。

6. 患者能接受身体形象改变的现实。

【护理措施】

（一）非手术治疗的护理／术前护理

1. 病情观察 密切观察患者的生命体征，尤其呼吸频率、节律、深浅和有无鼻翼扇动、胸闷和胸式呼吸消失等体征，监测血氧饱和度。脊髓损伤后或受手术刺激后易出现脊髓水肿反应，应密切观察躯体及肢体感觉和运动情况，当出现瘫痪平面上升、肢体麻木、肌力减弱或障碍时，应立即告知医生并协助处理。

2. 牵引护理 对行颅骨牵引治疗的患者行牵引护理。

3. 用药护理 对行甲泼尼龙冲击治疗者，应严格遵医嘱用药，并观察用药后反应，有无消化道出血、心律失常等并发症发生。

4. 体位与活动 瘫痪肢体保持关节处于功能位，防止关节屈曲、过伸或过展。可用防垂足鞋或支足板固定足部，以防足下垂。每日应对瘫痪肢体做被动的全范围关节活动和肌肉按摩。上肢功能良好者可以通过举哑铃和拉拉力器等方法增强上肢力量，为今后的生活自理做准备。

5. 并发症的预防与处理 脊髓损伤一般不直接危及生命，其并发症是患者死亡的主要原因。

（1）呼吸衰竭与呼吸道感染：颈脊髓损伤时，由肋间神经支配的肋间肌完全麻痹，胸式呼吸消失，患者能否生存很大程度上取决于是否存在腹式呼吸。腹式呼吸主要依靠膈肌运动，而支配膈肌的膈神经由 C_3~C_5 组成，其中 C_4 是主要成分。因此，损伤越接近 C_4，膈神经麻痹引起的膈肌运动障碍越严重，导致呼吸衰竭的风险也越大，往往只有下颈椎损伤才能保住腹式呼吸。除此之外，任何妨碍膈肌活动和呼吸道通畅的因素，如脊髓水肿继续上升至接近 C_4 节段、痰液阻塞气管、呼吸道感染等均可导致呼吸衰竭。

护理中应注意维持有效呼吸，防止呼吸道感染，具体措施如下：① 病情观察，观察患者的呼吸功能，监测血氧饱和度。发现异常立即告知医生，必要时协助医生进行气管插管、气管切开或用呼吸机辅助呼吸等。② 给氧。③ 减轻脊髓水肿，遵医嘱给予地塞米松、甘露醇、甲泼尼龙等药物，并观察治疗效果。④ 保持呼吸道通畅，指导患者深呼吸、有效咳嗽咳痰和扩胸运动，每2小时协助翻身拍背1次；遵医嘱给予雾化吸入；对不能自行咳嗽咳痰或有肺不张者及时吸痰；有气管插管或气管切开者做好相应护理。⑤ 控制感染，已发生肺部感染者应遵医嘱选用合适的抗生素。

（2）体温异常：颈脊髓损伤后，自主神经系统功能紊乱，受伤平面以下毛细血管网舒张而无法收缩，皮肤不能出汗，对气温的变化丧失了调节和适应能力。室温>32℃时，闭汗使患者容易出现高热（>40℃）；若未有效保暖，大量散热也可使患者出现低温（<35℃），这些都是病情危重的前兆。患者体温升高时，解热镇痛药物无效，应以物理降温为主，如冰敷、温水擦浴、冰盐水灌肠等，必要时给予输液和冬眠药物。

（3）神经源性膀胱：排尿障碍表现为尿失禁或尿潴留，或两者同时存在。由于括约肌功能的丧失，患者需要长期留置导尿管，容易发生泌尿系统感染与结石，男性患者还会发生附睾炎。

主要护理措施包括：① 神经源性膀胱评定，评估有无尿频、尿急、尿痛、发热及尿失禁、排尿困难等；体格检查评估四肢感觉、运动功能，躯体感觉平面、脊髓损伤平面、会阴部的感觉，球海绵体反射、肛门括约肌功能等；了解血常规、尿常规、尿液培养、尿流动力学检查结果；评估患者每次排尿量、排尿间隔时间、排尿的感觉。② 留置导尿管，脊髓休克期应留置导尿，持续引流尿液并记录尿量，以防膀胱过度膨胀。③ 间歇性导尿或膀胱造瘘，进入恢复期后，应尽早进行尿流动力学检查，评价膀胱尿道的功能状态。尽早拔除留置导尿管，采取膀胱再训练、间歇性导尿等方法，残余尿量<100ml或为膀胱容量的20%时，可考虑停止间歇性导尿；对于长期尿潴留患者，应教会患者遵循无菌操作原则进行间歇性导尿，也可行永久性耻骨上膀胱造瘘术。④ 行为训练，通过定时排尿、延迟排尿、意念排尿、肛门牵拉技术等改善患者的排尿行为。⑤ 盆底肌功能训练。⑥ 预防泌尿系统结石及感染，鼓励患者每日饮水3 000ml以上；每日清洁会阴部2次；按时更换集尿袋及导尿管。⑦ 定期监测，定期检查残余尿量、尿常规和采集中段尿进行尿液培养，及时发现泌尿系统感染征象。

（4）神经源性肠道：排便障碍表现为便秘或大便失禁。主要护理措施包括：① 神经源性肠道的评估，评估排便的频率、每次排便量、粪便性质、排便时长及有无便意和排便控制能力，会阴部的感觉、肛门括约肌功能及直肠指检有无大便嵌塞等。② 饮食和饮水，指导患者多食粗纤维的食物、新鲜水果和蔬菜，多饮水。③ 药物治疗，对顽固性便秘者可遵医嘱给予缓泻剂或灌肠。④ 排便训练，肛门括约肌训练、肛门牵张训练、指力刺激训练等。⑤ 盆底肌训练。

（5）压力性损伤：具体护理措施参见本节脊柱骨折。

6. 心理护理 耐心倾听患者和家属的诉求，鼓励患者和家属参与制订护理计划，充分调动社会支持系统，帮助患者采取积极的应对方式，增强其战胜疾病的信心。

7. 对拟行手术者做好术前准备。

（二）术后护理

1. 病情观察 严密观察患者生命体征、意识、尿量和血氧饱和度，肢体感觉、运动和反射功能，以及伤口敷料和引流等情况。若患者出现胸闷、憋气、肢体麻木、疼痛加重或感觉、运动、大小便异常等情况，均应及时报告医生并配合处理。

2. 饮食护理 术后麻醉清醒、拔除气管插管后评估患者无吞咽困难，则可协助其进食流质饮食，再逐渐恢复至普食，给予高热量、高维生素、粗纤维、易消化饮食。颈椎手术后患者2日内可进温凉流食，以减轻喉头水肿，减少出血。

3.体位与功能锻炼 保持各肢体关节处于功能位，防止关节屈曲、过伸或过展。加强肢体功能锻炼，每日对瘫痪肢体进行被动的全范围关节活动和肌肉按摩。

（三）健康教育

1.活动指导 指导家属对患者瘫痪肢体做功能锻炼，指导患者主动活动健肢，病情好转后可进一步练习坐起，使用支具或助行器等辅助工具，练习上下床和行走方法。坐位或下床时需要佩戴脊柱支具3个月或遵医嘱使用。

2.间歇性导尿 指导患者或家属应用清洁导尿术进行间歇性导尿。

3.复诊指导 告知患者自我监测病情及定期复诊。若出现脊柱局部疼痛，四肢感觉、活动能力下降等不适，应及时就诊。

【护理评价】

1. 患者呼吸道是否通畅，能否维持正常呼吸功能。

2. 患者体温是否保持在正常范围内。

3. 患者是否能有效排尿或建立膀胱的反射性排尿功能。

4. 患者是否有效排便。

5. 患者皮肤是否清洁完整，是否发生压力性损伤。

6. 患者是否能接受身体形象改变的现实。

第四节　骨盆骨折

导入情景与思考

患者，男，22岁，因"车祸后髋部肿胀、疼痛，不能坐起或站立"急诊入院，诊断为"骨盆骨折"。患者意识清醒、痛苦面容。体格检查：体温37.3℃，脉搏122次/min，呼吸28次/min，血压78/47mmHg，脉搏细速、全身湿冷；髋部肿胀、压痛，骨盆分离实验与挤压试验阳性，会阴部瘀斑。辅助检查：CT提示左耻骨上支骨折。患者主诉腹胀、腹痛明显。

请思考：

1. 该患者骨盆骨折，可疑有大出血，可能的并发症是什么？

2. 针对该患者应采取哪些护理措施？

骨盆为环形结构，是由两侧的髂、耻、坐骨经Y形软骨融合而成的两块髋骨和一块骶尾骨，经前方耻骨联合和后方的骶髂关节构成的坚固骨环。骨盆骨折（pelvis fracture）常合并静脉丛和动脉大量出血，以及盆腔内脏器的损伤。

【病因】

多由直接暴力挤压骨盆所致。年轻人骨盆骨折主要是由交通事故和高处坠落引起，老年人骨盆骨折最常见的原因是摔倒。

【分类】

1. 按骨折的部位分类

（1）骨盆边缘撕脱骨折：① 髂前上棘撕脱骨折；② 髂前下棘撕脱骨折；③ 坐骨结节撕脱骨折。

（2）骶尾骨骨折：① 骶骨骨折；② 尾骨骨折。

（3）髂骨翼骨折

（4）骨盆环骨折：① 双侧耻骨上、下支骨折；② 一侧耻骨上、下支骨折合并耻骨联合分离；③ 耻骨上、下支骨折合并骶髂关节脱位；④ 耻骨上、下支骨折合并髂骨骨折；⑤ 髂骨骨折合并骶髂关节脱位；⑥ 耻骨联合分离合并骶髂关节脱位。

2. 按骨盆环的稳定性分类　Tile分型将骨盆环损伤分为3型：① A型（稳定型）；② B型（部分稳定型）；③ C型（旋转、垂直均不稳定型）。

3. 按暴力的方向分类

（1）侧方挤压损伤（lateral compression injury，LC骨折）。

（2）前后挤压损伤（antero-posterior compression injury，APC骨折）。

（3）垂直剪力损伤（vertical shear injury，VS骨折）。

（4）混合暴力损伤（combined mechanical injury，CM骨折）。

【临床表现】

1. 症状　患者髋部肿胀、疼痛，不敢坐起或站立。有大出血或严重内脏损伤者，可有休克早期表现。

2. 体征

（1）骨盆分离试验与挤压试验阳性：检查者双手交叉撑开两髂嵴，使骨盆前环产生分离，如出现疼痛即为骨盆分离试验阳性。检查者用双手挤压患者的两髂嵴，伤处出现疼痛为骨盆挤压试验阳性。在做这两项检查时偶尔会感到骨擦音。

（2）肢体长度不对称：测量胸骨剑突与两髂前上棘之间的距离，骨盆骨折向上移位的一侧长度变短。也可测量脐孔与两侧内踝尖端之间的距离。

（3）会阴部瘀斑：是耻骨和坐骨骨折的特有体征。

3. 并发症

（1）腹膜后血肿：如为腹膜后主要动、静脉断裂，可致患者迅速死亡。

（2）盆腔内脏器损伤：包括膀胱、后尿道与直肠损伤，女性伤者常伴有阴道壁的撕裂。

（3）神经损伤：主要是腰骶神经丛与坐骨神经损伤。骶神经损伤会导致括约肌功能障碍。

（4）脂肪栓塞与静脉血栓：盆腔内静脉丛破裂引起，发生率可高达35%~50%，有症状性肺栓塞发生率为2%~10%，其中致死性肺栓塞的发生率为0.5%~2%。

【辅助检查】

X线检查可显示骨折类型及骨折块移位情况；CT检查可更清晰地观察骶髂关节情况；CT三维重建可更加立体直观地显示骨折类型和移位方向；超声检查可筛查腹腔、盆腔脏器损伤情况。

【处理原则】

原则是先处理休克和各种危及生命的合并症，再处理骨折。

1. 急救处理

（1）监测生命体征，尤其脉搏和血压，脉搏变化比血压变化更敏感、更快。

（2）在上肢或颈部快速建立输血补液通道。

（3）视疾病情况及早完成X线和CT检查，并检查有无其他合并损伤。

（4）嘱患者自行排尿或导尿，判断有无泌尿系统损伤。

2. 非手术治疗

（1）卧床休息：骨盆边缘性骨折、骶尾骨骨折、骨盆环单处骨折无移位时，可不做特殊处理，卧床休息3~4周。

（2）牵引：单纯性耻骨联合分离且较轻者可用骨盆兜带悬吊固定。此法不适用于侧方挤压所致的耻骨支骨折。对于耻骨联合分离大于2.5cm者，目前大都主张手术治疗，可采用钢板螺钉内固定。

（3）手法复位：对有移位的尾骨骨折，可将手指插入肛门内，将骨折片向后推挤复位，但容易再移位。

3. 手术治疗　骨盆环双处骨折伴骨盆环变形者，多采用手术复位及钢板螺钉内固定，必要时辅以外固定架固定。骶髂关节脱位及骶骨骨折可采用X线监视下经皮骶髂螺钉固定。近年来微创手术是骨盆损伤治疗的发展趋势。

【护理措施】

1. 急救护理　原则是先配合团队共同处理休克和各种危及生命的合并症，再处理骨折。

2. 体位和活动护理　卧床休息期间，骶尾骨骨折者可在骶部垫减压垫或软垫；髂前上、下棘撕脱骨折可取髋、膝屈曲位；坐骨结节撕脱骨折者应取大腿伸直、外旋位。帮助患者更换体位时，应注意骨折愈合后才可取患侧卧位。长期卧床者应练习深呼吸，进行关节、肌肉的主动与被动运动。允许下床后，活动时使用助行器，以减轻骨盆负重。

3. 骨盆兜带悬吊牵引护理　选择宽度适宜的骨盆兜带，悬吊重量以将臀部抬离床面为宜，保持兜带平整，不要随意移动，排便时尽量避免污染兜带。

4. 并发症的观察　观察患者有无出现腹膜后血肿、膀胱尿道损伤、直肠损伤、骶尾神经丛与坐骨神经损伤、脂肪栓塞与静脉栓塞等并发症的表现。

（肖萍）

学习小结

1. 骨折可由创伤和骨骼疾病所致，临床上以创伤性骨折多见。骨折的特有体征为畸形、反常活动、骨擦音或骨擦感。骨折愈合过程分为血肿炎症机化期、原始骨痂形成期、骨痂改造塑形期三个相互交织、逐渐演进的阶段。

2. 骨折发生后，现场急救首先要抢救生命、包扎止血、妥善固定，然后迅速转运、妥善处理。骨折治疗的三大原则是复位、固定和功能锻炼。护理骨折患者时要保持患肢功能位，做好牵引、石膏固定的护理；加强病情观察，预防骨折并发症的发生；指导患者进行功能锻炼，做好心理护理和健康教育。

3. 常见四肢骨折有肱骨干骨折、肱骨髁上骨折、前臂双骨折、桡骨远端骨折、股骨颈骨折、股骨干骨折、胫腓骨干骨折等。桡骨远端骨折患者腕关节疼痛、肿胀、皮下瘀斑、功能障碍，伸直型桡骨远端骨折侧面看呈"银叉"畸形、正面看呈"枪刺样"畸形。屈曲型桡骨远端骨折者腕部下垂畸形。

4. 脊柱骨折多由间接暴力引起，表现为局部疼痛、腹痛、腹胀，可有截瘫。脊髓损伤多由椎体的移位或骨折碎骨片突入椎管内引起，临床表现为脊髓震荡、不完全性脊髓损伤、完全性脊髓损伤、脊髓圆锥损伤、马尾神经损伤，应用甲泼尼龙冲击治疗时要做好用药护理，加强病情观察，预防并发症。

5. 骨盆骨折多由直接暴力挤压骨盆引起，表现为髋部肿胀、疼痛，不敢坐起或站立。骨盆分离试验与挤压试验阳性、肢体长度不对称、会阴部瘀斑是耻骨和坐骨骨折的特有体征。

复习参考题

一、单项选择题

1. 属于骨折专有体征的是
   A. 畸形、反常活动、骨擦音或骨擦感
   B. 畸形、反常活动、感觉异常
   C. 畸形、感觉异常、骨擦音或骨擦感
   D. 感觉异常、反常活动、骨擦音
   E. 畸形、感觉异常、骨擦音

2. 正确描述骨折愈合过程的是
   A. 血肿炎症机化期、原始骨痂形成期、纤维骨痂形成期
   B. 原始骨痂形成期、纤维骨痂形成期、骨痂改造塑形期
   C. 原始骨痂形成期、纤维骨痂形成期、骨痂愈合期
   D. 血肿炎症机化期、原始骨痂形成期、骨痂改造塑形期
   E. 血肿炎症机化期、原始骨痂形成期、骨痂愈合期

3. 骨折治疗的基本原则是
   A. 复位后固定，促进骨折愈合
   B. 手法复位，外固定
   C. 切开复位，内固定
   D. 复位，固定，功能锻炼
   E. 复位后固定，待解除固定后开始功能锻炼

4. 骨折的急救包括
   A. 抢救生命、包扎伤口、妥善固定、开放骨折复位
   B. 包扎伤口、妥善固定、开放骨折复位、迅速转运
   C. 抢救生命、开放骨折复位、包扎伤口、妥善固定
   D. 开放骨折复位、包扎伤口、妥善

固定、迅速转运
  E. 抢救生命、包扎伤口、妥善固定、
   迅速转运
5. 骨折的早期并发症**不包括**
  A. 休克

B. 脂肪栓塞综合征
C. 压力性损伤
D. 骨筋膜室综合征
E. 血管、神经、脊髓损伤

参考答案:

1. A 2. D 3. D 4. E 5. C

二、简答题

1. 简述骨折患者的急救护理。

2. 简述维持骨牵引患者有效牵引的护理措施。

第三十九章　**关节损伤患者的护理**

学习目标

知识目标	1. 掌握关节脱位、半月板损伤、韧带损伤患者的护理。
	2. 熟悉关节脱位、半月板损伤、韧带损伤的临床表现、处理原则。
	3. 了解关节脱位、半月板损伤、韧带损伤的病因、分类、病理生理特点和辅助检查。
能力目标	能运用护理程序对关节损伤患者实施整体护理。
素质目标	具有关心和爱护关节损伤患者的态度和行为；具备团队合作精神。

第一节　关节脱位

导入情景与思考

患者，男，27岁，因"右肩关节受伤疼痛、活动受限3小时"以"右肩关节脱位"急诊入院。患者3小时前打篮球时不慎损伤右肩，入院当日医生为其实施了手法复位及石膏外固定术，患者疼痛减轻，但晚上翻身后患肢再次出现疼痛。体格检查：体温36.7℃，脉搏92次/min，呼吸22次/min，血压138/86mmHg；患者呈痛苦面容，疼痛评分为8分。

请思考：

1. 患者目前最主要的护理诊断/问题是什么？

2. 针对上述护理诊断/问题，应采取哪些护理措施？

关节脱位（joint dislocation）（又称脱臼）指关节面失去正常的对合关系。失去部分正常对合关系的称半脱位（subluxation）。多发生于青壮年和儿童，多由各种直接或间接暴力导致。上肢关节脱位多于下肢，肩关节和肘关节脱位最为多见，髋关节次之。

【病因】

1. 创伤　由外来暴力作用于正常关节引起的脱位，是最常见的原因，多发生于青壮年。

2. 病理改变　关节结构发生改变，骨端遭到破坏，不能维持关节面正常的对合关系，如关节结核或类风湿关节炎所致脱位。

3. 先天性关节发育不良　各种因素导致关节先天性发育不良，如先天性髋关节脱位。

4. 习惯性脱位　关节囊及韧带损伤，影响了关节的稳定性，以致轻微外力即可导致再脱位，如此反复，即为习惯性脱位，多见于肩关节。

【病理生理与分类】

（一）病理生理

创伤性关节脱位后，构成关节的骨端移位，关节囊破裂，关节腔周围积血。血肿机化后形成肉芽组织，进一步发展为纤维组织，与关节周围组织粘连。脱位可伴关节附近韧带、肌肉和肌腱损伤，也可伴撕脱骨折及周围血管及神经损伤。

（二）分类

1. 按脱位发生的原因　① 创伤性脱位；② 先天性脱位；③ 病理性脱位；④ 习惯性脱位。

2. 按脱位程度

（1）全脱位：指关节面完全丧失对合关系。

（2）半脱位：指关节面失去部分对合关系。

3. 按脱位发生的时间

（1）新鲜脱位：脱位时间未满2周。

（2）陈旧性脱位：脱位时间超过2周。

【临床表现】

1. 一般症状　关节疼痛、肿胀、局部压痛及关节功能障碍。

2. 体征

（1）畸形：关节的正常骨性标志发生变化，脱位的关节处明显畸形。

（2）弹性固定：被动活动时可感觉存在弹性抗力。

（3）关节盂空虚：可触及空虚的关节盂。

3. 其他　早期全身可合并多处复合伤、休克等，局部还可合并骨折及血管神经损伤等。晚期可发生骨化性肌炎、创伤性关节炎等。

【辅助检查】

1. X线检查　是最常采用的检查方法，可明确脱位的方向、程度，有无合并骨折等。

2. CT　有助于诊断X线检查不能确诊的脱位。

3. MRI　可评价相关软组织损伤。

【处理原则】

1. 复位　关节脱位复位成功的标志是被动活动恢复正常、骨性标志恢复，X线检查示关节恢复正常对合关系。

（1）手法复位：主要的复位方式，最好在脱位后3周内进行。复位时间越早，成功率越高，效果也越好。

（2）切开复位：若脱位时间过长，则关节周围组织出现挛缩、粘连，手法复位较为困难。若发生以下情况，应考虑行手术切开复位：① 合并关节内骨折；② 有软组织嵌入；③ 手法复位失败或手法难以复位者；④ 陈旧性脱位手法复位失败者。

2. 固定 将复位后的关节固定于适当位置。固定的时间应依个体的脱位情况而定，一般固定2~3周，太长易发生关节僵硬，太短则损伤的关节囊未完全修复，容易引起习惯性脱位。陈旧性脱位手法复位后，固定时间应适当延长。

3. 功能锻炼 鼓励早期活动，应鼓励患者在固定期间要经常进行关节周围肌肉和其他关节的主动活动，防止关节僵硬和肌萎缩。固定解除后，逐步扩大关节的活动范围，促进功能恢复。

【护理评估】

（一）术前评估

1. 健康史

（1）一般情况：年龄、出生时的情况、日常运动量和运动强度等。

（2）现病史：本次受伤经历及处理情况。

（3）既往史：有无外伤病史，关节脱位习惯、既往脱位后的治疗及恢复情况等。

2. 身体状况

（1）症状与体征：患肢疼痛程度，有无血管、神经受损的表现，皮肤有无受损；生命体征、躯体活动能力、生活自理能力等。

（2）辅助检查：X线、CT及MRI检查的结果。

3. 心理−社会状况 患者的情绪和心理，对本次治疗有无信心；患者和家属对疾病和预后的认知，亲友的社会支持等。

（二）术后评估

1. 术中情况 麻醉及手术方式、术中出血、输血和输液情况，术中有无异常情况和术后诊断。

2. 身体状况 生命体征是否平稳，意识是否清楚，有无疼痛；患肢是否处于功能位，患者是否舒适，外固定是否维持于有效状态；肢体功能恢复情况，是否出现与手术有关的并发症；引流管、导尿管是否妥善固定，引流是否通畅。

3. 心理−社会状况 患者的情绪和心理，对手术治疗的依从性，患者和家属对治疗效果的认识，亲友的社会支持等。

【常见护理诊断/问题】

1. 疼痛 与关节脱位引起局部组织损伤及神经受压有关。

2. 躯体移动障碍 与关节脱位、疼痛、制动有关。

3. 潜在并发症：血管、神经受损。

4. 有皮肤完整性受损的危险 与外固定压迫局部皮肤有关。

【护理目标】

1. 患者疼痛减轻或消失。

2. 患者关节活动能力和舒适度改善。

3. 患者未出现血管、神经损伤等并发症，或得到及时发现和处理。

4. 患者皮肤完整，未出现压力性损伤或感染。

【护理措施】

（一）非手术治疗的护理/术前护理

1. 病情观察　密切观察患肢远端血运、皮肤颜色、温度、感觉和运动情况等。若发现患肢苍白、感觉麻木等异常情况，应及时通知医生并配合处理。

2. 体位护理　抬高并保持患肢处于功能位，以利于静脉回流，减轻肿胀。

3. 疼痛护理

（1）避免加重疼痛的因素：进行护理操作时动作宜轻柔，移动患者时，应托住患肢，以免用力不当加重疼痛。

（2）非药物镇痛：局部冷热敷。伤后24小时内局部冷敷，达到消肿止痛的目的；受伤24小时后局部热敷，减轻肌肉痉挛引起的疼痛。还可应用心理暗示、转移注意力等方法缓解疼痛，必要时遵医嘱应用镇痛药。

（3）药物镇痛：进行疼痛管理，实施预防性镇痛，提高患者的疼痛阈值。

4. 外固定护理　保持各类外固定处于有效状态。

5. 皮肤护理　行石膏固定或牵引者，避免因外固定持续压迫而损伤皮肤。此外，髋关节脱位固定后需长期卧床者，每2小时定时更换体位，保持床单位整洁，预防压力性损伤。对于皮肤感觉障碍的肢体，防止烫伤和冻伤。

6. 功能锻炼　讲解并示范功能锻炼的方法，根据患者恢复情况制订循序渐进的锻炼计划。固定期间应进行肌肉舒缩活动及邻近关节的主动活动；固定拆除后，逐步进行肢体的全范围锻炼，防止关节粘连和肌萎缩。

7. 心理护理　加强与患者的沟通，了解其内心真实的想法，可采取叙事护理的方式疏导患者，以舒缓其焦虑情绪。

（二）术后护理

1. 病情观察　密切观察患者生命体征、肢体感觉运动及末梢血液循环情况，发现异常及时处理。

2. 疼痛护理　评估疼痛的性质、程度等，分散患者注意力，适当应用镇痛药或使用镇痛泵。

3. 管道护理　密切观察切口敷料渗血及引流液的颜色、性状和量，保持引流管通畅，防止折叠堵塞。

【护理评价】

1. 患者的疼痛是否缓解。

2. 患者关节活动能力和舒适度是否得到改善。

3. 患者有无血管、神经损伤等并发症，或是否得到及时发现和处理。

4. 患者皮肤是否完整，有无出现压力性损伤或感染。

第二节 膝关节半月板损伤

导入情景与思考

患者，男，26岁，6个月前在打篮球时扭伤右膝关节，致关节反复卡锁、疼痛及活动受限，门诊以"右膝关节半月板损伤"收治入院。完善术前检查后，在蛛网膜下隙阻滞下行"关节镜下右膝关节半月板缝合术"。现为术后第1日，已拔除切口引流管，患者主诉患肢肌肉力量较弱。体格检查：体温36.3℃，脉搏82次/min，呼吸16次/min，血压120/70mmHg；患者切口敷料清洁干燥，股四头肌轻度萎缩，患肢肌力为4级，疼痛评分为5分。

请思考：

1. 如何指导该患者术后下床活动及负重？
2. 术后可以指导患者行哪些功能锻炼？

半月板损伤（injury of meniscus）是膝关节常见的运动损伤之一。半月板损伤会导致膝关节应力面积缩小、软骨面磨损、关节不稳定等不良后果。受伤者多为青壮年、运动员及重体力劳动者，男性多于女性。

【病因】

研磨力量是半月板损伤的主要原因。一般半月板损伤包含四个因素：膝关节半屈曲、内收或外展、重力挤压、牵拉或剪切力。高负荷的体力劳动或剧烈运动成为半月板急慢性损伤的主要病因，盘状半月板也是易发因素。

【病理生理】

膝关节处于伸直位置时，关节周围韧带处于紧张状态，此时膝关节无扭转。而当膝关节处于半屈曲位时，股骨髁与半月板的接触面积缩小，这时膝关节猛烈地旋转所产生的研磨力量可使半月板发生损伤。

【临床表现】

膝关节疼痛、肿胀、屈曲受限是半月板损伤的早期症状。弹响、膝关节交锁、打软腿、股四头肌萎缩、关节不稳是半月板损伤的后期症状。

【辅助检查】

1. X线检查 对于半月板损伤提供的信息有限，但通过X线检查可以排除其他疾病，如骨软骨损伤、关节内游离体等。

2. MRI 是目前诊断半月板损伤最敏感的影像学检查，符合率高达90%以上。所以对于半月板损伤，首选检查是MRI，其结果对于治疗方法的选择也具有重要的意义。

3. 关节镜检查 可直观地确定损伤部位和病理形态等，对膝关节疾病的诊断和治疗都有明确价值，同时这也是一种手术方式。

【处理原则】

1. 非手术治疗 急性期可以进行冰敷，以减少出血、减轻疼痛；暂停活动并休息，一般为4~6周。

2. 手术治疗　关节镜下行半月板缝合或切除手术。

知识拓展 ｜ **富血小板血浆在半月板损伤中的治疗**

富血小板血浆（platelet rich plasma，PRP）为血小板产物，是通过分离自体全血制备的血小板浓缩物，具有可诱导软骨前体细胞、血管内皮细胞迁移黏附的特点，研究证实PRP内含有丰富的生长因子，对组织愈合修复和再生具有显著的促进作用，已被越来越广泛地应用于骨与软组织损伤的修复。

半月板因其特殊的解剖结构，大多区域局部无血液供给，一旦损伤难以完成组织修复。而将PRP用于半月板损伤的患者治疗中，不仅可维持关节软骨的代谢平衡，而且还可起到保护软骨细胞、促进软骨愈合的作用，在膝关节炎损伤治疗方面发挥着重要作用。

【护理措施】

（一）非手术治疗的护理/术前护理

1. 疼痛护理　参考本章第一节关节脱位患者的护理。

2. 心理护理　术前向患者介绍手术方法和术后注意事项，减轻其焦虑情绪。针对拟行半月板缝合术的患者，尤其要说明术后需要较长一段时间来进行功能恢复，让患者做好心理准备。

3. 术前指导及准备　以健肢做示范，指导患者熟悉和掌握各项康复锻炼，如踝泵运动、股四头肌/腘绳肌等长收缩、直腿抬高训练等。

（二）术后护理

1. 病情观察　密切观察患者生命体征、肢体感觉运动及末梢血液循环情况，发现异常及时处理。

2. 体位护理　可用软枕将患肢抬高，高于心脏15~30cm，有利于血液回流，从而减轻患肢肿胀，预防血栓的形成。

3. 冰敷　术后即可开始在切口处行冰敷，每日2次，以减少渗出和疼痛肿胀。

4. 下床活动及负重　做好下床活动时跌倒预防"3个30秒"宣教。

（1）半月板成形术：引流管拔出后即可扶拐下床活动，为了减轻疼痛，患肢可由部分负重逐渐过渡到完全负重。

（2）半月板缝合术：引流管拔出后即可扶拐下床活动，具体负重时间要根据术中情况及医嘱决定。下床活动时患肢应佩戴好支具，支具的角度调整及佩戴时长应根据患者术中情况及术后复查的情况，由医生确定。一般而言，患者2周内应扶拐行走，患肢禁止负重；术后第3周可部分负重；第4周完全负重；术后6周可弃拐行走，术后2个月左右可去掉支具。

5. 功能锻炼　手术当日麻醉消退后，即可开始功能锻炼。

（1）踝泵运动：包括屈伸踝关节和旋转踝关节两部分。具体做法为用力绷紧脚尖3~5秒，慢慢放松，再向上勾脚尖3~5秒，最后360°旋转踝关节，10~30次/组，2~3组/d，具体数量根据患者的耐受适当增减。

（2）股四头肌（大腿前侧肌群）等长收缩训练：即绷紧大腿前方的肌肉3~5秒然后再放松3~5秒，具体频次、数量及要求同踝泵运动。

（3）腘绳肌（大腿后侧肌群）等长收缩训练：小腿用力下压所垫枕头，使大腿后侧肌肉绷紧及放松，循环练习，具体频次、数量及要求同踝泵运动。

（4）直腿抬高训练：为了更好地锻炼股四头肌的力量，下肢抬离床面的高度无须过高。具体方法为伸膝后向上抬腿至足跟离床15~20cm处，维持3~5秒后缓慢放下，具体频次、数量及要求同踝泵运动。

（5）足跟滑动训练：患者仰卧床上，患肢的足跟不离开床面，大腿带动小腿，使膝盖产生屈伸动作，使足跟在床上前后滑动。具体频次、数量及要求同踝泵运动。

第三节　膝关节韧带损伤

导入情景与思考

患者，男，23岁，因"踢足球时受伤致左膝关节肿痛、步态不稳5个月"入院。完善术前检查后，医生在蛛网膜下隙阻滞下为其行"关节镜下前交叉韧带重建术"。术后第1日，体格检查：体温36.3℃，脉搏82次/min，呼吸16次/min，血压120/70mmHg；左膝股四头肌轻度萎缩，左膝轻度肿胀，左下肢肌力为4级。医生为其拔除切口引流管，患者拟下床活动，但不知以何种方式下床才能减少对患肢的进一步损伤。

请思考：

1. 该患者目前最主要的护理诊断/问题是什么？

2. 如何指导该患者术后下床活动？

膝关节的静力稳定作用主要由四大韧带承担，即前交叉韧带、后交叉韧带、内侧副韧带、外侧副韧带。韧带损伤治疗的目的是恢复膝关节稳定性，防止或延缓继发性损伤。本节重点介绍交叉韧带损伤。

【病因和病理生理】

韧带损伤一般都有外伤病史，多发生于中青年人群，常见原因是剧烈的体育运动，骨折合并韧带损伤也不少见。

1. 前交叉韧带损伤　膝关节伸直位下内翻损伤和膝关节屈曲位下外翻损伤都可以引起。

2. 后交叉韧带损伤　无论膝关节处于屈曲位或伸直位，来自前方的使胫骨上端后移的暴力都可以引起。

【临床表现】

1. 急性期　损伤时有一种撕裂感，迅速出现患膝明显肿胀、疼痛，行走困难。

2. 慢性期　膝关节不稳、错动感及疼痛，易反复发生膝关节的"扭伤"。

【辅助检查】

1. X线检查 显示胫骨向前或向后移位，或见胫骨棘撕脱骨片。

2. MRI 可清晰显示出前后交叉韧带的情况，还可发现其他韧带损伤与隐藏的骨折线。

3. 关节镜检查 能清晰地看到韧带损伤的情况及程度，也是一种处理韧带损伤的常见手术方式。

【处理原则】

1. 非手术治疗

（1）冷敷：能减轻水肿，减轻疼痛。

（2）固定：损伤程度较轻者，可用支具或石膏固定3~6周。

（3）超声波治疗、磁疗等理疗：能促进血液循环，缓解肌痉挛，有利于早期恢复。

2. 手术治疗 可在关节镜下行韧带修复或韧带重建术。

知识拓展 | **前交叉韧带重建术后的康复策略**

前交叉韧带（anterior cruciate ligament，ACL）是维持膝关节稳定的重要韧带之一，其损伤后会严重影响膝关节的稳定性和功能。ACL重建术后的康复策略关键是恢复肌肉的质量、力量、爆发力及协调性。在康复过程中，阻力训练是一个必不可少的环节。阻力训练计划包括的内容有训练量、运动负荷的强度、训练频率、运动类型及持续时间等。在为ACL重建术后患者制订最佳阻力训练计划时，综合考虑上述内容非常重要，这样可以让患者更加快速、高效地进行康复训练。ACL重建术后，由于疼痛、肿胀、制动等因素的影响，患者的股四头肌都有不同程度的萎缩和力量下降。因此在术后康复时除功能性锻炼外，还应该进行一些增强股四头肌力量的锻炼。

【护理措施】

（一）非手术治疗的护理/术前护理

参考本章第二节膝关节半月板损伤。

（二）术后护理

1. 体位护理 术后可用软枕将患肢抬高，高于心脏15~30cm，有利于血液回流，从而减轻患肢肿胀，预防血栓的形成。

2. 下床活动及负重 做好下床活动时跌倒预防"3个30秒"宣教。引流管拔出后佩戴好支具即可扶拐下床活动。具体负重时间要根据手术情况及医嘱决定，支具的角度调整及佩戴时长应根据患者复查后的情况由主管医生来决定。一般来说，术后1~4周内扶拐行走时不负重；5~6周，扶拐行走时可部分负重，并逐渐由双拐过渡到单拐；在6~8周时可弃拐。

3. 冰敷、功能锻炼 参考本章第二节膝关节半月板损伤。

（王娇）

复习参考题

一、单项选择题

1. 关节脱位中的新鲜脱位，通常指脱位时间在
   A. 2日内
   B. 1周内
   C. 2周内
   D. 3周内
   E. 4周内

2. 诊断半月板损伤最有效的方法是
   A. X线检查
   B. CT
   C. MRI
   D. 彩色多普勒超声检查
   E. 体格检查

3. 半月板损伤的临床表现不包括
   A. 疼痛
   B. 弹响
   C. 打软腿
   D. 畸形
   E. 交锁

4. 维持膝关节静力稳定作用的四大韧带中不包括
   A. 前交叉韧带
   B. 后交叉韧带
   C. 内侧副韧带
   D. 外侧副韧带
   E. 髌韧带

5. 膝关节前交叉韧带术后，指导患者下床活动及负重的内容正确的是
   A. 第1~2周内扶拐行走时不负重
   B. 第1~4周内扶拐行走时不负重
   C. 第3~4周内由双拐过渡到单拐
   D. 第3~6周内扶拐行走可部分负重
   E. 第5~8周内可弃拐行走

参考答案：

1. C 2. C 3. D 4. E 5. B

二、简答题

1. 简述关节脱位的体征。

2. 简述膝关节交叉韧带重建术后下床活动及负重的注意事项。

椎间盘突出症患者的护理

学习目标

知识目标	1. 掌握椎间盘突出症患者的临床表现和护理措施。
	2. 熟悉椎间盘突出症的处理原则。
	3. 了解椎间盘突出症的病因、病理生理及辅助检查。
能力目标	能运用护理程序对椎间盘突出症患者实施整体护理。
素质目标	具有关心和爱护椎间盘突出症患者的态度和行为；具备团队合作精神。

第一节 颈椎间盘突出症

导入情景与思考

患者，男，58岁，因"双手麻木伴下肢行走无力2年"，门诊以"颈椎间盘突出症"收治入院。完善术前检查后，医生为患者在全身麻醉下行前路C_5~C_6椎间盘切除＋cage置入植骨融合内固定术。术后第1日患者突然出现张口状急迫呼吸、口唇发绀等呼吸困难的表现。体格检查：体温36.5℃，脉搏108次/min，呼吸28次/min，血压150/86mmHg，SpO_2 88%，切口敷料表面有鲜红色渗血，触诊颈部明显肿胀。

请思考：

1. 患者出现呼吸困难可能的原因有哪些？

2. 根据患者的目前状况，可采用的急救护理措施有哪些？

颈椎间盘突出症（cervical disc herniation，CDH）是在颈椎间盘退变的基础上，轻微外力或无明确诱因引起椎间盘突出而致脊髓和神经根受压的一组病症。多发生于40~50岁，突出部位以C_4~C_5、C_5~C_6为最多。

【病因与病理生理】

当颈椎间盘退变时，后侧纤维环部分损伤或断裂，在轻微外力下使颈椎过伸或过屈运动，使椎间盘纤维环突然承受较大的牵张力，导致其完全断裂，髓核组织从纤维环破裂处经后纵韧带突入椎管，压迫脊髓或神经根而产生相应症状和体征。

【临床表现】

1. **中央突出型**　不同程度的四肢无力，且下肢重于上肢，表现为步态不稳；严重时可出现四肢不完全性或完全性瘫痪，大小便功能障碍，表现为尿潴留和排便困难。

2. **侧方突出型**　后颈部疼痛、僵硬、活动受限；颈部后伸时疼痛加剧，并向肩臂部放射；一侧上肢有放射性疼痛或麻木

3. **旁中央突出型**　除有侧方突出型CDH的症状外，还可有不同程度的单侧脊髓受压症状，表现为患侧下肢无力、活动不便、踩棉花感等。

【辅助检查】

1. **X线检查**　可以观察颈椎序列、各椎间隙高度变化、椎间孔形态的改变，以及骨赘形成情况等退行性改变。

2. **CT**　显示椎间盘突出的类型，是否形成骨赘，是否合并后纵韧带和黄韧带肥厚、钙化或骨化，关节突的增生肥大程度，椎管形态的改变。

3. **MRI**　显示椎间盘突出和脊髓受压程度，是CDH的重要诊断依据。

【处理原则】

1. **非手术治疗**　主要适用于CDH早期、CDH仅表现为神经根性症状，以及CDH表现为脊髓压迫症状，但无法耐受手术治疗者。治疗方法除适当休息外，还包括以下几种。

（1）颈椎牵引：牵引可解除肌痉挛，增大椎间隙，减少对椎间盘的压力，减轻对神经、血管的压迫和刺激。

（2）佩戴颈托：可限制颈椎过度活动，减轻神经根受压和水肿。

（3）推拿按摩及理疗：可以减轻肌痉挛，改善局部血液循环，但不建议进行重手法按摩，并由专业人士操作，以防发生颈椎骨折、脱位和脊髓损伤。

（4）药物治疗：常用脱水药、非甾体抗炎药和神经营养药等进行对症治疗。

2. **手术治疗**　当非手术治疗无效，疼痛加重，甚至出现肌肉瘫痪等症状时，应及时行颈椎手术治疗，切除椎间盘以解除对神经根及脊髓的压迫。经典的手术方法为颈椎前路椎间盘切除减压融合术（anterior cervical discectomy and fusion，ACDF），近年来随着脊柱内镜技术的发展，后路经皮内镜下椎间盘摘除术在临床上的应用也日益广泛。

知识拓展　|　**颈椎前路术后吞咽困难的研究进展**

　　吞咽困难作为颈椎前路术后最常见的并发症之一，其发生率在术后早期可高达79%。但总体的发生率随时间推移逐渐下降，通常患者可在术后6个月内缓解。在颈椎前路术后吞咽困难病因的研究中，与吞咽困难发生有关的风险因素包括女性、高龄、吸烟、体重指数、病程、手术入路、手术牵拉时间、牵拉器类型、内固定装置的类型、颈椎曲度及椎前软组织厚度等。上述这些因素均直接或间接与吞咽困难的发生相关，因而吞咽困难被认为是一项

多因素综合影响的结果，其具体的病理生理机制尚待进一步研究。关于颈椎前路术后吞咽困难的评估方法，至今仍没有一个公认的量化评估手段，国际上广泛采用的方法是Bazaz吞咽困难等级评分。

【护理措施】

（一）非手术治疗的护理/术前护理

1. 心理护理 因手术部位为颈椎，患者易出现担心及焦虑心理。护士需要向患者介绍目前的医疗技术水平及术后康复的大致情况，并采用通俗易懂的形式向患者介绍手术治疗的优点及手术过程，使其产生安全感，帮助其树立对治疗的信心。

2. 术前训练

（1）呼吸功能训练：术前指导患者进行深呼吸、有效咳嗽咳痰、吹气球等训练，增强肺的通气功能；术前应戒烟1周以上。

（2）气管、食管推移训练：为适应术中反复牵拉气管、食管的操作，避免术后出现呼吸困难、咳嗽、吞咽困难等并发症，可指导颈椎前路手术的患者，在术前3~5日尽早进行气管推移训练。指导患者用右手大拇指将气管、食管向左推移，然后用右手示指、中指、环指指端从颈部左侧向右侧推移，幅度必须超过颈部前中线并维持2~3秒。刚开始可试探性推移，适应后可逐渐加大力度和幅度，左右推移各3回为1次，5~10次/组。

（3）俯卧位训练：为适应后路手术的术中长时间俯卧位，可于术前尽早开始俯卧位训练。

（4）颈托佩戴训练（图40-1-1）：颈托高度与患者下颌角到锁骨上窝的垂直距离相符，颈围则与脖颈最大周长相符。佩戴时，先将颈托后片上缘靠近枕骨，下缘靠近双肩，协助患者轴线翻身至平卧位；然后佩戴颈托前片，须使下颏完全放入前片的下凹槽内，使前片压于后片之上；最后粘固搭扣，检查松紧度，一般以颈托与皮肤之间可伸入1横指左右的固定效果好且患者较舒适。

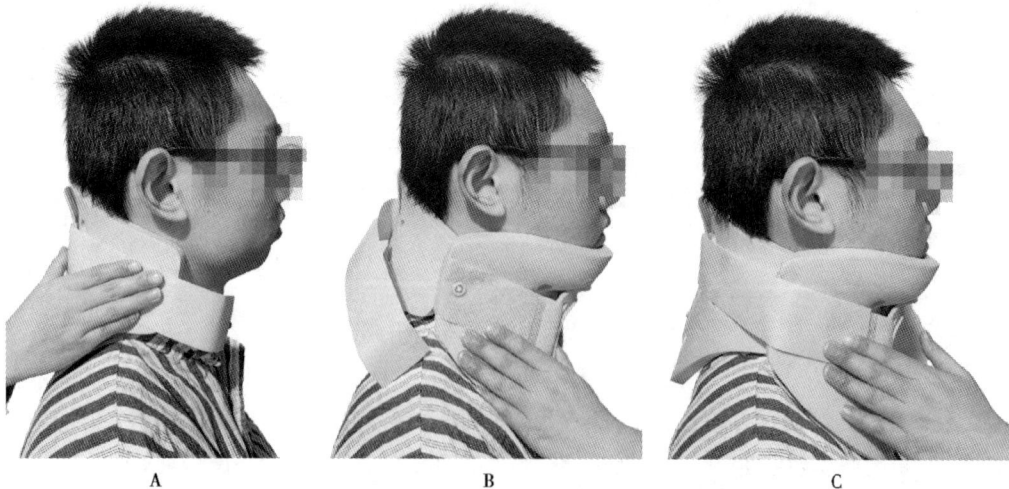

▲ 图40-1-1 颈托佩戴方法
A. 将颈托后片置于颈后；B. 将前片压于后片之上；C. 粘固搭扣，使颈椎处于中立位。

3. 安全护理　患者四肢无力或感觉障碍时，应防跌倒和烫伤。

（二）术后护理

1. 病情观察　包括生命体征、切口敷料、切口引流管、疼痛情况等。重点观察患者呼吸系统、神经系统的变化情况；观察切口敷料有无渗液；评估患者术后疼痛水平，并采取相应措施等。

2. 引流管护理　参见本章第二节腰椎间盘突出症。

3. 体位护理　术后患者回病房，搬运过程中，专人用颈托固定头颈部进行保护，注意保持患者脊柱在同一轴线；由3~4人平托移至病床后，患者取平卧位，颈部处于中立功能位，两侧颈肩部置沙袋固定，翻身时需要采用轴线翻身法。坐立或下床活动时，须佩戴好颈托予以保护。

4. 饮食护理　根据ERAS原则，若患者无呕吐呛咳等情况，即可先予以少量温水，再根据情况逐步改为半流质饮食、普食。

5. 并发症的观察与护理

（1）呼吸困难：是颈椎前路手术最危急的并发症，多发生于术后1~3日内。

常见原因：① 切口内出血压迫气管；② 喉头水肿压迫气管；③ 术中损伤脊髓或植骨块松动、脱落压迫气管等。

护理措施：颈椎前路手术患者床旁应常规准备气管切开包；术后加强患者呼吸频率、节律的观察；一旦患者出现颈部憋胀感、张口状急迫呼吸、呼吸困难等表现，应立即通知医生，并做好气管切开或再次手术的准备。

（2）术后出血：颈深部血肿多见于术后当日，尤其是12小时内。颈椎前路手术常因骨面渗血或术中止血不完善引起切口出血。出血量大、引流不畅时，可压迫气管导致呼吸困难甚至危及生命。

护理措施：术后应密切观察生命体征、切口敷料及引流液情况，若24小时出血量超过200ml，应考虑是否有活动性出血；若引流液呈淡红色且量较多，要考虑是否发生了脑脊液漏。注意观察颈部情况，检查颈部软组织张力。如发现患者颈部明显肿胀，并出现呼吸困难、烦躁等表现时，应立即通知医生并协助处理。

（3）脊髓神经损伤：多为术中牵拉、损伤或周围血肿压迫所致。患者术后可出现四肢感觉、运动障碍，大小便功能异常，单侧喉返神经损伤可致声音嘶哑。

护理措施：术中牵拉所致神经损伤是可逆的，一般在术后1~2日明显好转或消失；较大血肿持续压迫引起的损伤则症状可逐渐加重，术后应注意观察，高度重视并及时处理。

（4）植骨块脱落、移位：多发生在术后5~7日内，多因颈椎活动不当时椎体与植骨块间产生界面间的剪切力使骨块移动、脱出。因此，颈椎术后应特别重视体位护理。

6. 功能锻炼

（1）未瘫痪患者：术后回病房即可指导其进行四肢的主动活动，术后第1~3日可指导患者床边站立并逐渐下床活动。

（2）瘫痪患者：排除深静脉血栓等禁忌情况下，可每日进行四肢肌肉按摩及被动关节活动。不完全瘫痪者可指导使用握力器、踏步器等练习上、下肢肌力。

（三）健康教育

1. 纠正不良姿势 嘱患者在日常生活中避免长时间的固定体位，注意纠正不良姿势，保持颈部平直。

2. 保持良好的睡眠体位 头颈部保持自然仰伸位，胸部及腰部保持自然曲度，双髋及双膝略呈屈曲，使全身肌肉、韧带及关节获得最大程度的放松与休息。

3. 选择合适的枕头 中间低两端高，透气性好，长度超过肩宽，高度以头颈部压下后一拳高为宜。

4. 安全指导 为患者做好跌倒预防宣教；上肢肌力下降、精细活动失调者应避免自行倒开水、提重物等；活动时注意避免损伤颈肩部。一旦发生损伤，及时就医。

5. 功能锻炼 向患者解释CDH的治疗应与康复锻炼相结合才能获得最大程度的康复，指导其出院后仍应加强颈肩部和肢体的功能锻炼，从而保持颈椎的稳定性。长期伏案工作者宜定期活动颈部，以缓解颈部肌肉的慢性劳损。

第二节　腰椎间盘突出症

导入情景与思考

患者，男，58岁，因"腰痛伴右下肢疼痛2年，加重1个月"以"腰椎间盘突出症"收入院。辅助检查：CT及MRI示$L_5 \sim S_1$椎间盘向左后方突出，压迫S_1神经根。完善相关检查后，医生在全身麻醉下为该患者施行了"经椎间孔入路腰椎椎体间融合术"，术后安全返回病房，并留置引流管1根。此时患者主诉背部有点湿润。体格检查：体温36.5℃，脉搏78次/min，呼吸18次/min，血压124/70mmHg；背部切口敷料有少许渗液，暂无头晕、头痛等症状。

请思考：

1. 护士在术后如何观察及护理该患者的引流管？

2. 当患者拔除引流管准备下床活动时，护士应如何进行指导？

腰椎间盘突出症（lumbar disc herniation，LDH）通常是指在腰椎间盘发生退行性改变的基础上，在外力因素作用下发生纤维环破裂，髓核组织从破裂处突出，从而刺激和压迫马尾神经或神经根所引起的一种综合征，是腰腿痛最常见的原因之一。可发生于任何年龄，最多见于中年人，20~50岁多发，以男性居多。多发于活动度和承重都较大的$L_4 \sim L_5$、$L_5 \sim S_1$。

【病因】

腰椎间盘突出症的原因包括内因及外因，内因主要是腰椎退行性变，外因则有外伤、劳损等。

1. 椎间盘退行性变 是腰椎间盘突出症的根本原因。

2. 损伤 损伤是椎间盘退变的主要原因。腰部的急、慢性损伤，尤其是反复弯腰、腰部负重、扭转等动作最易引起椎间盘损伤。急性损伤可成为腰椎间盘突出症突发症状的诱发因素。

3. 妊娠　妊娠期间体内激素的变化致肌肉、韧带处于相对松弛状态，而体重的增长、腹压的增高又使腰骶部承受比平时更大的应力，增加了椎间盘突出的发生风险。

4. 遗传因素　有家族性发病的报告，小于20岁的青少年患者中约32%有阳性家族史。

5. 发育异常　腰椎骶化、骶椎腰化等腰骶部先天发育异常，使下腰椎承受异常应力，均会增加椎间盘病变的风险。

【病理生理与分型】

椎间盘由髓核、纤维环和软骨终板构成，由于椎间盘承受躯干及上肢的重量，在日常生活及劳动中，易发生劳损。椎间盘仅有少量血液供应，营养主要靠软骨终板渗透，从而极易发生退变。根据其突出程度及影像学特征，结合治疗方法可进行如下分型。

1. 膨出型　纤维环有部分破裂，但表层完整。

2. 突出型　纤维环完全破裂，髓核突向椎管，但后纵韧带仍然完整。

3. 脱出型　髓核穿破后纵韧带。

4. 游离型　完全突入椎管，与原椎间盘脱离。

5. 施莫尔（Schmorl）结节　髓核经上下软骨板裂隙突入椎体松质骨内。

6. 经骨突出型　髓核沿软骨终板和椎体间血管通道向前纵韧带方向突出。

【临床表现】

患者多有弯腰劳动或长期坐位工作史，首次发病常在半弯腰持重物或突然扭腰动作过程中发生。

（一）症状

1. 腰痛　绝大部分患者有腰痛，是最早出现的临床症状。早期可表现为急性剧痛或慢性隐痛。弯腰、咳嗽、打喷嚏、用力排便等导致腹内压增高的活动均可加剧疼痛。病程长的患者仅能短距离行走，且行走时疼痛难以忍受。

2. 坐骨神经痛　多见于$L_4 \sim L_5$、$L_5 \sim S_1$椎间盘突出者，以单侧为主。典型表现是疼痛从下腰部放射至臀部、大腿后方、小腿外侧至足背或足跟部。早期可伴痛觉过敏，病情较重者则出现感觉迟钝或麻木。可伴间歇性跛行。

3. 马尾综合征　中央型腰椎间盘突出可压迫马尾神经，出现鞍区感觉异常，甚至大小便功能障碍等。

（二）体征

1. 腰椎侧凸　是为缓解神经根受压所致疼痛的姿势性代偿畸形。

2. 腰部活动受限　腰部各方向的活动均受到不同程度的影响，但以前屈受限最为明显。

3. 腰部肌痉挛、压痛、叩痛　腰部骶棘肌痉挛强直，腰椎生理前凸减小或消失。在病变椎间隙的棘突间有深压痛，按压及叩击棘突旁侧1cm处有向下肢的放射痛。

4. 直腿抬高试验及加强试验阳性　主要系神经根受压或粘连使其滑动度减小或消失所致。检查时患者平卧，膝关节伸直，被动抬高患肢，在60°以内出现下肢放射痛，称为直腿抬高试验阳性。在直腿抬高试验阳性的基础上，缓慢降低患肢高度，至放射痛消失，再被动背屈踝关节以牵拉坐骨神经，如再次引起疼痛，则称为加强试验阳性。

5. 神经系统表现　主要为感觉减退、肌力下降及反射异常。L₅神经根受累时，患侧小腿前外侧和足背内侧的痛、触觉减退，踝及趾背伸力降低；S₁神经根受累时，外踝附近及足外侧的痛、触觉减退，踝关节跖屈无力，踝反射减弱或消失。

【辅助检查】

1. X线检查　通常作为常规检查，可显示退行性改变。

2. CT　可显示椎管形态、黄韧带增厚、椎间盘突出的程度和方向等。

3. MRI　显示椎管形态，全面观察各椎间盘退变情况，也可以了解髓核突出的程度和位置，并鉴别是否存在椎管内其他占位性病变。

4. 造影　可间接显示有无椎间盘突出及程度。

5. 其他　神经电生理检查，如肌电图等可协助明确神经受损的范围及程度。

【处理原则】

（一）非手术治疗

适用于初次发作、病程较短且经休息后症状明显缓解，影像学检查无严重突出者。80%~90%的患者可经非手术治愈，但临床复发率较高。

1. 卧床休息　有利于减少椎间盘压力，缓解骶棘肌痉挛所引起的疼痛。急性发作期需要卧床休息，但不主张长期卧床，鼓励患者进行适当、有规律的日常活动，活动时可佩戴腰围。3个月内不能做弯腰持重物的动作。

2. 持续骨盆牵引　可增大椎间隙，使椎间盘回位，减轻对神经根的压迫或刺激。牵引重量一般为7~15kg，可持续2周左右，也可使用间断牵引法，每日2次，每次1~2小时，但效果不如持续牵引。

3. 物理治疗　正确的理疗、推拿和按摩有助于增加局部血液循环，缓解肌痉挛，减轻椎间盘的压力。

4. 硬膜外注射皮质激素　主要作用是减轻神经根周围的炎症与粘连。

5. 髓核化学溶解法　是将胶原酶注入椎间盘内或硬脊膜与突出的髓核间，选择性溶解髓核和纤维环，从而降低椎间盘压力，缓解症状的方法。

（二）手术治疗

1. 适应证　① 腰腿痛症状严重，反复发作，经半年以上非手术治疗无效，且病情逐渐加重，影响工作和生活者；② 中央型突出有马尾神经综合征，括约肌功能障碍者，应按急诊进行手术；③ 病史虽不典型，但影像学检查证实椎间盘对神经或硬膜囊有严重压迫；④ 合并腰椎管狭窄症。

2. 手术方法

（1）传统开放椎间盘髓核摘除术：包括椎板开窗术、全椎板切除术、半椎板切除术、椎间孔扩大术等。

（2）微创手术：① 显微外科椎间盘切除术，术中使用手术显微镜，放大手术视野，切除椎间盘；② 显微内镜椎间盘切除术，将直视手术变为监视器上手术，有损伤小，恢复快的特点；③ 经椎间孔镜下椎间盘摘除术（percutaneous endoscopic lumbar discectomy，PELD），伤口小，安全性高，适应证广，近年来开展广泛。

（3）椎间盘假体置换：是近年来临床开展的术式，其手术适应证尚存在争论，选择此手术须谨慎。

（4）腰椎融合术：通过对椎体间进行植骨、内固定等一系列操作，以达到减压和稳定脊柱的目的。

知识拓展 | **体外冲击波治疗在疼痛治疗中的运用**

体外冲击波治疗（extracorporeal shockwave therapy，ESWT）主要是利用冲击波的直接机械冲击效应，以及由空化作用间接产生的机械效应来治疗疾病。它是将冲击波作用于皮下病变组织，刺激或重新启动受累的肌腱、韧带及其周围组织的愈合过程，可促进血供增加，有效改善治疗区域的新陈代谢，减轻患处炎症反应，从而缓解疼痛和改善功能的一种治疗方法。

目前，ESWT在针对肌骨疾病的疼痛及功能改善方面的疗效非常显著，可缓解慢性腰痛患者的疼痛，提高患者的身体功能，改善其日常生活活动能力。ESWT具有非侵入性、组织损伤小、疼痛缓解明显等诸多优点，已成为一种应用于多种疾病的非手术治疗方法。

【护理评估】

（一）术前评估

1. 健康史

（1）一般资料：性别、年龄、职业、营养状况、生活自理能力，压力性损伤、跌倒/坠床的风险等级。

（2）既往史：是否有先天性的椎间盘疾病，既往有无腰部外伤、慢性损伤史，是否做过腰部手术。

（3）外伤史：有无急性腰扭伤或损伤史。询问受伤时患者的体位、外来撞击的着力点，受伤后的症状和腰痛的特点和程度，导致腰痛加剧或减轻的相关因素，有无采取制动和治疗措施。

（4）家族史：了解家族中有无遗传病史。

2. 身体状况

（1）症状与体征：疼痛的常规评估；本次疼痛发作后治疗的情况及效果；评估下肢的感觉、运动和反射情况，患者行走的姿势、步态；有无大小便失禁现象。

（2）辅助检查：X线、CT、MRI、造影等各项检查的结果。

3. 心理-社会状况 患者对疾病的认知程度及对手术的了解程度，有无焦虑、紧张等心理；患者和家属对疾病的认知，社会经济支持等。

（二）术后评估

1. 术中情况 麻醉方式、手术名称、术中补液出血情况、引流管的数量及位置等。

2. 身体状况 动态评估生命体征、伤口情况，以及引流液的颜色、性状和量；评估患者有无排尿困难和尿潴留，下肢感觉运动情况；有无并发症发生的征象等。

3. 心理–社会状况　患者的情绪变化和心理状态；能否积极配合术后的功能训练，亲友的支持情况。

【常见护理诊断/问题】

1. 疼痛　与椎间盘突出压迫神经、肌肉痉挛及术后切口疼痛有关。

2. 躯体移动障碍　与疼痛、牵引或手术有关。

3. 焦虑　与腰部疼痛和活动受限有关。

4. 潜在并发症： 神经根粘连、脑脊液漏等。

【护理目标】

1. 患者的疼痛减轻或消失。

2. 患者能够使用适当的辅助器具增加活动范围。

3. 患者的焦虑程度减轻。

4. 患者未发生并发症，或并发症得到及时发现和处理。

【护理措施】

（一）非手术治疗的护理/术前护理

1. 缓解疼痛

（1）卧床休息：卧位时椎间盘承受的压力比站立时降低50%，可减轻对椎间盘的压力，缓解疼痛。

（2）采取正确卧位及翻身方法：侧卧位时屈髋屈膝，双腿分开，中间夹垫枕；仰卧位时可在膝下垫枕，避免头前倾、胸部凹陷等不良姿势；俯卧位时可在腹部及踝部垫枕，以放松脊柱肌肉。注意翻身过程及摆放体位时，均应保持躯干部尤其是胸腰段平直，避免扭曲。

（3）佩戴腰围：腰围能加强腰椎的稳定性，对腰椎起到保护和制动作用。

（4）保持有效骨盆牵引：牵引前，在双侧髂缘处加保护垫，预防压力性损伤。

（5）其他：采用药物及非药物等方法缓解疼痛。

2. 完善术前准备　术前常规戒烟，指导患者学习正确翻身、床上使用便盆及术后功能锻炼的方法。

3. 心理护理　由于患者病程长、病情反复，多数患者对手术效果存在顾虑。可采取叙事护理的方式与患者沟通，了解其内心真实的想法，舒缓其焦虑和恐惧。

（二）术后护理

1. 病情观察　包括生命体征、切口敷料、切口引流管、疼痛情况等。重点观察患者双下肢肌力及感觉运动的恢复情况；观察切口敷料有无渗液；评估患者术后疼痛水平，执行对应措施等。

2. 引流管护理　固定妥善，防止引流管脱出、折叠；保持引流管通畅；观察并记录引流液颜色、性状和量，是否有活动性出血，有异常则及时报告医生处理；观察有无脑脊液漏，若引流袋内引出淡血性或淡黄色液体，同时患者出现头痛、呕吐等症状，应考虑发生脑脊液漏，及时报告医生处理。

3. 搬运及体位 患者由手术室回病房，应采用3人搬运法将患者移至病床上，搬运过程中注意保持身体轴线平直，翻身时需采用轴线翻身法。

4. 功能锻炼 为预防长期卧床导致的关节僵硬及肌萎缩等并发症，患者麻醉清醒后即可早期开始功能锻炼。

（1）四肢肌肉、关节的功能锻炼：麻醉清醒后开始进行踝泵运动、股四头肌等长收缩锻炼，坚持定时活动四肢关节。

（2）直腿抬高锻炼：术后尽早开始指导患者进行双下肢直腿抬高练习，防止神经根粘连。早期抬高的角度及时间以患者能耐受为限，以后逐渐增加抬腿幅度。抬放时间相等，每次15~30分钟，每日可进行2~3次。

（3）腰背肌锻炼：指导患者锻炼腰背肌，以增加腰背肌肌力、增强脊柱稳定性（图40-2-1）。锻炼应根据术式、医嘱，以及患者恢复的实际情况由易到难、循序渐进，通常以五点支撑法开始进行，青壮年可逐渐过渡到四点、三点支撑法和飞燕式。每日练习3~4组，每组50次左右，逐渐增加次数。

（4）起床站立及行走训练：可根据手术实际情况尽早佩戴腰围或支具起床活动，活动时需要做好跌倒预防指导。具体方法如下：协助患者佩戴好腰围或支具，抬高床头，先半卧位30秒；然后将患者移至床的一侧，将腿放于床边，一手肘置于床上将上身支撑起，移到床边休息30秒；再在护士或家属的协助下，两腿略分开，利用腿部肌肉，使身体站立30秒，无头晕、视物模糊等不适症状方能行走。初次离床，需在旁人扶助下沿床边慢走，逐渐增加活动范围及时长，躺下时按相反顺序进行。

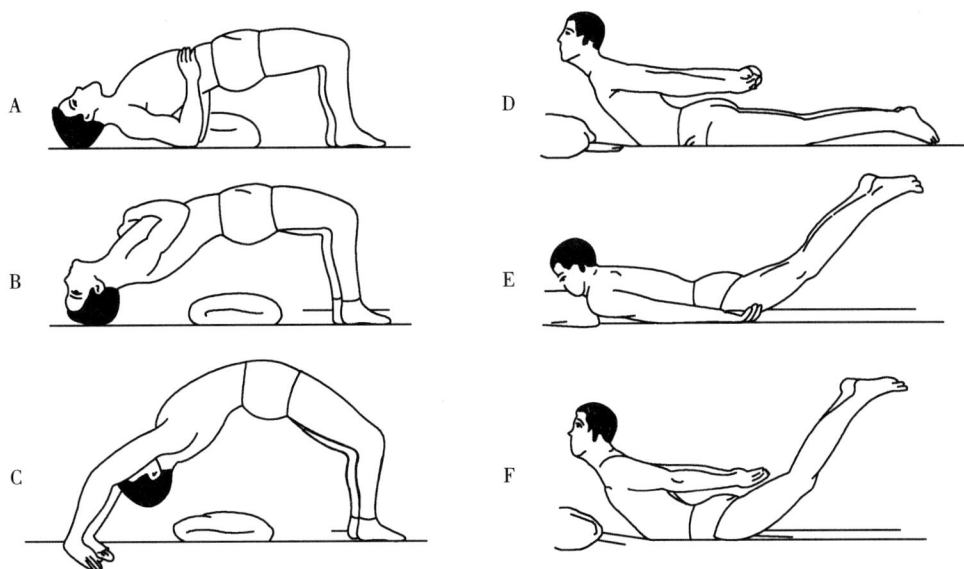

▲ 图40-2-1　腰背肌锻炼仰卧法和俯卧法
A. 五点支撑法；B. 三点支撑法；C. 四点支撑法；D. 头、上肢及背部后伸；E. 下肢及腰部后伸；
F. 整个身体后伸。

5. 并发症的观察与护理

（1）神经根粘连：术后及时评估脊髓神经功能情况，观察下肢感觉、运动情况，并与健侧和术前对比。术后尽早开始指导患者进行双下肢直腿抬高练习，防止神经根粘连。

（2）脑脊液漏：若引流袋内引出淡血性或淡黄色液体，同时患者出现头痛、呕吐等症状，应考虑发生脑脊液漏。应严格去枕平卧位，同时适当抬高床尾；其间监测及补充电解质，多数可自行愈合；必要时探查切口，行裂口缝合或硬脊膜修补。

（3）椎间隙感染：虽不多见，但最为严重。患者多表现为术后体温升高、腰背部剧烈胀痛、肌肉痉挛，翻身及轻微震动均可加剧疼痛，严重者可致截瘫。多数经绝对卧床、激素治疗及针对性抗感染可得到控制，必要时行手术清除病灶、闭式灌洗等处理。

（三）健康教育

1. 指导患者保持正确姿势，减少损伤发生。

（1）保持正确姿势：坐位时注意选择高度适宜、有扶手的靠背椅，保持膝、髋在同一水平，上身尽量靠向椅背，椅背最好与人体腰部的生理曲度一致，或在腰部放置一软垫。站位时应收腰、提臀，使人体的后枕部、肩胛骨、骶尾部、足跟在同一平面。行走时抬头、挺胸、收腹，保持上身平直，利用腹肌支持腰部。

（2）经常变换姿势：无论是卧位、坐位还是站立，均应避免长时间保持同一姿势，应适当变化，以解除腰背肌疲劳。避免长时间穿高跟鞋站立或行走。

（3）合理应用人体力学原理：如站立位举起重物时，高于肘部，避免膝、髋关节过伸；蹲位举重物时，背部伸直勿弯；存在腰椎疾病的患者不建议搬运重物，非得搬抬时，应伸直腰背下蹲，切勿弯腰搬抬。在转移重物过程中，尽量采用推的方式。

（4）采取保护措施：术后3个月内下床活动时佩戴腰围，并避免做弯腰、长期站立或上举重物等动作，以防腰肌痉挛，加重疼痛。3个月后仍应注意避免过伸取物及过度拉伸腰背肌的活动。腰部劳动强度过大的工人、长时间开车的司机等在工作期间要佩戴腰围保护腰部。

2. 加强营养　多摄入高蛋白、高维生素的食物，以减缓椎间盘退变。

3. 积极参加体育锻炼　适当的体育锻炼可以锻炼腰背肌，增加脊柱稳定性。参加剧烈运动时，运动前应有科学的热身活动，运动后有恢复活动，应循序渐进，切忌活动突起突止。

【护理评价】

1. 患者疼痛是否减轻。

2. 患者是否能够使用适当的辅助器具。

3. 患者的焦虑程度是否减轻。

4. 患者是否发生并发症，或并发症是否得到及时发现和处理。

（王娇）

学习小结

1. 退行性变是CDH的根本原因，外因则有外伤、劳损等。主要表现为颈肩痛或上肢痛或肢体不同程度的感觉、运动障碍，也可有麻木、突然不能抬举上肢或手部无力等。当非手术治疗无效，疼痛加重，或出现肌肉瘫痪、括约肌功能障碍等症状时，应及时行手术治疗。术后需要采用轴线翻身法进行翻身，注意佩戴好颈托，做好并发症的观察及护理，尤其是观察有无呼吸困难，切口周围有无血肿等。

2. 腰椎间盘突出症主要表现为腰痛、坐骨神经痛、马尾综合征。术后需要采用轴线翻身法进行翻身；保持良好的工作和生活行为习惯，以减少颈腰部肌肉的急慢性损伤，避免病情复发。护理的重点是做好并发症的观察；指导患者术后尽早行直腿抬高训练预防神经根粘连，指导患者掌握正确上下床的方式，术后3个月内规范佩戴腰围，同时加强腰背肌锻炼。

复习参考题

一、单项选择题

1. 为适应术中的相关操作，颈椎前路手术术前应尽早开展
   A. 呼吸功能训练
   B. 气管、食管推移训练
   C. 卧床四肢锻炼
   D. 卧床大小便训练
   E. 饮食宣教

2. 关于颈托佩戴训练，说法**不正确**的是
   A. 颈托必须质量合格、无变形
   B. 先佩戴颈托后片再佩戴颈托前片
   C. 要注意在耳郭、下颌、颏部、枕部、喉结处垫以软毛巾
   D. 颈托与皮肤之间可伸入1横指左右为佳
   E. 颈托高度与患者下颌角到胸骨的垂直距离相符

3. 腰椎间盘突出症多发生于
   A. $L_1 \sim L_2$、$L_2 \sim S_3$
   B. $L_2 \sim L_3$、$L_3 \sim S_4$
   C. $L_3 \sim L_4$、$L_4 \sim L_5$
   D. $L_4 \sim L_5$、$L_5 \sim S_1$
   E. $L_5 \sim S_1$

4. 腰椎间盘突出症术后护理要点正确的是
   A. 术后可马上主动活动四肢关节
   B. 术后无须佩戴腰围
   C. 若引流袋内引出淡黄色液体，且患者出现头痛症状，应立即摇高床头
   D. 直腿抬高锻炼的主要目的是锻炼肌肉力量
   E. 患者术后下床活动时，可由卧位直接变为床下站立位，无须采用特殊的方式

5. 腰椎间盘突出的根本原因是
   A. 急、慢性腰部损伤
   B. 腰椎间盘退行性病变
   C. 肥胖
   D. 腰椎骶化
   E. 骶椎腰化

参考答案：
1. B 2. E 3. D 4. A 5. B

二、简答题

1. 简述颈椎间盘突出症患者非手术治疗的护理要点。

2. 简述腰椎间盘突出症术后并发症的观察与护理。

骨与关节感染患者的护理

学习目标

知识目标	1. 掌握骨与关节感染患者的临床表现和护理措施。 2. 熟悉骨与关节感染患者的处理原则。 3. 了解骨与关节感染的病因、病理生理与辅助检查。
能力目标	能运用护理程序对骨与关节感染患者实施整体护理。
素质目标	具有关心和爱护骨与关节感染患者的态度和行为；具备团队合作精神。

第一节 化脓性骨髓炎

导入情景与思考

患儿，男，8岁，因"左小腿上端持续性剧烈疼痛、不能活动约2小时"入院。患儿2日前无明显原因出现寒战、高热，今日小腿疼痛加剧且不能活动。体格检查：体温40.0℃，脉搏120次/min，呼吸26次/min，血压98/64mmHg，左小腿上端轻度肿胀，有压痛。辅助检查：白细胞$18×10^9$/L，中性粒细胞百分比86%。

请思考：

1. 该患儿目前最主要的护理诊断/问题是什么？
2. 如何维持患儿的正常体温？

化脓性骨髓炎（pyogenic osteomyelitis）是由化脓性细菌感染引起的病变，包括骨膜、骨皮质、骨松质及骨髓组织的炎症。感染主要源于3方面：① 血源性感染；② 创伤后感染；③ 邻近感染灶，又称为外来性骨髓炎。化脓性骨髓炎按发病缓急分为急性和慢性，临床上以急性化脓性骨髓炎最多见。本章主要阐述血源性化脓性骨髓炎。

一、急性血源性骨髓炎

急性血源性骨髓炎（acute hematogenous osteomyelitis）是指身体其他部位的化脓性病灶，经血行播散至骨组织，引起骨膜、骨皮质和骨髓的急性化脓性炎症。好发部位为长骨的干骺端，如胫骨近端、股骨远端、肱骨近端，还可见于脊椎骨及髂骨等。好发人群为12岁以下儿童，男性多于女性。

【病因】

金黄色葡萄球菌是最常见的致病菌，其次为乙型溶血性链球菌。当原发病灶处理不当或机体抵抗力下降时，细菌进入血液循环发生菌血症或诱发脓毒症。本病发病前往往有外伤史。儿童常会发生磕碰，可能因局部外伤后组织创伤、出血而易于发病，外伤可能是本病诱因。

【病理】

基本病理变化是骨质破坏与死骨形成，同时病灶周围的骨膜因炎性刺激而发生修复反应，产生新骨，形成骨性包壳。

【临床表现】

1. 全身中毒症状　起病急骤，体温可达39℃以上，伴寒战。儿童可表现出烦躁不安、呕吐或惊厥，严重者可出现昏迷或感染性休克。

2. 局部症状与体征　早期只有患部剧痛，患肢呈半屈曲状，小儿因疼痛拒绝做任何主、被动活动。局部皮肤温度增高，有局限性压痛，肿胀不明显。当形成骨膜下脓肿时，局部肿胀、压痛更为明显。若脓肿穿破骨膜形成软组织深部脓肿，疼痛反而减轻，但局部红、肿、热、压痛都更明显。

3. 其他　骨质破坏严重时可发生病理性骨折。此外，如病灶邻近关节，可引起反应性关节积液。

【辅助检查】

1. 实验室检查　白细胞计数增高，中性粒细胞百分比可占90%以上，红细胞沉降率加快，C反应蛋白升高，血培养可检测出致病菌。

2. 影像学检查

（1）X线检查：变化出现较晚，对早期诊断意义不大。起病2周后，X线片上可见软组织肿胀、骨质破坏、死骨和骨膜增生表现。少数病例伴病理性骨折。

（2）CT：可以较早发现骨膜下脓肿，但对小的骨脓肿仍难以显示。

（3）MRI：有助于早期发现骨内的炎性病灶，并能观察到病灶的范围，病灶内炎性水肿的程度和有无脓肿形成。

（4）核素骨显像：发病后48小时即可发现感染灶核素浓聚，具有诊断价值。

3. 局部脓肿分层穿刺　在肿胀和压痛最明显处穿刺涂片，若涂片发现脓细胞或细菌可明确诊断，同时做细菌培养和药物敏感试验。

【处理原则】

处理关键是早期诊断与正确治疗。若早期感染得不到及时的控制，后面往往演变为慢性骨髓炎。

1. 非手术治疗

（1）全身支持疗法：高热期间给予降温，补液；营养支持，增加蛋白质和维生素摄入量；必要时少量多次输新鲜血、血浆或球蛋白，以提高免疫力。

（2）抗感染治疗：早期联合足量应用抗生素治疗。在发病5日内使用敏感抗菌药物多可获得较好疗效，持续应用至少3周，直至体温正常，局部红、肿、热、痛等症状消失。

（3）局部制动：通过皮牵引或石膏托将患肢固定于功能位，可缓解疼痛，促进炎症消散，防止关节挛缩畸形和病理性骨折。

2. 手术治疗 目的在于引流脓液、控制毒血症、阻止急性骨髓炎向慢性转变。手术方式包括钻孔引流术及开窗减压术。

【护理评估】

（一）术前评估

1. 健康史 有无其他部位感染和外伤史，病程长短，治疗经过和效果；疾病有无反复，既往有无药物过敏史和手术史等。

2. 身体状况

（1）症状与体征：患者有无高热、寒战、呕吐、烦躁不安、意识障碍或惊厥等全身中毒或休克症状；局部有无红、肿、热、痛，有无窦道；疼痛相关情况；肢体的感觉和运动功能有无改变，有无关节强直；局部制动及固定效果。

（2）辅助检查：各项实验室检查结果，特别是血白细胞计数、中性粒细胞百分比、红细胞沉降率和C反应蛋白水平；X线检查结果；分层穿刺或关节穿刺抽出液体的量和性质，涂片检查是否发现脓细胞，细菌培养结果。

3. 心理-社会状况 患者的情绪和心理状态、对疾病的认知程度，对治疗和护理的期望程度，患者家属、亲友对患者的关心支持情况等。

（二）术后评估

局部伤口、创面有无异味；局部冲洗及引流是否通畅，引流液的颜色、性状和量是否异常。

【常见护理诊断/问题】

1. 体温过高 与化脓性感染有关。

2. 疼痛 与化脓性感染和手术有关。

3. 组织完整性受损 与化脓性感染和骨质破坏有关。

【护理目标】

1. 患者体温维持在正常范围。

2. 患者主诉疼痛减轻或消失。

3. 患者感染得到控制，创面逐渐愈合。

【护理措施】

（一）非手术治疗的护理/术前护理

1. 维持正常体温

（1）控制感染：当患者寒战、高热时及时抽血行血培养；配合医生行局部脓肿分层穿刺化验以尽快明确致病菌；遵医嘱及时使用抗生素，用药时需要合理安排用药顺序，注意药物浓度和滴入速度，在规定时间内输入，从而保证药效。

（2）降温：患者发热且体温较高时，鼓励多饮水，可用冰袋、温水擦浴、冷水灌肠等措施进行物理降温。同时遵医嘱使用退热药物，并做好观察和记录；密切观察病情，以防高热惊厥发生；及时更换被汗液浸湿的床单和衣物。

（3）卧床休息：患者高热期间应卧床休息，以保护患肢和减少消耗。

2. 缓解疼痛

（1）患肢制动：抬高患肢，促进血液回流；皮牵引或石膏托固定于功能位，以利于减轻疼痛及局部病灶修复，防止关节挛缩畸形和病理性骨折的发生。若需要移动患肢，应动作平稳、适当承托，避免患处产生应力。

（2）使用镇痛药：遵医嘱给予镇痛药物缓解疼痛，并观察用药效果。

（3）转移患者注意力：采用听音乐、与人交谈等方法，使患者分散注意力，以减轻疼痛。

3. 病情观察　观察患者生命体征，尤其是体温的变化；患肢疼痛有无缓解或加重，肿胀是否消退；有无惊厥、谵妄、昏迷等中枢神经系统功能紊乱的表现。

4. 营养支持　给予高热量、高蛋白、高维生素饮食，以补充消耗，提高免疫力。若营养摄入严重不足，可适当给予肠外营养。

5. 心理护理　由于此病多发于儿童和青少年，且起病急骤、全身症状重，患者及家属常有恐惧、紧张或焦躁情绪，护士应多关心患者和家属，多加鼓励，增强其战胜疾病的信心。

（二）术后护理

1. 保持有效引流

（1）妥善固定引流装置（图41-1-1）：将引流管做好标记并固定好，避免脱出。

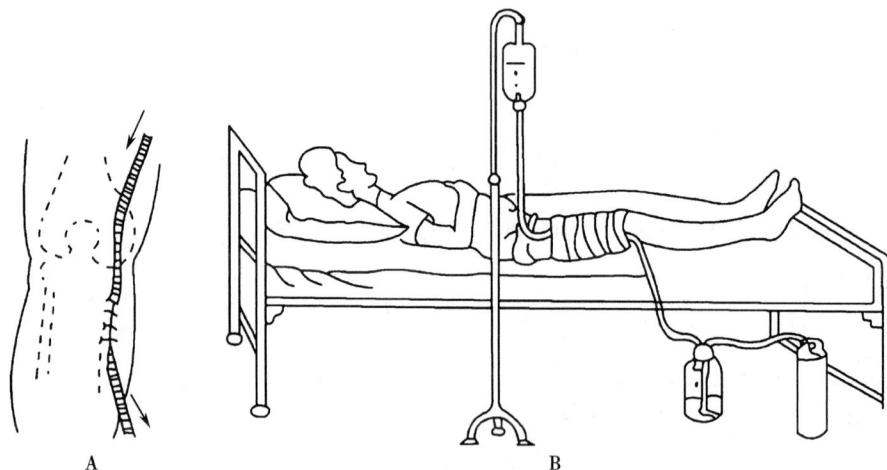

▲ 图41-1-1　闭式灌洗、负压引流术示意图
A. 局部；B. 装置全貌。

（2）保持引流通畅：① 连接，保持引流管各接头连接紧密且正确；② 管路高度，保持冲洗管的输液瓶高于切口水平60~70cm，引流瓶低于切口约50cm，以防引流液逆流；③ 冲洗液，遵

医嘱每日连续滴入冲洗液1 500~2 000ml；④ 冲洗速度，术后24小时内应快速连续冲洗，以后每2小时快速冲洗1次，引流液颜色变淡时可逐渐减少冲洗液的量，维持冲洗直至引流液清亮为止；⑤ 定时挤压，每日定时挤压引流管，避免血凝块堵塞，挤压时注意反折近端；⑥ 避免管道打折、受压及扭曲。

（3）病情观察：观察并记录引流液的性状、颜色、量等；患者生命体征是否恢复正常；患肢疼痛是否缓解；肿胀有无消退等。

（4）拔管：引流管留置2周后，若体温下降、引流液清亮无脓时可考虑先拔除冲洗管，然后行连续3次引流液培养，结果为阴性，即可考虑拔除引流管。

2. 功能锻炼 急性期鼓励患者做踝泵运动、股四头肌等长收缩运动；待炎症消退后，关节未明显破坏者可进行关节功能锻炼，避免发生关节粘连、强直及肌萎缩。

（三）健康教育

1. 饮食指导 加强营养，增强机体抵抗力，防止疾病反复；指导患者食用含钙较多的食物，同时补充维生素D，鼓励其多晒太阳，以促进钙的吸收。

2. 用药指导 嘱患者出院后继续应用抗菌药物治疗至症状消失后3周左右，严防转为慢性骨髓炎。

3. 活动指导 早期可指导患者使用助行器等，减轻患肢负重。X线检查证实病变已恢复正常时才能开始负重，以免诱发病理性骨折。

4. 定期复诊 告知患者出院后应注意自我观察，并定期复诊。骨髓炎易复发，若伤口愈合后又出现红、肿、热、痛、流脓等则提示转为慢性骨髓炎，须及时诊治。

【护理评价】

1. 患者的体温是否恢复正常。

2. 患者的疼痛是否缓解。

3. 患者的感染是否得到控制，创面是否逐渐愈合。

二、慢性血源性骨髓炎

慢性血源性骨髓炎是因急性血源性骨髓炎未能彻底控制或反复发作演变而来。一般症状限于局部，只有在局部引流不畅时，才有全身症状表现，往往顽固难治，甚至数年或数十年仍不能痊愈。

【病因】

慢性血源性骨髓炎大多继发于急性血源性骨髓炎，少数低毒性细菌感染在发病时即表现为慢性骨髓炎。

【病理】

慢性骨髓炎的基本病理变化是死骨、无效腔、骨性包壳和窦道。骨质的感染导致白细胞浸润、破骨细胞聚集，两者共同作用引起骨坏死、死骨脱落。死骨游离浸泡于脓液中，四周肉芽组织包绕，即形成无效腔。外周骨膜反复向周围生长形成板层状"骨性包壳"。包壳通常有多处瘘孔，无效腔内的脓液及死骨片可循此至深部软组织，最终穿破皮肤，形成窦道。由于炎症和分泌物的刺激，窦道周围软组织产生大量瘢痕，局部血运不良，修复功能减退，愈合困难。

【临床表现】

1. 症状　在病变静止期可无症状，仅在患肢见几处窦口，周围皮肤有色素沉着或湿疹样皮炎。急性发作时，表现为疼痛，皮肤转为红、肿、热及压痛，体温可升高1~2℃，有时有全身中毒症状。

2. 体征　患肢一般会增粗变形，有多处窦道者对肢体功能影响较大，常伴有肌肉萎缩。

【辅助检查】

X线检查显示骨干增粗变形，密度不均。骨膜掀起，有新骨形成，可见三角状或葱皮样骨膜反应和轮廓不规则的骨质硬化区及游离的死骨片，髓腔变窄甚至消失。CT可显示出脓腔与小型死骨，经窦道注入碘对比剂可显示出脓腔的部位、大小及延伸方向。

【处理原则】

以手术治疗为主，但慢性骨髓炎急性发作期不宜做病灶清除，仅行脓肿切开引流，结合全身应用抗菌药物。对于大块死骨而包壳未充分形成者，不宜摘除死骨，以免造成长段骨缺损。手术原则是清除死骨及炎性肉芽组织、消灭无效腔、切除窦道。

知识拓展　｜　**负压封闭引流技术联合抗生素骨水泥治疗慢性骨髓炎**

目前临床治疗慢性骨髓炎方法较多，如抗生素灌洗引流、开放植骨和皮瓣移植等，但灌洗引流易出现堵管，需反复更换置管，皮瓣移植及开放植骨需配合长期静脉应用抗生素，均存在临床局限性，复发率较高。

作为近年来新兴的创面治疗方式，负压封闭引流几乎适用于所有类型的伤口如足溃疡、创伤后和术后感染性伤口等。负压封闭引流联合抗生素骨水泥治疗慢性骨髓炎，可显著缩短抗生素使用时间，避免产生耐药性及肝肾损害等不良反应，还可明显减少换药次数、骨吸收及愈合时间等，减轻了患者的医疗费用负担，节省了社会医疗资源。

【护理措施】

1. 病情观察　严密观察患者生命体征的变化，局部伤口边缘、颜色、肉芽组织的情况及引流液的颜色、性状、量等，以判断预后。

2. 伤口护理　保持伤口清洁，随时观察创面，评估创面愈合情况。

3. 心理护理　由于此病病程长、严重影响患儿的生长发育，患者及家属常表现出对疾病的治疗缺乏信心，甚至自暴自弃。护士应多与患者及家属沟通，介绍成功治愈的病友，帮助患者树立战胜疾病的信心。

第二节 化脓性关节炎

化脓性关节炎（suppurative arthritis）是细菌经血行、直接蔓延等途径进入关节腔内引起的化脓性感染。多见于儿童，好发于髋关节、膝关节。成年人则多见于创伤后感染。化脓性关节炎一般为单侧发病。

【病因】

金黄色葡萄球菌是最常见的致病菌，可占85%，其次为乙型溶血性链球菌、白色葡萄球菌等。最常见的感染途径是由身体其他部位或邻近关节部位化脓性病灶的细菌，通过血液循环传播至关节。少数由开放性关节损伤继发感染或医源性感染所致。

【病理】

化脓性关节炎的病变发展过程一般可分为三个阶段，即浆液性渗出期、浆液纤维素性渗出期、脓性渗出期，三个阶段有时演变缓慢，有时发展迅速而难以区分。

1. 浆液性渗出期 细菌入侵致关节滑膜充血、水肿；关节腔内白细胞浸润、浆液性渗出，关节软骨没有破坏。本期病理改变为可逆性，若在此阶段能得到及时有效的治疗，不会遗留任何关节功能障碍。

2. 浆液纤维素性渗出期 病变继续发展，渗出物增多、混浊，大量纤维蛋白沉积于关节软骨上影响其代谢，软骨出现崩溃、断裂与塌陷。本期的部分病理改变已为不可逆性，治疗后必然会遗留不同程度的关节粘连与功能障碍。

3. 脓性渗出期 若炎症得不到控制，关节腔内的渗出液转为明显的脓性，炎症侵及软骨下骨质，滑膜和关节软骨都已破坏。本期病变为不可逆，且由于关节重度粘连，治疗后遗留重度关节功能障碍。

【临床表现】

1. 症状 起病急骤，寒战高热，体温可达39~40℃，甚至出现谵妄或昏迷，小儿可出现惊厥；全身中毒症状严重；病变关节迅速出现疼痛与功能障碍。

2. 体征

（1）浅表关节病变：如膝、肘关节，局部红、肿、热、痛明显，关节常处于半屈曲位，以使关节腔内的容量尽可能达到最大，关节囊松弛以缓解疼痛。关节积液在膝部最为明显，可见髌上囊明显隆起，浮髌试验可为阳性。

（2）深部关节病变：如髋关节，因有厚实的肌肉，局部红、肿、热、压痛多不明显。但关节内旋受限，常处于屈曲、外展、外旋位。

【辅助检查】

1. 实验室检查 血白细胞计数及中性粒细胞百分比增高，红细胞沉降率增快，C反应蛋白增加，血培养可检出病原菌。

2. 关节腔穿刺 关节液外观可为浆液性（清亮）、纤维蛋白性（混浊）或脓性（黄白色）。镜检示早中期只有红细胞、白细胞、纤维蛋白，可无细菌；晚期可见大量脓细胞和细菌，涂片可见革兰氏染色阳性细菌。

3. X线检查　早期显示关节周围软组织肿胀，关节间隙增宽；中期以骨质疏松为主要征象；晚期表现为关节间隙变窄或消失，骨质破坏或增生，甚至关节畸形或骨性强直。

【处理原则】

（一）非手术治疗

1. 全身治疗　早期、足量、全身性使用抗生素，可先选择广谱抗菌药物，而后根据药敏试验结果进行调整。加强全身营养支持治疗，改善营养状况，增强抵抗力。

2. 关节腔内注射抗生素　每日行关节腔穿刺，抽出关节液后，注入抗菌药物，适用于浆液性渗出期。若抽出液逐渐澄清，局部症状、体征缓解，提示抗菌药物有效，可继续使用，直至关节积液消失、体温恢复正常。若抽出液变得更为混浊甚至成为脓性，说明治疗无效，应改为灌洗或切开引流。

3. 关节腔持续灌洗　适用于表浅大关节，如膝关节。在关节腔置入灌洗管及引流管，每日经灌洗管滴注抗生素溶液2 000~3 000ml。当引流液转清，经3次细菌培养阴性后，可停止灌洗，但引流管仍继续保留数日。当引流液逐渐减少至无引流液引出，局部症状和体征都已消退时，可考虑拔管。

（二）手术治疗

1. 经关节镜治疗　在关节镜下反复冲洗关节腔，清除脓性渗液、脓苔及组织碎屑，彻底切除病变滑膜，完成后在关节腔内放置敏感抗生素，必要时置管灌洗引流。

2. 关节切开引流　适用于较深的大关节，如髋关节，切开关节囊，放出关节内液体，用盐水冲洗并吸尽脓液，清理坏死组织，在关节腔内留置两根硅胶管进行连续灌洗。

3. 其他　髋关节强直者可行全髋关节置换术，有陈旧性病理性脱位者可行矫形手术。

【护理措施】

1. 功能锻炼　在对病变关节进行局部治疗将感染控制后，关节无明显破坏者，即可鼓励患者行关节的主动屈伸练习，避免引起关节粘连。

2. 病情观察、缓解疼痛、维持正常体温、做好药物护理　具体护理措施参见本章第一节化脓性骨髓炎。

第三节　骨与关节结核

导入情景与思考

患者，女，28岁，因"胸背部疼痛2个月伴乏力、盗汗、食欲缺乏"入院。既往有肺结核病史，否认高血压、糖尿病、肝炎等。体格检查：体温37.6℃，脉搏82次/min，呼吸20次/min，血压124/80mmHg，T_9~T_{10}棘突叩击痛。辅助检查：X线检查示T_9~T_{10}椎体溶骨性破坏，椎间盘受累。

骨与关节结核（tuberculosis of bone and joint）是由结核分枝杆菌侵入骨或关节而引起的一种继发性结核病，是最常见的肺外继发性结核。本病好发于儿童与青少年，以脊柱结核最多见，其次为膝关节、髋关节和肘关节，病灶大多单发。

【病因】

病原菌主要是人型结核分枝杆菌。结核分枝杆菌一般不能直接侵入骨或关节滑膜引起骨与关节结核，主要是继发于原发性肺结核或胃肠道结核。

【病理】

骨与关节结核的最初病理变化是单纯滑膜结核或单纯骨结核，以后者多见。在发病初期，病灶局限于长骨的干骺端，关节软骨面完好，若在此阶段结核能被很好地控制，则关节功能不受影响。若病变进一步发展，结核病灶侵及关节腔，破坏关节软骨面，称为全关节结核。全关节结核若不能被控制，便会出现破溃，产生瘘管或窦道，引起继发感染，此时关节完全毁损，必会遗留各种关节功能障碍。

1. 脊柱结核

（1）中心型结核：多见于10岁以下儿童，好发于胸椎。

（2）边缘型结核：多见于成年人，好发于腰椎，病变以溶骨性破坏为主，死骨较少，椎间盘破坏是此型的特征。

2. 关节结核　以膝、髋关节结核较为多见。

（1）膝关节结核：膝关节是全身关节中滑膜最多的关节，早期病灶以滑膜结核多见，以炎性浸润和渗出为主，随着病变的发展，可产生边缘性骨侵蚀、全关节结核、寒性脓肿、慢性窦道及病理性脱位。

（2）髋关节结核：早期髋关节结核为单纯滑膜结核或单纯骨结核，以单纯滑膜结核多见。后期会产生寒性脓肿与病理性脱位。脓肿可以流注，形成臀部脓肿和盆腔内脓肿。

【临床表现】

1. 症状

（1）全身症状：起病缓慢，全身症状不明显。常见症状有低热、盗汗、疲乏、食欲差、消瘦等，儿童常有"夜啼"。少数起病急骤，可有高热。

（2）局部症状：表现为局部疼痛，初起隐痛，活动后加剧，逐渐转为持续性疼痛。单纯骨结核者髓腔内压力高，脓液积聚过多，疼痛剧烈。由于髋关节与膝关节神经支配有重叠现象，髋关节结核患者亦可主诉膝关节疼痛。脊柱结核者常因咳嗽、打喷嚏或持重物使疼痛加重，并可沿脊神经放射。下肢关节结核患者可因疼痛及畸形而出现跛行。

2. 体征

（1）局部压痛和叩击痛，关节肿胀与积液、活动受限。

（2）关节畸形：胸椎结核者可出现明显的后凸畸形。关节结核者疼痛而出现肌痉挛，从而导致关节挛缩变形。晚期则因骨质破坏，或骨骺生长受限，形成关节畸形、病理性脱位或肢体短缩等。

（3）脓肿与窦道：结核进一步发展，病灶部位积聚大量脓液、结核性肉芽组织、死骨和干酪样坏死组织，形成脓肿。由于无红、热等急性炎症反应表现，结核性脓肿称为冷脓肿或寒性脓肿。当脓肿向体表破溃形成窦道时，可看见从窦口排出米汤样脓液、干酪样物质及死骨。

（4）截瘫：脊柱结核的脓肿、肉芽组织、坏死骨块可直接压迫脊髓，造成部分或完全截瘫，出现肢体感觉、运动和括约肌功能障碍。

（5）特殊体征：颈椎结核常表现为斜颈、头前倾、颈短缩及双手托下颌。腰椎结核则表现为拾物试验阳性。髋关节结核可出现"4"字试验、髋关节过伸试验及托马斯征阳性。膝关节结核早期则可有膝眼饱满、髌上囊肿大、浮髌试验阳性，晚期则呈典型的梭形肿胀。

【辅助检查】

1. 实验室检查 红细胞沉降率在结核活动期明显增快，是检测病变是否静止和有无复发的重要指标。结核菌素试验阳性，对5岁以下儿童诊断意义较大。脓液结核分枝杆菌培养阳性率约为70%。

2. 影像学检查

（1）X线检查：早期无明显改变，6~8周后可见区域性骨质疏松和周围少量钙化的骨质破坏病灶，周围软组织肿胀影。病情发展后，可见边界清楚的囊性变，并伴有明显硬化反应和骨膜炎反应。

（2）CT：可了解软组织病灶的范围及骨质破坏的程度，能较早发现X线检查未显示的病灶。

（3）MRI：可在病变早期显示异常信号，有助于早期诊断。脊柱结核时，还可观察有无脊髓受压和变性。

（4）超声：可以探查深部寒性脓肿的位置和大小，可在定位下穿刺抽脓。

3. 关节镜检查 对滑膜结核早期诊断具有重要价值，可同时行关节液培养、组织活检及滑膜切除术。

【处理原则】

全身综合治疗与局部治疗相结合，其中抗结核药物治疗贯穿于整个治疗过程，在治疗中占主导地位。

（一）非手术治疗

1. 全身治疗 注意休息、避免劳累，加强营养，每日摄入足够的蛋白质和维生素。有贫血者应及时纠正贫血。形成窦道者可有混合感染，应根据药物敏感试验结果，给予敏感抗菌药物。

2. 抗结核治疗 抗结核药物的治疗原则为早期、联合、适量、规律、全程。按规定的疗程用药是确保疗效的前提。常用一线的抗结核药物有异烟肼（INH）、利福平（RFP）、吡嗪酰胺（PZA）、链霉素（SM）、乙胺丁醇（EMB）。主张联合用药，异烟肼与利福平为首选药物。对于骨与关节结核，主张疗程不少于12个月，必要时可延长至18~24个月。

3. 局部制动　根据病变部位和病情轻重采用牵引、石膏托、支架固定等方法，将肢体固定于功能位，以解除肌痉挛，防止病理性骨折，预防及纠正肢体畸形。一般小关节结核固定期限为1个月，大关节结核要延长到3个月。

4. 关节腔内注射　适用于早期单纯滑膜结核。局部注射抗结核药物具有药量小、局部药物浓度高和全身反应小的优点。常用药物为异烟肼，注射次数视关节积液量多少而定。若关节腔内有寒性脓肿，则不主张进行反复穿刺给药，避免混合性感染及形成窦道。

（二）手术治疗

1. 病灶清除术　采用合适的手术路径进入病灶，彻底清除病灶中的脓液、死骨、结核性肉芽组织与干酪样坏死物质，并在腔内放置抗结核药物。由于该手术可能导致结核分枝杆菌经血行播散，为提高手术安全性，术前需要全身应用抗结核药物4~6周，至少2周，术后要继续完成规范化治疗全疗程。

2. 脓肿切开引流　当寒性脓肿混合感染时，患者可表现全身脓毒血症，无法耐受病灶清除术，可行切开排脓，待全身情况改善后再行病灶清除术。但术后常形成慢性窦道，难以愈合。

3. 其他　结核晚期者为增强稳定性、纠正畸形、改善关节功能，可行关节/脊柱融合术、截骨术或畸形矫正术等。

【护理措施】

（一）非手术治疗的护理/术前护理

1. 心理护理　结核病的病程长，且可引起全身乏力、活动受限、肢体畸形或瘫痪、影响生长发育等，患者及家属的心理负担较重。护士应加强与患者及家属的沟通，了解其内心真实的想法，可采取叙事护理的方式疏导患者，以舒缓其焦虑和恐惧。

2. 营养支持　鼓励患者进食高热量、高蛋白、高维生素、易消化饮食，摄入热量35~50kcal/（kg·d），蛋白质1.5~2.0g/（kg·d）；贫血者应注意补充含铁制剂和输血治疗，以提高机体抵抗力。部分抗结核药物如吡嗪酰胺可引起血尿酸增高，应避免进食高嘌呤食物，如动物内脏、鱼虾等。

3. 抗结核药物治疗的护理

（1）观察药物不良反应：抗结核药物的主要不良反应为肝肾损害、神经毒性、胃肠道反应等。用药过程中若出现眩晕、口周麻木、耳鸣、听力异常等情况时，应及时向医生汇报。

（2）观察药物疗效：用药后是否有体温下降、食欲改善、体重增加、局部疼痛减轻及红细胞沉降率趋于正常等。如有上述改变，说明药物有效，可进行手术。

4. 预防病理性骨折及关节畸形　脊柱结核患者应绝对卧床休息，并给予轴线翻身，避免病理性骨折及截瘫的发生和发展。关节结核者术前给予患肢抬高制动，皮牵引或石膏托固定于功能位，以缓解疼痛，防止关节挛缩畸形。

5. 疼痛护理　嘱患者注意休息。疼痛严重者，卧床休息，局部予以制动，以减轻疼痛。必要时遵医嘱使用镇痛药物。

6. 生活护理　参考长期卧床患者的生活护理，避免发生压力性损伤。

7. 术前训练　根据患者的手术部位及手术方式，指导进行床上大小便训练、手术体位训练、呼吸功能训练等。

8. 其他　其余术野皮肤准备、肠道准备等同一般手术围手术期护理。

（二）术后护理

1. 体位护理　脊柱结核术后需要采用轴线翻身法翻身。病灶清除和椎间融合术后颈托/支具佩戴时间为颈椎部位3个月，胸、腰椎部位5~6个月，可根据复查情况适当增减支具佩戴时长。髋关节结核术后应保持患肢处于外展中立位，膝关节结核术后则需要用枕垫抬高患肢20~30cm。

2. 引流管护理　妥善固定引流管，并做好标记；观察并记录引流液的颜色、性质、量等，定时挤压引流管。

3. 饮食护理　给予高热量、高蛋白、高维生素、易消化饮食，以保证充足营养，提高机体免疫力。

4. 并发症的观察及护理

（1）出血：术后严密监测生命体征及血氧饱和度。若引流液为鲜红色血性液体，胸腔闭式引流连续3小时＞100ml/h或关节腔引流＞400ml/d，应高度怀疑活动性出血，须立即告知医生及时处理。

（2）脊髓、神经损伤：颈椎结核术后密切观察有无声音嘶哑、饮水呛咳等喉返神经及喉上神经损伤表现，观察四肢感觉及肌力情况。胸、腰段脊柱结核术后应注意观察脊髓神经功能情况，如双下肢运动、感觉及肌力情况，发现异常及时告知医生处理。

（3）肌挛缩或骨筋膜室综合征：石膏固定的患者参考石膏患者的护理，一旦出现患肢剧痛、皮温下降、肢端苍白等异常情况，应及时告知医生，拆除石膏进行减压。

（4）感染：切口感染多发生于术后3~5日，应密切观察切口渗血、渗液情况，加强换药，保持敷料清洁干燥。胸椎结核病灶清除术后可能发生呼吸道感染，应鼓励患者多饮水、深呼吸，行雾化吸入后指导其有效咳嗽咳痰等。

（5）乳糜漏：上胸椎手术后，注意观察引流液，若引流出白色混浊液体＞200ml/d，应怀疑胸导管损伤致乳糜漏，须立即禁食，进行胸腔闭式引流，一般可自愈；若1~2周后仍无法自愈，可考虑进行开胸手术结扎胸导管。

（6）脑脊液漏：脊柱结核术后若患者出现头痛、恶心呕吐，引流液为淡黄色液体，考虑发生脑脊液漏可能。颈椎手术后嘱患者平卧位，病情允许情况下可适度抬高头部20°~30°，腰椎手术后可考虑头低足高体位；保持患者鼻腔或外耳道清洁；避免突然增加颅内压的动作，如擤鼻、咳嗽和打喷嚏等；患者需要保持大便通畅，便秘时可合理使用缓泻剂和粪便软化剂。

（7）呼吸困难：胸椎结核病灶清除术可能因术中刺破胸膜，出现术后呼吸困难，应及时给予氧气吸入；术后少量积气者可自行吸收，积气量较大者，需要行胸腔穿刺抽气；若血气胸量较大，宜行胸腔闭式引流；严重呼吸困难者，应行气管插管或切开，呼吸机辅助呼吸。

5. 功能锻炼　术后麻醉清醒后，可以行踝泵运动、股四头肌等长收缩运动；术后第1日，指导患者进行直腿抬高练习，主动活动其他非制动关节；截瘫患者则进行关节的被动活动。

（三）健康教育

1. 用药指导与复查　指导患者出院后坚持应用抗结核药物，不得随意停药，并告知各种药物的用法及副作用等，一旦出现副作用应立即停药并及时复诊。

2. 休息与活动　出院后嘱患者卧床休息，其间加强肢体的主、被动功能锻炼，避免关节僵硬。

（王娇）

学习小结

1. 化脓性骨髓炎和化脓性关节炎主要由化脓性细菌感染引起。急性血源性骨髓炎和化脓性关节炎起病急骤，体温可达39℃以上，可伴烦躁、呕吐、昏迷等全身中毒症状；慢性血源性骨髓炎患肢可出现窦口，周围皮肤有色素沉着或湿疹样皮炎。在治疗方面，需要早期联合、足量应用抗生素治疗或手术进行脓液及坏死组织清除。护理的重点是做好病情观察，维持患者正常体温，尤其是警惕小儿发生高热惊厥；有引流冲洗管者需要妥善固定管道，保持有效引流，避免非计划拔管；做好患者及家属的心理护理。

2. 骨与关节结核继发于原发性肺结核或胃肠道结核，主要表现为结核中毒症状如低热、盗汗、疲乏等，局部也可出现疼痛症状。非手术治疗主要是采用抗结核药物治疗；手术治疗主要是行结核病灶清除术。护理的重点是指导患者规律服用抗结核药物及药物副作用的观察；加强营养指导；该病病程较长，需做好心理护理；行手术治疗者还需要重点做好并发症的预防及护理。

复习参考题

一、单项选择题

1. 急性血源性骨髓炎最常见的致病菌是
   - A. 大肠埃希菌
   - B. 链球菌
   - C. 金黄色葡萄球菌
   - D. 炭疽芽孢杆菌
   - E. 肺炎双球菌

2. 急性血源性骨髓炎非手术治疗时的急性期护理措施**不包括**
   - A. 严密观察患者体温
   - B. 及时缓解患者疼痛
   - C. 观察患者是否有中枢神经系统功能紊乱的表现
   - D. 遵医嘱及时使用抗生素

   - E. 为了避免关节僵硬，患肢应尽早最大范围活动

3. 表浅大关节关节腔持续灌洗治疗后引流液转清，停止灌洗前应连续检测细菌培养结果
   - A. 1次
   - B. 2次
   - C. 3次
   - D. 4次
   - E. 5次

4. 治疗骨与关节结核的抗结核药物通常首选
   - A. 链霉素

B. 异烟肼

C. 吡嗪酰胺

D. 乙胺丁醇

E. 庆大霉素

5. 抗结核药物的不良反应通常**不包括**

A. 尿频

B. 口周麻木

C. 听力异常

D. 恶心呕吐

E. 眩晕

二、简答题

1. 简述急性血源性骨髓炎的临床表现。

2. 简述骨与关节结核患者术后并发症的观察及护理。

骨肿瘤患者的护理

学习目标

知识目标	1. 掌握骨肿瘤患者的护理措施。 2. 熟悉骨肿瘤患者的临床表现和处理原则。 3. 了解骨肿瘤的病因、病理生理和辅助检查。
能力目标	能运用护理程序对骨肿瘤患者实施整体护理。
素质目标	具有关心和爱护骨肿瘤患者的态度和行为；具备团队合作精神。

第一节 骨恶性肿瘤

导入情景与思考

患者，男，18岁，因"活动后左膝关节肿胀疼痛加重1周"入院，入院诊断为"左股骨远端骨肉瘤"。体格检查：体温36.7℃，脉搏80次/min，呼吸18次/min，血压110/68mmHg；左膝关节内侧肿胀，皮温较对侧高，左股骨远端可扪及质硬包块，大小为10cm×8cm，不活动，有压痛，边界尚清，膝关节活动受限。辅助检查：X线检查示左股骨干骺端溶骨性病变，可见骨膜反应，边界不清；CT示左股骨远端内侧可见类圆形软组织影，骨质破坏，侵犯邻近软组织，考虑左股骨远端恶性肿物。患者情绪低落，非常担心疾病预后。

请思考：

1. 该患者主要的护理诊断/问题是什么？
2. 该患者目前的主要护理措施有哪些？

发生在骨内或起源于各种骨组织成分的肿瘤，以及由其他脏器恶性肿瘤转移到骨骼的肿瘤统称为骨肿瘤（bone tumor）。骨肿瘤分原发性和继发性两类。原发性恶性骨肿瘤包括骨肉瘤、软骨肉瘤、骨纤维肉瘤等，恶性骨肿瘤中骨肉瘤发病率最高。本节重点介绍骨肉瘤。

骨肉瘤（osteosarcoma，OS）是10~20岁青少年最常见的原发性恶性骨肿瘤，恶性程度高，预后差。好发于四肢长骨干骺端，好发部位依次为股骨远端、胫骨近端、肱骨近端，男性发病率稍高于女性。

【病因】

病因尚不完全明确，可能与接触放射性物质及病毒感染相关。

【病理生理与分类】

骨肉瘤从间充质细胞系发展而来，肿瘤经软骨阶段直接或间接形成肿瘤骨样组织和骨组织，下肢负重骨在外界因素（如病毒）的作用下，使细胞突变，可能与骨肉瘤形成有关。

WHO骨肿瘤病理分类将骨肉瘤分为8个亚型，各型骨肉瘤都有各自特点，恶性程度不一，预后也不一致。

【临床表现】

1. 疼痛　最早出现的症状，初期呈持续性隐痛、钝痛，很快发展为持续性剧痛，夜间疼痛明显，常影响睡眠。休息、制动或一般镇痛药无法缓解。

2. 肿胀和肿块　病变局部肿胀，迅速发展成肿块，触之硬度不一，伴有压痛，局部皮温高，静脉怒张。

3. 病理性骨折　5%~10%的患者可发生，多见于以溶骨性病变为主的骨肉瘤。

【辅助检查】

1. 实验室检查　血清碱性磷酸酶、乳酸脱氢酶升高，与肿瘤细胞的成骨活动有关。术后碱性磷酸酶可下降至正常水平，肿瘤复发时可再次升高，部分患者血清乳酸脱氢酶也可升高。

2. 影像学检查　X线片显示为成骨性、溶骨性或混合性骨质破坏。骨膜反应明显，反应骨可将骨膜掀起呈三角状，称Codman三角。若恶性肿瘤生长迅速，超出骨皮质范围，同时血管随之长入，肿瘤骨与反应骨沿放射状血管方向沉积，垂直于骨膜呈放射样排列，形成典型的"日光放射"现象（图42-1-1）。

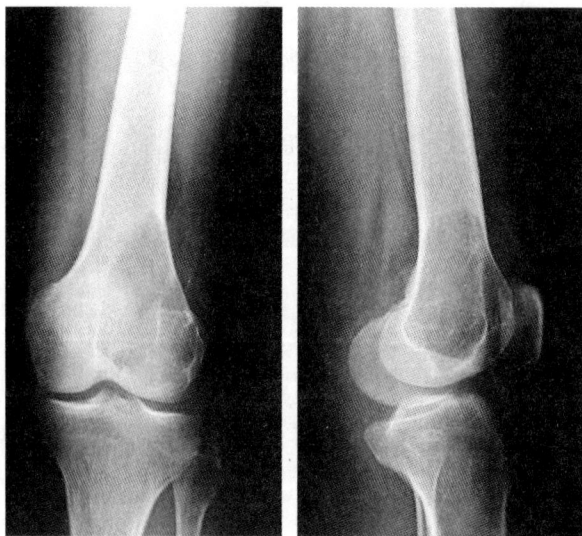

▲ 图42-1-1　股骨远端骨肉瘤

【处理原则】

骨肉瘤的处理原则遵循"诊断—化疗—手术—再化疗"的过程。目前，手术（截肢或保肢）仍是其治疗的主要方式。对于无转移的骨肉瘤，保肢手术往往能带来更好的功能。针对新辅助化疗反应较好的骨肉瘤患者，如果能达到广泛的外科边界，应首选保肢治疗，无保肢条件者行截肢术。

知识拓展 | **3D打印技术在骨肉瘤围手术期的应用**

3D打印技术可以通过术前1:1实物化模型展示患者肿瘤位置及周围重要解剖结构的毗邻关系，为外科医生提供反复模拟手术的机会；同时其模型将肿瘤病灶实物化，方便医生与患者及家属沟通，提供了良好的术前"天时"基础。3D打印导航截骨辅助医生精准切除肿瘤病灶，同时尽量保留肿瘤周围正常组织，提供了良好的术中"地利"基础。3D打印骨组织工程支架选择不同生物材料及"生物墨水"使支架具有多种生物学功能，并高度匹配骨缺损部位，该技术得到了广大骨肿瘤专科医生的欢迎，提供了良好的术后"人和"基础。具有"天时""地利""人和"基础的3D打印技术有望在未来完全融入骨肉瘤患者整个治疗围手术期的临床管理，显著改善骨肉瘤患者的预后。

【护理评估】

（一）术前评估

1. 健康史

（1）一般情况：年龄、性别、职业、生活环境和习惯，特别注意有无发生肿瘤的相关因素，如长期接触化学致癌物质、放射线等。

（2）既往史：有无外伤、骨折史，以及有无其他部位肿瘤史。

（3）家族史：了解家族中有无骨肉瘤或其他肿瘤病史。

2. 身体状况

（1）症状与体征：① 局部，疼痛的评估；肢体有无肿胀、肿块和浅表静脉怒张；局部有无压痛和皮温升高；肢体有无畸形，关节活动是否受限；有无因肿块压迫和转移引起的局部体征，有无病理性骨折发生。② 全身，有无消瘦、体重下降、营养不良和贫血等恶病质表现；能否耐受手术治疗和化疗。

（2）辅助检查：了解红细胞沉降率、碱性磷酸酶、乳酸脱氢酶是否升高，血清钙是否异常；尿蛋白检查是否异常；X线检查有无骨质破坏、骨膜反应和软组织影；病理学检查有无异常；各重要脏器功能是否正常。

3. 心理-社会状况评估 患者的情绪和心理状态；患者和家属对疾病预后情况的接受程度；家庭经济支持情况。

（二）术后评估

1. 术中情况 手术名称、麻醉方式，病变组织大小及切除情况，术中出血、补液、输血情况和术后诊断。

2. 身体状况　生命体征、意识状态；伤口有无渗液、渗血；各引流管是否通畅，引流液的颜色、性状和量等；肢体末梢循环是否正常，有无感觉和运动异常；外固定位置是否正确。

3. 心理–社会状况评估　对术后肢体外观改变或缺失的心理变化；对术后康复的认识程度；家庭经济支持情况。

【常见护理诊断/问题】

1. 恐惧　与害怕肢体功能丧失和预后不良有关。

2. 疼痛　与肿瘤浸润压迫周围组织、病理性骨折、手术创伤、术后幻肢痛有关。

3. 躯体移动障碍　与疼痛、关节功能受限及制动有关。

4. 体象紊乱　与手术和化疗引起的自我形象改变有关。

5. 潜在并发症：病理性骨折。

【护理目标】

1. 患者恐惧减轻或消除。

2. 患者疼痛缓解或消失。

3. 患者关节活动得到恢复或重建。

4. 患者能正确面对自我形象改变。

5. 患者未发生病理性骨折，或得到及时发现和处理。

【护理措施】

（一）非手术治疗的护理／术前护理

1. 心理护理　骨肉瘤恶性程度较高，患者往往产生恐惧、悲观等负性情绪，对治疗失去信心。此外，由于患者多为青少年，对保肢手术寄予过多的希望，对截肢术后肢体的外观改变和遗留残疾缺乏承受能力，往往拒绝治疗。护士应多与患者和家属沟通，理解患者的情绪反应。同时向患者及家属介绍目前骨肉瘤的治疗方法和进展，鼓励患者积极配合治疗。介绍治疗成功患者与其交流，以帮助其树立战胜疾病的信心。对于拟行截肢术的患者，给予精神上的支持，与患者一起讨论术后可能出现的问题，并提出可能的解决方案，使患者在心理上对截肢术有一定的准备。

2. 缓解疼痛

（1）非药物镇痛：协助患者采取适当体位，如肿瘤局部固定制动、护理操作轻柔、避免触碰肿瘤部位、缓慢地翻身和改变体位、转移注意力等。

（2）药物镇痛：参见第九章肿瘤患者的护理。

3. 预防病理性骨折　更换体位时，动作轻柔。患肢可给予石膏托保护，避免负重。

（二）术后护理

1. 病情观察　做好肢端血运的观察及术后引流的护理。

2. 促进关节功能恢复　① 术后抬高患肢至高于心脏水平，预防肿胀。保持肢体功能位，预防关节畸形。② 术后根据恢复情况开始床上和床旁活动。③ 教会患者正确使用拐杖或轮椅协助活动。

3. 预防病理性骨折　对于骨缺损大、人工假体置换术或异体骨移植术后患者，要注意保护患肢。功能锻炼要循序渐进，不要急于下地行走，患者开始站立或练习行走时应防止跌倒。

4. 指导功能锻炼　① 术前教会患者功能锻炼的方法，如踝泵运动及股四头肌等长收缩训练；② 麻醉清醒后即可开始锻炼，以促进血液循环，预防深静脉血栓形成；③ 行关节置换术者，根据患者的身体状况可尽早开始关节的功能锻炼，逐渐加大活动范围；④ 有条件时可在康复师指导下辅助理疗、利用器械进行活动。

5. 截肢术后护理

（1）心理支持：多数患者无法接受肢体的外观改变，可出现情绪低落甚至有轻生的念头，护士需要随时关注患者的心理变化，可采用叙事护理的方法进行沟通，为其树立接受自我的信心。

（2）体位摆放：下肢截肢者，保持髋/膝关节处于伸直位，术后24~48小时整体抬高患肢，预防肿胀。下肢截肢者，每3~4小时俯卧20~30分钟，并将残肢以枕头支托，向下压迫。

（3）并发症的观察与护理

1）出血：截肢术后床边应常规备止血带，以防残端血管破裂或血管结扎线脱落导致大出血。同时注意观察残端的渗血及引流液的颜色、量和性状，若渗血较多应用棉垫加弹性绷带加压包扎；若伤口出血量大，立即在肢体近端扎止血带，必要时给予手术探查止血。

2）伤口感染：术后应加强换药，并注意观察残端有无红、肿、皮温升高等表现，一旦发生，需积极抗感染处理。

3）幻肢痛：是指患者在术后较长一段时间内感到已切除的肢体仍然有疼痛或其他异常感觉。缓解方法主要包括：① 心理护理。② 药物治疗。③ 尽早佩戴假肢，适当地进行残肢活动和早期行走，有利于缓解症状。通常术后6~8周伤口愈合后，患者可尝试适应临时假肢。④ 其他，可轻叩及按摩残端，或用理疗、封闭等方法缓解。

4）关节挛缩：术后可能由于疼痛、肌痉挛等因素，残肢上方关节容易发生挛缩畸形，从而影响假肢的装配。病情稳定后指导患者尽早进行俯卧位练习及残肢肌力练习。

（4）残肢功能锻炼：从术后第1日即可开始进行关节的屈、伸、外展、内收等动作。2周后，可逐步增加肌力与耐受训练，如伸膝肌抗阻训练、屈/伸髋肌训练、髋内收/外展肌训练等。一般术后2周伤口愈合后开始残端功能锻炼。① 每日用弹性绷带包扎，均匀压迫残端，促进软组织收缩。② 可进行残端按摩、拍打及蹬踩，增加残端的负重能力。③ 尽早使用临时假肢，以消除水肿，促进残端成熟，为正式安装假肢做准备。

（5）残端塑形：伤口拆线后，可用弹力绷带缠绕残端，以减少残端水肿，促进残端成熟定型，以利于假肢的装配。膝上截肢术后弹力绷带应缠绕至骨盆部；膝下截肢者需要缠绕至大腿部，全日包扎，一旦脱出及时更换。

（三）健康教育

1. 康复指导　指导患者进行各种形式的功能锻炼，提高肢体的适应能力；指导患者正确使用各种助行器，如拐杖、轮椅等，锻炼使用助行器的协调性及灵活性；指导截肢患者进行假肢的装配，最大程度地提高患者的生活自理能力。

2. 自我监测 嘱患者定期复查及接受化疗；指导其掌握自我监测的方法，发现有肢体红、肿、痛等不适症状和病情变化，应及时就医。

3. 复诊指导 术后第1、2年应每3个月复诊1次，第3年每4个月1次，第4、5年每半年1次，此后每年1次。对需要继续放疗、化疗者，不要轻易终止疗程。

【护理评价】

1. 患者的恐惧是否缓解。

2. 患者的疼痛是否减轻。

3. 患者的关节活动是否恢复或重建。

4. 患者能否正确面对自我形象改变。

5. 患者是否发生病理性骨折，或病理性骨折是否被及时发现和处理。

第二节　骨巨细胞瘤

骨巨细胞瘤（giant cell tumor of bone）被认为是一种交界性或行为不确定的骨肿瘤，以往认为骨巨细胞瘤是介于良、恶性之间的溶骨性肿瘤，后来发现其复发率较高且有低转移率，故认为本病属于潜在恶性或低度恶性肿瘤。发病年龄多在20~40岁，以女性略多见。好发部位为股骨远端和胫骨近端，其次为肱骨近端和桡骨远端。

【病理生理】

骨巨细胞瘤起源于原始的间充质基质细胞，以单核基质细胞和多核巨细胞为主。根据两种细胞的分化程度及数目，将骨巨细胞瘤分为三级，不同的分级对肿瘤属性和程度的确定，以及治疗方案的制订有较大的参考价值。

【临床表现】

主要表现为局部疼痛和肿胀，其程度与肿瘤生长的速度、是否发生瘤内出血及病理性骨折有关。局部肿块压之有乒乓球样感觉，有压痛，局部皮温可增高。

【辅助检查】

1. X线检查 长骨骨骺处病灶呈偏心性、溶骨性、囊性破坏，病灶区骨皮质膨胀变薄，界限较清晰，周围无骨膜反应。溶骨性破坏可呈"肥皂泡样"改变（图42-2-1）。

2. 血管造影 可显示局部丰富的血管团，并可形成动静脉瘘。

3. 活检 是明确诊断的最重要手段。

【处理原则】

以手术治疗为主。采用刮除术，加灭活处理，植骨或骨水泥填充，但25%患者可能复发。复发者宜截除肿瘤段或行假体植入。怀疑恶性程度高但尚未转移者，可采用广泛或根治切除或截肢术。本病对化疗不敏感，因此对于脊椎、骶骨等部位难以完全手术清除的可采用放疗，但应注意照射后易发生肉瘤变。

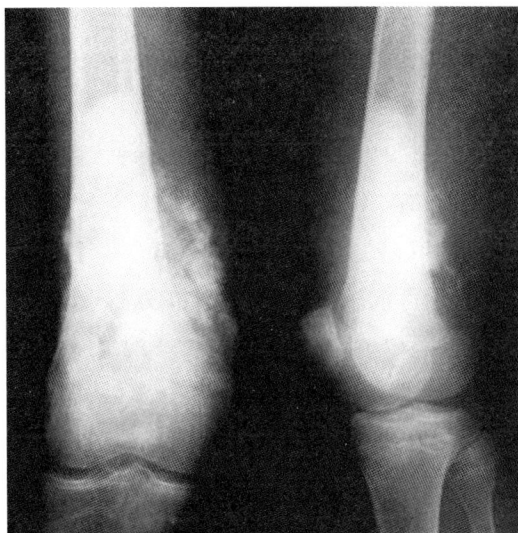

▲ 图 42-2-1　骨巨细胞瘤

知识拓展 | **骨巨细胞瘤围手术期的治疗**

骨巨细胞瘤占所有原发性骨肿瘤的3%~5%，有很强的局部复发倾向，并可能发生肺转移。肿瘤切除可选择广泛切除或病灶内刮除两种方式。广泛切除的局部复发风险比病灶内刮除低，前者复发率不超过12%，后者为12%~65%。连续动脉栓塞治疗适用于四肢骨巨细胞瘤，特别是皮质缺损较大或关节受累的肿瘤，以及骶骨大型骨巨细胞瘤。对于不能手术切除的中轴骨巨细胞瘤，地诺单抗常作为靶向药的首选方案，另外还可选择干扰素α-2b。放疗可能增加恶性转化的风险，可用于不适合栓塞治疗、地诺单抗或干扰素治疗的肿瘤患者。研究认为，手术前使用地诺单抗有助于界定肿瘤范围，但增加了局部复发风险，且不利于保存关节。

【护理措施】

1. 放疗并发症的护理　保护照射部位皮肤，避免物理、化学因素的刺激，防止日光直接照射；若皮肤溃疡，应使用无刺激性药物治疗直至愈合；每周检查白细胞和血小板，注意预防感染。

2. 复诊指导　复诊内容包括体格检查、手术部位的影像学检查及胸部影像学检查，2年内每3个月复查1次，2年后每半年复查1次。如出现局部复发，复发灶应及时进行手术切除。

3. 其余参见本章第一节骨恶性肿瘤。

第三节　骨良性肿瘤

常见的骨良性肿瘤有骨样骨瘤、骨软骨瘤、软骨瘤等。其中骨软骨瘤是临床最常见的原发性良性骨肿瘤，本节重点介绍骨软骨瘤。

骨软骨瘤（osteochondroma）是指表面被覆软骨帽的骨性突起物，来源于软骨，好发于长骨的干骺端。多见于10~20岁青少年，男性多见（图42-3-1）。

【病理生理】

骨软骨瘤有单发性及多发性两种。以单发性多见，又称外生骨疣，约有1%的单发性骨软骨瘤可恶变。多发性少见，常合并骨骼发育异常，并有遗传性。多发性骨软骨瘤恶变概率较单发性高。

【临床表现】

可长期无症状，逐渐长大的硬性包块是其临床特点，多因无意中发现骨性肿块而就诊。较大肿瘤可因压迫周围血管、神经、肌腱等而产生相应症状。

【辅助检查】

X线显示长管状骨干骺端的骨性突起，表面的软骨帽可不显影，有时呈不规则钙化。

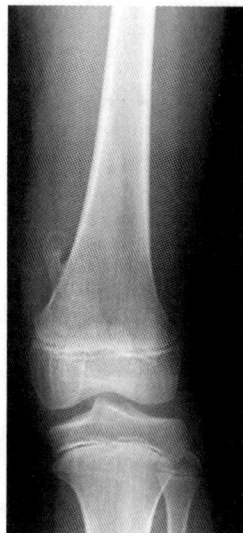

▲ 图42-3-1　股骨下端骨软骨瘤

【处理原则】

1. 非手术治疗　无症状的骨软骨瘤，一般无须治疗，观察即可。

2. 手术治疗　肿瘤生长较快，出现压迫症状或发生病理性骨折、怀疑恶变者，应考虑手术切除。

【护理措施】

1. 心理护理　主动与患者沟通，向其解释骨软骨瘤属良性骨肿瘤，并向其介绍治疗方法及预后，以减轻其焦虑和恐惧程度。

2. 病情观察、缓解疼痛、预防病理性骨折等参见本章第一节骨恶性肿瘤。

3. 健康教育　骨软骨瘤手术一般对关节功能的影响较小，可尽快开始功能锻炼。

（王娇）

学习小结

1. 骨恶性肿瘤中骨肉瘤发病率最高，好发于四肢长骨干骺端；疼痛是其最早出现的症状；骨膜反应明显，可出现Codman三角，还可出现"日光放射"现象。处理原则遵循"诊断—化疗—手术—再化疗"的过程。护理措施的重点在于心理护理、疼痛管理、预防病理性骨折及术后功能锻炼，截肢的患者还需要注意截肢术后并发症的观察与护理。

2. 骨巨细胞瘤是一种交界性或行为不确定的骨肿瘤，主要表现为局部疼痛和肿胀，其程度与肿瘤生长的速度、是否发生瘤内出血及病理性骨折有关；以手术治疗为主，强调术后复查的时间。

3. 骨软骨瘤是临床最常见的原发性良性骨肿瘤，可长期无症状，逐渐长大的硬性包块是其临床特点。肿瘤生长较快，出现压迫症状或发生病理性骨折、怀疑恶变者，应考虑手术切除。

一、单项选择题

1. 骨肉瘤截肢术后，说法正确的是
   A. 术后若残端伤口出血量大，需要立即在肢体远端扎止血带
   B. 术后第4周开始佩戴假肢训练，方便患者早期活动
   C. 术后当日即开始指导患者进行俯卧位练习及残肢肌力练习
   D. 术后2周伤口愈合后开始残端功能锻炼，每日可用弹性绷带包扎残端
   E. 为了减轻幻肢痛，尽量延迟佩戴假肢并减少残肢的活动

2. Codman三角多见于
   A. 脂肪肉瘤
   B. 骨肉瘤
   C. 骨软骨瘤
   D. 软骨肉瘤
   E. 骨巨细胞瘤

3. 属于恶性骨肿瘤的是
   A. 骨肉瘤
   B. 骨巨细胞瘤
   C. 骨软骨瘤
   D. 骨样骨瘤
   E. 骨囊肿

4. X线片示骨质中央有"肥皂泡样"改变，无明显骨膜反应，应诊断为
   A. 骨巨细胞瘤
   B. 骨囊肿
   C. 骨髓炎
   D. 骨肉瘤
   E. 骨软骨瘤

5. 胫骨近端发现约1.0cm×0.5cm无症状的骨软骨瘤，最佳处理方法是
   A. 病灶刮除+植骨
   B. 病段整块切除+自体大块骨移植
   C. 病灶整块切除
   D. 开始放疗
   E. 暂不处理

参考答案：

1. D 2. B 3. A 4. A 5. E

二、简答题

1. 简述骨肉瘤截肢术后常见并发症及护理。

2. 简述骨肉瘤术后残肢功能锻炼的护理要点。

中英文名词对照索引

A

阿米巴性肝脓肿（amebic liver abscess） 346

癌（carcinoma） 112

癌旁综合征（paracarcinoma syndrome） 339

艾森门格综合征（Eisenmenger syndrome，ES） 247

凹陷骨折（depressed fracture） 154

B

巴德－基亚里综合征（Budd–Chiari syndrome） 351

半脱位（subluxation） 497

半月板损伤（injury of meniscus） 501

保留乳房的乳腺切除术（breast–conserving surgery） 201

闭合性骨折（closed fracture） 154，460

闭合性气胸（closed pneumothorax） 210

闭合性损伤（closed injury） 268

表皮样囊肿（epidermoid cyst） 122

不稳定性骨折（unstable fracture） 461

C

肠梗阻（intestinal obstruction） 309

肠瘘（intestinal fistula） 313

肠内营养（enteral nutrition，EN） 071

肠外营养（parenteral nutrition，PN） 075

超急性排斥反应（hyperacute rejection） 127

超声内镜检查术（endoscopic ultrasonography，EUS） 359

尺桡骨双骨折（fracture of radius and ulna） 475

耻骨上膀胱造瘘术（suprapubic cystostomy） 408

初始化疗（primary chemotherapy） 116

穿孔性阑尾炎（perforating appendicitis） 319

穿透伤（perforating wound） 268

创伤（trauma） 096

创伤后成长（post–traumatic growth，PTG） 100

创伤性休克（traumatic shock） 030

垂体腺瘤（pituitary adenoma） 166

磁共振胆胰管成像（magnetic resonance cholangiopancreatography，MRCP） 360

磁共振门静脉血管成像（MR portography，MRP） 353

磁共振血管成像（magnetic resonance angiography，MRA） 176

促肾上腺皮质激素（adrenocorticotropic hormone，ACTH） 451

磋商期（bargaining stage） 117

D

大隐静脉瓣功能试验（Brodie–Trendelenburg test） 395

代谢性碱中毒（metabolic alkalosis） 017

代谢性酸中毒（metabolic acidosis） 016

丹毒（erysipelas） 086

单侧肾上腺增生（unilateral adrenal hyperplasia，UNAH） 454

胆道蛔虫病（biliary ascariasis） 372

胆管癌（carcinoma of bile duct） 375

胆管结石（calculus of bile duct） 364

胆囊癌（carcinoma of gallbladder） 374

胆囊结石（cholecystolithiasis） 363

胆囊息肉（gallbladder polyp） 373

胆石症（cholelithiasis） 361

等渗性脱水（isotonic dehydration） 007

低钙血症（hypocalcemia） 015

低剂量CT（low–dose computed tomography，LDCT） 230

低钾血症（hypokalemia） 012

低渗性脱水（hypotonic dehydration） 009

动静脉畸形（arteriovenous malformation，AVM） 180

动脉导管未闭（patent ductus arteriosus，PDA） 246

动脉硬化性闭塞症（arteriosclerosis obliterans，ASO） 390

洞形骨折（cavitated fracture） 154

短暂性脑缺血发作（transient ischemic attack，TIA） 172

多器官功能障碍综合征（multiple organ dysfunction syndrome，MODS） 023

E

恶性肿瘤（malignant tumor） 112

儿茶酚胺增多症（hypercatecholaminemia） 456

二尖瓣关闭不全（mitral insufficiency） 257

二尖瓣狭窄（mitral stenosis，MS） 253

二重感染（double infection） 081

F

法洛四联症（tetralogy of Fallot，TOF） 251

反常呼吸（paradoxical respiration） 207

房间隔缺损（atrial septal defect，ASD） 249

放射治疗（radiotherapy） 116

非穿透伤（non-perforating wound） 268

非肌层浸润性膀胱癌（non-muscle-invasive bladder cancer，NMIBC） 441

非特异性感染（nonspecific infection） 080

非小细胞肺癌（non-small cell lung cancer，NSCLC） 223

肺癌（lung cancer） 222

肺毛细血管楔压（pulmonary capillary wedge pressure，PCWP） 025

分次立体定向放射治疗（fractional stereotaxis radiotherapy，FSRT） 168

分化型甲状腺癌（differentiated thyroid carcinoma，DTC） 184

粉碎性骨折（comminuted fracture） 154

愤怒期（anger stage） 117

风湿性心脏瓣膜病（rheumatic valvular heart disease） 253

辅助化疗（adjuvant chemotherapy） 116

附睾结核（epididymal tuberculosis） 419

富血小板血浆（platelet rich plasma，PRP） 502

腹部损伤（trauma of abdomen） 267

腹股沟疝（inguinal hernia） 289

腹股沟斜疝（indirect inguinal hernia） 289

腹股沟直疝（direct inguinal hernia） 289

腹内疝（internal abdominal hernia） 287

腹腔镜胆囊切除术（laparoscopic cholecystectomy，LC） 363

腹腔脓肿（abdominal abscess） 278

腹水（ascites） 351

腹外疝（external abdominal hernia） 287

G

肝脓肿（liver abscess） 344

肝破裂（liver rupture） 267

感染（infection） 080

感染性休克（septic shock） 031

肛裂（anal fissure） 336

肛瘘（anal fistula） 335

肛周脓肿（perianal abscess） 334

高钙血症（hypercalcemia） 015

高钾血症（hyperkalemia） 012

高渗性脱水（hypertonic dehydration） 010

高压性气胸（high pressure pneumothorax） 211

格拉斯哥昏迷量表（Glasgow Coma Scale，GCS） 143

膈下脓肿（subphrenic abscess） 283

根治性肾切除术（radical nephrectomy，RN） 447

肱骨干骨折（fracture of shaft of humerus） 473

肱骨髁上骨折（supracondylar humeral fracture） 474

股骨干骨折（fracture of shaft of femur） 481

股骨颈骨折（fracture of the femoral neck） 478

股疝（femoral hernia） 294

骨筋膜室综合征（osteofascial compartment syndrome） 463

骨巨细胞瘤（giant cell tumor of bone） 538

骨膜下血肿（subperiosteal hematoma） 152

骨盆骨折（pelvis fracture） 492

骨肉瘤（osteosarcoma，OS） 533

骨软骨瘤（osteochondroma） 540

骨与关节结核（tuberculosis of bone and joint） 527

骨折（fracture） 459

骨肿瘤（bone tumor） 533

关节脱位（joint dislocation） 497

冠状动脉旁路移植术（coronary artery bypass grafting，CABG） 261

冠状动脉粥样硬化性心脏病（coronary atherosclerotic heart disease） 259

H

海绵状血管瘤（cavernous hemangioma） 122

黑便（melena） 352

黑痣（pigmented nevus） 122

后天性心脏病（acquired heart disease） 253

呼吸性碱中毒（respiratory alkalosis） 019

呼吸性酸中毒（respiratory acidosis） 018

壶腹周围癌（periampullary adenocarcinoma） 387

滑疝（sliding hernia） 288

滑液囊肿（synovial cyst） 123

化脓性骨髓炎（pyogenic osteomyelitis） 519

化脓性关节炎（suppurative arthritis） 525

化脓性滑囊炎（suppurative bursitis） 087

化脓性指头炎（felon） 087

化学治疗（chemotherapy） 116

踝肱指数（ankle/brachial index，ABI） 391

坏疽性阑尾炎（gangrenous appendicitis） 319

患者参与的主观全面评定（patient-generated subjective global assessment，PG-SGA） 070

霍纳综合征（Horner syndrome） 184

J

机会性感染（opportunistic infection） 081

肌层浸润性膀胱癌（muscle-invasive bladder cancer, MIBC） 441

基础能量消耗（basal energy expenditure, BEE） 070

急性单纯性阑尾炎（acute simple appendicitis） 319

急性胆囊炎（acute cholecystitis） 368

急性蜂窝织炎（acute cellulitis） 085

急性腹膜炎（acute peritonitis） 276

急性感染（acute infection） 081

急性梗阻性化脓性胆管炎（acute obstructive suppurative cholangitis, AOSC） 370

急性呼吸窘迫综合征（acute respiratory distress syndrome, ARDS） 023

急性化脓性腹膜炎（acute purulent peritonitis） 276

急性化脓性腱鞘炎（acute suppurative tenosynovitis） 087

急性化脓性阑尾炎（acute suppurative appendicitis） 319

急性阑尾炎（acute appendicitis） 318

急性排斥反应（acute rejection） 127

急性缺血性脑卒中（acute ischemic stroke, AIS） 173

急性乳腺炎（acute mastitis） 193

急性肾盂肾炎（acute pyelonephritis） 432

急性血源性骨髓炎（acute hematogenous osteomyelitis） 520

急性胰腺炎（acute pancreatitis） 379

急性重症胆管炎（acute cholangitis of severe type, ACST） 370

挤压综合征（crush syndrome） 101

脊髓损伤（spinal cord injury, SCI） 487

脊髓休克（spinal shock） 487

脊柱骨折（fracture of the spine） 484

计算机体层血管成像（computed tomography angiography, CTA） 179

继发性腹膜炎（secondary peritonitis） 277

继发性肝癌（secondary liver cancer） 338

继发性感染（secondary infection） 081

加速康复外科（enhanced recovery after surgery, ERAS） 047

加速性排斥反应（accelerated rejection） 127

家族性醛固酮增多症（familial hyperaldosteronism, FH） 454

甲沟炎（paronychia） 087

甲胎蛋白（alpha-fetoprotein, AFP） 339

甲状旁腺功能减退症（hypoparathyroidism） 187

甲状腺癌（thyroid carcinoma） 183

甲状腺功能亢进（hyperthyroidism） 189

甲状腺腺瘤（thyroid adenoma） 188

间歇充气加压（intermittent pneumatic compression，IPC） 396

交界性肿瘤（borderline tumor） 112

交通静脉瓣功能试验（Pratt test） 395

绞窄性疝（strangulated hernia） 288

疖（furuncle） 083

接受期（acceptance stage） 118

结肠癌（colon cancer） 325

结肠损伤（colon injury） 274

进行性脑卒中（progressive stroke，PS） 173

经导管动脉化疗栓塞（transcatheter arterial chemoembolization，TACE） 340

经导管二尖瓣缘对缘修复术（transcatheter edge-to-edge repair，TEER） 255

经腹腔镜疝修补术（laparoscopic inguinal herniorrhaphy，LIHR） 292

经颈静脉肝内门体静脉分流术（transjugular intrahepatic portosystemic shunt，
    TIPS） 353

经尿道膀胱肿瘤切除术（transurethral resection of bladder tumor，TURBT） 442

经尿道前列腺切除术（transurethral resection of prostate，TURP） 425

经皮冠状动脉腔内成形术（percutaneous transluminal coronary angioplasty，
    PTCA） 260

经皮经肝胆管穿刺引流（percutaneous hepatic cholangial drainage，PTCD） 360

经皮经肝胆管造影（percutaneous transhepatic cholangiography，PTC） 360

经皮腔内血管成形术（percutaneous transluminal angioplasty，PTA） 394

经皮肾镜取石术（percutaneous nephrolithotomy，PCNL） 433

经外周静脉置入中心静脉导管（peripherally inserted central catheter，PICC） 076

经直肠超声（transrectal of ultrasound，TRUS） 448

经椎间孔镜下椎间盘摘除术（percutaneous endoscopic lumbar discectomy，
    PELD） 512

颈椎间盘突出症（cervical disc herniation，CDH） 506

颈椎前路椎间盘切除减压融合术（anterior cervical discectomy and fusion，
    ACDF） 507

胫腓骨干骨折（fracture of the tibia and fibula） 482

静脉尿路造影（intravenous urography，IVU） 416

菌血症（bacteremia） 089

K

开放性骨折（open fracture） 154，460

开放性气胸（open pneumothorax） 210

开放性损伤（open injury） 268

可逆性缺血性神经功能障碍（reversible ischemic neurological deficit，RIND） 172

空芯针穿刺活检术（core needle biopsy，CNB） 200

库欣综合征（Cushing syndrome，CS） 451

L

阑尾周围脓肿（periappendiceal abscess） 319

冷缺血（cold ischemia） 128

立体定向放射外科（stereotactic radiosurgery，SRS） 168

立体定向放射治疗（stereotactic radio-therapy，SRT） 168

连枷胸（flail chest） 208

良性前列腺增生（benign prostatic hyperplasia，BPH） 423

良性肿瘤（benign tumor） 112

流式细胞术（flow cytometry，FCM） 115

颅底骨折（fracture of skull base） 154

颅盖骨折（fracture of skull vault） 154

颅骨骨折（skull fracture） 153

颅脑损伤（craniocerebral injury） 151

颅内动脉瘤（intracranial aneurysm） 175

颅内压（intracranial pressure，ICP） 138

颅内压增高（increased intracranial pressure） 138

颅内肿瘤（intracranial tumor） 165

颅咽管瘤（craniopharyngioma） 166

M

麻醉（anesthesia） 034

马方综合征（Marfan syndrome） 258

蔓状血管瘤（hemangioma racemosum） 122

慢性胆囊炎（chronic cholecystitis） 370

慢性感染（chronic infection） 081

慢性阑尾炎（chronic appendicitis） 322

慢性排斥反应（chronic rejection） 127

慢性胰腺炎（chronic pancreatitis） 383

毛细血管瘤（capillary hemangioma） 122

帽状腱膜下血肿（subgaleal hematoma） 152

美国癌症联合委员会（American Joint Committee on Cancer，AJCC） 200

美国麻醉医师协会（American Society of Anesthesiologists，ASA） 035

门静脉高压症（portal hypertension） 350

弥漫性胶质瘤（diffuse gliomas） 165

弥散性血管内凝血（disseminated intravascular coagulation，DIC） 023

泌尿生殖系统结核（genitourinary tuberculosis） 414

N

难复性疝（irreducible hernia） 288

脑膜瘤（meningioma） 165

脑内血肿（intracerebral hematoma，ICH） 161

脑疝（brain hernia） 138，148

脑损伤（brain injury） 156

脑震荡（cerebral concussion） 156

脑卒中（stroke） 172

内镜逆行胰胆管造影（endoscopic retrograde cholangiopancreatography，ERCP） 360

内镜曲张静脉套扎术（endoscopic variceal ligation，EVL） 353

内镜下硬化治疗（endoscopic injection sclerotherapy，EIS） 353

内源性感染（endogenous infection） 081

尿道会师术（urethral realignment） 411

尿道结石（urethral calculus） 436

尿道扩张术（urethral dilation） 410

尿道损伤（urethral injury） 409

脓毒症（sepsis） 089

O

呕血（hematemesis） 352

P

膀胱结石（vesical calculus） 436

膀胱挛缩（contracture of bladder） 415

膀胱损伤（injury of bladder） 406

盆腔脓肿（pelvic abscess） 284

皮肤乳头状瘤（skin papilloma） 122

皮下气肿（subcutaneous emphysema） 211

皮下血肿（subcutaneous hematoma） 152

皮样囊肿（dermoid cyst） 122

皮脂腺囊肿（sebaceous cyst） 122

皮质醇增多症（hypercortisolism） 451

脾大（splenomegaly） 351

脾功能亢进（hypersplenism） 351

脾破裂（splenic rupture） 267

破伤风（tetanus） 091

破伤风抗毒素（tetanus antitoxin，TAT） 092

破伤风免疫球蛋白（tetanus immunoglobulin，TIG） 092

Q

脐疝（umbilical hernia） 296

气胸（pneumothorax） 210

前交叉韧带（anterior cruciate ligament，ACL） 504

前列腺癌（prostate cancer） 448

前列腺特异性抗原（prostate specific antigen，PSA） 424

前哨淋巴结活检术（sentinel lymph node biopsy，SLNB） 202

前庭神经施万细胞瘤（vestibule schwannoma） 166

嵌顿疝（incarcerated hernia） 288

切口疝（incisional hernia） 295

全合一（all in one，AIO） 076

全乳房切除术（total mastectomy） 202

全身核素骨显像检查（emission computed tomography，ECT） 448

全身麻醉（general anesthesia） 041

全身性外科感染（systematic surgical infection） 089

全身炎症反应综合征（systemic inflammatory response syndrome，SIRS） 031

全胃肠外营养（total parenteral nutrition，TPN） 075

全营养混合液（total nutrient admixture，TNA） 076

醛固酮腺瘤（aldosterone-producing adenomas，APA） 454

群体反应性抗体（panel reactive antibody，PRA） 128

R

桡骨远端骨折（distal fracture of radius） 476

热力烧伤（thermal injury） 102

热缺血（warm ischemia） 128

人类白细胞抗原（human leucocyte antigen，HLA） 128

肉瘤（sarcoma） 112

乳房后脓肿（retromammary abscess） 194

乳房自我检查（breast self-examination） 205

乳头湿疹样乳腺癌（Paget's carcinoma of the breast） 200

乳腺癌（breast cancer） 198

乳腺癌根治术（radical mastectomy） 202

乳腺癌根治术后乳房重建术（radical mastectomy and breast reconstruction） 202

乳腺癌扩大根治术（extensive radical mastectomy） 202

乳腺改良根治术（modified radical mastectomy） 202

乳腺囊性增生病（breast cystic hyperplasia） 195

S

三头肌皮褶厚度（triceps skinfold thickness，TSF） 070

疝（hernia） 287

烧伤（burn） 102

深静脉通畅试验（Perthes test） 395

深静脉血栓（deep venous thrombosis，DVT） 397

神经肌肉电刺激疗法（neuromuscular electrical stimulation，NMES） 399

神经纤维瘤（neurofibroma） 122

肾癌（renal carcinoma） 446

肾部分切除术（partial nephrectomy，PN） 447

肾积脓（pyonephrosis） 432

肾积水（hydronephrosis） 421

肾结核（renal tuberculosis） 414

肾结石（renal calculus） 431

肾上腺醛固酮腺癌（aldosterone-producing adrenocortical carcinoma，APAC） 454

肾损伤（injury of kidney） 403

肾自截（autonephrectomy） 415

失血性休克（hemorrhagic shock） 029

十二指肠损伤（duodenal injury） 273

石膏绷带（plaster bandage） 466

实际能量消耗（actual energy expenditure，AEE） 071

食管癌（esophageal carcinoma） 234

食管胃静脉曲张出血（esophagogastric variceal bleeding，EVB） 354

室间隔缺损（ventricular septal defect，VSD） 250

手术安全核查表（surgical safety checklist，SSC） 059

手术后护理（postoperative nursing care） 059

手术前护理（preoperative nursing care） 048

手足皮肤反应（hand-foot skin reaction，HFSR） 121

输尿管结石（ureteral calculus） 431

输尿管镜取石或碎石术（ureteroscopic lithotomy or lithotripsy，URL） 433

数字化胸腔闭式引流系统（digital drainage system，DDS） 214

数字减影血管造影（digital subtraction angiography，DSA） 141

水母头征（caput medusa sign） 351

损伤（injury） 096

T

特发性醛固酮增多症（idiopathic hyperaldosteronism，IHA） 454

特异性感染（specific infection） 081

体感诱发电位（somatosensory evoked potential，SEP） 488

体外冲击波碎石术（extracorporeal shock wave lithotripsy，ESWL） 433

体外冲击波治疗（extracorporeal shockwave therapy，ESWT） 513

体外膜肺氧合（extracorporeal membrane oxygenation，ECMO） 243

体外循环（extracorporeal circulation，ECC） 242

体重指数（body mass index，BMI） 070

听神经瘤（acoustic neuroma） 166

头皮裂伤（scalp laceration） 152

头皮撕脱伤（scalp avulsion） 153

头皮血肿（scalp hematoma） 152

突眼性甲状腺肿（exophthalmic goiter） 189

W

外固定（external fixation） 465

外科感染（surgical infection） 080

外科护理学（surgical nursing） 001

外科手消毒（surgical hand antisepsis） 057

外科学（surgery） 001

外源性感染（exogenous infection） 081

完全性脑卒中（complete stroke, CS） 173

微型营养评定（mini-nutritional assessment, MNA） 070

微型营养评定简表（mini-nutritional assessment short-form, MNA-SF） 069

围手术期（perioperative period） 047

围手术期护理（perioperative nursing care） 047

胃癌（gastric carcinoma） 304

胃十二指肠溃疡（gastroduodenal ulcer） 298

胃损伤（gastric injury） 273

稳定性骨折（stable fracture） 461

无放射线检查异常的脊髓损伤（spinal cord injury without radiographic abnormality, SCIWORA） 488

无水乙醇注射治疗（percutaneous ethanol injection, PEI） 340

无张力疝修补术（tension-free hernioplasty） 292

X

细菌性肝脓肿（bacterial liver abscess） 344

细针吸取细胞学检查（fine needle aspiration cytology, FNAC） 200

先天性心脏病（congenital heart disease, CHD） 246

纤维瘤（fibroma） 122

线性骨折（linear fracture） 154

消化性溃疡（peptic ulcer） 298

小肠损伤（small intestine injury） 273

小细胞肺癌（small cell lung cancer, SCLC） 223

心排血量（cardiac output, CO） 025

心脏指数（cardiac index, CI） 025

新辅助化疗（neoadjuvant chemotherapy） 116

休克（shock） 022

血管瘤（hemangioma） 122

血气胸（hemopneumothorax）217

血栓闭塞性脉管炎（thromboangiitis obliterans，TAO）393

血胸（hemothorax）217

Y

亚急性感染（subacute infection）081

腰椎间盘突出症（lumbar disc herniation，LDH）510

药物涂层球囊（drug-coated balloon，DCB）391

腋淋巴结清扫术（axillary lymph node dissection，ALND）202

医院内感染（nosocomial infection）081

胰腺癌（pancreatic cancer）384

移植物抗宿主病（graft versus host disease，GVHD）127

移植物抗宿主反应（graft versus host reaction，GVHR）127

遗传易感性（hereditary susceptibility）113

抑郁期（depression stage）118

易复性疝（reducible hernia）288

缢死者骨折（hangman's fracture）484

营养不良通用筛查工具（malnutrition universal screening tool，MUST）069

营养风险筛查2002（nutritional risk screening 2002，NRS 2002）068

营养评定（nutritional assessment）069

营养筛查（nutritional screening）068

营养支持（nutritional support，NS）067

硬脑膜外血肿（epidural hematoma，EDH）161

硬脑膜下血肿（subdural hematoma，SDH）161

痈（carbuncle）084

右半结肠切除术（right hemicolectomy）328

诱导化疗（induction chemotherapy）116

原发性腹膜炎（primary peritonitis）277

原发性肝癌（primary liver cancer）338

原发性感染（primary infection）081

原发性醛固酮增多症（primary hyperaldosteronism，PHA）454

原发性下肢静脉曲张（primary lower extremity varicose veins）395

运动诱发电位（motor evoked potential，MEP）488

Z

张力性气胸（tension pneumothorax）210

震惊否认期（shock and deny stage）117

支架植入术（stent implantation）260

支气管扩张（bronchiectasis）231

脂肪瘤（lipoma）122

脂肪栓塞综合征（fat embolism syndrome） 463

直肠癌（rectal cancer） 325

直肠损伤（rectal injury） 274

直肠指检（digital rectal examination，DRE） 424

痔（hemorrhoid） 332

中心静脉压（central venous pressure，CVP） 008

肿瘤（tumor） 112

肿瘤标志物（tumor marker） 115

蛛网膜下隙出血（subarachnoid hemorrhage，SAH） 178

主动脉瓣关闭不全（aortic insufficiency） 258

主动脉瓣狭窄（aortic stenosis，AS） 259

主动脉夹层（aortic dissection，AD） 262

主观全面评定（subjective global assessment，SGA） 070

主要组织相容性复合体（major histocompatibility complex，MHC） 128

左半结肠切除术（left hemicolectomy） 328

推荐阅读

［1］陈孝平，张英泽，兰平. 外科学. 10版. 北京：人民卫生出版社，2024.

［2］程志祥，樊肖冲，冯智英，等. 体外冲击波疗法临床应用中国疼痛学专家共识（2023版）. 中华疼痛学杂志，2023，19（2）：220-235.

［3］仇建军，邹翰林，张磊，等. 富血小板血浆修复半月板损伤的研究进展. 国际骨科学杂志，2021，42（05）：305-309.

［4］顾岩，杨建军，宋致成，等. 生物材料在青少年腹股沟疝治疗中应用价值. 中国实用外科杂志，2019，039（008）：803-806.

［5］国家卫生健康委办公厅. 国家卫生健康委办公厅关于进一步推进加速康复外科有关工作的通知（国卫办医政函〔2023〕107号）.（2023-04-10）[2023-12-20]. http://www.nhc.gov.cn/yzygj/s7659/202304/3f9fb5d6eb304edfbf13dcfe28ce35a5.shtml.

［6］国家卫生健康委加速康复外科专家委员会骨科专家组，中国研究型医院学会骨科加速康复专业委员会，中国康复技术转化及促进会骨科加速康复专业委员会. 骨科加速康复围手术期疼痛管理专家共识. 中华骨与关节外科杂志，2022，15（10），739-745.

［7］赫洁，陈万青，李兆申，等. 中国食管癌筛查与早诊早治指南（2022，北京）. 中国肿瘤杂志，2022，44（6）：404-407.

［8］黄健，张旭. 中国泌尿外科和男科疾病诊断治疗指南. 北京：科学出版社，2022.

［9］黄金健，吴秀文，李宗安，等. 3D打印肠瘘支架的研究进展. 医学研究与战创伤救治，2023，36（7）：693-696.

［10］李乐之，路潜. 外科护理学. 7版. 北京：人民卫生出版社，2021.

［11］李绍春，李绍杰，唐健雄. 利用生物材料行腹股沟后壁加强重建技术. 中国实用外科杂志，2020，40（07）：851-853.

［12］刘丰铭，张群耀，方云达，等. 新辅助化疗联合达芬奇机器人手术治疗进展期胃癌的安全性及短期疗效的临床研究. 南京医科大学学报（自然科学版），2023，43（03）：349-356.

［13］卢山，苏云艳，孙小玲，等. 1例艾森曼格综合征产妇行双肺移植同期室间隔缺损修补术后的肺康复护理. 中华护理杂志，2021，56（06）：912-916.

［14］陆清声. 主动脉腔内球囊阻断在休克复苏中的应用. 上海：上海科学技术出版社，2021.

［15］吕杰，袁洁玲，戈睿毅，等. 前交叉韧带重建术后股四头肌萎缩的原因及康复策略. 中华关节外科杂志（电子版），2020，14（2）：206-211.

［16］麻玉梅，马黎娜，郭海云，等．智能可穿戴设备在加速康复外科中的应用综述．医疗卫生装备，2023，44（5）：102-108.

［17］潘文志，龙愉良，周达新，等．经导管二尖瓣缘对缘修复（TEER）的过去、现在和未来．中国胸心血管外科临床杂志，2021，28（12）：1409-1414.

［18］裴福兴，陈安民．骨科学．2版．北京：人民卫生出版社，2020.

［19］彭程，吴英，宋佳雪，等．烧伤患者创伤后成长的影响因素及干预研究进展．护理研究，2023，37（22）：4066-4070.

［20］彭淮都，张俊烁，郑楚发，等．海藻生物胶对胃十二指肠穿孔患者穿孔愈合及腹腔感染的影响．实用医学杂志，2023，39（03）：338-342.

［21］彭睿，王琦，李培培．多学科协助模式的精准护理对脑卒中患者神经功能及自我管理行为的影响．国际护理学杂志，2022，41（8）：1510-1513.

［22］阮亮，张国龙，曾秋璇，等．呼吸功能训练器对胸外科术后病人肺康复的影响．护理研究，2022，36（22）：4085-4087.

［23］沈育美，朱蓉英，段善州，等．胸部难治性肿瘤个体化体外循环技术应用策略．中国体外循环杂志，2022，20（05）：285-289.

［24］孙颖浩．吴阶平泌尿外科学．北京：人民卫生出版社，2019.

［25］陶丽莹，王宏光，郭享，等．SpyGlass DS辅助内镜下逆行阑尾炎治疗术的诊治价值（附视频）．中华结直肠疾病电子杂志，2020，9（06）：625-629.

［26］田林，时孝晴，茆军，等．负压封闭引流技术联合抗生素骨水泥治疗慢性骨髓炎的Meta分析．中国组织工程研究，2021，25（16）：2618-2624.

［27］王俊杰，陆海英．外科护理学．3版．北京：人民卫生出版社，2021.

［28］夏玉雪，乔远静，李丹丹，等．超前镇痛理念的应用研究进展．护理研究，2022，36（10）：1831-1834.

［29］胥少汀，葛宝丰，卢世璧．实用骨科学．4版修订本．郑州：河南科学技术出版社，2019.

［30］徐华秀，杨莹，尹亭亭，等．叙事护理在慢性疼痛患者中的应用及研究进展．护士进修杂志，2022，37（5）：408-411，423.

［31］徐滔，刘子文．生物补片在青少年腹股沟疝的应用．中华疝和腹壁外科杂志（电子版），2020，14（1）：1-4.

［32］许海委，徐宝山，黄洪超，等．颈椎间盘突出症内镜手术治疗的研究进展．中国矫形外科杂志，2021，29（10）：906-910.

［33］姚常房．《人体器官捐献和移植条例》发布．健康报．（2023-12-15）[2023-12-22]. https://www.jkb.com.cn/news/industryNews/2023/1215/492310.html.

［34］殷德涛，刘益豪，丁欣，等．《手术安全核查表》在手术安全应用中的实践探讨．医学与哲学，2021，42（15）：5-8，24.

［35］尤黎明，吴瑛．内科护理学．7版．北京：人民卫生出版社，2022.

［36］张昉，孙智晶，朱兰，等．神经肌肉电刺激预防妇科良性疾病术后下肢深静脉血栓临床疗效初探．中国实用妇科与产科杂志，2020，36（07）：655-659.

[37] 张慧杰，陈晓旭，王芳宇，等. 钾离子结合药物研究进展. 中国药学杂志，2023，58（8）：658-667.

[38] 张美芬，孙田杰. 外科护理学. 3版. 北京：人民卫生出版社，2019.

[39] 张鹏. 3D打印技术在骨肉瘤围手术期治疗中的应用进展. 肿瘤防治研究，2023，50（03）：229-235.

[40] 张瑛. 数字化胸腔闭式引流系统在心胸外科手术病人中的应用进展. 护理研究，2022，36（14）：2555-2558.

[41] 中国抗癌协会肝癌专业委员会. 中国肿瘤整合诊治指南－肝癌（2022精简版）. 中国肿瘤临床，2022，49（17）：865-873.

[42] 中国抗癌协会肿瘤营养专业委员会，中华医学会肠外肠内营养学分会，中国医师协会放射肿瘤治疗医师分会营养与支持治疗学组. 食管癌患者营养治疗指南. 中国肿瘤临床，2020，47（1）：4-5.

[43] 中国研究型医院学会肝胆胰外科专业委员会. 肝胆管结石病经皮经肝取石手术应用指南（2021版）. 中华肝胆外科杂志，2022，28（1）：7-14.

[44] 中华人民共和国国家卫生健康委员会医政医管局. 甲状腺癌诊疗指南（2022年版）. 中国实用外科杂志，2022，42（12）：1343-1363.

[45] 中华人民共和国国家卫生健康委员会医政医管局. 胰腺癌诊疗指南（2022年版）. 中华消化外科杂志，2022，21（9）：1117-1136.

[46] 中华医学会肝病学分会，中华医学会消化病学分会，中华医学会消化内镜学分会. 肝硬化门静脉高压食管胃静脉曲张出血的防治指南. 临床肝胆病杂志，2023，39（03）：527-538.

[47] 中华医学会骨科学分会创伤骨科学组，中华医学会骨科学分会外固定与肢体重建学组，中国医师协会创伤外科医师分会创伤感染专业委员会，等. 中国开放性骨折诊断与治疗指南（2019版）. 中华创伤骨科杂志，2019，21（11）：921-928.

[48] 中华医学会男科学分会，良性前列腺增生诊疗及健康管理指南编写组. 良性前列腺增生诊疗及健康管理指南. 中华男科学杂志，2022，28（04）：356-365.

[49] 中华医学会外科学分会，中华医学会麻醉学分会. 中国加速康复外科临床实践指南（2021版）. 中国实用外科杂志，2021，41（09）：961-992.

[50] 中华医学会外科学分会疝与腹壁外科学组. 青年腹股沟疝诊断和治疗中国专家共识（2020版）. 中国实用外科杂志，2020，40（07）：754-757.

[51] 中华医学会外科学分会血管外科学组，中国医师协会血管外科医师分会，中国医疗保健国际交流促进会血管外科分会，等. 中国慢性静脉疾病诊断与治疗指南. 中华医学杂志，2019，99（39）：3047-3061.

[52] 中华医学会肿瘤学分会，中华医学会杂志社. 中华医学会肺癌临床诊疗指南（2023版）. 中华医学杂志，2023，103（27）：2038-2043.

［53］中华预防医学会. 外伤后破伤风预防处置和门诊建设专家共识. 中国预防
医学杂志，2022，23（6）：408-416.

［54］NATIONAL CORMPREHENSIVE CANCER NETWORK. Clinical practice
guidelines for bone tumors.（2022-9-28）[2023-12-22]. https://www.nccn.org.

［55］ZHAO Y，YANG L，SUN C，et al. Discovery of urinary proteomic signature for
differential diagnosis of acute appendicitis. Biomed Res Int，2020：1-9.